A Messianic Jewish Machzor For the Holy Days

A Translation by
Rabbi Barry A. Budoff \ בְּצַלְאֵל אַבְרָם בֶּן־יַעֲקֹב הַלֵוִי

Edited by
Rabbi Kirk Gliebe \ שָׁאוּל בֶּן־יוֹסֵף

First Edition: July 23, 2007
- Second Printing: July 27, 2012

Published and Distributed by:
Devar Emet Messianic Publications
7800 Niles Avenue; Skokie, IL 60077
847-674-9146
www.demjo.org

ISBN: 978-0-9797042-3-9

*This work is dedicated
to the next generation of Messianic Jews,
our children and grandchildren!
May they love the Lord God with all their
heart, soul, and strength, walking before
Him all the days of their lives.
May they follow Yeshua the Messiah, our
King, with boldness as they live in the
midst of K'lal Yisrael as committed Jews.*

Table of Contents:

An Introduction

The order of service, comprised of ancient prayers and recited in virtually every synagogue in the Jewish world, is one of the things that binds our Jewish people together. This is not only true for the Shabbat.   It is also true for the services held during the High Holy Days. While there might be slight differences in structure, melody and form, the similarities are astounding.

As with our Messianic Jewish Siddur, this High Holy Day Machzor needed to reflect both the ancient traditions of our Jewish community as well as our belief in Yeshua as Messiah. As a result, we have tried to maintain a delicate balance between these traditions and this faith by interspersing texts from the B'rit Chadashah through the text of this Machzor. This was done with care to allow those who use this Machzor to feel a sense of continuity between our community, our traditions and our faith.

One day it is our hope that the majority of those involved in the Messianic Jewish Community will be Hebrew literate, however, that is not the case at this time. As a result we have included a transliteration of those portions of the Hebrew text that are most likely to be used during the High Holy Day services. This will allow those who don't read Hebrew, as well as those who are unfamiliar with the form and structure of a traditional Jewish service for the High Holy Days, to participate more fully in these services.

Allow me to close this introduction with a story and with a prayer. The story first: "On Rosh Hashanah, when it was time to blow the Shofar, the great Rabbi Levi Yitzchak stood at the bimah. The people waited, and nothing happened. They waited more and still nothing happened. They waited some more and still the Rabbi did not begin. Finally, the Cantor approached the Rabbi and asked him what was causing the delay. The Rabbi whispered: "A young child just came into the synagogue. He is seated near the door. I overheard him talking. This is what he said: 'God of the world---I do not know how to pray. I do not know what to say. I only know the 22 letters of the aleph bet. Let me say them to you. Aleph, bet, gimel, dalet, hay, vav…I give you these letters. Please join them together to make a prayer that will be pleasing to You.' "The child recited the aleph bet to the very end," said Rabbi Yitzchak. "Now we must wait until God is finished, and then we will blow the Shofar."

May the God of our Fathers receive the letters we speak to Him, and may He weave them all into a great symphony of prayer. And, at the end of these High Holy Days may we know without doubt that our sins our forgiven us through our faith in Messiah Yeshua, and that we stand righteous before our God, for the Messiah's sake.

Rabbi Barry Budoff

הַדְלָקַת נֵר שֶׁל יוֹם טוֹב

Candle Lighting for Rosh Hashanah

(On Shabbat Add words in parenthesis)

בָּרוּךְ אַתָּה יְיָ אֱלֹהֵינוּ מֶלֶךְ הָעוֹלָם, אֲשֶׁר קִדְּשָׁנוּ בְּמִצְוֹתָיו, וְצִוָּנוּ לְהַדְלִיק נֵר שֶׁל (שַׁבָּת וְשֶׁל) יוֹם טוֹב .

Baruch atah Adonai Eloheynu Melech ha-olam asher kid'shanu b'mitzvotav v'tzivanu l'had-lik ner shel (Shabbat ve-shel) Yom Tov.

Blessed are You, Lord our God, King of the Universe, who has sanctified us with His commandments, and commanded us to light the (Shabbat and) Festival lights.

בָּרוּךְ אַתָּה יְיָ אֱלֹהֵינוּ מֶלֶךְ הָעוֹלָם, שֶׁהֶחֱיָנוּ וְקִיְּמָנוּ וְהִגִּיעָנוּ לַזְּמַן הַזֶּה.

Baruch atah Adonai, Eloheinu Melech HaOlam, Shehekeyanu, Vekiyemanu, Vehigiyanu, Lazman hazeh!

Blessed are You, Lord our God, King of the Universe, who has kept us, and sustained us, and enabled us to reach this season!

עַרְבִית לְרֹאשׁ הַשָּׁנָה

MaTovu

מַה טֹּבוּ אֹהָלֶיךָ יַעֲקֹב, מִשְׁכְּנֹתֶיךָ יִשְׂרָאֵל. וַאֲנִי בְּרֹב חַסְדְּךָ אָבוֹא בֵיתֶךָ, אֶשְׁתַּחֲוֶה אֶל הֵיכַל קָדְשְׁךָ בְּיִרְאָתֶךָ. יְיָ אָהַבְתִּי מְעוֹן בֵּיתֶךָ, וּמְקוֹם מִשְׁכַּן כְּבוֹדֶךָ. וַאֲנִי אֶשְׁתַּחֲוֶה וְאֶכְרָעָה, אֶבְרְכָה לִפְנֵי יְיָ עֹשִׂי. וַאֲנִי תְפִלָּתִי לְךָ יְיָ, עֵת רָצוֹן, אֱלֹהִים בְּרָב חַסְדֶּךָ, עֲנֵנִי בֶּאֱמֶת יִשְׁעֶךָ.

Ma tovu oha-leha Yaakov. Mish-k'no-teha Yisrael. Va-ani b'rov has-d'ha, avo vey-teha, Eshta-ha-veh el heyahl kod-sh'ha b'yira-teha. Adonai ahavti m'on bey-teha. Um'kom mishkan k'vo-deha. Va-ani eshta-ha-veh vehara-a. Ev-r'ha lifney Adonai osi. Va-ani t'filati l'ha Adonai eyt ratzon. Elohim b'rov has-deha aneyni be-emet yish-eh-kha.

(On Shabbat Add)

Psalm 92

מִזְמוֹר שִׁיר לְיוֹם הַשַּׁבָּת. טוֹב לְהֹדוֹת לַיְיָ וּלְזַמֵּר לְשִׁמְךָ עֶלְיוֹן. לְהַגִּיד בַּבֹּקֶר חַסְדֶּךָ וֶאֱמוּנָתְךָ בַּלֵּילוֹת. עֲלֵי עָשׂוֹר וַעֲלֵי נָבֶל עֲלֵי הִגָּיוֹן בְּכִנּוֹר. כִּי שִׂמַּחְתַּנִי יְיָ בְּפָעֳלֶךָ בְּמַעֲשֵׂי יָדֶיךָ אֲרַנֵּן. מַה גָּדְלוּ מַעֲשֶׂיךָ יְיָ מְאֹד עָמְקוּ מַחְשְׁבֹתֶיךָ. אִישׁ בַּעַר לֹא יֵדָע וּכְסִיל לֹא יָבִין אֶת זֹאת. בִּפְרֹחַ רְשָׁעִים כְּמוֹ עֵשֶׂב וַיָּצִיצוּ כָּל פֹּעֲלֵי אָוֶן לְהִשָּׁמְדָם עֲדֵי עַד. וְאַתָּה מָרוֹם לְעֹלָם יְיָ. כִּי הִנֵּה אֹיְבֶיךָ יְיָ כִּי הִנֵּה אֹיְבֶיךָ יֹאבֵדוּ יִתְפָּרְדוּ כָּל פֹּעֲלֵי אָוֶן. וַתָּרֶם כִּרְאֵים קַרְנִי בַּלֹּתִי בְּשֶׁמֶן רַעֲנָן. וַתַּבֵּט עֵינִי בְּשׁוּרָי בַּקָּמִים עָלַי מְרֵעִים תִּשְׁמַעְנָה אָזְנָי. צַדִּיק כַּתָּמָר יִפְרָח כְּאֶרֶז בַּלְּבָנוֹן יִשְׂגֶּה. שְׁתוּלִים בְּבֵית יְיָ בְּחַצְרוֹת אֱלֹהֵינוּ יַפְרִיחוּ. עוֹד יְנוּבוּן בְּשֵׂיבָה דְּשֵׁנִים וְרַעֲנַנִּים יִהְיוּ. לְהַגִּיד כִּי יָשָׁר יְיָ צוּרִי וְלֹא עַוְלָתָה בּוֹ.

Psalm 93

יְיָ מָלָךְ גֵּאוּת לָבֵשׁ לָבֵשׁ יְיָ עֹז הִתְאַזָּר אַף תִּכּוֹן תֵּבֵל בַּל תִּמּוֹט. נָכוֹן כִּסְאֲךָ מֵאָז מֵעוֹלָם אָתָּה. נָשְׂאוּ נְהָרוֹת יְיָ נָשְׂאוּ נְהָרוֹת קוֹלָם יִשְׂאוּ נְהָרוֹת דָּכְיָם. מִקֹּלוֹת מַיִם רַבִּים אַדִּירִים מִשְׁבְּרֵי יָם אַדִּיר בַּמָּרוֹם יְיָ. עֵדֹתֶיךָ נֶאֶמְנוּ מְאֹד לְבֵיתְךָ נָאֲוָה קֹּדֶשׁ יְיָ לְאֹרֶךְ יָמִים.

Evening Service for Rosh Hashanah

MaTovu

How goodly are your dwellings, O Jacob, your habitations, O Israel. Thanks to Your abundant kindness, O Lord, I am able to enter Your house. I worship before Your holy temple in reverence; in this sacred place of worship. Lord, I love to be in Your house, the sanctuary dedicated to Your glory. Here I worship in Your presence, O Lord, my maker. In kindness, Lord, answer my prayer; mercifully, grant me Your abiding truth.

(On Shabbat Add)

Psalm 92

A psalm, a song for the Sabbath day: It is good to give thanks to the Lord and to sing to Your Name, O Most High; to declare Your loving kindness in the morning and Your faithfulness at night; on the ten-stringed lyre and the lute, to the sound of the harp. Lord, You have made me glad through Your works; I joy in the work of Your hands. How great are Your works, O Lord! How deep Your designs! The stupid man cannot know and the fool cannot understand. When the wicked grow up like grass, and those who do evil flourish, it is that they may be destroyed forever. You are great forever. Behold Your enemies, O Lord. Behold, Your enemies will perish; all who work iniquity will be dispersed. You have exalted my strength as that of the wild ox. I have been anointed with fresh oil. My eye has seen my foes; my ear has heard my enemies. Those who are righteous flourish like the palm tree; they flourish like the cedars of Lebanon. Those who are planted in the house of the Lord shall flourish in the courts of our God. Even in their old age they will bear fruit. They will be vigorous and fresh. They will proclaim, "The Lord is just! He is my Rock; there is no wrong in Him!"

Psalm 93

The Lord is King; He is robed in majesty. The Lord is robed; He has girded Himself with strength. In this the world is firmly set; it cannot be moved. Your throne was established long ago; You are from eternity. Lord, the floods have lifted up; the floods have lifted up their voice; they have lifted up their waves. Above the sound of many waters; mighty breakers of the sea, the Lord on high is supreme. Your testimonies are very sure. Lord, Your house is adorned with holiness for all time.

Mourner's Kaddish

יִתְגַּדַּל וְיִתְקַדַּשׁ שְׁמֵהּ רַבָּא. בְּעָלְמָא דִּי בְרָא כִרְעוּתֵהּ, וְיַמְלִיךְ מַלְכוּתֵהּ בְּחַיֵּיכוֹן וּבְיוֹמֵיכוֹן וּבְחַיֵּי דְכָל בֵּית יִשְׂרָאֵל. בַּעֲגָלָא וּבִזְמַן קָרִיב, וְאִמְרוּ אָמֵן.

Yit-gahdahl v'yit-kahdash sh'meh rahbah. B'ahl'mah dee v'rah chir'ooteh,
v'yahm'leech mahl'chooteh b'chah-yey-chohn oov'yoh-maychohn
oov'chah-yey d'chal beyt Yisrael. Bah-ah-gahlah ooviz-mahn kah-reev
v'imroo, Amen.

יְהֵא שְׁמֵהּ רַבָּא מְבָרַךְ לְעָלַם וּלְעָלְמֵי עָלְמַיָּא.

Y'hay sh'may rahbah m'vahrach l'ah-lam ool'ahl'may ahl'mahyah.

יִתְבָּרַךְ וְיִשְׁתַּבַּח, וְיִתְפָּאַר וְיִתְרוֹמַם וְיִתְנַשֵּׂא וְיִתְהַדָּר וְיִתְעַלֶּה וְיִתְהַלָּל שְׁמֵהּ דְּקֻדְשָׁא, בְּרִיךְ הוּא, לְעֵלָּא וּלְעֵלָּא מִכָּל בִּרְכָתָא וְשִׁירָתָא, תֻּשְׁבְּחָתָא וְנֶחֱמָתָא, דַּאֲמִירָן בְּעָלְמָא, וְאִמְרוּ אָמֵן.

Yit'bahrach v'yish-tahbach, v'yit-pahahr v'yit-rohmahm v'yit-nahseh
v'yit-hadahr v'yit-ahleh v'yit-hah-lahl sh'may d'kood-shah b'reech hoo
l'ehlah u-l'ehlah mi-kahl bir-chah-tah v'she-rahtah, toosh'b'chahtah
v'neh-cheh-mahtah, dah-ah-mirahn b'ahl-mah, v'imroo, Amen.

יְהֵא שְׁלָמָא רַבָּא מִן שְׁמַיָּא וְחַיִּים עָלֵינוּ וְעַל כָּל יִשְׂרָאֵל, וְאִמְרוּ אָמֵן.

Y'hay sh'lahmah rahbah min sh'mahyah v'chah-yeem ah-laynoo v'ahl kol
Yisrael, v'imroo, Amen.

עֹשֶׂה שָׁלוֹם בִּמְרוֹמָיו הוּא יַעֲשֶׂה שָׁלוֹם עָלֵינוּ וְעַל כָּל יִשְׂרָאֵל, וְאִמְרוּ אָמֵן.

Oh-seh shalom bim'rohmahv hoo yah-ahseh shalom ah-laynoo v'ahl kol
Yisrael, v'imroom, Amen.

אַל תִּירָא מִפַּחַד פִּתְאֹם, וּמִשֹּׁאַת רְשָׁעִים כִּי תָבֹא.   עֻצוּ עֵצָה וְתֻפָר, דַּבְּרוּ דָבָר וְלֹא יָקוּם, כִּי עִמָּנוּ אֵל.   וְעַד זִקְנָה אֲנִי הוּא, וְעַד שֵׂיבָה אֲנִי אֶסְבֹּל, אֲנִי עָשִׂיתִי וַאֲנִי אֶשָּׂא, וַאֲנִי אֶסְבֹּל וַאֲמַלֵּט.

Mourner's Kaddish

Magnified and sanctified may God's great Name be throughout the world which He has created according to His will. May He establish His kingdom in our lifetime, and during our days, and within the life of the entire house of Israel, speedily and soon; and say, ***"Amen."***

May the greatness of His Name be blessed forever and ever.

Let the Name of the Holy One, ***blessed is He***, be blessed and praised, glorified and exalted, extolled and honored, adored and lauded, exceedingly beyond all of the blessings and songs, praises and consolations that are ever spoken in this world, and say, ***"Amen."***

May there be abundant peace from heaven, and life for us and for all Israel, and say, ***"Amen."***

May He who creates peace in His high heavens create peace for us and for all Israel, and say, ***"Amen."***

Do not fear sudden terror, or the storm that strikes the wicked, for God is with us. "When you are old I will be the same; I will sustain you even when your hair has turned grey. I have made you, and I will bear you! I will sustain you and save you!"

Barchu

Reader:

בָּרְכוּ אֶת יְיָ הַמְבֹרָךְ

Barchu et Adonai hahm'voh-rach.

Congregation then Reader:

בָּרוּךְ יְיָ הַמְבֹרָךְ לְעוֹלָם וָעֶד.

Baruch Adonai hahm'voh-rach l'olam vahed.

Silent Meditation:

יִתְבָּרַךְ וְיִשְׁתַּבַּח, וְיִתְפָּאַר וְיִתְרוֹמַם וְיִתְנַשֵּׂא שְׁמוֹ שֶׁל מֶלֶךְ מַלְכֵי הַמְּלָכִים, הַקָּדוֹשׁ בָּרוּךְ הוּא, שֶׁהוּא רִאשׁוֹן וְהוּא אַחֲרוֹן וּמִבַּלְעָדָיו אֵין אֱלֹהִים. סֹלּוּ לָרֹכֵב בָּעֲרָבוֹת, בְּיָהּ שְׁמוֹ, וְעִלְזוּ לְפָנָיו. וּשְׁמוֹ מְרוֹמָם עַל כָּל בְּרָכָה וּתְהִלָּה. בָּרוּךְ שֵׁם כְּבוֹד מַלְכוּתוֹ לְעוֹלָם וָעֶד. יְהִי שֵׁם יְיָ מְבֹרָךְ מֵעַתָּה וְעַד עוֹלָם.

בָּרוּךְ אַתָּה יְיָ, אֱלֹהֵינוּ מֶלֶךְ הָעוֹלָם, אֲשֶׁר בִּדְבָרוֹ מַעֲרִיב עֲרָבִים,
בְּחָכְמָה פּוֹתֵחַ שְׁעָרִים, וּבִתְבוּנָה מְשַׁנֶּה עִתִּים, וּמַחֲלִיף אֶת הַזְּמַנִּים,
וּמְסַדֵּר אֶת הַכּוֹכָבִים, בְּמִשְׁמְרוֹתֵיהֶם בָּרָקִיעַ כִּרְצוֹנוֹ. בּוֹרֵא יוֹם וָלַיְלָה,
גּוֹלֵל אוֹר מִפְּנֵי חֹשֶׁךְ, וְחֹשֶׁךְ מִפְּנֵי אוֹר. וּמַעֲבִיר יוֹם וּמֵבִיא לַיְלָה,
וּמַבְדִּיל בֵּין יוֹם וּבֵין לַיְלָה, יְיָ צְבָאוֹת שְׁמוֹ. *(Reader)* אֵל חַי וְקַיָּם, תָּמִיד
יִמְלוֹךְ עָלֵינוּ לְעוֹלָם וָעֶד. בָּרוּךְ אַתָּה יְיָ, הַמַּעֲרִיב עֲרָבִים.

Ahavat Olam

אַהֲבַת עוֹלָם בֵּית יִשְׂרָאֵל עַמְּךָ אָהָבְתָּ, תּוֹרָה וּמִצְוֹת, חֻקִּים וּמִשְׁפָּטִים,
אוֹתָנוּ לִמַּדְתָּ עַל כֵּן יְיָ אֱלֹהֵינוּ, בְּשָׁכְבֵּנוּ וּבְקוּמֵנוּ נָשִׂיחַ בְּחֻקֶּיךָ, וְנִשְׂמַח
בְּדִבְרֵי תוֹרָתֶךָ וּבְמִצְוֹתֶיךָ לְעוֹלָם וָעֶד. כִּי הֵם חַיֵּינוּ וְאֹרֶךְ יָמֵינוּ, וּבָהֶם
נֶהְגֶּה יוֹמָם וָלַיְלָה, וְאַהֲבָתְךָ אַל תָּסִיר מִמֶּנּוּ לְעוֹלָמִים. בָּרוּךְ אַתָּה יְיָ,
אוֹהֵב עַמּוֹ יִשְׂרָאֵל.

*Ah-ha-vaht oh-lahm bayt Yisrael ahm'chah ah-hahv-tah, Toh-rah
oo-mitz'voht, choo-keem oo-mish'pah-teem, oh-tahnoo li-mahd'tah ahl ken
Adonai Eh-loh-haynoo, b'shach'beh-noo oov'koo-mehnoo nah-see-ach
b'choo-keh-chah, v'nis'mach b'div-ray toh-rah-teh-chah
oov'mitz'voh-teh-chah l'oh-lahm vah-ed. Key hem chah-yay-noo v'oh-rech
yah-may-noo, oo-vah-hem neh'geh yoh-mahm vah-lah-y'lah,
v'ah-havaht'chah ahl tah-seer mi-meh-noo l'oh-lah-meem. Baruch ah-tah
Adonai, oh-hehv ah-moh Yisrael.*

Barchu

Reader:

Bless the Lord, who is blessed!

Congregation then Reader:

Blessed is the Lord, who is blessed forever and ever!

Silent Meditation:

Blessed and praised, glorified, exalted and honored be the name of the Supreme King of Kings, the Holy One, blessed be He. He is the first and the last, and there is no God beside Him. Extol Him who abides in the heavens, and rejoice before the countenance of Him who is named Lord. His Name is exalted far beyond all blessings and psalms. His glorious Name and kingdom will be blessed forever and ever; let the Lord's Name be blessed both now and for all time.

Blessed are You, Lord our God, King of the universe, who at Your word brings on the evenings. With wisdom You open the gates of the heavens, and with understanding You change the times and vary the seasons. You arrange the stars in the places in the sky according to Your will. You create day and night; You roll away the light from before the darkness, and the darkness from before the light. You make the day to pass and the night to approach, and divide the day from the night. The Lord of hosts is Your name. A God who lives and endures, may You reign over us for ever and ever. Blessed are You, Lord, who brings on the evening.

Ahavat Olam

You have loved Israel, Your people, with everlasting love. You have taught us Torah and precepts, statutes and judgments. Therefore, Lord our God, when we lie down and when we rise up, we will meditate upon Your statutes for all time and take joy in the words of Your Torah and in Your precepts, because they are our life and the length of our days. We will meditate upon them day and night, that Your love might not be removed from us through all the ages. Blessed are You, Lord, who loves Israel, Your people.

Shema

Recite Loudly Covering the Eyes with the right hand

שְׁמַע יִשְׂרָאֵל, יְיָ אֱלֹהֵינוּ, יְיָ אֶחָד

Sh'ma Yisrael, Adonai Elohainu, Adonai Eḥad.

Recite softly without Covering the Eyes

בָּרוּךְ שֵׁם כְּבוֹד מַלְכוּתוֹ לְעוֹלָם וָעֶד

Baruch shem k'vod mal'khuto l'olam va'ed.

וְאָהַבְתָּ אֵת יְיָ אֱלֹהֶיךָ, בְּכָל לְבָבְךָ, וּבְכָל נַפְשְׁךָ, וּבְכָל מְאֹדֶךָ. וְהָיוּ הַדְּבָרִים הָאֵלֶה, אֲשֶׁר אָנֹכִי מְצַוְּךָ הַיּוֹם, עַל לְבָבֶךָ. וְשִׁנַּנְתָּם לְבָנֶיךָ, וְדִבַּרְתָּ בָּם בְּשִׁבְתְּךָ בְּבֵיתֶךָ, וּבְלֶכְתְּךָ בַדֶּרֶךְ וּבְשָׁכְבְּךָ, וּבְקוּמֶךָ. וּקְשַׁרְתָּם לְאוֹת עַל יָדֶךָ, וְהָיוּ לְטֹטָפֹת בֵּין עֵינֶיךָ, וּכְתַבְתָּם עַל מְזֻזוֹת בֵּיתֶךָ וּבִשְׁעָרֶיךָ.

V'ahav'ta et Adonai Elohekha, b'khol l'vavkha, uv'khol naf'shikha, uv'khol m'odekha. V'hayu had'varim ha'aile, asher anokhi m'tsavikha hayom, al l'vavekha. V'shinan'tam l'vanekha v'dibarta bam b'shivtikha b'vaitekhha, uv'lekhtekha vaderekh uv'shokhbikha uv'kumekha. Uk'shartam l'ot al yadekha, v'hayu l'totafot bain ainekha, ukh'tavtam al m'zuzot baitekha u'visharekha.

Deuteronomy 11:13-21

וְהָיָה אִם שָׁמֹעַ תִּשְׁמְעוּ אֶל מִצְוֹתַי, אֲשֶׁר אָנֹכִי מְצַוֶּה אֶתְכֶם הַיּוֹם, לְאַהֲבָה אֵת יְיָ אֱלֹהֵיכֶם, וּלְעָבְדוֹ בְּכָל לְבַבְכֶם וּבְכָל נַפְשְׁכֶם. וְנָתַתִּי מְטַר אַרְצְכֶם בְּעִתּוֹ, יוֹרֶה וּמַלְקוֹשׁ, וְאָסַפְתָּ דְגָנֶךָ וְתִירֹשְׁךָ וְיִצְהָרֶךָ. וְנָתַתִּי עֵשֶׂב בְּשָׂדְךָ לִבְהֶמְתֶּךָ, וְאָכַלְתָּ וְשָׂבָעְתָּ. הִשָּׁמְרוּ לָכֶם פֶּן יִפְתֶּה לְבַבְכֶם, וְסַרְתֶּם וַעֲבַדְתֶּם אֱלֹהִים אֲחֵרִים וְהִשְׁתַּחֲוִיתֶם לָהֶם. וְחָרָה אַף יְיָ בָּכֶם, וְעָצַר אֶת הַשָּׁמַיִם וְלֹא יִהְיֶה מָטָר, וְהָאֲדָמָה לֹא תִתֵּן אֶת יְבוּלָהּ וַאֲבַדְתֶּם מְהֵרָה מֵעַל הָאָרֶץ הַטֹּבָה אֲשֶׁר יְיָ נֹתֵן לָכֶם. וְשַׂמְתֶּם אֶת דְּבָרַי אֵלֶּה עַל לְבַבְכֶם וְעַל נַפְשְׁכֶם וּקְשַׁרְתֶּם אֹתָם לְאוֹת עַל יֶדְכֶם, וְהָיוּ לְטוֹטָפֹת בֵּין עֵינֵיכֶם. וְלִמַּדְתֶּם אֹתָם אֶת בְּנֵיכֶם, לְדַבֵּר בָּם, בְּשִׁבְתְּךָ בְּבֵיתֶךָ, וּבְלֶכְתְּךָ בַדֶּרֶךְ, וּבְשָׁכְבְּךָ וּבְקוּמֶךָ. וּכְתַבְתָּם עַל מְזוּזוֹת בֵּיתֶךָ וּבִשְׁעָרֶיךָ. לְמַעַן יִרְבּוּ יְמֵיכֶם וִימֵי בְנֵיכֶם עַל הָאֲדָמָה אֲשֶׁר נִשְׁבַּע יְיָ לַאֲבֹתֵיכֶם לָתֵת לָהֶם, כִּימֵי הַשָּׁמַיִם עַל הָאָרֶץ.

Shema

Recite Loudly Covering the Eyes with the right hand

Hear, O Israel, the Lord our God, the Lord is one!

Recite softly without Covering the Eyes

Blessed is His glorious Name, whose kingdom is forever and ever.

And you shall love the Lord your God with all your heart and with all your soul and with all your strength. These words that I give to you today are to be upon your hearts. Teach them to your children. Speak of them when you sit at home and when you walk along the way, when you lie down and when you rise up. Bind them as a sign upon your hands and as frontlets between your eyes. Inscribe them on the doorposts of your house and on your gates.

Deuteronomy 11:13-21

And if you will carefully listen to My commandments which I am commanding you today, to love the Lord your God and to serve Him with all your heart and with all your soul, then I will send rain for your land in its season, the early rain and the latter rain, that you may gather in your grain, your wine and your oil. And I will produce grass in your fields for your cattle, that you may eat and be satisfied. Take care, lest your heart be deceived, and you turn aside and serve other gods, so as to worship them. Then the Lord's anger will blaze against you; He will shut up the heavens so there will be no rain, and the land will not yield any produce, and you will perish from the good land which the Lord has given to you. Therefore, you shall put these words of mine in your heart and in your soul; you shall bind them as a sign upon your hand, and they shall be for frontlets between your eyes. Teach them to your children. Speak of them when you are sitting at home and when you walk along the way, when you lie down and when you rise up. Inscribe them on the doorposts of your house and on your gates, that your days and the days of your children may be prolonged in the land, which the Lord swore to give to your fathers, as the days of the heavens upon the earth.

Numbers 15:37-41

וַיֹּאמֶר יְיָ אֶל מֹשֶׁה לֵּאמֹר: דַּבֵּר אֶל בְּנֵי יִשְׂרָאֵל וְאָמַרְתָּ אֲלֵהֶם. וְעָשׂוּ לָהֶם צִיצִת עַל כַּנְפֵי בִגְדֵיהֶם לְדֹרֹתָם, וְנָתְנוּ עַל צִיצִת הַכָּנָף פְּתִיל תְּכֵלֶת. וְהָיָה לָכֶם לְצִיצִת, וּרְאִיתֶם אֹתוֹ וּזְכַרְתֶּם אֶת כָּל מִצְוֹת יְיָ, וַעֲשִׂיתֶם אֹתָם, וְלֹא תָתוּרוּ אַחֲרֵי לְבַבְכֶם וְאַחֲרֵי עֵינֵיכֶם, אֲשֶׁר אַתֶּם זֹנִים אַחֲרֵיהֶם. לְמַעַן תִּזְכְּרוּ וַעֲשִׂיתֶם אֶת כָּל מִצְוֹתָי, וִהְיִיתֶם קְדֹשִׁים לֵאלֹהֵיכֶם. אֲנִי יְיָ אֱלֹהֵיכֶם, אֲשֶׁר הוֹצֵאתִי אֶתְכֶם מֵאֶרֶץ מִצְרַיִם, לִהְיוֹת לָכֶם לֵאלֹהִים, אֲנִי *(Reader)* יְיָ אֱלֹהֵיכֶם.

אֱמֶת וֶאֱמוּנָה כָּל זֹאת, וְקַיָּם עָלֵינוּ, כִּי הוּא יְיָ אֱלֹהֵינוּ וְאֵין זוּלָתוֹ, וַאֲנַחְנוּ יִשְׂרָאֵל עַמּוֹ. הַפּוֹדֵנוּ מִיַּד מְלָכִים, מַלְכֵּנוּ הַגּוֹאֲלֵנוּ מִכַּף כָּל הֶעָרִיצִים. הָאֵל הַנִּפְרָע לָנוּ מִצָּרֵינוּ, וְהַמְשַׁלֵּם גְּמוּל לְכָל אֹיְבֵי נַפְשֵׁנוּ. הָעֹשֶׂה גְדֹלוֹת עַד אֵין חֵקֶר, וְנִפְלָאוֹת עַד אֵין מִסְפָּר. הַשָּׂם נַפְשֵׁנוּ בַּחַיִּים, וְלֹא נָתַן לַמּוֹט רַגְלֵנוּ, הַמַּדְרִיכֵנוּ עַל בָּמוֹת אוֹיְבֵינוּ, וַיָּרֶם קַרְנֵנוּ, עַל כָּל שׂוֹנְאֵנוּ. הָעֹשֶׂה לָנוּ נִסִּים וּנְקָמָה בְּפַרְעֹה, אוֹתוֹת וּמוֹפְתִים בְּאַדְמַת בְּנֵי חָם. הַמַּכֶּה בְּעֶבְרָתוֹ כָּל בְּכוֹרֵי מִצְרָיִם, וַיּוֹצֵא אֶת עַמּוֹ יִשְׂרָאֵל מִתּוֹכָם, לְחֵרוּת עוֹלָם. הַמַּעֲבִיר בָּנָיו בֵּין גִּזְרֵי יַם סוּף, אֶת רוֹדְפֵיהֶם וְאֶת שׂוֹנְאֵיהֶם, בִּתְהוֹמוֹת טִבַּע, וְרָאוּ בָנָיו גְּבוּרָתוֹ. שִׁבְּחוּ וְהוֹדוּ לִשְׁמוֹ. וּמַלְכוּתוֹ בְרָצוֹן קִבְּלוּ עֲלֵיהֶם,

1 Thessalonians 5:1-10; 4:13-18

וְעַל־דְּבַר הָעִתִּים וְהַזְּמַנִּים אֵין־צֹרֶךְ לִכְתֹּב אֲלֵיכֶם אֶחָי. הֲלֹא אַף־אַתֶּם יְדַעְתֶּם הֵיטֵב כִּי יוֹם־יְהוָֹה כְּגַנָּב בַּלַּיְלָה כֵּן בּוֹא יָבוֹא. כִּי בְּעֵת אָמְרָם שָׁלוֹם וְשַׁלְוָה יָבֹא עֲלֵיהֶם הַשֶּׁבֶר פִּתְאֹם כְּחֶבְלִים עַל־הֶהָרָה וְלֹא יוּכְלוּ לְהִמָּלֵט. אֲבָל אַתֶּם אַחַי אֵינְכֶם בַּחֹשֶׁךְ שֶׁיַּשִּׂיג אֶתְכֶם הַיּוֹם כְּגַנָּב. אַתֶּם כֻּלְּכֶם בְּנֵי הָאוֹר וּבְנֵי הַיּוֹם לֹא בְנֵי־הַלַּיְלָה אֲנַחְנוּ וְלֹא בְּנֵי הַחֹשֶׁךְ. לָכֵן אַל־נָא נֵרָדֵם כְּמוֹ הָאֲחֵרִים כִּי אִם־נִשְׁקֹד וְנִגָּזֵר. כִּי הַנִּרְדָּמִים הֵם בַּלַּיְלָה נִרְדָּמִים וְהַמִּשְׁתַּכְּרִים מִשְׁתַּכְּרִים בַּלָּיְלָה. וַאֲנַחְנוּ בְּנֵי הַיּוֹם נִגָּזְרָה־נָּא וְנִלְבְּשָׁה אֶת־שִׁרְיוֹן הָאֱמוּנָה וְהָאַהֲבָה וְכַכּוֹבַע אֶת־תִּקְוַת הַיְשׁוּעָה. יַעַן אֲשֶׁר לֹא־יְעָדָנוּ הָאֱלֹהִים לֶחָרוֹן כִּי אִם־לִנְחֹל אֶת־הַיְשׁוּעָה עַל־יְדֵי אֲדֹנֵינוּ יֵשׁוּעַ הַמָּשִׁיחַ אֲשֶׁר מֵת בַּעֲדֵנוּ . . . וְעַל־דְּבַר הַיְשֵׁנִים אַחַי לֹא־נְכַחֵד מִכֶּם דָּבָר לְמַעַן לֹא תֵעָצְבוּ כָּאֲחֵרִים אֲשֶׁר אֵין לָהֶם תִּקְוָה. כִּי אִם־נַאֲמִין אֲשֶׁר־מֵת יֵשׁוּעַ וַיְחִי כֵּן יָבִיא הָאֱלֹהִים עַל־יְדֵי יֵשׁוּעַ גַּם אֶת־הַיְשֵׁנִים אִתּוֹ. כִּי אֶת־זֹאת נֹאמַר לָכֶם בִּדְבַר יְהוָֹה כִּי אֲנַחְנוּ הַחַיִּים הַנּוֹתָרִים עַד־בֹּא הָאָדוֹן לֹא נְקַדֵּם אֶת־הַיְשֵׁנִים. כִּי הוּא הָאָדוֹן יֵרֵד מִן־הַשָּׁמַיִם בִּתְרוּעָה בְּקוֹל שַׂר הַמַּלְאָכִים וּבְשׁוֹפַר אֱלֹהִים וְאָז יָקוּמוּ רִאשׁוֹנָה הַמֵּתִים בַּמָּשִׁיחַ. אַחֲרֵי־כֵן אֲנַחְנוּ הַחַיִּים הַנִּשְׁאָרִים נִלָּקַח אִתָּם יַחְדָּו בַּעֲנָנִים לִקְרַאת הָאָדוֹן לָרָקִיעַ וּבְכֵן נִהְיֶה תָמִיד עִם־הָאָדוֹן. לָכֵן נַחֲמוּ זֶה אֶת־זֶה בַּדְּבָרִים הָאֵלֶּה.

Numbers 15:37-41

The Lord spoke to Moses, saying, "Speak to the children of Israel. Tell them to make for themselves tzitzit on the corners of their garments, throughout their generations, and to put a thread of blue on the tzitzit of each corner. When you look upon these tzitzit you shall remember to do all the commands of the Lord, and not to follow the desires of your heart and your eyes that lead you astray. They are a reminder to do all of My commandments, and to be holy to your God. I, the Lord your God, brought you out of the land of Egypt to be your God; I am the Lord your God.

True and trustworthy is all this. We are certain that He is the Lord our God, and no one else, and that we Israel are His people. It is He, our King, who redeemed us from the power of despots, delivered us from the grasp of all the tyrants, avenged us upon our oppressors, and requited all our mortal enemies. He did great, incomprehensible acts and countless wonders. He kept us alive, and did not let us slip. He made us tread upon the high places of our enemies, and raised our strength over all our foes. He performed for us miracles and vengeance upon Pharaoh, signs and wonders in the land of the Hamites, He smote in His wrath all the first born of Egypt, and brought His people Israel from their midst to enduring freedom. He made His children pass between the divided parts of the Red Sea, and engulfed their pursuers and their enemies in the depths. His children beheld His might; they gave praise and thanks to His name, and willingly accepted His sovereignty.

1 Thessalonians 5:1-10; 4:13-18

Concerning the times and the seasons, my brethren, you have no need for me to write to you. For you yourselves are fully aware that the Day of the Lord comes as a thief in the night. For at the time when they say, "Peace and tranquility!" destruction will be brought upon them, just like birth pains come upon a pregnant woman. And they shall not *be able to* escape. But you my brethren, you are not in darkness that this Day should overtake you as a thief. You are all sons of the light and sons of the day; We are not sons of the night and we are not sons of the darkness. Therefore, *in days to* come let us not grow weary, as others *do,* but let us watch. For they who grow weary sleep in the night, as the drunkard drinks in the night. But we who are sons the Day are sober now, putting on the armour of faithfulness and tender devotion, and your head covered with the hope of salvation. For God did not set our destination out of wrath, for we are a people who shall receive salvation through our Lord Yeshua the Messiah, who died for our sake . . . This also was spoken my brothers that it not be hidden from you concerning those who have fallen asleep, in order that you not mourn as do those who have no hope in them. For if we truly believe that Yeshua died and lives again, then *we must also believe* that God will bring those who died in Yeshua *to life* with Him. For this we say to you by the word of the Lord, that we who remain alive until the coming of the Lord will by no means precede those who have died. For the Lord Himself will descend with a shout, the voice of an archangel *blowing* the shofar of God, and so the dead in Messiah will be the first to rise. After this we, who are alive and remain, will be taken with them, together with the cloud *of witnesses*, to meet the Lord in the sky, and so we will be with the Lord always. Therefore comfort one another with these words.

Mi Chamocha

Reader:

מֹשֶׁה וּבְנֵי יִשְׂרָאֵל לְךָ עָנוּ שִׁירָה בְּשִׂמְחָה רַבָּה, וְאָמְרוּ כֻלָּם.

Moshe oov'nay Yisrael l'chah ahnoo she-rah b'simchah rah-bah, v'ahmroo choo-lahm.

All:

מִי כָמְכָה בָּאֵלִים יְיָ, מִי כָּמְכָה נֶאְדָּר בַּקֹּדֶשׁ, נוֹרָא תְהִלֹת, עֹשֵׂה פֶלֶא.

Mi chamocha bah-ehleem Adonai, mi chamocha neh-dahr bah-kodesh, nohrah t'hi-loht, ohseh fehleh.

Reader:

מַלְכוּתְךָ רָאוּ בָנֶיךָ, בּוֹקֵעַ יָם לִפְנֵי מֹשֶׁה, זֶה אֵלִי עָנוּ וְאָמְרוּ.

Mahl'choo-t'chah rah-oo vah-neh-chah, boh-keh-ah yahm lifney Moshe, zeh eh-lee ahnoo v'ahm-roo.

All:

יְיָ יִמְלֹךְ לְעוֹלָם וָעֶד.

Adonai yim-loch l'olam vah-ed.

Reader:

וְנֶאֱמַר: כִּי פָדָה יְיָ אֶת יַעֲקֹב, וּגְאָלוֹ מִיַּד חָזָק מִמֶּנּוּ. בָּרוּךְ אַתָּה יְיָ, גָּאַל יִשְׂרָאֵל:

V'neh-eh-mahr: Key fah-dah Adonai et Yah-ahkov, oog'ah-loh mi-yahd chah-zahk mi-mehnoo. Baruch atah Adonai, gah-ahl Yisrael.

הַשְׁכִּיבֵנוּ יְיָ אֱלֹהֵינוּ לְשָׁלוֹם, וְהַעֲמִידֵנוּ מַלְכֵּנוּ לְחַיִּים. וּפְרוֹשׂ עָלֵינוּ סֻכַּת שְׁלוֹמֶךָ, וְתַקְּנֵנוּ בְּעֵצָה טוֹבָה מִלְּפָנֶיךָ, וְהוֹשִׁיעֵנוּ לְמַעַן שְׁמֶךָ, וְהָגֵן בַּעֲדֵנוּ, וְהָסֵר מֵעָלֵינוּ אוֹיֵב, דֶּבֶר, וְחֶרֶב, וְרָעָב וְיָגוֹן, וְהָסֵר שָׂטָן מִלְּפָנֵינוּ וּמֵאַחֲרֵינוּ. וּבְצֵל כְּנָפֶיךָ תַּסְתִּירֵנוּ. כִּי אֵל שׁוֹמְרֵנוּ וּמַצִּילֵנוּ אָתָּה, כִּי אֵל מֶלֶךְ חַנּוּן וְרַחוּם אָתָּה, וּשְׁמוֹר צֵאתֵנוּ וּבוֹאֵנוּ, לְחַיִּים וּלְשָׁלוֹם, מֵעַתָּה וְעַד עוֹלָם. וּפְרוֹשׂ עָלֵינוּ סֻכַּת שְׁלוֹמֶךָ. בָּרוּךְ אַתָּה יְיָ, הַפּוֹרֵשׂ סֻכַּת שָׁלוֹם עָלֵינוּ וְעַל כָּל עַמּוֹ יִשְׂרָאֵל וְעַל יְרוּשָׁלָיִם.

Mi Chamocha

Reader:

Moses and the children of Israel sang a song to You. With great joy they all said:

All:

"Who is like You, O Lord, among the gods? Who is like You, glorious in holiness, awesome in praise, doing wonders?"

Reader:

Your majesty was seen by Your children, as You parted the waters before Moses. They exclaimed, "This is My God!" and they said:

All:

The Lord will reign forever and ever.

Reader:

And it is said: "The Lord has set Jacob free, and has redeemed him from the hand of one who was stronger than he."

All:

Blessed are You, Lord, Redeemer of Israel!

Lord our God, cause us to lie down in peace; our King, make us rise up again to life. Spread over us the tabernacle of your peace, and direct us with Your own good counsel. For Your Name's sake save us and protect us; keep every enemy, pestilence, sword, famine and sorrow far from us; remove the adversary from before us as well as from behind us, and shelter us in the shadow of Your wing. God, You are our Protector and our Deliverer; You are a gracious and compassionate God and King. Guard our going out and our coming in for life and for peace, both now and forever. Spread over us the shelter of Your peace. Blessed are You, Lord, who spreads the shelter of peace over us, over all Your people, Israel, and over Jerusalem.

(On Shabbat Add in parenthesis)

V'shamru

(וְשָׁמְרוּ בְנֵי יִשְׂרָאֵל אֶת הַשַּׁבָּת, לַעֲשׂוֹת אֶת הַשַּׁבָּת לְדֹרֹתָם בְּרִית עוֹלָם. בֵּינִי וּבֵין בְּנֵי יִשְׂרָאֵל אוֹת הִיא לְעוֹלָם, כִּי שֵׁשֶׁת יָמִים עָשָׂה יְיָ אֶת הַשָּׁמַיִם וְאֶת הָאָרֶץ, וּבַיּוֹם הַשְּׁבִיעִי שָׁבַת וַיִּנָּפַשׁ.)

(V'sham'roo v'nai Yisrael et ha-shah-baht, lah-ah-soht et ha-shah-bat l'doh-roh-tahm b'reet oh-lahm. Bay-nee oo-vayn b'nai Yisrael oht hee l'oh'lahm, key sheh-sheht yah-meem ah-sah Adonai et ha-shah-mah-yim v'et ha-ah-retz, oo-vah-yom hash'vee-ee shah-vaht vah-yi-nah-fash.)

תִּקְעוּ בַחֹדֶשׁ שׁוֹפָר, בַּכֶּסֶה לְיוֹם חַגֵּנוּ. כִּי חֹק לְיִשְׂרָאֵל הוּא, מִשְׁפָּט לֵאלֹהֵי יַעֲקֹב.

Half-Kaddish

יִתְגַּדַּל וְיִתְקַדַּשׁ שְׁמֵהּ רַבָּא. בְּעָלְמָא דִּי בְרָא כִרְעוּתֵהּ, וְיַמְלִיךְ מַלְכוּתֵהּ בְּחַיֵּיכוֹן וּבְיוֹמֵיכוֹן וּבְחַיֵּי דְכָל בֵּית יִשְׂרָאֵל. בַּעֲגָלָא וּבִזְמַן קָרִיב, וְאִמְרוּ אָמֵן.

Yit-gahdahl v'yit-kahdash sh'meh rahbah. B'ahl'mah dee v'rah chir'ooteh, v'yahm'leech mahl'chooteh b'chah-yey-chohn oov'yoh-maychohn oov'chah-yey d'chal beyt Yisrael. Bah-ah-gahlah ooviz-mahn kah-reev v'imroo, Amen.

יְהֵא שְׁמֵהּ רַבָּא מְבָרַךְ לְעָלַם וּלְעָלְמֵי עָלְמַיָּא.

Y'hay sh'may rahbah m'vahrach l'ah-lam ool'ahl'may ahl'mahyah.

יִתְבָּרַךְ וְיִשְׁתַּבַּח, וְיִתְפָּאַר וְיִתְרוֹמַם וְיִתְנַשֵּׂא וְיִתְהַדָּר וְיִתְעַלֶּה וְיִתְהַלָּל שְׁמֵהּ דְּקֻדְשָׁא, בְּרִיךְ הוּא, לְעֵלָּא וּלְעֵלָּא מִכָּל בִּרְכָתָא וְשִׁירָתָא, תֻּשְׁבְּחָתָא וְנֶחֱמָתָא, דַּאֲמִירָן בְּעָלְמָא, וְאִמְרוּ אָמֵן.

Yit'bahrach v'yish-tahbach, v'yit-pahahr v'yit-rohmahm v'yit-nahseh v'yit-hadahr v'yit-ahleh v'yit-hah-lahl sh'may d'kood-shah b'ree hoo l'ehlah u-l'ehlah mi-kahl bir-chah-tah v'shee-rahtah, toosh'b'chahtah v'neh-cheh-mahtah, dah-ah-mirahn b'ahl-mah, v'imroo, Amen.

Ephesians 1:17-21

כִּי אֱלֹהֵי יֵשׁוּעַ הַמָּשִׁיחַ אֲדֹנֵנוּ אֲבִי הַכָּבוֹד יִתֵּן לָכֶם רוּחַ הַחָכְמָה וְהֶחָזוֹן לָדַעַת אֹתוֹ. וּלְהָאִיר עֵינֵי שִׂכְלְכֶם לְהַשְׂכִּיל מָה הִיא תִקְוַת קְרוּאָיו וּמָה חֹסֶן כְּבוֹד לִקְדֹשָׁיו בְּנַחֲלָתוֹ. וּמָה עֹצֶם גֹּדֶל גְּבוּרָתוֹ אֲשֶׁר פָּעַל בָּנוּ הַמַּאֲמִינִים בּוֹ לְפִי תֹקֶף עֻזּוֹ. הוּא אֲשֶׁר פָּעַל בַּמָּשִׁיחַ בַּאֲשֶׁר הֱקִימוֹ מִן הַמֵּתִים וַיּוֹשִׁיבֵהוּ לִימִינוֹ בַּמָּרוֹם. גָּבוֹהַּ מִכָּל מִשְׂרָה וְשִׁלְטוֹן וּגְבוּרָה וּמֶמְשָׁלָה וּמִכָּל אֲשֶׁר נִקְרָא בְּשֵׁם גַּם בָּעוֹלָם הַזֶּה וְגַם בָּעוֹלָם הַבָּא.

(On Shabbat Add in parenthesis)

V'shamru

(And the children of Israel will keep the Sabbath, observing the Sabbath to all generations as an everlasting covenant. It is a sign between Me and the children of Israel forever, for in six days the Lord made the heavens and the earth, and on the seventh day He ceased from work and He rested.)

Sound the shofar at the new moon, at the designated time for the day of our festival. This is a statute for Israel, an ordinance of the God of Jacob.

Half-Kaddish

Magnified and sanctified is God's great Name throughout the world that He has created according to His will. May He establish His kingdom in our lifetime, and during our days, and within the life of the entire house of Israel, speedily and soon; and say, *"Amen."*

May the greatness of His Name be blessed forever and ever.

Let the name of the Holy One, *blessed is He*, be blessed and praised, glorified and exalted, extolled and honored, adored and lauded, exceedingly beyond all of the blessings and songs, praises and consolations that are ever spoken in this world, and say, *"Amen."*

Ephesians 1:17-21

I pray the God of our Lord Yeshua the Messiah, the Father of glory, may give to you the spirit of wisdom and revelation in the knowledge of Him, the eyes of your understanding being enlightened; that you may know what is the hope of His calling, what are the riches of the glory of His inheritance in the saints, and what is the exceeding greatness of His power toward us who believe, according to the working of His mighty power which He worked in the Messiah when He raised Him from the dead and seated Him at His right hand in the heavenly places, far above all principality and power and might and dominion, and every name that is named, not only in this age but also in that which is to come.

Amidah

(All Rise)

אֲדֹנָי שְׂפָתַי תִּפְתָּח וּפִי יַגִּיד תְּהִלָּתֶךָ:
בָּרוּךְ אַתָּה יְיָ אֱלֹהֵינוּ וֵאלֹהֵי אֲבוֹתֵינוּ, אֱלֹהֵי אַבְרָהָם, אֱלֹהֵי יִצְחָק, וֵאלֹהֵי יַעֲקֹב,
הָאֵל הַגָּדוֹל הַגִּבּוֹר וְהַנּוֹרָא, אֵל עֶלְיוֹן, גּוֹמֵל חֲסָדִים טוֹבִים, וְקוֹנֵה הַכֹּל, וְזוֹכֵר חַסְדֵי
אָבוֹת אֲשֶׁר הֵבִיא, וּמֵבִיא, גּוֹאֵל לִבְנֵי בְנֵיהֶם לְמַעַן שְׁמוֹ בְּאַהֲבָה. זָכְרֵנוּ לְחַיִּים
בְּיֵשׁוּעַ, מֶלֶךְ חָפֵץ בַּחַיִּים, וְכָתְבֵנוּ בְּסֵפֶר הַחַיִּים, לְמַעַנְךָ אֱלֹהִים חַיִּים.
מֶלֶךְ עוֹזֵר וּמוֹשִׁיעַ וּמָגֵן.   בָּרוּךְ אַתָּה יְיָ, מָגֵן אַבְרָהָם.
אַתָּה גִבּוֹר לְעוֹלָם אֲדֹנָי, מְחַיֵּה מֵתִים אַתָּה, רַב לְהוֹשִׁיעַ.

*Adonai s'fa-tai tif-tach u'fi yagid te-hi-la-te-cha. Ba-ruch A-ta Adonai, Eh-lo-hei-nu
vei-lo-hei a-vo-tei-nu: Eh-lo-hei Av-ra-ham, Eh-lo-hei Yitz-chak, vei-lo-hei Ya-akov.
Ha-eil ha-ga-dol ha-gi-bor v'ha-no-ra, Eil el-yon, Go-meil cha-sa-dim toh-vim,
v'ko-nei ha-kol, V'zo-cheir cha-s'dei a-voht, asher he-vee, oo-mei-vee, go-el li-v'nei
v'nei-hem, l'ma-an sh'mo, b'a-ha-va. Zak-rey-nu le-chaim be-Yeshua, Melech
cha-fetz ba-chaim, ve-kat-vey-noo be-sefer ha-chaim, le-ma-an-ka Elohim chaim.
Meh-lech o-zeir u-mo-shi-a u-ma-gein. Ba-ruch A-ta Adonai, ma-gein
Av-ra-ham. A-ta gi-bor l'o-lam, Adonai, m'cha-yei mei-tim A-ta, rav l'ho-shi-a.*

מְכַלְכֵּל חַיִּים בְּחֶסֶד, מְחַיֵּה מֵתִים בְּרַחֲמִים רַבִּים, סוֹמֵךְ נוֹפְלִים, וְרוֹפֵא חוֹלִים,
וּמַתִּיר אֲסוּרִים, וּמְקַיֵּם אֱמוּנָתוֹ לִישֵׁנֵי עָפָר, מִי כָמוֹךָ בַּעַל גְּבוּרוֹת וּמִי דוֹמֶה לָךְ,
מֶלֶךְ מֵמִית וּמְחַיֶּה וּמַצְמִיחַ יְשׁוּעָה. מִי כָמוֹךָ אַב הָרַחֲמִים, זוֹכֵר יְצוּרָיו לְחַיִּים
בְּרַחֲמִים. וְנֶאֱמָן אַתָּה לְהַחֲיוֹת מֵתִים. בָּרוּךְ אַתָּה יְיָ, מְחַיֵּה הַמֵּתִים. אַתָּה קָדוֹשׁ
וְשִׁמְךָ קָדוֹשׁ וּקְדוֹשִׁים בְּכָל יוֹם יְהַלְלוּךָ, סֶּלָה.

*M'chal-keil cha-yim b'cheh-sed, M'cha-yei mei-tim b'ra-cha-mim ra-bim. So-meich
no-f'lim, v'ro-fei cho-lim, u-ma-tir a-su-rim, u-m'ka-yeim eh-mu-na-toh li-shei-nei
a-far. Mi cha-mo-cha ba-al g'vu-roht, u-mi doh-meh lach, Meh-lech mei-meet
u-m'cha-yeh u-matz-mi-ach ye-shu-a. Mi cha-mo-cha av ha-rachamim zo-kheyr
ye-tzu-rayiv le-chaim be-rachamin. V'neh-eh-man atah l'ha-cha-yoht meitim. Baruch
atah Adonai, m'cha-yei ha-meitim. Atah kadosh ve-shim-cha kadosh, ukh-do-shim
be-kal yom ye-hal-lookah, selah.*

וּבְכֵן תֵּן פַּחְדְּךָ יְיָ אֱלֹהֵינוּ, עַל כָּל מַעֲשֶׂיךָ, וְאֵימָתְךָ עַל כָּל מַה שֶּׁבָּרָאתָ, וְיִירָאוּךָ
כָּל הַמַּעֲשִׂים וְיִשְׁתַּחֲווּ לְפָנֶיךָ כָּל הַבְּרוּאִים, וְיֵעָשׂוּ כֻלָּם אֲגֻדָּה אַחַת לַעֲשׂוֹת רְצוֹנְךָ
בְּלֵבָב שָׁלֵם, כְּמוֹ שֶׁיָּדַעְנוּ יְיָ אֱלֹהֵינוּ, שֶׁהַשָּׁלְטָן לְפָנֶיךָ, עֹז בְּיָדְךָ וּגְבוּרָה בִּימִינֶךָ,
וְשִׁמְךָ נוֹרָא עַל כָּל מַה שֶּׁבָּרָאתָ. וּבְכֵן תֵּן כָּבוֹד, יְיָ לְעַמֶּךָ, תְּהִלָּה לִירֵאֶיךָ וְתִקְוָה
טוֹבָה לְדוֹרְשֶׁיךָ, וּפִתְחוֹן פֶּה לַמְיַחֲלִים לָךְ, שִׂמְחָה לְאַרְצֶךָ וְשָׂשׂוֹן לְעִירֶךָ, וּצְמִיחַת
קֶרֶן לְדָוִד עַבְדֶּךָ, וַעֲרִיכַת נֵר לְבֶן־יִשַׁי מְשִׁיחֶךָ יֵשׁוּעַ, בִּמְהֵרָה בְיָמֵינוּ. וּבְכֵן צַדִּיקִים
יִרְאוּ וְיִשְׂמָחוּ, וִישָׁרִים יַעֲלֹזוּ, וַחֲסִידִים בְּרִנָּה יָגִילוּ, וְעוֹלָתָה תִּקְפָּץ־פִּיהָ, וְכָל
הָרִשְׁעָה כֻּלָּהּ כְּעָשָׁן תִּכְלֶה, כִּי תַעֲבִיר מֶמְשֶׁלֶת זָדוֹן מִן הָאָרֶץ.

Amidah

(All Rise)

Lord, open my lips that my mouth may declare Your praise.
Blessed are You, Lord our God and God of our fathers, God of Abraham, God of Isaac and God of Jacob, the great, mighty and awesome God, Most High God, who grants loving kindness and is Master of all. You remember the deeds of our fathers, and in Your love You have brought, and you bring, a redeemer to their children's children for the sake of Your Name.

Remember us to life in Yeshua, O King who takes delight in life. Inscribe us in the book of life, for Your sake, O God of life.

King, Supporter, Savior and Shield, blessed are You, Lord, Shield of Abraham. Lord, You are mighty forever. You call the dead to life. You are mighty to save.

You sustain the living with loving kindness, and with great mercy You revive the dead. You uphold those who fall, heal the sick, set the captive free and keep faith with those who sleep in the dust. Lord of might, who is like You? King, who can be compared to You? You decree death and restore life, causing salvation to come forth. Compassionate Father, who is like You? You are faithful to revive the dead. Blessed are You, Lord, who calls the dead to life.

You are holy, and Your Name is holy, and holy ones will proclaim Your praise daily. Blessed are You, Lord, holy God.

Lord our God, put Your awe upon all You have made; Your dread upon all You have created. All that You have made will hold You in awe, and shall bow themselves before all that see. Make them a single strand, creating, by Your will, a perfect heart. For we know, Lord our God, that dominion belongs to You. Strength is in Your hand, and might is in Your right hand, and Your awesome name shall be upon all You have made.

Lord, give honor to Your people, bright radiance to those who hold You in awe, hope of goodness to those who speak of You, joy to Your land, gladness to Your city, rising strength to the Horn of David, Your Servant, shining light to the Son of Jesse, Your Messiah Yeshua; speedily, in our days.

The upright will see this and will be glad; those with integrity will rejoice; the loving ones shall shout with joy and gladness. Iniquity will shut its mouth; wickedness will be fully consumed, and shall vanish like smoke, when You will remove the rule of the wicked from the earth.

וְתִמְלֹךְ, אַתָּה יְיָ לְבַדֶּךָ, עַל כָּל מַעֲשֶׂיךָ, בְּהַר צִיּוֹן מִשְׁכַּן כְּבוֹדֶךָ, וּבִירוּשָׁלַיִם עִיר קָדְשֶׁךָ, כַּכָּתוּב בְּדִבְרֵי קָדְשֶׁךָ. יִמְלֹךְ יְיָ לְעוֹלָם, אֱלֹהַיִךְ צִיּוֹן לְדֹר וָדֹר, הַלְלוּיָהּ.

קָדוֹשׁ אַתָּה וְנוֹרָא שְׁמֶךָ, וְאֵין אֱלוֹהַּ מִבַּלְעָדֶיךָ, כַּכָּתוּב. וַיִּגְבַּהּ יְיָ צְבָאוֹת בַּמִּשְׁפָּט, וְהָאֵל הַקָּדוֹשׁ נִקְדַּשׁ בִּצְדָקָה. בָּרוּךְ אַתָּה, יְיָ, הַמֶּלֶךְ הַקָּדוֹשׁ.

אַתָּה בְחַרְתָּנוּ מִכָּל הָעַמִּים, אָהַבְתָּ אוֹתָנוּ וְרָצִיתָ בָּנוּ, וְרוֹמַמְתָּנוּ מִכָּל הַלְּשׁוֹנוֹת, וְקִדַּשְׁתָּנוּ בְּמִצְוֹתֶיךָ, וְקֵרַבְתָּנוּ מַלְכֵּנוּ לַעֲבוֹדָתֶךָ, וְשִׁמְךָ הַגָּדוֹל וְהַקָּדוֹשׁ עָלֵינוּ קָרָאתָ.

רְצֵה, יְיָ אֱלֹהֵינוּ, בְּעַמְּךָ יִשְׂרָאֵל וּבִתְפִלָּתָם, וְהָשֵׁב אֶת הָעֲבוֹדָה לִדְבִיר בֵּיתֶךָ, וְאִשֵּׁי יִשְׂרָאֵל, וּתְפִלָּתָם בְּאַהֲבָה תְקַבֵּל בְּרָצוֹן, וּתְהִי לְרָצוֹן תָּמִיד עֲבוֹדַת יִשְׂרָאֵל עַמֶּךָ.

Modim Anachnu

מוֹדִים אֲנַחְנוּ לָךְ, שָׁאַתָּה הוּא, יְיָ אֱלֹהֵינוּ וֵאלֹהֵי אֲבוֹתֵינוּ, לְעוֹלָם וָעֶד, צוּר חַיֵּינוּ, מָגֵן יִשְׁעֵנוּ, אַתָּה הוּא. לְדוֹר וָדוֹר נוֹדֶה לְּךָ, וּנְסַפֵּר תְּהִלָּתֶךָ, עַל חַיֵּינוּ הַמְּסוּרִים בְּיָדֶךָ, וְעַל נִשְׁמוֹתֵינוּ הַפְּקוּדוֹת לָךְ, וְעַל נִסֶּיךָ שֶׁבְּכָל יוֹם עִמָּנוּ, וְעַל נִפְלְאוֹתֶיךָ וְטוֹבוֹתֶיךָ שֶׁבְּכָל עֵת, עֶרֶב וָבֹקֶר וְצָהֳרָיִם. הַטּוֹב כִּי לֹא כָלוּ רַחֲמֶיךָ, וְהַמְרַחֵם כִּי לֹא תַמּוּ חֲסָדֶיךָ, מֵעוֹלָם קִוִּינוּ לָךְ.

וְכֹל הַחַיִּים יוֹדוּךָ סֶּלָה, וִיהַלְלוּ אֶת שִׁמְךָ בֶּאֱמֶת, הָאֵל יְשׁוּעָתֵנוּ וְעֶזְרָתֵנוּ סֶלָה. בָּרוּךְ אַתָּה יְיָ, הַטּוֹב שִׁמְךָ וּלְךָ נָאֶה לְהוֹדוֹת.

Shalom Rav

שָׁלוֹם רָב עַל יִשְׂרָאֵל עַמְּךָ תָּשִׂים לְעוֹלָם, כִּי אַתָּה הוּא מֶלֶךְ אָדוֹן לְכָל הַשָּׁלוֹם. וְטוֹב בְּעֵינֶיךָ לְבָרֵךְ אֶת עַמְּךָ יִשְׂרָאֵל, בְּכָל עֵת וּבְכָל שָׁעָה בִּשְׁלוֹמֶךָ.

Lord, You alone shall rule over all You have made; on Mount Tzion the abode of Your glory, and in Jerusalem, the city of Your holiness, as it is written in Your holy word: The Lord shall reign forever; your God, O Tzion, from generation to generation. Hallelujah!

You are holy and Your name is awesome. There is no God but You, as it is written: The Lord of Hosts is exalted in judgment, and the Holy God is set apart by His righteousness. Blessed are You, Lord, the Holy King.

You have chosen us from among all peoples. You have loved us, and favored us, and have exalted us above all tongues. You have set us apart through your commandments. Our King, you have drawn us near to Your service, and we are called by Your great and holy name.

Be please, Lord our God, with your people Israel and with their prayer; restore the worship to your most holy sanctuary; accept Israel's offerings and prayer with gracious love. May the worship of your people Israel always be pleasing to you.

Modim Anachnu

Lord, we are eternally grateful that You are our God and the God of our fathers. You are the strength of our life and the Shield of our Salvation. We thank You from generation to generation, and recount Your praise; for our lives which are in Your hand; and for our souls which are in Your care; and for Your miracles which are seen every day; and for Your wondrous deeds and favors which are always with us---evening, morning and noon. You who are good, Your compassion never fails; Merciful One, Your loving kindness never ends; You have always been our hope.

All those living shall thank You and praise Your name forever, God, for You are our salvation and help. Blessed are You, Lord, Your name is good, and to You we are thankful.

Shalom Rav

Grant abundant peace to Israel, who will always be Your people, for You are He, King, who is Lord of all peace. May it be good in Your sight to bless Your people Israel in all times and in all hours with Your peace. Blessed are You, Lord, who is blessing His people Israel with peace.

(Add the following meditation after the Amidah)

אֱלֹהַי, נְצֹר לְשׁוֹנִי מֵרָע. וּשְׂפָתַי מִדַּבֵּר מִרְמָה. וְלִמְקַלְלַי נַפְשִׁי תִדּוֹם,
וְנַפְשִׁי כֶּעָפָר לַכֹּל תִּהְיֶה. פְּתַח לִבִּי בְּתוֹרָתֶךָ, וּבְמִצְוֹתֶיךָ תִּרְדּוֹף נַפְשִׁי.
וְכֹל הַחוֹשְׁבִים עָלַי רָעָה, מְהֵרָה הָפֵר עֲצָתָם וְקַלְקֵל מַחֲשַׁבְתָּם. עֲשֵׂה
לְמַעַן שְׁמֶךָ, עֲשֵׂה לְמַעַן יְמִינֶךָ, עֲשֵׂה לְמַעַן קְדֻשָּׁתֶךָ. עֲשֵׂה לְמַעַן תּוֹרָתֶךָ.
לְמַעַן יֵחָלְצוּן יְדִידֶיךָ, הוֹשִׁיעָה יְמִינְךָ וַעֲנֵנִי. יִהְיוּ לְרָצוֹן אִמְרֵי פִי וְהֶגְיוֹן
לִבִּי לְפָנֶיךָ, יְיָ צוּרִי וְגוֹאֲלִי. עֹשֶׂה שָׁלוֹם בִּמְרוֹמָיו, הוּא יַעֲשֶׂה שָׁלוֹם
עָלֵינוּ, וְעַל כָּל יִשְׂרָאֵל, וְאִמְרוּ, אָמֵן.

(On Shabbat Add)

Reader and Congregation:

וַיְכֻלּוּ הַשָּׁמַיִם וְהָאָרֶץ וְכָל צְבָאָם. וַיְכַל אֱלֹהִים בַּיּוֹם הַשְּׁבִיעִי, מְלַאכְתּוֹ
אֲשֶׁר עָשָׂה, וַיִּשְׁבֹּת בַּיּוֹם הַשְּׁבִיעִי, מִכָּל מְלַאכְתּוֹ אֲשֶׁר עָשָׂה. וַיְבָרֶךְ
אֱלֹהִים אֶת יוֹם הַשְּׁבִיעִי וַיְקַדֵּשׁ אֹתוֹ, כִּי בוֹ שָׁבַת מִכָּל מְלַאכְתּוֹ, אֲשֶׁר
בָּרָא אֱלֹהִים לַעֲשׂוֹת.

Reader:

בָּרוּךְ אַתָּה יְיָ, אֱלֹהֵינוּ וֵאלֹהֵי אֲבוֹתֵינוּ, אֱלֹהֵי אַבְרָהָם, אֱלֹהֵי יִצְחָק,
וֵאלֹהֵי יַעֲקֹב, הָאֵל הַגָּדוֹל הַגִּבּוֹר וְהַנּוֹרָא אֵל עֶלְיוֹן קוֹנֵה שָׁמַיִם וָאָרֶץ.

Congregation:

מָגֵן אָבוֹת בִּדְבָרוֹ, מְחַיֶּה מֵתִים בְּמַאֲמָרוֹ, הַמֶּלֶךְ הַקָּדוֹשׁ שֶׁאֵין כָּמוֹהוּ,
הַמֵּנִיחַ לְעַמּוֹ בְּיוֹם שַׁבַּת קָדְשׁוֹ, כִּי בָם רָצָה לְהָנִיחַ לָהֶם. לְפָנָיו נַעֲבוֹד
בְּיִרְאָה וָפַחַד, וְנוֹדֶה לִשְׁמוֹ בְּכָל יוֹם תָּמִיד, מֵעֵין הַבְּרָכוֹת. אֵל
הַהוֹדָאוֹת אֲדוֹן הַשָּׁלוֹם, מְקַדֵּשׁ הַשַּׁבָּת, וּמְבָרֵךְ שְׁבִיעִי, וּמֵנִיחַ בִּקְדֻשָּׁה
לְעַם מְדֻשְּׁנֵי עֹנֶג, זֵכֶר לְמַעֲשֵׂה בְרֵאשִׁית.

Reader:

אֱלֹהֵינוּ וֵאלֹהֵי אֲבוֹתֵינוּ, רְצֵה בִמְנוּחָתֵנוּ קַדְּשֵׁנוּ בְּמִצְוֹתֶיךָ וְתֵן חֶלְקֵנוּ
בְּתוֹרָתֶךָ, שַׂבְּעֵנוּ מִטּוּבֶךָ, וְשַׂמְּחֵנוּ בִּישׁוּעָתֶךָ, וְטַהֵר לִבֵּנוּ לְעָבְדְּךָ
בֶּאֱמֶת, וְהַנְחִילֵנוּ יְיָ אֱלֹהֵינוּ בְּאַהֲבָה וּבְרָצוֹן שַׁבַּת קָדְשֶׁךָ, וְיָנוּחוּ בָהּ
יִשְׂרָאֵל, מְקַדְּשֵׁי שְׁמֶךָ. בָּרוּךְ אַתָּה יְיָ, מְקַדֵּשׁ הַשַּׁבָּת.

(Add the following meditation after the Amidah)

My God, guard my tongue from evil, and my lips from speaking falsehood. May my soul be silent to those who insult me, and may my soul be humble before all. Open my heart to Your Torah, that my soul might follow Your commands. As for all who plot evil against me, thwart their counsel and upset their plans. Do it for the sake of Your Name. Do it for the sake of Your power. Do it for the sake of Your holiness. Do it for the sake of Your Torah, that the one on whom You have set Your love might be rescued; save with Your right hand and answer us. May the words that proceed from my mouth and the secret thoughts that are in my heart be pleasing to You, O Lord, for You are my Stronghold as well as my Redeemer. May He who creates peace in His high heavens create peace for us and for all Israel, and say, "Amen."

(On Shabbat Add)

Reader and Congregation:

Thus the heavens, and the earth, and all their hosts were finished. And on the seventh day God completed all the work in which He had been engaged, and on the seventh day He rested from all the work which He had made. And God blessed the seventh day calling it holy, for on it, He rested from all of the work which He had created.

Reader:

Blessed are You, Lord our God, and God of our fathers, God of Abraham, God Isaac and God of Jacob, the great, the mighty and the awesome God, God Most High, Master of the heavens and earth.

Congregation:

By His Word He was a shield to our fathers; at His bidding the dead are revived. The God, the Holy One, there is none to be compared to Him. The giver of rest was pleased to grant rest to His People on the Holy Sabbath day. We will serve Him with awe and reverence, and every day we will give thanks to His name for the blessings of that day. God of thanksgiving, Lord of peace, who sanctifies the Sabbath and gives blessing to the seventh day, in remembrance of the creation, grant holy, joyous rest to Your people.

Reader:

Our God and God of our fathers, be pleased with our rest. Set us apart through Your commandments, and grant us a portion in Your Torah. Satisfy us with Your goodness, and make us glad in Your salvation. Purify our hearts to serve You in truth, and grant us, Lord our God, in love and in grace, that Your holy Sabbath remain an inheritance, and that Israel, who sanctifies Your name, will rest on it. Blessed are You, Lord, who makes the Sabbath holy!

Psalm 24

לְדָוִד מִזְמוֹר, לַיְיָ הָאָרֶץ וּמְלוֹאָהּ, תֵּבֵל וְיֹשְׁבֵי בָהּ. כִּי הוּא עַל יַמִּים יְסָדָהּ, וְעַל
נְהָרוֹת יְכוֹנְנֶהָ. מִי יַעֲלֶה בְהַר יְיָ, וּמִי יָקוּם בִּמְקוֹם קָדְשׁוֹ. נְקִי כַפַּיִם וּבַר לֵבָב,
אֲשֶׁר לֹא נָשָׂא לַשָּׁוְא נַפְשִׁי, וְלֹא נִשְׁבַּע לְמִרְמָה. יִשָּׂא בְרָכָה מֵאֵת יְיָ, וּצְדָקָה
מֵאֱלֹהֵי יִשְׁעוֹ. זֶה דּוֹר דּוֹרְשָׁיו, מְבַקְשֵׁי פָנֶיךָ יַעֲקֹב, סֶלָה. שְׂאוּ שְׁעָרִים רָאשֵׁיכֶם,
וְהִנָּשְׂאוּ פִּתְחֵי עוֹלָם, וְיָבוֹא מֶלֶךְ הַכָּבוֹד. מִי זֶה מֶלֶךְ הַכָּבוֹד, יְיָ עִזּוּז וְגִבּוֹר יְיָ
גִּבּוֹר מִלְחָמָה. שְׂאוּ שְׁעָרִים רָאשֵׁיכֶם, וּשְׂאוּ פִּתְחֵי עוֹלָם, וְיָבֹא מֶלֶךְ הַכָּבוֹד. מִי
הוּא זֶה מֶלֶךְ הַכָּבוֹד, יְיָ צְבָאוֹת, הוּא מֶלֶךְ הַכָּבוֹד סֶלָה.

Readers's Kaddish

יִתְגַּדַּל וְיִתְקַדַּשׁ שְׁמֵהּ רַבָּא. בְּעָלְמָא דִי בְרָא כִרְעוּתֵהּ, וְיַמְלִיךְ מַלְכוּתֵהּ בְּחַיֵּיכוֹן
וּבְיוֹמֵיכוֹן וּבְחַיֵּי דְכָל בֵּית יִשְׂרָאֵל. בַּעֲגָלָא וּבִזְמַן קָרִיב, וְאִמְרוּ אָמֵן.

*Yit-gahdahl v'yit-kahdash sh'meh rahbah. B'ahl'mah dee v'rah chir'ooteh,
v'yahm'leech mahl'chooteh b'chah-yey-chohn oov'yoh-maychohn
oov'chah-yey d'chal beyt Yisrael. Bah-ah-gahlah ooviz-mahn kah-reev
v'imroo, Amen.*

יְהֵא שְׁמֵהּ רַבָּא מְבָרַךְ לְעָלַם וּלְעָלְמֵי עָלְמַיָּא.

Y'hay sh'may rahbah m'vahrach l'ah-lam ool'ahl'may ahl'mahyah.

יִתְבָּרַךְ וְיִשְׁתַּבַּח, וְיִתְפָּאַר וְיִתְרוֹמַם וְיִתְנַשֵּׂא וְיִתְהַדָּר וְיִתְעַלֶּה וְיִתְהַלָּל שְׁמֵהּ
דְקֻדְשָׁא, בְּרִיךְ הוּא, לְעֵלָּא וּלְעֵלָּא מִכָּל בִּרְכָתָא וְשִׁירָתָא, תֻּשְׁבְּחָתָא וְנֶחֱמָתָא,
דַּאֲמִירָן בְּעָלְמָא, וְאִמְרוּ אָמֵן.

*Yit'bahrach v'yish-tahbach, v'yit-pahahr v'yit-rohmahm v'yit-nahseh
v'yit-hadahr v'yit-ahleh v'yit-hah-lahl sh'may d'kood-shah b'reech hoo
l'ehlah u-l'ehlah mi-kahl bir-chah-tah v'she-rahtah, toosh'b'chahtah
v'neh-cheh-mahtah, dah-ah-mirahn b'ahl-mah, v'imroo, Amen.*

תִּתְקַבֵּל צְלוֹתְהוֹן וּבָעוּתְהוֹן דְכָל בֵּית יִשְׂרָאֵל קֳדָם אֲבוּהוֹן דִי בִשְׁמַיָּא, וְאִמְרוּ,
אָמֵן.

*Tit'kah-bell tz'loht-hohn oovah-oot'hohn d'chal beyt Yisrael kah-dahm
ahvoo-hohn dee vish'mahyim, v'imroo, Amen.*

יְהֵא שְׁלָמָא רַבָּא מִן שְׁמַיָּא וְחַיִּים עָלֵינוּ וְעַל כָּל יִשְׂרָאֵל, וְאִמְרוּ אָמֵן.

*Y'hay sh'lahmah rahbah min sh'mahyah v'chah-yeem ah-laynoo v'ahl kol
Yisrael, v'imroo, Amen.*

עֹשֶׂה שָׁלוֹם בִּמְרוֹמָיו הוּא יַעֲשֶׂה שָׁלוֹם עָלֵינוּ וְעַל כָּל יִשְׂרָאֵל, וְאִמְרוּ אָמֵן.

*Oh-seh shalom bim'rohmahv hoo yah-ahseh shalom ah-laynoo v'ahl kol
Yisrael, v'imroom, Amen.*

Psalm 24

A Psalm of David: The earth is the Lord's, and all its fullness; the world and all who dwell in it. He founded it upon the seas, and established it upon the rivers. Who can ascend the mountain of the Lord? And, who can stand in His holy place, but one with clean hands and a pure heart; who has not been carried away by a vain spirit, and does not swear deceitfully? *For him* there is blessing from the Lord, and justice from the God of his salvation. This generation speaks for Him, seeking your face, O Jacob *(Selah)*. Lift up your heads, O gates. Be lifted up, you everlasting doors, for the King of Glory to come in. Who is the King of Glory? The Lord strong and full of might; the Lord, who is mighty in battle. Lift up your heads O gates. Be lifted up, you everlasting doors, for the King of Glory to come in. Who is the King of Glory? The Lord of Hosts! He is the King of Glory!

Reader's Kaddish

Magnified and sanctified may God's great Name be throughout the world which He has created according to His will. May He establish His kingdom in our lifetime, and during our days, and within the life of the entire house of Israel, speedily and soon; and say, *"Amen."*

May the greatness of His Name be blessed forever and ever.

Let the Name of the Holy One, ***blessed is He***, be blessed and praised, glorified and exalted, extolled and honored, adored and lauded, exceedingly beyond all of the blessings and songs, praises and consolations that are ever spoken in this world, and say, *"Amen."*

May the prayers and supplications of the whole house of Israel be acceptable to our Heavenly Father, and say, *"Amen."*

May there be abundant peace from heaven, and life for us and for all Israel, and say, *"Amen."*

May He who creates peace in His high heavens create peace for us and for all Israel, and say, *"Amen."*

Alenu

עָלֵינוּ לְשַׁבֵּחַ לַאֲדוֹן הַכֹּל, לָתֵת גְּדֻלָּה לְיוֹצֵר בְּרֵאשִׁית, שֶׁלֹּא עָשָׂנוּ כְּגוֹיֵי
הָאֲרָצוֹת, וְלֹא שָׂמָנוּ כְּמִשְׁפְּחוֹת הָאֲדָמָה, שֶׁלֹּא שָׂם חֶלְקֵנוּ כָּהֶם, וְגֹרָלֵנוּ
כְּכָל הֲמוֹנָם וַאֲנַחְנוּ כּוֹרְעִים וּמִשְׁתַּחֲוִים וּמוֹדִים, לִפְנֵי מֶלֶךְ, מַלְכֵי
הַמְּלָכִים, הַקָּדוֹשׁ בָּרוּךְ הוּא.   שֶׁהוּא נוֹטֶה שָׁמַיִם וְיֹסֵד אָרֶץ, וּמוֹשַׁב יְקָרוֹ
בַּשָּׁמַיִם מִמַּעַל, וּשְׁכִינַת עֻזּוֹ בְּגָבְהֵי מְרוֹמִים, הוּא אֱלֹהֵינוּ אֵין עוֹד.   אֱמֶת
מַלְכֵּנוּ אֶפֶס זוּלָתוֹ, כַּכָּתוּב בְּתוֹרָתוֹ.   וְיָדַעְתָּ הַיּוֹם וַהֲשֵׁבֹתָ אֶל לְבָבֶךָ,
כִּי יְיָ הוּא הָאֱלֹהִים בַּשָּׁמַיִם מִמַּעַל, וְעַל הָאָרֶץ מִתָּחַת, אֵין עוֹד.

*Ah-laynoo l'shah-beh-ach leh-ah-dohn ha-kol, lah-teht g'doo-lah l'yoh-tzehr
b'reh-sheet, sheh-loh ah-sahnoo k'goh-yay ha-ah-rah-tzoht, v'loh
sah-mahnoo k'mish-p'choht ha-ah-dah-mah, sheh-loh sahm chehl'kehnoo
kah-hem, v'goh-rah-lehnoo k'chahl ha-moh-nahm vah-ah-nah-ch'noo
koh-r'eem oo-mish'tah-chah-veem oo-moh-deem, lif'nay meh-lech,
mahl'chay hahm'lah-cheem, ha-kah-dosh baruch hoo. Sheh-hoo noh-teh
shah-mah-yim v'yoh-sehd ah-retz, oo-moh-shahv y'kah-roh
bah-shah-mah-yim mi-mah-ahl, oosh-khee-naht oo-zoh b'gahv'hay
m'roh-meem, hoo Eh-loh-hay-noo ayn ohd. Em-eht mahl'kehnoo eh-fehs
zoo-lah-toh, kah-kah-toov b'toh-rah-toh. V'yah-dah-tah ha'yohm
vah-ha-sheh-vohtah ehl l'vah-veh-chah, kee Adonai hoo ha-Eh-loh-heem
bah-shah-mah-yim mi-mah-ahl, v'ahl ha-ah-retz mi-tah-chaht, ayn ohd.*

עַל כֵּן נְקַוֶּה לְךָ יְיָ אֱלֹהֵינוּ, לִרְאוֹת מְהֵרָה בְּתִפְאֶרֶת עֻזֶּךָ, לְהַעֲבִיר
גִּלּוּלִים מִן הָאָרֶץ וְהָאֱלִילִים כָּרוֹת יִכָּרֵתוּן.   לְתַקֵּן עוֹלָם בְּמַלְכוּת שַׁדַּי,
וְכָל בְּנֵי בָשָׂר יִקְרְאוּ בִשְׁמֶךָ.   לְהַפְנוֹת אֵלֶיךָ כָּל רִשְׁעֵי אָרֶץ. יַכִּירוּ
וְיֵדְעוּ כָּל יוֹשְׁבֵי תֵבֵל, כִּי לְךָ תִּכְרַע כָּל בֶּרֶךְ, תִּשָּׁבַע כָּל לָשׁוֹן. לְפָנֶיךָ
יְיָ אֱלֹהֵינוּ יִכְרְעוּ וְיִפֹּלוּ. וְלִכְבוֹד שִׁמְךָ יְקָר יִתֵּנוּ.   וִיקַבְּלוּ כֻלָּם אֶת עֹל
מַלְכוּתֶךָ.   וְתִמְלוֹךְ עֲלֵיהֶם מְהֵרָה לְעוֹלָם וָעֶד.   כִּי הַמַּלְכוּת שֶׁלְּךָ הִיא,
וּלְעוֹלְמֵי עַד תִּמְלוֹךְ בְּכָבוֹד.

Reader: כַּכָּתוּב בְּתוֹרָתֶךָ, יְיָ יִמְלֹךְ לְעוֹלָם וָעֶד.
Congregation: וְנֶאֱמַר, וְהָיָה יְיָ לְמֶלֶךְ עַל כָּל הָאָרֶץ, בַּיּוֹם הַהוּא יִהְיֶה יְיָ
אֶחָד, וּשְׁמוֹ אֶחָד.

*Reader: Ka-katuv b'torah-tekha: Adonai yim-loch l'olam vahed.
Congregation: V'neh-eh-mahr v'ha-ya Adonai l'melech ahl kol ha-aretz.
bah-yom ha-hoo yi-hi-yeh Adonai echad, oo-sh'moh echad.*

Alenu

It is our duty to give praise to the Lord of all, to ascribe greatness to Him who is the Creator from the beginning; for He has not made us like the nations of the other lands and He has not placed us like the families of the earth. He did not make our portion to be like theirs, nor our lot like that of all their multitudes. And therefore we bend the knee and bow, and acknowledge before the supreme King of kings, the Holy One, blessed be He, that He stretches forth the heavens and lays the foundations of the earth, and the seat of His glory is in the high heavens; the presence of His majesty is in the lofty heights. He is our God; there is no other. He is our King, truly, there is none beside Him, just as it is written in His Torah: "You shall know this day, and keep it in your heart, that the Lord, He is God in heaven above and on the earth beneath: There is none else."

Since we trust in You, Lord our God, may we soon behold the glory of Your might. When You remove the abominations from the earth and all idolatry is banished; when all the world will be made perfect under the reign of the Almighty and all the children of men will call on Your Name and all the wicked of the earth will be turned to You. May all the inhabitants of the world realize, and know, that every knee must bend and every tongue must swear allegiance to You. Lord our God, may they bend the knee and worship before You and give honor to the glory of Your Name. May they accept the yoke of Your kingdom, and may You establish Your reign over them quickly, forever and to eternity. The kingdom is Yours, and to all eternity You will reign in glory.

Reader:
As it is written in Your Torah: "The Lord will reign forever and ever."

Congregation:
And it is said, "And the Lord shall be King over all the earth; on that day the Lord will be One and His Name One."

Mourner's Kaddish

יִתְגַּדַּל וְיִתְקַדַּשׁ שְׁמֵהּ רַבָּא. בְּעָלְמָא דִּי בְרָא כִרְעוּתֵהּ, וְיַמְלִיךְ מַלְכוּתֵהּ בְּחַיֵּיכוֹן וּבְיוֹמֵיכוֹן וּבְחַיֵּי דְכָל בֵּית יִשְׂרָאֵל. בַּעֲגָלָא וּבִזְמַן קָרִיב, וְאִמְרוּ אָמֵן.

Yit-gahdahl v'yit-kahdash sh'meh rahbah. B'ahl'mah dee v'rah chir'ooteh,
v'yahm'leech mahl'chooteh b'chah-yey-chohn oov'yoh-maychohn
oov'chah-yey d'chal beyt Yisrael. Bah-ah-gahlah ooviz-mahn kah-reev
v'imroo, Amen.

יְהֵא שְׁמֵהּ רַבָּא מְבָרַךְ לְעָלַם וּלְעָלְמֵי עָלְמַיָּא.

Y'hay sh'may rahbah m'vahrach l'ah-lam ool'ahl'may ahl'mahyah.

יִתְבָּרַךְ וְיִשְׁתַּבַּח, וְיִתְפָּאַר וְיִתְרוֹמַם וְיִתְנַשֵּׂא וְיִתְהַדָּר וְיִתְעַלֶּה וְיִתְהַלָּל שְׁמֵהּ דְּקֻדְשָׁא, בְּרִיךְ הוּא, לְעֵלָּא וּלְעֵלָּא מִכָּל בִּרְכָתָא וְשִׁירָתָא, תֻּשְׁבְּחָתָא וְנֶחֱמָתָא, דַּאֲמִירָן בְּעָלְמָא, וְאִמְרוּ אָמֵן.

Yit'bahrach v'yish-tahbach, v'yit-pahahr v'yit-rohmahm v'yit-nahseh
v'yit-hadahr v'yit-ahleh v'yit-hah-lahl sh'may d'kood-shah b'reech hoo
l'ehlah u-l'ehlah mi-kahl bir-chah-tah v'she-rahtah, toosh'b'chahtah
v'neh-cheh-mahtah, dah-ah-mirahn b'ahl-mah, v'imroo, Amen.

יְהֵא שְׁלָמָא רַבָּא מִן שְׁמַיָּא וְחַיִּים עָלֵינוּ וְעַל כָּל יִשְׂרָאֵל, וְאִמְרוּ אָמֵן.

Y'hay sh'lahmah rahbah min sh'mahyah v'chah-yeem ah-laynoo v'ahl kol
Yisrael, v'imroo, Amen.

עֹשֶׂה שָׁלוֹם בִּמְרוֹמָיו הוּא יַעֲשֶׂה שָׁלוֹם עָלֵינוּ וְעַל כָּל יִשְׂרָאֵל, וְאִמְרוּ אָמֵן.

Oh-seh shalom bim'rohmahv hoo yah-ahseh shalom ah-laynoo v'ahl kol
Yisrael, v'imroom, Amen.

אַל תִּירָא מִפַּחַד פִּתְאֹם, וּמִשֹּׁאַת רְשָׁעִים כִּי תָבֹא. עֻצוּ עֵצָה וְתֻפָר, דַּבְּרוּ דָבָר וְלֹא יָקוּם, כִּי עִמָּנוּ אֵל. וְעַד זִקְנָה אֲנִי הוּא, וְעַד שֵׂיבָה אֲנִי אֶסְבֹּל, אֲנִי עָשִׂיתִי וַאֲנִי אֶשָּׂא, וַאֲנִי אֶסְבֹּל וַאֲמַלֵּט.

Mourner's Kaddish

Magnified and sanctified may God's great Name be throughout the world which He has created according to His will. May He establish His kingdom in our lifetime, and during our days, and within the life of the entire house of Israel, speedily and soon; and say, *"Amen."*

May the greatness of His Name be blessed forever and ever.

Let the Name of the Holy One, *blessed is He*, be blessed and praised, glorified and exalted, extolled and honored, adored and lauded, exceedingly beyond all of the blessings and songs, praises and consolations that are ever spoken in this world, and say, *"Amen."*

May there be abundant peace from heaven, and life for us and for all Israel, and say, *"Amen."*

May He who creates peace in His high heavens create peace for us and for all Israel, and say, *"Amen."*

Do not fear sudden terror, or the storm that strikes the wicked, for God is with us. "When you are old I will be the same; I will sustain you even when your hair has turned grey. I have made you, and I will bear you! I will sustain you and save you!"

Psalm 27

(Responsively)

לְדָוִד.

יְיָ אוֹרִי וְיִשְׁעִי מִמִּי אִירָא, יְיָ מָעוֹז חַיַּי מִמִּי אֶפְחָד.

בִּקְרֹב עָלַי מְרֵעִים, לֶאֱכֹל אֶת בְּשָׂרִי צָרַי וְאֹיְבַי לִי הֵמָּה כָּשְׁלוּ וְנָפָֽלוּ.

אִם תַּחֲנֶה עָלַי מַחֲנֶה לֹא יִירָא לִבִּי, אִם תָּקוּם עָלַי מִלְחָמָה בְּזֹאת אֲנִי בוֹטֵחַ.

אַחַת שָׁאַֽלְתִּי מֵאֵת יְיָ, אוֹתָהּ אֲבַקֵּשׁ שִׁבְתִּי בְּבֵית יְיָ, כָּל יְמֵי חַיַּי לַחֲזוֹת בְּנֹעַם יְיָ וּלְבַקֵּר בְּהֵיכָלוֹ.

כִּי יִצְפְּנֵֽנִי בְּסֻכֹּה בְּיוֹם רָעָה, יַסְתִּרֵֽנִי בְּסֵֽתֶר אָהֳלוֹ בְּצוּר יְרוֹמְמֵֽנִי.

וְעַתָּה יָרוּם רֹאשִׁי, עַל אֹיְבַי סְבִיבוֹתַי וְאֶזְבְּחָה בְאָהֳלוֹ זִבְחֵי תְרוּעָה, אָשִֽׁירָה וַאֲזַמְּרָה לַיְיָ.

שְׁמַע יְיָ קוֹלִי אֶקְרָא, וְחָנֵּֽנִי וַעֲנֵֽנִי.

לְךָ אָמַר לִבִּי, בַּקְּשׁוּ פָנָי.

אֶת פָּנֶֽיךָ יְיָ אֲבַקֵּשׁ.

אַל תַּסְתֵּר פָּנֶֽיךָ מִמֶּֽנִּי, אַל תַּט בְּאַף עַבְדֶּֽךָ.

עֶזְרָתִי הָיִֽיתָ, אַל תִּטְּשֵֽׁנִי וְאַל תַּעַזְבֵֽנִי אֱלֹהֵי יִשְׁעִי.

כִּי אָבִי וְאִמִּי עֲזָבֽוּנִי, וַיְיָ יַאַסְפֵֽנִי.

הוֹרֵֽנִי יְיָ דַּרְכֶּֽךָ, וּנְחֵֽנִי בְּאֹרַח מִישׁוֹר, לְמַֽעַן שׁוֹרְרָי.

אַל תִּתְּנֵֽנִי בְּנֶֽפֶשׁ צָרָי, כִּי קָֽמוּ בִי עֵֽדֵי שֶֽׁקֶר וִיפֵֽחַ חָמָס.

לוּלֵא הֶאֱמַֽנְתִּי, לִרְאוֹת בְּטוּב יְיָ בְּאֶֽרֶץ חַיִּים.

קַוֵּה אֶל יְיָ, חֲזַק וְיַאֲמֵץ לִבֶּֽךָ וְקַוֵּה אֶל יְיָ.

Psalm 27

(Responsively)

By David.

The Lord is my light and my salvation, who *else* shall I hold in awe? The Lord is the strength of my life, of whom shall I be afraid?

> ***When the wicked rose up against me to eat at my flesh, and my enemies and adversaries came to me growling, it is they who stumbled and fell.***

If he were encamped all around me, my heart would not be afraid. If war should rise up against me, I would still be confident.

> ***One thing I would ask of the Lord; one thing I will seek after, that I might dwell in the house of the Lord all the days of my life; to behold the beauty of the Lord, and to inquire in His temple.***

In the day of trouble He will hide me in His tabernacle. He will hide me under the cover of His tent, setting me safe upon the Rock.

> ***And so shall my head be lifted above my enemies who have surrounded me, so I will offer a sacrifice with the sound of the trumpet, and the voice of the singer, singing to the Lord.***

Lord, hear my voice when I call, be gracious and answer me.

> ***You said of my heart, "Seek My face."***

Lord, I will seek Your face.

> ***Do not hide Your face from me; do not turn Your servant away in anger.***

You have been my help. Do not cast me away and do not abandon me, for You are the God who saves.

> ***Though my father and my mother have abandoned me, the Lord will lift me up.***

Teach me Your way, O Lord, and let me rest in the path of righteousness, in spite of those who would rule over me.

> ***Do not give me up to the will of my enemy, for false witnesses have stood up against me, breathing violence.***

Were it not that I believe, I will see the goodness of the Lord in the land of the living...

> ***Trust in the Lord; be strong and be encouraged in your heart, and trust in the Lord.***

קִדּוּשׁ לְעֶרֶב רֹאשׁ הַשָּׁנָה

(On Erev Shabbat read the portions in parenthesis)

וַיְהִי עֶרֶב וַיְהִי בְקֶר יוֹם הַשִּׁשִּׁי. וַיְכֻלּוּ הַשָּׁמַיִם וְהָאָרֶץ וְכָל צְבָאָם. וַיְכַל אֱלֹהִים בַּיּוֹם הַשְּׁבִיעִי מְלַאכְתּוֹ אֲשֶׁר עָשָׂה, וַיִּשְׁבֹּת בַּיּוֹם הַשְּׁבִיעִי מִכָּל מְלַאכְתּוֹ אֲשֶׁר עָשָׂה. וַיְבָרֶךְ אֱלֹהִים אֶת יוֹם הַשְּׁבִיעִי וַיְקַדֵּשׁ אֹתוֹ, כִּי בוֹ שָׁבַת מִכָּל מְלַאכְתּוֹ, אֲשֶׁר בָּרָא אֱלֹהִים לַעֲשׂוֹת.

Vah-y'hee eh-rehv vah-y'hee voh-kehr yohm ha-shi-shee. Vah-ye-choo-loo ha-shah-mah-yim v'ha-ah-retz v'chal tzevah-ahm. Vah-ye-chal Eh-loheem bah-yohm hash-vee-ee melach-toh asher ah-sah, va-yish-bot ba-yohm hash-vee-ee mee-khal me-lakh-tow asher asaw. Vayey-va-rek Eloh-heem et yohm hash-vee-ee va-ye-kah-desh oh-toh, key voh shah-vaht mi-kahl melach-toh asher bah-rah Eloh-heem lah-ah-soht.

בָּרוּךְ אַתָּה יְיָ אֱלֹהֵינוּ מֶלֶךְ הָעוֹלָם, בּוֹרֵא פְּרִי הַגָּפֶן.

Baruch ah-tah Adonai Eh-loh-hay-noo meh-lehch ha-oh-lahm, boh-reh p'ree ha-gah-fen.

בָּרוּךְ אַתָּה יְיָ אֱלֹהֵינוּ מֶלֶךְ הָעוֹלָם, אֲשֶׁר בָּחַר בָּנוּ מִכָּל עָם, וְרוֹמְמָנוּ מִכָּל לָשׁוֹן, וְקִדְּשָׁנוּ בְּמִצְוֹתָיו. וַתִּתֶּן לָנוּ, יְיָ אֱלֹהֵינוּ, בְּאַהֲבָה אֶת יוֹם (הַשַּׁבָּת הַזֶּה וְאֶת יוֹם) הַזִּכָּרוֹן הַזֶּה, יוֹם (זִכְרוֹן) תְּרוּעָה (בְּאַהֲבָה) מִקְרָא קֹדֶשׁ, זֵכֶר לִיצִיאַת מִצְרָיִם. כִּי בָנוּ בָחַרְתָּ וְאוֹתָנוּ קִדַּשְׁתָּ מִכָּל הָעַמִּים, וּדְבָרְךָ אֱמֶת וְקַיָּם לָעַד. בָּרוּךְ אַתָּה יְיָ, מֶלֶךְ עַל כָּל הָאָרֶץ, מְקַדֵּשׁ (הַשַּׁבָּת וְ) יִשְׂרָאֵל וְיוֹם הַזִּכָּרוֹן.

Baruch atah Adonai Eloheinu melech ha-olam, asher vachar ba-noo mee-kal ahm, ve-rom-mah-noo mee-kahl lashon, ve-kideshah-noo bemitz-voh-tav. Va-ti-teynoo lanoo, Adonai Eloheinu, be-ah-ha-vah et yom (haShabbat hazeh, ve-et Yom) haZikaron hazeh, yom (zikron) teroo-ah (be-ah-ha-va) mik-rah kodesh ze-kehr li-tzee-aht Mitrayim. Key vah-noo vah-chahr'tah ve-oh-tah-noo ki-dahsh'tah mi-kahl ha-ah-meem, oo-devar-kah emet ve-ka-yam la-ahd. Baruch ah-tah Adonai, melech ahl kal ha-aretz , m'kah-desh (ha-Shabbat ve) Yisrael ve-Yom haZikaron.

בָּרוּךְ אַתָּה יְיָ אֱלֹהֵינוּ מֶלֶךְ הָעוֹלָם, שֶׁהֶחֱיָנוּ וְקִיְּמָנוּ וְהִגִּיעָנוּ לַזְּמַן הַזֶּה.

Baruch atah Adonai, Eloheinu Melech HaOlam, Shehekeyanu, Vekiyemanu, Vehigiyanu, Lazman hazeh!

יְהִי רָצוֹן מִלְּפָנֶיךָ, יְיָ אֱלֹהֵינוּ וֵאלֹהֵי אֲבוֹתֵינוּ שֶׁתְּחַדֵּשׁ עָלֵינוּ שָׁנָה טוֹבָה וּמְתוּקָה.

Kiddush for Rosh Hashanah Evening

(On Erev Shabbat read the portions in parenthesis)

(And there was evening and there was morning the sixth day. And thus the heavens, and the earth, and all their hosts were finished. And on the seventh day God completed all the work in which He had been engaged, and on the seventh day He rested from all the work which He had made. And God blessed the seventh day calling it holy, for on it He rested from all of the work which He had created.)

Blessed are You, Lord our God, King of the universe, Creator of the fruit of the vine.

Blessed are You, Lord our God, King of the universe, who has chosen and exalted us above all nations, and has set us apart with your commandments. You, Lord our God, have graciously given us (this Sabbath day and) this Day of Remembrance, a day for the blowing of the shofar, a holy festival in remembrance of the exodus from Egypt. Surely You have chosen and set us above all the peoples; Thy word is true and permanent forever. Blessed are You, Lord, King over all the earth, who makes holy (the Sabbath,) Israel and the Day of Remembrance.

Blessed are You, Lord our God, King of the Universe, who has kept us, and sustained us, and enabled us to reach this season!

May it be your will, Lord our God and God of our fathers, to grant us a happy and pleasant New Year.

שַׁחֲרִית לְרֹאשׁ הַשָּׁנָה

MaTovu

מַה טֹּבוּ אֹהָלֶיךָ יַעֲקֹב, מִשְׁכְּנֹתֶיךָ יִשְׂרָאֵל. וַאֲנִי בְּרֹב חַסְדְּךָ אָבוֹא
בֵיתֶךָ, אֶשְׁתַּחֲוֶה אֶל הֵיכַל קָדְשְׁךָ בְּיִרְאָתֶךָ. יְיָ אָהַבְתִּי מְעוֹן בֵּיתֶךָ,
וּמְקוֹם מִשְׁכַּן כְּבוֹדֶךָ. וַאֲנִי אֶשְׁתַּחֲוֶה וְאֶכְרָעָה, אֶבְרְכָה לִפְנֵי יְיָ עֹשִׂי.
וַאֲנִי תְפִלָּתִי לְךָ יְיָ, עֵת רָצוֹן, אֱלֹהִים בְּרָב חַסְדֶּךָ, עֲנֵנִי בֶּאֱמֶת יִשְׁעֶךָ.

Ma tovu oha-leha yaakov. Mish-k'no-teha yisrael. Va-ani b'rov has-d'ha, avo
vey-teha, Eshta-ha-veh el heyahl kod-sh'ha b'yira-teha. Adonai ahavti m'on
bey-teha. Um'kom mishkan k'vo-deha. Va-ani eshta-ha-veh vehara-a.
Ev-r'ha lifney Adonai osi. Va-ani t'filati l'ha Adonai eyt ratzon. Elohim b'rov
has-deha aneyni be-emet yish-eha.

Psalm 36:8-11

מַה יָּקָר חַסְדְּךָ, אֱלֹהִים וּבְנֵי אָדָם בְּצֵל כְּנָפֶיךָ יֶחֱסָיוּן. יִרְוְיֻן מִדֶּשֶׁן
בֵּיתֶךָ, וְנַחַל עֲדָנֶיךָ תַשְׁקֵם. כִּי עִמְּךָ מְקוֹר חַיִּים, בְּאוֹרְךָ נִרְאֶה אוֹר.
מְשֹׁךְ חַסְדְּךָ לְיֹדְעֶיךָ, וְצִדְקָתְךָ לְיִשְׁרֵי לֵב.

Psalm 30

מִזְמוֹר שִׁיר חֲנֻכַּת הַבַּיִת לְדָוִד. אֲרוֹמִמְךָ יְיָ כִּי דִלִּיתָנִי, וְלֹא שִׂמַּחְתָּ
אֹיְבַי לִי. יְיָ אֱלֹהָי, שִׁוַּעְתִּי אֵלֶיךָ וַתִּרְפָּאֵנִי. יְיָ הֶעֱלִיתָ מִן שְׁאוֹל נַפְשִׁי,
חִיִּיתַנִי מִיָּרְדִי בוֹר. זַמְּרוּ לַיְיָ חֲסִידָיו, וְהוֹדוּ לְזֵכֶר קָדְשׁוֹ. כִּי רֶגַע בְּאַפּוֹ,
חַיִּים בִּרְצוֹנוֹ, בָּעֶרֶב יָלִין בֶּכִי וְלַבֹּקֶר רִנָּה. וַאֲנִי אָמַרְתִּי בְשַׁלְוִי, בַּל
אֶמּוֹט לְעוֹלָם. יְיָ בִּרְצוֹנְךָ הֶעֱמַדְתָּה לְהַרְרִי עֹז, הִסְתַּרְתָּ פָנֶיךָ, הָיִיתִי
נִבְהָל. אֵלֶיךָ יְיָ אֶקְרָא, וְאֶל אֲדֹנָי אֶתְחַנָּן. מַה בֶּצַע בְּדָמִי, בְּרִדְתִּי אֶל
שָׁחַת, הֲיוֹדְךָ עָפָר הֲיַגִּיד אֲמִתֶּךָ. שְׁמַע יְיָ וְחָנֵּנִי, יְיָ הֱיֵה עֹזֵר לִי. הָפַכְתָּ
מִסְפְּדִי לְמָחוֹל לִי, פִּתַּחְתָּ שַׂקִּי וַתְּאַזְּרֵנִי שִׂמְחָה. לְמַעַן יְזַמֶּרְךָ כָבוֹד וְלֹא
יִדֹּם, יְיָ אֱלֹהַי לְעוֹלָם אוֹדֶךָּ.

Morning Service for Rosh Hashanah

MaTovu

How goodly are your dwellings, O Jacob, your habitations, O Israel. Thanks to Your abundant kindness, O Lord, I am able to enter Your house. I worship before Your holy temple in reverence; in this sacred place of worship. Lord, I love to be in Your house, the sanctuary dedicated to Your glory. Here I worship in Your presence, O Lord, my maker. In kindness, Lord, answer my prayer; mercifully, grant me Your abiding truth.

Psalm 36:8-11

How precious is Your loving kindness, O God. The children of man take refuge in the shadow of Your wings. They are satisfied on the choice foods of Your house, and from the stream of Your delight they are renewed. The source of life in found in You, and in Your brightness we will understand light. Stretch forth Your loving kindness to those who know You and Your justice to the upright of heart.

Psalm 30

A psalm, a song by David for the dedication of the house. I will extol You, O Lord, for You have lifted me up; You have not allowed my enemies to rejoice over me. Lord God, I called to You and You healed me. Lord, You lifted my soul from Sheol; You kept me alive so that I would not go down to the pit. Sing to the Lord you righteous, and give thanks by remembering His holy Name. His anger is but for a moment; His favor lasts for a lifetime. There may be sorrow in the night, but rejoicing comes with the dawn. In my strength I thought, "I cannot be shaken." Lord, because of Your favor my mountain was established as a stronghold, but when You hid Your face from me I was troubled. Lord God, I will cry to You, and will say to my God, "What profit is there in my blood if I were to die? Will the dust give You thanks? Will it tell of Your faithfulness? Hear me, O Lord, and have mercy on me; Lord, You are my help." So You changed my mourning into dancing. You removed my sackcloth and have clothed me with joy. Therefore, my soul will praise You; it will not be silent. Lord God, I will thank You forever.

Mourner's Kaddish

יִתְגַּדַּל וְיִתְקַדַּשׁ שְׁמֵהּ רַבָּא. בְּעָלְמָא דִי בְרָא כִרְעוּתֵהּ, וְיַמְלִיךְ מַלְכוּתֵהּ בְּחַיֵּיכוֹן וּבְיוֹמֵיכוֹן וּבְחַיֵּי דְכָל בֵּית יִשְׂרָאֵל. בַּעֲגָלָא וּבִזְמַן קָרִיב, וְאִמְרוּ אָמֵן.

Yit-gahdahl v'yit-kahdash sh'meh rahbah. B'ahl'mah dee v'rah chir'ooteh,
v'yahm'leech mahl'chooteh b'chah-yey-chohn oov'yoh-maychohn
oov'chah-yey d'chal beyt Yisrael. Bah-ah-gahlah ooviz-mahn kah-reev
v'imroo, Amen.

יְהֵא שְׁמֵהּ רַבָּא מְבָרַךְ לְעָלַם וּלְעָלְמֵי עָלְמַיָּא.

Y'hay sh'may rahbah m'vahrach l'ah-lam ool'ahl'may ahl'mahyah.

יִתְבָּרַךְ וְיִשְׁתַּבַּח, וְיִתְפָּאַר וְיִתְרוֹמַם וְיִתְנַשֵּׂא וְיִתְהַדָּר וְיִתְעַלֶּה וְיִתְהַלָּל שְׁמֵהּ דְּקֻדְשָׁא, בְּרִיךְ הוּא, לְעֵלָּא וּלְעֵלָּא מִכָּל בִּרְכָתָא וְשִׁירָתָא, תֻּשְׁבְּחָתָא וְנֶחֱמָתָא, דַּאֲמִירָן בְּעָלְמָא, וְאִמְרוּ אָמֵן.

Yit'bahrach v'yish-tahbach, v'yit-pahahr v'yit-rohmahm v'yit-nahseh
v'yit-hadahr v'yit-ahleh v'yit-hah-lahl sh'may d'kood-shah b'reech hoo
l'ehlah u-l'ehlah mi-kahl bir-chah-tah v'she-rahtah, toosh'b'chahtah
v'neh-cheh-mahtah, dah-ah-mirahn b'ahl-mah, v'imroo, Amen.

יְהֵא שְׁלָמָא רַבָּא מִן שְׁמַיָּא וְחַיִּים עָלֵינוּ וְעַל כָּל יִשְׂרָאֵל, וְאִמְרוּ אָמֵן.

Y'hay sh'lahmah rahbah min sh'mahyah v'chah-yeem ah-laynoo v'ahl kol
Yisrael, v'imroo, Amen.

עֹשֶׂה שָׁלוֹם בִּמְרוֹמָיו הוּא יַעֲשֶׂה שָׁלוֹם עָלֵינוּ וְעַל כָּל יִשְׂרָאֵל, וְאִמְרוּ אָמֵן.

Oh-seh shalom bim'rohmahv hoo yah-ahseh shalom ah-laynoo v'ahl kol
Yisrael, v'imroom, Amen.

Baruch Sheh-ah-mahr

בָּרוּךְ שֶׁאָמַר וְהָיָה הָעוֹלָם, בָּרוּךְ הוּא, בָּרוּךְ עֹשֶׂה בְרֵאשִׁית, בָּרוּךְ אוֹמֵר וְעֹשֶׂה, בָּרוּךְ גּוֹזֵר וּמְקַיֵּם, בָּרוּךְ מְרַחֵם עַל הָאָרֶץ, בָּרוּךְ מְרַחֵם עַל הַבְּרִיּוֹת, בָּרוּךְ מְשַׁלֵּם שָׂכָר טוֹב לִירֵאָיו, בָּרוּךְ חַי לָעַד וְקַיָּם לָנֶצַח, בָּרוּךְ פּוֹדֶה וּמַצִּיל, בָּרוּךְ שְׁמוֹ. בָּרוּךְ אַתָּה יְיָ אֱלֹהֵינוּ מֶלֶךְ הָעוֹלָם, הָאֵל הָאָב הָרַחֲמָן, הַמְהֻלָּל בְּפִי עַמּוֹ, מְשֻׁבָּח וּמְפֹאָר בִּלְשׁוֹן חֲסִידָיו וַעֲבָדָיו, וּבְשִׁירֵי דָוִד עַבְדֶּךָ. נְהַלֶּלְךָ יְיָ אֱלֹהֵינוּ בִּשְׁבָחוֹת וּבִזְמִרוֹת, וּנְגַדֶּלְךָ וּנְשַׁבֵּחֲךָ וּנְפָאֶרְךָ וְנַזְכִּיר שִׁמְךָ, וְנַמְלִיכְךָ, מַלְכֵּנוּ אֱלֹהֵינוּ, יָחִיד, חֵי הָעוֹלָמִים, מֶלֶךְ מְשֻׁבָּח וּמְפֹאָר עֲדֵי עַד שְׁמוֹ הַגָּדוֹל. בָּרוּךְ אַתָּה יְיָ, מֶלֶךְ מְהֻלָּל בַּתִּשְׁבָּחוֹת.

Mourner's Kaddish

Magnified and sanctified may God's great Name be throughout the world which He has created according to His will. May He establish His kingdom in our lifetime, and during our days, and within the life of the entire house of Israel, speedily and soon; and say, *"Amen."*

May the greatness of His Name be blessed forever and ever.

Let the Name of the Holy One, *blessed is He*, be blessed and praised, glorified and exalted, extolled and honored, adored and lauded, exceedingly beyond all of the blessings and songs, praises and consolations that are ever spoken in this world, and say, *"Amen."*

May there be abundant peace from heaven, and life for us and for all Israel, and say, *"Amen."*

May He who creates peace in His high heavens create peace for us and for all Israel, and say, *"Amen."*

Baruch Sheh-ah-mahr

Blessed is He who spoke the world into being, blessed is He. Blessed is He who was in the beginning. Blessed is He who spoke and it was. Blessed is He who decrees and is faithful. Blessed is He who shows mercy to the world. Blessed is He who shows mercy to all creatures. Blessed is He who rewards those who fear Him with good. Blessed is He who lives and has existed forever and to all eternity. Blessed is He who redeems and saves, bless His Name. Blessed are You, Lord our God, King of the universe, God, Father of mercy, who is praised by the mouth of Your people; extolled and glorified by the tongue of Your righteous servants. Lord our God, we give You praise through the songs of David, Your servant. Through his hymns and psalms we will exalt, and honor and glorify You. We will declare Your name; declaring You King, our King, our God. You alone, O King, are the life of the universe; the greatness of Your Name will be praised and glorified forever and ever. Blessed are You, Lord, King who is praised in song.

1 Chronicles 16:8-36

הוֹדוּ לַיְיָ קִרְאוּ בִשְׁמוֹ, הוֹדִיעוּ בָעַמִּים עֲלִילֹתָיו. שִׁירוּ לוֹ, זַמְּרוּ לוֹ, שִׂיחוּ בְּכָל נִפְלְאֹתָיו. הִתְהַלְלוּ בְּשֵׁם קָדְשׁוֹ, יִשְׂמַח לֵב מְבַקְשֵׁי יְיָ. דִּרְשׁוּ יְיָ וְעֻזּוֹ, בַּקְּשׁוּ פָנָיו תָּמִיד. זִכְרוּ נִפְלְאֹתָיו אֲשֶׁר עָשָׂה, מֹפְתָיו וּמִשְׁפְּטֵי פִיהוּ. זֶרַע יִשְׂרָאֵל עַבְדּוֹ, בְּנֵי יַעֲקֹב בְּחִירָיו. הוּא יְיָ אֱלֹהֵינוּ, בְּכָל הָאָרֶץ מִשְׁפָּטָיו.

זִכְרוּ לְעוֹלָם בְּרִיתוֹ, דָּבָר צִוָּה לְאֶלֶף דּוֹר. אֲשֶׁר כָּרַת אֶת אַבְרָהָם, וּשְׁבוּעָתוֹ לְיִצְחָק. וַיַּעֲמִידֶהָ לְיַעֲקֹב לְחֹק, לְיִשְׂרָאֵל בְּרִית עוֹלָם. לֵאמֹר לְךָ אֶתֵּן אֶרֶץ כְּנָעַן, חֶבֶל נַחֲלַתְכֶם. בִּהְיוֹתְכֶם מְתֵי מִסְפָּר, כִּמְעַט וְגָרִים בָּהּ. וַיִּתְהַלְכוּ מִגּוֹי אֶל גּוֹי, וּמִמַּמְלָכָה אֶל עַם אַחֵר. לֹא הִנִּיחַ לְאִישׁ לְעָשְׁקָם, וַיּוֹכַח עֲלֵיהֶם מְלָכִים. אַל תִּגְּעוּ בִּמְשִׁיחָי, וּבִנְבִיאַי אַל תָּרֵעוּ.

שִׁירוּ לַיְיָ כָּל הָאָרֶץ, בַּשְּׂרוּ מִיּוֹם אֶל יוֹם יְשׁוּעָתוֹ. סַפְּרוּ בַגּוֹיִם אֶת כְּבוֹדוֹ, בְּכָל הָעַמִּים נִפְלְאוֹתָיו. כִּי גָדוֹל יְיָ וּמְהֻלָּל מְאֹד, וְנוֹרָא הוּא עַל כָּל אֱלֹהִים. כִּי כָּל אֱלֹהֵי הָעַמִּים אֱלִילִים. וַיְיָ שָׁמַיִם עָשָׂה. הוֹד וְהָדָר לְפָנָיו, עֹז וְחֶדְוָה בִּמְקֹמוֹ. הָבוּ לַיְיָ מִשְׁפְּחוֹת עַמִּים, הָבוּ לַיְיָ כָּבוֹד וָעֹז. הָבוּ לַיְיָ כְּבוֹד שְׁמוֹ, שְׂאוּ מִנְחָה וּבֹאוּ לְפָנָיו, הִשְׁתַּחֲווּ לַיְיָ בְּהַדְרַת קֹדֶשׁ.

חִילוּ מִלְּפָנָיו כָּל הָאָרֶץ, אַף תִּכּוֹן תֵּבֵל בַּל תִּמּוֹט. יִשְׂמְחוּ הַשָּׁמַיִם וְתָגֵל הָאָרֶץ, וְיֹאמְרוּ בַגּוֹיִם יְיָ מָלָךְ. יִרְעַם הַיָּם וּמְלוֹאוֹ, יַעֲלֹץ הַשָּׂדֶה וְכָל אֲשֶׁר בּוֹ. אָז יְרַנְּנוּ עֲצֵי הַיָּעַר, מִלְּפְנֵי יְיָ, כִּי בָא לִשְׁפּוֹט אֶת הָאָרֶץ. הוֹדוּ לַיְיָ כִּי טוֹב, כִּי לְעוֹלָם חַסְדּוֹ. וְאִמְרוּ הוֹשִׁיעֵנוּ אֱלֹהֵי יִשְׁעֵנוּ, וְקַבְּצֵנוּ וְהַצִּילֵנוּ מִן הַגּוֹיִם, לְהֹדוֹת לְשֵׁם קָדְשֶׁךָ, לְהִשְׁתַּבֵּחַ בִּתְהִלָּתֶךָ. בָּרוּךְ יְיָ אֱלֹהֵי יִשְׂרָאֵל מִן הָעוֹלָם וְעַד הָעֹלָם, וַיֹּאמְרוּ כָל הָעָם, אָמֵן וְהַלֵּל לַיְיָ.

רוֹמְמוּ יְיָ אֱלֹהֵינוּ, וְהִשְׁתַּחֲווּ לַהֲדֹם רַגְלָיו קָדוֹשׁ הוּא. רוֹמְמוּ יְיָ אֱלֹהֵינוּ וְהִשְׁתַּחֲווּ לְהַר קָדְשׁוֹ, כִּי קָדוֹשׁ יְיָ אֱלֹהֵינוּ. וְהוּא רַחוּם, יְכַפֵּר עָוֹן, וְלֹא יַשְׁחִית, וְהִרְבָּה לְהָשִׁיב אַפּוֹ, וְלֹא יָעִיר כָּל חֲמָתוֹ. אַתָּה יְיָ, לֹא תִכְלָא רַחֲמֶיךָ מִמֶּנִּי, חַסְדְּךָ וַאֲמִתְּךָ תָּמִיד יִצְּרוּנִי. זְכֹר רַחֲמֶיךָ יְיָ וַחֲסָדֶיךָ, כִּי מֵעוֹלָם הֵמָּה. תְּנוּ עֹז לֵאלֹהִים, עַל יִשְׂרָאֵל גַּאֲוָתוֹ, וְעֻזּוֹ בַּשְּׁחָקִים. נוֹרָא אֱלֹהִים מִמִּקְדָּשֶׁיךָ, אֵל יִשְׂרָאֵל, הוּא נֹתֵן עֹז וְתַעֲצֻמוֹת לָעָם, בָּרוּךְ אֱלֹהִים. אֵל נְקָמוֹת יְיָ, אֵל נְקָמוֹת הוֹפִיעַ. הִנָּשֵׂא שֹׁפֵט הָאָרֶץ, הָשֵׁב גְּמוּל עַל גֵּאִים. לַיְיָ הַיְשׁוּעָה, עַל עַמְּךָ בִרְכָתֶךָ סֶּלָה. יְיָ צְבָאוֹת עִמָּנוּ, מִשְׂגָּב לָנוּ, אֱלֹהֵי יַעֲקֹב סֶלָה. יְיָ צְבָאוֹת, אַשְׁרֵי אָדָם בֹּטֵחַ בָּךְ. יְיָ הוֹשִׁיעָה הַמֶּלֶךְ יַעֲנֵנוּ, בְיוֹם קָרְאֵנוּ.

1 Chronicles 16:8-36

Give thanks to the Lord; call on His Name. Make His deeds known among the peoples. Sing to Him, praise Him, speak of His wondrous deeds. Glory in the Holy name; Let those who seek the Lord with their heart rejoice. Seek the Lord and His strength; seek His face always. Remember the wonders and the marvels He has done; the judgments of His mouth. O seed of Israel, His servant, children of Jacob, His chosen; He is the Lord our God. His judgments are in the whole earth.

Remember His covenant forever. The word He promised will last for a thousand generations; the oath which He declared to Abraham and to Isaac. He confirmed it as a statute to Jacob; to Israel as a covenant forever, saying, "I will give you the land of Canaan as a part of your inheritance." While you were very few in number and strangers in it; while you went about from nation to nation and from kingdom to kingdom He permitted no one to harm you. He warned kings concerning you: "Do not touch My anointed; do not cause harm to My prophets."

Let all the earth sing to the Lord; declare His salvation from day to day. Speak to the nations of His glory; to the peoples of His wonders. For great is the Lord who is worthy of praise; He is to be feared above all gods. For the gods of the peoples are mere idols, but the Lord made the heavens. Beauty and majesty are found in His countenance; in His place are found strength and joy. Ascribe to the Lord, O families of peoples, ascribe to the Lord glory and strength. Give honor to the name of the Lord; bring an offering when you come before Him. Worship the Lord who is clothed in holiness.

Tremble before Him all the earth, for the world is firmly established. It shall not be moved. The heavens will rejoice and the earth will be glad, and they will say among the nations, "The Lord is King." The sea in all its fullness will roar; the field and all that is in it will rejoice; the trees of the forest will sing to the Lord who comes to rule the world. Give thanks to the Lord, who is good; His loving kindness is everlasting. Say, "Lord of our salvation, save us. Gather us together and deliver us from the nations, that we might give thanks to Your holy Name; that we might triumph in Your praise." Bless the Lord God of Israel, from eternity and to eternity." And all the people said, "Amen," and they praised the Lord.

Exalt the Lord our God, who is holy, and worship at His footstool. Exalt the Lord our God, and worship at his holy mountain, for the Lord our God is holy. He is full of mercy and will forgive our trespasses, and will not destroy. Often He will turn His anger away, and He will not allow His wrath to break forth. Lord, You will not withhold Your mercy from me; Your loving kindness and faithfulness will always guard me. Lord, remember Your mercy and Your compassion which have always been Yours. Honor God, who rules over Israel; who is glorified in the heavens. Lord, You are revered in Your sanctuary, for the God of Israel gives strength and power to His people. Blessed be God; for salvation belongs to the Lord. Your blessings be upon Your people. The Lord of Hosts is with us; the God of Jacob is our stronghold. Lord of Hosts, happy is the man who trusts in You. Lord of salvation; may the King answer us in the day we call.

הוֹשִׁיעָה אֶת עַמֶּךָ, וּבָרֵךְ אֶת נַחֲלָתֶךָ, וּרְעֵם וְנַשְּׂאֵם עַד הָעוֹלָם. נַפְשֵׁנוּ חִכְּתָה לַיְיָ, עֶזְרֵנוּ וּמָגִנֵּנוּ הוּא. כִּי בוֹ יִשְׂמַח לִבֵּנוּ, כִּי בְשֵׁם קָדְשׁוֹ בָטָחְנוּ. יְהִי חַסְדְּךָ יְיָ עָלֵינוּ, כַּאֲשֶׁר יִחַלְנוּ לָךְ. הַרְאֵנוּ יְיָ חַסְדֶּךָ, וְיֶשְׁעֲךָ תִּתֶּן לָנוּ. קוּמָה עֶזְרָתָה לָּנוּ, וּפְדֵנוּ לְמַעַן חַסְדֶּךָ. אָנֹכִי יְיָ אֱלֹהֶיךָ, הַמַּעַלְךָ מֵאֶרֶץ מִצְרָיִם, הַרְחֶב פִּיךָ וַאֲמַלְאֵהוּ. אַשְׁרֵי הָעָם שֶׁכָּכָה לּוֹ, אַשְׁרֵי הָעָם שֶׁיְיָ אֱלֹהָיו. *(Reader)* וַאֲנִי בְּחַסְדְּךָ בָטַחְתִּי, יָגֵל לִבִּי בִּישׁוּעָתֶךָ, אָשִׁירָה לַיְיָ, כִּי גָמַל עָלָי.

Psalm 19

לַמְנַצֵּחַ מִזְמוֹר לְדָוִד: הַשָּׁמַיִם מְסַפְּרִים כְּבוֹד אֵל וּמַעֲשֵׂה יָדָיו מַגִּיד הָרָקִיעַ. יוֹם לְיוֹם יַבִּיעַ אֹמֶר וְלַיְלָה לְּלַיְלָה יְחַוֶּה דָּעַת. אֵין אֹמֶר וְאֵין דְּבָרִים בְּלִי נִשְׁמָע קוֹלָם. בְּכָל הָאָרֶץ יָצָא קַוָּם וּבִקְצֵה תֵבֵל מִלֵּיהֶם, לַשֶּׁמֶשׁ שָׂם אֹהֶל בָּהֶם. וְהוּא כְּחָתָן יֹצֵא מֵחֻפָּתוֹ יָשִׂישׂ כְּגִבּוֹר לָרוּץ אֹרַח. מִקְצֵה הַשָּׁמַיִם מוֹצָאוֹ וּתְקוּפָתוֹ עַל קְצוֹתָם וְאֵין נִסְתָּר מֵחַמָּתוֹ. תּוֹרַת יְיָ תְּמִימָה מְשִׁיבַת נָפֶשׁ עֵדוּת יְיָ נֶאֱמָנָה מַחְכִּימַת פֶּתִי. פִּקּוּדֵי יְיָ יְשָׁרִים מְשַׂמְּחֵי לֵב מִצְוַת יְיָ בָּרָה מְאִירַת עֵינָיִם. יִרְאַת יְיָ טְהוֹרָה עוֹמֶדֶת לָעַד מִשְׁפְּטֵי יְיָ אֱמֶת, צָדְקוּ יַחְדָּו. הַנֶּחֱמָדִים מִזָּהָב וּמִפַּז רָב וּמְתוּקִים מִדְּבַשׁ וְנֹפֶת צוּפִים. גַּם עַבְדְּךָ נִזְהָר בָּהֶם בְּשָׁמְרָם עֵקֶב רָב. שְׁגִיאוֹת מִי יָבִין מִנִּסְתָּרוֹת נַקֵּנִי. גַּם מִזֵּדִים חֲשֹׂךְ עַבְדֶּךָ אַל יִמְשְׁלוּ בִי, אָז אֵיתָם, וְנִקֵּיתִי מִפֶּשַׁע רָב. *(Reader)* יִהְיוּ לְרָצוֹן אִמְרֵי פִי, וְהֶגְיוֹן לִבִּי לְפָנֶיךָ, יְיָ צוּרִי וְגוֹאֲלִי.

Save Your people and bless Your inheritance; always watch over them and sustain them. Our soul waited for the Lord; He is our strength and our shield. Our heart will find joy in Him, for our trust is in His holy Name. Lord, allow Your loving kindness to rest on us, for our trust is found in You. Lord show us Your mercy, and grant us Your salvation. Because of Your loving kindness, come to our aid, and set us free. I am the Lord your God who took you out of the Land of Egypt; open your mouth wide and I will fill it. The people who are in this situation shall be glad, for happy are the people whose God is the Lord. I have put my trust in Your loving kindness; my heart shall rejoice in Your salvation. I will sing to the Lord, for He has treated me with kindness.

Psalm 19

A Psalm of David, for the song leader: The heavens declare the glory of God; the expanse of heaven speaks of the work of His hands. Day after day and night after night speech pours forth, revealing knowledge. We say, "There is no speech! There are no words!" for their voice is unheard. Yet their message has gone through all the earth; and it will be so till the end of the world. He set the heavens as the dwelling place for the sun, which is like a bridegroom coming out of his chamber; like an athlete who rejoices in the running of the course. It sets out from one end of heaven, and passes round to the other end; the Lord's testimony is able to be trusted; its wisdom is simple. The Lord's statutes are right; they make the heart glad. The Lord's commandment is clear, bringing light to the eyes. Fear of the Lord is pure; it endures for all time. The judgments of the Lord are completely true and righteous; they are more desirable than gold, even refined gold. They are sweeter than honey that has come from the honeycomb. In them Your servant is warned, for in keeping them there is great reward. Who will be able to know his own errors? Do not hold me guilty for unknown sins, and keep Your servant from sins of presumption. Do not allow them to rule over me. Only then will I be blameless; clear of all transgression. May the words that proceed from my mouth and the secret thoughts that are in my heart be pleasing to You, O Lord, for You are my Stronghold as well as my Redeemer.

Psalm 34

לְדָוִד בְּשַׁנּוֹתוֹ אֶת טַעְמוֹ לִפְנֵי אֲבִימֶלֶךְ, וַיְגָרֲשֵׁהוּ וַיֵּלַךְ. אֲבָרְכָה אֶת יְיָ
בְּכָל עֵת, תָּמִיד תְּהִלָּתוֹ בְּפִי. בַּיְיָ תִּתְהַלֵּל נַפְשִׁי, יִשְׁמְעוּ עֲנָוִים וְיִשְׂמָחוּ.
גַּדְּלוּ לַיְיָ אִתִּי וּנְרוֹמְמָה שְׁמוֹ יַחְדָּו. דָּרַשְׁתִּי אֶת יְיָ וְעָנָנִי וּמִכָּל מְגוּרוֹתַי
הִצִּילָנִי. הִבִּיטוּ אֵלָיו וְנָהָרוּ, וּפְנֵיהֶם אַל יֶחְפָּרוּ. זֶה עָנִי קָרָא וַיְיָ שָׁמֵעַ,
וּמִכָּל צָרוֹתָיו הוֹשִׁיעוֹ. חֹנֶה מַלְאַךְ יְיָ סָבִיב לִירֵאָיו וַיְחַלְּצֵם. טַעֲמוּ וּרְאוּ
כִּי טוֹב יְיָ, אַשְׁרֵי הַגֶּבֶר יֶחֱסֶה בּוֹ. יְראוּ אֶת יְיָ קְדֹשָׁיו כִּי אֵין מַחְסוֹר
לִירֵאָיו. כְּפִירִים רָשׁוּ וְרָעֵבוּ וְדֹרְשֵׁי יְיָ לֹא יַחְסְרוּ כָל טוֹב. לְכוּ בָנִים
שִׁמְעוּ לִי, יִרְאַת יְיָ אֲלַמֶּדְכֶם. מִי הָאִישׁ הֶחָפֵץ חַיִּים, אֹהֵב יָמִים לִרְאוֹת
טוֹב. נְצֹר לְשׁוֹנְךָ מֵרָע וּשְׂפָתֶיךָ מִדַּבֵּר מִרְמָה. סוּר מֵרָע וַעֲשֵׂה טוֹב,
בַּקֵּשׁ שָׁלוֹם וְרָדְפֵהוּ. עֵינֵי יְיָ אֶל צַדִּיקִים, וְאָזְנָיו אֶל שַׁוְעָתָם: פְּנֵי יְיָ
בְּעֹשֵׂי רָע, לְהַכְרִית מֵאֶרֶץ זִכְרָם. צָעֲקוּ וַיְיָ שָׁמֵעַ וּמִכָּל צָרוֹתָם הִצִּילָם.
קָרוֹב יְיָ לְנִשְׁבְּרֵי לֵב, וְאֶת דַּכְּאֵי רוּחַ יוֹשִׁיעַ. רַבּוֹת רָעוֹת צַדִּיק וּמִכֻּלָּם
יַצִּילֶנּוּ יְיָ. שֹׁמֵר כָּל עַצְמוֹתָיו, אַחַת מֵהֵנָּה לֹא נִשְׁבָּרָה. תְּמוֹתֵת רָשָׁע
רָעָה, וְשֹׂנְאֵי צַדִּיק יֶאְשָׁמוּ. *(Reader)* פּוֹדֶה יְיָ נֶפֶשׁ עֲבָדָיו, וְלֹא יֶאְשְׁמוּ
כָּל הַחֹסִים בּוֹ.

Psalm 90

תְּפִלָּה לְמֹשֶׁה אִישׁ הָאֱלֹהִים, אֲדֹנָי מָעוֹן אַתָּה הָיִיתָ לָּנוּ בְּדֹר וָדֹר.
בְּטֶרֶם הָרִים יֻלָּדוּ וַתְּחוֹלֵל אֶרֶץ וְתֵבֵל, וּמֵעוֹלָם עַד עוֹלָם אַתָּה אֵל.
תָּשֵׁב אֱנוֹשׁ עַד דַּכָּא, וַתֹּאמֶר שׁוּבוּ בְנֵי אָדָם. כִּי אֶלֶף שָׁנִים בְּעֵינֶיךָ
כְּיוֹם אֶתְמוֹל כִּי יַעֲבֹר וְאַשְׁמוּרָה בַלָּיְלָה. זְרַמְתָּם, שֵׁנָה יִהְיוּ, בַּבֹּקֶר
כֶּחָצִיר יַחֲלֹף. בַּבֹּקֶר יָצִיץ וְחָלָף לָעֶרֶב יְמוֹלֵל וְיָבֵשׁ. כִּי כָלִינוּ בְאַפֶּךָ
וּבַחֲמָתְךָ נִבְהָלְנוּ. שַׁתָּ עֲוֹנֹתֵינוּ לְנֶגְדֶּךָ עֲלֻמֵנוּ לִמְאוֹר פָּנֶיךָ. כִּי כָל
יָמֵינוּ פָּנוּ בְעֶבְרָתֶךָ כִּלִּינוּ שָׁנֵינוּ כְמוֹ הֶגֶה. יְמֵי שְׁנוֹתֵינוּ בָהֶם שִׁבְעִים
שָׁנָה, וְאִם בִּגְבוּרֹת שְׁמוֹנִים שָׁנָה, וְרָהְבָּם עָמָל וָאָוֶן, כִּי גָז חִישׁ וַנָּעֻפָה.
מִי יוֹדֵעַ עֹז אַפֶּךָ, וּכְיִרְאָתְךָ עֶבְרָתֶךָ. לִמְנוֹת יָמֵינוּ כֵּן הוֹדַע וְנָבִא לְבַב
חָכְמָה. שׁוּבָה יְיָ עַד מָתָי וְהִנָּחֵם עַל עֲבָדֶיךָ. שַׂבְּעֵנוּ בַבֹּקֶר חַסְדֶּךָ,
וּנְרַנְּנָה וְנִשְׂמְחָה בְּכָל יָמֵינוּ. שַׂמְּחֵנוּ כִּימוֹת עִנִּיתָנוּ שְׁנוֹת רָאִינוּ רָעָה.
(Reader) יֵרָאֶה אֶל עֲבָדֶיךָ פָעֳלֶךָ וַהֲדָרְךָ עַל בְּנֵיהֶם. וִיהִי נֹעַם אֲדֹנָי
אֱלֹהֵינוּ עָלֵינוּ, וּמַעֲשֵׂה יָדֵינוּ כּוֹנְנָה עָלֵינוּ, וּמַעֲשֵׂה יָדֵינוּ כּוֹנְנֵהוּ.

Psalm 34

A song of David, when he feigned madness before Abimelech,who then drove him out, and he departed. I will bless the Lord at all times; His song is always in my mouth. My soul makes its boast in the Lord; those who are humble hear and are glad. Exalt the Lord with me; let us tell of His Name together. I called to the Lord and He answered me; He delivered me from all my fears. Those who looked to Him are glad; they will never be put to shame. In poverty the poor cried out, and the Lord heard; He saved him from all of his troubles. The Angel of the Lord is around those who fear Him, and He rescues them. Look, see the goodness of the Lord; happy is the one who trusts Him. Fear the Lord, you righteous; those who fear Him want for nothing. Young lions may suffer want and hunger, but those who seek the Lord shall want for no good thing. Come children, come listen to me; I will teach you the fear of the Lord. Who is the man that desires to live and longs for a life filled with good? Just keep your tongue from evil, and your lips from lies. Run from evil and do what is right; seek peace, indeed pursue it. The eyes of the Lord are on the righteous; His ears hear their cry. The Lord has set His anger against the wicked; their trace shall be cut off from the earth. When the righteous cry, He listens and delivers them from all their troubles. The Lord comes near to those who have a broken heart; He saves those whose spirit is bruised. The righteous may experience many troubles, but the Lord delivers them from them all. All of his bones are guarded; not even one shall be broken. Evil shall destroy the wicked, and those who hate the righteous are condemned. The Lord redeems the soul of His servants; those who trust in Him are never left desolate.

Psalm 90

A prayer of Moses, the man of God. Lord, You have been our shelter generation after generation. Before the mountains were made, before the earth and the world were formed; from eternity to eternity You are God. You turn men to dust, saying, "Return, O children of men." A thousand years in Your sight are like a day which has past; it is but a watch in the night. You sweep them away and they sleep; they are like the grass that grows in the morning. In the morning it will flourish and grow; in the evening it will wither and fade. We have been consumed by Your anger; by Your wrath we are filled with terror. You have set our sins before You; all of our secret sins have been laid bare in the light of Your countenance. All of our days have passed away because of Your anger. Suddenly our years are over; they are like the sound of a sigh. Our length of days is seventy years, perhaps, if we are strong, eighty; their only boast is their labors and their sorrows, they speed by and we are gone. Who understands the power of Your wrath, for if we knew Your anger, we would fear You all the more. Teach us to number our days, that we might gain a heart of wisdom. Lord, how long will it be before You return, and have compassion on Your servants? Satisfy us in the morning with Your loving kindness, then we will sing and be glad all of our days. Gladden us according to the number of days in which we were afflicted; the years in which we have seen evil. May Your works be revealed to Your servants; Your glory to their children. Lord our God, may Your good will rest on us, and may You establish the work of our hands; establish the work of our hands.

Psalm 91

יֹשֵׁב בְּסֵתֶר עֶלְיוֹן, בְּצֵל שַׁדַּי יִתְלוֹנָן. אֹמַר לַיְיָ מַחְסִי וּמְצוּדָתִי, אֱלֹהַי אֶבְטַח בּוֹ. כִּי הוּא יַצִּילְךָ מִפַּח יָקוּשׁ מִדֶּבֶר הַוּוֹת. בְּאֶבְרָתוֹ יָסֶךְ לָךְ, וְתַחַת כְּנָפָיו תֶּחְסֶה, צִנָּה וְסֹחֵרָה אֲמִתּוֹ. לֹא תִירָא מִפַּחַד לָיְלָה, מֵחֵץ יָעוּף יוֹמָם. מִדֶּבֶר בָּאֹפֶל יַהֲלֹךְ מִקֶּטֶב יָשׁוּד צָהֳרָיִם. יִפֹּל מִצִּדְּךָ אֶלֶף וּרְבָבָה מִימִינֶךָ אֵלֶיךָ לֹא יִגָּשׁ. רַק בְּעֵינֶיךָ תַבִּיט, וְשִׁלֻּמַת רְשָׁעִים תִּרְאֶה. כִּי אַתָּה יְיָ מַחְסִי, עֶלְיוֹן שַׂמְתָּ מְעוֹנֶךָ. לֹא תְאֻנֶּה אֵלֶיךָ רָעָה, וְנֶגַע לֹא יִקְרַב בְּאָהֳלֶךָ. כִּי מַלְאָכָיו יְצַוֶּה לָּךְ, לִשְׁמָרְךָ בְּכָל דְּרָכֶיךָ. עַל כַּפַּיִם יִשָּׂאוּנְךָ פֶּן תִּגֹּף בָּאֶבֶן רַגְלֶךָ. עַל שַׁחַל וָפֶתֶן תִּדְרֹךְ תִּרְמֹס כְּפִיר וְתַנִּין. כִּי בִי חָשַׁק וַאֲפַלְּטֵהוּ אֲשַׂגְּבֵהוּ כִּי יָדַע שְׁמִי. *(Reader)* יִקְרָאֵנִי וְאֶעֱנֵהוּ, עִמּוֹ אָנֹכִי בְצָרָה, אֲחַלְּצֵהוּ וַאֲכַבְּדֵהוּ. אֹרֶךְ יָמִים אַשְׂבִּיעֵהוּ, וְאַרְאֵהוּ בִּישׁוּעָתִי. אֹרֶךְ יָמִים אַשְׂבִּיעֵהוּ, וְאַרְאֵהוּ בִּישׁוּעָתִי.

Luke 1:46-55

וַתַּעַן מִרְיָם וַתֹּאמַר, תְּגַדֵּל נַפְשִׁי אֶת יְהוָה. וַתָּגֵל רוּחִי בֵּאלֹהֵי יִשְׁעִי. כִּי רָאָה בְּעֲנִי שִׁפְחָתוֹ מֵהַיּוֹם הַזֶּה וָמַעְלָה יְאַשְּׁרוּנִי כָּל הַדֹּרוֹת. גְּדֹלוֹת עָשָׂה עִמָּדִי אַדִּיר הוּא וְקָדוֹשׁ שְׁמוֹ. וְחַסְדּוֹ עַל יְרֵאָיו בְּכָל דּוֹר וָדוֹר. בִּזְרֹעוֹ עָשָׂה נִפְלָאוֹת הֵפִיץ גֵּאִים בִּמְזִמַּת לִבָּם. שַׁלִּיטִים הָדַף מִכִּסְאוֹתָם וַיָּשֶׂם שְׁפָלִים לַמָּרוֹם. רְעֵבִים מִלֵּא טוֹב וַעֲשִׁירִים שָׁלַּח רֵיקָם. הֶחֱזִיק בְּיִשְׂרָאֵל עַבְדּוֹ וַיִּזְכָּר לוֹ אֶת רַחֲמָיו. כַּאֲשֶׁר דִּבֶּר לַאֲבֹתֵינוּ לְאַבְרָהָם וּלְזַרְעוֹ עַד עוֹלָם.

Psalm 135

הַלְלוּיָהּ הַלְלוּ אֶת שֵׁם יְיָ, הַלְלוּ עַבְדֵי יְיָ. שֶׁעֹמְדִים בְּבֵית יְיָ, בְּחַצְרוֹת בֵּית אֱלֹהֵינוּ. הַלְלוּיָהּ כִּי טוֹב יְיָ, זַמְּרוּ לִשְׁמוֹ כִּי נָעִים. כִּי יַעֲקֹב בָּחַר לוֹ יָהּ יִשְׂרָאֵל לִסְגֻלָּתוֹ. כִּי אֲנִי יָדַעְתִּי כִּי גָדוֹל יְיָ, וַאֲדֹנֵינוּ מִכָּל אֱלֹהִים. כֹּל אֲשֶׁר חָפֵץ יְיָ עָשָׂה, בַּשָּׁמַיִם וּבָאָרֶץ בַּיַּמִּים וְכָל תְּהֹמוֹת. מַעֲלֶה נְשִׂאִים מִקְצֵה הָאָרֶץ, בְּרָקִים לַמָּטָר עָשָׂה, מוֹצֵא רוּחַ מֵאוֹצְרוֹתָיו. שֶׁהִכָּה בְּכוֹרֵי מִצְרָיִם, מֵאָדָם עַד בְּהֵמָה. שָׁלַח אוֹתֹת וּמֹפְתִים בְּתוֹכֵכִי מִצְרָיִם, בְּפַרְעֹה וּבְכָל עֲבָדָיו. שֶׁהִכָּה גּוֹיִם רַבִּים, וְהָרַג מְלָכִים עֲצוּמִים. לְסִיחוֹן מֶלֶךְ הָאֱמֹרִי, וּלְעוֹג מֶלֶךְ הַבָּשָׁן, וּלְכֹל מַמְלְכוֹת כְּנָעַן. וְנָתַן אַרְצָם נַחֲלָה, נַחֲלָה לְיִשְׂרָאֵל עַמּוֹ. יְיָ שִׁמְךָ לְעוֹלָם, יְיָ זִכְרְךָ לְדֹר וָדֹר. כִּי יָדִין יְיָ עַמּוֹ וְעַל עֲבָדָיו יִתְנֶחָם. עֲצַבֵּי הַגּוֹיִם כֶּסֶף וְזָהָב, מַעֲשֵׂה יְדֵי אָדָם. פֶּה לָהֶם וְלֹא יְדַבֵּרוּ, עֵינַיִם לָהֶם וְלֹא יִרְאוּ. אָזְנַיִם לָהֶם וְלֹא יַאֲזִינוּ, אַף אֵין יֵשׁ רוּחַ בְּפִיהֶם. כְּמוֹהֶם יִהְיוּ עֹשֵׂיהֶם, כֹּל אֲשֶׁר בֹּטֵחַ בָּהֶם. *(Reader)* בֵּית יִשְׂרָאֵל בָּרְכוּ אֶת יְיָ, בֵּית אַהֲרֹן בָּרְכוּ אֶת יְיָ. בֵּית הַלֵּוִי בָּרְכוּ אֶת יְיָ, יִרְאֵי יְיָ בָּרְכוּ אֶת יְיָ. בָּרוּךְ יְיָ מִצִּיּוֹן שֹׁכֵן יְרוּשָׁלַיִם, הַלְלוּיָהּ.

Psalm 91

He who dwells in the shelter of the Most High shall abide in the shadow of the Almighty. I will say of the Lord that He is my refuge and my fortress; my God in whom I put my trust. Surely He will deliver you from the fowler's snare and from deadly pestilence. He will cover you with His pinions, and you will find refuge under His wings; His faithfulness is your shield and buckler. Do not be afraid; not of terror in the night, the flight of arrows in the day, the pestilence that walks in the darkness, or the destruction that lays waste in the noon. Though a thousand fall at your side, and ten thousand at your right hand, nothing shall come near to you. Only with your eyes will you look and see the rewards of the wicked. Lord, You are my refuge. Because you have made the Most High your shelter no evil will befall you; no plague will come near your dwelling place. He will give His angels a charge concerning you, to keep you in all your ways. They will bear you up with their hands lest you dash your foot on a stone. You can tread on the lion and the serpent. The young lion and the serpent you will trample underfoot. "Because he has set his love on Me, I will deliver him; I will lift him up because he knows My Name. When he calls on Me, I will answer him; I will be with him in times of trouble; I will rescue him and I will honor him. I will satisfy him with long life, and I will show him the power of My salvation."

Luke 1:46-55

Miryam responded and said, "My soul will magnify the Lord, and my spirit will rejoice in God, my Savior. Because He has taken notice of the humble state of His maidservant; behold, from this time on, all generations will call me blessed. He who is mighty has done great things for me; Holy is His Name. His mercy is on those who fear Him, from generation to generation. He has shown the strength of His arm; He has scattered the proud in the imagination of their hearts. He has pulled the mighty from their thrones, and He has exalted the lowly. He has satisfied the hungry with good things, but the rich He has sent away empty. He remembered His loving kindness, and He has helped Israel, His servant. Just as He has spoken to our fathers; to Abraham and to his seed forever."

Psalm 135

Praise the Lord! Praise the Name of the Lord; praise Him, you servants of the Lord, who stand in the house of the Lord, in the courts of our God. Praise the Lord, for the Lord is good; it is pleasant to sing to His Name. The Lord has chosen Jacob as His own; Israel as His peculiar treasure. I know the greatness of the Lord; our Lord is over all gods. The Lord does what He chooses to do in heaven, and in the earth, in the seas and in all their depths. He makes the clouds rise from the ends of the earth. He makes the lightning for the rainstorm. He calls forth the wind from His storehouse. He struck down the firstborn of Egypt, both man and beast. He sent signs and wonders upon Pharaoh and his servants, in the very midst of you, O Egypt. He struck down many nations, and slew mighty kings; Sihon, king of the Amorites, Og, king of Bashan, and all the kingdoms of Canaan. He gave their land to His people, Israel, as a possession and an inheritance. Lord, Your Name is from eternity; Your fame to all generations. The Lord is the judge of Israel, His people, and He will have compassion on His servants. The gods of the nations are silver and gold; the work of men's hands. They have a mouth, but they cannot speak. They have eyes, but they cannot see. They have ears, but they cannot hear. Is there any breath in their mouths? Those who make them are like them, as is everyone who trusts in them. House of Israel, bless the Lord! House of Aaron, bless the Lord! House of Levi, bless the Lord! You who revere the Lord, bless the Lord! Blessed is the Lord out of Tzion, you who dwell in Jerusalem! Praise the Lord!

Psalm 136

Ki l'olam ḥasdo

הוֹדוּ לַיְיָ כִּי טוֹב,   כִּי לְעוֹלָם חַסְדּוֹ.

הוֹדוּ לֵאלֹהֵי הָאֱלֹהִים,   כִּי לְעוֹלָם חַסְדּוֹ.

הוֹדוּ לַאֲדֹנֵי הָאֲדֹנִים,   כִּי לְעוֹלָם חַסְדּוֹ.

לְעֹשֵׂה נִפְלָאוֹת גְּדֹלוֹת לְבַדּוֹ,   כִּי לְעוֹלָם חַסְדּוֹ.

לְעֹשֵׂה הַשָּׁמַיִם בִּתְבוּנָה,   כִּי לְעוֹלָם חַסְדּוֹ.

לְרוֹקַע הָאָרֶץ עַל הַמָּיִם,   כִּי לְעוֹלָם חַסְדּוֹ.

לְעֹשֵׂה אוֹרִים גְּדֹלִים,   כִּי לְעוֹלָם חַסְדּוֹ.

אֶת הַשֶּׁמֶשׁ לְמֶמְשֶׁלֶת בַּיּוֹם,   כִּי לְעוֹלָם חַסְדּוֹ.

אֶת הַיָּרֵחַ וְכוֹכָבִים לְמֶמְשְׁלוֹת בַּלָּיְלָה,   כִּי לְעוֹלָם חַסְדּוֹ.

לְמַכֵּה מִצְרַיִם בִּבְכוֹרֵיהֶם,   כִּי לְעוֹלָם חַסְדּוֹ.

וַיּוֹצֵא יִשְׂרָאֵל מִתּוֹכָם,   כִּי לְעוֹלָם חַסְדּוֹ.

בְּיָד חֲזָקָה וּבִזְרוֹעַ נְטוּיָה,   כִּי לְעוֹלָם חַסְדּוֹ.

לְגֹזֵר יַם סוּף לִגְזָרִים,   כִּי לְעוֹלָם חַסְדּוֹ.

וְהֶעֱבִיר יִשְׂרָאֵל בְּתוֹכוֹ,   כִּי לְעוֹלָם חַסְדּוֹ.

וְנִעֵר פַּרְעֹה וְחֵילוֹ בְיַם סוּף,   כִּי לְעוֹלָם חַסְדּוֹ.

לְמוֹלִיךְ עַמּוֹ בַּמִּדְבָּר,   כִּי לְעוֹלָם חַסְדּוֹ.

לְמַכֵּה מְלָכִים גְּדֹלִים,   כִּי לְעוֹלָם חַסְדּוֹ.

וַיַּהֲרֹג מְלָכִים אַדִּירִים,   כִּי לְעוֹלָם חַסְדּוֹ.

לְסִיחוֹן מֶלֶךְ הָאֱמֹרִי,   כִּי לְעוֹלָם חַסְדּוֹ.

וּלְעוֹג מֶלֶךְ הַבָּשָׁן,   כִּי לְעוֹלָם חַסְדּוֹ.

וְנָתַן אַרְצָם לְנַחֲלָה,   כִּי לְעוֹלָם חַסְדּוֹ.

נַחֲלָה לְיִשְׂרָאֵל עַבְדּוֹ,   כִּי לְעוֹלָם חַסְדּוֹ.

שֶׁבְּשִׁפְלֵנוּ זָכַר לָנוּ,   כִּי לְעוֹלָם חַסְדּוֹ.

וַיִּפְרְקֵנוּ מִצָּרֵינוּ,   כִּי לְעוֹלָם חַסְדּוֹ.

נֹתֵן לֶחֶם לְכָל בָּשָׂר,   כִּי לְעוֹלָם חַסְדּוֹ.

הוֹדוּ לְאֵל הַשָּׁמָיִם,   כִּי לְעוֹלָם חַסְדּוֹ.

Psalm 136

Give thanks to the Lord, for He is good; His mercy endures forever.

Give thanks to the God of gods; **His mercy endures forever.**

Give thanks to the Lord of lords; His mercy endures forever.

To Him who alone does great things; **His mercy endures forever.**

To Him who made the heavens with wisdom; His mercy endures forever.

To Him who put the earth upon the waters; **His mercy endures forever.**

To Him who made the great lights; His mercy endures forever.

The sun to rule by day; **His mercy endures forever.**

The moon and the stars to rule by night; His mercy endures forever.

To Him who struck the firstborn of Egypt; **His mercy endures forever.**

And brought Israel from their midst; His mercy endures forever.

With a strong hand and an outstretched arm; **His mercy endures forever.**

To Him who divided the Red Sea; His mercy endures forever.

And made Israel pass through its midst; **His mercy endures forever.**

And drowned Pharaoh's army in it; His mercy endures forever.

To Him who led His people through the wilderness; **His mercy endures forever.**

To Him who struck down great kings; His mercy endures forever.

And slew kings of renown; **His mercy endures forever.**

To Sihon, king of the Amorites; His mercy endures forever.

And to Og, king of Bashan; **His mercy endures forever.**

He gave their land as an inheritance; His mercy endures forever.

An inheritance to Israel, His servant; **His mercy endures forever.**

Who remembered us in our low estate; His mercy endures forever.

And rescued us from our enemies; **His mercy endures forever.**

Who gives food to all creatures; His mercy endures forever.

Give thanks to the God of heaven; **His mercy endures forever.**

Psalm 33

רַנְּנוּ צַדִּיקִים בַּיְיָ, לַיְשָׁרִים נָאוָה תְהִלָּה. הוֹדוּ לַיְיָ בְּכִנּוֹר, בְּנֵבֶל עָשׂוֹר זַמְּרוּ לוֹ. שִׁירוּ לוֹ שִׁיר חָדָשׁ הֵיטִיבוּ נַגֵּן בִּתְרוּעָה. כִּי יָשָׁר דְּבַר יְיָ, וְכָל מַעֲשֵׂהוּ בֶּאֱמוּנָה. אֹהֵב צְדָקָה וּמִשְׁפָּט, חֶסֶד יְיָ מָלְאָה הָאָרֶץ. בִּדְבַר יְיָ שָׁמַיִם נַעֲשׂוּ, וּבְרוּחַ פִּיו כָּל צְבָאָם. כֹּנֵס כַּנֵּד מֵי הַיָּם, נֹתֵן בְּאוֹצָרוֹת תְּהוֹמוֹת. יִירְאוּ מֵיְיָ כָּל הָאָרֶץ, מִמֶּנּוּ יָגוּרוּ כָּל יֹשְׁבֵי תֵבֵל. כִּי הוּא אָמַר וַיֶּהִי הוּא צִוָּה וַיַּעֲמֹד. יְיָ הֵפִיר עֲצַת גּוֹיִם, הֵנִיא מַחְשְׁבוֹת עַמִּים. עֲצַת יְיָ לְעוֹלָם תַּעֲמֹד מַחְשְׁבוֹת לִבּוֹ לְדֹר וָדֹר. אַשְׁרֵי הַגּוֹי אֲשֶׁר יְיָ אֱלֹהָיו, הָעָם בָּחַר לְנַחֲלָה לוֹ. מִשָּׁמַיִם הִבִּיט יְיָ, רָאָה אֶת כָּל בְּנֵי הָאָדָם. מִמְּכוֹן שִׁבְתּוֹ הִשְׁגִּיחַ, אֶל כָּל יֹשְׁבֵי הָאָרֶץ. הַיֹּצֵר יַחַד לִבָּם, הַמֵּבִין אֶל כָּל מַעֲשֵׂיהֶם. אֵין הַמֶּלֶךְ נוֹשָׁע בְּרָב חָיִל, גִּבּוֹר לֹא יִנָּצֵל בְּרָב כֹּחַ. שֶׁקֶר הַסּוּס לִתְשׁוּעָה, וּבְרֹב חֵילוֹ לֹא יְמַלֵּט. הִנֵּה עֵין יְיָ אֶל יְרֵאָיו, לַמְיַחֲלִים לְחַסְדּוֹ. לְהַצִּיל מִמָּוֶת נַפְשָׁם, וּלְחַיּוֹתָם בָּרָעָב. נַפְשֵׁנוּ חִכְּתָה לַיְיָ, עֶזְרֵנוּ וּמָגִנֵּנוּ הוּא. *(Reader)* כִּי בוֹ יִשְׂמַח לִבֵּנוּ כִּי בְשֵׁם קָדְשׁוֹ בָטָחְנוּ. יְהִי חַסְדְּךָ יְיָ עָלֵינוּ כַּאֲשֶׁר יִחַלְנוּ לָךְ.

(On Shabbat Add)
Psalm 92

מִזְמוֹר שִׁיר לְיוֹם הַשַּׁבָּת: טוֹב לְהֹדוֹת לַיְיָ, וּלְזַמֵּר לְשִׁמְךָ עֶלְיוֹן. לְהַגִּיד בַּבֹּקֶר חַסְדֶּךָ וֶאֱמוּנָתְךָ בַּלֵּילוֹת. עֲלֵי עָשׂוֹר וַעֲלֵי נָבֶל, עֲלֵי הִגָּיוֹן בְּכִנּוֹר. כִּי שִׂמַּחְתַּנִי יְיָ בְּפָעֳלֶךָ בְּמַעֲשֵׂי יָדֶיךָ אֲרַנֵּן. מַה גָּדְלוּ מַעֲשֶׂיךָ יְיָ, מְאֹד עָמְקוּ מַחְשְׁבֹתֶיךָ. אִישׁ בַּעַר לֹא יֵדָע, וּכְסִיל לֹא יָבִין אֶת זֹאת. בִּפְרֹחַ רְשָׁעִים כְּמוֹ עֵשֶׂב וַיָּצִיצוּ כָּל פֹּעֲלֵי אָוֶן, לְהִשָּׁמְדָם עֲדֵי עַד. וְאַתָּה מָרוֹם לְעֹלָם יְיָ. כִּי הִנֵּה אֹיְבֶיךָ יְיָ, כִּי הִנֵּה אֹיְבֶיךָ יֹאבֵדוּ יִתְפָּרְדוּ כָּל פֹּעֲלֵי אָוֶן. וַתָּרֶם כִּרְאֵים קַרְנִי, בַּלֹּתִי בְּשֶׁמֶן רַעֲנָן. וַתַּבֵּט עֵינִי בְּשׁוּרָי, בַּקָּמִים עָלַי מְרֵעִים, תִּשְׁמַעְנָה אָזְנָי. צַדִּיק כַּתָּמָר יִפְרָח, כְּאֶרֶז בַּלְּבָנוֹן יִשְׂגֶּה. שְׁתוּלִים בְּבֵית יְיָ, בְּחַצְרוֹת אֱלֹהֵינוּ יַפְרִיחוּ. *(Reader)* עוֹד יְנוּבוּן בְּשֵׂיבָה, דְּשֵׁנִים וְרַעֲנַנִּים יִהְיוּ. לְהַגִּיד כִּי יָשָׁר יְיָ, צוּרִי וְלֹא עַוְלָתָה בּוֹ.

Psalm 93

יְיָ מָלָךְ גֵּאוּת לָבֵשׁ, לָבֵשׁ יְיָ עֹז הִתְאַזָּר, אַף תִּכּוֹן תֵּבֵל בַּל תִּמּוֹט. נָכוֹן כִּסְאֲךָ מֵאָז, מֵעוֹלָם אָתָּה. נָשְׂאוּ נְהָרוֹת יְיָ, נָשְׂאוּ נְהָרוֹת קוֹלָם, יִשְׂאוּ נְהָרוֹת דָּכְיָם. מִקֹּלוֹת מַיִם רַבִּים, אַדִּירִים מִשְׁבְּרֵי יָם, אַדִּיר בַּמָּרוֹם יְיָ. *(Reader)* עֵדֹתֶיךָ נֶאֶמְנוּ מְאֹד לְבֵיתְךָ נָאֲוָה קֹדֶשׁ, יְיָ, לְאֹרֶךְ יָמִים.

Psalm 33

You who are righteous, rejoice in the Lord; it is fitting to sing His praises. Give thanks to the Lord on the harp; make a melody to Him with the ten stringed lute. Sing a new song to Him; play skillfully amid joyful shouting. The word of the Lord is right; all His doings are faithful. He loves charity and justice; the Lord's mercy fills the earth. The heavens came into being by the word of the Lord; all their host by the breath of His mouth. He, like a vessel, gathers the seas; he lays up the deep in storehouses. The whole earth will fear the Lord; all its inhabitants will hold Him in awe. Because He spoke, and it was; He commanded, and it stood firm. The Lord brought the counsel of the nations to naught; He foiled the plans of the peoples. The Lord's counsel stands forever; the desire of His heart from generation to generation. Blessed is the nation whose God is the Lord; the people He has chosen as His own. The Lord looked from the heavens upon all the sons of men; from His dwelling place He looked on all the inhabitants of the world. He fashioned all their hearts; He knows all their deeds. The king is not saved by his armies; nor the warrior by great strength. Horses bring false hope; for all its strength it cannot deliver. But the eye of the Lord is on those who fear Him; who trust in His loving kindness; to deliver their soul from death and to keep them alive in times of famine. Our soul waited for the Lord; He is our help and our shield. Our heart will rejoice in Him; our trust is in the Holy Name. Lord, may Your mercies be on us, as our hope is in You.

(On Shabbat Add)

Psalm 92

A psalm, a song for the Sabbath day. It is good to give thanks to the Lord and to sing to Your Name, O Most High; to declare Your loving kindness in the morning and Your faithfulness at night; on the ten-stringed lyre and the lute, to the sound of the harp. Lord, You have made me glad through Your works; I joy in the work of Your hands. How great are Your works, O Lord! How deep Your designs! The stupid man will not know and the fool will not understand; when the wicked grow up like grass, and those who do evil flourish, it is that they may be destroyed forever. Lord, You are great forever. Behold Your enemies, O Lord. Behold, Your enemies will perish; all who work iniquity will be dispersed. You have exalted my strength as that of the wild ox. I have been anointed with fresh oil. My eye has seen my foes; my ear has heard my enemies. Those who are righteous will flourish like the palm tree; they will flourish like the cedars of Lebanon. Those who are planted in the house of the Lord shall flourish in the courts of our God. Even in their old age they will bear fruit. They will be vigorous and fresh. They will proclaim, "The Lord is just! He is my Rock; there is no wrong in Him!"

Psalm 93

The Lord is King; He is robed in majesty. The Lord is robed; He has girded Himself with strength. In this, the world is firmly set; it cannot be moved. Your throne was established long ago; You are from eternity. Lord, the floods have lifted up. The floods have lifted up their voice; they have lifted up their waves. Above the sound of many waters; mighty breakers of the sea, the Lord on high is supreme. Your testimonies are very sure. Lord, Your house is adorned with holiness for all time.

Revelation 4:2-11

וְהִנֵּה כִסֵּא נִצָּב בַּשָּׁמַיִם וְאֶחָד יֹשֵׁב עַל הַכִּסֵּא. וְהַיֹּשֵׁב הַהוּא כְּמַרְאֵה אֶבֶן יָשְׁפֵה
כְּאֶבֶן אֹדֶם וְקֶשֶׁת סָבִיב לַכִּסֵּא כְּעֵין בָּרֶקֶת. וְעֶשְׂרִים וְאַרְבָּעָה כִסְאוֹת עֹמְדִים אֶל
הַכִּסֵּא מִסָּבִיב וְאֶל הַכִּסְאוֹת רָאִיתִי עֶשְׂרִים וְאַרְבָּעָה זְקֵנִים יֹשְׁבִים מְלֻבָּשִׁים
בְּגָדִים לְבָנִים וְעֲטָרוֹת זָהָב בְּרָאשֵׁיהֶם. וּמִתּוֹךְ הַכִּסֵּא יָצָא בָרָק רַעַם וְרַעַשׁ וְשִׁבְעָה
לַפִּידִים בֹּעֲרִים לִפְנֵי הַכִּסֵּא אֲשֶׁר הֵם שִׁבְעָא רוּחוֹת הָאֱלֹהִים. וְלִפְנֵי הַכִּסֵּא יָם
זְכוּכִית כְּעֵין הַקֶּרַח וּבְתוֹךְ הַכִּסֵּא וְסָבִיב לוֹ אַרְבַּע חַיּוֹת מְלֵאוֹת עֵינַיִם מִפָּנִים
וּמֵאָחוֹר. דְּמוּת הַחַיָּה הָרִאשׁוֹנָה כְּאַרְיֵה וְהַחַיָּה הַשֵּׁנִית כְּעֵגֶל וְהַחַיָּה הַשְּׁלִישִׁית
פָּנִים לָהּ כִּפְנֵי אָדָם וּדְמוּת הַחַיָּה הָרְבִיעִית כְּנֶשֶׁר מְעוֹפֵף. וְאַרְבַּע הַחַיּוֹת שֵׁשׁ
כְּנָפַיִם שֵׁשׁ כְּנָפַיִם לְאֶחָת וְהֵן מְלֵאוֹת עֵינַיִם מִסָּבִיב וּמִלְּפָנִים וְהַשֶּׁקֶט אֵין לָהֶן
יוֹמָם לַיְלָה כִּי קֹרְאוֹת קָדוֹשׁ קָדוֹשׁ קָדוֹשׁ יְהֹוָה אֱלֹהִים אֵל שַׁדַּי אֲשֶׁר הוּא הָיָה הֹוֶה
וְעָתִיד לָבֹא. וּלְעֵת הַחַיּוֹת נֹתְנוֹת הוֹד וְהָדָר וְשֶׁבַח לַיּשֵׁב עַל הַכִּסֵּא אֲשֶׁר הוּא חַי
עַד עוֹלְמֵי עוֹלָמִים. כֵּן יִפְּלוּ הָעֶשְׂרִים וְאַרְבָּעָה הַזְּקֵנִים עַל פְּנֵיהֶם וּמִשְׁתַּחֲוִים לִפְנֵי
הַיּשֵׁב עַל הַכִּסֵּה אֲשֶׁר הוּא חַי עַד עוֹלְמֵי עוֹלָמִים לֵאמֹר. לְךָ יְהֹוָה אֱלֹהֵינוּ יָאָתָה
לָקַחַת הוֹד וְהָדָר וָעֹז כִּי אַתָּה בָרָאתָ כָּל אֵלֶּה וּבִרְצוֹנְךָ נִהְיוּ וְנִבְרָאוּ.

יְהִי כְבוֹד יְיָ לְעוֹלָם, יִשְׂמַח יְיָ בְּמַעֲשָׂיו. יְהִי שֵׁם יְיָ מְבֹרָךְ, מֵעַתָּה וְעַד עוֹלָם.
מִמִּזְרַח שֶׁמֶשׁ עַד מְבוֹאוֹ, מְהֻלָּל שֵׁם יְיָ. רָם עַל כָּל גּוֹיִם יְיָ, עַל הַשָּׁמַיִם כְּבוֹדוֹ. יְיָ
שִׁמְךָ לְעוֹלָם, יְיָ זִכְרְךָ לְדֹר וָדֹר. יְיָ בַּשָּׁמַיִם הֵכִין כִּסְאוֹ, וּמַלְכוּתוֹ בַּכֹּל מָשָׁלָה.
יִשְׂמְחוּ הַשָּׁמַיִם וְתָגֵל הָאָרֶץ, וְיֹאמְרוּ בַגּוֹיִם יְיָ מָלָךְ. יְיָ מֶלֶךְ, יְיָ מָלָךְ, יְיָ יִמְלֹךְ לְעֹלָם
וָעֶד. יְיָ מֶלֶךְ עוֹלָם וָעֶד, אָבְדוּ גוֹיִם מֵאַרְצוֹ. יְיָ הֵפִיר עֲצַת גּוֹיִם, הֵנִיא מַחְשְׁבוֹת
עַמִּים. רַבּוֹת מַחֲשָׁבוֹת בְּלֶב אִישׁ, וַעֲצַת יְיָ הִיא תָקוּם. עֲצַת יְיָ לְעוֹלָם תַּעֲמֹד,
מַחְשְׁבוֹת לִבּוֹ לְדֹר וָדֹר. כִּי הוּא אָמַר וַיֶּהִי, הוּא צִוָּה וַיַּעֲמֹד. כִּי בָחַר יְיָ בְּצִיּוֹן,
אִוָּהּ לְמוֹשָׁב לוֹ. כִּי יַעֲקֹב בָּחַר לוֹ יָהּ, יִשְׂרָאֵל לִסְגֻלָּתוֹ. כִּי לֹא יִטּשׁ יְיָ עַמּוֹ,
וְנַחֲלָתוֹ לֹא יַעֲזֹב. *(Reader)* וְהוּא רַחוּם יְכַפֵּר עָוֹן וְלֹא יַשְׁחִית, וְהִרְבָּה לְהָשִׁיב אַפּוֹ,
וְלֹא יָעִיר כָּל חֲמָתוֹ. יְיָ הוֹשִׁיעָה, הַמֶּלֶךְ יַעֲנֵנוּ בְיוֹם קָרְאֵנוּ.

Revelation 4:2-11

A throne was set in heaven, and One sat on the throne. And He who sat there was like a jasper and a sardias stone in appearance; and there was a rainbow around the throne, in appearance like an emerald. Twenty-four thrones were around the throne, and sitting on the thrones I saw twenty-four elders who were clothed in robes of white and on their heads they had crowns of gold. Lightning and thunder and voices came out from the throne; and before the throne, seven lamp stands were burning, which are the seven Spirits of God. There was a sea of glass, like crystal, that was before the throne, and all around the throne were four living creatures, full of eyes, in front and in back. The first living creature was like a lion, the second was like an ox. The face of the third living creature was in the likeness of a man, and the fourth living creature was like an eagle in flight. Each of these creatures had six wings, and they were full of eyes, around and within. Day and night, without rest, they kept saying, "Holy, holy, holy, Lord God Almighty, Who was and Who is and Who is to come!" And whenever the living creatures give glory to Him who sits on the throne, to Him who lives forever and ever, the twenty-four elders fall down before Him who sits on the throne, and they worship Him who lives forever and ever. They cast their crowns before the throne, saying, "Lord, You are worthy to receive glory and honor and power; for You have created all things, and by Your will they existed and were created."

The glory of the Lord is everlasting; may the Lord take joy in all He has done. Lord, may Your Name be blessed now and forever. From the rising of the sun to the setting of the same, the Name of the Lord is to be praised. The Lord is over all the nations; His glory is above the heavens. Lord, Your Name is forever; Your renown is to every generation. The Lord's throne is set in the heavens; His kingdom is over all. The heavens rejoice and the earth exalts; let them say to the nations, "The Lord is King, the Lord was King, the Lord shall be King forever and to eternity. The Lord is King forever and ever; the nations have vanished from His land. He brings the counsel of the nations to nothing; He ruins the plans of the peoples. There are many plans in the heart of man, but only what the Lord purposes will succeed. The Lord's counsel stands forever; His plans are from generation to generation. He spoke and it was; He commanded and it stood firm. The Lord has chosen Tzion; He has desired it as His dwelling place. The Lord has chosen Jacob for Himself, Israel as His peculiar treasure. The Lord will not abandon His people; He will not forsake His inheritance. And He, being full of mercy, forgave their iniquity and did not destroy. Indeed, He frequently turns His anger aside and does not stir up His wrath. Lord, save us! May the King answer us in the day that we call.

אַשְׁרֵי יוֹשְׁבֵי בֵיתֶךָ, עוֹד יְהַלְלוּךָ, סֶּלָה. אַשְׁרֵי הָעָם שֶׁכָּכָה לּוֹ, אַשְׁרֵי הָעָם שֶׁיְיָ אֱלֹהָיו.

תְּהִלָּה לְדָוִד, *Psalm 145*

אֲרוֹמִמְךָ אֱלוֹהַי הַמֶּלֶךְ, וַאֲבָרְכָה שִׁמְךָ לְעוֹלָם וָעֶד.

בְּכָל יוֹם אֲבָרְכֶךָּ, וַאֲהַלְלָה שִׁמְךָ לְעוֹלָם וָעֶד.

גָּדוֹל יְיָ וּמְהֻלָּל מְאֹד, וְלִגְדֻלָּתוֹ אֵין חֵקֶר.

דּוֹר לְדוֹר יְשַׁבַּח מַעֲשֶׂיךָ, וּגְבוּרֹתֶיךָ יַגִּידוּ.

הֲדַר כְּבוֹד הוֹדֶךָ, וְדִבְרֵי נִפְלְאֹתֶיךָ אָשִׂיחָה.

וֶעֱזוּז נוֹרְאֹתֶיךָ יֹאמֵרוּ וּגְדֻלָּתְךָ אֲסַפְּרֶנָּה.

זֵכֶר רַב טוּבְךָ יַבִּיעוּ, וְצִדְקָתְךָ יְרַנֵּנוּ.

חַנּוּן וְרַחוּם יְיָ, אֶרֶךְ אַפַּיִם וּגְדָל חָסֶד.

טוֹב יְיָ לַכֹּל, וְרַחֲמָיו עַל כָּל מַעֲשָׂיו.

יוֹדוּךָ יְיָ כָּל מַעֲשֶׂיךָ, וַחֲסִידֶיךָ יְבָרְכוּכָה.

כְּבוֹד מַלְכוּתְךָ יֹאמֵרוּ, וּגְבוּרָתְךָ יְדַבֵּרוּ.

לְהוֹדִיעַ לִבְנֵי הָאָדָם גְּבוּרֹתָיו, וּכְבוֹד הֲדַר מַלְכוּתוֹ.

מַלְכוּתְךָ מַלְכוּת כָּל עֹלָמִים, וּמֶמְשַׁלְתְּךָ בְּכָל דּוֹר וָדֹר.

סוֹמֵךְ יְיָ לְכָל הַנֹּפְלִים, וְזוֹקֵף לְכָל הַכְּפוּפִים.

עֵינֵי כֹל אֵלֶיךָ יְשַׂבֵּרוּ, וְאַתָּה נוֹתֵן לָהֶם אֶת אָכְלָם בְּעִתּוֹ.

פּוֹתֵחַ אֶת יָדֶךָ, וּמַשְׂבִּיעַ לְכָל חַי רָצוֹן.

צַדִּיק יְיָ בְּכָל דְּרָכָיו, וְחָסִיד בְּכָל מַעֲשָׂיו.

קָרוֹב יְיָ לְכָל קֹרְאָיו, לְכֹל אֲשֶׁר יִקְרָאֻהוּ בֶאֱמֶת.

רְצוֹן יְרֵאָיו יַעֲשֶׂה, וְאֶת שַׁוְעָתָם יִשְׁמַע וְיוֹשִׁיעֵם.

שׁוֹמֵר יְיָ אֶת כָּל אֹהֲבָיו, וְאֵת כָּל הָרְשָׁעִים יַשְׁמִיד.

(Reader) תְּהִלַּת יְיָ יְדַבֶּר פִּי, וִיבָרֵךְ כָּל בָּשָׂר שֵׁם קָדְשׁוֹ, לְעוֹלָם וָעֶד.

וַאֲנַחְנוּ נְבָרֵךְ יָהּ, מֵעַתָּה וְעַד עוֹלָם, הַלְלוּיָהּ.

V'anaḥnu n'varekh ya, me'Atah v'ad olam, halleluyah.

Psalm 146

הַלְלוּיָהּ, הַלְלִי נַפְשִׁי אֶת יְיָ. אֲהַלְלָה יְיָ בְּחַיָּי, אֲזַמְּרָה לֵאלֹהַי בְּעוֹדִי. אַל תִּבְטְחוּ בִנְדִיבִים, בְּבֶן אָדָם, שֶׁאֵין לוֹ תְשׁוּעָה. תֵּצֵא רוּחוֹ יָשֻׁב לְאַדְמָתוֹ, בַּיּוֹם הַהוּא, אָבְדוּ עֶשְׁתֹּנֹתָיו. אַשְׁרֵי שֶׁאֵל יַעֲקֹב בְּעֶזְרוֹ, שִׂבְרוֹ עַל יְיָ אֱלֹהָיו. עֹשֶׂה שָׁמַיִם וָאָרֶץ, אֶת הַיָּם וְאֶת כָּל אֲשֶׁר בָּם הַשֹּׁמֵר אֱמֶת לְעוֹלָם. עֹשֶׂה מִשְׁפָּט לַעֲשׁוּקִים, נֹתֵן לֶחֶם לָרְעֵבִים, יְיָ מַתִּיר אֲסוּרִים. יְיָ פֹּקֵחַ עִוְרִים, יְיָ זֹקֵף כְּפוּפִים, יְיָ אֹהֵב צַדִּיקִים. יְיָ שֹׁמֵר אֶת גֵּרִים, יָתוֹם וְאַלְמָנָה יְעוֹדֵד, וְדֶרֶךְ רְשָׁעִים יְעַוֵּת. *(Reader)* יִמְלֹךְ יְיָ לְעוֹלָם, אֱלֹהַיִךְ צִיּוֹן לְדֹר וָדֹר הַלְלוּיָהּ.

Happy are they who abide in Your house; they are always praising You. Happy are the people who are so situated. Happy are the people whose God is the Lord.

Psalm 145

A psalm of David:

My God, the King, I will exalt You, and I will bless Your Name forever and ever.

> *Each day I will bless You, and I will praise Your Name forever and ever.*

The Lord is great and most worthy to be praised; His greatness is beyond understanding.

> *One generation shall praise Your works to the next and they will tell of Your mighty deeds.*

I will meditate on the splendor of Your majesty and on Your wonders.

> *They will speak of Your awesome might; I will tell of Your greatness.*

The remembrances of Your great goodness will bubble forth, they will sing of Your righteousness.

> *The Lord is gracious and full of compassion, slow to anger, and great in mercy.*

The Lord is good to all, and His compassion is over all His works.

> *Lord, all Your works will give You praise, and Your righteous ones will bless You.*

They will speak of Your might, and of the splendor of Your kingdom;

> *To let men know of Your glorious deeds, and the majesty of Your kingdom.*

Your kingdom is an everlasting kingdom; Your dominion is over all generations.

> *The Lord upholds all who fall, and lifts up all who are bowed down.*

All eyes will look to You with hope, and You give them food in due season.

> *You open Your hand, and satisfy the needs of every living thing.*

The Lord is righteous in all His ways, and gracious in all His deeds.

> *The Lord is near to all who call on Him; to all who truly will call on Him.*

He will fulfill the desire of those who fear Him; He will hear their cry and save them.

> *The Lord will keep all who love Him, but the wicked will be destroyed.*

My mouth will declare the praise of the Lord, and His Holy Name will forever be blessed by all flesh.

> *We will bless the Lord both now and forever. Praise the Lord.*

Psalm 146

Praise the Lord! Praise the Lord, O my soul! I will praise the Lord as long as I live; as long as I exist I will sing to my God. Do not put your trust in princes, or in the sons of men who can give you no help. On the day his spirit departs, he returns to dust and his plans come to nothing. Happy are those whose help is the God of Jacob; whose hope is in the Lord his God, the maker of heaven and earth, the sea and all that is in them; who preserves the truth forever, renders justice to the oppressed, and feeds those who hunger. The Lord sets the captive free. The Lord opens the eyes of the blind. The Lord raises those who are bowed down. The Lord loves the righteous. The Lord guards those who are strangers; He upholds the fatherless and the widow, but He makes the way of the wicked crooked. The Lord will reign forever; your God, O Tziyon, from generation to generation. Praise the Lord!

Psalm 147

הַלְלוּיָהּ, כִּי טוֹב זַמְּרָה אֱלֹהֵינוּ, כִּי נָעִים נָאוָה תְהִלָּה.   בּוֹנֵה יְרוּשָׁלַיִם יְיָ, נִדְחֵי יִשְׂרָאֵל יְכַנֵּס.   הָרוֹפֵא לִשְׁבוּרֵי לֵב, וּמְחַבֵּשׁ לְעַצְּבוֹתָם.   מוֹנֶה מִסְפָּר לַכּוֹכָבִים לְכֻלָּם שֵׁמוֹת יִקְרָא.   גָּדוֹל אֲדוֹנֵינוּ וְרַב כֹּחַ, לִתְבוּנָתוֹ אֵין מִסְפָּר.   מְעוֹדֵד עֲנָוִים יְיָ, מַשְׁפִּיל רְשָׁעִים עֲדֵי אָרֶץ.   עֱנוּ לַיְיָ בְּתוֹדָה, זַמְּרוּ לֵאלֹהֵינוּ בְכִנּוֹר.   הַמְכַסֶּה שָׁמַיִם בְּעָבִים, הַמֵּכִין לָאָרֶץ מָטָר הַמַּצְמִיחַ הָרִים חָצִיר.   נוֹתֵן לִבְהֵמָה לַחְמָהּ, לִבְנֵי עֹרֵב אֲשֶׁר יִקְרָאוּ: לֹא בִגְבוּרַת הַסּוּס יֶחְפָּץ, לֹא בְשׁוֹקֵי הָאִישׁ יִרְצֶה.   רוֹצֶה יְיָ אֶת יְרֵאָיו, אֶת הַמְיַחֲלִים לְחַסְדּוֹ.   שַׁבְּחִי יְרוּשָׁלַיִם אֶת יְיָ, הַלְלִי אֱלֹהַיִךְ צִיּוֹן.   כִּי חִזַּק בְּרִיחֵי שְׁעָרָיִךְ, בֵּרַךְ בָּנַיִךְ בְּקִרְבֵּךְ.   הַשָּׂם גְּבוּלֵךְ שָׁלוֹם, חֵלֶב חִטִּים יַשְׂבִּיעֵךְ.   הַשּׁוֹלֵחַ אִמְרָתוֹ אָרֶץ, עַד מְהֵרָה יָרוּץ דְּבָרוֹ.   הַנֹּתֵן שֶׁלֶג כַּצָּמֶר, כְּפוֹר כָּאֵפֶר יְפַזֵּר.   מַשְׁלִיךְ קַרְחוֹ כְפִתִּים, לִפְנֵי קָרָתוֹ מִי יַעֲמֹד.   יִשְׁלַח דְּבָרוֹ וְיַמְסֵם, יַשֵּׁב רוּחוֹ יִזְּלוּ מָיִם.   מַגִּיד דְּבָרָיו לְיַעֲקֹב, חֻקָּיו וּמִשְׁפָּטָיו לְיִשְׂרָאֵל. (Reader) לֹא עָשָׂה כֵן לְכָל גּוֹי, וּמִשְׁפָּטִים בַּל יְדָעוּם, הַלְלוּיָהּ.

Psalm 148

הַלְלוּיָהּ, הַלְלוּ אֶת יְיָ מִן הַשָּׁמַיִם הַלְלוּהוּ בַּמְּרוֹמִים.   הַלְלוּהוּ כָל מַלְאָכָיו, הַלְלוּהוּ כָּל צְבָאָיו.   הַלְלוּהוּ שֶׁמֶשׁ וְיָרֵחַ, הַלְלוּהוּ כָּל כּוֹכְבֵי אוֹר.   הַלְלוּהוּ שְׁמֵי הַשָּׁמַיִם, וְהַמַּיִם אֲשֶׁר מֵעַל הַשָּׁמַיִם.   יְהַלְלוּ אֶת שֵׁם יְיָ, כִּי הוּא צִוָּה וְנִבְרָאוּ.   וַיַּעֲמִידֵם לָעַד לְעוֹלָם, חָק נָתַן וְלֹא יַעֲבוֹר.   הַלְלוּ אֶת יְיָ מִן הָאָרֶץ, תַּנִּינִים וְכָל תְּהֹמוֹת.   אֵשׁ וּבָרָד שֶׁלֶג וְקִיטוֹר, רוּחַ סְעָרָה עֹשָׂה דְבָרוֹ.   הֶהָרִים וְכָל גְּבָעוֹת, עֵץ פְּרִי וְכָל אֲרָזִים.   הַחַיָּה וְכָל בְּהֵמָה, רֶמֶשׂ וְצִפּוֹר כָּנָף.   מַלְכֵי אֶרֶץ וְכָל לְאֻמִּים שָׂרִים וְכָל שֹׁפְטֵי אָרֶץ.   בַּחוּרִים וְגַם בְּתוּלוֹת, זְקֵנִים עִם נְעָרִים.   יְהַלְלוּ אֶת שֵׁם יְיָ, כִּי נִשְׂגָּב שְׁמוֹ לְבַדּוֹ הוֹדוֹ עַל אֶרֶץ וְשָׁמָיִם. (Reader) וַיָּרֶם קֶרֶן לְעַמּוֹ תְּהִלָּה לְכָל חֲסִידָיו לִבְנֵי יִשְׂרָאֵל עַם קְרֹבוֹ הַלְלוּיָהּ.

Psalm 149

הַלְלוּיָהּ, שִׁירוּ לַיְיָ שִׁיר חָדָשׁ, תְּהִלָּתוֹ בִּקְהַל חֲסִידִים.   יִשְׂמַח יִשְׂרָאֵל בְּעֹשָׂיו, בְּנֵי צִיּוֹן יָגִילוּ בְמַלְכָּם.   יְהַלְלוּ שְׁמוֹ בְמָחוֹל, בְּתֹף וְכִנּוֹר יְזַמְּרוּ לוֹ.   כִּי רוֹצֶה יְיָ בְּעַמּוֹ, יְפָאֵר עֲנָוִים בִּישׁוּעָה.   יַעְלְזוּ חֲסִידִים בְּכָבוֹד, יְרַנְּנוּ עַל מִשְׁכְּבוֹתָם.   רוֹמְמוֹת אֵל בִּגְרוֹנָם, וְחֶרֶב פִּיפִיּוֹת בְּיָדָם.   לַעֲשׂוֹת נְקָמָה בַּגּוֹיִם, תּוֹכֵחוֹת בַּלְאֻמִּים.   (Reader) לֶאְסֹר מַלְכֵיהֶם בְּזִקִּים, וְנִכְבְּדֵיהֶם בְּכַבְלֵי בַרְזֶל.   לַעֲשׂוֹת בָּהֶם מִשְׁפָּט כָּתוּב, הָדָר הוּא לְכָל חֲסִידָיו, הַלְלוּיָהּ.

Psalm 147

Praise the Lord! Because it is good to sing praise to our God; because it is pleasant and fitting. The Lord rebuilds Jerusalem; He will gather together the outcasts of Israel. He heals the brokenhearted and binds up their sorrows. He counts the number of the stars, and will call each by its name. Great is our Lord whose power is without end; His wisdom is unsearchable. The humble are lifted up by the Lord, but He casts the wicked down to the ground. Sing to the Lord with thanksgiving; sing to our God, to the sound of the harp. It is He who covers the heavens with clouds; who brings rain upon the earth, and who causes the grass to grow upon the hills. He feeds the beasts of the field and gives food to the young raven when it calls. He is not impressed by the strength of the horse; nor does He delight in the strength of a man. The Lord is pleased with those who fear Him; who trust in His loving kindness. Praise to the Lord, O Jerusalem; praise to your God, O Tzion! He has fortified the bars of your gates; He has blessed the children in the midst of you. He establishes peace within your borders, and satisfies you with the finest of wheat. His word runs swiftly as He sends forth His command to the earth. He sends snow like fine wool, scattering frost like ashes, casting forth His hail as if they were crumbs. Who can stand before His cold? Again, He sends forth His word, and they melt; He causes His wind to blow, and the waters flow again. He has declared His word to Jacob; His statutes and ordinances to Israel. He has not done this with any other nation. They have not known His judgments! Praise the Lord!

Psalm 148

Praise the Lord! Praise the Lord from the heavens! Praise Him in the heights! Praise Him, all His angels! Praise Him, all His hosts! Praise Him, sun and moon! Praise Him, all you stars of light! Let the waters above the heavens, and the highest heavens, praise Him! They will praise the Name of the Lord, for He commanded and they were. He made a decree, establishing them forever and ever; it shall not pass away. Praise the Lord from the earth, you sea-monsters and all the deep; fire and hail, snow and cloud, stormy wind, making His word full. Mountains as well as hills, fruit trees as well as cedars, wild beasts as well as cattle, creeping things as well as birds of the air, kings of the earth and all of their nations, princes and all who rule upon the earth, young men and young women, old men and children; let them praise the Name of the Lord. His Name alone is to be exalted! His majesty is over earth and heaven, and He has exalted the horn of His people; the praise of all His righteous ones, the children of Israel; a people near to Him. Praise the Lord.

Psalm 149

Praise the Lord! Sing a new song to the Lord; His praise in the righteous assembly. Rejoice in your Maker, O Israel. O children of Tzion, be joyful in your King. They will praise His name with dance! They will make music with the timbrel and harp, for the Lord is pleased with His people, adorning the meek with salvation. The righteous ones will joy in His glory; sing aloud on your beds. The praises of God are in their mouth, a double-edged sword in their hand. Execute vengeance upon the nations, and judgment on the peoples. Bind their kings with chains and their rulers with bands of iron. Execute upon them the judgment that is written. He is the honor of His people. Praise the Lord.

Psalm 150

הַלְלוּיָהּ, הַלְלוּ אֵל בְּקָדְשׁוֹ, הַלְלוּהוּ בִּרְקִיעַ עֻזּוֹ. הַלְלוּהוּ בִגְבוּרֹתָיו, הַלְלוּהוּ כְּרֹב
גָּדְלוֹ. הַלְלוּהוּ בְּתֵקַע שׁוֹפָר, הַלְלוּהוּ בְּנֵבֶל וְכִנּוֹר. הַלְלוּהוּ בְּתֹף וּמָחוֹל, הַלְלוּהוּ
בְּמִנִּים וְעֻגָב. הַלְלוּהוּ בְצִלְצְלֵי שָׁמַע, הַלְלוּהוּ בְּצִלְצְלֵי תְרוּעָה.
(Reader) כֹּל הַנְּשָׁמָה תְּהַלֵּל יָהּ, הַלְלוּיָהּ. כֹּל הַנְּשָׁמָה תְּהַלֵּל יָהּ, הַלְלוּיָהּ.

Revelation 15:2-4

וָכִים זְכוּכִית בָּלוּל בָּאֵשׁ נִרְאָה לְעֵינָי וְאֵלֶּה אֲשֶׁר גָּבְרוּ עַל הַחַיָּה וְעַל צַלְמָהּ
וּמִסְפַּר שְׁמָהּ עֹמְדִים עַל יַם הַזְּכוּכִית וְכִנֹּרוֹת אֵל בְּיָדָם. אָז יָשִׁירוּ שִׁיר מֹשֶׁה עֶבֶד
הָאֱלֹהִים וְשִׁיר הַשֶּׂה לֵאמֹר גְּדֹלִים וְנוֹרָאִים מַעֲשֶׂיךָ יְהוָה אֱלֹהִים אֵל שַׁדַּי וּדְרָכֶיךָ
אֱמֶת וָצֶדֶק מֶלֶךְ הַגּוֹיִם. מִי לֹא יִרָאֲךָ יְהוָה מִי לֹא יִתֵּן כָּבוֹד לִשְׁמֶךָ קָדוֹשׁ אַתָּה
לְבַדֶּךָ וְכָל הַגּוֹיִם יָבֹאוּ וְיִשְׁתַּחֲווּ לְפָנֶיךָ כִּי צִדְקָתְךָ נִגְלָתָה.

בָּרוּךְ יְיָ לְעוֹלָם, אָמֵן וְאָמֵן. בָּרוּךְ יְיָ מִצִּיּוֹן, שֹׁכֵן יְרוּשָׁלַיִם, הַלְלוּיָהּ. בָּרוּךְ יְיָ
אֱלֹהִים אֱלֹהֵי יִשְׂרָאֵל, עֹשֵׂה נִפְלָאוֹת לְבַדּוֹ. *(Reader)* וּבָרוּךְ שֵׁם כְּבוֹדוֹ לְעוֹלָם,
וְיִמָּלֵא כְבוֹדוֹ אֶת כָּל הָאָרֶץ, אָמֵן וְאָמֵן.

Nishmat

נִשְׁמַת כָּל חַי, תְּבָרֵךְ אֶת שִׁמְךָ יְיָ אֱלֹהֵינוּ. וְרוּחַ כָּל בָּשָׂר, תְּפָאֵר וּתְרוֹמֵם זִכְרְךָ
מַלְכֵּנוּ תָּמִיד, מִן הָעוֹלָם וְעַד הָעוֹלָם אַתָּה אֵל. וּמִבַּלְעָדֶיךָ אֵין לָנוּ מֶלֶךְ גּוֹאֵל
וּמוֹשִׁיעַ, פּוֹדֶה וּמַצִּיל וּמְפַרְנֵס וּמְרַחֵם, בְּכָל עֵת צָרָה וְצוּקָה. אֵין לָנוּ מֶלֶךְ אֶלָּא
אַתָּה.

אֱלֹהֵי הָרִאשׁוֹנִים וְהָאַחֲרוֹנִים, אֱלֹוֹהַּ כָּל בְּרִיּוֹת, אֲדוֹן כָּל תּוֹלָדוֹת, הַמְהֻלָּל בְּרֹב
הַתִּשְׁבָּחוֹת, הַמְנַהֵג עוֹלָמוֹ בְּחֶסֶד, וּבְרִיּוֹתָיו בְּרַחֲמִים. וַיְיָ לֹא יָנוּם וְלֹא יִישָׁן,
הַמְעוֹרֵר יְשֵׁנִים וְהַמֵּקִיץ נִרְדָּמִים, וְהַמֵּשִׂיחַ אִלְּמִים, וְהַמַּתִּיר אֲסוּרִים, וְהַסּוֹמֵךְ
נוֹפְלִים, וְהַזּוֹקֵף כְּפוּפִים, לְךָ לְבַדְּךָ אֲנַחְנוּ מוֹדִים.

אִלּוּ פִינוּ מָלֵא שִׁירָה כַיָּם, וּלְשׁוֹנֵנוּ רִנָּה כַּהֲמוֹן גַּלָּיו, וְשִׂפְתוֹתֵינוּ שֶׁבַח כְּמֶרְחֲבֵי
רָקִיעַ, וְעֵינֵינוּ מְאִירוֹת כַּשֶּׁמֶשׁ וְכַיָּרֵחַ, וְיָדֵינוּ פְרוּשׂוֹת כְּנִשְׁרֵי שָׁמָיִם, וְרַגְלֵינוּ קַלּוֹת
כָּאַיָּלוֹת, אֵין אֲנַחְנוּ מַסְפִּיקִים, לְהוֹדוֹת לְךָ יְיָ אֱלֹהֵינוּ וֵאלֹהֵי אֲבוֹתֵינוּ, וּלְבָרֵךְ אֶת
שְׁמֶךָ עַל אַחַת מֵאָלֶף אֶלֶף אַלְפֵי אֲלָפִים וְרִבֵּי רְבָבוֹת פְּעָמִים, הַטּוֹבוֹת שֶׁעָשִׂיתָ
עִם אֲבוֹתֵינוּ וְעִמָּנוּ. מִמִּצְרַיִם גְּאַלְתָּנוּ יְיָ אֱלֹהֵינוּ, וּמִבֵּית עֲבָדִים פְּדִיתָנוּ, בְּרָעָב
זַנְתָּנוּ, וּבְשָׂבָע כִּלְכַּלְתָּנוּ, מֵחֶרֶב הִצַּלְתָּנוּ, וּמִדֶּבֶר מִלַּטְתָּנוּ, וּמֵחֳלָיִם רָעִים וְנֶאֱמָנִים
דִּלִּיתָנוּ. עַד הֵנָּה עֲזָרוּנוּ רַחֲמֶיךָ, וְלֹא עֲזָבוּנוּ חֲסָדֶיךָ, וְאַל תִּטְּשֵׁנוּ יְיָ אֱלֹהֵינוּ לָנֶצַח.

Psalm 150

Praise the Lord! Praise God in His sanctuary! Praise Him in the expanse of heaven!
Praise Him for His mighty works! Praise Him for His abundant greatness! Praise Him
with the sound of the shofar! Praise Him with the harp and the lyre! Praise Him with
the timbrel and dance! Praise Him with strings and with the flute! Praise Him with
cymbals; with loud clashing cymbals! Everything that has breath will praise the Lord!
Praise the Lord!

Revelation 15:2-4

And I saw something like a sea of glass mingled with fire, and those who have the
victory over the beast, over his image and over his mark and over the number of his
name, standing on the sea of glass, having harps of God. They sing the song of Moses,
the servant of God, and the song of the Lamb, saying: "Great and marvelous are Your
works, Lord God Almighty! Just and true are Your ways; You are King of the ages.
Who shall not fear and glorify Your name, O Lord? For You alone are holy. All the
nations shall come and worship You, for Your judgments have been made manifest."

The Lord is to be blessed forever! Amen and amen! May the Lord who dwells in
Jerusalem be blessed from Tzion! Praise the Lord! Blessed be the Lord God, the God
of Israel, who alone does wondrous things, and may the glory of His Name be blessed
forever! Indeed, the whole earth will be filled with His glory! Amen and amen!

Nishmat

Lord our God, the soul of every living being will bless Your Name, and the spirit of all
flesh will always glorify and exalt Your fame, our King. From eternity and to eternity
You are God, and aside from You, we have no King who redeems and saves, ransoms
and rescues, sustains and has compassion in times of trouble and distress. We have no
King but You.

God of the beginning and of the end, God of all creation, Lord of all that is born; He
who guides His world with loving kindness and His creation with compassion will be
endlessly praised. The Lord does not slumber or sleep; it is He who wakens the sleeper
and rouses the one who slumbers. He gives words to the one who is silent, and He sets
the captive free. He supports those who fall and raises up those who are bowed down.
To You alone we offer thanks.

If our mouth was filled with song as the sea is, and our tongue able to shout as do the
waves, if our lips poured forth adoration as the heavens do, and if our eyes were as
bright as the sun and moon, if our hands were outstretched as the eagles in the sky and if
our feet were as swift as the deer, we would never be able to thank You for even one
thousandth of the countless millions of blessings which You bestowed on our fathers
and on us. Lord, You are our God and God of our fathers. Lord our God, You redeemed
us from Egypt and brought us out of slavery. In times of famine, You nourished and
satisfied us with plenty. You delivered us from the sword and made us escape the
plagues. You give us relief from severe and lasting diseases. Out of compassion You
have always helped us, and in Your loving kindness You have not forsaken us. May the
Lord our God never forsake us.

עַל כֵּן אֵבָרִים שֶׁפִּלַּֽגְתָּ בָּֽנוּ, וְרֽוּחַ וּנְשָׁמָה שֶׁנָּפַֽחְתָּ בְּאַפֵּֽינוּ, וְלָשׁוֹן אֲשֶׁר
שַֽׂמְתָּ בְּפִֽינוּ. הֵן הֵם יוֹדוּ וִיבָרְכוּ וִישַׁבְּחוּ וִיפָאֲרוּ וִירוֹמְמוּ וְיַעֲרִֽיצוּ וְיַקְדִּֽישׁוּ
וְיַמְלִֽיכוּ אֶת שִׁמְךָ מַלְכֵּֽנוּ, כִּי כָל פֶּה לְךָ יוֹדֶה, וְכָל לָשׁוֹן לְךָ תִשָּׁבַע, וְכָל
בֶּֽרֶךְ לְךָ תִכְרַע, וְכָל קוֹמָה לְפָנֶֽיךָ תִשְׁתַּחֲוֶה, וְכָל לְבָבוֹת יִירָאֽוּךָ, וְכָל
קֶֽרֶב וּכְלָיוֹת יְזַמְּרוּ לִשְׁמֶֽךָ. כַּדָּבָר שֶׁכָּתוּב, כָּל עַצְמוֹתַי תֹּאמַֽרְנָה יְיָ מִי
כָמֽוֹךָ. מַצִּיל עָנִי מֵחָזָק מִמֶּֽנּוּ, וְעָנִי וְאֶבְיוֹן מִגֹּזְלוֹ: מִי יִדְמֶה לָּךְ, וּמִי יִשְׁוֶה
לָּךְ וּמִי יַעֲרָךְ לָךְ. הָאֵל הַגָּדוֹל הַגִּבּוֹר וְהַנּוֹרָא, אֵל עֶלְיוֹן קֹנֵה שָׁמַֽיִם וָאָֽרֶץ.
(Reader) נְהַלֶּלְךָ וּנְשַׁבֵּחֲךָ וּנְפָאֶרְךָ וּנְבָרֵךְ אֶת־שֵׁם קָדְשֶֽׁךָ. כָּאָמוּר, לְדָוִד,
בָּרְכִי נַפְשִׁי אֶת יְיָ, וְכָל קְרָבַי אֶת שֵׁם קָדְשׁוֹ.

הָאֵל בְּתַעֲצֻמוֹת עֻזֶּֽךָ, הַגָּדוֹל בִּכְבוֹד שְׁמֶֽךָ. הַגִּבּוֹר לָנֶֽצַח וְהַנּוֹרָא
בְּנוֹרְאוֹתֶֽיךָ.

הַמֶּֽלֶךְ

יוֹשֵׁב עַל כִּסֵּא רָם וְנִשָּׂא בְּיָשׁוּעַ.

שׁוֹכֵן עַד, מָרוֹם וְקָדוֹשׁ שְׁמוֹ. וְכָתוּב, רַנְּנוּ צַדִּיקִים בַּיְיָ, לַיְשָׁרִים נָאוָה
תְהִלָּה. בְּפִי יְשָׁרִים תִּתְרוֹמָם. וּבְדִבְרֵי צַדִּיקִים תִּתְבָּרַךְ. וּבִלְשׁוֹן חֲסִידִים
תִּתְקַדָּשׁ וּבְקֶֽרֶב קְדוֹשִׁים תִּתְהַלָּל.

*Shoh-chen ahd mah-rohm v'kah-dosh sh'moh. V'kah-toov rah-neh-noo
tzah-dee-keem, b'Adonai lah-y'shah-rim nah-vah t'hee-lah. B'fee y'shah-rim
tit-roh-mahm, oov'div-ray tzah-dee-keem tit-bah-rach. Oo-vil'shohn
chah-see-deem tit-kah-dahsh, oov'keh-rehv k'doh-sheem. tit-ha-lahl.*

וּבְמַקְהֲלוֹת רִבְבוֹת עַמְּךָ בֵּית יִשְׂרָאֵל, בְּרִנָּה יִתְפָּאַר שִׁמְךָ מַלְכֵּֽנוּ, בְּכָל
דּוֹר וָדוֹר, שֶׁכֵּן חוֹבַת כָּל הַיְצוּרִים, לְפָנֶֽיךָ יְיָ אֱלֹהֵֽינוּ, וֵאלֹהֵי אֲבוֹתֵֽינוּ,
(Reader) לְהוֹדוֹת לְהַלֵּל לְשַׁבֵּֽחַ לְפָאֵר לְרוֹמֵם לְהַדֵּר לְבָרֵךְ לְעַלֵּה וּלְקַלֵּס,
עַל כָּל דִּבְרֵי שִׁירוֹת וְתִשְׁבְּחוֹת דָּוִד בֶּן יִשַׁי עַבְדְּךָ מְשִׁיחֶֽךָ.

יִשְׁתַּבַּח שִׁמְךָ לָעַד מַלְכֵּֽנוּ, הָאֵל הַמֶּֽלֶךְ הַגָּדוֹל וְהַקָּדוֹשׁ בַּשָּׁמַֽיִם וּבָאָֽרֶץ.
כִּי לְךָ נָאֶה, יְיָ אֱלֹהֵֽינוּ וֵאלֹהֵי אֲבוֹתֵֽינוּ. שִׁיר וּשְׁבָחָה, הַלֵּל וְזִמְרָה, עֹז
וּמֶמְשָׁלָה, נֶֽצַח, גְּדֻלָּה וּגְבוּרָה, תְּהִלָּה וְתִפְאֶֽרֶת, קְדֻשָּׁה וּמַלְכוּת.
(Reader) בְּרָכוֹת וְהוֹדָאוֹת מֵעַתָּה וְעַד עוֹלָם. בָּרוּךְ אַתָּה יְיָ, אֵל מֶֽלֶךְ
גָּדוֹל בַּתִּשְׁבָּחוֹת, אֵל הַהוֹדָאוֹת, אֲדוֹן הַנִּפְלָאוֹת, הַבּוֹחֵר בְּשִׁירֵי זִמְרָה,
מֶֽלֶךְ, אֵל חֵי הָעוֹלָמִים.

Therefore, the limbs which You have apportioned in us, and the spirit and soul which You breathed into our nostrils, and the tongue which You put in our mouth, will thank and bless, praise and glorify, extol and honor, sanctify and revere Your name, our King. Indeed, every mouth will give You praise, every tongue will swear allegiance to You, every person will bend the knee and bow down before You, every heart will fear You, and a person's innermost being will sing to Your name, as it is written: All my being will say, "Who is like You, O Lord? You deliver the poor from one who is too strong for him, and the one who is poor and defenseless from one who would rob him." Who is like You? Who is equal to You? Who can be compared to You? You are the great, mighty and awesome God; the Almighty God; the Master of heaven and earth. We will praise and laud and glorify and bless Your holy Name, as it was said by David, "May my soul bless the Lord, and my whole being honor His holy Name."

In Your great power You are God; in Your glorious name You are great. In Your great works You are *seen to be* mighty and awesome.

HaMelech
The King, has seated Himself upon a high and lofty throne, and He has pardoned us in Yeshua!

Abiding forever, His name is exalted and holy! It is written, "Be joyful in the Lord, you righteous ones; it is fitting that the upright sing. The mouth of the upright will sing praise and by the speech of the righteous You will be blessed. You will be sanctified by the tongue of the faithful and in the midst of the holy You will be extolled.

In the assemblies of the the tens of thousands of Your people, the house of Israel, Your name, our King, will be glorified in every generation with ringing song. This is the duty of all creatures, Lord our God, and God of our fathers, to thank, praise, laud, glorify, extol, honor, bless, exalt and proclaim You through the words of the songs of praise by David, the son of Jesse, Your anointed servant!

Your name will be praised forever, Our King, in heaven and in earth, for You are the great and holy God and King. To You, Lord our God, and God of our fathers, belong song and honor, praise and hymn, power and dominion, victory, greatness and might, renown and glory, holiness and kingship, blessings and thanks, from now and forever. Blessed are You, Lord God, King most high; God of thanksgiving; Lord of wonders, who is pleased with songs and hymns. King; God; the life of all generations

Psalm 130

שִׁיר הַמַּעֲלוֹת, מִמַּעֲמַקִּים קְרָאתִיךָ יְיָ. אֲדֹנָי שִׁמְעָה בְקוֹלִי, תִּהְיֶינָה
אָזְנֶיךָ קַשֻּׁבוֹת, לְקוֹל תַּחֲנוּנָי. אִם עֲוֹנוֹת תִּשְׁמָר יָהּ, אֲדֹנָי מִי יַעֲמֹד.
כִּי עִמְּךָ הַסְּלִיחָה, לְמַעַן תִּוָּרֵא. קִוִּיתִי יְיָ קִוְּתָה נַפְשִׁי, וְלִדְבָרוֹ הוֹחָלְתִּי.
נַפְשִׁי לַאדֹנָי, מִשֹּׁמְרִים לַבֹּקֶר, שֹׁמְרִים לַבֹּקֶר. יַחֵל יִשְׂרָאֵל אֶל יְיָ, כִּי עִם יְיָ
הַחֶסֶד, וְהַרְבֵּה עִמּוֹ פְדוּת. וְהוּא יִפְדֶּה אֶת יִשְׂרָאֵל, מִכֹּל עֲוֹנוֹתָיו.

Half-Kaddish

יִתְגַּדַּל וְיִתְקַדַּשׁ שְׁמֵהּ רַבָּא. בְּעָלְמָא דִּי בְרָא כִרְעוּתֵהּ, וְיַמְלִיךְ מַלְכוּתֵהּ בְּחַיֵּיכוֹן
וּבְיוֹמֵיכוֹן וּבְחַיֵּי דְכָל בֵּית יִשְׂרָאֵל. בַּעֲגָלָא וּבִזְמַן קָרִיב, וְאִמְרוּ אָמֵן.

Yit-gahdahl v'yit-kahdash sh'meh rahbah. B'ahl'mah dee v'rah chir'ooteh,
v'yahm'leech mahl'chooteh b'chah-yey-chohn oov'yoh-maychohn
oov'chah-yey d'chal beyt Yisrael. Bah-ah-gahlah oooviz-mahn kah-reev
v'imroo, Amen.

יְהֵא שְׁמֵהּ רַבָּא מְבָרַךְ לְעָלַם וּלְעָלְמֵי עָלְמַיָּא.

Y'hay sh'may rahbah m'vahrach l'ah-lam ool'ahl'may ahl'mahyah.

יִתְבָּרַךְ וְיִשְׁתַּבַּח, וְיִתְפָּאַר וְיִתְרוֹמַם וְיִתְנַשֵּׂא וְיִתְהַדָּר וְיִתְעַלֶּה וְיִתְהַלָּל שְׁמֵהּ
דְּקֻדְשָׁא, בְּרִיךְ הוּא, לְעֵלָּא וּלְעֵלָּא מִכָּל בִּרְכָתָא וְשִׁירָתָא, תֻּשְׁבְּחָתָא וְנֶחֱמָתָא,
דַּאֲמִירָן בְּעָלְמָא, וְאִמְרוּ אָמֵן.

Yit'bahrach v'yish-tahbach, v'yit-pahahr v'yit-rohmahm v'yit-nahseh
v'yit-hadahr v'yit-ahleh v'yit-hah-lahl sh'may d'kood-shah b'ree hoo l'ehlah
u-l'ehlah mi-kahl bir-chah-tah v'shee-rahtah, toosh'b'chahtah
v'neh-cheh-mahtah, dah-ah-mirahn b'ahl-mah, v'imroo, Amen.

Barchu

Reader:

בָּרְכוּ אֶת יְיָ הַמְבֹרָךְ

Barchu et Adonai hahm'voh-rach.

Congregation then Reader:

בָּרוּךְ יְיָ הַמְבֹרָךְ לְעוֹלָם וָעֶד.

Baruch Adonai hahm'voh-rach l'olam vahed.

Silent Meditation:

יִתְבָּרַךְ וְיִשְׁתַּבַּח, וְיִתְפָּאַר וְיִתְרוֹמַם וְיִתְנַשֵּׂא שְׁמוֹ שֶׁל מֶלֶךְ מַלְכֵי הַמְּלָכִים, הַקָּדוֹשׁ בָּרוּךְ הוּא, שֶׁהוּא רִאשׁוֹן וְהוּא
אַחֲרוֹן וּמִבַּלְעָדָיו אֵין אֱלֹהִים. סֹלּוּ לָרֹכֵב בָּעֲרָבוֹת, בְּיָהּ שְׁמוֹ, וְעִלְזוּ לְפָנָיו, וּשְׁמוֹ מְרוֹמָם עַל כָּל בְּרָכָה וּתְהִלָּה.
בָּרוּךְ שֵׁם כְּבוֹד מַלְכוּתוֹ לְעוֹלָם וָעֶד. יְהִי שֵׁם יְיָ מְבֹרָךְ מֵעַתָּה וְעַד עוֹלָם.

בָּרוּךְ אַתָּה יְיָ, אֱלֹהֵינוּ מֶלֶךְ הָעוֹלָם, יוֹצֵר אוֹר, וּבוֹרֵא חֹשֶׁךְ, עֹשֶׂה שָׁלוֹם
וּבוֹרֵא אֶת הַכֹּל.

Psalm 130

A song of those who are going up! Lord, out of the depths I called out You.
Lord, be attentive to the sound of my voice; let Your ear be attentive to the voice
of my supplications. God, if we had to give an answer to You so we would be
preserved; Lord, who would be able to stand. But, with You there is forgiveness,
that You might be revered. I wait for the Lord, my soul waits, and in His word I
have put my trust. My soul seeks for the Lord, more eagerly than watchmen
seeks for the dawn, than the watchmen seeks for the dawn. O Israel, continue
waiting for the Lord, for with the Lord is *found* loving kindness and abundant
redemption for His people. And He will redeem Israel from all its sins.

Half-Kaddish

Magnified and sanctified is God's great name throughout the world which He
has created according to His will. May He establish His kingdom in our
lifetime, and during our days, and within the life of the entire house of Israel,
speedily and soon; and say, *"Amen."*

May the greatness of His Name be blessed forever and ever!

Let the Name of the Holy One, **blessed is He**, be blessed and praised and
glorified and exalted and extolled and honored and adored and lauded,
exceedingly beyond all of the blessings and songs, praises and consolations that
are ever spoken in this world, and say, *"Amen."*

Barchu

Reader:

Bless the Lord, who is blessed!

Congregation then Reader:

Blessed is the Lord, who is blessed forever and ever!

Silent Meditation:

Blessed and praised, glorified, exalted and honored be the name of the Supreme King of Kings,
the Holy One, blessed be He. He is the first and the last, and there is no God beside Him. Extol
Him who abides in the heavens, and rejoice before the countenance of Him who is named Lord.
His Name is exalted far beyond all blessings and psalms. His glorious Name and kingdom will be
blessed forever and ever; let the Lord's Name be blessed both now and for all time.

Blessed are You, Lord our God, King of the universe, who created both light
and darkness; who makes peace and brings forth all things.

Responsive Reading

מֶלֶךְ אָמוֹן מַאֲמָרְךָ מֵרָחוֹק מֻצָּב, שִׁמְךָ יִתְפָּאַר בַּעֲדָתְךָ יִתְיַצָּב.
לְעוֹלָם יְיָ דְּבָרְךָ נִצָּב.

מֶלֶךְ בְּכַלּוֹתְךָ הַיּוֹם מַעֲשֵׂ אֲמָנוּתֶךָ, מַדִּין הַצַּלְתָּ מָרְקָם בְּתַמוּנָתֶךָ.
לְדוֹר וָדוֹר אֱמוּנָתֶךָ.

מֶלֶךְ גְּזַרְתָּ כְּמוֹ כֵן לְצֶאֱצָאֵימוֹ פְּדִיוֹם, עֲבוּר לְהַפְלֵט מַשְׂאֵתְךָ אָיוֹם.
לְמִשְׁפָּטֶיךָ עָמְדוּ הַיּוֹם.

שׁוֹמְרֵי מִצְוֺת עֵדֶיךָ וְעוֹבְדֶיךָ, נְטֻלִם וּנְשֻׂאִם לְהַרְבּוֹת כְּבוֹדֶךָ.
כִּי הַכֹּל עֲבָדֶיךָ קָדוֹשׁ.

זְכֹר דּוֹרְשֶׁיךָ לָתֶחִי לְעוֹדְדָם, וְהָרֵם קַרְנָם בְּרַחֲמֶיךָ לְהַקְדָּם.
זְכֹר עֲדָתְךָ קָנִיתָ קֶּדֶם.

זְכֹר הַמְּשׁוּכָה אַחֲרֶיךָ בְּאַהֲב לְחַלּוֹתֶךָ, נִסְמֶכֶת בְּשַׁעֲשׁוּעַ דָּת גַּחֲלָתֶךָ.
גָּאַלְתָּ שֵׁבֶט נַחֲלָתֶךָ.

זְכֹר וּמַהֵר יוֹם יֶשְׁעֲךָ לְקָרְבוֹ, בִּדְבִירְךָ לְהִשְׁתַּחֲווֹת וּבְמִשְׁכְּנוֹתֶיךָ לְבֹא.
הַר צִיּוֹן זֶה שָׁכַנְתָּ בּוֹ.

בְּרַחֲמִים יַקֵּר צְעִירֵי הַצֹּאן, חֲקָם הַטְּרִיפֵם פְּנִימִי וְחִיצוֹן.
וַאֲנִי תְּפִלָּתִי לְךָ יְיָ עֵת רָצוֹן, קָדוֹשׁ.

שׁוֹפָר זְמַנּוּ בָּא תָּקוֹעַ בְּעִנְיָנָיו, בְּקֶרֶן אַיִל לְהִזָּכֵר לְבָחוּנָיו.
אַחַר נֶאֱחַז בַּסְּבַךְ בְּקַרְנָיו.

שׁוֹפָר חָרֵד הַמַּחֲנֶה מֵרָחוֹק לַעֲמוֹד, רַחוּם זָכְרֵהוּ וּלְצַדְּקֵנוּ תַחֲמוֹד.
הַשּׁוֹפָר הוֹלֵךְ וְחָזֵק מְאֹד.

שׁוֹפָר מְכֻסֶּת בַּכֶּסֶה לְמִי מָנָה עָפָר, יְשׁוּבוּן מֵאֶרֶץ בְּכֻפּוֹר לְהִתְכַּפֵּר.
תִּקְעוּ בַחֹדֶשׁ שׁוֹפָר.

Responsive Reading

King, Your word has stood firm from ages past; Your Name will always be glorified in Your congregation.
Lord, Your word will stand forever.

King, in the day You completed the work of Your handicraft, You rescued from judgement the one formed in Your image.
Your faithfulness is from generation to generation.

King, You have truly decreed redemption for his descendants, that they might escape Your terrible judgment.
This day we stand before Your judgment.

As the guardian of the commandments we are Your witnesses and Your servants, and in carrying their charge Your honor is extended.
Holy One, we are all Your servants.

Remember those who declare You, raising them to life; in Your compassion welcome them, lifting up their horn.
Remember Your congregation, they are Yours from long ago.

Remember those who out of love call to You and are drawn to You; in delight they uphold Your fiery law.
You have redeemed the rod of Your inheritance.

Remember and speed the coming of the day of Your salvation; we will worship in the place of Your choosing, coming to Your most holy place.
You dwell upon Mount Tzion.

In compassion You tend to the weak of Your flock, acting on behalf of both body and soul.
Lord, I will pray to You as You desire, for You are holy.

The season has come to sound the trump of the shofar; with the sounding of the ram's horn examine us, and remember.
Another horn was entangled in the thicket.

At the sound of the shofar the camp trembled and stood at a distance; Compassionate One, remember You are our righteousness, and treat us gently.
The sound of the shofar goes forth with great strength.

You have appointed the sounding of the shofar to him whose portion is dust, that he might joyfully return in perfect atonement.
Give a blast on the shofar at the new moon.

מֶלֶךְ יִשְׁפֹּט עַמִּים בְּמֵישָׁרִים לְנִשָּׂאוֹ, צוֹפֶה לְדַקְדֵּק דִּינָם בְּהִתְנַשְּׂאוֹ.
כּוֹנֵן לַמִּשְׁפָּט כִּסְאוֹ.

מֶלֶךְ כַּבִּיר נִקְדָּשׁ בִּצְדָקָה לְבַדּוֹ, חַי יִגְבַּהּ בַּמִּשְׁפָּט בְּהִתְכַּבְּדוֹ.
לַעֲשׂוֹת מִשְׁפָּט עַבְדּוֹ.

מֶלֶךְ לְרֹגֶז רַחֵם יִזְכּוֹר כְּנֻאָמוֹ, קָרוֹב לְהַצְדִּיק עִם הַמְיַחֲדִים שְׁמוֹ.
עַמּוֹ יִשְׂרָאֵל דְּבַר יוֹם בְּיוֹמוֹ.

יֵרָאֶה פָעֳלְךָ וַהֲדָרְךָ לִתְמִימִים, חֲיוֹת בְּצִלְּךָ לְאֹרֶךְ יָמִים.
מַלְכוּתְךָ מַלְכוּת כָּל עוֹלָמִים, קָדוֹשׁ.

זְכֹר מְקַנֶּיךָ נַחַת שֻׁלְחָנְךָ לְעָרְכָה, אֶדֶר תְּהִלָּתְךָ בְּפִימוֹ לְהִתְבָּרְכָה.
זֵכֶר צַדִּיק לִבְרָכָה.

זְכֹר נְדִיבֵי עַמִּים אֲבוֹת הָעוֹלָם, חֲשׂוֹךְ עֲבָדֶיךָ מִזָּדוֹן וְנֶעְלָם.
וְחֶסֶד יְיָ מֵעוֹלָם וְעַד עוֹלָם.

זְכֹר סֻכַּת שָׁלֵם הַיּוֹשֶׁבֶת בְּדוּדָהּ, חוּשָׁה לְהָכִין אוֹתָהּ וּלְסַעֲדָהּ.
יִשְׂמַח הַר צִיּוֹן תָּגֵלְנָה בְּנוֹת יְהוּדָה.

לְחַיֵּי עוֹלָם יִכָּתְבוּ אֱמוּנַי, יִזְכּוּ לַחֲזוֹת בְּנֹעַם יְיָ.
לְזִכָּרוֹן בְּהֵיכַל יְיָ, קָדוֹשׁ.

שׁוֹפָר עֲבָרַת קוֹלוֹ נִשְׁמַע בְּאַשּׁוּר, לְהַעֲטוֹת שִׂמְחַת עוֹלָם בְּקִשּׁוּר.
וּבָאוּ הָאֹבְדִים בְּאֶרֶץ אַשּׁוּר.

שׁוֹפָר פָּצֵץ קוֹלוֹ בְּעֶבְרֵי נְהָרִים, חֵרוּת לְהַשְׁמִיעַ יְהוּדָה וְאֶפְרַיִם.
וְהַנִּדָּחִים בְּאֶרֶץ מִצְרָיִם.

שׁוֹפָר צָרְפַת וּסְפָרַד יְצָרַח לְהִתְקַדֵּשׁ, נְפוּצִים בְּאַרְבַּע נֶצַח יְחַדֵּשׁ.
וְהִשְׁתַּחֲווּ לַיְיָ בְּהַר הַקֹּדֶשׁ.

King, You who judge the nations with justice will be lifted up; being
watchful that His judgment is precise, He will be lifted up.
His throne of judgment is established.

King, You alone are sanctified in Your justice; in judgment and honor
He is lifted up to life.
He shall judge on behalf of His servant.

King, as You promised, in the midst of wrath You remember
compassion; You draw near to justify the people
who are set apart by Your name.
Israel, His people, speak of Him day after day.

May Your Hand and Your splendor be honored by the upright; in Your
shadow is life and length of day.
Holy One, the reign of Your kingdom is to all eternity.

Remember the one whom You washed as worthy to find repose at Your
table; as his mouth declares the splendor of Your praise he shall be blessed .
Remember the upright for blessing.

Remember the people who gave liberally, the fathers of old; save Your
servants from deliberate wickedness and from that which is concealed.
The Lord's loving kindness is from everlasting and to everlasting.

Remember the tabernacle of Jerusalem which now sits alone; speedily
make her ready for the feast.
*Then Mountain Tzion shall rejoice for the daughters of Judah
shall be unfurled.*

My faithful will be inscribed for life eternal; they shall be worthy to
behold the beauty of the Lord.
They are a memorial in the temple of the Lord, holy is He.

The sound of the shofar shall be clearly heard, demanding that those
who hear be wrapped in everlasting joy.
The lost in the land of Assyria shall come.

The sound of the shofar shall burst across the rivers, bringing the sound
of freedom to Judah and to Ephraim.
It shall even go forth in the land of Egypt.

The shofar cries to those of Zarephath and Sepharad, "Be sanctified",
and to those spread out to the four winds, "Be restored forever".
They shall prostrate themselves to the Lord on His holy hill.

מֶלֶךְ קָדוֹשׁ שׁוֹכֵן שְׁמֵי אֶרֶץ, נַחַן מְבַשֵּׂר עֲלוֹת הַפּוֹרֵץ.
יְיָ מָלָךְ תָּגֵל הָאָרֶץ.

מֶלֶךְ רָם וְנִשָּׂא הַיּוֹדֵעַ וָעֵד, בְּנֵה קִרְיָתְךָ כִּי בָא מוֹעֵד.
יְיָ יִמְלֹךְ לְעוֹלָם וָעֶד.

מֶלֶךְ שִׁלְטוֹנְךָ לָעַד בְּכָל מָשָׁלָם, יַשֵּׁר לִירֵאֶיךָ דֶּרֶךְ לְהוֹעִילָם.
יִמְלֹךְ יְיָ לְעוֹלָם.

תַּנְחֵגֵנוּ בְּאַרְצוֹת הַחַיִּים לְהִתְהַלְּכָה, בְּאוֹר יְיָ לְכוּ וְנֵלְכָה.
וְהָיְתָה לַיְיָ הַמְּלוּכָה, קָדוֹשׁ.

הַמֵּאִיר לָאָרֶץ וְלַדָּרִים עָלֶיהָ בְּרַחֲמִים. וּבְטוּבוֹ מְחַדֵּשׁ בְּכָל יוֹם תָּמִיד
מַעֲשֵׂה בְרֵאשִׁית. מָה רַבּוּ מַעֲשֶׂיךָ יְיָ. כֻּלָּם בְּחָכְמָה עָשִׂיתָ. מָלְאָה
הָאָרֶץ קִנְיָנֶךָ. הַמֶּלֶךְ הַמְרוֹמָם לְבַדּוֹ מֵאָז. הַמְשֻׁבָּח וְהַמְפֹאָר וְהַמִּתְנַשֵּׂא
מִימוֹת עוֹלָם. אֱלֹהֵי עוֹלָם, בְּרַחֲמֶיךָ הָרַבִּים רַחֵם עָלֵינוּ. אֲדוֹן עֻזֵּנוּ צוּר
מִשְׂגַּבֵּנוּ, מָגֵן יִשְׁעֵנוּ מִשְׂגָּב בַּעֲדֵנוּ.

אֵל בָּרוּךְ גְּדוֹל דֵּעָה. הֵכִין וּפָעַל זָהֳרֵי חַמָּה. טוֹב יָצַר כָּבוֹד לִשְׁמוֹ.
מְאוֹרוֹת נָתַן סְבִיבוֹת עֻזּוֹ. תָּמִיד מְסַפְּרִים, כְּבוֹד אֵל וּקְדֻשָּׁתוֹ.
תִּתְבָּרַךְ יְיָ אֱלֹהֵינוּ עַל שֶׁבַח מַעֲשֵׂה יָדֶיךָ, וְעַל מְאוֹרֵי אוֹר שֶׁעָשִׂיתָ
יְפָאֲרוּךָ סֶּלָה.

(On Shabbat add the following passages)

הַכֹּל יוֹדוּךָ, וְהַכֹּל יְשַׁבְּחוּךָ, וְהַכֹּל יֹאמְרוּ אֵין קָדוֹשׁ כַּיְיָ. הַכֹּל יְרוֹמְמוּךָ,
יוֹצֵר הַכֹּל, הָאֵל הַפּוֹתֵחַ בְּכָל יוֹם דַּלְתוֹת שַׁעֲרֵי מִזְרָח, וּבוֹקֵעַ חַלּוֹנֵי
רָקִיעַ מוֹצִיא חַמָּה מִמְּקוֹמָהּ, וּלְבָנָה מִמְּכוֹן שִׁבְתָּהּ, וּמֵאִיר לָעוֹלָם כֻּלּוֹ
וּלְיוֹשְׁבָיו, שֶׁבָּרָא בְּמִדַּת הָרַחֲמִים.
הַמֵּאִיר לָאָרֶץ וְלַדָּרִים עָלֶיהָ בְּרַחֲמִים, וּבְטוּבוֹ מְחַדֵּשׁ בְּכָל יוֹם תָּמִיד
מַעֲשֵׂה בְרֵאשִׁית. הַמֶּלֶךְ הַמְרוֹמָם לְבַדּוֹ מֵאָז, הַמְשֻׁבָּח וְהַמְפֹאָר
וְהַמִּתְנַשֵּׂא מִימוֹת עוֹלָם. אֱלֹהֵי עוֹלָם, בְּרַחֲמֶיךָ הָרַבִּים רַחֵם עָלֵינוּ, אֲדוֹן
עֻזֵּנוּ, צוּר מִשְׂגַּבֵּנוּ, מָגֵן יִשְׁעֵנוּ, מִשְׂגָּב בַּעֲדֵנוּ.

King, Your holy name abides in the land; it is urgent that the herald breaks
through to Israel.
The Lord's reign shall be unfurled upon the earth.

King, high and lifted up, You are acquainted with eternity; build up
Your city, for the time has come.
The Lord shall reign forever and to eternity.

King, Your dominion is forever over all who rule; smooth the path for
the sake of those who hold You in awe.
The Lord shall be enthroned forever.

Be our wisdom, guiding our steps in the lands of the living; Lord, be our
light as we walk and go our way.
Dominion belongs to the Lord, the Holy One.

Out of compassion You give light to the earth and to those who dwell on it; out
of goodness You renew the work of creation every day, constantly. How great
are Your works, O Lord! In Your wisdom You made them all! The earth is full
of Your possessions! The King alone has been ever exalted! To You is the
praise, and the glory, and the exaltation from days of long ago. God of eternity,
out of Your compassion and strength, have mercy upon us. Lord, You are our
strength, the Rock of our stronghold, the Shield of our salvation, our Shelter for
our sake.

The blessed God is great in understanding. He made the brightness of the
sun. It is good to give honor to His name. In His strength He is the source of
light to those around Him. They are always telling of God's glory and
holiness. You are to be blessed, Lord our God, for the excellence of the work
of Your hands, and for the source of light which brightens what You have
made: they always are giving You glory.

(On Shabbat add the following passages)

All shall thank You; all shall praise You; all shall proclaim: There is none holy
like the Lord! You will forever be extolled as the Creator of all. Each day, O
God, You open the eastern gates; the windows of the sky, and You bring the sun
from its place; the moon from its abode. You give light to the whole world and
its inhabitants, whom You have created with compassion.

You give light to the earth and to those who, in Your mercy, dwell on it. Each
day, out of Your goodness, the creation is renewed. The King alone is ever
exalted; You are praised and glorified and extolled from eternity. God of
eternity, in Your compassion You have shown us Your mercy. Lord, You are
our strength, our secure stronghold, the shield of our salvation; our refuge.

אֵין כְּעֶרְכְּךָ וְאֵין זוּלָתֶךָ, אֶפֶס בִּלְתֶּךָ, וּמִי דוֹמֶה לָךְ.

(Reader) אֵין כְּעֶרְכְּךָ יְיָ אֱלֹהֵינוּ, בָּעוֹלָם הַזֶּה, וְאֵין זוּלָתְךָ מַלְכֵּנוּ לְחַיֵּי הָעוֹלָם הַבָּא. אֶפֶס בִּלְתְּךָ גּוֹאֲלֵנוּ לִימוֹת הַמָּשִׁיחַ. וְאֵין דּוֹמֶה לָךְ מוֹשִׁיעֵנוּ לִתְחִיַּת הַמֵּתִים.

El Adon

אֵל אָדוֹן עַל כָּל הַמַּעֲשִׂים, בָּרוּךְ וּמְבֹרָךְ בְּפִי כָּל נְשָׁמָה,

גָּדְלוֹ וְטוּבוֹ מָלֵא עוֹלָם, דַּעַת וּתְבוּנָה סֹבְבִים אֹתוֹ.

הַמִּתְגָּאֶה עַל חַיּוֹת הַקֹּדֶשׁ וְנֶהְדָּר בְּכָבוֹד עַל הַמֶּרְכָּבָה,

זְכוּת וּמִישׁוֹר לִפְנֵי כִסְאוֹ, חֶסֶד וְרַחֲמִים לִפְנֵי כְבוֹדוֹ.

טוֹבִים מְאוֹרוֹת שֶׁבָּרָא אֱלֹהֵינוּ, יְצָרָם בְּדַעַת בְּבִינָה וּבְהַשְׂכֵּל,

כֹּחַ וּגְבוּרָה נָתַן בָּהֶם, לִהְיוֹת מוֹשְׁלִים בְּקֶרֶב תֵּבֵל.

מְלֵאִים זִיו וּמְפִיקִים נֹגַהּ, נָאֶה זִיוָם בְּכָל הָעוֹלָם,

שְׂמֵחִים בְּצֵאתָם וְשָׂשִׂים בְּבוֹאָם, עֹשִׂים בְּאֵימָה רְצוֹן קוֹנָם.

פְּאֵר וְכָבוֹד נוֹתְנִים לִשְׁמוֹ, צָהֳלָה וְרִנָּה לְזֵכֶר מַלְכוּתוֹ,

קָרָא לַשֶּׁמֶשׁ וַיִּזְרַח אוֹר, רָאָה, וְהִתְקִין צוּרַת הַלְּבָנָה.

שֶׁבַח נוֹתְנִים לוֹ כָּל צְבָא מָרוֹם,

תִּפְאֶרֶת וּגְדֻלָּה, שְׂרָפִים וְאוֹפַנִּים וְחַיּוֹת הַקֹּדֶשׁ.

לָאֵל אֲשֶׁר שָׁבַת מִכָּל הַמַּעֲשִׂים, בַּיּוֹם הַשְּׁבִיעִי הִתְעַלָּה, וְיָשַׁב עַל כִּסֵּא כְבוֹדוֹ, תִּפְאֶרֶת עָטָה לְיוֹם הַמְּנוּחָה, עֹנֶג קָרָא לְיוֹם הַשַּׁבָּת. זֶה שֶׁבַח שֶׁל יוֹם הַשְּׁבִיעִי, שֶׁבּוֹ שָׁבַת אֵל מִכָּל מְלַאכְתּוֹ, וְיוֹם הַשְּׁבִיעִי מְשַׁבֵּחַ וְאוֹמֵר, מִזְמוֹר שִׁיר לְיוֹם הַשַּׁבָּת, טוֹב לְהוֹדוֹת לַיְיָ, לְפִיכָךְ יְפָאֲרוּ וִיבָרְכוּ לָאֵל כָּל יְצוּרָיו, שֶׁבַח יְקָר וּגְדֻלָּה וְכָבוֹד יִתְּנוּ לָאֵל מֶלֶךְ יוֹצֵר כֹּל, הַמַּנְחִיל מְנוּחָה לְעַמּוֹ יִשְׂרָאֵל בִּקְדֻשָּׁתוֹ, בְּיוֹם שַׁבַּת קֹדֶשׁ, שִׁמְךָ יְיָ אֱלֹהֵינוּ יִתְקַדָּשׁ, וְזִכְרְךָ מַלְכֵּנוּ יִתְפָּאַר, בַּשָּׁמַיִם מִמַּעַל וְעַל הָאָרֶץ מִתָּחַת.

תִּתְבָּרַךְ מוֹשִׁיעֵנוּ עַל שֶׁבַח מַעֲשֵׂה יָדֶיךָ, וְעַל מְאוֹרֵי אוֹר שֶׁעָשִׂיתָ יְפָאֲרוּךָ סֶּלָה׃

There is none like You and none beside You; there is nothing without You. Who can be compared to You? Lord our God, there is none to be compared to You in this world, and there is none besides You, our King, in the life of the world to come. Our Redeemer, there is none but You in the days of the Messiah, and there is none like You, our Deliverer, in the revival of the dead.

El Adon

God, Lord of all creation, You are, and will be, blessed by the mouth of every soul. Your great goodness fills the universe; knowledge and understanding surround You.

You are exalted above the holy beings, and You are adorned with majestic glory. Purity and uprightness are before Your throne, and in Your presence are compassion and mercy.

God, the luminaries which You created are good; they were made with knowledge, wisdom and insight. Strength and power were given them that they might rule over the world.

Full of splendor and radiating brightness, their light brings beauty to all the world. Rejoice in their rising and be exultant in their setting, performing with reverence the will of the Creator.

They give glory and honor to His Name, singing joyously at the fame of His kingdom. He spoke to the sun, and it began to shine; He looked to regulate the form of the moon.

Give Him praise all you hosts on high; Seraphim and Ophanim and all the holy beings, render glory and grandeur

To God who, on the seventh day, ascended to sit upon His throne of glory, and rested from all the work of creation. He gave the day of rest beauty, and He called the Sabbath a delight. Such is the distinction of the seventh day, that on it, God rested from all His work. And so, the seventh day offers praise, saying, "A song for the Sabbath day--It is good to give thanks to the Lord." Therefore, let all God's creatures glorify and bless Him, and render honor, glory and grandeur to God, the King and the Creator of all things. He has, in His holiness, given rest to His people Israel, on the holy Sabbath day. Lord our God, Your Name will be sanctified, and Your fame, our King, will be glorified in the heavens above and on the earth beneath.

You are to be blessed, Lord our God, for the excellence of the work of Your hands, and for the source of light which brightens what You have made: they always are giving You glory.

לָאֵל בָּרוּךְ נְעִימוֹת יִתֵּנוּ. לְמֶלֶךְ אֵל חַי וְקַיָּם זְמִרוֹת יֹאמֵרוּ וְתִשְׁבָּחוֹת יַשְׁמִיעוּ. כִּי הוּא לְבַדּוֹ פּוֹעֵל גְּבוּרוֹת, עֹשֶׂה חֲדָשׁוֹת, בַּעַל מִלְחָמוֹת, זוֹרֵעַ צְדָקוֹת, מַצְמִיחַ יְשׁוּעוֹת, בּוֹרֵא רְפוּאוֹת, נוֹרָא תְהִלּוֹת, אֲדוֹן הַנִּפְלָאוֹת. הַמְחַדֵּשׁ בְּטוּבוֹ בְּכָל יוֹם תָּמִיד מַעֲשֵׂה בְרֵאשִׁית. כָּאָמוּר לְעֹשֵׂה אוֹרִים גְּדֹלִים, כִּי לְעוֹלָם חַסְדּוֹ.

(On Weekdays Continue Here)

תִּתְבָּרַךְ צוּרֵנוּ מַלְכֵּנוּ וְגֹאֲלֵנוּ בּוֹרֵא קְדוֹשִׁים, יִשְׁתַּבַּח שִׁמְךָ לָעַד מַלְכֵּנוּ, יוֹצֵר מְשָׁרְתִים, וַאֲשֶׁר מְשָׁרְתָיו כֻּלָּם, עוֹמְדִים בְּרוּם עוֹלָם, וּמַשְׁמִיעִים בְּיִרְאָה יַחַד בְּקוֹל, דִּבְרֵי אֱלֹהִים חַיִּים וּמֶלֶךְ עוֹלָם. כֻּלָּם אֲהוּבִים. כֻּלָּם בְּרוּרִים. כֻּלָּם גִּבּוֹרִים, וְכֻלָּם עֹשִׂים בְּאֵימָה וּבְיִרְאָה רְצוֹן קוֹנָם. וְכֻלָּם פּוֹתְחִים אֶת פִּיהֶם בִּקְדֻשָּׁה וּבְטָהֳרָה, בְּשִׁירָה וּבְזִמְרָה, וּמְבָרְכִים וּמְשַׁבְּחִים, וּמְפָאֲרִים וּמַעֲרִיצִים, וּמַקְדִּישִׁים וּמַמְלִיכִים אֶת שֵׁם הָאֵל, הַמֶּלֶךְ הַגָּדוֹל, הַגִּבּוֹר וְהַנּוֹרָא קָדוֹשׁ הוּא. וְכֻלָּם מְקַבְּלִים עֲלֵיהֶם עֹל מַלְכוּת שָׁמַיִם זֶה מִזֶּה. וְנוֹתְנִים רְשׁוּת זֶה לָזֶה, לְהַקְדִּישׁ לְיוֹצְרָם. בְּנַחַת רוּחַ, בְּשָׂפָה בְרוּרָה וּבִנְעִימָה קְדֻשָּׁה, כֻּלָּם כְּאֶחָד עוֹנִים וְאוֹמְרִים בְּיִרְאָה...

Responsive Reading

קָדוֹשׁ, קָדוֹשׁ, קָדוֹשׁ, יְיָ צְבָאוֹת, מְלֹא כָל הָאָרֶץ כְּבוֹדוֹ.

כְּבוֹדוֹ אֹהֶל כְּהַיּוֹם בְּרַחֲמִים מֶלֶךְ.

בּוֹחֵן כָּל עֶשְׁתֹּנוֹת צָעִיר וָרַב מֶלֶךְ, גֵּאוּת וָעֹז הִתְאַזַּר מֶלֶךְ, דּוֹק וָחֶלֶד יֶחֱרְדוּן מֵאֵימַת מֶלֶךְ.

הַיּוֹצֵר יַחַד לִבָּם יָחוֹן מֶלֶךְ, וּמֵבִין אֶל כָּל מַעֲשֵׂיהֶם יַצְדִּיק מֶלֶךְ, זִכָּרוֹן הוּא יוֹם תְּרוּעַת מֶלֶךְ.

יִזְכּוֹר לְעוֹלָם בְּרִיתוֹ בְּזִכָּרוֹן טוֹב מֶלֶךְ.

כַּלֵּה אַל תַּעַשׂ לִשְׁאֵרִית בְּנֵי מֶלֶךְ, לָכֵן אָתָאנוּ לָךְ מַלְכֵּנוּ מֶלֶךְ, מֵאֶתְמוֹל קַדְמוֹנֶךָ לַחֲלוֹתֶךָ מֶלֶךְ.

רַחֲמִים תְּעוֹרֵר לִמְחַכֶּיךָ מֶלֶךְ, שְׁעֵה שַׁוְעַת עַם מְשַׁחֲרֶיךָ מֶלֶךְ, וּנְבָרֶכְךָ אֱלֹהִים חַיִּים וָמֶלֶךְ.

To God, the blessed one, they will offer melodies; to the King, God of life eternal, they will utter hymns and praises. He alone performs mighty acts; He creates all things new, He wars to bring justice, He brings forth salvation and creates healing; great is His renown. He is the Lord of Wonders, in His goodness He renews the creation each day, as it is said, "He makes the great lights; His loving kindness endures forever."

(On Weekdays Continue Here)

Be Thou blessed our Rock, our King and our Redeemer, who has created holy beings. Your name is praised forever, our King, creator of ministering angels, all of whom stand in the heights of the universe reverently proclaiming together, and with a loud sound, the words of the living God and everlasting King. All of them are beloved; all of them are pure; all of them are mighty, and all of them do with fear and reverence the will of their maker. They all open their mouths with holiness and with purity, in song and in melody, to bless and to praise, to glorify and to revere, to sanctify and to enthrone the name of the great, mighty and awesome God and King, holy is He. All of them accept the rule of the kingdom of heaven, one from the other, and they give authority, one from the other, to sanctify their Creator. In calmness of spirit, with pure speech and holy melody, they all as one answer with reverence...

Responsive Reading

Holy, holy, holy is the Lord of Hosts, the whole earth is filled with His glory.

Today the King's glory is stretched out in His compassion.

The King examines every thought, both small and great; the King has girded Himself with grandeur and strength; heaven and earth tremble with awe of the King.

The King, who fashions each heart as one, will pardon; the King, who has knowledge of all their acts, will justify; the King will bring it to mind on this day of the sounding of the shofar.

The King will always recall His covenant in remembrance for good.

The King will bring forth all of the remnant of His house; O King, therefore we have come to You here, for You are our King; O King, from yesterday, from days long ago, this has occurred.

O King, awaken and bring to Your mind Your compassion; O King, in the daybreak have regard for the outcry of Your people, and may we have Your blessing O living God and King.

וְהַחַיּוֹת יְשׁוֹרֵרוּ, וּכְרוּבִים יְפָאֵרוּ, וּשְׂרָפִים יָרוֹנּוּ, וְאֶרְאֶלִּים יְבָרֵכוּ. פְּנֵי כָּל חַיָּה וְאוֹפָן וּכְרוּב לְעֻמַּת שְׂרָפִים, לְעֻמָּתָם מְשַׁבְּחִים וְאוֹמְרִים.

בָּרוּךְ כְּבוֹד יְיָ מִמְּקוֹמוֹ.

לְאֵל בָּרוּךְ נְעִימוֹת יִתֵּנוּ. לְמֶלֶךְ אֵל חַי וְקַיָּם זְמִרוֹת יֹאמֵרוּ וְתִשְׁבָּחוֹת יַשְׁמִיעוּ. כִּי הוּא לְבַדּוֹ פּוֹעֵל גְּבוּרוֹת, עֹשֶׂה חֲדָשׁוֹת, בַּעַל מִלְחָמוֹת, זוֹרֵעַ צְדָקוֹת, מַצְמִיחַ יְשׁוּעוֹת, בּוֹרֵא רְפוּאוֹת, נוֹרָא תְהִלּוֹת, אֲדוֹן הַנִּפְלָאוֹת. הַמְחַדֵּשׁ בְּטוּבוֹ בְּכָל יוֹם תָּמִיד מַעֲשֵׂה בְרֵאשִׁית. כָּאָמוּר לְעֹשֵׂה אוֹרִים גְּדֹלִים, כִּי לְעוֹלָם חַסְדּוֹ. אוֹר חָדָשׁ עַל צִיּוֹן תָּאִיר וְנִזְכֶּה כֻלָּנוּ מְהֵרָה לְאוֹרוֹ. בָּרוּךְ אַתָּה יְיָ יוֹצֵר הַמְּאוֹרוֹת.

אַהֲבָה רַבָּה אֲהַבְתָּנוּ, יְיָ אֱלֹהֵינוּ, חֶמְלָה גְדוֹלָה וִיתֵרָה חָמַלְתָּ עָלֵינוּ. אָבִינוּ מַלְכֵּנוּ, בַּעֲבוּר אֲבוֹתֵינוּ שֶׁבָּטְחוּ בְךָ, וַתְּלַמְּדֵם חֻקֵּי חַיִּים, כֵּן תְּחָנֵּנוּ וּתְלַמְּדֵנוּ. אָבִינוּ, הָאָב הָרַחֲמָן, הַמְרַחֵם, רַחֵם עָלֵינוּ, וְתֵן בְּלִבֵּנוּ לְהָבִין וּלְהַשְׂכִּיל, לִשְׁמֹעַ, לִלְמֹד וּלְלַמֵּד, לִשְׁמֹר וְלַעֲשׂוֹת וּלְקַיֵּם אֶת כָּל דִּבְרֵי תַלְמוּד תוֹרָתֶךָ בְּאַהֲבָה. וְהָאֵר עֵינֵינוּ בְּתוֹרָתֶךָ, וְדַבֵּק לִבֵּנוּ בְּמִצְוֹתֶיךָ, וְיַחֵד לְבָבֵנוּ לְאַהֲבָה וּלְיִרְאָה אֶת שְׁמֶךָ, וְלֹא נֵבוֹשׁ לְעוֹלָם וָעֶד. כִּי בְשֵׁם קָדְשְׁךָ הַגָּדוֹל וְהַנּוֹרָא בָּטָחְנוּ, נָגִילָה וְנִשְׂמְחָה בִּישׁוּעָתֶךָ. *(Reader)* וַהֲבִיאֵנוּ לְשָׁלוֹם מֵאַרְבַּע כַּנְפוֹת הָאָרֶץ, וְתוֹלִיכֵנוּ קוֹמְמִיּוּת לְאַרְצֵנוּ, כִּי אֵל פּוֹעֵל יְשׁוּעוֹת אָתָּה, וּבָנוּ בָחַרְתָּ מִכָּל עַם וְלָשׁוֹן. וְקֵרַבְתָּנוּ לְשִׁמְךָ הַגָּדוֹל סֶלָה בֶּאֱמֶת לְהוֹדוֹת לְךָ וּלְיַחֶדְךָ בְּאַהֲבָה. בָּרוּךְ אַתָּה יְיָ, הַבּוֹחֵר בְּעַמּוֹ יִשְׂרָאֵל בְּאַהֲבָה.

Mark 12:28-34

וְאֶחָד מִן הַסּוֹפְרִים בָּא וַיִּשְׁמַע אֹתָם נִדְבָּרִים יַחְדָּו וּבִרְאֹתוֹ כִּי הֵיטֵב עָנָה עַל דִּבְרֵיהֶם וַיִּשְׁאָלֵהוּ מָה רֵאשִׁית כָּל הַמִּצְוֹת. וַיַּעַן יֵשׁוּעַ הָרֹאשֹׁנָה הֲלֹא הִיא שְׁמַע יִשְׂרָאֵל יְיָ אֱלֹהֵינוּ, יְיָ אֶחָד. וְאָהַבְתָּ אֵת יְיָ אֱלֹהֶיךָ, בְּכָל לְבָבְךָ, וּבְכָל נַפְשְׁךָ, וּבְכָל מְאֹדֶךָ. וְהַשְּׁנִיָּה הֲלֹא הִיא וְאָהַבְתָּ לְרֵעֲךָ כָּמוֹךָ וְאֵין מִצְוָה גְדוֹלָה מִשְׁתַּיִם אֵלֶּה. וַיֹּאמֶר אֵלָיו הַסּוֹפֵר אָמְנָם מוֹרִי אֱמֶת דִּבַּרְתָּ כִּי אֶחָד הוּא וְאֵין עוֹד מִלְבַדּוֹ. וּלְאַהֲבָה אֹתוֹ בְּכָל לֵב וּבְכָל מַדָּע וּבְכָל מְאֹד וְלֶאֱהֹב אִישׁ אֶת רֵעֵהוּ כְּנַפְשׁוֹ הִיא גְדוֹלָה מִכָּל עֹלָה וָזָבַח. וַיַּרְא יֵשׁוּעַ כִּי הִשְׂכִּיל לַעֲנוֹת אֹתוֹ וַיֹּאמֶר אֵלָיו הִנְּךָ לֹא רָחוֹק מִמַּלְכוּת אֱלֹהִים וְלֹא הֵעֵזוּד אִישׁ לְהִתְוַכַּח עִמּוֹ בִּדְבָרִים מֵהַיּוֹם וָמָעְלָה.

The living creatures will speak poetry, and the cheruvim will glorify You, the seraphim will shout for joy, and angels will bless You; the face of all living, ophan and cheruv, is toward the seraphim, and together they utter praise saying:

Blessed is the glory of the Lord from His abode!

To God, the blessed one, they will offer melodies; to the King, God of life eternal, they will utter hymns and praises. He alone performs mighty acts; He creates all things new, He wars to bring justice, He brings forth salvation and creates healing; great is His renown. He is the Lord of Wonders, in His goodness He renews the creation each day, as it is said, "He makes the great lights; His loving kindness endures forever."

Lord our God, You have loved us with a great love, and You have shown us great and abundant mercy. Our Father, our King, for the sake of our fathers who placed their trust in You and to whom You taught the laws of life, be gracious to us and teach us as well. Our Father, merciful Father, You who are always compassionate, have mercy on us and inspire us to discern and to understand, to listen, to learn and to teach, to observe, to do and to fulfill with love, all the words of Your Torah. Enlighten our eyes in Your Torah; cause our heart to cleave to Your commandments, and unify our heart to love and to fear Your Name, so we will never be put to shame. In Your holy, great and awesome Name we trusted, that we might thrill with joy in Your salvation. Bring us home in peace from the four corners of the earth, and lead us upright into our land, for You are the God who brings salvation. You have chosen us from among all peoples and tongues. You have forever brought us near Your great Name in truth, so that we might praise You and, out of love, declare Your oneness. Blessed are You, Lord, who has lovingly chosen Israel as Your people.

Mark 12:28-34

Then one of the scribes came, and having heard them reasoning together, perceiving that He had answered them well, asked Him, "Which is the first commandment of all?" Yeshua answered him, "The first of all the commandments is: Hear, O Israel, the Lord our God, the Lord is one. And you shall love the Lord your God with all your heart, with all your soul, with all your mind, and with all your strength. This is the first commandment. And the second, like it, is this: You shall love your neighbor as yourself. And there is no other commandment greater than these two." So the scribe said to Him, "Well said, Rabbi. You have spoken the truth, for there is one God, and there is no other but He. And to love Him with all the heart, with all the understanding, with all the soul, and with all the strength, and to love one's neighbor as oneself, is more than all the whole burnt offerings and sacrifices." Now when Yeshua saw that the man answered Him wisely, He said to him, "You are not far from the kingdom of God." And no one ever dared to argue with Him any more in words from that day on.

Shema

Recite Loudly Covering the Eyes with the right hand

שְׁמַע יִשְׂרָאֵל, יְיָ אֱלֹהֵינוּ, יְיָ אֶחָד.

Sh'ma Yisrael, Adonai Elohainu, Adonai Eḥad.

Recite softly without Covering the Eyes

בָּרוּךְ שֵׁם כְּבוֹד מַלְכוּתוֹ לְעוֹלָם וָעֶד.

Baruch shem k'vod mal'khuto l'olam va'ed.

וְאָהַבְתָּ אֵת יְיָ אֱלֹהֶיךָ, בְּכָל לְבָבְךָ, וּבְכָל נַפְשְׁךָ, וּבְכָל מְאֹדֶךָ.
וְהָיוּ הַדְּבָרִים הָאֵלֶּה, אֲשֶׁר אָנֹכִי מְצַוְּךָ הַיּוֹם, עַל לְבָבֶךָ.
וְשִׁנַּנְתָּם לְבָנֶיךָ, וְדִבַּרְתָּ בָּם בְּשִׁבְתְּךָ בְּבֵיתֶךָ, וּבְלֶכְתְּךָ בַדֶּרֶךְ
וּבְשָׁכְבְּךָ, וּבְקוּמֶךָ. וּקְשַׁרְתָּם לְאוֹת עַל יָדֶךָ, וְהָיוּ לְטֹטָפֹת בֵּין
עֵינֶיךָ, וּכְתַבְתָּם עַל מְזוּזֹת בֵּיתֶךָ וּבִשְׁעָרֶיךָ.

*V'ahav'ta et Adonai Elohekha, b'khol l'vavkha, uv'khol naf'shikha,
uv'khol m'odekha. V'hayu had'varim ha'aile, asher anokhi m'tsavikha
hayom, al l'vavekha. V'shinan'tam l'vanekha v'dibarta bam
b'shivtikha b'vaitekhha, uv'lekhtekha vaderekh uv'shokhbikha
uv'kumekha. Uk'shartam l'ot al yadekha, v'hayu l'totafot bain
ainekha, ukh'tavtam al m'zuzot baitekha u'visharekha.*

1 Corinthians 8:4-6

... כִּי אֱלִיל כְּאַיִן הוּא בָּעוֹלָם וְכִי אֵין אֱלֹהִים זוּלָתִי אֶחָד. וְאַף כִּי יֵשׁ
נִקְרָאִים אֱלֹהִים אִם בַּשָּׁמַיִם וְאִם בָּאָרֶץ כְּמוֹ הֵם אֱלֹהִים רַבִּים וַאֲדֹנִים
רַבִּים. בְּכָל זֹאת לָנוּ רַק אֱלֹהִים אֶחָד הוּא אָבִי עַד אֲשֶׁר מִמֶּנּוּ הַכֹּל
וְלוֹ אֲנַחְנוּ וְאָדוֹן אֶחָד יֵשׁוּעַ הַמָּשִׁיחַ אֲשֶׁר הַכֹּל עַל יָדוֹ וְעַל יָדוֹ גַּם
אֲנַחְנוּ.

Shema

Recite Loudly Covering the Eyes with the right hand

Hear, O Israel, the Lord our God, the Lord is one!

Recite softly without Covering the Eyes

Blessed is His glorious Name, whose kingdom is forever and ever.

And you shall love the Lord your God with all your heart and with all your soul and with all your strength. These words that I give to you today are to be upon your hearts. Teach them to your children. Speak of them when you sit at home and when you walk along the way, when you lie down and when you rise up. Bind them as a sign upon your hands and as frontlets between your eyes. Inscribe them on the doorposts of your house and on your gates.

1 Corinthians 8:4-6

For we know that an idol is nothing in the world, and that there is no other God but One. For even if there are so-called gods, whether in heaven or on earth (as there are many gods and many lords), yet for us there is only one God, the Father, from whom are all things, and we for Him; and one Lord, Yeshua the Messiah, through whom are all things, and through whom we live.

Deuteronomy 11:13-21

וְהָיָה אִם שָׁמֹעַ תִּשְׁמְעוּ אֶל מִצְוֹתַי, אֲשֶׁר אָנֹכִי מְצַוֶּה אֶתְכֶם הַיּוֹם, לְאַהֲבָה אֶת יְיָ
אֱלֹהֵיכֶם, וּלְעָבְדוֹ בְּכָל לְבַבְכֶם וּבְכָל נַפְשְׁכֶם. וְנָתַתִּי מְטַר אַרְצְכֶם בְּעִתּוֹ, יוֹרֶה
וּמַלְקוֹשׁ, וְאָסַפְתָּ דְגָנֶךָ וְתִירֹשְׁךָ וְיִצְהָרֶךָ. וְנָתַתִּי עֵשֶׂב בְּשָׂדְךָ לִבְהֶמְתֶּךָ, וְאָכַלְתָּ
וְשָׂבָעְתָּ. הִשָּׁמְרוּ לָכֶם פֶּן יִפְתֶּה לְבַבְכֶם, וְסַרְתֶּם וַעֲבַדְתֶּם אֱלֹהִים אֲחֵרִים
וְהִשְׁתַּחֲוִיתֶם לָהֶם. וְחָרָה אַף יְיָ בָּכֶם, וְעָצַר אֶת הַשָּׁמַיִם וְלֹא יִהְיֶה מָטָר, וְהָאֲדָמָה
לֹא תִתֵּן אֶת יְבוּלָהּ, וַאֲבַדְתֶּם מְהֵרָה מֵעַל הָאָרֶץ הַטֹּבָה אֲשֶׁר יְיָ נֹתֵן לָכֶם. וְשַׂמְתֶּם
אֶת דְּבָרַי אֵלֶּה עַל לְבַבְכֶם וְעַל נַפְשְׁכֶם וּקְשַׁרְתֶּם אֹתָם לְאוֹת עַל יֶדְכֶם, וְהָיוּ
לְטוֹטָפֹת בֵּין עֵינֵיכֶם. וְלִמַּדְתֶּם אֹתָם אֶת בְּנֵיכֶם, לְדַבֵּר בָּם, בְּשִׁבְתְּךָ בְּבֵיתֶךָ,
וּבְלֶכְתְּךָ בַדֶּרֶךְ, וּבְשָׁכְבְּךָ וּבְקוּמֶךָ. וּכְתַבְתָּם עַל מְזוּזוֹת בֵּיתֶךָ וּבִשְׁעָרֶיךָ. לְמַעַן
יִרְבּוּ יְמֵיכֶם וִימֵי בְנֵיכֶם עַל הָאֲדָמָה אֲשֶׁר נִשְׁבַּע יְיָ לַאֲבֹתֵיכֶם לָתֵת לָהֶם, כִּימֵי
הַשָּׁמַיִם עַל הָאָרֶץ.

Numbers 15:37-41

וַיֹּאמֶר יְיָ אֶל מֹשֶׁה לֵּאמֹר: דַּבֵּר אֶל בְּנֵי יִשְׂרָאֵל וְאָמַרְתָּ אֲלֵהֶם. וְעָשׂוּ לָהֶם צִיצִת
עַל כַּנְפֵי בִגְדֵיהֶם לְדֹרֹתָם, וְנָתְנוּ עַל צִיצִת הַכָּנָף פְּתִיל תְּכֵלֶת. וְהָיָה לָכֶם לְצִיצִת,
וּרְאִיתֶם אֹתוֹ וּזְכַרְתֶּם אֶת כָּל מִצְוֹת יְיָ, וַעֲשִׂיתֶם אֹתָם, וְלֹא תָתוּרוּ אַחֲרֵי לְבַבְכֶם
וְאַחֲרֵי עֵינֵיכֶם, אֲשֶׁר אַתֶּם זֹנִים אַחֲרֵיהֶם. לְמַעַן תִּזְכְּרוּ וַעֲשִׂיתֶם אֶת כָּל מִצְוֹתַי,
וִהְיִיתֶם קְדֹשִׁים לֵאלֹהֵיכֶם. אֲנִי יְיָ אֱלֹהֵיכֶם, אֲשֶׁר הוֹצֵאתִי אֶתְכֶם מֵאֶרֶץ מִצְרַיִם,
לִהְיוֹת לָכֶם לֵאלֹהִים, אֲנִי *(Reader)* יְיָ אֱלֹהֵיכֶם.

אֱמֶת וְיַצִּיב וְנָכוֹן וְקַיָּם וְיָשָׁר וְנֶאֱמָן וְאָהוּב וְחָבִיב וְנֶחְמָד וְנָעִים וְנוֹרָא וְאַדִּיר
וּמְתֻקָּן וּמְקֻבָּל וְטוֹב וְיָפֶה הַדָּבָר הַזֶּה עָלֵינוּ לְעוֹלָם וָעֶד. אֱמֶת אֱלֹהֵי עוֹלָם מַלְכֵּנוּ
צוּר יַעֲקֹב, מָגֵן יִשְׁעֵנוּ, *(Reader)* לְדֹר וָדֹר הוּא קַיָּם, וּשְׁמוֹ קַיָּם, וְכִסְאוֹ נָכוֹן,
וּמַלְכוּתוֹ וֶאֱמוּנָתוֹ לָעַד קַיָּמֶת. וּדְבָרָיו חָיִים וְקַיָּמִים, נֶאֱמָנִים וְנֶחֱמָדִים לָעַד
וּלְעוֹלְמֵי עוֹלָמִים. עַל אֲבוֹתֵינוּ וְעָלֵינוּ, עַל בָּנֵינוּ וְעַל דּוֹרוֹתֵינוּ, וְעַל כָּל דּוֹרוֹת זֶרַע
יִשְׂרָאֵל עֲבָדֶיךָ.

עַל הָרִאשׁוֹנִים וְעַל הָאַחֲרוֹנִים, דָּבָר טוֹב וְקַיָּם לְעוֹלָם וָעֶד, אֱמֶת וֶאֱמוּנָה חֹק וְלֹא
יַעֲבֹר. *(Reader)* אֱמֶת שָׁאַתָּה הוּא יְיָ אֱלֹהֵינוּ וֵאלֹהֵי אֲבוֹתֵינוּ, מַלְכֵּנוּ מֶלֶךְ
אֲבוֹתֵינוּ, גֹּאֲלֵנוּ גֹּאֵל אֲבוֹתֵינוּ, יוֹצְרֵנוּ צוּר יְשׁוּעָתֵנוּ, פּוֹדֵנוּ וּמַצִּילֵנוּ מֵעוֹלָם שְׁמֶךָ,
אֵין אֱלֹהִים זוּלָתֶךָ.

Deuteronomy 11:13-21

And if you will carefully listen to My commandments which I am commanding you today, to love the Lord your God and to serve Him with all your heart and with all your soul, then I will send rain for your land in its season, the early rain and the latter rain, that you may gather in your grain, your wine and your oil. And I will produce grass in your fields for your cattle, that you may eat and be satisfied. Take care, lest your heart be deceived, and you turn aside and serve other gods, so as to worship them. Then the Lord's anger will blaze against you; He will shut up the heavens so there will be no rain, and the land will not yield any produce, and you will perish from the good land which the Lord has given to you. Therefore, you shall put these words of mine in your heart and in your soul; you shall bind them as a sign upon your hand, and they shall be for frontlets between your eyes. Teach them to your children. Speak of them when you are sitting at home and when you walk along the way, when you lie down and when you rise up. Inscribe them on the doorposts of your house and on your gates, that your days and the days of your children may be prolonged in the land, which the Lord swore to give to your fathers, as the days of the heavens upon the earth.

Numbers 15:37-41

The Lord spoke to Moses, saying, "Speak to the children of Israel. Tell them to make for themselves tzitzit on the corners of their garments, throughout their generations, and to put a thread of blue on the tzitzit of each corner. When you look upon these tzitzit you shall remember to do all the commands of the Lord, and not to follow the desires of your heart and your eyes that lead you astray. They are a reminder to do all of My commandments, and to be holy to your God. I, the Lord your God, brought you out of the land of Egypt to be your God; I am the Lord your God.

True and certain, established and enduring, right and faithful, beloved and precious, desirable and pleasant, revered and mighty, well ordered and acceptable, good and beautiful, is Your teaching to us, forever and ever. It is true, the God of the universe is our King; the Rock of Jacob is our saving Shield. From generation to generation He endures and His Name endures; His throne is established, and His kingdom and faithfulness will endure forever. His words live and endure; faithful and desirable, forever and to all eternity; for our fathers and for us; for our generation and for our children, and for all the descendants of the seed of Israel.

Alike to the first and last generation, Your word is good; it endures forever and ever. True and trustworthy, it is a law that will not pass away. True, You are the Lord our God and the God of our fathers, our King and the King of our fathers, our Redeemer and the Redeemer of our fathers, our Maker, the Rock of our Salvation, our Deliverer and our Rescuer. Your Name is from time immemorial; there is no God but You.

שֶׁבַח אֲהוּבִים וְרוֹמְמוּ אֵל, וְנָתְנוּ יְדִידִים זְמִרוֹת שִׁירוֹת וְתִשְׁבָּחוֹת,
בְּרָכוֹת וְהוֹדָאוֹת, לְמֶלֶךְ אֵל חַי וְקַיָּם, רָם וְנִשָּׂא, גָּדוֹל וְנוֹרָא, מַשְׁפִּיל
גֵּאִים, וּמַגְבִּיהַּ שְׁפָלִים, מוֹצִיא אֲסִירִים, וּפוֹדֶה עֲנָוִים, וְעוֹזֵר דַּלִּים, וְעוֹנֶה
לְעַמּוֹ בְּעֵת שַׁוְּעָם אֵלָיו. תְּהִלּוֹת לְאֵל עֶלְיוֹן, בָּרוּךְ הוּא וּמְבוֹרָךְ.

Ephesians 1:17-21

כִּי אֱלֹהֵי יֵשׁוּעַ הַמָּשִׁיחַ אֲדוֹנֵינוּ אֲבִי הַכָּבוֹד יִתֵּן לָכֶם רוּחַ הַחָכְמָה וְהֶחָזוֹן
לָדַעַת אוֹתוֹ. וּלְהָאִיר עֵינֵי שִׂכְלְכֶם לְהַשְׂכִּיל מָה הִיא תִּקְוַת קְרוּאָיו וּמָה
חֹסֶן כְּבוֹד לִקְדֹשָׁיו בְּנַחֲלָתוֹ. וּמָה עֶצֶם גֹּדֶל גְּבוּרָתוֹ אֲשֶׁר פָּעַל בָּנוּ
הַמַּאֲמִינִים בּוֹ לְפִי תֹּקֶף עֻזּוֹ. הוּא אֲשֶׁר פָּעַל בַּמָּשִׁיחַ בַּאֲשֶׁר הֵקִימוֹ מִן
הַמֵּתִים וַיּוֹשִׁיבֵהוּ לִימִינוֹ בַּמְּרוֹם. גָּבוֹהַּ מִכָּל מִשְׂרָה וְשִׁלְטוֹן וּמֶמְשָׁלָה
וּמִכָּל אֲשֶׁר נִקְרָא בְּשֵׁם גַּם בָּעוֹלָם הַזֶּה וְגַם בָּעוֹלָם הַבָּא.

Mi Chamocha

Reader:

מֹשֶׁה וּבְנֵי יִשְׂרָאֵל לְךָ עָנוּ שִׁירָה בְּשִׂמְחָה רַבָּה, וְאָמְרוּ כֻלָּם.

*Moshe oov'nay Yisrael l'chah ahnoo she-rah b'simchah rah-bah, v'ahmroo
choo-lahm.*

All:

מִי כָמֹכָה בָּאֵלִים יְיָ, מִי כָּמֹכָה נֶאְדָּר בַּקֹּדֶשׁ, נוֹרָא תְהִלֹּת, עֹשֵׂה פֶלֶא.

*Mi chamocha bah-ehleem Adonai, mi chamocha neh-dahr bah-kodesh,
nohrah t'hi-loht, ohseh fehleh.*

Reader:

שִׁירָה חֲדָשָׁה שִׁבְּחוּ גְאוּלִים לְשִׁמְךָ עַל שְׂפַת הַיָּם, יַחַד כֻּלָּם הוֹדוּ
וְהִמְלִיכוּ וְאָמְרוּ:

*Shi-rah chada-sha shib-choo ge-oo-lim l'sheem-kah ahl s'fat ha-yam; yachad
coo-lam ho-doo v'heem-lee-khoo v'ahm-roo.*

All:

יְיָ יִמְלֹךְ לְעוֹלָם וָעֶד.

Adonai yim-loch l'olam vah-ed.

Reader:

צוּר יִשְׂרָאֵל, קוּמָה בְּעֶזְרַת יִשְׂרָאֵל, וּפְדֵה כִנְאֻמֶךָ יְהוּדָה וְיִשְׂרָאֵל.
גֹּאֲלֵנוּ יְיָ צְבָאוֹת שְׁמוֹ, קְדוֹשׁ יִשְׂרָאֵל. בָּרוּךְ אַתָּה יְיָ גָּאַל יִשְׂרָאֵל:

*Tzur Yisrael ku-mah be-ez-rat Yisrael, u-fe-day chin-u-mecha Ye-hu-dah
ve-Yisrael. Go-a-laynu Adonai Tze-va-ot shemo Kedosh Yisrael Ba-ruch atah
Adonai Ga-al Yisrael.*

Therefore, the beloved ones praised and exalted God. They offered hymns of praise, songs, blessings and thanksgiving to the King, the living and eternal God. High and exalted, great and awesome; He brings the arrogant down and raises the lowly up. He sets the captive free, delivers the humble, helps the poor and answers His people when they call to Him. The Most High God is to be praised. Blessed is He who is blessed.

Ephesians 1:17-21

I pray the God of our Lord Yeshua the Messiah, the Father of glory, may give to you the spirit of wisdom and revelation in the knowledge of Him, the eyes of your understanding being enlightened; that you may know what is the hope of His calling, what are the riches of the glory of His inheritance in the saints, and what is the exceeding greatness of His power toward us who believe, according to the working of His mighty power which He worked in the Messiah when He raised Him from the dead and seated Him at His right hand in the heavenly places, far above all principality and power and might and dominion, and every name that is named, not only in this age but also in that which is to come.

Mi Chamocha

Reader:
Moses and the children of Israel sang a song to You. With great joy they all said:

All:
"Who is like You, O Lord, among the gods? Who is like You, glorious in holiness, awesome in praise, doing wonders?"

Reader:
At the seashore, the people You redeemed sang a new song of praise to Your Name. With one voice they gave thanks and proclaimed You King, saying:

All:
"The Lord shall reign forever and ever!"

Reader:
O Rock of Israel, arise to the help of Israel; deliver Judah and Israel, as You have promised. He is called Our Redeemer, Lord of Hosts, the Holy One of Israel. Blessed are You, Lord, who has redeemed Israel.

Amidah

(All Rise)

אֲדֹנָי שְׂפָתַי תִּפְתָּח וּפִי יַגִּיד תְּהִלָּתֶךָ:

בָּרוּךְ אַתָּה יְיָ אֱלֹהֵינוּ וֵאלֹהֵי אֲבוֹתֵינוּ, אֱלֹהֵי אַבְרָהָם, אֱלֹהֵי יִצְחָק, וֵאלֹהֵי יַעֲקֹב,
הָאֵל הַגָּדוֹל הַגִּבּוֹר וְהַנּוֹרָא, אֵל עֶלְיוֹן, גּוֹמֵל חֲסָדִים טוֹבִים, וְקוֹנֵה הַכֹּל, וְזוֹכֵר חַסְדֵי
אָבוֹת אֲשֶׁר הֵבִיא, וּמֵבִיא, גּוֹאֵל לִבְנֵי בְנֵיהֶם לְמַעַן שְׁמוֹ בְּאַהֲבָה. זָכְרֵנוּ לְחַיִּים
בְּיֵשׁוּעַ, מֶלֶךְ חָפֵץ בַּחַיִּים, וְכָתְבֵנוּ בְּסֵפֶר הַחַיִּים, לְמַעַנְךָ אֱלֹהִים חַיִּים.
מֶלֶךְ עוֹזֵר וּמוֹשִׁיעַ וּמָגֵן.   בָּרוּךְ אַתָּה יְיָ, מָגֵן אַבְרָהָם.
אַתָּה גִבּוֹר לְעוֹלָם אֲדֹנָי, מְחַיֵּה מֵתִים אַתָּה, רַב לְהוֹשִׁיעַ.

*Adonai s'fa-tai tif-tach u'fi yagid te-hi-la-te-cha. Ba-ruch A-ta Adonai, Eh-lo-hei-nu
vei-lo-hei a-vo-tei-nu: Eh-lo-hei Av-ra-ham, Eh-lo-hei Yitz-chak, vei-lo-hei Ya-akov.
Ha-eil ha-ga-dol ha-gi-bor v'ha-no-ra, Eil el-yon, Go-meil cha-sa-dim toh-vim,
v'ko-nei ha-kol, V'zo-cheir cha-s'dei a-voht, asher he-vee, oo-mei-vee, go-el li-v'nei
v'nei-hem, l'ma-an sh'mo, b'a-ha-va. Zak-rey-nu le-chaim be-Yeshua, Melech
cha-fetz ba-chaim, ve-kat-vey-noo be-sefer ha-chaim, le-ma-an-ka Elohim chaim.
Meh-lech o-zeir u-mo-shi-a u-ma-gein. Ba-ruch A-ta Adonai, ma-gein Av-ra-ham.
A-ta gi-bor l'o-lam, Adonai, m'cha-yei mei-tim A-ta, rav l'ho-shi-a.*

מְכַלְכֵּל חַיִּים בְּחֶסֶד, מְחַיֵּה מֵתִים בְּרַחֲמִים רַבִּים, סוֹמֵךְ נוֹפְלִים, וְרוֹפֵא חוֹלִים,
וּמַתִּיר אֲסוּרִים, וּמְקַיֵּם אֱמוּנָתוֹ לִישֵׁנֵי עָפָר, מִי כָמוֹךָ בַּעַל גְּבוּרוֹת וּמִי דוֹמֶה לָּךְ,
מֶלֶךְ מֵמִית וּמְחַיֶּה וּמַצְמִיחַ יְשׁוּעָה. מִי כָמוֹךָ אַב הָרַחֲמִים, זוֹכֵר יְצוּרָיו לְחַיִּים
בְּרַחֲמִים. וְנֶאֱמָן אַתָּה לְהַחֲיוֹת מֵתִים. בָּרוּךְ אַתָּה יְיָ, מְחַיֵּה הַמֵּתִים. אַתָּה קָדוֹשׁ
וְשִׁמְךָ קָדוֹשׁ וּקְדוֹשִׁים בְּכָל יוֹם יְהַלְלוּךָ, סֶּלָה.

*M'chal-keil cha-yim b'cheh-sed, M'cha-yei mei-tim b'ra-cha-mim ra-bim. So-meich
no-f'lim, v'ro-fei cho-lim, u-ma-tir a-su-rim, u-m'ka-yeim eh-mu-na-toh li-shei-nei
a-far. Mi cha-mo-cha ba-al g'vu-roht, u-mi doh-meh lach, Meh-lech mei-meet
u-m'cha-yeh u-matz-mi-ach ye-shu-a. Mi cha-mo-cha av ha-rachamim zo-kheyr
ye-tzu-rayiv le-chaim be-rachamin. V'neh-eh-man atah l'ha-cha-yoht meitim. Baruch
atah Adonai, m'cha-yei ha-meitim. Atah kadosh ve-shim-cha kadosh, ukh-do-shim
be-kal yom ye-hal-lookah, selah.*

וּבְכֵן תֵּן פַּחְדְּךָ יְיָ אֱלֹהֵינוּ, עַל כָּל מַעֲשֶׂיךָ, וְאֵימָתְךָ עַל כָּל מַה שֶּׁבָּרָאתָ, וְיִירָאוּךָ
כָּל הַמַּעֲשִׂים וְיִשְׁתַּחֲווּ לְפָנֶיךָ כָּל הַבְּרוּאִים, וְיֵעָשׂוּ כֻלָּם אֲגֻדָּה אַחַת לַעֲשׂוֹת רְצוֹנְךָ
בְּלֵבָב שָׁלֵם, כְּמוֹ שֶׁיָּדַעְנוּ יְיָ אֱלֹהֵינוּ, שֶׁהַשִּׁלְטָן לְפָנֶיךָ, עֹז בְּיָדְךָ וּגְבוּרָה בִּימִינֶךָ,
וְשִׁמְךָ נוֹרָא עַל כָּל מַה שֶּׁבָּרָאתָ. וּבְכֵן תֵּן כָּבוֹד, יְיָ לְעַמֶּךָ, תְּהִלָּה לִירֵאֶיךָ וְתִקְוָה
טוֹבָה לְדוֹרְשֶׁיךָ, וּפִתְחוֹן פֶּה לַמְיַחֲלִים לָךְ, שִׂמְחָה לְאַרְצֶךָ וְשָׂשׂוֹן לְעִירֶךָ, וּצְמִיחַת
קֶרֶן לְדָוִד עַבְדֶּךָ, וַעֲרִיכַת נֵר לְבֶן־יִשַׁי מְשִׁיחֶךָ, בִּמְהֵרָה בְיָמֵינוּ. וּבְכֵן צַדִּיקִים
יִרְאוּ וְיִשְׂמָחוּ, וִישָׁרִים יַעֲלֹזוּ, וַחֲסִידִים בְּרִנָּה יָגִילוּ, וְעוֹלָתָה תִּקְפָּץ־פִּיהָ, וְכָל
הָרִשְׁעָה כֻּלָּהּ כְּעָשָׁן תִּכְלֶה, כִּי תַעֲבִיר מֶמְשֶׁלֶת זָדוֹן מִן הָאָרֶץ.

Amidah

(All Rise)

Lord, open my lips that my mouth may declare Your praise.
Blessed are You, Lord our God and God of our fathers, God of Abraham, God of Isaac and God of Jacob, the great, mighty and awesome God, Most High God, who grants loving kindness and is Master of all. You remember the deeds of our fathers, and in Your love You have brought, and you bring, a redeemer to their children's children for the sake of Your Name.

Remember us to life in Yeshua, O King who takes delight in life. Inscribe us in the book of life, for Your sake, O God of life.

King, Supporter, Savior and Shield, blessed are You, Lord, Shield of Abraham. Lord, You are mighty forever. You call the dead to life. You are mighty to save.

You sustain the living with loving kindness, and with great mercy You revive the dead. You uphold those who fall, heal the sick, set the captive free and keep faith with those who sleep in the dust. Lord of might, who is like You? King, who can be compared to You? You decree death and restore life, causing salvation to come forth. Compassionate Father, who is like You, remembering with mercy your creatures for life? You are faithful to revive the dead. Blessed are You, Lord, who calls the dead to life.

You are holy, and Your Name is holy, and holy ones will proclaim Your praise daily. Blessed are You, Lord, holy God.

Lord our God, put Your awe upon all You have made; Your dread upon all You have created. All that You have made will hold You in awe, and shall bow themselves before all that see. Make them a single strand, creating, by Your will, a perfect heart. For we know, Lord our God, that dominion belongs to You. Strength is in Your hand, and might is in Your right hand, and Your awesome name shall be upon all You have made.

Lord, give honor to Your people, bright radiance to those who hold You in awe, hope of goodness to those who speak of You, joy to Your land, gladness to Your city, rising strength to the Horn of David, Your Servant, shining light to the Son of Jesse, Your Messiah Yeshua; speedily, in our days.

The upright will see this and will be glad; those with integrity will rejoice; the loving ones shall shout with joy and gladness. Iniquity will shut its mouth; wickedness will be fully consumed, and shall vanish like smoke, when You will remove the rule of the wicked from the earth.

וְתִמְלֹךְ, אַתָּה יְיָ לְבַדֶּךָ, עַל כָּל מַעֲשֶׂיךָ, בְּהַר צִיּוֹן מִשְׁכַּן כְּבוֹדֶךָ, וּבִירוּשָׁלַיִם עִיר קָדְשֶׁךָ, כַּכָּתוּב בְּדִבְרֵי קָדְשֶׁךָ. יִמְלֹךְ יְיָ לְעוֹלָם, אֱלֹהַיִךְ צִיּוֹן לְדֹר וָדֹר, הַלְלוּיָהּ.

קָדוֹשׁ אַתָּה וְנוֹרָא שְׁמֶךָ, וְאֵין אֱלוֹהַּ מִבַּלְעָדֶיךָ, כַּכָּתוּב. וַיִּגְבַּהּ יְיָ צְבָאוֹת בַּמִּשְׁפָּט, וְהָאֵל הַקָּדוֹשׁ נִקְדָּשׁ בִּצְדָקָה. בָּרוּךְ אַתָּה, יְיָ, הַמֶּלֶךְ הַקָּדוֹשׁ.

אַתָּה בְחַרְתָּנוּ מִכָּל הָעַמִּים, אָהַבְתָּ אוֹתָנוּ וְרָצִיתָ בָּנוּ, וְרוֹמַמְתָּנוּ מִכָּל הַלְּשׁוֹנוֹת, וְקִדַּשְׁתָּנוּ בְּמִצְוֹתֶיךָ, וְקֵרַבְתָּנוּ מַלְכֵּנוּ לַעֲבוֹדָתֶךָ, וְשִׁמְךָ הַגָּדוֹל וְהַקָּדוֹשׁ עָלֵינוּ קָרָאתָ.

(On Shabbat add the words in parenthesis)

וַתִּתֶּן לָנוּ, יְיָ אֱלֹהֵינוּ, בְּאַהֲבָה אֶת יוֹם (הַשַּׁבָּת הַזֶּה וְאֶת יוֹם) הַזִּכָּרוֹן הַזֶּה, יוֹם (זִכְרוֹן) תְּרוּעָה (בְּאַהֲבָה) מִקְרָא קֹדֶשׁ, זֵכֶר לִיצִיאַת מִצְרָיִם.

אֱלֹהֵינוּ וֵאלֹהֵי אֲבוֹתֵינוּ, יַעֲלֶה וְיָבֹא, וְיַגִּיעַ וְיֵרָאֶה, וְיֵרָצֶה וְיִשָּׁמַע, וְיִפָּקֵד וְיִזָּכֵר זִכְרוֹנֵנוּ וּפִקְדוֹנֵנוּ, וְזִכְרוֹן אֲבוֹתֵינוּ, וְזִכְרוֹן מָשִׁיחַ יֵשׁוּעַ בֶּן־דָּוִד עַבְדֶּךָ, וְזִכְרוֹן יְרוּשָׁלַיִם עִיר קָדְשֶׁךָ, וְזִכְרוֹן כָּל עַמְּךָ בֵּית יִשְׂרָאֵל לְפָנֶיךָ לִפְלֵיטָה וּלְטוֹבָה, לְחֵן וּלְחֶסֶד וּלְרַחֲמִים, לְחַיִּים וּלְשָׁלוֹם, בְּיוֹם הַזִּכָּרוֹן הַזֶּה. זָכְרֵנוּ, יְיָ אֱלֹהֵינוּ בּוֹ לְטוֹבָה, וּפָקְדֵנוּ בוֹ לִבְרָכָה, וְהוֹשִׁיעֵנוּ בוֹ לְחַיִּים. וּבִדְבַר יְשׁוּעָה וְרַחֲמִים חוּס וְחָנֵּנוּ, וְרַחֵם עָלֵינוּ וְהוֹשִׁיעֵנוּ, כִּי אֵלֶיךָ עֵינֵינוּ, כִּי אֵל מֶלֶךְ חַנּוּן וְרַחוּם אָתָּה.

אֱלֹהֵינוּ וֵאלֹהֵי אֲבוֹתֵינוּ, מְלוֹךְ עַל כָּל הָעוֹלָם כֻּלּוֹ בִּכְבוֹדֶךָ, וְהִנָּשֵׂא עַל כָּל הָאָרֶץ בִּיקָרֶךָ, וְהוֹפַע בַּהֲדַר גְּאוֹן עֻזֶּךָ, עַל כָּל יוֹשְׁבֵי תֵבֵל אַרְצֶךָ, וְיֵדַע כָּל פָּעוּל כִּי אַתָּה פְעַלְתּוֹ, וְיָבִין כָּל יָצוּר כִּי אַתָּה יְצַרְתּוֹ, וְיֹאמַר כֹּל אֲשֶׁר נְשָׁמָה בְאַפּוֹ, יְיָ אֱלֹהֵי יִשְׂרָאֵל מֶלֶךְ, וּמַלְכוּתוֹ בַּכֹּל מָשָׁלָה.

Lord, You alone shall rule over all You have made; on Mount Tzion the abode of Your glory, and in Jerusalem, the city of Your holiness, as it is written in Your holy word: The Lord shall reign forever; your God, O Tzion, from generation to generation. Hallelujah!

You are holy and Your name is awesome. There is no God but You, as it is written: The Lord of Hosts is exalted in judgment, and the Holy God is set apart by His righteousness. Blessed are You, Lord, the Holy King.

You have chosen us from among all peoples. You have loved us, and favored us, and have exalted us above all tongues. You have set us apart through your commandments. Our King, and have drawn us near to Your service, and we are called by Your great and holy name.

(On Shabbat add the words in parenthesis)

Lord our God, in love You have give us this (Sabbath day and this) day of remembrance, a day (of remembrance) with the sounding of the shofar (in love) on this holy convocation, to remember the going out from Egypt.

Our God, and God of our fathers, may the remembrance of us, and the remembrance of our fathers, and the remembrance of the Messiah Yeshua, the son of David, and the remembrance of Jerusalem, Your holy city, and the remembrance of all Your people, the house of Israel, arise and be seen, and come before Your countenance for deliverance and for goodness, for grace and for favor and for compassion, for life and for peace, on this day of remembrance. May the Lord our God remember us for kindness in Him, and command for us blessing in Him, and grant us salvation unto life in Him, and speak deliverance and in compassion take pity and spare us, and having mercy rescue us, for unto You are our eyes turned, for You are a merciful and compassionate God and King.

Our God, and God of our fathers, You rule over the whole universe showing forth Your glory, and in Your grandeur You are lifted up over all the earth. You perform greatness over all the inhabitants of the world in Your glory, and Your power and Your world, and all of creation will know You for Your deeds, and all creatures will discern You from what You have made, and every thing that has breath will say, "The Lord God of Israel is King, and His Kingdom rules over all."

אֱלֹהֵינוּ וֵאלֹהֵי אֲבוֹתֵינוּ, (רְצֵה בִמְנוּחָתֵנוּ) קַדְּשֵׁנוּ בְּמִצְוֹתֶיךָ וְתֵן חֶלְקֵנוּ בְּתוֹרָתֶךָ, שַׂבְּעֵנוּ מִטּוּבֶךָ וְשַׂמְּחֵנוּ בִּישׁוּעָתֶךָ (וְהַנְחִילֵנוּ, יְיָ אֱלֹהֵינוּ, בְּאַהֲבָה וּבְרָצוֹן שַׁבַּת קָדְשֶׁךָ, וְיָנוּחוּ בָהּ יִשְׂרָאֵל מְקַדְּשֵׁי שְׁמֶךָ) וְטַהֵר לִבֵּנוּ לְעָבְדְּךָ בֶּאֱמֶת, כִּי אַתָּה אֱלֹהִים אֱמֶת, וּדְבָרְךָ אֱמֶת וְקַיָּם לָעַד. בָּרוּךְ אַתָּה, יְיָ, מֶלֶךְ עַל כָּל הָאָרֶץ, מְקַדֵּשׁ (הַשַּׁבָּת וְ) יִשְׂרָאֵל וְיוֹם הַזִּכָּרוֹן.

רְצֵה, יְיָ אֱלֹהֵינוּ, בְּעַמְּךָ יִשְׂרָאֵל וּבִתְפִלָּתָם, וְהָשֵׁב אֶת הָעֲבוֹדָה לִדְבִיר בֵּיתֶךָ, וְאִשֵּׁי יִשְׂרָאֵל, וּתְפִלָּתָם בְּאַהֲבָה תְקַבֵּל בְּרָצוֹן, וּתְהִי לְרָצוֹן תָּמִיד עֲבוֹדַת יִשְׂרָאֵל עַמֶּךָ.

וְתֶחֱזֶינָה עֵינֵינוּ בְּשׁוּבְךָ לְצִיּוֹן בְּרַחֲמִים. בָּרוּךְ אַתָּה יְיָ, הַמַּחֲזִיר שְׁכִינָתוֹ לְצִיּוֹן.

Modim Anachnu

While the Reader recites out loud the מוֹדִים אֲנַחְנוּ, *the Congregation recites* מוֹדִים דְּרַבָּנָן *softly:*
(Bend the knees at מוֹדִים אֲנַחְנוּ *and straighten)*

מוֹדִים אֲנַחְנוּ לָךְ, שָׁאַתָּה הוּא, יְיָ אֱלֹהֵינוּ וֵאלֹהֵי אֲבוֹתֵינוּ, לְעוֹלָם וָעֶד, צוּר חַיֵּינוּ, מָגֵן יִשְׁעֵנוּ, אַתָּה הוּא לְדוֹר וָדוֹר, נוֹדֶה לְּךָ וּנְסַפֵּר תְּהִלָּתֶךָ, עַל חַיֵּינוּ הַמְּסוּרִים בְּיָדֶךָ, וְעַל נִשְׁמוֹתֵינוּ הַפְּקוּדוֹת לָךְ, וְעַל נִסֶּיךָ שֶׁבְּכָל יוֹם עִמָּנוּ, וְעַל נִפְלְאוֹתֶיךָ וְטוֹבוֹתֶיךָ שֶׁבְּכָל עֵת, עֶרֶב וָבֹקֶר וְצָהֳרָיִם, הַטּוֹב, כִּי לֹא כָלוּ רַחֲמֶיךָ, וְהַמְרַחֵם, כִּי לֹא תַמּוּ חֲסָדֶיךָ, מֵעוֹלָם קִוִּינוּ לָךְ.

מוֹדִים דְּרַבָּנָן

מוֹדִים אֲנַחְנוּ לָךְ, שָׁאַתָּה הוּא יְיָ אֱלֹהֵינוּ וֵאלֹהֵי אֲבוֹתֵינוּ, אֱלֹהֵי כָל בָּשָׂר, יוֹצְרֵנוּ, יוֹצֵר בְּרֵאשִׁית. בְּרָכוֹת וְהוֹדָאוֹת לְשִׁמְךָ הַגָּדוֹל וְהַקָּדוֹשׁ, עַל שֶׁהֶחֱיִיתָנוּ וְקִיַּמְתָּנוּ. כֵּן תְּחַיֵּנוּ וּתְקַיְּמֵנוּ, וְתֶאֱסֹף גָּלֻיּוֹתֵינוּ לְחַצְרוֹת קָדְשֶׁךָ, לִשְׁמוֹר חֻקֶּיךָ וְלַעֲשׂוֹת רְצוֹנֶךָ, וּלְעָבְדְּךָ בְּלֵבָב שָׁלֵם, עַל שֶׁאֲנַחְנוּ מוֹדִים לָךְ. בָּרוּךְ אֵל הַהוֹדָאוֹת.

וְעַל כֻּלָּם יִתְבָּרַךְ וְיִתְרוֹמַם שִׁמְךָ מַלְכֵּנוּ תָּמִיד לְעוֹלָם וָעֶד. וּכְתוֹב לְחַיִּים טוֹבִים כָּל בְּנֵי בְרִיתֶךָ.

וְכֹל הַחַיִּים יוֹדוּךָ סֶּלָה, וִיהַלְלוּ אֶת שִׁמְךָ בֶּאֱמֶת, הָאֵל יְשׁוּעָתֵנוּ וְעֶזְרָתֵנוּ, סֶלָה.

Bend the knees at בָּרוּךְ *Bow at* אַתָּה *Straighten at* יְיָ

בָּרוּךְ אַתָּה יְיָ, הַטּוֹב שִׁמְךָ וּלְךָ נָאֶה לְהוֹדוֹת.

Our God and God of our fathers, (be pleased with our rest); set us apart through Your commandments, and grant us a portion in Your Torah. Satisfy us with Your goodness, and make us glad in Your salvation. Purify our hearts to serve you in truth, (and grant us, Lord our God, in love and in grace, that Your holy Sabbath remain an inheritance, and that Israel, who sanctifies Your Name, rests on it.) for You God are true and Your Word is true and it exists forever. Blessed are You, Lord, King over all the earth who sets (the Sabbath and) Israel apart on this day of remembrance.

Be please, Lord our God, with your people Israel and with their prayer; restore the worship to your most holy sanctuary; accept Israel's offerings and prayer with gracious love. May the worship of your people Israel always be pleasing to you.

May we see, with our own eyes, Your return to Tzion in compassion. Blessed are You, Lord, whose Presence is the restoration of Tzion.

Modim Anachnu

While the Reader recites out loud Modim Anachnu, ***the Congregation recites*** Modim of the Rabbis ***softly:***
(Bend the knees at **Lord, we are eternally grateful** *and straighten*)

Modim of the Rabbis

Lord, we are eternally grateful that You are our God and the God of our fathers. God of all flesh, our Creator and Creator in the beginning; blessings and thanks are due Your great and holy Name, for You have kept us alive and You sustained us. May You continue to grant us life and to sustain us. Bring our dispersed to Your courts, that in holiness they would observe Your laws, do Your will and serve You with all their heart; for these things we give You thanks. Blessed is the God of thanksgiving.

Lord, we are eternally grateful that You are our God and the God of our fathers. You are the strength of our life and the Shield of our Salvation. We thank You from generation to generation, and recount Your praise; for our lives which are in Your hand; and for our souls which are in Your care; and for Your miracles which are seen every day; and for Your wondrous deeds and favors which are always with us - evening, morning and noon. Beneficent One, Your compassion never fails; Merciful One, Your loving kindness never ends; You have always been our hope.

Your Name, our King, will be blessed and exalted above all others forever and to all eternity. Inscribe all the children of Your covenant for a good life.

And all the living will thank You, and in truth they will praise Your Name; the God of our Salvation and our Help at all times.

(Bend the knees at **Blessed***, Bow at* **Are You***, Straighten at* **Lord***)*
Blessed are You, Lord; it is right to give thanks to You for Your Name is good.

Sim Shalom

שִׂים שָׁלוֹם טוֹבָה וּבְרָכָה, חֵן וָחֶסֶד וְרַחֲמִים, עָלֵינוּ וְעַל כָּל יִשְׂרָאֵל עַמֶּךָ.
בָּרְכֵנוּ, אָבִינוּ, כֻּלָּנוּ כְּאֶחָד בְּאוֹר פָּנֶיךָ, כִּי בְאוֹר פָּנֶיךָ נָתַתָּ לָנוּ, יְיָ
אֱלֹהֵינוּ, תּוֹרַת חַיִּים וְאַהֲבַת חֶסֶד, וּצְדָקָה וּבְרָכָה וְרַחֲמִים וְחַיִּים וְשָׁלוֹם,
וְטוֹב בְּעֵינֶיךָ לְבָרֵךְ אֶת עַמְּךָ יִשְׂרָאֵל בְּכָל עֵת וּבְכָל שָׁעָה בִּשְׁלוֹמֶךָ.

Sim Shalom tovah uvrakha ḥain vaḥesed v'rachamim alainu v'al kol Yisrael
amekha. Barkhenu avinu kulanu ke'eḥad b'or panekha, ki v'or panekha
natahta lanu, Adonai Elohainu, Torat ḥayim v'ahavat ḥesed, uts'daka
uv'rakha v'raḥamim v'ḥayim v'shalom, v'tov b'ainekha l'varech et am'kha
Yisrael b'khol et uv'khol sha'ah bish'lomekha..

בְּסֵפֶר חַיִּים, בְּרָכָה וְשָׁלוֹם וּפַרְנָסָה טוֹבָה, נִזָּכֵר וְנִכָּתֵב לְפָנֶיךָ, אֲנַחְנוּ
וְכָל עַמְּךָ בֵּית יִשְׂרָאֵל, לְחַיִּים טוֹבִים וּלְשָׁלוֹם. בָּרוּךְ אַתָּה יְיָ, עוֹשֶׂה
הַשָּׁלוֹם.

(Add the following meditation after the Amidah)

אֱלֹהַי, נְצֹר לְשׁוֹנִי מֵרָע. וּשְׂפָתַי מִדַּבֵּר מִרְמָה. וְלִמְקַלְלַי נַפְשִׁי תִדּוֹם,
וְנַפְשִׁי כֶּעָפָר לַכֹּל תִּהְיֶה. פְּתַח לִבִּי בְּתוֹרָתֶךָ, וּבְמִצְוֹתֶיךָ תִּרְדּוֹף נַפְשִׁי.
וְכֹל הַחוֹשְׁבִים עָלַי רָעָה, מְהֵרָה הָפֵר עֲצָתָם וְקַלְקֵל מַחֲשַׁבְתָּם. עֲשֵׂה
לְמַעַן שְׁמֶךָ, עֲשֵׂה לְמַעַן יְמִינֶךָ, עֲשֵׂה לְמַעַן קְדֻשָּׁתֶךָ. עֲשֵׂה לְמַעַן תּוֹרָתֶךָ.
לְמַעַן יֵחָלְצוּן יְדִידֶיךָ, הוֹשִׁיעָה יְמִינְךָ וַעֲנֵנִי. יִהְיוּ לְרָצוֹן אִמְרֵי פִי וְהֶגְיוֹן
לִבִּי לְפָנֶיךָ, יְיָ צוּרִי וְגוֹאֲלִי. עֹשֶׂה שָׁלוֹם בִּמְרוֹמָיו, הוּא יַעֲשֶׂה שָׁלוֹם
עָלֵינוּ, וְעַל כָּל יִשְׂרָאֵל, וְאִמְרוּ, אָמֵן.

Sim Shalom

Grant peace, happiness, blessing, grace, kindness and mercy to us and all Israel, Your people. Our Father, bless us all alike with the light of Your countenance. Lord our God, by the light of Your countenance You have given us a Torah of life, loving kindness, charity, blessing, mercy, life and peace. May it be good in Your sight to bless Your people Israel with peace at all times and at every hour.

May all Your people, the house of Israel, be remembered in blessing, and peace and prosperity, and may they be inscribed before Your countenance, in the Book of Life, for a good life and for peace. Blessed are You, Lord, the maker of peace.

(After the Amidah, add the following meditation)

My God, guard my tongue from evil, and my lips from speaking falsehood. May my soul be silent to those who insult me, and may my soul be humble before all. Open my heart to Your Torah, that my soul might follow Your commands. As for all who plot evil against me, thwart their counsel and upset their plans. Do it for the sake of Your Name. Do it for the sake of Your power. Do it for the sake of Your holiness. Do it for the sake of Your Torah, that the one on whom You have set Your love might be rescued; save with Your right hand and answer us.   May the words that proceed from my mouth and the secret thoughts that are in my heart be pleasing to You, O Lord, for You are my Stronghold as well as my Redeemer. May He who creates peace in His high heavens create peace for us and for all Israel, and say, "Amen."

הַיּוֹצֵר יַחַד כְּסֶל נִשְׁפָּט, וְשׁוֹעַ וָדַל בְּפִלּוֹם יִשָׁפָט, זַכֵּר לֹא יַעֲשֶׂה מִשְׁפָּט, חִין עֶרְכּוֹ יִזְכֹּר בַּמִּשְׁפָּט.

טֶרֶם כָּל מִפְעָל חָצָב, יָזַם בְּמַחֲשֶׁבֶת צוּר חָצָב, כְּאָחוֹר וָקֶדֶם בְּתוֹךְ נֶחְצָב, לֵיהֵב עָלָיו כָּל הַמַּחְצָב.

מָנָתוֹ כְּהַיּוֹם כֹּחַ דְּשָׁנָה, נֵצֶר לְהַחֲנִיט לְתִשְׁעִים שָׁנָה, סִיָּמָה אוֹת הֱיוֹת לְשׁוֹשַׁנָּה, עֲבוּר לְפָנָיו בְּזֶה רֹאשׁ הַשָּׁנָה.

פַּלְצוּ פְרָחֶיהָ בְּזֶה יוֹם, צִיגָתָם פְּנֵי כֵם אָיוֹם, קוֹל דִּבּוּבָם יַרְחִישׁוּ כְּהַיּוֹם, רוֹגְשִׁים לְהָרִיעַ לִמְצוֹא פִדְיוֹם.

זָכְרֵנוּ לְחַיִּים, מֶלֶךְ חָפֵץ בַּחַיִּים, וְכָתְבֵנוּ בְּסֵפֶר הַחַיִּים, לְמַעַנְךָ אֱלֹהִים חַיִּים. מֶלֶךְ עוֹזֵר וּמוֹשִׁיעַ וּמָגֵן. בָּרוּךְ אַתָּה יְיָ, מָגֵן אַבְרָהָם.

אַתָּה גִבּוֹר לְעוֹלָם, אֲדֹנָי. מְחַיֵּה מֵתִים אַתָּה. יְיָ, רַב לְהוֹשִׁיעַ.

מְכַלְכֵּל חַיִּים בְּחֶסֶד, מְחַיֵּה מֵתִים בְּרַחֲמִים רַבִּים, סוֹמֵךְ נוֹפְלִים, וְרוֹפֵא חוֹלִים, וּמַתִּיר אֲסוּרִים, וּמְקַיֵּם אֱמוּנָתוֹ לִישֵׁנֵי עָפָר. מִי כָמוֹךָ, בַּעַל גְּבוּרוֹת, וּמִי דּוֹמֶה לָּךְ, מֶלֶךְ מֵמִית וּמְחַיֶּה וּמַצְמִיחַ יְשׁוּעָה. מֶלֶךְ עֶלְיוֹן וְנוֹרָא, מִשְׁפָּטֵנוּ יוֹצִיא כָאוֹרָה.

אֲיַחֲלֵנוּ כֶּתֶר לַעֲטָרָה, בְּטַלְלֵי תְחִי בְּחַסְדוֹ אֶתְפָּאֲרָה. מִי כָמוֹךָ, אַב הָרַחֲמִים, זוֹכֵר יְצוּרָיו לְחַיִּים בְּרַחֲמִים. וְנֶאֱמָן אַתָּה לְהַחֲיוֹת מֵתִים. בָּרוּךְ אַתָּה יְיָ, מְחַיֵּה הַמֵּתִים.

יִמְלֹךְ יְיָ לְעוֹלָם, אֱלֹהַיִךְ צִיּוֹן לְדֹר וָדֹר, הַלְלוּיָהּ.

וְאַתָּה קָדוֹשׁ יוֹשֵׁב תְּהִלּוֹת יִשְׂרָאֵל, אֵל נָא.

The Creator judges each one by himself; rich and poor are judged equally; do not recall *our sins* when You pass judgement, but in judgement remember the value of grace.

Before anything was hewn by the Workman, He considered hewing the Rock of He who was from the beginning. Making conciliation between past and present the Rock was hewn; it is up to He who was hewn to bear the burden of all.

On this day, *Sarah* received strength to bear at ninety years. Seeing that she was unable to bear this became a symbol for Israel to birth new life before His countenance on Rosh Hashanah.

Her offspring tremble on this day as they stand before that fearful seat *of judgment*; encouraging one another to raise their voice on this day of the new moon eager to sound *the shofar* and to find redemption.

Remember us to life, O King who takes pleasure in life, and, for Your sake God of life, inscribe us in the book of life; King, Supporter, Savior and Shield, blessed are You, Shield of Abraham.

Lord, You are mighty forever. You call the dead to life. Lord, You are mighty to save.

You sustain the living with loving kindness, and with great mercy You revive the dead. You uphold those who fall, heal the sick, set the captive free and keep faith with those who sleep in the dust. Lord of might, who is like You? King, who can be compared to You? You decree death and restore life, causing salvation to come forth. May our sentence be withdrawn with joy, O High and Awesome King.

I will crown Him with the garland of our hope; in loving kindness you will live in the dew of His glory.

Father of compassion, who is like You, who in compassion remembers His creatures to life. You are faithful to revive the dead. Blessed are You, Lord, who calls the dead to life.

The Lord will reign forever; your God, O Tzion, from generation to generation. Hallelujah!

God, You are holy, and You will be enthroned upon the praises of Israel.

(The Ark is opened - All Rise)

Responsive Reading

אַתָּה הוּא אֱלֹהֵינוּ,

בַּשָּׁמַיִם וּבָאָרֶץ,   גִּבּוֹר וְנַעֲרָץ,

דָּגוּל מֵרְבָבָה,   הוּא שָׂח וַיֶּהִי,

וְצִוָּה וְנִבְרָאוּ,   זִכְרוֹ לָנֶצַח,

חַי עוֹלָמִים,   טְהוֹר עֵינַיִם,

יוֹשֵׁב סֵתֶר,   כִּתְרוֹ יְשׁוּעָה,

לְבוּשׁוֹ צְדָקָה,   מַעֲטֵהוּ קִנְאָה,

נֶאְפַּד נְקָמָה,   סִתְרוֹ יֹשֶׁר,

עֲצָתוֹ אֱמוּנָה,   פְּעֻלָּתוֹ אֱמֶת,

צַדִּיק וְיָשָׁר,   קָרוֹב לְקוֹרְאָיו בֶּאֱמֶת,

רָם וּמִתְנַשֵּׂא,   שׁוֹכֵן שְׁחָקִים,

תּוֹלֶה אֶרֶץ עַל בְּלִימָה,

חַי וְקַיָּם.   נוֹרָא וּמָרוֹם וְקָדוֹשׁ.

(The Ark is Closed)

Reader and Congregation:

תָּעִיר וְתָרִיעַ, לְהַכְרִית כָּל מֵרִיעַ,

וְתִקְדַשׁ בְּיוֹדְעֵי לְהָרִיעַ, קָדוֹשׁ.

(The Ark is opened - All Rise)

Responsive Reading

You are our God,

In the heavens and in the earth, Mighty and Revered

Preeminent amidst the many, He spoke and it came into existence,

He commanded and they were created, Their remembrance is evermore,

Forever living, His eyes are pure,

What He answers is at times concealed, Salvation is His crown,

For His raiment, Righteousness, Jealousy is His mantle,

He is robed in vengeance, At times His justice is unseen,

His counsel is faithful, His deeds are true,

Righteous and without guile, He is near to those who truly call on Him,

High and exalted, His dwelling place is in the heavens,

The earth is suspended in the vastness of her oceans,

He is alive and He shall endure! He is high and awesome and holy!

(The Ark is Closed)

Reader and Congregation:

You who are holy, may You be aroused and sound the Shofar,
that all rebelliousness might be destroyed, and that You may be sanctified
among those who know the sound of the Shofar.

Responsive Reading

אַאְפִּיד נֵזֶר אָיוֹם, בְּשִׁלוּשׁ קְדֻשָׁה בַּיּוֹם, גִּבּוֹרֵי כֹחַ גָּדְלָה, דַּהֲרוּהוּ בְּבֵית הַגִּילָה.

הוֹגֵי הֶגֶה הַמוּלָה, וַתִּקוּהוּ בְּהַלֵּל וּמָלָה, זוֹכֵר לָעַד זְכִיּוֹת, חַדְּשׁוּהוּ זֶמֶר חַיּוֹת.

הַטּוֹב עוֹמֶם טֹרַח, יַחֲדוּהוּ בְּחִדּוּשׁ יָרֵחַ, כּוֹבֵשׁ כָּל כְּעָסִים, לְבַל אַף לָהֲשִׁים.

מְשָׁרְתֵי בְּחִיל מוֹרָא, נְכְחָם הַלְלוּ נוֹרָא, שַׂרְפֵי סָבִיב סְעָרָה, עָנוּ לְמַעֲבִיר עֶבְרָה.

פְּלִיאִים פִּצְחוּ פֶה, צַלְצְלוּ הַכֹּל צוֹפֶה, קְהִילּוֹת עַם קְדוֹשִׁים, רוֹמְמוּהוּ רִבְבוֹת רוֹעֲשִׁים.

Reader:

שְׁמַע קוֹל שׁוֹפָר, תַּאֲזִין וְאַשְׁמָה תוֹפָר, תְּשַׁלֵּשׁ שׁוֹפָרוֹת בְּהַר הַקּוֹדֶשׁ, וַאֲשַׁלֵּשׁ קְדוּשָׁה בַּקּוֹדֶשׁ.

מֶלֶךְ זְכוֹר אָחוּז קֶרֶן, לְתוֹקְעֵי לְךָ הַיּוֹם בְּקֶרֶן, נוֹרָא וְקָדוֹשׁ.

Reader and Congregation:

שַׂמְּחֵנוּ, יְיָ אֱלֹהֵינוּ, בְּהוֹפָעַת מְשִׁיחֶךָ יֵשׁוּעַ, וְתִכּוֹן מַמְלַכְתּוֹ עַל בֵּית דָּוִד. תָּשִׁיבוּ בִּמְהֵרָה וְנִישָּׂאַת כַּפֵּינוּ אֵלֶיךָ.

(The Ark is opened - All Rise)

Responsive Reading

יְיָ מֶלֶךְ, יְיָ מָלָךְ, יְיָ יִמְלֹךְ לְעוֹלָם וָעֶד.

Adonai Mehlech, Adonai Mahlach, Adonai Yim'loch l'olam vahed.

אַדִּירֵי אֲיֻמָּה יַאְדִּירוּ בְקוֹל,
יְיָ מֶלֶךְ.
בְּרוּאֵי בָרָק יְבָרְכוּ בְקוֹל,
יְיָ מָלָךְ.
גִּבּוֹרֵי גֹבַהּ יַגְבִּירוּ בְקוֹל,
יְיָ יִמְלֹךְ.

יְיָ מֶלֶךְ, יְיָ מָלָךְ, יְיָ יִמְלֹךְ לְעוֹלָם וָעֶד.
Adonai Mehlech, Adonai Mahlach, Adonai Yim'loch l'olam vahed.

Responsive Reading

Each day, in celebration, I adore the Dreadful One with a crown, in the House where He is acclaimed by those whose strength is great, with the threefold "Kedushah."

You who in tumult utter thoughts of hope with words of praise, dedicate new songs of life to Him who recalls virtue forever.

At the renewing of the moon let us declare as one, the One who is Good; He bears the burden of trouble, pressing down all His fury, lest His ire fall on us.

You who serve Him in trembling awe, facing one another offer praise to the Awesome One; O Seraph, circling the storm, sing aloud to Him who moves His anger aside.

You angels whose names we do not know, open your mouths, sound *your praises* loudly to Him who sees everything; O congregations of the holy people, extol Him you tumultuous throngs.

Hear the voice of the Shofar, listen and guilt will be annulled; sound the Shofar three times on the Holy Mountain, and, three times, in holiness declare "Kedushah."

Reader:
O King, remember *the ram* entangled by its horn, for the sake of those who this day sound the Shofar, O Awesome and Holy One.

Reader and Congregation:
Lord our God, cause us to rejoice in the appearance of Yeshua, Your Messiah, and Your rule over the kingdom of the house of David. May His soon return cause our hands to be lifted up to You.

(The Ark is opened - All Rise)

Responsive Reading

The Lord is King, the Lord was King,

the Lord shall be King forever and ever!

The great among the awesome ones glorify Him aloud......The Lord is King;
Those seen in the lightening bless Him aloud......The Lord was King;
The great who dwell in the heights call aloud......The Lord shall be King.

The Lord is King, the Lord was King,

the Lord shall be King forever and ever!

דּוֹהֲרֵי דוֹלְקִים יְדוֹבְבוּ בְקוֹל,

יְיָ מֶלֶךְ.

הֲמוֹנֵי הַמֶּלֶךְ יְהַלְלוּ בְקוֹל,

יְיָ מֶלֶךְ.

וַחֲיָלִים וְחַיּוֹת יַעֲדוּ בְקוֹל

יְיָ יִמְלֹךְ.

יְיָ מֶלֶךְ, יְיָ מָלָךְ, יְיָ יִמְלֹךְ לְעוֹלָם וָעֶד.

Adonai Mehlech, Adonai Mahlach, Adonai Yim'loch l'olam vahed.

זוֹכְרֵי זְמִירוֹת יְזַמְּרוּ בְקוֹל,

יְיָ מֶלֶךְ.

חַכְמֵי חִידוֹת יְחַסְּנוּ בְקוֹל,

יְיָ מֶלֶךְ.

טַפְסְרֵי טְפוּחִים יְטַכְּסוּ בְקוֹל,

יְיָ יִמְלֹךְ.

יְיָ מֶלֶךְ, יְיָ מָלָךְ, יְיָ יִמְלֹךְ לְעוֹלָם וָעֶד.

Adonai Mehlech, Adonai Mahlach, Adonai Yim'loch l'olam vahed.

יוֹרְשֵׁי יְקָרָה יַיְשִׁירוּ בְקוֹל,

יְיָ מֶלֶךְ.

כַּבִּירֵי כֹחַ יַכְתִּירוּ בְקוֹל,

יְיָ מֶלֶךְ.

לְבוּשֵׁי לֶהָבוֹת יְלַבְּבוּ בְקוֹל,

יְיָ יִמְלֹךְ.

יְיָ מֶלֶךְ, יְיָ מָלָךְ, יְיָ יִמְלֹךְ לְעוֹלָם וָעֶד.

Adonai Mehlech, Adonai Mahlach, Adonai Yim'loch l'olam vahed.

Fiery angels *move boldly* as they declare aloud......The Lord is King;
The multitudes thunder their praises aloud......The Lord was King;
The legions of the living ones assemble to say aloud......The Lord shall be King.

**The Lord is King, the Lord was King,
the Lord shall be King forever and ever!**

Singers sing songs of praise aloud.....The Lord is King;
In puzzling mysteries, the sages, with power, say aloud.....The Lord was King;
Celestial bodies, set by Him, declare His praise aloud.....The Lord shall be King;

**The Lord is King, the Lord was King,
the Lord shall be King forever and ever!**

Those who inherited precious things sing His praise aloud.....The Lord is King;
Those with mighty power crown Him aloud.......The Lord was King;
Those dressed in flames of fire shout aloud.........The Lord shall be King;

**The Lord is King, the Lord was King,
the Lord shall be King forever and ever!**

מַנְעִימֵי מֶלֶל יְמַלְלוּ בְקוֹל,

יְיָ מֶלֶךְ.

נִצְוּצֵי נֹגַהּ יְנַצְחוּ בְקוֹל,

יְיָ מֶלֶךְ.

שְׂרָפִים סוֹבְבִים יְסַלְסְלוּ בְקוֹל,

יְיָ יִמְלֹךְ.

יְיָ מֶלֶךְ, יְיָ מָלָךְ, יְיָ יִמְלֹךְ לְעוֹלָם וָעֶד.

Adonai Mehlech, Adonai Mahlach, Adonai Yim'loch l'olam vahed.

עוֹרְכֵי עֹז יַעֲנוּ בְקוֹל,

יְיָ מֶלֶךְ.

פְּחוּדֵי פְלָאֶךָ יִפְצְחוּ בְקוֹל,

יְיָ מָלָךְ.

צִבְאוֹת צֹאנֶךָ יְצַלְצְלוּ בְקוֹל,

יְיָ יִמְלֹךְ.

יְיָ מֶלֶךְ, יְיָ מָלָךְ, יְיָ יִמְלֹךְ לְעוֹלָם וָעֶד.

Adonai Mehlech, Adonai Mahlach, Adonai Yim'loch l'olam vahed.

קְהִילוֹת קֹדֶשׁ יַקְדִישׁוּ בְקוֹל,

יְיָ מֶלֶךְ.

רִבְבוֹת רְבָבָה יְדַרְנוּ בְקוֹל,

יְיָ מָלָךְ.

שְׁבִיבֵי שַׁלְהָבוֹת יְשַׁנְּנוּ בְקוֹל,

יְיָ יִמְלֹךְ.

יְיָ מֶלֶךְ, יְיָ מָלָךְ, יְיָ יִמְלֹךְ לְעוֹלָם וָעֶד.

Adonai Mehlech, Adonai Mahlach, Adonai Yim'loch l'olam vahed.

Those whose speech is fragrant speak aloud......The Lord is King;
Those born to shine in eternity say aloud......The Lord was King;
The Seraphim who surround Him, sing aloud......The Lord shall be King;

**The Lord is King, the Lord was King,
the Lord shall be King forever and ever!**

Those who set Torah in order give our answer aloud....The Lord is King;
Frightened because of Your wonders they burst forth aloud..The Lord was King;
The army of Your fold resound aloud....The Lord shall be King;

**The Lord is King, the Lord was King,
the Lord shall be King forever and ever!**

The holy assemblies sanctify You aloud......The Lord is King;
Myriads upon myriads shout joyfully aloud......The Lord was King;
Sparking with flame they teach us aloud......The Lord shall be King;

**The Lord is King, the Lord was King,
the Lord shall be King forever and ever!**

תוֹמְכֵי תְהִלּוֹת יַתְמִידוּ בְקוֹל,

יְיָ מֶלֶךְ.

תּוֹקְפֵי תִפְאַרְתֶּךָ יַתְמִימוּ בְקוֹל,

יְיָ מָלָךְ.

תְּמִימֵי תְעוּדָה יִתְּנוּ בְקוֹל,

יְיָ יִמְלֹךְ.

יְיָ מֶלֶךְ, יְיָ מָלָךְ, יְיָ יִמְלֹךְ לְעוֹלָם וָעֶד.

Adonai Mehlech, Adonai Mahlach, Adonai Yim'loch l'olam vahed.

(The Ark is Closed)

Reader and Congregation:

וּכְתוֹב לְחַיִּים טוֹבִים כָּל בְּנֵי בְרִיתֶךָ.

וְכֹל הַחַיִּים יוֹדוּךָ, וִיהַלְלוּ אֶת שִׁמְךָ בֶּאֱמֶת, הָאֵל יְשׁוּעָתֵנוּ וְעֶזְרָתֵנוּ.
בָּרוּךְ אַתָּה יְיָ, הַטּוֹב שִׁמְךָ וּלְךָ נָאֶה לְהוֹדוֹת.

Aaronic Blessing

אֱלֹהֵינוּ וֵאלֹהֵי אֲבוֹתֵינוּ, בָּרְכֵנוּ בַבְּרָכָה הַמְשֻׁלֶּשֶׁת בַּתּוֹרָה הַכְּתוּבָה עַל יְדֵי מֹשֶׁה
עַבְדֶּךָ, הָאֲמוּרָה מִפִּי אַהֲרֹן וּבָנָיו כֹּהֲנִים עַם קְדוֹשֶׁךָ, כָּאָמוּר.
יְבָרֶכְךָ יְיָ וְיִשְׁמְרֶךָ. יָאֵר יְיָ פָּנָיו אֵלֶיךָ וִיחֻנֶּךָּ. יִשָּׂא יְיָ פָּנָיו אֵלֶיךָ וְיָשֵׂם לְךָ שָׁלוֹם.

כֵּן יְהִי רָצוֹן.

Sim Shalom

שִׂים שָׁלוֹם טוֹבָה וּבְרָכָה, חֵן וָחֶסֶד וְרַחֲמִים, עָלֵינוּ וְעַל כָּל יִשְׂרָאֵל עַמֶּךָ.
בָּרְכֵנוּ, אָבִינוּ, כֻּלָּנוּ כְּאֶחָד בְּאוֹר פָּנֶיךָ, כִּי בְאוֹר פָּנֶיךָ נָתַתָּ לָּנוּ, יְיָ אֱלֹהֵינוּ,
תּוֹרַת חַיִּים וְאַהֲבַת חֶסֶד, וּצְדָקָה וּבְרָכָה וְרַחֲמִים וְחַיִּים וְשָׁלוֹם, וְטוֹב בְּעֵינֶיךָ
לְבָרֵךְ אֶת עַמְּךָ יִשְׂרָאֵל בְּכָל עֵת וּבְכָל שָׁעָה בִּשְׁלוֹמֶךָ.

Sim Shalom tovah uvrakha hain vahesed v'rachamim alainu v'al kol Yisrael amekha.
Barkhenu avinu kulanu ke'ehad b'or panekha, ki v'or panekha natahta lanu, Adonai
Elohainu, Torat hayim v'ahavat hesed, uts'daka uv'rakha v'rahamim v'hayim v'shalom,
v'tov b'ainekha l'varech et am'kha Yisrael b'khol et uv'khol sha'ah bish'lomekha.

Reader and Congregation:

בְּסֵפֶר חַיִּים, בְּרָכָה, וְשָׁלוֹם, וּפַרְנָסָה טוֹבָה, נִזָּכֵר וְנִכָּתֵב לְפָנֶיךָ, אֲנַחְנוּ וְכָל
עַמְּךָ בֵּית יִשְׂרָאֵל, לְחַיִּים טוֹבִים וּלְשָׁלוֹם. בָּרוּךְ אַתָּה, יְיָ, עוֹשֵׂה הַשָּׁלוֹם.

Those who support His praises constantly cry aloud......The Lord is King;

Your glory and power call aloud......The Lord was King;

Those who are upright give testimony aloud......The Lord shall be King;

The Lord is King, the Lord was King, the Lord shall be King forever and ever!

(The Ark is Closed)

Reader and Congregation:

May all the children of Your covenant be inscribed for the goodness of life.

And all the living will give You thanks, and in truth they will give glory to Your name, O God of our salvation and help. Blessed are You, Lord, whose name is good; it is fitting to give You thanks.

Aaronic Blessing

Our God and God of our fathers, bless us with the threefold blessing written in Torah by Moses, Your servant, and spoken through the mouth of Aaron; and his sons, the priests, Your holy people, as it is said: May the Lord bless you and keep you. May the Lord lift up His countenance to you, and be gracious to you. May the Lord turn His countenance toward you, and establish peace for you.

Thus may we exist in Your will!

Sim Shalom

Grant peace, happiness, blessing, grace, kindness and mercy to us and all Israel, Your people. Our Father, bless us all alike with the light of Your countenance. Lord our God, by the light of Your countenance You have given us a Torah of life, loving kindness, charity, blessing, mercy, life and peace. May it be good in Your sight to bless Your people Israel with peace at all times and at every hour.

Reader and Congregation:

In the Book of life, blessing, and peace, and prosperity, may we and all Your people, the house of Israel, be remembered before You, and be inscribed for a life that is good, and for peace. Blessed are You, Lord, the maker of peace.

Avinu Malkeynu

(The Ark is Opened - All Rise)
(On Shabbat Avinu Malkeynu is omitted)

אָבִינוּ מַלְכֵּנוּ, חָטָאנוּ לְפָנֶיךָ.

אָבִינוּ מַלְכֵּנוּ, אֵין לָנוּ מֶלֶךְ אֶלָּא אָתָּה.

אָבִינוּ מַלְכֵּנוּ, עֲשֵׂה עִמָּנוּ לְמַעַן שְׁמֶךָ.

אָבִינוּ מַלְכֵּנוּ, חַדֵּשׁ עָלֵינוּ שָׁנָה טוֹבָה.

אָבִינוּ מַלְכֵּנוּ, בַּטֵּל מֵעָלֵינוּ כָּל גְּזֵרוֹת קָשׁוֹת.

אָבִינוּ מַלְכֵּנוּ, בַּטֵּל מַחְשְׁבוֹת שׂוֹנְאֵינוּ.

אָבִינוּ מַלְכֵּנוּ, הָפֵר עֲצַת אוֹיְבֵינוּ.

אָבִינוּ מַלְכֵּנוּ, כַּלֵּה כָּל צַר וּמַשְׂטִין מֵעָלֵינוּ.

אָבִינוּ מַלְכֵּנוּ, סְתוֹם פִּיּוֹת מַשְׂטִינֵנוּ וּמְקַטְרִיגֵנוּ.

אָבִינוּ מַלְכֵּנוּ, כַּלֵּה דֶּבֶר וְחֶרֶב וְרָעָב וּשְׁבִי וּמַשְׁחִית

וְעָוֹן וּשְׁמַד מִבְּנֵי בְרִיתֶךָ.

אָבִינוּ מַלְכֵּנוּ, מְנַע מַגֵּפָה מִנַּחֲלָתֶךָ.

אָבִינוּ מַלְכֵּנוּ, סְלַח וּמְחַל לְכָל עֲוֹנוֹתֵינוּ.

אָבִינוּ מַלְכֵּנוּ, מְחֵה וְהַעֲבֵר פְּשָׁעֵינוּ וְחַטֹּאתֵינוּ מִנֶּגֶד עֵינֶיךָ.

אָבִינוּ מַלְכֵּנוּ, מְחוֹק בְּרַחֲמֶיךָ כָּל שִׁטְרֵי חוֹבוֹתֵינוּ.

אָבִינוּ מַלְכֵּנוּ, הַחֲזִירֵנוּ בִּתְשׁוּבָה שְׁלֵמָה לְפָנֶיךָ.

אָבִינוּ מַלְכֵּנוּ, שְׁלַח רְפוּאָה שְׁלֵמָה לְחוֹלֵי עַמֶּךָ.

אָבִינוּ מַלְכֵּנוּ, קְרַע רוֹעַ גְּזַר דִּינֵנוּ.

אָבִינוּ מַלְכֵּנוּ, זָכְרֵנוּ בְּזִכָּרוֹן טוֹב לְפָנֶיךָ.

אָבִינוּ מַלְכֵּנוּ, כָּתְבֵנוּ בְּסֵפֶר חַיִּים טוֹבִים.

אָבִינוּ מַלְכֵּנוּ, כָּתְבֵנוּ בְּסֵפֶר גְּאֻלָּה וִישׁוּעָה.

אָבִינוּ מַלְכֵּנוּ, כָּתְבֵנוּ בְּסֵפֶר פַּרְנָסָה וְכַלְכָּלָה.

אָבִינוּ מַלְכֵּנוּ, כָּתְבֵנוּ בְּסֵפֶר זְכֻיּוֹת.

אָבִינוּ מַלְכֵּנוּ, כָּתְבֵנוּ בְּסֵפֶר סְלִיחָה וּמְחִילָה.

אָבִינוּ מַלְכֵּנוּ, הַצְמַח לָנוּ יְשׁוּעָה בְּקָרוֹב.

אָבִינוּ מַלְכֵּנוּ, הָרֵם קֶרֶן יִשְׂרָאֵל עַמֶּךָ.

אָבִינוּ מַלְכֵּנוּ, הָרֵם קֶרֶן מְשִׁיחֶךָ יְשׁוּעַ.

Avinu Malkeynu

(The Ark is Opened - All Rise)
(On Shabbat Avinu Malkeynu is omitted)

Our Father, our King, our sins are before You.

Our Father, our King, we have no other King but You.

Our Father, our King, deal with us *kindly* for Your name's sake.

Our Father, our King, renew for us a good year.

Our Father, our King, annul from upon us all harsh decrees.

Our Father, our King, annul the intentions of our enemies.

Our Father, our King, bring to nothing the counsel of our foes.

Our Father, our King, destroy from upon us every foe and adversary.

Our Father, our King, stop the mouth of our adversaries and our accusers.

Our Father, our King, bring an end to pestilence, and drought, and hunger, and captivity, and destruction, and offence, and persecution of the children of Your covenant.

Our Father, our King, hold back the plague from Your heritage.

Our Father, our King, pardon and forgive all our offenses.

Our Father, our King, wipe away and remove our iniquity and our sins from before Your eyes.

Our Father, our King, in Your compassion erase all records of our guilt.

Our Father, our King, bring us back in perfect repentance, before You.

Our Father, our King, send perfect healing to the sick among Your people.

Our Father, our King, tear up the evil judgement decreed against us.

Our Father, our King, remember us before You, with good memories.

Our Father, our King, inscribe us in the Book for a good life.

Our Father, our King, inscribe us in the Book for redemption and salvation.

Our Father, our King, inscribe us in the Book for sustenance and support.

Our Father, our King, inscribe us in the Book for acquittal.

Our Father, our King, inscribe us in the Book for forgiveness and pardon.

Our Father, our King, in the near future cause salvation to bloom for us.

Our Father, our King, raise up the Horn of Israel, Your people.

Our Father, our King, raise up the Horn of Your Messiah Yeshua.

אָבִינוּ מַלְכֵּנוּ, מַלֵּא יָדֵינוּ מִבִּרְכוֹתֶיךָ.

אָבִינוּ מַלְכֵּנוּ, מַלֵּא אֲסָמֵינוּ שָׂבָע.

אָבִינוּ מַלְכֵּנוּ, שְׁמַע קוֹלֵנוּ חוּס וְרַחֵם עָלֵינוּ.

אָבִינוּ מַלְכֵּנוּ, קַבֵּל בְּרַחֲמִים וּבְרָצוֹן אֶת תְּפִלָּתֵנוּ.

אָבִינוּ מַלְכֵּנוּ, פְּתַח שַׁעֲרֵי שָׁמַיִם לִתְפִלָּתֵנוּ.

אָבִינוּ מַלְכֵּנוּ, זְכוֹר כִּי עָפָר אֲנָחְנוּ.

אָבִינוּ מַלְכֵּנוּ, נָא אַל תְּשִׁיבֵנוּ רֵיקָם מִלְּפָנֶיךָ.

אָבִינוּ מַלְכֵּנוּ, תְּהֵא הַשָּׁעָה הַזֹּאת שְׁעַת רַחֲמִים וְעֵת רָצוֹן מִלְּפָנֶיךָ.

אָבִינוּ מַלְכֵּנוּ, חֲמוֹל עָלֵינוּ וְעַל עוֹלָלֵנוּ וְטַפֵּנוּ.

אָבִינוּ מַלְכֵּנוּ, עֲשֵׂה לְמַעַן הֲרוּגִים עַל שֵׁם קָדְשֶׁךָ.

אָבִינוּ מַלְכֵּנוּ, עֲשֵׂה לְמַעַן טְבוּחִים עַל יִחוּדֶךָ.

אָבִינוּ מַלְכֵּנוּ, עֲשֵׂה לְמַעַן בָּאֵי בָאֵשׁ וּבַמַּיִם עַל קִדּוּשׁ שְׁמֶךָ.

אָבִינוּ מַלְכֵּנוּ, נְקוֹם לְעֵינֵינוּ נִקְמַת דַּם עֲבָדֶיךָ הַשָּׁפוּךְ.

אָבִינוּ מַלְכֵּנוּ, עֲשֵׂה לְמַעַנְךָ אִם לֹא לְמַעֲנֵנוּ.

אָבִינוּ מַלְכֵּנוּ, עֲשֵׂה לְמַעַנְךָ וְהוֹשִׁיעֵנוּ.

אָבִינוּ מַלְכֵּנוּ, עֲשֵׂה לְמַעַן רַחֲמֶיךָ הָרַבִּים.

אָבִינוּ מַלְכֵּנוּ, עֲשֵׂה לְמַעַן שִׁמְךָ הַגָּדוֹל, הַגִּבּוֹר וְהַנּוֹרָא שֶׁנִּקְרָא עָלֵינוּ.

אָבִינוּ מַלְכֵּנוּ, חָנֵּנוּ וַעֲנֵנוּ, כִּי אֵין בָּנוּ מַעֲשִׂים, עֲשֵׂה עִמָּנוּ צְדָקָה וָחֶסֶד וְהוֹשִׁיעֵנוּ.

(The Ark is Closed - Congregation may be seated)

Our Father, our King, fill our hands with Your blessings.

Our Father, our King, fill our storehouses with abundance.

Our Father, our King, hear our cry for mercy and have compassion upon us.

Our Father, our King, accept our prayer with compassion and with favor.

Our Father, our King, open the gates of heaven to our prayer.

Our Father, our King, remember that we are but dust.

Our Father, our King, in times to come do not turn us away empty from before You.

Our Father, our King, may this time be a time of compassion and of favor before You.

Our Father, our King, have pity upon us, and upon our infants and our little children.

Our Father, our King, act for those slain for the sake of Your holy name.

Our Father, our King, act for those slaughtered for the sake of Your Oneness.

Our Father, our King, act for the sake of those who have gone through fire and water for the sanctification of Your name.

Our Father, our King, take vengeance before our eyes, and avenge the spilt blood of Your servant.

Our Father, our King, do it for Your sake, not for our sake.

Our Father, our King, do it for Your sake, and save us.

Our Father, our King, do it for the sake of Your abundant compassion.

Our Father, our King, do for the sake of Your great, mighty and awesome name that will be proclaimed upon us.

Our Father, our King, be gracious and answer us, though there is nothing of merit in us, deal with us in justice and in loving kindness, and save us.

(The Ark is Closed - Congregation may be seated)

Readers's Kaddish

יִתְגַּדַּל וְיִתְקַדַּשׁ שְׁמֵהּ רַבָּא. בְּעָלְמָא דִּי בְרָא כִרְעוּתֵהּ, וְיַמְלִיךְ מַלְכוּתֵהּ בְּחַיֵּיכוֹן וּבְיוֹמֵיכוֹן וּבְחַיֵּי דְכָל בֵּית יִשְׂרָאֵל. בַּעֲגָלָא וּבִזְמַן קָרִיב, וְאִמְרוּ אָמֵן.

Yit-gahdahl v'yit-kahdash sh'meh rahbah. B'ahl'mah dee v'rah chir'ooteh,
v'yahm'leech mahl'chooteh b'chah-yey-chohn oov'yoh-maychohn
oov'chah-yey d'chal beyt Yisrael. Bah-ah-gahlah ooviz-mahn kah-reev
v'imroo, Amen.

יְהֵא שְׁמֵהּ רַבָּא מְבָרַךְ לְעָלַם וּלְעָלְמֵי עָלְמַיָּא.

Y'hay sh'may rahbah m'vahrach l'ah-lam ool'ahl'may ahl'mahyah.

יִתְבָּרַךְ וְיִשְׁתַּבַּח, וְיִתְפָּאַר וְיִתְרוֹמַם וְיִתְנַשֵּׂא וְיִתְהַדָּר וְיִתְעַלֶּה וְיִתְהַלָּל שְׁמֵהּ דְּקֻדְשָׁא, בְּרִיךְ הוּא, לְעֵלָּא וּלְעֵלָּא מִכָּל בִּרְכָתָא וְשִׁירָתָא, תֻּשְׁבְּחָתָא וְנֶחֱמָתָא, דַּאֲמִירָן בְּעָלְמָא, וְאִמְרוּ אָמֵן.

Yit'bahrach v'yish-tahbach, v'yit-pahahr v'yit-rohmahm v'yit-nahseh
v'yit-hadahr v'yit-ahleh v'yit-hah-lahl sh'may d'kood-shah b'reech hoo
l'ehlah u-l'ehlah mi-kahl bir-chah-tah v'she-rahtah, toosh'b'chahtah
v'neh-cheh-mahtah, dah-ah-mirahn b'ahl-mah, v'imroo, Amen.

תִּתְקַבֵּל צְלוֹתְהוֹן וּבָעוּתְהוֹן דְּכָל בֵּית יִשְׂרָאֵל קֳדָם אֲבוּהוֹן דִּי בִשְׁמַיָּא, וְאִמְרוּ, אָמֵן.

Tit'kah-bell tz'loht-hohn oovah-oot'hohn d'chal beyt Yisrael kah-dahm
ahvoo-hohn dee vish'mahyim, v'imroo, Amen.

יְהֵא שְׁלָמָא רַבָּא מִן שְׁמַיָּא וְחַיִּים עָלֵינוּ וְעַל כָּל יִשְׂרָאֵל, וְאִמְרוּ אָמֵן.

Y'hay sh'lahmah rahbah min sh'mahyah v'chah-yeem ah-laynoo v'ahl kol
Yisrael, v'imroo, Amen.

עֹשֶׂה שָׁלוֹם בִּמְרוֹמָיו הוּא יַעֲשֶׂה שָׁלוֹם עָלֵינוּ וְעַל כָּל יִשְׂרָאֵל, וְאִמְרוּ אָמֵן.

Oh-seh shalom bim'rohmahv hoo yah-ahseh shalom ah-laynoo v'ahl kol
Yisrael, v'imroom, Amen.

Reader's Kaddish

Magnified and sanctified may God's great Name be throughout the world which He has created according to His will. May He establish His kingdom in our lifetime, and during our days, and within the life of the entire house of Israel, speedily and soon; and say, *"Amen."*

May the greatness of His Name be blessed forever and ever.

Let the Name of the Holy One, *blessed is He*, be blessed and praised, glorified and exalted, extolled and honored, adored and lauded, exceedingly beyond all of the blessings and songs, praises and consolations that are ever spoken in this world, and say, *"Amen."*

May the prayers and supplications of the whole house of Israel be acceptable to our Heavenly Father, and say, *"Amen."*

May there be abundant peace from heaven, and life for us and for all Israel, and say, *"Amen."*

May He who creates peace in His high heavens create peace for us and for all Israel, and say, *"Amen."*

K'riat haTorah

Matthew 5:17-19

וַיֹּאמֶר יֵשׁוּעַ: אַל תַּחְשְׁבוּ כִּי בָּאתִי לְהָפֵר הַתּוֹרָה אוֹ הַנְּבִיאִים לֹא לְהָפֵר בָּאתִי
כִּי אִם לְמַלֹּאת. כִּי הֵן אָמְנָם אָנֹכִי מַגִּיד לָכֶם עַד אֲשֶׁר הַשָּׁמַיִם וְהָאָרֶץ יֲעֲבֹרוּן
לֹא תַעֲבֹר יוּד אַחַת מִן הַתּוֹרָה אַף לֹא קוּץ אֶחָד עַד כִּי כֻלָּם יָקוּמוּ. לָכֵן כָּל
הַמֵּפִיר אַחַת מִמִּצְוֹת קְטַנּוֹת אֵלֶּה וְהוֹרָה כָזֹאת לַאֲנָשִׁים נִכְבָּד יִקָּרֵא בְּמַלְכוּת
הַשָּׁמַיִם וְהָעֹשֶׂה אֹתָן וּמְלַמֵּד לַעֲשׂוֹתָן נִכְבָּד יִקָּרֵא בְּמַלְכוּת הַשָּׁמָיִם.

Ayn Kah-mocha
Congregation and Reader:

אֵין כָּמוֹךָ בָאֱלֹהִים, יְיָ, וְאֵין כְּמַעֲשֶׂיךָ. מַלְכוּתְךָ מַלְכוּת כָּל עֹלָמִים,
וּמֶמְשַׁלְתְּךָ בְּכָל דֹּר וָדֹר. יְיָ מֶלֶךְ, יְיָ מָלָךְ, יְיָ יִמְלֹךְ לְעֹלָם וָעֶד. יְיָ עֹז
לְעַמּוֹ יִתֵּן יְיָ יְבָרֵךְ אֶת עַמּוֹ בַשָּׁלוֹם. אַב הָרַחֲמִים, הֵיטִיבָה בִרְצוֹנְךָ אֶת
צִיּוֹן, תִּבְנֶה חוֹמוֹת יְרוּשָׁלָיִם. כִּי בְךָ לְבַד בָּטֶחְנוּ, מֶלֶךְ אֵל רָם וְנִשָּׂא,
אֲדוֹן עוֹלָמִים.

*Ayn kah-moh-chah bah-Eh-loh-heem Adonai, v'ayn k'mah-ah-say-chah,
mal-choot'chah, mahl-choot kol oh-lah-meem oo-mehm-shahl-t'chah b'chol
dor vah-dor. Adonai Meh-lech, Adonai Mah-lach, Adonai Yim-lohch
l'oh-lahm vah-ed. Adonai ohz l'ah-moh yi-ten, Adonai y'vah-rehch et
ah-moh bah-shalom. Ahv ha-rah-chah-meem hay-tee-vah bir'tzohn-chah et
Tzion. Tiv'neh choh-moht Y'roo-shah-lah-yim. Key v'chah l'vahd
bah-tah-ch'nu Meh-lech El rahm v'ni-sah Adon oh-lah-meem.*

(The Ark is opened - All Rise)

Vah-y'hee Bin-soh-ah
Congregation and Reader:

וַיְהִי בִּנְסֹעַ הָאָרֹן וַיֹּאמֶר מֹשֶׁה. קוּמָה יְיָ, וְיָפֻצוּ אֹיְבֶיךָ, וְיָנֻסוּ מְשַׂנְאֶיךָ
מִפָּנֶיךָ. כִּי מִצִּיּוֹן תֵּצֵא תוֹרָה, וּדְבַר יְיָ מִירוּשָׁלָיִם. בָּרוּךְ שֶׁנָּתַן תּוֹרָה
לְעַמּוֹ יִשְׂרָאֵל בִּקְדֻשָּׁתוֹ.

*Vah-y'hee bin-soh-ah ha-Ahron vah-yoh-mehr Moshe, koo-mah Adonai,
v'yah-foo-tzoo oh-y'veh-chah v'yah-noo-soo m'sahn'ay-chah
mi-pah-nay-chah. Key mi-Tzion teh-tzeh Torah; oo-d'vahr Adonai
mee-roo-shah-lah-yim. Baruch sheh-nah-tahn Torah, l'ah-moh Yisrael
bik-doo-shah-toh.*

The Reading of the Torah

Matthew 5:17-19

And Yeshua said, "Don't misunderstand why I have come. I did not come to abolish the law *of Moses* or the writings of the prophets. No, I came to fulfill them. I assure you, until heaven and earth disappear, even the smallest detail of God's law will remain until its purpose is achieved. So if you break the smallest commandment and, *in so doing,* teach others to do the same, you will be the least in the Kingdom of Heaven. But anyone who obeys God's laws and, *in so doing,* teaches them, will be great in the Kingdom of Heaven."

Ayn Kah-mocha

Congregation and Reader:

Lord, there is no God like You, and no deeds like Yours. Your kingdom is a kingdom for all eternity, and Your dominion is from generation to generation. The Lord is King, the Lord was King, the Lord will be King forever and ever. The Lord will give strength to His people; Lord, give Your blessing of peace to Your people. Compassionate Father, may it please You to favor Tzion with Your goodness; rebuild the walls of Jerusalem. We trust only in You, King, God, high and exalted Lord of Eternity.

(The Ark is opened - All Rise)

Vahy'hee Bin-soh-ah

Congregation and Reader:

And it came to pass, whenever the Ark went forth, Moses would say, "Rise up Lord, and scatter Your enemies, and may those who hate You run from Your countenance." Torah will go forth out of Tzion and the Lord's Word from Jerusalem. Blessed is He who, in holiness, gave Torah to His people Israel.

(On Shabbat omit the following two paragraphs)

יְיָ, יְיָ, אֵל רַחוּם וְחַנּוּן, אֶרֶךְ אַפַּיִם, וְרַב חֶסֶד וֶאֱמֶת. נֹצֵר חֶסֶד לָאֲלָפִים, נֹשֵׂא עָוֹן וָפֶשַׁע וְחַטָּאָה, וְנַקֵּה.

רִבּוֹן הָעוֹלָם, מַלֵּא מִשְׁאֲלוֹתֵינוּ לְטוֹבָה, וְהָפֵק רְצוֹנֵנוּ, וְתֶן לָנוּ שְׁאֵלָתֵנוּ, מְחַל עַל כָּל עֲוֹנוֹתֵינוּ, וְעַל כָּל עֲוֹנוֹת אַנְשֵׁי בֵיתֵינוּ, מְחִילָה בְחֶסֶד, מְחִילָה בְרַחֲמִים, וְטַהֲרֵנוּ מֵחֲטָאֵינוּ וּמֵעֲוֹנוֹתֵינוּ וּמִפְּשָׁעֵינוּ, וְזָכְרֵנוּ בְּזִכְרוֹן טוֹב לְפָנֶיךָ וּפָקְדֵנוּ בִּפְקֻדַּת יְשׁוּעָה וְרַחֲמִים. וְזָכְרֵנוּ לְחַיִּים טוֹבִים וַאֲרֻכִּים וּלְשָׁלוֹם, וּפַרְנָסָה טוֹבָה וְכַלְכָּלָה. לֶחֶם לֶאֱכוֹל, וּבֶגֶד לִלְבּוֹשׁ, וְעֹשֶׁר וְכָבוֹד וְאֹרֶךְ יָמִים, לַהֲגוֹת בְּתוֹרָתֶךָ וּלְקַיֵּם וּבְמִצְוֹתֶיךָ. וְשֵׂכֶל וּבִינָה לְהָבִין וּלְהַשְׂכִּיל עָמְקֵי סוֹדוֹתֶיהָ. וּשְׁלַח רְפוּאָה לְכָל מַכְאוֹבֵינוּ, וּתְבָרֵךְ אֶת כָּל מַעֲשֵׂה יָדֵינוּ. וְתִגְזוֹר עָלֵינוּ גְּזֵרוֹת טוֹבוֹת יְשׁוּעוֹת וְנֶחָמוֹת. וּתְבַטֵּל מֵעָלֵינוּ כָּל גְּזֵרוֹת קָשׁוֹת וְרָעוֹת, וְתֶן בְּלֵב הַמַּלְכוּת וְיוֹעֲצֶיהָ וְשָׂרֶיהָ עָלֵינוּ לְטוֹבָה. אָמֵן, וְכֵן יְהִי רָצוֹן. יִהְיוּ לְרָצוֹן אִמְרֵי פִי וְהֶגְיוֹן לִבִּי לְפָנֶיךָ, יְיָ צוּרִי וְגוֹאֲלִי.

Zohar Vah-yan-kel

בְּרִיךְ שְׁמֵהּ דְּמָרֵא עָלְמָא. בְּרִיךְ כִּתְרָךְ וְאַתְרָךְ. יְהֵא רְעוּתָךְ עִם עַמָּךְ יִשְׂרָאֵל לְעָלַם, וּפֻרְקַן יְמִינָךְ אַחֲזֵי לְעַמָּךְ בְּבֵית מַקְדְּשָׁךְ, וּלְאַמְטוּיֵי לָנָא מִטּוּב נְהוֹרָךְ, וּלְקַבֵּל צְלוֹתָנָא בְּרַחֲמִין. יְהֵא רַעֲוָא קֳדָמָךְ, דְּתוֹרִיךְ לָן חַיִּין בְּטִיבוּתָא, וְלֶהֱוֵי אֲנָא פְּקִידָא בְּגוֹ צַדִּיקַיָּא, לְמִרְחַם עֲלִי וּלְמִנְטַר יָתִי, וְיָת כָּל דִּי לִי וְדִי לְעַמָּךְ יִשְׂרָאֵל. אַנְתְּ הוּא זָן לְכֹלָּא, וּמְפַרְנֵס לְכֹלָּא, אַנְתְּ הוּא שַׁלִּיט עַל כֹּלָּא. אַנְתְּ הוּא דְּשַׁלִּיט עַל מַלְכַיָּא, וּמַלְכוּתָא דִּילָךְ הִיא. אֲנָא עַבְדָּא דְּקֻדְשָׁא בְּרִיךְ הוּא דְּסָגִדְנָא קַמֵּהּ בְּכָל עִדָּן וְעִדָּן. לָא עַל אֱנָשׁ רְחִיצְנָא. וְלָא עַל בַּר אֱלָהִין סָמִיכְנָא, אֶלָּא בֵּאלָהָא דִשְׁמַיָּא, דְּהוּא אֱלָהָא קְשׁוֹט, וְאוֹרַיְתֵהּ קְשׁוֹט, וּנְבִיאוֹהִי קְשׁוֹט, וּמַסְגֵּא לְמֶעְבַּד טַבְוָן וּקְשׁוֹט.

(On Shabbat omit the following two paragraphs)

The Lord, the Lord God is compassionate and merciful, slow to anger, and abundant in loving kindness. He keeps loving kindness to the thousands of generations, forgiving and acquitting sin and iniquity and transgression.

Master of the universe, fulfill our wishes for good, and grant us our requests: pardon for all our iniquities and for all the sins of everyone in our house; a pardon in loving kindness, a pardon in compassion, and purify us from our misdeeds, and our iniquities, and our willful disobedience. Remember us, before You, with remembrances that are good, be mindful of us and consider us for salvation and compassion. Remember us for a life of goodness, and length *of days,* and for peace, and for a good livelihood, and for sustenance. Bread to eat, and clothing to wear, and wealth, and honor, and length of days in which to meditate in Your torah and to fulfill Your commandments. And *grant us* intelligence and wisdom to discern and to be wise *in its* profound mysteries. And send relief from all our sufferings, and Your blessing on all the labor of our hands. And decree upon us good decrees of salvation and consolation. And cancel all harsh and evil decrees made against us. And place in the heart of the government, and its counselors, and its ministers goodness toward us. Amen, may this be Your will. May the words that proceed from my mouth and the secret thoughts that are in my heart be pleasing to You, O Lord, for You are my Stronghold as well as my Redeemer.

Zohar Vah-yah-kel

Blessed is the name of the Master of the universe! Blessed is Your crown and Your place! May Your favor be with Your people Israel forever, and may You show the salvation of Your right hand to Your people in Your holy temple. Bestow on us the goodness of Your light, and, in mercy, accept our prayers. May it be Your will to extend to us a good life. May it be that I am counted among the righteous. Have compassion on me, and protect me, and all that is mine, and *all* that *belongs* to Your people Israel. You are He that nourishes all and sustains all. You are He that rules over everything, and You are He that rules over kings, for their kingdoms are Yours. I am a servant of the Holy One, blessed is He, before whom I bow at all times. I do not put my trust in man, nor do I rely on any angel, but only on the God of heaven who is the God of truth, whose Torah is true, and whose prophets are true, and who abundantly performs acts of kindness and truth.

(Reader) בֵּהּ אֲנָא רָחֵץ. וְלִשְׁמֵהּ קַדִּישָׁא יַקִּירָא אֲנָא אָמַר תֻּשְׁבְּחָן. יְהֵא רַעֲוָא קֳדָמָךְ דְּתִפְתַּח לִבָּאִי בְּאוֹרַיְתָא וְתַשְׁלֵם מִשְׁאָלִין דְּלִבָּאִי. וְלִבָּא דְכָל עַמָּךְ יִשְׂרָאֵל. לְטָב וּלְחַיִּין וְלִשְׁלָם:

Beh ah-nah rah-cheetz. V'lish'meh kah-dee-shah yah-kee-rah ah-nah ah-mahr toosh'b'chahn. Y'heh rah-ah-vah kah-dah-mahch d'tif'tahch li-bah-ee b'oh-rah-y'tah v'tahsh'lehm mish'ah-leen d'li-bah-ee. V'li-bah d'chahl ah-mahch Yisrael. L'tahv ool'chah-yeen v'lish'lahm.

(Reader takes the Torah from the Ark)

Reader then Congregation:

שְׁמַע יִשְׂרָאֵל, יְיָ אֱלֹהֵינוּ, יְיָ אֶחָד.

Sh'mah Yisrael, Adonai Eh-loh-hay-noo, Adonai eh-chahd.

Reader then Congregation:

אֶחָד אֱלֹהֵינוּ, גָּדוֹל אֲדוֹנֵנוּ, קָדוֹשׁ וְנוֹרָא שְׁמוֹ.

Eh-chahd Eh-loh-hay-noo, gah-dohl Adoh-neh-noo, kah-dohsh v'noh-rah sh'moh.

Reader:

גַּדְּלוּ לַייָ אִתִּי, וּנְרוֹמְמָה שְׁמוֹ יַחְדָּו.

Gahd'loo lah-Adonai i'tee, oon'roh-m'mah sh'moh yahch-dahv.

Reader and Congregation:

לְךָ יְיָ הַגְּדֻלָּה וְהַגְּבוּרָה וְהַתִּפְאֶרֶת וְהַנֵּצַח וְהַהוֹד, כִּי כֹל בַּשָּׁמַיִם וּבָאָרֶץ. לְךָ יְיָ הַמַּמְלָכָה וְהַמִּתְנַשֵּׂא לְכֹל לְרֹאשׁ.

L'chah Adonai ha-g'doo-lah v'ha-g'voo-rah v'ha-tif'eh-reht v'ha-neh-tzahch v'ha-hohd, kee chol bah-shah-mah-yim oo-vah-ah-rehtz. L'chah Adonai ha-mahm'lah-chah v'ha-mit'nah-seh l'chol l'rohsh.

רוֹמְמוּ יְיָ אֱלֹהֵינוּ וְהִשְׁתַּחֲווּ לַהֲדֹם רַגְלָיו קָדוֹשׁ הוּא. רוֹמְמוּ יְיָ אֱלֹהֵינוּ, וְהִשְׁתַּחֲווּ לְהַר קָדְשׁוֹ, כִּי קָדוֹשׁ יְיָ אֱלֹהֵינוּ.

Roh-m'moo Adonai Eh-loheynu v'hish'tah-chahvoo lah-ha-dohm rahg'lahv, kah-dosh hoo. Roh-m'moo Adonai Eh-loheynu v'hish'tah-chahvoo l'har kahd'shoh, key kah-dosh Adonai Eh-loheynu.

וְנֹאמַר לְפָנָיו שִׁיר חָדָשׁ, כַּכָּתוּב, שִׁירוּ לֵאלֹהִים זַמְּרוּ שְׁמוֹ, סֹלּוּ לָרֹכֵב בָּעֲרָבוֹת, בְּיָהּ שְׁמוֹ, וְעִלְזוּ לְפָנָיו. וְנִרְאֵהוּ עַיִן בְּעַיִן, בְּשׁוּבוֹ אֶל נָוֵהוּ, כַּכָּתוּב. כִּי עַיִן בְּעַיִן יִרְאוּ, בְּשׁוּב יְיָ צִיּוֹן. וְנֶאֱמַר, וְנִגְלָה כְּבוֹד יְיָ, וְרָאוּ כָל בָּשָׂר יַחְדָּו, כִּי פִי יְיָ דִּבֵּר.

(Reader) In Him I put my trust, and I utter praise to His name, which is holy and full of glory. Show me Your will. Open my heart to Your command, and fulfill the desires of my heart and the heart of Israel, Your people, for goodness and for life and for peace.

(The Reader takes the Torah from the Ark)

Reader then Congregation:

Hear O Israel, the Lord our God, the Lord is one.

Reader then Congregation:

One is our God; great is our Lord, holy and revered is His Name.

Reader:

Exalt the Lord with me, and let us exalt His Name together.

Reader and Congregation:

Lord, everything in heaven and in earth is Yours; the greatness, and the power, and the glory, and the victory and the majesty. Lord, Yours is the kingdom, and You are the sovereign head over all.

Exalt the Lord our God, and bow down at His footstool, for He is holy. Exalt the Lord our God, and bow down at His holy mountain, for holy is the Lord our God.

And we will declare before Him a new song, as it is written, "Sing to God, sing praises to His name, extol Him who rides above the heavens, the Lord is His name, and let us exult before Him. And may we see Him eye to eye when He returns to His abode, as it is written, 'For they shall see eye to eye the Lord's return to Tzion. And it was said, 'The glory of the Lord will be revealed, and all living creatures shall see it together, for the mouth of the Lord has spoken it.

(Torah is Placed on the Desk)

(The Reader/Gabbai uses the following to call a Kohen to the Torah. The oleh is called up by his Hebrew name and his father's Hebrew name)

וְיַעֲזֹר וְיָגֵן וְיוֹשִׁיעַ לְכָל הַחוֹסִים בּוֹ, וְנֹאמַר אָמֵן. הַכֹּל הָבוּ גֹדֶל לֵאלֹהֵינוּ, וּתְנוּ כָבוֹד לַתּוֹרָה. כֹּהֵן, קְרָב; יַעֲמֹד (פלוני בן פלוני) הַכֹּהֵן:

(If there is no Kohen, then he calls for a Levi, no Levi, than Israel)

אֵין כָּאן כֹּהֵן, יַעֲמֹד לֵוִי-יִשְׂרָאֵל (פלוני בן פלוני)

Reader:

בָּרוּךְ שֶׁנָּתַן תּוֹרָה לְעַמּוֹ יִשְׂרָאֵל בִּקְדֻשָּׁתוֹ.

Baruch Sheh-nah-tahn Toh-rah l'ah-moh Yis'rah-el bik'doo-shah-toh.

Reader and Congregation:

וְאַתֶּם הַדְּבֵקִים בַּיְיָ אֱלֹהֵיכֶם, חַיִּים כֻּלְּכֶם הַיּוֹם.

Blessing before reading Torah:

Reader:

בָּרְכוּ אֶת יְיָ הַמְבֹרָךְ.

Barchu et Adonai hahm'voh-rach.

Congregation then Reader:

בָּרוּךְ יְיָ הַמְבֹרָךְ לְעוֹלָם וָעֶד.

Baruch Adonai hahm'voh-rach l'olam vahed.

Reader:

בָּרוּךְ אַתָּה יְיָ אֱלֹהֵינוּ מֶלֶךְ הָעוֹלָם, אֲשֶׁר בָּחַר בָּנוּ מִכָּל הָעַמִּים וְנָתַן לָנוּ אֶת תּוֹרָתוֹ. בָּרוּךְ אַתָּה יְיָ, נוֹתֵן הַתּוֹרָה.

Baruch ah-tah Adonai Eh-loh-hay-noo meh-lehch ha-oh-lahm, ah-shehr bah-chahr bah-noo mi-kahl ha-ah-meem v'nah-tahn lah-noo et toh-rah-toh. Baruch ah-tah Adonai, noh-tehn ha-toh-rah.

Torah Reading for Rosh Hashanah

Genesis 21:1-34

וַיהֹוָה פָּקַד אֶת־שָׂרָה כַּאֲשֶׁר אָמָר וַיַּעַשׂ יְהֹוָה לְשָׂרָה כַּאֲשֶׁר דִּבֵּר. וַתַּהַר וַתֵּלֶד שָׂרָה לְאַבְרָהָם בֵּן לִזְקֻנָיו לַמּוֹעֵד אֲשֶׁר־דִּבֶּר אֹתוֹ אֱלֹהִים. וַיִּקְרָא אַבְרָהָם אֶת־שֶׁם־בְּנוֹ הַנּוֹלַד־לוֹ אֲשֶׁר־יָלְדָה־לּוֹ שָׂרָה יִצְחָק. וַיָּמָל אַבְרָהָם אֶת־יִצְחָק בְּנוֹ בֶּן־שְׁמֹנַת יָמִים כַּאֲשֶׁר צִוָּה אֹתוֹ אֱלֹהִים. וְאַבְרָהָם בֶּן־מְאַת שָׁנָה בְּהִוָּלֶד לוֹ אֵת יִצְחָק בְּנוֹ. וַתֹּאמֶר שָׂרָה צְחֹק עָשָׂה לִי אֱלֹהִים כָּל־הַשֹּׁמֵעַ יִצְחַק־לִי. וַתֹּאמֶר מִי מִלֵּל לְאַבְרָהָם הֵינִיקָה בָנִים שָׂרָה כִּי־יָלַדְתִּי בֵן לִזְקֻנָיו. וַיִּגְדַּל הַיֶּלֶד וַיִּגָּמַל וַיַּעַשׂ

(Torah is Placed on the Desk)

(The Reader/Gabbai uses the following to call a Kohen to the Torah. The oleh is called up by his Hebrew name and his father's Hebrew name)

May He help, shield and save all who trust in Him; and let us say, Amen. Let us all ascribe greatness to our God, and give honor to the Torah. Kohen come forward: ___________________ ben ___________________ .

(If there is no Kohen, then he calls for a Levi, No Levi, than Israel)

There is no Kohen. Levy come forward - Israel come forward...

Reader:

Blessed is He, who in His holiness, gave the Torah to His people, Israel.

Reader and Congregation:
You who cling to the Lord our God are all alive today.

Blessing before reading Torah

Reader:

Bless the Lord who is blessed.

Congregation then Reader:

Blessed is the Lord who is blessed forever and ever.

Reader:

Blessed are You, Lord our God, King of the Universe, who has chosen us from all peoples, and has given us Your Instruction. Blessed are You, Lord, giver of the Torah.

Torah Reading for Rosh Hashanah

Genesis 21:1-34

And the Lord visited Sarah as he said, and the Lord did to Sarah as he had spoken. For Sarah conceived, and bore a son for Abraham in his old age, at the appointed time, as God had declared to him. And Abraham called the name of his son who was born to him, whom Sarah delivered in childbirth to him, Isaac. And Abraham circumcised his son Isaac when his son was eight days old, as God had commanded him. And Abraham was a hundred years old, when his son Isaac was born to him. And Sarah said, "God has made me laugh, and that all who hear *what has happened* will laugh with me." And she said, "Who would have said to Abraham, "Sarah has suckled children at her breast? Yet I have born a son in his old age." And the child grew, and was weaned; and

אַבְרָהָם מִשְׁתֶּה גָדוֹל בְּיוֹם הִגָּמֵל אֶת־יִצְחָק. וַתֵּרֶא שָׂרָה אֶת־בֶּן־הָגָר
הַמִּצְרִית אֲשֶׁר־יָלְדָה לְאַבְרָהָם מְצַחֵק. וַתֹּאמֶר לְאַבְרָהָם גָּרֵשׁ הָאָמָה
הַזֹּאת וְאֶת־בְּנָהּ כִּי לֹא יִירַשׁ בֶּן־הָאָמָה הַזֹּאת עִם־בְּנִי עִם־יִצְחָק. וַיֵּרַע
הַדָּבָר מְאֹד בְּעֵינֵי אַבְרָהָם עַל אוֹדֹת בְּנוֹ. וַיֹּאמֶר אֱלֹהִים אֶל־אַבְרָהָם
אַל־יֵרַע בְּעֵינֶיךָ עַל־הַנַּעַר וְעַל־אֲמָתֶךָ כֹּל אֲשֶׁר תֹּאמַר אֵלֶיךָ שָׂרָה
שְׁמַע בְּקֹלָהּ כִּי בְיִצְחָק יִקָּרֵא לְךָ זָרַע. וְגַם אֶת־בֶּן־הָאָמָה לְגוֹי אֲשִׂימֶנּוּ
כִּי זַרְעֲךָ הוּא. וַיַּשְׁכֵּם אַבְרָהָם בַּבֹּקֶר וַיִּקַּח־לֶחֶם וְחֵמַת מַיִם וַיִּתֵּן אֶל־הָגָר
שָׂם עַל־שִׁכְמָהּ וְאֶת־הַיֶּלֶד וַיְשַׁלְּחֶהָ. וַתֵּלֶךְ וַתֵּתַע בְּמִדְבַּר בְּאֵר שָׁבַע.
וַיִּכְלוּ הַמַּיִם מִן־הַחֵמֶת וַתַּשְׁלֵךְ אֶת־הַיֶּלֶד תַּחַת אַחַד הַשִּׂיחִם. וַתֵּלֶךְ
וַתֵּשֶׁב לָהּ מִנֶּגֶד הַרְחֵק כִּמְטַחֲוֵי קֶשֶׁת כִּי אָמְרָה אַל־אֶרְאֶה בְּמוֹת הַיָּלֶד.
וַתֵּשֶׁב מִנֶּגֶד וַתִּשָּׂא אֶת־קֹלָהּ וַתֵּבְךְּ. וַיִּשְׁמַע אֱלֹהִים אֶת־קוֹל הַנַּעַר וַיִּקְרָא
מַלְאַךְ אֱלֹהִים אֶל־הָגָר מִן־הַשָּׁמַיִם וַיֹּאמֶר לָהּ מַה־לָּךְ הָגָר אַל־תִּירְאִי
כִּי־שָׁמַע אֱלֹהִים אֶל־קוֹל הַנַּעַר בַּאֲשֶׁר הוּא־שָׁם. קוּמִי שְׂאִי אֶת־הַנַּעַר
וְהַחֲזִיקִי אֶת־יָדֵךְ בּוֹ כִּי־לְגוֹי גָּדוֹל אֲשִׂימֶנּוּ. וַיִּפְקַח אֱלֹהִים אֶת־עֵינֶיהָ
וַתֵּרֶא בְּאֵר מָיִם וַתֵּלֶךְ וַתְּמַלֵּא אֶת־הַחֵמֶת מַיִם וַתַּשְׁקְ אֶת־הַנָּעַר. וַיְהִי
אֱלֹהִים אֶת־הַנַּעַר וַיִּגְדָּל וַיֵּשֶׁב בַּמִּדְבָּר וַיְהִי רֹבֶה קַשָּׁת. וַיֵּשֶׁב בְּמִדְבַּר
פָּארָן וַתִּקַּח־לוֹ אִמּוֹ אִשָּׁה מֵאֶרֶץ מִצְרָיִם. וַיְהִי בָּעֵת הַהִוא וַיֹּאמֶר
אֲבִימֶלֶךְ וּפִיכֹל שַׂר־צְבָאוֹ אֶל־אַבְרָהָם לֵאמֹר אֱלֹהִים עִמְּךָ בְּכֹל
אֲשֶׁר־אַתָּה עֹשֶׂה. וְעַתָּה הִשָּׁבְעָה לִּי בֵאלֹהִים הֵנָּה אִם־תִּשְׁקֹר לִי וּלְנִינִי
וּלְנֶכְדִּי כַּחֶסֶד אֲשֶׁר־עָשִׂיתִי עִמְּךָ תַּעֲשֶׂה עִמָּדִי וְעִם־הָאָרֶץ אֲשֶׁר־גַּרְתָּה
בָּהּ. וַיֹּאמֶר אַבְרָהָם אָנֹכִי אִשָּׁבֵעַ. וְהוֹכִחַ אַבְרָהָם אֶת־אֲבִימֶלֶךְ עַל־אֹדוֹת
בְּאֵר הַמַּיִם אֲשֶׁר גָּזְלוּ עַבְדֵי אֲבִימֶלֶךְ. וַיֹּאמֶר אֲבִימֶלֶךְ לֹא יָדַעְתִּי מִי
עָשָׂה אֶת־הַדָּבָר הַזֶּה וְגַם־אַתָּה לֹא־הִגַּדְתָּ לִּי וְגַם אָנֹכִי לֹא שָׁמַעְתִּי
בִּלְתִּי הַיּוֹם. וַיִּקַּח אַבְרָהָם צֹאן וּבָקָר וַיִּתֵּן לַאֲבִימֶלֶךְ וַיִּכְרְתוּ שְׁנֵיהֶם
בְּרִית. וַיַּצֵּב אַבְרָהָם אֶת־שֶׁבַע כִּבְשֹׂת הַצֹּאן לְבַדְּהֶן. וַיֹּאמֶר אֲבִימֶלֶךְ
אֶל־אַבְרָהָם מָה הֵנָּה שֶׁבַע כְּבָשֹׂת הָאֵלֶּה אֲשֶׁר הִצַּבְתָּ לְבַדָּנָה. וַיֹּאמֶר
כִּי אֶת־שֶׁבַע כְּבָשֹׂת תִּקַּח מִיָּדִי בַּעֲבוּר תִּהְיֶה־לִּי לְעֵדָה כִּי חָפַרְתִּי
אֶת־הַבְּאֵר הַזֹּאת. עַל־כֵּן קָרָא לַמָּקוֹם הַהוּא בְּאֵר שָׁבַע כִּי שָׁם נִשְׁבְּעוּ
שְׁנֵיהֶם. וַיִּכְרְתוּ בְרִית בִּבְאֵר שָׁבַע. וַיָּקָם אֲבִימֶלֶךְ וּפִיכֹל שַׂר־צְבָאוֹ
וַיָּשֻׁבוּ אֶל־אֶרֶץ פְּלִשְׁתִּים. וַיִּטַּע אֶשֶׁל בִּבְאֵר שָׁבַע וַיִּקְרָא־שָׁם בְּשֵׁם
יְהֹוָה אֵל עוֹלָם. וַיָּגָר אַבְרָהָם בְּאֶרֶץ פְּלִשְׁתִּים יָמִים רַבִּים.

Abraham made a great celebration on the day Isaac was weaned. And Sarah saw the son of Hagar the Egyptian, whom she had born to Abraham, laughing *in scorn*. And she said to Abraham, "Drive away this maid servant and her son; for the son of this maid servant shall not inherit with my son, with Isaac." And the thing was very evil in Abraham's sight because of his son. And God said to Abraham, "Let it not be evil in your sight concerning the lad, and concerning your maid servant; listen to all that Sarah said to you, listen to her voice; for in Isaac your seed shall be called. And I will also make a nation from the son of the maid servant, for he is your offspring. And Abraham rose up early in the morning, and took bread, and a skin of water, and gave it to Hagar, and he put it on her shoulder, with the child, and sent her away. And she departed, and wandered in the wilderness of Beersheba. And the water in the skin was used up, and she threw the child beneath a bush. And she went, and sat down some distance away from him, as a bowshot; for she said, "I don't want to see the child's death." And she sat some distance from him, and she lifted up her voice, and she wept. And God heard the voice of the child; and the angel of God called to Hagar from heaven, and said to her, "What *troubles* you, Hagar? Don't be afraid, for God has heard the voice of the child from where he is. Arise, lift up the child, and hold him in your hand, for I will make from him a great nation." And God opened her eyes, and she saw a well of water, and she went, and filled the water skin, and gave some to the child. And God was with the child, and he grew, and settled in the wilderness, and he became many and strong. And he settled in the wilderness of Paran; and his mother took a wife for him from the land of Egypt. And it came to pass at that time, that Abimelech and Phichol the head of his army spoke to Abraham, saying, "God is with you in all that you do. Now swear to me here before God not to deal falsely with me, or my son, or my grandson; but according to the kindness that I have done to you, you shall do to me, and to the land where you have sojourned." And Abraham said, "I will swear it." And Abraham rebuked Abimelech on account of the well of water, which Abimelech's servants had *wrongfully* taken. And Abimelech said, "I do not know who did this thing; and you did not tell me *of it*, so that I have not heard of it until today." And Abraham took sheep and oxen, and gave them to Abimelech; and the two of them made a covenant of peace. And Abraham set seven ewe lambs of the flock apart. And Abimelech said to Abraham, "What is the reason for these seven ewe lambs that have been set apart?" And he said, "You shall take these seven ewe lambs from my hand, and they will be a witness for me, that I have dug this well." Therefore he called that place Beersheba; because there they both swore an oath. And they made a covenant of peace at Beersheba. And Abimelech rose up, and Phichol the head of his army, and they returned to the land of the Philistines. And *Abraham* planted a grove in Beersheba, and called upon the name of the Lord, the God of Eternity. And Abraham sojourned in the land of the Philistines many days.

Alternate Torah Reading for Rosh Hashanah
Genesis 22:1-24

וַיְהִ֗י אַחַר֙ הַדְּבָרִ֣ים הָאֵ֔לֶּה וְהָ֣אֱלֹהִ֔ים נִסָּ֖ה אֶת־אַבְרָהָ֑ם וַיֹּ֥אמֶר אֵלָ֖יו

אַבְרָהָ֖ם וַיֹּ֥אמֶר הִנֵּֽנִי. וַיֹּ֡אמֶר קַח־נָ֠א אֶת־בִּנְךָ֙ אֶת־יְחִידְךָ֤ אֲשֶׁר־אָהַ֙בְתָּ֙

אֶת־יִצְחָ֔ק וְלֶךְ־לְךָ֔ אֶל־אֶ֖רֶץ הַמֹּרִיָּ֑ה וְהַעֲלֵ֤הוּ שָׁם֙ לְעֹלָ֔ה עַ֚ל אַחַ֣ד הֶֽהָרִ֔ים

אֲשֶׁ֖ר אֹמַ֥ר אֵלֶֽיךָ. וַיַּשְׁכֵּ֨ם אַבְרָהָ֜ם בַּבֹּ֗קֶר וַֽיַּחֲבֹשׁ֙ אֶת־חֲמֹר֔וֹ וַיִּקַּ֞ח אֶת־שְׁנֵ֤י

נְעָרָיו֙ אִתּ֔וֹ וְאֵ֖ת יִצְחָ֣ק בְּנ֑וֹ וַיְבַקַּע֙ עֲצֵ֣י עֹלָ֔ה וַיָּ֣קָם וַיֵּ֔לֶךְ אֶל־הַמָּק֖וֹם

אֲשֶׁר־אָֽמַר־ל֥וֹ הָאֱלֹהִֽים. בַּיּ֣וֹם הַשְּׁלִישִׁ֗י וַיִּשָּׂ֨א אַבְרָהָ֧ם אֶת־עֵינָ֛יו וַיַּ֥רְא

אֶת־הַמָּק֖וֹם מֵרָחֹֽק. וַיֹּ֨אמֶר אַבְרָהָ֜ם אֶל־נְעָרָ֗יו שְׁבוּ־לָכֶ֥ם פֹּה֙ עִֽם־הַחֲמ֔וֹר

וַאֲנִ֣י וְהַנַּ֔עַר נֵלְכָ֖ה עַד־כֹּ֑ה וְנִֽשְׁתַּחֲוֶ֖ה וְנָשׁ֥וּבָה אֲלֵיכֶֽם. וַיִּקַּ֨ח אַבְרָהָ֜ם

אֶת־עֲצֵ֣י הָעֹלָ֗ה וַיָּ֙שֶׂם֙ עַל־יִצְחָ֣ק בְּנ֔וֹ וַיִּקַּ֣ח בְּיָד֔וֹ אֶת־הָאֵ֖שׁ וְאֶת־הַֽמַּאֲכֶ֑לֶת

וַיֵּלְכ֥וּ שְׁנֵיהֶ֖ם יַחְדָּֽו. וַיֹּ֨אמֶר יִצְחָ֜ק אֶל־אַבְרָהָ֤ם אָבִיו֙ וַיֹּ֣אמֶר אָבִ֔י וַיֹּ֖אמֶר

הִנֶּ֣נִּֽי בְנִ֑י וַיֹּ֗אמֶר הִנֵּ֤ה הָאֵשׁ֙ וְהָ֣עֵצִ֔ים וְאַיֵּ֥ה הַשֶּׂ֖ה לְעֹלָֽה. וַיֹּ֙אמֶר֙ אַבְרָהָ֔ם

אֱלֹהִ֞ים יִרְאֶה־לּ֥וֹ הַשֶּׂ֛ה לְעֹלָ֖ה בְּנִ֑י וַיֵּלְכ֥וּ שְׁנֵיהֶ֖ם יַחְדָּֽו. וַיָּבֹ֗אוּ אֶל־הַמָּקוֹם֮

אֲשֶׁ֣ר אָֽמַר־ל֣וֹ הָאֱלֹהִים֒ וַיִּ֨בֶן שָׁ֤ם אַבְרָהָם֙ אֶת־הַמִּזְבֵּ֔חַ וַֽיַּעֲרֹ֖ךְ אֶת־הָעֵצִ֑ים

וַֽיַּעֲקֹד֙ אֶת־יִצְחָ֣ק בְּנ֔וֹ וַיָּ֤שֶׂם אֹתוֹ֙ עַל־הַמִּזְבֵּ֔חַ מִמַּ֖עַל לָעֵצִֽים. וַיִּשְׁלַ֤ח

אַבְרָהָם֙ אֶת־יָד֔וֹ וַיִּקַּ֖ח אֶת־הַֽמַּאֲכֶ֑לֶת לִשְׁחֹ֖ט אֶת־בְּנֽוֹ. וַיִּקְרָ֨א אֵלָ֜יו מַלְאַ֣ךְ

יְהוָ֗ה מִן־הַשָּׁמַ֔יִם וַיֹּ֖אמֶר אַבְרָהָ֣ם אַבְרָהָ֑ם וַיֹּ֖אמֶר הִנֵּֽנִי. וַיֹּ֗אמֶר אַל־תִּשְׁלַ֤ח

יָֽדְךָ֙ אֶל־הַנַּ֔עַר וְאַל־תַּ֥עַשׂ ל֖וֹ מְא֑וּמָה כִּ֣י ׀ עַתָּ֣ה יָדַ֗עְתִּי כִּֽי־יְרֵ֤א אֱלֹהִים֙

אַ֔תָּה וְלֹ֥א חָשַׂ֛כְתָּ אֶת־בִּנְךָ֥ אֶת־יְחִידְךָ֖ מִמֶּֽנִּי. וַיִּשָּׂ֨א אַבְרָהָ֜ם אֶת־עֵינָ֗יו

וַיַּרְא֙ וְהִנֵּה־אַ֔יִל אַחַ֕ר נֶאֱחַ֥ז בַּסְּבַ֖ךְ בְּקַרְנָ֑יו. וַיֵּ֣לֶךְ אַבְרָהָ֗ם וַיִּקַּ֤ח אֶת־הָאַ֙יִל֙

וַיַּעֲלֵ֥הוּ לְעֹלָ֖ה תַּ֥חַת בְּנֽוֹ. וַיִּקְרָ֧א אַבְרָהָ֛ם שֵֽׁם־הַמָּק֥וֹם הַה֖וּא יְהוָ֣ה ׀ יִרְאֶ֑ה

אֲשֶׁר֙ יֵאָמֵ֣ר הַיּ֔וֹם בְּהַ֥ר יְהוָ֖ה יֵרָאֶֽה. וַיִּקְרָ֛א מַלְאַ֥ךְ יְהוָ֖ה אֶל־אַבְרָהָ֑ם שֵׁנִ֖ית

מִן־הַשָּׁמָֽיִם. וַיֹּ֕אמֶר בִּ֥י נִשְׁבַּ֖עְתִּי נְאֻם־יְהוָ֑ה כִּ֗י יַ֚עַן אֲשֶׁ֤ר עָשִׂ֙יתָ֙

אֶת־הַדָּבָ֣ר הַזֶּ֔ה וְלֹ֥א חָשַׂ֖כְתָּ אֶת־בִּנְךָ֥ אֶת־יְחִידֶֽךָ, כִּֽי־בָרֵ֣ךְ אֲבָרֶכְךָ֗ וְהַרְבָּ֨ה

אַרְבֶּ֤ה אֶֽת־זַרְעֲךָ֙ כְּכוֹכְבֵ֣י הַשָּׁמַ֔יִם וְכַח֕וֹל אֲשֶׁ֖ר עַל־שְׂפַ֣ת הַיָּ֑ם. וְיִרַ֣שׁ

זַרְעֲךָ֔ אֵ֖ת שַׁ֣עַר אֹיְבָ֑יו, וְהִתְבָּרֲכ֣וּ בְזַרְעֲךָ֔ כֹּ֖ל גּוֹיֵ֣י הָאָ֑רֶץ עֵ֕קֶב אֲשֶׁ֥ר

שָׁמַ֖עְתָּ בְּקֹלִֽי. וַיָּ֤שָׁב אַבְרָהָם֙ אֶל־נְעָרָ֔יו וַיָּקֻ֥מוּ וַיֵּלְכ֛וּ יַחְדָּ֖ו אֶל־בְּאֵ֣ר שָׁ֑בַע

וַיֵּ֥שֶׁב אַבְרָהָ֖ם בִּבְאֵ֥ר שָֽׁבַע. וַיְהִ֗י אַחֲרֵי֙ הַדְּבָרִ֣ים הָאֵ֔לֶּה וַיֻּגַּ֥ד לְאַבְרָהָ֖ם

לֵאמֹ֑ר הִ֠נֵּה יָלְדָ֨ה מִלְכָּ֥ה גַם־הִ֛וא בָּנִ֖ים לְנָח֥וֹר אָחִֽיךָ. אֶת־ע֥וּץ בְּכֹר֖וֹ

וְאֶת־בּ֣וּז אָחִ֑יו וְאֶת־קְמוּאֵ֖ל אֲבִ֥י אֲרָֽם. וְאֶת־כֶּ֣שֶׂד וְאֶת־חֲז֔וֹ וְאֶת־פִּלְדָּ֖שׁ

וְאֶת־יִדְלָ֑ף וְאֵ֖ת בְּתוּאֵֽל. וּבְתוּאֵ֖ל יָלַ֣ד אֶת־רִבְקָ֑ה שְׁמֹנָ֥ה אֵ֙לֶּה֙ יָלְדָ֣ה

מִלְכָּ֔ה לְנָח֖וֹר אֲחִ֥י אַבְרָהָֽם. וּפִֽילַגְשׁ֖וֹ וּשְׁמָ֣הּ רְאוּמָ֑ה וַתֵּ֤לֶד גַּם־הִוא֙

אֶת־טֶ֣בַח וְאֶת־גַּ֔חַם וְאֶת־תַּ֖חַשׁ וְאֶֽת־מַעֲכָֽה.

Alternate Torah Reading for Rosh Hashanah

Genesis 22:1-24

And it came to pass, after these things, that God tried Abraham, and said to him, "Abraham." And Abraham said, "Here am I." And He said, "Take now your son, your only *son* Isaac, whom you love, and get you away to the land of Moriah; and there, raise him up, a burnt offering, upon one of the mountains that I tell you." And so, early in the morning Abraham rose up and saddled his donkey. And taking two of his young men with him, and Isaac his son, he split the wood for the burnt offering, and rising up, he departed for the place as God had told him. On the third day Abraham lifted up his eyes and, in the distance, saw the place. And Abraham said to his young men, "You remain here with the donkey, while I and the child go up there and worship, and *then we will* return to you." And Abraham took the wood for the burnt offering, and laid it upon Isaac his son. And taking the fire in his hand, and a knife, the two of them went on together. And Isaac spoke to Abraham his father, saying, "My father." And his father spoke, saying, "Here am I, my son." And he said, "Here is the fire and the wood; where is the lamb for the burnt offering?" And Abraham said, "God will provide for himself a lamb for a burnt offering, my son", and the two of them went on together. And, coming to the place that God had spoken of, Abraham built an altar there, and arranged the wood, and bound his son, Isaac, and laid him upon the wood that was on the alter. And Abraham stretched out his hand to take up the knife *with which* to slay his son. And the angel of the Lord called to him from heaven, saying, "Abraham! Abraham!" And he said, "Here am I." And he said, "Stretch forth not your hand upon the child, nor do anything to him; for now I know you fear God, for you have not withheld your son, your only *son,* from me." And Abraham lifted up his eyes, and there, behind him, he saw a ram caught in a thicket by his horns. And Abraham went, and took the ram, and lifted him up as a burnt offering, in place of his son. And Abraham called the name of that place Adonai-Yireh; that it would be said, "Today, in the Mount, the Lord made Himself seen." And the angel of the Lord called to Abraham from the heavens a second time. And he said, "I have sworn by myself," declares the Lord, "for since you have done this thing, and not withheld your son, your only *son*, as a blessing I will be your blessing, and I will be enlarged in the multiplying of your seed as the stars of the heavens, and as the sand that is on the sea shore. Because you obeyed My voice, your seed shall possess the gate of his enemies, and in your seed all the nations of the earth will be blessed." So Abraham returned to his young men, and they arose and went together to Beersheba, and Abraham dwelt at Beersheba. And it came to pass after these things, that it was announced to Abraham, saying, "Behold, Milcah has born children to your brother Nachor; Ooz his firstborn, and Booz his brother, and Kemuel the father of Aram, and Kesed, and Chazoh, and Phildash, and Yidlaf, and Betuel. And Betuel fathered Rivkah. These eight children did Milcah bear to Nachor, Abraham's brother." And his concubine, whose name was Roomah, she bore children for him as well: Tevach, and Gacham, and Tachash, and Maachah.

Additional Torah Reading for Rosh Hashanah

Numbers 29:1-6

וּבַחֹדֶשׁ הַשְּׁבִיעִי בְּאֶחָד לַחֹדֶשׁ מִקְרָא־קֹדֶשׁ יִהְיֶה לָכֶם
כָּל־מְלֶאכֶת עֲבֹדָה לֹא תַעֲשׂוּ יוֹם תְּרוּעָה יִהְיֶה לָכֶם. וַעֲשִׂיתֶם
עֹלָה לְרֵיחַ נִיחֹחַ לַיהוָה פַּר בֶּן־בָּקָר אֶחָד אַיִל אֶחָד כְּבָשִׂים
בְּנֵי־שָׁנָה שִׁבְעָה תְּמִימִם, וּמִנְחָתָם סֹלֶת בְּלוּלָה בַשֶּׁמֶן שְׁלֹשָׁה
עֶשְׂרֹנִים לַפָּר שְׁנֵי עֶשְׂרֹנִים לָאָיִל, וְעִשָּׂרוֹן אֶחָד לַכֶּבֶשׂ הָאֶחָד
לְשִׁבְעַת הַכְּבָשִׂים, וּשְׂעִיר־עִזִּים אֶחָד חַטָּאת לְכַפֵּר עֲלֵיכֶם.
מִלְּבַד עֹלַת הַחֹדֶשׁ וּמִנְחָתָהּ וְעֹלַת הַתָּמִיד וּמִנְחָתָהּ וְנִסְכֵּיהֶם
כְּמִשְׁפָּטָם לְרֵיחַ נִיחֹחַ אִשֶּׁה לַיהוָה.

Blessing after reading Torah:

Reader:

בָּרוּךְ אַתָּה יְיָ אֱלֹהֵינוּ מֶלֶךְ הָעוֹלָם, אֲשֶׁר נָתַן לָנוּ תּוֹרַת אֱמֶת, וְחַיֵּי
עוֹלָם נָטַע בְּתוֹכֵנוּ. בָּרוּךְ אַתָּה יְיָ, נוֹתֵן הַתּוֹרָה.

*Baruch ah-tah Adonai Eh-loh-hay-noo meh-lehch ha-oh-lahm, ah-shehr
nah-tahn lah-noo toh-raht eh-meht, v'chah-yay oh-lahm nah-tah
b'toh-cheh-noo. Baruch ah-tah Adonai, noh-tehn ha-toh-rah.*

Matthew 7:24-29

לָכֵן כָּל הַשֹּׁמֵעַ לִדְבָרַי אֵלֶּה וְעֹשֶׂה אֹתָם אֲעָרְכֶנּוּ לַחֲכַם לֵב אֲשֶׁר בָּנָה
בֵיתוֹ עַל הַסָּלַע. הַגֶּשֶׁם נִתַּךְ אַרְצָה נַחֲלֵי מַיִם יִשְׁטֹפוּ וְרוּחַ גְּדוֹלָה בָּאָה
וַיִּפְגְּעוּ בַּבַּיִת הַהוּא וְלֹא נָפַל כִּי יֻסַּד בַּסָּלַע. וְכָל הַשֹּׁמֵעַ לִדְבָרַי אֵלֶּה
וְלֹא יַעֲשֶׂה אֹתָם נִמְשָׁל לַחֲסַר לֵב אֲשֶׁר בֵּיתוֹ עַל הַחוֹל. הַגֶּשֶׁם נִתַּךְ
אַרְצָה נַחֲלֵי מַיִם יִשְׁטֹפוּ וְרוּחַ גְּדוֹלָה בָּאָה וַיִּפְגְּעוּ בַּבַּיִת הַהוּא וַיִּפֹּל וַיְהִי
לְמַפָּלָה גְּדוֹלָה. וַיְהִי כְּכַלּוֹת יֵשׁוּעַ אֶת הַדְּבָרִים הָאֵלֶּה וַיִּתְמְהוּ הֲמוֹן הָעָם
עַל תּוֹרָתוֹ. כִּי הָיָה מוֹרֶה אֹתָם כְּהוֹרֹת אִישׁ שִׁלְטוֹן וְלֹא כַסּוֹפְרִים.

Additional Torah Reading for Rosh Hashanah

Numbers 29:1-6

And in the seventh month, on the first day of the month, you shall have a holy convocation; you shall do no common labor; it shall be for you a day for sounding the shofar. And you shall make a burnt offering for a sweet aroma to the Lord; one young bullock, one ram, and seven lambs of the first year without blemish; and their meal offering shall be of flour mixed with oil, three tenth measures for the bull, two tenth measures for the ram, and one tenth measure for each lamb, for the seven lambs, and one kid of the goats for a sin offering, to make atonement for you. *These are* in addition to the burnt offerings of the month, and its meal offerings, and the daily burnt offering, and its meal offering, and their drink offerings, according to their ordinances, for a sweet aroma, an offering made by fire to the Lord.

Blessing after reading Torah:

Reader:

Blessed are You, Lord our God, King of the universe, who has given us true instruction, and has planted everlasting life in the midst of us. Blessed are You, Lord, giver of the Torah.

Matthew 7:24-29

Anyone who listens to My teaching and obeys Me is wise, like a person who builds a house on solid rock. Though the rain comes in torrents and the floodwaters rise and the winds beat against that house, it won't collapse, because it is built on rock. But anyone who hears My teaching and ignores it is foolish, like a person who builds a house on sand. When the rains and floods come and the winds beat against that house, it will fall with a mighty crash. After Yeshua finished speaking, the crowds were amazed at His teaching, for He taught as one who had real authority quite unlike the scribes.

Hagba'ah

(All Rise)

(The Torah is raised and the following is said)

וְזֹאת הַתּוֹרָה אֲשֶׁר שָׂם מֹשֶׁה לִפְנֵי בְּנֵי יִשְׂרָאֵל עַל פִּי יְיָ בְּיַד מֹשֶׁה.

V'zoht ha-toh-rah ah-shehr sahm Moshe lif'nay b'nay Yisrael ahl pee Adonai b'yahd Moshe.

Etz Chaim

עֵץ חַיִּים הִיא לַמַּחֲזִיקִים בָּהּ, וְתֹמְכֶיהָ מְאֻשָּׁר. דְּרָכֶיהָ דַרְכֵי נֹעַם, וְכָל נְתִיבוֹתֶיהָ שָׁלוֹם. אֹרֶךְ יָמִים בִּימִינָהּ, בִּשְׂמֹאלָהּ עֹשֶׁר וְכָבוֹד. יְיָ חָפֵץ לְמַעַן צִדְקוֹ, יַגְדִּיל תּוֹרָה וְיַאְדִּיר.

Ehtz chah-yeem hee lah-mah-chah-zee-keem bah, v'tohm'chay-ha m'oo-shahr. D'rah-chay-ha dahr'chay noh-ahm, v'chahl n'tee-voh-tay-ha shalom.

Blessing before the Reading of the Haftarah

בָּרוּךְ אַתָּה יְיָ אֱלֹהֵינוּ מֶלֶךְ הָעוֹלָם, אֲשֶׁר בָּחַר בִּנְבִיאִים טוֹבִים, וְרָצָה בְדִבְרֵיהֶם הַנֶּאֱמָרִים בֶּאֱמֶת, בָּרוּךְ אַתָּה יְיָ, הַבּוֹחֵר בַּתּוֹרָה וּבְמֹשֶׁה עַבְדּוֹ, וּבְיִשְׂרָאֵל עַמּוֹ, וּבִנְבִיאֵי הָאֱמֶת וָצֶדֶק.

Baruch atah Adonai Eloheynu Melech ha-olam, asher bah-char bin-vi-im tovim, veratzah ve-div-rehem ha-ne-e-marim be-emet. Baruch atah Adonai, ha-bocher batorah, uv-moshe av-doh, uv-yisrael a-moh, u-vin-viey ha-emet, va-tzedek

Reading from the Prophets for Rosh Hashanah

1 Samuel 1 - 2:10

וַיְהִי אִישׁ אֶחָד מִן־הָרָמָתַיִם צוֹפִים מֵהַר אֶפְרָיִם וּשְׁמוֹ אֶלְקָנָה בֶּן־יְרֹחָם בֶּן־אֱלִיהוּא בֶּן־תֹּחוּ בֶן־צוּף אֶפְרָתִי. וְלוֹ שְׁתֵּי נָשִׁים שֵׁם אַחַת חַנָּה וְשֵׁם הַשֵּׁנִית פְּנִנָּה וַיְהִי לִפְנִנָּה יְלָדִים וּלְחַנָּה אֵין יְלָדִים. וְעָלָה הָאִישׁ הַהוּא מֵעִירוֹ מִיָּמִים יָמִימָה לְהִשְׁתַּחֲוֹת וְלִזְבֹּחַ לַיהוָה צְבָאוֹת בְּשִׁלֹה וְשָׁם שְׁנֵי בְנֵי־עֵלִי חָפְנִי וּפִנְחָס כֹּהֲנִים לַיהוָה. וַיְהִי הַיּוֹם וַיִּזְבַּח אֶלְקָנָה וְנָתַן לִפְנִנָּה אִשְׁתּוֹ וּלְכָל־בָּנֶיהָ וּבְנוֹתֶיהָ מָנוֹת. וּלְחַנָּה יִתֵּן מָנָה אַחַת אַפָּיִם כִּי אֶת־חַנָּה אָהֵב וַיהוָה סָגַר רַחְמָהּ. וְכַעֲסַתָּה צָרָתָהּ גַּם־כַּעַס בַּעֲבוּר הַרְּעִמָהּ כִּי־סָגַר יְהוָה בְּעַד רַחְמָהּ. וְכֵן יַעֲשֶׂה שָׁנָה בְשָׁנָה מִדֵּי עֲלֹתָהּ בְּבֵית יְהוָה כֵּן תַּכְעִסֶנָּה וַתִּבְכֶּה וְלֹא תֹאכַל. וַיֹּאמֶר לָהּ אֶלְקָנָה אִישָׁהּ חַנָּה לָמֶה תִבְכִּי וְלָמֶה לֹא תֹאכְלִי וְלָמֶה יֵרַע לְבָבֵךְ הֲלוֹא אָנֹכִי טוֹב לָךְ מֵעֲשָׂרָה בָּנִים. וַתָּקָם חַנָּה אַחֲרֵי אָכְלָה בְשִׁלֹה וְאַחֲרֵי שָׁתֹה וְעֵלִי הַכֹּהֵן יֹשֵׁב עַל־הַכִּסֵּא עַל־מְזוּזַת הֵיכַל יְהוָה. וְהִיא מָרַת נָפֶשׁ וַתִּתְפַּלֵּל עַל־יְהוָה וּבָכֹה תִבְכֶּה׃

Hagba'ah

(All Rise)

(The Torah is raised and the following is said)

And this is the Torah that Moses placed before the children of Israel. It is given by the hand of Moses; it is from the mouth of God.

Etz Chaim

It is a tree of life to those who take hold of it, and happy are those who support it. Its ways are ways of pleasantness, and all its paths are peace. Long life is in its right hand, and in its left hand are riches and honor. The Lord is pleased for the sake of His righteousness to make the Torah great and glorious.

Blessing before the Reading of the Haftarah

Blessed are You, Lord our God, King of the universe, who has chosen good prophets and has taken pleasure in the words they have spoken in truth. Blessed are You, Lord, the chooser of Torah, and of Moses, Your servant, and of Israel, Your people, and of the true and righteous prophets.

Reading from the Prophets for Rosh Hashanah

1 Samuel 1:1 - 2:10

And there was a certain man of Ramathaim-Zophim, of Mount Ephraim, and his name was Elkanah, the son of Jeroham, the son of Elihu, the son of Tohu, the son of Zuph, an Ephrathite; and he had two wives; the name of the one was Hannah, and the name of the other Peninnah; and Peninnah had children, but Hannah had no children. And this man went out of his city yearly to worship and to sacrifice to the Lord of hosts in Shiloh. And the two sons of Eli, Hophni and Phinehas, the priests of the Lord, were there. And when the time was that Elkanah offered, he gave to Peninnah his wife, and to all her sons and her daughters, portions; but to Hannah he gave a worthy portion; for he loved Hannah; but the Lord had closed her womb. And her adversary also provoked her bitterly, to irritate her, because the Lord had closed her womb. And as he did so year by year, when she went up to the house of the Lord, so she provoked her; therefore she wept, and did not eat. Then said Elkanah her husband to her, "Hannah, why do you weep? Why do you not eat? Why is your heart grieved? Am I not better to you than ten sons?" So Hannah rose up after they had eaten in Shiloh, and after they had drank. And Eli the priest sat upon a seat by the gate post of the temple of the Lord. And she was in bitterness of soul, and prayed to the Lord, and wept bitterly.

וַתִּדֹּר נֶדֶר וַתֹּאמַר יְהוָה צְבָאוֹת אִם־רָאֹה תִרְאֶה בָּעֳנִי אֲמָתֶךָ וּזְכַרְתַּנִי וְלֹא־תִשְׁכַּח אֶת־אֲמָתֶךָ וְנָתַתָּה לַאֲמָתְךָ זֶרַע אֲנָשִׁים וּנְתַתִּיו לַיהוָה כָּל־יְמֵי חַיָּיו וּמוֹרָה לֹא־יַעֲלֶה עַל־רֹאשׁוֹ. וְהָיָה כִּי הִרְבְּתָה לְהִתְפַּלֵּל לִפְנֵי יְהוָה וְעֵלִי שֹׁמֵר אֶת־פִּיהָ. וְחַנָּה הִיא מְדַבֶּרֶת עַל־לִבָּהּ רַק שְׂפָתֶיהָ נָּעוֹת וְקוֹלָהּ לֹא יִשָּׁמֵעַ וַיַּחְשְׁבֶהָ עֵלִי לְשִׁכֹּרָה. וַיֹּאמֶר אֵלֶיהָ עֵלִי עַד־מָתַי תִּשְׁתַּכָּרִין הָסִירִי אֶת־יֵינֵךְ מֵעָלָיִךְ. וַתַּעַן חַנָּה וַתֹּאמֶר לֹא אֲדֹנִי אִשָּׁה קְשַׁת־רוּחַ אָנֹכִי וְיַיִן וְשֵׁכָר לֹא שָׁתִיתִי וָאֶשְׁפֹּךְ אֶת־נַפְשִׁי לִפְנֵי יְהוָה. אַל־תִּתֵּן אֶת־אֲמָתְךָ לִפְנֵי בַּת־בְּלִיָּעַל כִּי מֵרֹב שִׂיחִי וְכַעְסִי דִּבַּרְתִּי עַד־הֵנָּה. וַיַּעַן עֵלִי וַיֹּאמֶר לְכִי לְשָׁלוֹם וֵאלֹהֵי יִשְׂרָאֵל יִתֵּן אֶת־שֵׁלָתֵךְ אֲשֶׁר שָׁאַלְתְּ מֵעִמּוֹ. וַתֹּאמֶר תִּמְצָא שִׁפְחָתְךָ חֵן בְּעֵינֶיךָ וַתֵּלֶךְ הָאִשָּׁה לְדַרְכָּהּ וַתֹּאכַל וּפָנֶיהָ לֹא־הָיוּ־לָהּ עוֹד. וַיַּשְׁכִּמוּ בַבֹּקֶר וַיִּשְׁתַּחֲווּ לִפְנֵי יְהוָה וַיָּשֻׁבוּ וַיָּבֹאוּ אֶל־בֵּיתָם הָרָמָתָה וַיֵּדַע אֶלְקָנָה אֶת־חַנָּה אִשְׁתּוֹ וַיִּזְכְּרֶהָ יְהוָה. וַיְהִי לִתְקֻפוֹת הַיָּמִים וַתַּהַר חַנָּה וַתֵּלֶד בֵּן וַתִּקְרָא אֶת־שְׁמוֹ שְׁמוּאֵל כִּי מֵיְהוָה שְׁאִלְתִּיו. וַיַּעַל הָאִישׁ אֶלְקָנָה וְכָל־בֵּיתוֹ לִזְבֹּחַ לַיהוָה אֶת־זֶבַח הַיָּמִים וְאֶת־נִדְרוֹ. וְחַנָּה לֹא עָלָתָה כִּי־אָמְרָה לְאִישָׁהּ עַד יִגָּמֵל הַנַּעַר וַהֲבִאֹתִיו וְנִרְאָה אֶת־פְּנֵי יְהוָה וְיָשַׁב שָׁם עַד־עוֹלָם. וַיֹּאמֶר לָהּ אֶלְקָנָה אִישָׁהּ עֲשִׂי הַטּוֹב בְּעֵינַיִךְ שְׁבִי עַד־גָּמְלֵךְ אֹתוֹ אַךְ יָקֵם יְהוָה אֶת־דְּבָרוֹ וַתֵּשֶׁב הָאִשָּׁה וַתֵּינֶק אֶת־בְּנָהּ עַד־גָּמְלָהּ אֹתוֹ. וַתַּעֲלֵהוּ עִמָּהּ כַּאֲשֶׁר גְּמָלַתּוּ בְּפָרִים שְׁלֹשָׁה וְאֵיפָה אַחַת קֶמַח וְנֵבֶל יַיִן וַתְּבִאֵהוּ בֵית־יְהוָה שִׁלוֹ וְהַנַּעַר נָעַר. וַיִּשְׁחֲטוּ אֶת־הַפָּר וַיָּבִיאוּ אֶת־הַנַּעַר אֶל־עֵלִי. וַתֹּאמֶר בִּי אֲדֹנִי חֵי נַפְשְׁךָ אֲדֹנִי אֲנִי הָאִשָּׁה הַנִּצֶּבֶת עִמְּכָה בָּזֶה לְהִתְפַּלֵּל אֶל־יְהוָה. אֶל־הַנַּעַר הַזֶּה הִתְפַּלָּלְתִּי וַיִּתֵּן יְהוָה לִי אֶת־שְׁאֵלָתִי אֲשֶׁר שָׁאַלְתִּי מֵעִמּוֹ. וְגַם אָנֹכִי הִשְׁאִלְתִּהוּ לַיהוָה כָּל־הַיָּמִים אֲשֶׁר הָיָה הוּא שָׁאוּל לַיהוָה וַיִּשְׁתַּחוּ שָׁם לַיהוָה. וַתִּתְפַּלֵּל חַנָּה וַתֹּאמַר עָלַץ לִבִּי בַּיהוָה רָמָה קַרְנִי בַּיהוָה רָחַב פִּי עַל־אוֹיְבַי כִּי שָׂמַחְתִּי בִּישׁוּעָתֶךָ. אֵין־קָדוֹשׁ כַּיהוָה כִּי־אֵין בִּלְתֶּךָ וְאֵין צוּר כֵּאלֹהֵינוּ. אַל־תַּרְבּוּ תְדַבְּרוּ גְּבֹהָה גְבֹהָה יֵצֵא עָתָק מִפִּיכֶם כִּי אֵל דֵּעוֹת יְהוָה וְלוֹ נִתְכְּנוּ עֲלִלוֹת. קֶשֶׁת גִּבֹּרִים חַתִּים וְנִכְשָׁלִים אָזְרוּ־חָיִל. שְׂבֵעִים בַּלֶּחֶם נִשְׂכָּרוּ וּרְעֵבִים חָדֵלּוּ עַד־עֲקָרָה יָלְדָה שִׁבְעָה וְרַבַּת בָּנִים אֻמְלָלָה. יְהוָה מֵמִית וּמְחַיֶּה מוֹרִיד שְׁאוֹל וַיָּעַל. יְהוָה מוֹרִישׁ וּמַעֲשִׁיר מַשְׁפִּיל אַף־מְרוֹמֵם. מֵקִים מֵעָפָר דָּל מֵאַשְׁפֹּת יָרִים אֶבְיוֹן לְהוֹשִׁיב עִם־נְדִיבִים וְכִסֵּא כָבוֹד יַנְחִלֵם כִּי לַיהוָה מְצֻקֵי אֶרֶץ וַיָּשֶׁת עֲלֵיהֶם תֵּבֵל. רַגְלֵי חֲסִידָו יִשְׁמֹר וּרְשָׁעִים בַּחֹשֶׁךְ יִדָּמּוּ כִּי־לֹא בְכֹחַ יִגְבַּר־אִישׁ. יְהוָה יֵחַתּוּ מְרִיבָו עָלָו בַּשָּׁמַיִם יַרְעֵם יְהוָה יָדִין אַפְסֵי־אָרֶץ וְיִתֶּן־עֹז לְמַלְכּוֹ וְיָרֵם קֶרֶן מְשִׁיחוֹ.

And she vowed a vow, and said, "O Lord of hosts, if you will indeed look on the affliction of your maidservant, and remember me, and not forget your maidservant, but will give to your maidservant a male child, then I will give him to the Lord all the days of his life, and there shall no razor come upon his head." And it came to pass, as she continued praying before the Lord, that Eli observed her mouth. And Hannah spoke in her heart; only her lips moved, but her voice was not heard; therefore Eli thought that she was drunk. And Eli said to her, "How long will you be drunk? Put away your wine from you." And Hannah answered and said, "No, my lord, I am a woman of a sorrowful spirit; I have drunk neither wine nor strong drink, but have poured out my soul before the Lord. Take not your maidservant for a worthless woman; for out of my great complaint and grief have I been speaking." Then Eli answered and said, "Go in peace; and the God of Israel grant you the petition that you have asked of him." And she said, "Let your maidservant find grace in your sight." So the woman went her way, and ate, and her countenance was sad no more. And they rose up in the morning early, and worshipped before the Lord, and returned, and came to their house to Ramah; and Elkanah knew Hannah his wife; and the Lord remembered her. And it came to pass, in due course, that Hannah conceived and bore a son, and called his name Samuel, saying, "Because I have asked him from the Lord." And the man Elkanah, and all his house, went up to offer to the Lord the yearly sacrifice, and his vow. But Hannah did not go up; for she said to her husband, "I will not go up until the child is weaned, and then I will bring him, that he may appear before the Lord, and there remain forever." And Elkanah her husband said to her, "Do what seems to you good; remain until you have weaned him; only the Lord establish his word." So the woman stayed, and nursed her son until she weaned him. And when she had weaned him, she took him with her, with three bulls, and one ephah of flour, and a bottle of wine, and brought him to the house of the Lord in Shiloh; and the child was young. And they slew a bull, and brought the child to Eli. And she said, "Oh my lord, as your soul lives, my lord, I am the woman who stood by you here, praying to the Lord. For this child I prayed; and the Lord has granted me my petition which I asked of him; therefore also I have lent him to the Lord; as long as he lives he shall be lent to the Lord." And he worshipped the Lord there. And Hannah prayed, and said, "My heart rejoices in the Lord, my horn is exalted in the Lord; my mouth is enlarged over my enemies; because I rejoice in your salvation. There is none holy as the Lord; for there is none beside you; nor is there any rock like our God. Talk no more so very proudly; let not arrogance come out of your mouth; for the Lord is a God of knowledge, and by him actions are weighed. The bows of the mighty men are broken, and those who stumbled are girded with strength. Those who were full have hired out themselves for bread; and those who were hungry ceased to hunger; the barren has borne seven; and she who has many children has become wretched. The Lord kills, and returns to life; he brings down to Sheol, and brings up. The Lord makes poor, and makes rich; he brings low, and he lifts up. He raises up the poor from the dust, and lifts up the beggar from the dunghill, to set them among princes, and to make them inherit the throne of glory; for the pillars of the earth are the Lord's, and he has set the world upon them. He will keep the feet of his pious ones, and the wicked shall be silent in darkness; for by strength shall no man prevail. The adversaries of the Lord shall be broken to pieces; from heaven shall he thunder upon them; the Lord shall judge the ends of the earth; and he shall give strength to his king, and exalt the horn of his anointed.

Alternate Reading from the Prophets for Rosh Hashanah

Jeremiah 31:1-20

כֹּה אָמַר יְהֹוָה מָצָא חֵן בַּמִּדְבָּר עַם שְׂרִידֵי חָרֶב הָלוֹךְ לְהַרְגִּיעוֹ יִשְׂרָאֵל. מֵרָחוֹק יְהֹוָה נִרְאָה לִי וְאַהֲבַת עוֹלָם אֲהַבְתִּיךְ עַל־כֵּן מְשַׁכְתִּיךְ חָסֶד. עוֹד אֶבְנֵךְ וְנִבְנֵית בְּתוּלַת יִשְׂרָאֵל עוֹד תַּעְדִּי תֻפַּיִךְ וְיָצָאת בִּמְחוֹל מְשַׂחֲקִים. עוֹד תִּטְּעִי כְרָמִים בְּהָרֵי שֹׁמְרוֹן נָטְעוּ נֹטְעִים וְחִלֵּלוּ. כִּי יֶשׁ־יוֹם קָרְאוּ נֹצְרִים בְּהַר אֶפְרָיִם קוּמוּ וְנַעֲלֶה צִיּוֹן אֶל־יְהֹוָה אֱלֹהֵינוּ. כִּי־כֹה אָמַר יְהֹוָה רָנּוּ לְיַעֲקֹב שִׂמְחָה וְצַהֲלוּ בְּרֹאשׁ הַגּוֹיִם הַשְׁמִיעוּ הַלְלוּ וְאִמְרוּ הוֹשַׁע יְהֹוָה אֶת־עַמְּךָ אֵת שְׁאֵרִית יִשְׂרָאֵל. הִנְנִי מֵבִיא אוֹתָם מֵאֶרֶץ צָפוֹן וְקִבַּצְתִּים מִיַּרְכְּתֵי־אָרֶץ בָּם עִוֵּר וּפִסֵּחַ הָרָה וְיֹלֶדֶת יַחְדָּו קָהָל גָּדוֹל יָשׁוּבוּ הֵנָּה. בִּבְכִי יָבֹאוּ וּבְתַחֲנוּנִים אוֹבִילֵם אוֹלִיכֵם אֶל־נַחֲלֵי מַיִם בְּדֶרֶךְ יָשָׁר לֹא יִכָּשְׁלוּ בָּהּ כִּי־הָיִיתִי לְיִשְׂרָאֵל לְאָב וְאֶפְרַיִם בְּכֹרִי הוּא. שִׁמְעוּ דְבַר־יְהֹוָה גּוֹיִם וְהַגִּידוּ בָאִיִּים מִמֶּרְחָק וְאִמְרוּ מְזָרֵה יִשְׂרָאֵל יְקַבְּצֶנּוּ וּשְׁמָרוֹ כְּרֹעֶה עֶדְרוֹ. כִּי־פָדָה יְהֹוָה אֶת־יַעֲקֹב וּגְאָלוֹ מִיַּד חָזָק מִמֶּנּוּ. וּבָאוּ וְרִנְּנוּ בִמְרוֹם־צִיּוֹן וְנָהֲרוּ אֶל־טוּב יְהֹוָה עַל־דָּגָן וְעַל־תִּירֹשׁ וְעַל־יִצְהָר וְעַל־בְּנֵי־צֹאן וּבָקָר וְהָיְתָה נַפְשָׁם כְּגַן רָוֶה וְלֹא־יוֹסִיפוּ לְדַאֲבָה עוֹד. אָז תִּשְׂמַח בְּתוּלָה בְּמָחוֹל וּבַחֻרִים וּזְקֵנִים יַחְדָּו וְהָפַכְתִּי אֶבְלָם לְשָׂשׂוֹן וְנִחַמְתִּים וְשִׂמַּחְתִּים מִיגוֹנָם. וְרִוֵּיתִי נֶפֶשׁ הַכֹּהֲנִים דָּשֶׁן וְעַמִּי אֶת־טוּבִי יִשְׂבָּעוּ נְאֻם־יְהֹוָה. כֹּה אָמַר יְהֹוָה קוֹל בְּרָמָה נִשְׁמָע נְהִי בְּכִי תַמְרוּרִים רָחֵל מְבַכָּה עַל־בָּנֶיהָ מֵאֲנָה לְהִנָּחֵם עַל־בָּנֶיהָ כִּי אֵינֶנּוּ. כֹּה אָמַר יְהֹוָה מִנְעִי קוֹלֵךְ מִבֶּכִי וְעֵינַיִךְ מִדִּמְעָה כִּי יֵשׁ שָׂכָר לִפְעֻלָּתֵךְ נְאֻם־יְהֹוָה וְשָׁבוּ מֵאֶרֶץ אוֹיֵב. וְיֵשׁ־תִּקְוָה לְאַחֲרִיתֵךְ נְאֻם־יְהֹוָה וְשָׁבוּ בָנִים לִגְבוּלָם. שָׁמוֹעַ שָׁמַעְתִּי אֶפְרַיִם מִתְנוֹדֵד יִסַּרְתַּנִי וָאִוָּסֵר כְּעֵגֶל לֹא לֻמָּד הֲשִׁיבֵנִי וְאָשׁוּבָה כִּי אַתָּה יְהֹוָה אֱלֹהָי. כִּי־אַחֲרֵי שׁוּבִי נִחַמְתִּי וְאַחֲרֵי הִוָּדְעִי סָפַקְתִּי עַל־יָרֵךְ בֹּשְׁתִּי וְגַם־נִכְלַמְתִּי כִּי נָשָׂאתִי חֶרְפַּת נְעוּרָי. הֲבֵן יַקִּיר לִי אֶפְרַיִם אִם יֶלֶד שַׁעֲשֻׁעִים כִּי־מִדֵּי דַבְּרִי בּוֹ זָכֹר אֶזְכְּרֶנּוּ עוֹד עַל־כֵּן הָמוּ מֵעַי לוֹ רַחֵם אֲרַחֲמֶנּוּ נְאֻם־יְהֹוָה.

Alternate Reading from the Prophets for Rosh Hashanah

Jeremiah 31:1-20

Thus says the Lord, "The people who survived the sword found grace in the wilderness; when Israel sought for rest." The Lord has appeared to me, far away, saying, "I have loved you with an everlasting love; therefore I have remained true to you. Again I will build you, and you shall be built, O virgin of Israel; you shall again be adorned with your tambourines, and shall go out dancing with those who make merry. You shall yet plant vines upon the mountains of Samaria; the planters shall plant, and shall enjoy the fruit. For there shall be a day, when the watchmen upon Mount Ephraim shall cry, Arise, and let us go up to Zion to the Lord our God. For thus says the Lord, "Sing with gladness for Jacob, and shout on the hilltops of the nations; proclaim, praise, and say, 'O Lord, save your people, the remnant of Israel.' Behold, I will bring them from the north country, and gather them from the ends of the earth, and with them the blind and the lame, the woman with child and she who labors with child together; a great company shall return there. They shall come weeping, and with supplications will I lead them; I will make them walk by the rivers of waters in a straight way, where they shall not stumble; for I am a father to Israel, and Ephraim is my firstborn." Hear the word of the Lord, O you nations, and declare it in the islands far away, and say, "He who scattered Israel will gather him, and keep him, like a shepherd keeps his flock. For the Lord has redeemed Jacob, and ransomed him from the hand of him who was stronger than he. Therefore they shall come and sing in the height of Zion, and shall flow to the goodness of the Lord, for wheat, and for wine, and for oil, and for the young of the flock and of the herd; and their soul shall be like a watered garden; and they shall not languish in sorrow any more. Then shall the virgin rejoice in the dance, both young men and old together; for I will turn their mourning to joy, and will comfort them, and make them rejoice from their sorrow. And I will satiate the soul of the priests with fatness, and my people shall be satisfied with my goodness," says the Lord. Thus says the Lord, "A voice was heard in Ramah, lamentation, and bitter weeping; Rachel weeping for her children refused to be comforted for her children, because they were not." Thus says the Lord, "Refrain your voice from weeping, and your eyes from tears; for your work shall be rewarded," says the Lord, "and they shall come again from the land of the enemy. And there is hope for your future," says the Lord, "that your children shall come again to their own border. I have surely heard Ephraim bemoaning himself thus; 'You have chastised me, and I was chastised, like a bull unaccustomed to the yoke; turn me back, and I shall be turned; for you are the Lord my God. For after I had returned away, I repented; and after I was instructed, I struck upon my thigh; I was ashamed and even confounded, because I did bear the reproach of my youth.'" "Is Ephraim my dear son? Is he a darling child? For whenever I speak of him, I earnestly remember him still; therefore my inward parts are troubled for him; I will surely have mercy upon him," says the Lord.

Blessings after Reading of the Haftarah

בָּרוּךְ אַתָּה יְיָ אֱלֹהֵינוּ מֶלֶךְ הָעוֹלָם, צוּר כָּל הָעוֹלָמִים, צַדִּיק בְּכָל הַדּוֹרוֹת, הָאֵל הַנֶּאֱמָן הָאוֹמֵר וְעֹשֶׂה, הַמְדַבֵּר וּמְקַיֵּם, שֶׁכָּל דְּבָרָיו אֱמֶת וָצֶדֶק.

נֶאֱמָן אַתָּה הוּא יְיָ אֱלֹהֵינוּ, וְנֶאֱמָנִים דְּבָרֶיךָ, וְדָבָר אֶחָד מִדְּבָרֶיךָ אָחוֹר לֹא יָשׁוּב רֵיקָם, כִּי אֵל מֶלֶךְ נֶאֱמָן (וְרַחֲמָן) אָתָּה. בָּרוּךְ אַתָּה יְיָ, הָאֵל הַנֶּאֱמָן בְּכָל דְּבָרָיו.

Baruch atah Adonai Eloheynu Melech ha-olam, tzur kol ha-olamim tzaddik be-kol ha-dorot, ha-el ha-ne-e-man ha-omer vey-oseh, ham-daber um-cayem, she-chol de-va-rayv emet va-tzedek.
Ne-eman atah hu adonai elohenu, ve-ne-emanim deva-recha, ve-davar echad mid-varecha achor lo yashuv recham, ki el melech ne-e-man (ve-rachaman) atah. Baruch atah Adonai, ha-el ha-ne-e-man be-kol de-va-rayiv.

רַחֵם עַל צִיּוֹן כִּי הִיא בֵּית חַיֵּינוּ, וְלַעֲלוּבַת נֶפֶשׁ תּוֹשִׁיעַ בִּמְהֵרָה בְיָמֵינוּ. בָּרוּךְ אַתָּה יְיָ, מְשַׂמֵּחַ צִיּוֹן בְּבָנֶיהָ.

שַׂמְּחֵנוּ יְיָ אֱלֹהֵינוּ בְּאֵלִיָּהוּ הַנָּבִיא עַבְדֶּךָ, וּבְמַלְכוּת בֵּית דָּוִד מְשִׁיחֶךָ, בִּמְהֵרָה יָבֹא וְיָגֵל לִבֵּנוּ, עַל כִּסְאוֹ לֹא יֵשֵׁב זָר וְלֹא יִנְחֲלוּ עוֹד אֲחֵרִים אֶת כְּבוֹדוֹ, כִּי בְשֵׁם קָדְשְׁךָ נִשְׁבַּעְתָּ לּוֹ, שֶׁלֹּא יִכְבֶּה נֵרוֹ לְעוֹלָם וָעֶד. בָּרוּךְ אַתָּה יְיָ, מָגֵן דָּוִד.

(On Shabbat add the following)

עַל הַתּוֹרָה, וְעַל הָעֲבוֹדָה, וְעַל הַנְּבִיאִים, וְעַל יוֹם הַשַּׁבָּת הַזֶּה, וְעַל יוֹם הַזִּכָּרוֹן הַזֶּה, שֶׁנָּתַתָּ לָּנוּ יְיָ אֱלֹהֵינוּ, לִקְדֻשָּׁה וְלִמְנוּחָה, לְכָבוֹד וּלְתִפְאָרֶת.

עַל הַכֹּל יְיָ אֱלֹהֵינוּ, אֲנַחְנוּ מוֹדִים לָךְ, וּמְבָרְכִים אוֹתָךְ, יִתְבָּרַךְ שִׁמְךָ בְּפִי כָּל חַי תָּמִיד לְעוֹלָם וָעֶד. בָּרוּךְ אַתָּה יְיָ, מְקַדֵּשׁ הַשַּׁבָּת.

John 5:39; 45-47

וַיֹּאמֶר יֵשׁוּעַ: אַתֶּם דֹּרְשִׁים מֵעַל כִּתְבֵי הַקֹּדֶשׁ כִּי בָהֶם אַתֶּם אֹמְרִים חַיֵּי עוֹלָם לָכֶם וְהֵם הֵמָּה הַמְּעִידִים עָלָי... .אַל תַּחְשְׁבוּ כִּי אֲנִי אָבִיא שִׂטְנָה עֲלֵיכֶם לִפְנֵי הָאָב יֵשׁ אֶחָד מֵבִיא שִׂטְנָה עֲלֵיכֶם מֹשֶׁה אֲשֶׁר בְּטַחְתֶּם בּוֹ. כִּי לוּ הֶאֱמַנְתֶּם בְּמֹשֶׁה הֶאֱמַנְתֶּם גַּם בִּי כִּי עָלַי הוּא כָתָב. אַךְ אִם בִּכְתָבָיו לֹא תַאֲמִינוּ אֵיךְ תַּאֲמִינוּ בִּדְבָרָי.

Blessings after Reading of the Haftarah

Blessed are You, Lord our God, King of the universe, Creator of all the worlds, righteous through all generations; faithful God, who says and who does, who speaks and who fulfills. All Your words are true and just.

You are faithful, Lord our God, and Your words are faithful. No word of Yours shall return unfulfilled, for You are a faithful and merciful God and King! Blessed are You, Lord God, whose every word is faithful.

Have compassion on Tzion; it is the dwelling place of our life. Quickly save, with Your Right Hand, she whose soul is poor! Blessed are You, Lord, who makes Tzion rejoice in her children.

Lord our God, cause us to rejoice in Your servant, Elijah the prophet, and in the reign of the House of David, Your Messiah. Bring *Him* quickly and gladden our hearts. Do not allow a stranger to sit on David's throne. And do not allow another to inherit His glory any longer, for in Your Holy Name You did swear to Him, that His lamp would never be put out! Blessed are You, Lord, the Shield of David.

(On Shabbat add the following)

For the Torah, and for the service of worship, and for the prophets and for this Sabbath day which You, Lord our God, have given to us for sanctity and for rest, for glory and for honor.

For all these things, blessings are Yours. Lord our God, we are ever grateful to You. May Your name be blessed by every living thing, forever and to eternity. Blessed are You, Lord, who sanctifies the Sabbath.

John 5:39; 45-47

Yeshua said, "You search the Scriptures because you believe they give you eternal life. But the Scriptures point to Me!. . . I will not accuse you before the Father. Moses will accuse you! Yes, Moses, on whom you set your trust. If you had believed Moses, you would have believed Me because he wrote about Me. But, since you don't believe what he wrote, how will you believe what I say?"

Blessing before reading the B'rit Chadashah

בָּרוּךְ אַתָּה יְיָ אֱלֹהֵינוּ מֶלֶךְ הָעוֹלָם, אֲשֶׁר בָּחַר בָּנוּ מִכָּל הָעַמִּים וְנָתַן לָנוּ בְּרִית חֲדָשָׁה: בָּרוּךְ אַתָּה יְיָ, נוֹתֵן הַדָּבָר:

Baruch atah Adonai Eloheynu Melech ha-olam, asher bah-char bahnu mikol ha-amim, ve-nah-tahn lanu B'rit Chadashah. Baruch atah Adonai, no-ten haDavar

Reading from the B'rit Chadashah for Rosh Hashanah

Galatians 4:22-31

הֵן כָּתוּב כִּי שְׁנֵי בָנִים הָיוּ לְאַבְרָהָם הָאֶחָד מִן־הַשִּׁפְחָה וְהַשֵּׁנִי מִן־הַגְּבִירָה. בֶּן־הַשִּׁפְחָה נוֹלַד כְּדֶרֶךְ כָּל־בָּשָׂר וּבֶן־הַגְּבִירָה בִּדְבַר אֱלֹהִים. וְאֵלֶּה הַדְּבָרִים הֵם לְמָשָׁל כִּי שְׁתֵּי בְּרִיתוֹת הֵנָּה הָאַחַת מֵהַר סִינַי הַיֹּלֶדֶת יְלָדֶיהָ לְעַבְדוּת וְזֹאת הִיא הָגָר. כִּי הָגָר הִיא בַּעֲבַדוּתָהּ עִם־בָּנֶיהָ. אַךְ יְרוּשָׁלַיִם אֲשֶׁר לְמַעְלָה הִיא עִיר הַחֹפֶשׁ וְהִיא הָאֵם לְכֻלָּנוּ. כִּי כָתוּב רָנִּי עֲקָרָה לֹא יָלָדָה פִּצְחִי רִנָּה וְצַהֲלִי לֹא־חָלָה כִּי־רַבִּים בְּנֵי־שׁוֹמֵמָה מִבְּנֵי בְעוּלָה. אוּלָם אָחִי כְּיִצְחָק כֵּן בְּנֵי הַהַבְטָחָה אֲנַחְנוּ. וְכַאֲשֶׁר הַנּוֹלָד אָז כְּדֶרֶךְ כָּל־בָּשָׂר רָדַף אֶת־הַנּוֹלָד עַל־פִּי רוּחַ אֱלֹהִים כֵּן גַּם־עָתָּה. אֲבָל מָה אֹמֵר הַכָּתוּב גָּרֵשׁ הָאָמָה הַזֹּאת עִם בֶּן־הַגְּבִירָה. עַל־כֵּן אַחַי לֹא־בְּנֵי הָאָמָה אֲנַחְנוּ כִּי אִם־בְּנֵי־חוֹרִים.

Alternate Reading from the B'rit Chadashah
for Rosh Hashanah

Matthew 2:1-18

וַיְהִי כַּאֲשֶׁר נוֹלַד יֵשׁוּעַ בְּבֵית־לֶחֶם יְהוּדָה בִּימֵי הַמֶּלֶךְ הוֹרְדוֹס וְהִנֵּה חֹזֵי כוֹכָבִים בָּאוּ מֵאֶרֶץ קֶדֶם יְרוּשָׁלַיְמָה לֵאמֹר. אַיֵּה הַמֶּלֶךְ הַנּוֹלָד לַיְּהוּדִים כִּי רָאִינוּ כוֹכָבוֹ בַקֶּדֶם וַנָּבֹא לְהִשְׁתַּחֲוֹת לוֹ. וַיִּשְׁמַע הַמֶּלֶךְ הוֹרְדוֹס וַיִּנַּע לְבָבוֹ וּלְבַב כָּל־יְרוּשָׁלַיִם עִמּוֹ. וַיַּקְהֵל אֶת־כָּל־רָאשֵׁי הַכֹּהֲנִים וְהַסּוֹפְרִים בָּעָם וַיִּשְׁאַל אֶת־פִּיהֶם לֵאמֹר אַיֵּה יִוָּלֵד הַמָּשִׁיחַ. וַיֹּאמְרוּ אֵלָיו בְּבֵית־לֶחֶם יְהוּדָה כִּי כֹה־כָּתוּב בְּיַד־הַנְּבִיאִים. וְאַתָּה בֵּית־לֶחֶם אֶרֶץ יְהוּדָה אֵינֵךְ צָעִיר בְּאַלְפֵי יְהוּדָה כִּי מִמֵּךְ יֵצֵא מוֹשֵׁל אֲשֶׁר יִרְעֶה אֶת־עַמִּי יִשְׂרָאֵל. וַיִּקְרָא הוֹרְדוֹס אֶל־חֹזֵי הַכּוֹכָבִים בַּסֵּתֶר וַיַּחְקֹר אֹתָם לָדַעַת אֶת־הָעֵת אֲשֶׁר נִרְאָה הַכּוֹכָב. וַיִּשְׁלַח אֹתָם בֵּית־לֶחֶם וַיֹּאמַר לְכוּ וְדִרְשׁוּ הֵיטֵב עַל הַיֶּלֶד וְכַאֲשֶׁר תִּמְצְאוּן אֹתוֹ שׁוּבוּ וְהַגִּידוּ לִי וְאָבֹאָה לְהִשְׁתַּחֲוֹת־לוֹ גַּם־אָנִי.

Blessing before reading the B'rit Chadashah

Blessed are You, Lord our God, King of the universe, who has chosen us from among all people and has given us the New Covenant. Blessed are You, Lord, Giver of the Word.

Reading from the B'rit Chadashah for Rosh Hashanah

Galatians 4:22-31

It is written that Abraham had two sons: the one by a maid servant, and the second by the woman *of the house*. The son of the bond servant was born in the manner of all living creatures, and the son of the woman *of the house* through the word of God. These things are used here as a parable concerning two covenants: the one from Mount Sinai gives birth to her children while in servitude, and this is *seen in* Hagar. For Hagar, she is in servitude with her children, but Jerusalem that is from above, she is the city we are seeking, and we are all her people. For it is written: 'Shout for joy, O barren, you who do not bear! Break forth, sing and shout for joy, you to whom this does not occur! For the one who is desolate shall bear more children than she who has a husband.' Yet we, my brothers, with Isaac, are indeed the children of promise. Yet, he who was born in the manner of all flesh harassed him who was born at the word of the Spirit of God, even as now. Yet, what does that which is written say? 'Cast out this bond maid and her son, for the son of this bond maid shall not be heir with the son of the woman *of the house*.' Truly, my brothers, we are not sons of the bond maid, but we are at rest for we are sons of the master *of the house*.

Alternate Reading from the B'rit Chadashah
for Rosh Hashanah

Matthew 2:1-18

Now after the birth of Yeshua, in Bethlehem of Judah, in the days of Herod, the king, behold, men who followed the stars came from the land of Kehdem to Jerusalem, saying, "Where is he who is born King of the Jews? For we have seen his star in Kehdem, and have come to bow *ourselves* to him." When Herod the king heard *this,* his heart was troubled, and the heart of all Jerusalem with him. And he gathered together all the chief priests and scribes of the people, and he questioned them with his own mouth, saying, "Where is the Messiah to be born." So they said to him, "In Bethlehem of Judah, for thus it is written by the prophets: 'But you, Bethlehem, the land of Judah, are not least among the thousands of Judah; for from you shall go forth a Ruler who will shepherd My people Israel.'" And Herod secretly called the men who followed the stars, to determine from them when the star first appeared. And he sent them to Bethlehem, saying, "Go, search carefully for the child, and when you have found *him,* return and tell me, for I would come and bow myself before him as well."

וַיִּשְׁמְעוּ אֶל־הַמֶּלֶךְ וַיֵּלֵכוּ וְהִנֵּה הַכּוֹכָב אֲשֶׁר־רָאוּ בַּקֶּדֶם עָלָה לִפְנֵיהֶם עַד
אֲשֶׁר־בָּא וַיַּעֲמֹד מִמַּעַל לַאֲשֶׁר הָיָה שָׁם הַיָּלֶד. וְהֵם חָזוּ בַכּוֹכָב וַיִּשְׂמְחוּ שִׂמְחָה
גְדֹלָה עַד־מְאֹד. וַיָּבֹאוּ הַבַּיְתָה וַיִּרְאוּ אֶת־הַיֶּלֶד עִם־מִרְיָם אִמּוֹ וַיִּפְּלוּ וַיִּשְׁתַּחֲווּ־לוֹ
וַיִּפְתְּחוּ אֶת־אֹצְרֹתֵיהֶם וַיַּקְרִיבוּ לוֹ מִנְחָה זָהָב וּלְבוֹנָה וָמֹר. וְהֵם צֻוּוּ בַחֲלוֹם לְבִלְתִּי
שׁוּב אֶל־הוֹרְדוֹס וַיִּפְנוּ וַיֵּלְכוּ בְּדֶרֶךְ אַחֵר לְאַרְצָם. וַיְהִי בְּלֶכְתָּם וַיֵּרָא מַלְאַךְ יְהֹוָה
אֶל־יוֹסֵף בַּחֲלוֹם לֵאמֹר קוּם קַח אֶת־הַיֶּלֶד וְאֶת־אִמּוֹ וּבְרַח־לְךָ מִצְרָיְמָה וְשֵׁב־שָׁם
עַד־אֲשֶׁר אֹמַר אֵלֶיךָ כִּי הוֹרְדוֹס מְבַקֵּשׁ אֶת־נֶפֶשׁ הַיֶּלֶד לְקַחְתָּה, וַיָּקָם. וַיִּקַּח
אֶת־הַיֶּלֶד וְאֶת־אִמּוֹ לַיְלָה וַיֵּלֶךְ מִצְרָיְמָה. וַיֵּשֶׁב שָׁם עַד־מוֹת הוֹרְדוֹס לְמַלֹּאת אֶת
אֲשֶׁר דִּבֶּר יְהֹוָה בְּיַד־הַנָּבִיא לֵאמֹר מִמִּצְרַיִם קָרָאתִי לִבְנִי. וַיְהִי כִּרְאוֹת הוֹרְדוֹס כִּי
הֵתֵלּוּ בּוֹ הַחוֹזִים וַיִּקְצֹף עַד־מְאֹד וַיִּשְׁלַח וַיַּךְ אֶת־כָּל־הַיְלָדִים אֲשֶׁר בְּבֵית־לֶחֶם
וּבְכָל־גְּבוּלֶיהָ מִבֶּן־שְׁנָתַיִם וּלְמָטָּה לְפִי הָעֵת אֲשֶׁר חָקַר מִפִּי הַחוֹזִים. אָז הוּקַם
אֲשֶׁר נֶאֱמַר בְּיַד־יִרְמְיָהוּ הַנָּבִיא לֵאמֹר. קוֹל בְּרָמָה נִשְׁמָע נְהִי בְּכִי תַמְרוּרִים רָחֵל
מְבַכָּה עַל־בָּנֶיהָ מֵאֲנָה לְהִנָּחֵם כִּי אֵינֶנּוּ.

Blessing after reading the B'rit Chadashah

בָּרוּךְ אַתָּה יְיָ אֱלֹהֵינוּ מֶלֶךְ הָעוֹלָם, אֲשֶׁר נָתַן לָנוּ דְּבַר אֱמֶת, וְחַיֵּי עוֹלָם
נָטַע בְּתוֹכֵנוּ: בָּרוּךְ אַתָּה יְיָ, נוֹתֵן בְּרִית חֲדָשָׁה:

*Baruch atah Adonai Eloheynu Melech ha-olam, asher nahtan lahnu Devar
Emet, vechah-yey olam nahtah betoh-cheh-nu. Baruch atah Adonai, no-ten
B'rit Chadashah*

Blowing the Shofar

**(Tradition prohibits the blowing of Shofar on Shabbat, but the Scriptures do not;
each community should determine its own custom)**

Psalm 47

לַמְנַצֵּחַ לִבְנֵי קֹרַח, מִזְמוֹר. כָּל־הָעַמִּים תִּקְעוּ כָף, הָרִיעוּ לֵאלֹהִים בְּקוֹל
רִנָּה. כִּי יְהֹוָה עֶלְיוֹן נוֹרָא, מֶלֶךְ גָּדוֹל עַל כָּל־הָאָרֶץ. יַדְבֵּר עַמִּים
תַּחְתֵּינוּ, וּלְאֻמִּים תַּחַת רַגְלֵינוּ. יִבְחַר לָנוּ אֶת נַחֲלָתֵנוּ, אֶת גְּאוֹן יַעֲקֹב
אֲשֶׁר אָהֵב, סֶלָה. עָלָה אֱלֹהִים בִּתְרוּעָה, יְהֹוָה בְּקוֹל שׁוֹפָר. זַמְּרוּ
אֱלֹהִים, זַמֵּרוּ, זַמְּרוּ לְמַלְכֵּנוּ, זַמֵּרוּ. כִּי מֶלֶךְ כָּל־הָאָרֶץ אֱלֹהִים, זַמְּרוּ
מַשְׂכִּיל. מָלַךְ אֱלֹהִים עַל גּוֹיִם, אֱלֹהִים יָשַׁב עַל כִּסֵּא קָדְשׁוֹ. נְדִיבֵי
עַמִּים נֶאֱסָפוּ, עַם אֱלֹהֵי אַבְרָהָם; כִּי לֵאלֹהִים מָגִנֵּי אֶרֶץ, מְאֹד נַעֲלָה.

And hearing the king, they departed; and behold, the star they had seen in Kehdem rose before them, till it came and stood over *the place* where the child was. And seeing the star, they rejoiced with exceedingly great joy. And they came into the house, they saw the child beside Miriam, his mother, and they fell down, bowing themselves to him, and they began to open their treasures, offering sacrifices to him of gold, and frankincense, and myrrh. They were warned in a dream not to return to Herod, and they departed for their own country another way. When they had departed, an angel of the Lord appeared to Joseph in a dream, saying, "Arise, take the child and his mother, and flee to Egypt, and stay there until it is told to you, for Herod will seek to take the life of the child, and to take revenge upon the child." And taking the child and his mother by night, they departed for Egypt. And they remained there until the death of Herod, that word of the Lord, given through the hand of the prophet might be filled up, saying, "From Egypt I called My Son." And Herod, seeing that he was deceived by the wise men, was enraged; and he decreed that all the male children in Bethlehem, and throughout all its borders, be killed, from two years old and under, according to the time determined from the wise men. Then was fulfilled what was given by the hand of Jeremiah the prophet, saying: "A voice was heard in Ramah, wailing and bitter weeping; Rachel weeping for her children, refusing to be comforted, for they are no more."

Blessing after reading the B'rit Chadashah

Blessed are You, Lord our God, King of the universe, who has given us the Word of truth and planted everlasting life in our midst. Blessed are You, Giver of the New Covenant.

Blowing the Shofar

(Tradition prohibits the blowing of Shofar on Shabbat, but the Scriptures do not; each community should determine its own custom)

Psalm 47

For the Leader of the sons of Korah, a song: Clap your hands, all you peoples; shout joyfully to God with the voice of triumph. For the Lord Most High is terrible; *He is* a great King over all the earth. He subdues peoples under us, and nations under our feet. He will choose our inheritance for us, the greatness of Jacob whom he loves. *(Selah)* God has risen up with a shout; the Lord with the sound of the shofar. Sing to God; sing His praise. Sing to our King; sing His praise. For God is King over all the earth; sing His praise you who are wise. God rules over the nations; God sits on His holy throne. The nobles of the peoples are gathered together, the people of the God of Abraham. The shields of the earth belong to God; He is greatly exalted.

Responsive Reading:

מִן הַמֵּצַר קָרָאתִי יָהּ, עָנָנִי בַמֶּרְחָב יָהּ.

ק וֹלִי שָׁמָעְתָּ, אַל תַּעְלֵם אָזְנְךָ לְרַוְחָתִי לְשַׁוְעָתִי.

ר אשׁ דְּבָרְךָ אֱמֶת, וּלְעוֹלָם כָּל מִשְׁפַּט צִדְקֶךָ.

עֵ רֹב עַבְדְּךָ לְטוֹב, אַל יַעַשְׁקֻנִי זֵדִים.

שָׂ שׂ אָנֹכִי עַל אִמְרָתֶךָ, כְּמוֹצֵא שָׁלָל רָב.

ט וּב טַעַם וָדַעַת לַמְּדֵנִי, כִּי בְמִצְוֹתֶיךָ הֶאֱמָנְתִּי.

נְ דְבוֹת פִּי רְצֵה נָא, יְיָ, וּמִשְׁפָּטֶיךָ לַמְּדֵנִי.

Blessings before sounding the Shofar

Reader:

בָּרוּךְ אַתָּה, יְיָ אֱלֹהֵינוּ, מֶלֶךְ הָעוֹלָם, אֲשֶׁר קִדְּשָׁנוּ בְּמִצְוֹתָיו, וְצִוָּנוּ לִשְׁמוֹעַ קוֹל שׁוֹפָר.

All:

בָּרוּךְ אַתָּה, יְיָ אֱלֹהֵינוּ, מֶלֶךְ הָעוֹלָם, שֶׁהֶחֱיָנוּ וְקִיְמָנוּ וְהִגִּיעָנוּ לַזְּמַן הַזֶּה.

Baruch atah Adonai, Eloheinu Melech HaOlam, Shehekeyanu, Vekiyemanu, Vehigiyanu, Lazman hazeh!

תְּקִיעָה, שְׁבָרִים, תְּרוּעָה, תְּקִיעָה

תְּקִיעָה, שְׁבָרִים, תְּרוּעָה, תְּקִיעָה

תְּקִיעָה, שְׁבָרִים, תְּרוּעָה, תְּקִיעָה

יְהִי רָצוֹן מִלְּפָנֶיךָ, יְיָ אֱלֹהֵינוּ וֵאלֹהֵי אֲבוֹתֵינוּ, שֶׁהַתְּקִיעוֹת וְהַקּוֹלוֹת, הַיּוֹצְאִים מִן הַשּׁוֹפָר שֶׁאָנוּ תּוֹקְעִים, יַעֲלוּ לִפְנֵי כִסֵּא כְבוֹדֶךָ. בָּרוּךְ אַתָּה, בַּעַל הָרַחֲמִים.

Responsive Reading:

Out of distress did I call upon God; in His expansiveness God answered me.

You have heard my voice; do not close Your ear to my cry for relief.

Your first words are truth; and the justice of Your judgment is forever.

Be the guarantor of good for Your servant; do not allow those who sin willfully to exploit me.

I will rejoice over Your words, as one who discovers a great treasure.

Good reason and knowledge are my teachers, for I have been trained in Your commandments.

Lord, allow Your ordinances to teach me, and in days to come receive with favor the offerings of my mouth.

Blessings before sounding the Shofar

Reader:

Blessed are You, Lord our God, King of the universe, who has sanctified us with His commandments, and has commanded us to hear the sound of the Shofar.

All:

Blessed are You, Lord our God, King of the universe, who has kept us alive, and who has sustained us, and who has brought us to this season.

Tekiah Shevarim Teruah Tekiah

Tekiah Shevarim Teruah Tekiah

Tekiah Shevarim Teruah Tekiah

Lord our God, and God of our fathers, may it be Your will that the blowing of the sounds that go forth from the Shofar as we give blast upon it rise up before Your glorious throne. Blessed are You, Master of compassion.

תְּקִיעָה,   שְׁבָרִים,   תְּקִיעָה

תְּקִיעָה,   שְׁבָרִים,   תְּקִיעָה

תְּקִיעָה,   שְׁבָרִים,   תְּקִיעָה

יְהִי רָצוֹן מִלְּפָנֶיךָ, יְיָ אֱלֹהֵינוּ וֵאלֹהֵי אֲבוֹתֵינוּ, שֶׁהַתְּקִיעוֹת וְהַקּוֹלוֹת, הַיּוֹצְאִים מִן הַשּׁוֹפָר שֶׁאָנוּ תּוֹקְעִים, יַעֲלוּ לִפְנֵי כִסֵּא כְבוֹדֶךָ.   בָּרוּךְ אַתָּה, בַּעַל הָרַחֲמִים.

תְּקִיעָה,   תְּרוּעָה,   תְּקִיעָה

תְּקִיעָה,   תְּרוּעָה,   תְּקִיעָה

תְּקִיעָה,   תְּרוּעָה,   תְּקִיעָה גְדוֹלָה

יְהִי רָצוֹן מִלְּפָנֶיךָ, יְיָ אֱלֹהֵינוּ וֵאלֹהֵי אֲבוֹתֵינוּ, שֶׁהַתְּקִיעוֹת וְהַקּוֹלוֹת, הַיּוֹצְאִים מִן הַשּׁוֹפָר שֶׁאָנוּ תּוֹקְעִים, יַעֲלוּ לִפְנֵי כִסֵּא כְבוֹדֶךָ.   בָּרוּךְ אַתָּה, בַּעַל הָרַחֲמִים.

Reader and Congregation:

אַשְׁרֵי הָעָם יֹדְעֵי תְרוּעָה, יְיָ בְּאוֹר פָּנֶיךָ יְהַלֵּכוּן. בְּשִׁמְךָ יְגִילוּן כָּל הַיּוֹם, וּבְצִדְקָתְךָ יָרוּמוּ, כִּי תִפְאֶרֶת עֻזָּמוֹ אָתָּה, וּבִרְצוֹנְךָ תָּרוּם קַרְנֵנוּ.

Tekiah Shevarim Tekiah

Tekiah Shevarim Tekiah

Tekiah Shevarim Tekiah

Lord our God, and God of our fathers, may it be Your will that the blowing of the sounds that go forth from the Shofar as we give blast upon it rise up before Your glorious throne. Blessed are You, Master of compassion.

Tekiah   Teruah   Tekiah

Tekiah   Teruah   Tekiah

Tekiah   Teruah   Tekiah Gedolah

Lord our God, and God of our fathers, may it be Your will that the blowing of the sounds that go forth from the Shofar as we give blast upon it rise up before Your glorious throne. Blessed are You, Master of compassion.

Reader and Congregation:

Happy are the people that know the sound of the Shofar; Lord, they walk by the light of Your countenance. They rejoice in Your name all the day long, and in Your righteousness they are exalted. You are their glorious strength, and through Your favor our horn will be lifted up.

אַשְׁרֵי יוֹשְׁבֵי בֵיתֶךָ, עוֹד יְהַלְלוּךָ, סֶּלָה. אַשְׁרֵי הָעָם שֶׁכָּכָה לּוֹ, אַשְׁרֵי הָעָם שֶׁיְיָ אֱלֹהָיו.

Psalm 145

תְּהִלָּה לְדָוִד,

אֲרוֹמִמְךָ אֱלוֹהַי הַמֶּלֶךְ, וַאֲבָרְכָה שִׁמְךָ לְעוֹלָם וָעֶד.

בְּכָל יוֹם אֲבָרְכֶךָ, וַאֲהַלְלָה שִׁמְךָ לְעוֹלָם וָעֶד.

גָּדוֹל יְיָ וּמְהֻלָּל מְאֹד, וְלִגְדֻלָּתוֹ אֵין חֵקֶר.

דּוֹר לְדוֹר יְשַׁבַּח מַעֲשֶׂיךָ, וּגְבוּרֹתֶיךָ יַגִּידוּ.

הֲדַר כְּבוֹד הוֹדֶךָ, וְדִבְרֵי נִפְלְאֹתֶיךָ אָשִׂיחָה.

וֶעֱזוּז נוֹרְאֹתֶיךָ יֹאמֵרוּ וּגְדוּלָּתְךָ אֲסַפְּרֶנָּה.

זֵכֶר רַב טוּבְךָ יַבִּיעוּ, וְצִדְקָתְךָ יְרַנֵּנוּ.

חַנּוּן וְרַחוּם יְיָ, אֶרֶךְ אַפַּיִם וּגְדָל חָסֶד.

טוֹב יְיָ לַכֹּל, וְרַחֲמָיו עַל כָּל מַעֲשָׂיו.

יוֹדוּךָ יְיָ כָּל מַעֲשֶׂיךָ, וַחֲסִידֶיךָ יְבָרְכוּכָה.

כְּבוֹד מַלְכוּתְךָ יֹאמֵרוּ, וּגְבוּרָתְךָ יְדַבֵּרוּ.

לְהוֹדִיעַ לִבְנֵי הָאָדָם גְּבוּרֹתָיו, וּכְבוֹד הֲדַר מַלְכוּתוֹ.

מַלְכוּתְךָ מַלְכוּת כָּל עֹלָמִים, וּמֶמְשַׁלְתְּךָ בְּכָל דּוֹר וָדֹר.

סוֹמֵךְ יְיָ לְכָל הַנֹּפְלִים, וְזוֹקֵף לְכָל הַכְּפוּפִים.

עֵינֵי כֹל אֵלֶיךָ יְשַׂבֵּרוּ, וְאַתָּה נוֹתֵן לָהֶם אֶת אָכְלָם בְּעִתּוֹ.

פּוֹתֵחַ אֶת יָדֶךָ, וּמַשְׂבִּיעַ לְכָל חַי רָצוֹן.

צַדִּיק יְיָ בְּכָל דְּרָכָיו, וְחָסִיד בְּכָל מַעֲשָׂיו.

קָרוֹב יְיָ לְכָל קֹרְאָיו, לְכָל אֲשֶׁר יִקְרָאֻהוּ בֶאֱמֶת.

רְצוֹן יְרֵאָיו יַעֲשֶׂה, וְאֶת שַׁוְעָתָם יִשְׁמַע וְיוֹשִׁיעֵם.

שׁוֹמֵר יְיָ אֶת כָּל אֹהֲבָיו, וְאֵת כָּל הָרְשָׁעִים יַשְׁמִיד.

תְּהִלַּת יְיָ יְדַבֶּר פִּי, וִיבָרֵךְ כָּל בָּשָׂר שֵׁם קָדְשׁוֹ, לְעוֹלָם וָעֶד.

All:

וַאֲנַחְנוּ נְבָרֵךְ יָהּ, מֵעַתָּה וְעַד עוֹלָם, הַלְלוּיָהּ. *(Psalm 115:18)*

Happy are they who abide in Your house; they are always praising You.
Happy are the people who are so situated. Happy are the people whose God is the Lord.

Psalm 145

A psalm of David:
My God, the King, I will exalt You, and I will bless Your Name forever and ever.

> *Each day I will bless You, and I will praise Your Name forever and ever.*

The Lord is great and most worthy to be praised; His greatness is beyond understanding.

> *One generation shall praise Your works to the next, and they will tell of Your mighty deeds.*

I will meditate on the splendor of Your majesty and on Your wonders.

> *They will speak of Your awesome might; I will tell of Your greatness.*

The remembrances of Your great goodness will bubble forth, they will sing of Your righteousness.

> *The Lord is gracious and full of compassion, slow to anger, and great in mercy.*

The Lord is good to all, and His compassion is over all His works.

> *Lord, all Your works will give You praise, and Your righteous ones will bless You.*

They will speak of Your might, and of the splendor of Your kingdom;

> *To let men know of Your glorious deeds, and the majesty of Your kingdom.*

Your kingdom is an everlasting kingdom; Your dominion is over all generations.

> *The Lord upholds all who fall, and lifts up all who are bowed down.*

All eyes will look to You with hope, and You give them food in due season.

> *You open Your hand, and satisfy the needs of every living thing.*

The Lord is righteous in all His ways, and gracious in all His deeds.

> *The Lord is near to all who call on Him; to all who truly will call on Him.*

He will fulfill the desire of those who fear Him; He will hear their cry and save them.

> *The Lord will keep all who love Him, but the wicked will be destroyed.*

My mouth will declare the praise of the Lord, and His Holy Name will forever be blessed by all flesh.

All:

We will bless the Lord both now and forever. Praise the Lord. *(Psalm 115:18)*

Returning the Torah

Reader

יְהַלְלוּ אֶת שֵׁם יְיָ כִּי נִשְׂגָּב שְׁמוֹ לְבַדּוֹ.

Y'hallelu et shem Adonai kee nis-gahv sh'moh l'vah-doh.

Congregation and Reader

הוֹדוֹ עַל אֶרֶץ וְשָׁמָיִם, וַיָּרֶם קֶרֶן לְעַמּוֹ תְּהִלָּה לְכָל חֲסִידָיו לִבְנֵי יִשְׂרָאֵל עַם קְרֹבוֹ, הַלְלוּיָהּ.

Hoh-doh ahl eh-retz v'shah-mah-yim, vah-yah-rehm keh-ren l'ah-moh t'hilah l'chahl cha-see-dav liv'nay Yisrael ahm k'roh-voh, hallelujah.

Etz Chaim

(As the Torah is being placed in the Ark the following is said)

All

וּבְנֻחֹה יֹאמַר, שׁוּבָה יְהֹוָה רִבְבוֹת אַלְפֵי יִשְׂרָאֵל. קוּמָה יְהֹוָה לִמְנוּחָתֶךָ, אַתָּה וַאֲרוֹן עֻזֶּךָ. כֹּהֲנֶיךָ יִלְבְּשׁוּ צֶדֶק, וַחֲסִידֶיךָ יְרַנֵּנוּ. בַּעֲבוּר דָּוִד עַבְדֶּךָ, אַל תָּשֵׁב פְּנֵי מְשִׁיחֶךָ. כִּי לֶקַח טוֹב נָתַתִּי לָכֶם, תּוֹרָתִי אַל תַּעֲזֹבוּ.

Reader

כִּי לֶקַח טוֹב נָתַתִּי לָכֶם, תּוֹרָתִי אַל תַּעֲזֹבוּ.

Key leh-kahch tov nah-tah-tee lah-chem, Toh-rah-tee ahl tah-ah-zoh-voh.

All

עֵץ חַיִּים הִיא לַמַּחֲזִיקִים בָּהּ, וְתֹמְכֶיהָ מְאֻשָּׁר. דְּרָכֶיהָ דַרְכֵי נֹעַם, וְכָל נְתִיבוֹתֶיהָ שָׁלוֹם. הֲשִׁיבֵנוּ יְיָ, אֵלֶיךָ וְנָשׁוּבָה, חַדֵּשׁ יָמֵינוּ כְּקֶדֶם.

Ehtz chah-yeem hee lah-mah-chah-zee-keem bah, v'tohm'chay-ha m'oo-shahr. D'rah-chay-ha dahr'chay noh-ahm, v'chahl n'tee-voh-tay-ha shalom. Ha-shee-vehnoo Adonai, eh-lay-chah v'nah-shoo-vah, chah-desh yah-maynoo k'keh-dem.

Returning the Torah

Reader:

Let them praise the name of the Lord, for His Name alone is to be exalted.

Congregation:

His praise is over earth and heaven; for He has lifted up the power of His people, to the honor of His loving ones, the children of Israel, the people near to Him. Praise the Lord.

Etz Chaim

(As the Torah is being placed in the Ark the following is said)

All:

And when *the Ark* rested he would say, "Arise, O Lord, come to Your resting place, You and the Ark of Your might. Your priests will be clothed in righteousness, and Your loving ones will sing joyfully. For the sake of Your anointed servant, David, do not turn Your face away from us.

Reader:

I have given good instruction to you. Do not forsake My Torah!

All:

It is a tree of life to those who take hold of it, and happy are those who support it. Its ways are ways of pleasantness, and all its paths are peace. Lord, turn us to You and we will return. Renew our days as of old.

Priestly Blessing

אֱלֹהֵינוּ וֵאלֹהֵי אֲבוֹתֵינוּ, בָּרְכֵנוּ בַּבְּרָכָה הַמְשֻׁלֶּשֶׁת בַּתּוֹרָה הַכְּתוּבָה עַל
יְדֵי מֹשֶׁה עַבְדֶּךָ, הָאֲמוּרָה מִפִּי אַהֲרֹן וּבָנָיו כֹּהֲנִים עַם קְדוֹשֶׁךָ, כָּאָמוּר.

(Kohenim Recite)

בָּרוּךְ אַתָּה יְיָ אֱלֹהֵינוּ מֶלֶךְ הָעוֹלָם, אֲשֶׁר קִדְּשָׁנוּ בְּמִצְוֹתָיו שֶׁל אַהֲרֹן
וְצִוָּנוּ לְבָרֵךְ אֶת עַמּוֹ יִשְׂרָאֵל בְּאַהֲבָה:

יְבָרֶכְךָ יְיָ וְיִשְׁמְרֶךָ.
יָאֵר יְיָ פָּנָיו אֵלֶיךָ וִיחֻנֶּךָּ.
יִשָּׂא יְיָ פָּנָיו אֵלֶיךָ וְיָשֵׂם לְךָ שָׁלוֹם.

Ayn Keloheynu

אֵין כֵּאלֹהֵינוּ, אֵין כֵּאדוֹנֵינוּ, אֵין כְּמַלְכֵּנוּ, אֵין כְּמוֹשִׁיעֵנוּ.

Ayn keh-loh-hay-noo, ayn kah-doh-nay-noo,
ayn k'mahl-kay-noo, ayn k'moh-shee-eh-noo.

מִי כֵאלֹהֵינוּ, מִי כַאדוֹנֵינוּ, מִי כְמַלְכֵּנוּ, מִי כְמוֹשִׁיעֵנוּ.

Mee cheh-loh-hay-noo, mee chah-doh-nay-noo,
mee ch'mahl-kay-noo, mee ch'moh-shee-ay-noo.

נוֹדֶה לֵאלֹהֵינוּ, נוֹדֶה לַאדוֹנֵינוּ, נוֹדֶה לְמַלְכֵּנוּ, נוֹדֶה לְמוֹשִׁיעֵנוּ.

Noh-deh leh-loh-hay-noo, noh-deh lah-doh-nay-noo,
noh-deh l'mahl-kay-noo, noh-deh l'moh-shee-ay-noo

בָּרוּךְ אֱלֹהֵינוּ, בָּרוּךְ אֲדוֹנֵינוּ, בָּרוּךְ מַלְכֵּנוּ, בָּרוּךְ מוֹשִׁיעֵנוּ.

Baruch Eh-loh-hay-noo, baruch ah-doh-nay-noo,
baruch mahl-keh-noo, baruch moh-shee-eh-noo.

אַתָּה הוּא אֱלֹהֵינוּ, אַתָּה הוּא אֲדוֹנֵינוּ, אַתָּה הוּא מַלְכֵּנוּ, אַתָּה הוּא
מוֹשִׁיעֵנוּ.

Ah-tah hoo Eh-loh-hay-noo, ah-tah hoo ah-doh-nay-noo,
ah-tah hoo mahl-keh-noo, ah-tah hoo moh-shee-eh-noo.

אַתָּה הוּא שֶׁהִקְטִירוּ אֲבוֹתֵינוּ לְפָנֶיךָ אֶת קְטֹרֶת הַסַּמִּים.

Ah-tah hoo sheh-hik'tee-roo ah-voh-tay-noo,
l'fah-nay-chah et k'toh-reht ha-sah-meem.

Priestly Blessing

Our God and God of our fathers, bless us with the threefold blessing written in Torah by Moses, Your servant, and spoken through the mouth of Aaron and his sons, **the priests**, Your Holy People.

(Kohenim Recite)

Blessed are You, Lord our God, King of the Universe, who has sanctified us with the holiness of Aaron and has commanded us to bless Your people Israel with Love:

May the Lord bless you and keep you.

May the Lord lift up His countenance to you, and be gracious to you.

May the Lord turn His countenance toward you, and establish peace for you.

Ayn Keloheynu

There is none like our God; there is none like our Lord;

there is none like our King; there is none like our Savior.

Who is like our God? Who is like our Lord?

Who is like our King? Who is like our Savior?

We give thanks to our God; we give thanks to our Lord;

we give thanks to our King; we give thanks to our Savior.

Blessed is our God; blessed is our Lord;

blessed is our King; blessed is our Savior.

You are our God; You are our Lord;

You are our King; You are our Savior.

You are He before whose countenance our fathers offered the spices of incense.

Alenu

עָלֵינוּ לְשַׁבֵּחַ לַאֲדוֹן הַכֹּל, לָתֵת גְּדֻלָּה לְיוֹצֵר בְּרֵאשִׁית, שֶׁלֹּא עָשָׂנוּ כְּגוֹיֵי הָאֲרָצוֹת, וְלֹא שָׂמָנוּ כְּמִשְׁפְּחוֹת הָאֲדָמָה, שֶׁלֹּא שָׂם חֶלְקֵנוּ כָּהֶם, וְגֹרָלֵנוּ כְּכָל הֲמוֹנָם וַאֲנַחְנוּ כּוֹרְעִים וּמִשְׁתַּחֲוִים וּמוֹדִים, לִפְנֵי מֶלֶךְ, מַלְכֵי הַמְּלָכִים, הַקָּדוֹשׁ בָּרוּךְ הוּא. שֶׁהוּא נוֹטֶה שָׁמַיִם וְיֹסֵד אָרֶץ, וּמוֹשַׁב יְקָרוֹ בַּשָּׁמַיִם מִמַּעַל, וּשְׁכִינַת עֻזּוֹ בְּגָבְהֵי מְרוֹמִים, הוּא אֱלֹהֵינוּ אֵין עוֹד. אֱמֶת מַלְכֵּנוּ אֶפֶס זוּלָתוֹ, כַּכָּתוּב בְּתוֹרָתוֹ. וְיָדַעְתָּ הַיּוֹם וַהֲשֵׁבֹתָ אֶל לְבָבֶךָ, כִּי יְיָ הוּא הָאֱלֹהִים בַּשָּׁמַיִם מִמַּעַל, וְעַל הָאָרֶץ מִתָּחַת, אֵין עוֹד.

Ah-laynoo l'shah-beh-ach leh-ah-dohn ha-kol, lah-teht g'doo-lah l'yoh-tzehr
b'reh-sheet, sheh-loh ah-sahnoo k'goh-yay ha-ah-rah-tzoht, v'loh
sah-mahnoo k'mish-p'choht ha-ah-dah-mah, sheh-loh sahm chehl'kehnoo
kah-hem, v'goh-rah-lehnoo k'chahl ha-moh-nahm vah-ah-nah-ch'noo
koh-r'eem oo-mish'tah-chah-veem oo-moh-deem, lif'nay meh-lech,
mahl'chay hahm'lah-cheem, ha-kah-dosh baruch hoo. Sheh-hoo noh-teh
shah-mah-yim v'yoh-sehd ah-retz, oo-moh-shahv y'kah-roh
bah-shah-mah-yim mi-mah-ahl, oosh-khee-naht oo-zoh b'gahv'hay
m'roh-meem, hoo Eh-loh-hay-noo ayn ohd. Em-eht mahl'kehnoo eh-fehs
zoo-lah-toh, kah-kah-toov b'toh-rah-toh. V'yah-dah-tah ha'yohm
vah-ha-sheh-vohtah ehl l'vah-veh-chah, kee Adonai hoo ha-Eh-loh-heem
bah-shah-mah-yim mi-mah-ahl, v'ahl ha-ah-retz mi-tah-chaht, ayn ohd.

עַל כֵּן נְקַוֶּה לְךָ יְיָ אֱלֹהֵינוּ, לִרְאוֹת מְהֵרָה בְּתִפְאֶרֶת עֻזֶּךָ, לְהַעֲבִיר גִּלּוּלִים מִן הָאָרֶץ וְהָאֱלִילִים כָּרוֹת יִכָּרֵתוּן. לְתַקֵּן עוֹלָם בְּמַלְכוּת שַׁדַּי, וְכָל בְּנֵי בָשָׂר יִקְרְאוּ בִשְׁמֶךָ. לְהַפְנוֹת אֵלֶיךָ כָּל רִשְׁעֵי אָרֶץ. יַכִּירוּ וְיֵדְעוּ כָּל יוֹשְׁבֵי תֵבֵל, כִּי לְךָ תִּכְרַע כָּל בֶּרֶךְ, תִּשָּׁבַע כָּל לָשׁוֹן. לְפָנֶיךָ יְיָ אֱלֹהֵינוּ יִכְרְעוּ וְיִפֹּלוּ. וְלִכְבוֹד שִׁמְךָ יְקָר יִתֵּנוּ. וִיקַבְּלוּ כֻלָּם אֶת עוֹל מַלְכוּתֶךָ. וְתִמְלוֹךְ עֲלֵיהֶם מְהֵרָה לְעוֹלָם וָעֶד. כִּי הַמַּלְכוּת שֶׁלְּךָ הִיא, וּלְעוֹלְמֵי עַד תִּמְלוֹךְ בְּכָבוֹד.

Reader: כַּכָּתוּב בְּתוֹרָתֶךָ, יְיָ יִמְלֹךְ לְעוֹלָם וָעֶד.

Congregation: וְנֶאֱמַר, וְהָיָה יְיָ לְמֶלֶךְ עַל כָּל הָאָרֶץ, בַּיּוֹם הַהוּא יִהְיֶה יְיָ אֶחָד, וּשְׁמוֹ אֶחָד.

Reader: Ka-katuv b'torah-tekha: Adonai yim-loch l'olam vahed.
Congregation: V'neh-eh-mahr v'ha-ya Adonai l'melech ahl kol ha-aretz.
bah-yom ha-hoo yi-hi-yeh Adonai echad, oo-sh'moh echad.

Alenu

It is our duty to give praise to the Lord of all, to ascribe greatness to Him who is
the Creator from the beginning; for He has not made us like the nations of the
other lands and He has not placed us like the families of the earth. He did not
make our portion to be like theirs, nor our lot like that of all their multitudes.
And therefore we bend the knee and bow, and acknowledge before the supreme
King of kings, the Holy One, blessed be He, that He stretches forth the heavens
and lays the foundations of the earth, and the seat of His glory is in the high
heavens; the presence of His majesty is in the lofty heights. He is our God;
there is no other. He is our King, truly, there is none beside Him, just as it is
written in His Torah: "You shall know this day, and keep it in your heart, that
the Lord, He is God in heaven above and on the earth beneath: There is none
else."

Since we trust in You, Lord our God, may we soon behold the glory of Your
might. When You remove the abominations from the earth and all idolatry is
banished; when all the world will be made perfect under the reign of the
Almighty and all the children of men will call on Your Name and all the wicked
of the earth will be turned to You. May all the inhabitants of the world realize,
and know, that every knee must bend and every tongue must swear allegiance to
You. Lord our God, may they bend the knee and worship before You and give
honor to the glory of Your Name. May they accept the yoke of Your kingdom,
and may You establish Your reign over them quickly, forever and to eternity.
The kingdom is Yours, and to all eternity You will reign in glory.

Reader:
As it is written in Your Torah: "The Lord will reign forever and ever."

Congregation:
And it is said, "And the Lord shall be King over all the earth; on that day the
Lord will be One and His Name One."

Mourner's Kaddish

יִתְגַּדַּל וְיִתְקַדַּשׁ שְׁמֵהּ רַבָּא. בְּעָלְמָא דִּי בְרָא כִרְעוּתֵהּ, וְיַמְלִיךְ מַלְכוּתֵהּ בְּחַיֵּיכוֹן וּבְיוֹמֵיכוֹן וּבְחַיֵּי דְכָל בֵּית יִשְׂרָאֵל. בַּעֲגָלָא וּבִזְמַן קָרִיב, וְאִמְרוּ אָמֵן.

Yit-gahdahl v'yit-kahdash sh'meh rahbah. B'ahl'mah dee v'rah chir'ooteh,
v'yahm'leech mahl'chooteh b'chah-yey-chohn oov'yoh-maychohn
oov'chah-yey d'chal beyt Yisrael. Bah-ah-gahlah ooviz-mahn kah-reev
v'imroo, Amen.

יְהֵא שְׁמֵהּ רַבָּא מְבָרַךְ לְעָלַם וּלְעָלְמֵי עָלְמַיָּא.

Y'hay sh'may rahbah m'vahrach l'ah-lam ool'ahl'may ahl'mahyah.

יִתְבָּרַךְ וְיִשְׁתַּבַּח, וְיִתְפָּאַר וְיִתְרוֹמַם וְיִתְנַשֵּׂא וְיִתְהַדָּר וְיִתְעַלֶּה וְיִתְהַלָּל שְׁמֵהּ דְּקֻדְשָׁא, בְּרִיךְ הוּא, לְעֵלָּא וּלְעֵלָּא מִכָּל בִּרְכָתָא וְשִׁירָתָא, תֻּשְׁבְּחָתָא וְנֶחֱמָתָא, דַּאֲמִירָן בְּעָלְמָא, וְאִמְרוּ אָמֵן.

Yit'bahrach v'yish-tahbach, v'yit-pahahr v'yit-rohmahm v'yit-nahseh
v'yit-hadahr v'yit-ahleh v'yit-hah-lahl sh'may d'kood-shah b'reech hoo
l'ehlah u-l'ehlah mi-kahl bir-chah-tah v'she-rahtah, toosh'b'chahtah
v'neh-cheh-mahtah, dah-ah-mirahn b'ahl-mah, v'imroo, Amen.

יְהֵא שְׁלָמָא רַבָּא מִן שְׁמַיָּא וְחַיִּים עָלֵינוּ וְעַל כָּל יִשְׂרָאֵל, וְאִמְרוּ אָמֵן.

Y'hay sh'lahmah rahbah min sh'mahyah v'chah-yeem ah-laynoo v'ahl kol
Yisrael, v'imroo, Amen.

עֹשֶׂה שָׁלוֹם בִּמְרוֹמָיו הוּא יַעֲשֶׂה שָׁלוֹם עָלֵינוּ וְעַל כָּל יִשְׂרָאֵל, וְאִמְרוּ אָמֵן.

Oh-seh shalom bim'rohmahv hoo yah-ahseh shalom ah-laynoo v'ahl kol
Yisrael, v'imroom, Amen.

אַל תִּירָא מִפַּחַד פִּתְאֹם, וּמִשֹּׁאַת רְשָׁעִים כִּי תָבֹא. עֻצוּ עֵצָה וְתֻפָר, דַּבְּרוּ דָבָר וְלֹא יָקוּם, כִּי עִמָּנוּ אֵל. וְעַד זִקְנָה אֲנִי הוּא, וְעַד שֵׂיבָה אֲנִי אֶסְבֹּל, אֲנִי עָשִׂיתִי וַאֲנִי אֶשָּׂא, וַאֲנִי אֶסְבֹּל וַאֲמַלֵּט.

Mourner's Kaddish

Magnified and sanctified may God's great Name be throughout the world which He has created according to His will. May He establish His kingdom in our lifetime, and during our days, and within the life of the entire house of Israel, speedily and soon; and say, *"Amen."*

May the greatness of His Name be blessed forever and ever.

Let the Name of the Holy One, ***blessed is He***, be blessed and praised, glorified and exalted, extolled and honored, adored and lauded, exceedingly beyond all of the blessings and songs, praises and consolations that are ever spoken in this world, and say, *"Amen."*

May there be abundant peace from heaven, and life for us and for all Israel, and say, *"Amen."*

May He who creates peace in His high heavens create peace for us and for all Israel, and say, *"Amen."*

Do not fear sudden terror, or the storm that strikes the wicked, for God is with us. "When you are old I will be the same; I will sustain you even when your hair has turned grey. I have made you, and I will bear you! I will sustain you and save you!"

The Shofar is Sounded Forty Times

תְּקִיעָה, שְׁבָרִים, תְּרוּעָה, תְּקִיעָה

תְּקִיעָה, שְׁבָרִים, תְּרוּעָה, תְּקִיעָה

תְּקִיעָה, שְׁבָרִים, תְּרוּעָה, תְּקִיעָה

תְּקִיעָה, שְׁבָרִים, תְּקִיעָה

תְּקִיעָה, שְׁבָרִים, תְּקִיעָה

תְּקִיעָה, שְׁבָרִים, תְּקִיעָה

תְּקִיעָה, תְּרוּעָה, תְּקִיעָה

תְּקִיעָה, תְּרוּעָה, תְּקִיעָה

תְּקִיעָה, תְּרוּעָה, תְּקִיעָה

תְּקִיעָה, שְׁבָרִים, תְּרוּעָה, תְּקִיעָה

תְּקִיעָה, שְׁבָרִים, תְּקִיעָה

תְּקִיעָה, תְּרוּעָה, תְּקִיעָה גְדוֹלה

Psalm 27

לְדָוִד. יְיָ אוֹרִי וְיִשְׁעִי מִמִּי אִירָא, יְיָ מָעוֹז חַיַּי מִמִּי אֶפְחָד. בִּקְרֹב עָלַי מְרֵעִים, לֶאֱכֹל אֶת בְּשָׂרִי צָרַי וְאֹיְבַי לִי הֵמָּה כָּשְׁלוּ וְנָפָלוּ. אִם תַּחֲנֶה עָלַי מַחֲנֶה לֹא יִירָא לִבִּי, אִם תָּקוּם עָלַי מִלְחָמָה בְּזֹאת אֲנִי בוֹטֵחַ. אַחַת שָׁאַלְתִּי מֵאֵת יְיָ, אוֹתָהּ אֲבַקֵּשׁ שִׁבְתִּי בְּבֵית יְיָ, כָּל יְמֵי חַיַּי לַחֲזוֹת בְּנֹעַם יְיָ וּלְבַקֵּר בְּהֵיכָלוֹ. כִּי יִצְפְּנֵנִי בְּסֻכֹּה בְּיוֹם רָעָה, יַסְתִּרֵנִי בְּסֵתֶר אָהֳלוֹ בְּצוּר יְרוֹמְמֵנִי. וְעַתָּה יָרוּם רֹאשִׁי, עַל אֹיְבַי סְבִיבוֹתַי וְאֶזְבְּחָה בְאָהֳלוֹ זִבְחֵי תְרוּעָה, אָשִׁירָה וַאֲזַמְּרָה לַיְיָ. שְׁמַע יְיָ קוֹלִי אֶקְרָא, וְחָנֵּנִי וַעֲנֵנִי. לְךָ אָמַר לִבִּי, בַּקְּשׁוּ פָנָי. אֶת פָּנֶיךָ יְיָ אֲבַקֵּשׁ. אַל תַּסְתֵּר פָּנֶיךָ מִמֶּנִּי, אַל תַּט בְּאַף עַבְדֶּךָ. עֶזְרָתִי הָיִיתָ, אַל תִּטְּשֵׁנִי וְאַל תַּעַזְבֵנִי אֱלֹהֵי יִשְׁעִי. כִּי אָבִי וְאִמִּי עֲזָבוּנִי, וַיְיָ יַאַסְפֵנִי. הוֹרֵנִי יְיָ דַּרְכֶּךָ, וּנְחֵנִי בְּאֹרַח מִישׁוֹר, לְמַעַן שֹׁרְרָי. אַל תִּתְּנֵנִי בְּנֶפֶשׁ צָרָי, כִּי קָמוּ בִי עֵדֵי שֶׁקֶר וִיפֵחַ חָמָס. לוּלֵא הֶאֱמַנְתִּי, לִרְאוֹת בְּטוּב יְיָ בְּאֶרֶץ חַיִּים. קַוֵּה אֶל יְיָ, חֲזַק וְיַאֲמֵץ לִבֶּךָ וְקַוֵּה אֶל יְיָ.

The Shofar is Sounded Forty Times

Tekiah	Shevarim	Teruah	Tekiah
Tekiah	Shevarim	Teruah	Tekiah
Tekiah	Shevarim	Teruah	Tekiah

Tekiah	Shevarim	Tekiah
Tekiah	Shevarim	Tekiah
Tekiah	Shevarim	Tekiah

Tekiah	Teruah	Tekiah
Tekiah	Teruah	Tekiah
Tekiah	Teruah	Tekiah

Tekiah	Shevarim	Teruah	Tekiah
Tekiah	Shevarim	Tekiah	
Tekiah	Teruah	Tekiah Gedolah	

Psalm 27

By David. The Lord is my light and my salvation, who else shall I hold in awe? The Lord is the strength of my life, of whom shall I be afraid? When the wicked rose up against me to eat at my flesh, and my enemies and adversaries came to me growling, it is they who stumbled and fell. If he were encamped all around me, my heart would not be afraid. If war should rise up against me, I would still be confident. One thing I would ask of the Lord; one thing I will seek after, that I might dwell in the house of the Lord all the days of my life; to behold the beauty of the Lord, and to inquire in His temple. In the day of trouble He will hide me in His tabernacle. He will hide me under the cover of His tent, setting me safe upon the Rock. And so shall my head be lifted above my enemies who have surrounded me, so I will offer a sacrifice with the sound of the trumpet, and the voice of the singer, singing to the Lord. Lord, hear my voice when I call, be gracious and answer me. You said of my heart, "Seek My face." Lord, I will seek Your face. Do not hide Your face from me; do not turn Your servant away in anger. You have been my help. Do not cast me away and do not abandon me, for You are the God who saves. Though my father and my mother have abandoned me, the Lord will lift me up. Teach me Your way, O Lord, and let me rest in the path of righteousness, in spite of those who would rule over me. Do not give me up to the will of my enemy, for false witnesses have stood up against me, breathing violence. Were it not that I believe, I will see the goodness of the Lord in the land of the living ... Trust in the Lord; be strong and be encouraged in your heart, and trust in the Lord.

Adon Olam

אֲדוֹן עוֹלָם אֲשֶׁר מָלַךְ, בְּטֶרֶם כָּל יְצִיר נִבְרָא.
לְעֵת נַעֲשָׂה בְחֶפְצוֹ כֹּל, אֲזַי מֶלֶךְ שְׁמוֹ נִקְרָא.

*Adon olam, asher mahlach b'teh-rem kol y'tzeer niv-rah
l'et nah-ah'sah v'chef-tzoh kol ah-zai melech sh'moh-nikrah.*

וְאַחֲרֵי כִּכְלוֹת הַכֹּל, לְבַדּוֹ יִמְלוֹךְ נוֹרָא.
וְהוּא הָיָה, וְהוּא הֹוֶה, וְהוּא יִהְיֶה, בְּתִפְאָרָה.

*V'ah-chah-ray kich-loht ha-kol l'vah-doh yim-loch no-rah
v'hoo ha-yah, v'hoo ho-veh, v'hoo yi-hi-yeh, b'tif-ahrah.*

וְהוּא אֶחָד וְאֵין שֵׁנִי, לְהַמְשִׁיל לוֹ לְהַחְבִּירָה.
בְּלִי רֵאשִׁית בְּלִי תַכְלִית, וְלוֹ הָעֹז וְהַמִּשְׂרָה.

*V'hoo echad, v'ayn sheh-nee, l'hahm-sheel lo l'hach-be-rah,
b'li ray-sheet, b'li tach-leet, v'lo ha-ohz, v'ha-misrah.*

וְהוּא אֵלִי וְחַי גֹּאֲלִי, וְצוּר חֶבְלִי בְּעֵת צָרָה.
וְהוּא נִסִּי וּמָנוֹס לִי מְנָת כּוֹסִי בְּיוֹם אֶקְרָא.

*V'hoo Elee v'chai go-ahlee, v'tzur chev-lee b'et tzahr-rah
v'hoo nee-see, oo'mah-nohs lee, m'naht koh-see, b'yom ehk-rah.*

בְּיָדוֹ אַפְקִיד רוּחִי, בְּעֵת אִישַׁן וְאָעִירָה.
וְעִם רוּחִי גְּוִיָּתִי, יְיָ לִי וְלֹא אִירָא.

*B'yah-doh, ahf-keed roo-chee, b'et ee-shahn, v'ah-eerah
v'eem roo-chee, g'vee-ahtee, Adonai lee, v'lo ee-rah.*

Adon Olam

Lord of the world, King supreme
Before anything was formed, He alone reigned.
When, by His will, all things were created,
His sovereign Name was made known.

And at the end, when all things cease to be
The exalted God alone will still be King.
He was, and He is,
and He will be forever glorious.

He is one, and there is no second
to compare Him to or to place next to Him.
He has no beginning and no end;
Power and dominion are His.

He is my living God who saves,
My rock when troubles and sorrows are mine;
My banner and my strong refuge,
My bounteous portion whenever I call.

I give my soul into His care,
For He is near when I sleep and when I wake.
With my soul, my body too;
God is with me, I shall not be afraid.

קִדּוּשָׁה רַבָּה לְרֹאשׁ הַשָּׁנָה

(On Shabbat begin here)

וְשָׁמְרוּ בְנֵי יִשְׂרָאֵל אֶת הַשַּׁבָּת, לַעֲשׂוֹת אֶת הַשַּׁבָּת לְדֹרֹתָם בְּרִית עוֹלָם. בֵּינִי וּבֵין בְּנֵי יִשְׂרָאֵל אוֹת הִיא לְעֹלָם, כִּי שֵׁשֶׁת יָמִים עָשָׂה יְיָ אֶת הַשָּׁמַיִם וְאֶת הָאָרֶץ, וּבַיּוֹם הַשְּׁבִיעִי שָׁבַת וַיִּנָּפַשׁ.

V'sham'roo b'nai Yisrael et ha-shah-baht, lah-ah-soht et ha-shah-bat l'doh-roh-tahm b'reet oh-lahm. Bay-nee oo-vayn b'nai Yisrael oht hee l'oh'lahm, key sheh-sheht yah-meem ah-sah Adonai et ha-shah-mah-yim v'et ha-ah-retz, oo-vah-yom hash'vee-ee shah-vaht vah-yi-nah-fash.

(On Weekdays begin here)

וַיְדַבֵּר מֹשֶׁה אֶת מוֹעֲדֵי יְיָ אֶל בְּנֵי יִשְׂרָאֵל. תִּקְעוּ בַחֹדֶשׁ שׁוֹפָר, בַּכֶּסֶה לְיוֹם חַגֵּנוּ. כִּי חֹק לְיִשְׂרָאֵל הוּא, מִשְׁפָּט לֵאלֹהֵי יַעֲקֹב.

בָּרוּךְ אַתָּה יְיָ אֱלֹהֵינוּ מֶלֶךְ הָעוֹלָם, בּוֹרֵא פְּרִי הַגָּפֶן.

Baruch ah-tah Adonai Eh-loh-hay-noo meh-lehch ha-oh-lahm, boh-reh p'ree ha-gah-fehn.

Prayer for Peace in the State of Israel

אָבִינוּ שֶׁבַּשָּׁמַיִם, צוּר יִשְׂרָאֵל וְגוֹאֲלוֹ. בָּרֵךְ אֶת מְדִינַת יִשְׂרָאֵל, רֵאשִׁית צְמִיחַת גְּאֻלָּתֵנוּ. הָגֵן עָלֶיהָ בְּאֶבְרַת חַסְדֶּךָ וּפְרוֹשׂ עָלֶיהָ סֻכַּת שְׁלוֹמֶךָ וּשְׁלַח אוֹרְךָ וַאֲמִתְּךָ לְרָאשֶׁיהָ, שָׂרֶיהָ וְיוֹעֲצֶיהָ, וְתַקְּנֵם בְּעֵצָה טוֹבָה מִלְּפָנֶיךָ.

חַזֵּק אֶת יְדֵי מְגִנֵּי אֶרֶץ קָדְשֵׁנוּ, וְהַנְחִילֵנוּ אֱלֹהֵינוּ יְשׁוּעָה, וַעֲטֶרֶת נִצָּחוֹן תְּעַטְּרֵם. נָתַתָּ שָׁלוֹם בָּאָרֶץ וְשִׂמְחַת עוֹלָם לְיוֹשְׁבֶיהָ.

וְאֶת אַחֵינוּ כָּל בֵּית יִשְׂרָאֵל, פְּקָד נָא בְּכָל אַרְצוֹת פְּזוּרֵיהֶם, וְתוֹלִיכֵם מְהֵרָה קוֹמְמִיוּת לְצִיּוֹן עִירֶךָ וְלִירוּשָׁלַיִם מִשְׁכַּן שְׁמֶךָ. כַּכָּתוּב בְּתוֹרַת מֹשֶׁה עַבְדֶּךָ. אִם יִהְיֶה נִדַּחֲךָ בִּקְצֵה הַשָּׁמָיִם, מִשָּׁם יְקַבֶּצְךָ יְיָ אֱלֹהֶיךָ וּמִשָּׁם יִקָּחֶךָ. וֶהֱבִיאֲךָ יְיָ אֱלֹהֶיךָ אֶל הָאָרֶץ אֲשֶׁר יָרְשׁוּ אֲבֹתֶיךָ וִירִשְׁתָּהּ.

וְיַחֵד לְבָבֵנוּ לְאַהֲבָה וּלְיִרְאָה אֶת שְׁמֶךָ, וְלִשְׁמֹר אֶת כָּל דִּבְרֵי תוֹרָתֶךָ. שְׁלַח לָנוּ מְהֵרָה בֶּן דָּוִד מְשִׁיחַ יֶשַׁע צִדְקֶךָ. הוֹפַע בַּהֲדַר גְּאוֹן עֻזֶּךָ עַל כָּל יוֹשְׁבֵי תֵבֵל אַרְצֶךָ, וְיֹאמַר כֹּל אֲשֶׁר נְשָׁמָה. יְיָ אֱלֹהֵי יִשְׂרָאֵל מֶלֶךְ וּמַלְכוּתוֹ בַּכֹּל מָשָׁלָה. אָמֵן.

Kiddush for Rosh Hashanah Morning

(On Shabbat begin here)

And the children of Israel will keep the Sabbath, observing the Sabbath to all generations as an everlasting covenant. It is a sign between Me and the children of Israel forever, for in six days the Lord made the heavens and the earth, and on the seventh day He ceased from work and He rested.

(On Weekdays begin here)

Moses announced the Lord's festivals to the children of Israel. Sound the shofar at the new moon, at the designated time for the day of our festival. This is a statute for Israel, an ordinance of the God of Jacob.

Blessed are You, Lord our God, King of the universe, Who has brought forth the fruit of the vine.

Prayer for Peace in the State of Israel

Our Father, who art in heaven, You are the Rock and the Redeemer of Israel. Bless the State of Israel, *for this marks* the beginning of our redemption. Protect her under the wings of Your loving kindness, and spread out upon her the tabernacle of Your peace. Send Your light and Your truth to its leaders, officers and counselors, and give them strength to offer good counsel as they are before Your face.

Our God, with a strong arm defend our holy land, and bestow salvation upon us, crowning us with a crown of victory. Give peace in the land, and for those who dwell in it, everlasting joy.

In days to come *remember us* with our brothers, the whole house of Israel, in all the lands where they are scattered. May it be soon that You cause them to walk upright to Tzion, and to Jerusalem, Your city, where Your name dwells. For it is written in Torah, by Moses, Your servant, "If you are dispersed to the ends of the heavens, from there, the Lord your God will gather you, and from there He will take you. And the Lord your God will bring you back to the land that was given to your fathers as an inheritance.

Unite our heart to love and to fear Your name, and help us to guard all the words of Your Torah. Speedily send us the son of David, Messiah Yeshua, Your righteousness. Cause the glory of Your great strength to be upon all the inhabitants of Your world. And all that have a soul will say, "The Lord God of Israel is King, and His Kingdom is over all who rule." Amen.

תַּשְׁלִיךְ

*(Tashlich is recited traditionally after Minchah on Rosh Hashanah afternoon
by a body of living water such as a lake or stream, but not on Shabbat.
Tashlich is a time for personal confession of sin)*

מִי־אֵל כָּמוֹךָ, נֹשֵׂא עָוֹן וְעֹבֵר עַל־פֶּשַׁע לִשְׁאֵרִית נַחֲלָתוֹ לֹא־הֶחֱזִיק לָעַד אַפּוֹ.
חָפֵץ חֶסֶד הוּא. יָשׁוּב יְרַחֲמֵנוּ יִכְבֹּשׁ עֲוֹנֹתֵינוּ. תַּשְׁלִיךְ בִּמְצֻלוֹת יָם כָּל־חַטֹּאתָם.
תִּתֵּן אֱמֶת לְיַעֲקֹב חֶסֶד לְאַבְרָהָם אֲשֶׁר־נִשְׁבַּעְתָּ לַאֲבֹתֵינוּ מִימֵי קֶדֶם.

מִן־הַמֵּצַר קָרָאתִי יָּהּ עָנָנִי בַמֶּרְחָב יָהּ. יְיָ לִי לֹא אִירָא. מַה־יַּעֲשֶׂה לִי אָדָם. יְיָ לִי
בְּעֹזְרָי וַאֲנִי אֶרְאֶה בְשֹׂנְאָי. טוֹב לַחֲסוֹת בַּיְיָ מִבְּטֹחַ בָּאָדָם.

Psalm 33

רַנְּנוּ צַדִּיקִים בַּיְיָ לַיְשָׁרִים נָאוָה תְהִלָּה. הוֹדוּ לַיְיָ בְּכִנּוֹר בְּנֵבֶל עָשׂוֹר זַמְּרוּ־לוֹ.
שִׁירוּ לוֹ שִׁיר חָדָשׁ הֵיטִיבוּ נַגֵּן בִּתְרוּעָה. כִּי־יָשָׁר דְּבַר־יְיָ וְכָל־מַעֲשֵׂהוּ בֶּאֱמוּנָה.
אֹהֵב צְדָקָה וּמִשְׁפָּט חֶסֶד יְיָ מָלְאָה הָאָרֶץ. בִּדְבַר יְיָ שָׁמַיִם נַעֲשׂוּ וּבְרוּחַ פִּיו
כָּל־צְבָאָם. כֹּנֵס כַּנֵּד מֵי הַיָּם נֹתֵן בְּאֹצָרוֹת תְּהוֹמוֹת. יִירְאוּ מֵיְיָ כָּל־הָאָרֶץ
מִמֶּנּוּ יָגוּרוּ כָּל־יֹשְׁבֵי תֵבֵל כִּי הוּא אָמַר וַיֶּהִי הוּא־צִוָּה וַיַּעֲמֹד. יְיָ הֵפִיר עֲצַת
גּוֹיִם הֵנִיא מַחְשְׁבוֹת עַמִּים. עֲצַת יְיָ לְעוֹלָם תַּעֲמֹד מַחְשְׁבוֹת לִבּוֹ לְדֹר וָדֹר. אַשְׁרֵי
הַגּוֹי אֲשֶׁר־יְיָ אֱלֹהָיו הָעָם בָּחַר לְנַחֲלָה לוֹ. מִשָּׁמַיִם הִבִּיט יְיָ רָאָה אֶת־כָּל־בְּנֵי
הָאָדָם. מִמְּכוֹן־שִׁבְתּוֹ הִשְׁגִּיחַ אֶל כָּל־יֹשְׁבֵי הָאָרֶץ. הַיֹּצֵר יַחַד לִבָּם הַמֵּבִין
אֶל־כָּל־מַעֲשֵׂיהֶם. אֵין הַמֶּלֶךְ נוֹשָׁע בְּרָב־חָיִל גִּבּוֹר לֹא־יִנָּצֵל בְּרָב־כֹּחַ. שֶׁקֶר
הַסּוּס לִתְשׁוּעָה וּבְרֹב חֵילוֹ לֹא יְמַלֵּט. הִנֵּה עֵין יְיָ אֶל־יְרֵאָיו לַמְיַחֲלִים לְחַסְדּוֹ.
לְהַצִּיל מִמָּוֶת נַפְשָׁם וּלְחַיּוֹתָם בָּרָעָב. נַפְשֵׁנוּ חִכְּתָה לַיְיָ עֶזְרֵנוּ וּמָגִנֵּנוּ הוּא. כִּי־בוֹ
יִשְׂמַח לִבֵּנוּ כִּי בְשֵׁם קָדְשׁוֹ בָטָחְנוּ. יְהִי־חַסְדְּךָ יְיָ עָלֵינוּ כַּאֲשֶׁר יִחַלְנוּ לָךְ.

לֹא־יָרֵעוּ וְלֹא־יַשְׁחִיתוּ בְּכָל־הַר קָדְשִׁי כִּי־מָלְאָה הָאָרֶץ דֵּעָה אֶת־יְיָ כַּמַּיִם לַיָּם
מְכַסִּים.

Psalm 130

שִׁיר הַמַּעֲלוֹת מִמַּעֲמַקִּים קְרָאתִיךָ יְיָ. אֲדֹנָי שִׁמְעָה בְקוֹלִי תִּהְיֶינָה אָזְנֶיךָ קַשֻּׁבוֹת
לְקוֹל תַּחֲנוּנָי. אִם־עֲוֹנוֹת תִּשְׁמָר־יָהּ אֲדֹנָי מִי יַעֲמֹד. כִּי־עִמְּךָ הַסְּלִיחָה לְמַעַן
תִּוָּרֵא. קִוִּיתִי יְיָ קִוְּתָה נַפְשִׁי וְלִדְבָרוֹ הוֹחָלְתִּי. נַפְשִׁי לַאדֹנָי מִשֹּׁמְרִים לַבֹּקֶר
שֹׁמְרִים לַבֹּקֶר. יַחֵל יִשְׂרָאֵל אֶל־יְיָ כִּי־עִם־יְיָ הַחֶסֶד וְהַרְבֵּה עִמּוֹ פְדוּת. וְהוּא
יִפְדֶּה אֶת־יִשְׂרָאֵל מִכֹּל עֲוֹנֹתָיו.

Tashlich

**(Tashlich is recited traditionally after Minchah on Rosh Hashanah afternoon
by a body of living water such as a lake or stream, but not on Shabbat.
Tashlich is a time for personal confession of sin)**

God, who is like You, who forgives transgression and passes over iniquity in the remnant of His inheritance, not remaining angry forever. He takes delight in loving kindness. He will again be compassionate to us, trampling down our transgressions. And You will cast all their sins into the depths of the sea. Grant truth to Jacob; loving kindness to Abraham, as You swore to our fathers from days of long ago.

Out of the depths I called upon the Lord; from the expanses the Lord answered me. The Lord is with me, I shall not be afraid. What can man do to me? The Lord is with me to help me, therefore I am able to face my enemies. It is better to seek refuge in the Lord than to trust in man.

Psalm 33

You who are righteous, rejoice in the Lord; it is fitting to sing His praises. Give thanks to the Lord on the harp; make a melody to Him with the ten stringed lute. Sing a new song to Him; play skillfully amid joyful shouting. The word of the Lord is right; all His doings are faithful. He loves charity and justice; the Lord's mercy fills the earth. The heavens came into being by the word of the Lord; all their host by the breath of His mouth. He, like a vessel, gathers the seas; he lays up the deep in storehouses. The whole earth will fear the Lord; all its inhabitants will hold Him in awe. Because He spoke, and it was; He commanded, and it stood firm. The Lord brought the counsel of the nations to naught; He foiled the plans of the peoples. The Lord's counsel stands forever; the desire of His heart from generation to generation. Blessed is the nation whose God is the Lord; the people He has chosen as His own. The Lord looked from the heavens upon all the sons of men; from His dwelling place He looked on all the inhabitants of the world. He fashioned all their hearts; He knows all their deeds. The king is not saved by his armies; nor the warrior by great strength. Horses bring false hope; for all its strength it cannot deliver. But the eye of the Lord is on those who fear Him; who trust in His loving kindness; to deliver their soul from death and to keep them alive in times of famine. Our soul waited for the Lord; He is our help and our shield. Our heart will rejoice in Him; our trust is in the Holy Name. Lord, may Your mercies be on us, as our hope is in You.

They will not harm, nor will they do evil in all My holy mountain, for the earth will be filled with the knowledge of the Lord as the waters cover the seas.

Psalm 130

A song of ascents. O Lord, out of the depths I cried to You. Lord, hear my voice; may Your ears be attentive to the sound of my supplications. O Lord, if You should mark iniquities, who could stand? But there is forgiveness with You, that You may be revered. I wait for the Lord; my soul waits, and for His word I hoped. My soul *yearns* for the Lord, as those who watch for the morning watch for the morning. Israel has hoped in the Lord, for with the Lord is loving kindness, and with him is great redemption. And He will redeem Israel from all its sins.

הַדְלָקַת נֵר שֶׁל יוֹם הַכִּפּוּרִם

Candle Lighting for Yom Kippur

(On Shabbat Add words in parenthesis)

בָּרוּךְ אַתָּה יְיָ אֱלֹהֵינוּ מֶלֶךְ הָעוֹלָם, אֲשֶׁר קִדְּשָׁנוּ בְּמִצְוֹתָיו, וְצִוָּנוּ לְהַדְלִיק
נֵר שֶׁל (שַׁבָּת וְשֶׁל) יוֹם הַכִּפּוּרִם.

Baruch atah Adonai Eloheynu Melech ha-olam asher kid'shanu b'mitzvotav
v'tzivanu l'had-lik ner shel (Shabbat ve-shel) Yom HaKippurim.

Blessed are You, Lord our God, King of the Universe, who has sanctified us
with His commandments, and commanded us to light the (Shabbat and) the
Atonement lights.

בָּרוּךְ אַתָּה יְיָ אֱלֹהֵינוּ מֶלֶךְ הָעוֹלָם, שֶׁהֶחֱיָנוּ וְקִיְּמָנוּ וְהִגִּיעָנוּ לַזְּמַן הַזֶּה.

Baruch atah Adonai, Eloheinu Melech HaOlam, Shehekeyanu, Vekiyemanu,
Vehigiyanu, Lazman hazeh!

Blessed are You, Lord our God, King of the Universe, who has kept us, and
sustained us, and enabled us to reach this season!

Kol Nidre

Kol Nidre, a prayer which has come to be so fully identified with Yom Kippur evening that the service itself is called Kol Nidre, is in fact part of a legal ritual for the annulment of vows. And it is this that presents us with the controversy surrounding Kol Nidre.

The legal act of annulment is ancient, and is mentioned in a number of early passages in the Mishnah. According to tradition, a person who has committed himself to something by means of a vow, can petition a Din Torah to be released from that vow. The process usually began with an interrogation of the person seeking release, whose purpose was to establish that the vow had been accepted without full awareness of its implications or consequences. If the vow was found to have been undertaken in such circumstances the Din Torah had the authority, but not the obligation, to declare it null and void.

While this all sounds proper, the fact of the matter is that early rabbinic authorities are unclear about how this practice began, and where it gains its authority. In fact it is considered to be one of the "laws" that "hover in the air and have nothing to support them" *(Hagigah 1:8)*. This means that while they are a part of the oral tradition they have no known scriptural basis.

The inclusion "Kol Nidre" as a prayer that preceded the Yom Kippur Evening Service, was first seen during the 9th century, and while there has been much speculation that it was associated with the annulment of the vows of the Marranos of Spain, there is little evidence to actually support that claim. Rather, Kol Nidre, recited on Yom Kippur, probably reflected a popular feeling that unfulfilled vows would impede the atonement process.

Many leading rabbinic authorities were hostile to this custom of holding a mass public ceremony for the annulment of vows. They felt that such a ceremony did not conform to the "legal" requirements established for the annulment of vows, which included the interrogation of the individual who was seeking to be released from the vow, and an expression of regret on the part of the person for not being able to fulfill the vow they had made. This was so serious a matter that the heads of the Babylonian academies refused to give sanction to what they regarded as an unjustifiable disregard for the explicit biblical precept "If a man vow unto the Lord... he shall not break his word" *(Numbers 30:2)*.

When Kol Nidre was introduced into the liturgy for Yom Kippur it was repeatedly attacked by many halachic authorities, and in the 19th century it was expunged from the *machzorim* of many communities in Western Europe. However, it became more and more difficult to ignore the fact that people all too often spoke recklessly, and would get themselves tied into obligations they were unable to fulfill. In the end, the rabbis were compelled to make a difficult choice between insistence on respect for one's word, and compassion for those who needed release from such rash vows. As a result, Kol Nidre took its place in the liturgy of Yom Kippur.

As with so many other traditional forms, the form for Kol Nidre was and is symbolic of the "annulment ceremony" that was set before a Din Torah. Before sunset, on the eve of the Day of Atonement, the Ark would be opened and two of the leading men of the congregation (often the Rabbi and an "Elder") would take two Torah-scrolls from the ark. They would stand on either side of the Chazzan, and the three of them would recite the following words:

בִּישִׁיבָה שֶׁל מַעְלָה וּבִישִׁיבָה שֶׁל מַטָּה, עַל דַּעַת הַמָּקוֹם וְעַל דַּעַת הַקָּהָל, אָנוּ מַתִּירִין לְהִתְפַּלֵּל עִם הָעֲבַרְיָנִים.

> "In the gathering of the High *Heavenly Court*, and in the gathering of the *Earthly Court* Below, with the knowledge of the Omnipresent, and with the knowledge of the assembly, we hold it lawful to pray with the transgressors."

Once this was done the Chazzan would chant the words of "Kol Nidre" three times:

כָּל נִדְרֵי וֶאֱסָרֵי וַחֲרָמֵי, וְקוֹנָמֵי וְכִנּוּיֵי, וְקִנּוּסֵי וּשְׁבוּעוֹת, דִּנְדַרְנָא וּדְאִשְׁתַּבַּעְנָא, וּדְאַחֲרֶמְנָא וְדָאֲסַרְנָא עַל נַפְשָׁתָנָא, מִיּוֹם כִּפּוּרִים זֶה עַד יוֹם כִּפּוּרִים הַבָּא עָלֵינוּ לְטוֹבָה, כֻּלְּהוֹן אִחֲרַטְנָא בְהוֹן. כֻּלְּהוֹן יְהוֹן שָׁרָן, שְׁבִיקִין שְׁבִיתִין, בְּטֵלִין וּמְבֻטָּלִין, לָא שְׁרִירִין וְלָא קַיָּמִין. נִדְרָנָא לָא נִדְרֵי, וֶאֱסָרָנָא לָא אֱסָרֵי, וּשְׁבוּעָתָנָא לָא שְׁבוּעוֹת.

> "All vows, and prohibitions, and oaths, and offerings, both Koh-nah-may and Kinoo'say, or the equivalent, that we may vow, and swear, and set aside, and forbid to ourselves, from this Yom Kippur until the next Yom Kippur, may it come upon us for good, *for* we repudiate them all. May they all be undone, forgiven, nullified and made void. They shall not be binding upon us, and shall not have power over us. Our vows are no longer vows *(that are valid)*, and our oaths are no longer oaths *(that are binding)* and our offerings *(whatever they may be)* are no longer obligatory *(in their nature)*."

The leader, and the congregation, would then recite the following three times:

וְנִסְלַח לְכָל־עֲדַת בְּנֵי יִשְׂרָאֵל וְלַגֵּר הַגָּר בְּתוֹכָם כִּי
לְכָל־הָעָם בִּשְׁגָגָה:

"And it shall be forgiven all the congregation of the sons of Israel, and the stranger who dwells in the midst of them, for all the people were in error" *(Numbers 15:26)*.

After which, the Chazzan would add:

בָּרוּךְ אַתָּה, יְיָ אֱלֹהֵינוּ, מֶלֶךְ הָעוֹלָם, שֶׁהֶחֱיָנוּ וְקִיְּמָנוּ
וְהִגִּיעָנוּ לַזְּמַן הַזֶּה.

"Blessed are You, Lord our God, King of the Universe, who has kept us alive, and who has sustained us, and brought us to this season."

With the conclusion of this prayer, the Torah scrolls would returned to the ark, and the evening service for Yom Kippur would begin.

Solomon exhorts us with the following words: "When you make a vow to God, do not delay in fulfilling it. He has no pleasure in fools--fulfill your vow. It is better not to vow than to make a vow and not fulfill it" *(Ecclesiastes 5:3-4)*. He does this for a reason... there is a very real danger in making vows. You see, while we would like to think that we have everything under control, we cannot order every circumstance that might prevent us from fulfilling a vow we have taken. Nor, are we so pure that we will always be faithful to fulfill our vows. Messiah Yeshua taught that we must be people of integrity, keeping our word with a simple, "Yes" or "No" *(Matthew 5:43-48)*. Therefore, we must guard our tongues and not be quick to speak, lest we sin. Unfortunately, while we understand this in principle, we nonetheless often find that we, like Jephthah, must deal with the consequences of foolish words and foolish vows.

In Torah, we are told that if the wife or child of a man makes a vow that might have unforeseen consequences to the household of her husband or father, the father or husband has both the right and the authority to declare that vow null and void. We are that wife and that child. And God, as our Father and our Husband, is able to annul our foolish vows if we ask it of Him.

Our use of Kol Nidre is not an escape clause that we can invoke in order to get away with "things" we never intended to fulfill anyway. It does not diminish our obligation to fulfill commitments that we have made, or will make in the coming year. Rather, it is a spoken symbol that reminds us that our words, all too often, lack substance, and that while our intent to fulfill our words may have been real, we are at times, unable in our weakness, to bring them to fruition. May God, our Father, have mercy on us. May He forgive us for the words we have so foolishly spoken. May He release us from the consequences of vows spoken in haste, that we might stand, this Yom Kippur night, in the reality of the knowledge of His grace.

כָּל נִדְרֵי

בָּרוּךְ אַתָּה יְיָ אֱלֹהֵינוּ מֶלֶךְ הָעוֹלָם אֲשֶׁר קִדְּשָׁנוּ בְּמִצְוֹתָיו, וְצִוָּנוּ
לְהִתְעַטֵּף בַּצִּיצִת.

*Baruch atah Adonai, eloheinu melekh ha-olam, asher kid-shanu bemitzvotav,
vetzivanu lehitatef batzitzit*

(The Reader, or one of the men at his side, recites the following three times)

בִּישִׁיבָה שֶׁל מַעְלָה וּבִישִׁיבָה שֶׁל מַטָּה, עַל דַּעַת הַמָּקוֹם וְעַל דַּעַת
הַקָּהָל, אָנוּ מַתִּירִין לְהִתְפַּלֵּל עִם הָעֲבַרְיָנִים.

Reader repeats Kol Nidre three times aloud:

כָּל נִדְרֵי וֶאֱסָרֵי וַחֲרָמֵי, וְקוֹנָמֵי וְכִנּוּיֵי, וְקִנּוּסֵי וּשְׁבוּעוֹת, דִּנְדַרְנָא
וּדְאִשְׁתַּבַּעְנָא, וּדְאַחֲרִמְנָא וְדָאֲסַרְנָא עַל נַפְשָׁתָנָא, מִיוֹם כִּפֻּרִים זֶה עַד
יוֹם כִּפֻּרִים הַבָּא עָלֵינוּ לְטוֹבָה, כֻּלְּהוֹן אֲחַרַטְנָא בְהוֹן. כֻּלְּהוֹן יְהוֹן שָׁרָן,
שְׁבִיקִין שְׁבִיתִין, בְּטֵלִין וּמְבֻטָּלִין, לָא שְׁרִירִין וְלָא קַיָּמִין. נִדְרָנָא לָא
נִדְרֵי, וֶאֱסָרָנָא לָא אֱסָרֵי, וּשְׁבוּעָתָנָא לָא שְׁבוּעוֹת.

Reader and Congregation repeat three times:

וְנִסְלַח לְכָל עֲדַת בְּנֵי יִשְׂרָאֵל וְלַגֵּר הַגָּר בְּתוֹכָם, כִּי לְכָל הָעָם בִּשְׁגָגָה.

*V'nis'lahch l'chahl ah-daht b'nay Yis'rah-el v'lah-gehr ha-gahr
b'toh-chahm, key l'chahl ha-ahm bish'gah-gah.*

Reader:

סְלַח נָא לַעֲוֹן הָעָם הַזֶּה כְּגֹדֶל חַסְדֶּךָ, וְכַאֲשֶׁר נָשָׂאתָה לָעָם הַזֶּה מִמִּצְרַיִם
וְעַד הֵנָּה. וְשָׁם נֶאֱמַר.

*S'lahch nah lah-ah-vohn ha-ahm ha-zeh k'goh-dehl chahs'deh-chah,
v'chah-ah-shehr nah-shah-tah lah-ahm ha-zeh mi-meetz-rah-yeem v'ahd
hay-nah. Ve-sham ne-ey-mar.*

Reader and Congregation repeat three times:

וַיֹּאמֶר יְיָ סָלַחְתִּי כִּדְבָרֶךָ.

Vah-yoh-mehr Adonai sah-lach'tee kid'vah-reh-chah.

Reader and Congregation:

בָּרוּךְ אַתָּה, יְיָ אֱלֹהֵינוּ, מֶלֶךְ הָעוֹלָם, שֶׁהֶחֱיָנוּ וְקִיְּמָנוּ וְהִגִּיעָנוּ לַזְּמַן הַזֶּה.

Baruch atah Adonai, Eloheinu Melech HaOlam, Shehekeyanu, Vekiyemanu,
Vehigiyanu, Lazman hazeh!

Kol Nidre

Blessed are You, Lord our God, King of the universe, who has set us apart through His commandments, and has commanded us to wrap ourselves in tzitzit.

(The Reader, or one of the men at his side, recites the following three times)

In the gathering of the High *Heavenly Court*, and in the gathering of the *Earthly Court* Below, with the knowledge of the Omnipresent, and with the knowledge of the assembly, we hold it lawful to pray with the transgressors.

Reader repeats Kol Nidre three times aloud:

All vows, and prohibitions, and oaths, and offerings, both Konamay and Kinoosay[1], or the equivalent, that we may vow, and swear, and set aside, and forbid to ourselves, from this Yom Kippur until the next Yom Kippur, may it come upon us for good, *for* we repudiate them all. May they all be undone, forgiven, nullified and made void. They shall not be binding upon us, and shall not have power over us. Our vows are no longer vows *that are valid*, and our oaths are no longer oaths *that are binding* and our offerings *whatever they may be* are no longer obligatory *in their nature.*

Reader and Congregation repeat three times:

And it shall be forgiven all the congregation of the sons of Israel, and the stranger who dwells in the midst of them, for all the people were in error.

Reader:

In days to come, pardon the iniquity of this people, according to the abundance of Your loving kindness, even as You have forgiven this people *since they departed* from Mitzrayim until now.

Reader and Congregation repeat three times:
And the Lord said, "I have forgiven them, as you have asked."

Reader and Congregation:

Blessed are You, Lord our God, King of the Universe, who has kept us alive, and who has sustained us, and brought us to this season.

---

1. Konamay and Kinoosay are specific undefinable offerings covered by Kol Nidre

עַרְבִית לְיוֹם כִּפּוּר

בָּרְכִי נַפְשִׁי אֶת יְיָ: יְיָ אֱלֹהַי גָּדַלְתָּ מְּאֹד, הוֹד וְהָדָר לָבָשְׁתָּ. עֹטֶה אוֹר כַּשַׂלְמָה, נוֹטֶה שָׁמַיִם כַּיְרִיעָה.

בְּשֵׁם כָּל יִשְׂרָאֵל, לְשֵׁם יִחוּד קֻדְשָׁא בְּרִיךְ הוּא וּשְׁכִינְתֵּהּ, וְיֵשׁוּעַ הַמָּשִׁיחַ בִּדְחִילוּ וּרְחִימוּ לְיַחֵד שֵׁם י"ה בְּו"ה בְּיִחוּדָא שְׁלִים.

מַה יָּקָר חַסְדְּךָ אֱלֹהִים, וּבְנֵי אָדָם בְּצֵל כְּנָפֶיךָ יֶחֱסָיוּן. יִרְוְיֻן מִדֶּשֶׁן בֵּיתֶךָ, וְנַחַל עֲדָנֶיךָ תַשְׁקֵם. כִּי עִמְּךָ מְקוֹר חַיִּים, בְּאוֹרְךָ נִרְאֶה אוֹר. מְשֹׁךְ חַסְדְּךָ לְיֹדְעֶיךָ, וְצִדְקָתְךָ לְיִשְׁרֵי לֵב.

(On Shabbat Add)

Psalm 92

מִזְמוֹר שִׁיר לְיוֹם הַשַׁבָּת. טוֹב לְהֹדוֹת לַיְיָ וּלְזַמֵּר לְשִׁמְךָ עֶלְיוֹן. לְהַגִּיד בַּבֹּקֶר חַסְדֶּךָ וֶאֱמוּנָתְךָ בַּלֵּילוֹת. עֲלֵי עָשׂוֹר וַעֲלֵי נָבֶל עֲלֵי הִגָּיוֹן בְּכִנּוֹר. כִּי שִׂמַּחְתַּנִי יְיָ בְּפָעֳלֶךָ בְּמַעֲשֵׂי יָדֶיךָ אֲרַנֵּן. מַה גָּדְלוּ מַעֲשֶׂיךָ יְיָ מְאֹד עָמְקוּ מַחְשְׁבֹתֶיךָ. אִישׁ בַּעַר לֹא יֵדָע וּכְסִיל לֹא יָבִין אֶת זֹאת. בִּפְרֹחַ רְשָׁעִים כְּמוֹ עֵשֶׂב וַיָּצִיצוּ כָּל פֹּעֲלֵי אָוֶן לְהִשָּׁמְדָם עֲדֵי עַד. וְאַתָּה מָרוֹם לְעֹלָם יְיָ. כִּי הִנֵּה אֹיְבֶיךָ יְיָ כִּי הִנֵּה אֹיְבֶיךָ יֹאבֵדוּ יִתְפָּרְדוּ כָּל פֹּעֲלֵי אָוֶן. וַתָּרֶם כִּרְאֵים קַרְנִי בַּלֹּתִי בְּשֶׁמֶן רַעֲנָן. וַתַּבֵּט עֵינִי בְּשׁוּרָי בַּקָּמִים עָלַי מְרֵעִים תִּשְׁמַעְנָה אָזְנָי. צַדִּיק כַּתָּמָר יִפְרָח כְּאֶרֶז בַּלְּבָנוֹן יִשְׂגֶּה. שְׁתוּלִים בְּבֵית יְיָ בְּחַצְרוֹת אֱלֹהֵינוּ יַפְרִיחוּ. עוֹד יְנוּבוּן בְּשֵׂיבָה דְּשֵׁנִים וְרַעֲנַנִּים יִהְיוּ. לְהַגִּיד כִּי יָשָׁר יְיָ צוּרִי וְלֹא עַוְלָתָה בּוֹ.

Psalm 93

יְיָ מָלָךְ גֵּאוּת לָבֵשׁ לָבֵשׁ יְיָ עֹז הִתְאַזָּר אַף תִּכּוֹן תֵּבֵל בַּל תִּמּוֹט. נָכוֹן כִּסְאֲךָ מֵאָז מֵעוֹלָם אָתָּה. נָשְׂאוּ נְהָרוֹת יְיָ נָשְׂאוּ נְהָרוֹת קוֹלָם יִשְׂאוּ נְהָרוֹת דָּכְיָם. מִקֹּלוֹת מַיִם רַבִּים אַדִּירִים מִשְׁבְּרֵי יָם אַדִּיר בַּמָּרוֹם יְיָ. עֵדֹתֶיךָ נֶאֶמְנוּ מְאֹד לְבֵיתְךָ נָאֲוָה קֹדֶשׁ יְיָ לְאֹרֶךְ יָמִים.

Evening Service for Yom Kippur

O my soul, bless the Lord. Lord my God You are very great; You have clothed yourself in glory and splendor. You have wrapped Yourself in light, as in a garment, having stretched out the heavens as a tent.

In the name of all Israel, we set apart the name of the Holy One, blessed is He, and Yeshua the Messiah, and His Shechinah, in fear and love, to unify the Name[2], in a unity that is complete.

O God, how precious is Your loving kindness; the children of Adam find refuge in the shadow of Your wings. They will be satisfied from the abundance *found* in Your house, and You will give them drink from the streams of Your delight. For with You is the source of life, and in Your light we will *come to* understand light. Stretch forth Your loving kindness to those who are known by You, and Your justice to the one whose heart is without guile.

(On Shabbat Add)

Psalm 92

A psalm, a song for the Sabbath day: It is good to give thanks to the Lord and to sing to Your Name, O Most High; to declare Your loving kindness in the morning and Your faithfulness at night; on the ten-stringed lyre and the lute, to the sound of the harp. Lord, You have made me glad through Your works; I joy in the work of Your hands. How great are Your works, O Lord! How deep Your designs! The stupid man cannot know and the fool cannot understand. When the wicked grow up like grass, and those who do evil flourish, it is that they may be destroyed forever. You are great forever. Behold Your enemies, O Lord. Behold, Your enemies will perish; all who work iniquity will be dispersed. You have exalted my strength as that of the wild ox. I have been anointed with fresh oil. My eye has seen my foes; my ear has heard my enemies. Those who are righteous flourish like the palm tree; they flourish like the cedars of Lebanon. Those who are planted in the house of the Lord shall flourish in the courts of our God. Even in their old age they will bear fruit. They will be vigorous and fresh. They will proclaim, "The Lord is just! He is my Rock; there is no wrong in Him!"

Psalm 93

The Lord is King; He is robed in majesty. The Lord is robed; He has girded Himself with strength. In this the world is firmly set; it cannot be moved. Your throne was established long ago; You are from eternity. Lord, the floods have lifted up; the floods have lifted up their voice; they have lifted up their waves. Above the sound of many waters; mighty breakers of the sea, the Lord on high is supreme. Your testimonies are very sure. Lord, Your house is adorned with holiness for all time.

---

2.   יה *symbolizing the attribute of Judgment, and* וה *symbolizing the attribute of Mercy*

Revelation 15:2-4

וּכְיָם זְכוּכִית בָּלוּל בָּאֵשׁ נִרְאָה לְעֵינַי וְאֵלֶּה אֲשֶׁר גָּבְרוּ עַל הַחַיָּה וְעַל צַלְמָהּ וּמִסְפַּר שְׁמָהּ
עֹמְדִים עַל יַם הַזְּכוּכִית וְכִנֹּרוֹת אֵל בְּיָדָם. אָז יָשִׁירוּ שִׁיר מֹשֶׁה עֶבֶד הָאֱלֹהִים וְשִׁיר הַשֶּׂה לֵאמֹר
גְּדֹלִים וְנוֹרָאִים מַעֲשֶׂיךָ יְהֹוָה אֱלֹהִים אֵל שַׁדַּי וּדְרָכֶיךָ אֱמֶת וָצֶדֶק מֶלֶךְ הַגּוֹיִם. מִי לֹא יִרָאֲךָ
יְהֹוָה מִי לֹא יִתֵּן כָּבוֹד לִשְׁמֶךָ קָדוֹשׁ אַתָּה לְבַדֶּךָ וְכָל הַגּוֹיִם יָבֹאוּ וְיִשְׁתַּחֲווּ לְפָנֶיךָ כִּי צִדְקָתְךָ
נִגְלָתָה.

Revelation 5:11-13

אָז רָאִיתִי וְשָׁמַעְתִּי קוֹל מַלְאָכִים רַבִּים סָבִיב לַכִּסֵּא וְלַחַיּוֹת וְלַזְּקֵנִים וּמִסְפָּרָם רְבָאוֹת רְבָבוֹת
וְאַלְפֵי אֲלָפִים. וְהֵם עָנוּ בְּקוֹל רָם נָאֶה לַשֶּׂה הַטָּבוּחַ לָקַחַת עֹז וְעֹשֶׁר וְחָכְמָה וּגְבוּרָה וְהוֹד וְהָדָר
וּבְרָכָה. וְכָל יָצוּר אֲשֶׁר בַּשָּׁמַיִם וּבָאָרֶץ וּמִתַּחַת לָאָרֶץ וַאֲשֶׁר עַל פְּנֵי הַיַּמִּים וְכֹל אֲשֶׁר בָּהֶם
שָׁמַעְתִּי עֹנִים לֵאמֹר אֶל הַיּוֹשֵׁב עַל הַכִּסֵּא וְאֶל הַשֶּׂה הַבְּרָכָה וְהֶהוֹד וְהֶהָדָר וְהַמֶּמְשָׁלָה עַד עוֹלְמֵי
עוֹלָמִים. וְאַרְבַּע הַחַיּוֹת עָנוּ אָמֵן וְהַזְּקֵנִים נָפְלוּ עַל פְּנֵיהֶם וַיִּשְׁתַּחֲווּ לְפָנָיו.

Mourner's Kaddish

יִתְגַּדַּל וְיִתְקַדַּשׁ שְׁמֵהּ רַבָּא. בְּעָלְמָא דִּי בְרָא כִרְעוּתֵהּ, וְיַמְלִיךְ מַלְכוּתֵהּ בְּחַיֵּיכוֹן
וּבְיוֹמֵיכוֹן וּבְחַיֵּי דְכָל בֵּית יִשְׂרָאֵל. בַּעֲגָלָא וּבִזְמַן קָרִיב, וְאִמְרוּ אָמֵן.

Yit-gahdahl v'yit-kahdash sh'meh rahbah. B'ahl'mah dee v'rah chir'ooteh,
v'yahm'leech mahl'chooteh b'chah-yey-chohn oov'yoh-maychohn
oov'chah-yey d'chal beyt Yisrael. Bah-ah-gahlah ooviz-mahn kah-reev
v'imroo, Amen.

יְהֵא שְׁמֵהּ רַבָּא מְבָרַךְ לְעָלַם וּלְעָלְמֵי עָלְמַיָּא.

Y'hay sh'may rahbah m'vahrach l'ah-lam ool'ahl'may ahl'mahyah.

יִתְבָּרַךְ וְיִשְׁתַּבַּח, וְיִתְפָּאַר וְיִתְרוֹמַם וְיִתְנַשֵּׂא וְיִתְהַדָּר וְיִתְעַלֶּה וְיִתְהַלָּל שְׁמֵהּ
דְּקֻדְשָׁא, בְּרִיךְ הוּא, לְעֵלָּא וּלְעֵלָּא מִכָּל בִּרְכָתָא וְשִׁירָתָא, תֻּשְׁבְּחָתָא וְנֶחֱמָתָא,
דַּאֲמִירָן בְּעָלְמָא, וְאִמְרוּ אָמֵן.

Yit'bahrach v'yish-tahbach, v'yit-pahahr v'yit-rohmahm v'yit-nahseh
v'yit-hadahr v'yit-ahleh v'yit-hah-lahl sh'may d'kood-shah b'reech hoo
l'ehlah u-l'ehlah mi-kahl bir-chah-tah v'she-rahtah, toosh'b'chahtah
v'neh-cheh-mahtah, dah-ah-mirahn b'ahl-mah, v'imroo, Amen.

יְהֵא שְׁלָמָא רַבָּא מִן שְׁמַיָּא וְחַיִּים עָלֵינוּ וְעַל כָּל יִשְׂרָאֵל, וְאִמְרוּ אָמֵן.

Y'hay sh'lahmah rahbah min sh'mahyah v'chah-yeem ah-laynoo v'ahl kol
Yisrael, v'imroo, Amen.

עֹשֶׂה שָׁלוֹם בִּמְרוֹמָיו הוּא יַעֲשֶׂה שָׁלוֹם עָלֵינוּ וְעַל כָּל יִשְׂרָאֵל, וְאִמְרוּ אָמֵן.

Oh-seh shalom bim'rohmahv hoo yah-ahseh shalom ah-laynoo v'ahl kol
Yisrael, v'imroom, Amen.

אַל תִּירָא מִפַּחַד פִּתְאֹם, וּמִשֹּׁאַת רְשָׁעִים כִּי תָבֹא. עֻצוּ עֵצָה וְתֻפָר, דַּבְּרוּ דָבָר
וְלֹא יָקוּם, כִּי עִמָּנוּ אֵל. וְעַד זִקְנָה אֲנִי הוּא, וְעַד שֵׂיבָה אֲנִי אֶסְבֹּל, אֲנִי עָשִׂיתִי
וַאֲנִי אֶשָּׂא, וַאֲנִי אֶסְבֹּל וַאֲמַלֵּט.

Revelation 15:2-4

And I saw something like a sea of glass mingled with fire, and those who have the victory over the beast, over his image, over his mark, over the number of his name, standing on the sea of glass, having harps of God in their hands. They sing the song of Moses, the servant of God, and the song of the Lamb, saying: "Great and marvelous are Your works, Lord God Almighty! Just and true are Your ways; You are King of the ages. Who shall not fear and glorify Your Name, O Lord? For You alone are holy. All the nations shall come and worship You, for Your judgments have been made manifest."

Revelation 5:11-13

Then I looked again, and I heard the singing of thousands and tens of thousands of angels around the throne and the living beings and the elders. They sang in a mighty chorus: "The Lamb is worthy, the Lamb who was killed. He is worthy to receive power and riches and wisdom and strength and honor and glory and blessing." And then I heard every creature in heaven and on earth and under the earth and in the sea. They also sang: "Blessing and honor and glory and power belong to the One sitting on the throne and to the Lamb forever and ever."

Mourner's Kaddish

Magnified and sanctified may God's great Name be throughout the world which He has created according to His will. May He establish His kingdom in our lifetime, and during our days, and within the life of the entire house of Israel, speedily and soon; and say, *"Amen."*

May the greatness of His Name be blessed forever and ever.

Let the Name of the Holy One, *blessed is He*, be blessed and praised, glorified and exalted, extolled and honored, adored and lauded, exceedingly beyond all of the blessings and songs, praises and consolations that are ever spoken in this world, and say, *"Amen."*

May there be abundant peace from heaven, and life for us and for all Israel, and say, *"Amen."*

May He who creates peace in His high heavens create peace for us and for all Israel, and say, *"Amen."*

Do not fear sudden terror, or the storm that strikes the wicked, for God is with us. "When you are old I will be the same; I will sustain you even when your hair has turned grey. I have made you, and I will bear you! I will sustain you and save you!"

Barchu

Reader:

בָּרְכוּ אֶת יְיָ הַמְבֹרָךְ

Barchu et Adonai hahm'voh-rach.

Congregation then Reader:

בָּרוּךְ יְיָ הַמְבֹרָךְ לְעוֹלָם וָעֶד.

Baruch Adonai hahm'voh-rach l'olam vahed.

Silent Meditation:

יִתְבָּרַךְ וְיִשְׁתַּבַּח, וְיִתְפָּאַר וְיִתְרוֹמַם וְיִתְנַשֵּׂא שְׁמוֹ שֶׁל מֶלֶךְ מַלְכֵי הַמְּלָכִים, הַקָּדוֹשׁ בָּרוּךְ הוּא, שֶׁהוּא רִאשׁוֹן וְהוּא אַחֲרוֹן וּמִבַּלְעָדָיו אֵין אֱלֹהִים. סֹלּוּ לָרֹכֵב בָּעֲרָבוֹת, בְּיָהּ שְׁמוֹ, וְעִלְזוּ לְפָנָיו, וּשְׁמוֹ מְרוֹמָם עַל כָּל בְּרָכָה וּתְהִלָּה. בָּרוּךְ שֵׁם כְּבוֹד מַלְכוּתוֹ לְעוֹלָם וָעֶד. יְהִי שֵׁם יְיָ מְבֹרָךְ מֵעַתָּה וְעַד עוֹלָם.

בָּרוּךְ אַתָּה יְיָ, אֱלֹהֵינוּ מֶלֶךְ הָעוֹלָם, אֲשֶׁר בִּדְבָרוֹ מַעֲרִיב עֲרָבִים, בְּחָכְמָה פּוֹתֵחַ שְׁעָרִים, וּבִתְבוּנָה מְשַׁנֶּה עִתִּים, וּמַחֲלִיף אֶת הַזְּמַנִּים, וּמְסַדֵּר אֶת הַכּוֹכָבִים, בְּמִשְׁמְרוֹתֵיהֶם בָּרָקִיעַ כִּרְצוֹנוֹ. בּוֹרֵא יוֹם וָלָיְלָה, גּוֹלֵל אוֹר מִפְּנֵי חֹשֶׁךְ, וְחֹשֶׁךְ מִפְּנֵי אוֹר. וּמַעֲבִיר יוֹם וּמֵבִיא לָיְלָה, וּמַבְדִּיל בֵּין יוֹם וּבֵין לָיְלָה, יְיָ צְבָאוֹת שְׁמוֹ. אֵל חַי וְקַיָּם, תָּמִיד יִמְלוֹךְ עָלֵינוּ לְעוֹלָם וָעֶד. בָּרוּךְ אַתָּה יְיָ, הַמַּעֲרִיב עֲרָבִים.

Ahavat Olam

אַהֲבַת עוֹלָם בֵּית יִשְׂרָאֵל עַמְּךָ אָהָבְתָּ, תּוֹרָה וּמִצְוֹת, חֻקִּים וּמִשְׁפָּטִים, אוֹתָנוּ לִמַּדְתָּ עַל כֵּן יְיָ אֱלֹהֵינוּ, בְּשָׁכְבֵנוּ וּבְקוּמֵנוּ נָשִׂיחַ בְּחֻקֶּיךָ, וְנִשְׂמַח בְּדִבְרֵי תוֹרָתֶךָ וּבְמִצְוֹתֶיךָ לְעוֹלָם וָעֶד. כִּי הֵם חַיֵּינוּ וְאֹרֶךְ יָמֵינוּ, וּבָהֶם נֶהְגֶּה יוֹמָם וָלָיְלָה, וְאַהֲבָתְךָ אַל תָּסִיר מִמֶּנּוּ לְעוֹלָמִים. בָּרוּךְ אַתָּה יְיָ, אוֹהֵב עַמּוֹ יִשְׂרָאֵל.

Ah-ha-vaht oh-lahm bayt Yisrael ahm'chah ah-hahv-tah, Toh-rah oo-mitz'voht, choo-keem oo-mish'pah-teem, oh-tahnoo li-mahd'tah ahl ken Adonai Eh-loh-haynoo, b'shach'beh-noo oov'koo-mehnoo nah-see-ach b'choo-keh-chah, v'nis'mach b'div-ray toh-rah-teh-chah oov'mitz'voh-teh-chah l'oh-lahm vah-ed. Key hem chah-yay-noo v'oh-rech yah-may-noo, oo-vah-hem neh'geh yoh-mahm vah-lah-y'lah, v'ah-havaht'chah ahl tah-seer mi-meh-noo l'oh-lah-meem. Baruch ah-tah Adonai, oh-hehv ah-moh Yisrael.

Mark 12:28-34

וְאֶחָד מִן הַסּוֹפְרִים בָּא וַיִּשְׁמַע אֹתָם נִדְבָּרִים יַחְדָּו וּבִרְאֹתוֹ כִּי הֵיטֵב עָנָה עַל דִּבְרֵיהֶם וַיִּשְׁאָלֵהוּ מַה רֵאשִׁית כָּל הַמִּצְוֹת. וַיַּעַן יֵשׁוּעַ הָרִאשֹׁנָה הֲלֹא הִיא שְׁמַע יִשְׂרָאֵל יְיָ אֱלֹהֵינוּ, יְיָ אֶחָד. וְאָהַבְתָּ אֵת יְיָ אֱלֹהֶיךָ, בְּכָל לְבָבְךָ, וּבְכָל נַפְשְׁךָ, וּבְכָל מְאֹדֶךָ. וְהַשְּׁנִיָּה הֲלֹא הִיא וְאָהַבְתָּ לְרֵעֲךָ כָּמוֹךָ וְאֵין מִצְוָה גְּדוֹלָה מִשְׁתַּיִם אֵלֶּה. וַיֹּאמֶר אֵלָיו הַסּוֹפֵר אָמְנָם מוֹרִי אֱמֶת דִּבַּרְתָּ כִּי אֶחָד הוּא וְאֵין עוֹד מִלְבַדּוֹ. וּלְאַהֲבָה אֹתוֹ בְּכָל לֵב וּבְכָל מַדָּע וּבְכָל מְאֹד וְלֶאֱהֹב אִישׁ אֶת רֵעֵהוּ כְּנַפְשׁוֹ הִיא גְּדוֹלָה מִכָּל עֹלָה וָזָבַח. וַיַּרְא יֵשׁוּעַ כִּי הִשְׂכִּיל לַעֲנוֹת אֹתוֹ וַיֹּאמֶר אֵלָיו הִנְּךָ לֹא רָחוֹק מִמַּלְכוּת אֱלֹהִים וְלֹא הֵעֵזוֹד אִישׁ לְהִתְוַכַּח עִמּוֹ בַּדְּבָרִים מֵהַיּוֹם וָמָעְלָה.

Barchu

Reader:

Bless the Lord, who is blessed!

Congregation then Reader:

Blessed is the Lord, who is blessed forever and ever!

Silent Meditation:

Blessed and praised, glorified, exalted and honored be the name of the Supreme King of Kings, the Holy One, blessed be He. He is the first and the last, and there is no God beside Him. Extol Him who abides in the heavens, and rejoice before the countenance of Him who is named Lord. His Name is exalted far beyond all blessings and psalms. His glorious Name and kingdom will be blessed forever and ever; let the Lord's Name be blessed both now and for all time.

Blessed are You, Lord our God, King of the universe, who at Your word brings on the evenings. With wisdom You open the gates of the heavens, and with understanding You change the times and vary the seasons. You arrange the stars in the places in the sky according to Your will. You create day and night; You roll away the light from before the darkness, and the darkness from before the light. You make the day to pass and the night to approach, and divide the day from the night. The Lord of hosts is Your name. A God who lives and endures, may You reign over us for ever and ever. Blessed are You, Lord, who brings on the evening.

Ahavat Olam

You have loved Israel, Your people, with everlasting love. You have taught us Torah and precepts, statutes and judgments. Therefore, Lord our God, when we lie down and when we rise up, we will meditate upon Your statutes for all time and take joy in the words of Your Torah and in Your precepts, because they are our life and the length of our days. We will meditate upon them day and night, that Your love might not be removed from us through all the ages. Blessed are You, Lord, who loves Israel, Your people.

Mark 12:28-34

Then one of the scribes came, and having heard them reasoning together, perceiving that He had answered them well, asked Him, "Which is the first commandment of all?" Yeshua answered him, "The first of all the commandments is: Hear, O Israel, the Lord our God, the Lord is one. And you shall love the Lord your God with all your heart, with all your soul, with all your mind, and with all your strength. This is the first commandment. And the second, like it, is this: You shall love your neighbor as yourself. And there is no other commandment greater than these two." So the scribe said to Him, "Well said, Rabbi. You have spoken the truth, for there is one God, and there is no other but He. And to love Him with all the heart, with all the understanding, with all the soul, and with all the strength, and to love one's neighbor as oneself, is more than all the whole burnt offerings and sacrifices." Now when Yeshua saw that the man answered Him wisely, He said to him, "You are not far from the kingdom of God." And no one ever dared to argue with Him any more in words from that day on.

Shema

Recite Loudly Covering the Eyes with the right hand

שְׁמַע יִשְׂרָאֵל, יְיָ אֱלֹהֵינוּ, יְיָ אֶחָד

Sh'ma Yisrael, Adonai Elohainu, Adonai Eḥad.

Recite softly without Covering the Eyes

בָּרוּךְ שֵׁם כְּבוֹד מַלְכוּתוֹ לְעוֹלָם וָעֶד

Baruch shem k'vod mal'khuto l'olam va'ed.

וְאָהַבְתָּ אֵת יְיָ אֱלֹהֶיךָ, בְּכָל לְבָבְךָ, וּבְכָל נַפְשְׁךָ, וּבְכָל מְאֹדֶךָ.
וְהָיוּ הַדְּבָרִים הָאֵלֶּה, אֲשֶׁר אָנֹכִי מְצַוְּךָ הַיּוֹם, עַל לְבָבֶךָ.
וְשִׁנַּנְתָּם לְבָנֶיךָ, וְדִבַּרְתָּ בָּם בְּשִׁבְתְּךָ בְּבֵיתֶךָ, וּבְלֶכְתְּךָ בַדֶּרֶךְ
וּבְשָׁכְבְּךָ, וּבְקוּמֶךָ. וּקְשַׁרְתָּם לְאוֹת עַל יָדֶךָ, וְהָיוּ לְטֹטָפֹת בֵּין
עֵינֶיךָ, וּכְתַבְתָּם עַל מְזֻזוֹת בֵּיתֶךָ וּבִשְׁעָרֶיךָ.

V'ahav'ta et Adonai Elohekha, b'khol l'vavkha, uv'khol naf'shikha,
uv'khol m'odekha. V'hayu had'varim ha'aile, asher anokhi m'tsavikha
hayom, al l'vavekha. V'shinan'tam l'vanekha v'dibarta bam
b'shivtikha b'vaitekhha, uv'lekhtekha vaderekh uv'shokhbikha
uv'kumekha. Uk'shartam l'ot al yadekha, v'hayu l'totafot bain
ainekha, ukh'tavtam al m'zuzot baitekha u'visharekha.

1 Corinthians 8:4-6

... כִּי אֱלִיל כְּאַיִן הוּא בָּעוֹלָם וְכִי אֵין אֱלֹהִים זוּלָתִי אֶחָד. וְאַף כִּי יֵשׁ
נִקְרָאִים אֱלֹהִים אִם בַּשָּׁמַיִם וְאִם בָּאָרֶץ כְּמוֹ הֵם אֱלֹהִים רַבִּים וַאֲדֹנִים
רַבִּים. בְּכָל זֹאת לָנוּ רַק אֱלֹהִים אֶחָד הוּא אָבִי עַד אֲשֶׁר מִמֶּנּוּ הַכֹּל
וְלוֹ אֲנַחְנוּ וְאָדוֹן אֶחָד יֵשׁוּעַ הַמָּשִׁיחַ אֲשֶׁר הַכֹּל עַל יָדוֹ וְעַל יָדוֹ גַּם
אֲנַחְנוּ.

Shema

Recite Loudly Covering the Eyes with the right hand

Hear, O Israel, the Lord our God, the Lord is one!

Recite softly without Covering the Eyes

Blessed is His glorious Name, whose kingdom is forever and ever.

And you shall love the Lord your God with all your heart and with all your soul and with all your strength. These words that I give to you today are to be upon your hearts. Teach them to your children. Speak of them when you sit at home and when you walk along the way, when you lie down and when you rise up. Bind them as a sign upon your hands and as frontlets between your eyes. Inscribe them on the doorposts of your house and on your gates.

1 Corinthians 8:4-6

For we know that an idol is nothing in the world, and that there is no other God but One. For even if there are so-called gods, whether in heaven or on earth (as there are many gods and many lords), yet for us there is only one God, the Father, from whom are all things, and we for Him; and one Lord, Yeshua the Messiah, through whom are all things, and through whom we live.

Deuteronomy 11:13-21

וְהָיָה אִם שָׁמֹעַ תִּשְׁמְעוּ אֶל מִצְוֹתַי, אֲשֶׁר אָנֹכִי מְצַוֶּה אֶתְכֶם הַיּוֹם, לְאַהֲבָה אֶת יְיָ
אֱלֹהֵיכֶם, וּלְעָבְדוֹ בְּכָל לְבַבְכֶם וּבְכָל נַפְשְׁכֶם. וְנָתַתִּי מְטַר אַרְצְכֶם בְּעִתּוֹ, יוֹרֶה
וּמַלְקוֹשׁ, וְאָסַפְתָּ דְגָנֶךָ וְתִירֹשְׁךָ וְיִצְהָרֶךָ. וְנָתַתִּי עֵשֶׂב בְּשָׂדְךָ לִבְהֶמְתֶּךָ, וְאָכַלְתָּ
וְשָׂבָעְתָּ. הִשָּׁמְרוּ לָכֶם פֶּן יִפְתֶּה לְבַבְכֶם, וְסַרְתֶּם וַעֲבַדְתֶּם אֱלֹהִים אֲחֵרִים
וְהִשְׁתַּחֲוִיתֶם לָהֶם. וְחָרָה אַף יְיָ בָּכֶם, וְעָצַר אֶת הַשָּׁמַיִם וְלֹא יִהְיֶה מָטָר, וְהָאֲדָמָה
לֹא תִתֵּן אֶת יְבוּלָהּ וַאֲבַדְתֶּם מְהֵרָה מֵעַל הָאָרֶץ הַטֹּבָה אֲשֶׁר יְיָ נֹתֵן לָכֶם.
וְשַׂמְתֶּם אֶת דְּבָרַי אֵלֶּה עַל לְבַבְכֶם וְעַל נַפְשְׁכֶם וּקְשַׁרְתֶּם אֹתָם לְאוֹת עַל יֶדְכֶם,
וְהָיוּ לְטוֹטָפֹת בֵּין עֵינֵיכֶם. וְלִמַּדְתֶּם אֹתָם אֶת בְּנֵיכֶם, לְדַבֵּר בָּם, בְּשִׁבְתְּךָ
בְּבֵיתֶךָ, וּבְלֶכְתְּךָ בַדֶּרֶךְ, וּבְשָׁכְבְּךָ וּבְקוּמֶךָ. וּכְתַבְתָּם עַל מְזוּזוֹת בֵּיתֶךָ וּבִשְׁעָרֶיךָ.
לְמַעַן יִרְבּוּ יְמֵיכֶם וִימֵי בְנֵיכֶם עַל הָאֲדָמָה אֲשֶׁר נִשְׁבַּע יְיָ לַאֲבֹתֵיכֶם לָתֵת לָהֶם,
כִּימֵי הַשָּׁמַיִם עַל הָאָרֶץ.

Numbers 15:37-41

וַיֹּאמֶר יְיָ אֶל מֹשֶׁה לֵּאמֹר: דַּבֵּר אֶל בְּנֵי יִשְׂרָאֵל וְאָמַרְתָּ אֲלֵהֶם. וְעָשׂוּ לָהֶם צִיצִת
עַל כַּנְפֵי בִגְדֵיהֶם לְדֹרֹתָם, וְנָתְנוּ עַל צִיצִת הַכָּנָף פְּתִיל תְּכֵלֶת. וְהָיָה לָכֶם לְצִיצִת,
וּרְאִיתֶם אֹתוֹ וּזְכַרְתֶּם אֶת כָּל מִצְוֹת יְיָ, וַעֲשִׂיתֶם אֹתָם, וְלֹא תָתוּרוּ אַחֲרֵי לְבַבְכֶם
וְאַחֲרֵי עֵינֵיכֶם, אֲשֶׁר אַתֶּם זֹנִים אַחֲרֵיהֶם. לְמַעַן תִּזְכְּרוּ וַעֲשִׂיתֶם אֶת כָּל מִצְוֹתַי,
וִהְיִיתֶם קְדֹשִׁים לֵאלֹהֵיכֶם. אֲנִי יְיָ אֱלֹהֵיכֶם, אֲשֶׁר הוֹצֵאתִי אֶתְכֶם מֵאֶרֶץ מִצְרַיִם,
לִהְיוֹת לָכֶם לֵאלֹהִים, אֲנִי *(Reader)* יְיָ אֱלֹהֵיכֶם.

אֱמֶת וֶאֱמוּנָה כָּל זֹאת, וְקַיָּם עָלֵינוּ, כִּי הוּא יְיָ אֱלֹהֵינוּ וְאֵין זוּלָתוֹ, וַאֲנַחְנוּ יִשְׂרָאֵל
עַמּוֹ. הַפּוֹדֵנוּ מִיַּד מְלָכִים, מַלְכֵּנוּ הַגּוֹאֲלֵנוּ מִכַּף כָּל הֶעָרִיצִים. הָאֵל הַנִּפְרָע לָנוּ
מִצָּרֵינוּ, וְהַמְשַׁלֵּם גְּמוּל לְכָל אֹיְבֵי נַפְשֵׁנוּ. הָעֹשֶׂה גְדֹלוֹת עַד אֵין חֵקֶר, וְנִפְלָאוֹת
עַד אֵין מִסְפָּר. הַשָּׂם נַפְשֵׁנוּ בַּחַיִּים, וְלֹא נָתַן לַמּוֹט רַגְלֵנוּ, הַמַּדְרִיכֵנוּ עַל בָּמוֹת
אוֹיְבֵינוּ, וַיָּרֶם קַרְנֵנוּ, עַל כָּל שׂוֹנְאֵנוּ. הָעֹשֶׂה לָּנוּ נִסִּים וּנְקָמָה בְּפַרְעֹה, אוֹתוֹת
וּמוֹפְתִים בְּאַדְמַת בְּנֵי חָם. הַמַּכֶּה בְעֶבְרָתוֹ כָּל בְּכוֹרֵי מִצְרַיִם, וַיּוֹצֵא אֶת עַמּוֹ
יִשְׂרָאֵל מִתּוֹכָם, לְחֵרוּת עוֹלָם. הַמַּעֲבִיר בָּנָיו בֵּין גִּזְרֵי יַם סוּף, אֶת רוֹדְפֵיהֶם וְאֶת
שׂוֹנְאֵיהֶם, בִּתְהוֹמוֹת טִבַּע, וְרָאוּ בָנָיו גְּבוּרָתוֹ. שִׁבְּחוּ וְהוֹדוּ לִשְׁמוֹ. וּמַלְכוּתוֹ
בְרָצוֹן קִבְּלוּ עֲלֵיהֶם.

Deuteronomy 11:13-21

And if you will carefully listen to My commandments which I am commanding you today, to love the Lord your God and to serve Him with all your heart and with all your soul, then I will send rain for your land in its season, the early rain and the latter rain, that you may gather in your grain, your wine and your oil. And I will produce grass in your fields for your cattle, that you may eat and be satisfied. Take care, lest your heart be deceived, and you turn aside and serve other gods, so as to worship them. Then the Lord's anger will blaze against you; He will shut up the heavens so there will be no rain, and the land will not yield any produce, and you will perish from the good land which the Lord has given to you. Therefore, you shall put these words of mine in your heart and in your soul; you shall bind them as a sign upon your hand, and they shall be for frontlets between your eyes. Teach them to your children. Speak of them when you are sitting at home and when you walk along the way, when you lie down and when you rise up. Inscribe them on the doorposts of your house and on your gates, that your days and the days of your children may be prolonged in the land, which the Lord swore to give to your fathers, as the days of the heavens upon the earth.

Numbers 15:37-41

The Lord spoke to Moses, saying, "Speak to the children of Israel. Tell them to make for themselves tzitzit on the corners of their garments, throughout their generations, and to put a thread of blue on the tzitzit of each corner. When you look upon these tzitzit you shall remember to do all the commands of the Lord, and not to follow the desires of your heart and your eyes that lead you astray. They are a reminder to do all of My commandments, and to be holy to your God. I, the Lord your God, brought you out of the land of Egypt to be your God; I am the Lord your God.

True and trustworthy is all this. We are certain that He is the Lord our God, and no one else, and that we Israel are His people. It is He, our King, who redeemed us from the power of despots, delivered us from the grasp of all the tyrants, avenged us upon our oppressors, and requited all our mortal enemies. He did great, incomprehensible acts and countless wonders. He kept us alive, and did not let us slip. He made us tread upon the high places of our enemies, and raised our strength over all our foes. He performed for us miracles and vengeance upon Pharaoh, signs and wonders in the land of the Hamites, He smote in His wrath all the first born of Egypt, and brought His people Israel from their midst to enduring freedom. He made His children pass between the divided parts of the Red Sea, and engulfed their pursuers and their enemies in the depths. His children beheld His might; they gave praise and thanks to His name, and willingly accepted His sovereignty.

Mi Chamocha

Reader:

מֹשֶׁה וּבְנֵי יִשְׂרָאֵל לְךָ עָנוּ שִׁירָה בְּשִׂמְחָה רַבָּה, וְאָמְרוּ כֻלָּם.

Moshe oov'nay Yisrael l'chah ahnoo she-rah b'simchah rah-bah, v'ahmroo choo-lahm.

All:

מִי כָמֹכָה בָּאֵלִים יְיָ, מִי כָּמֹכָה נֶאְדָּר בַּקֹּדֶשׁ, נוֹרָא תְהִלֹּת, עֹשֵׂה פֶלֶא.

Mi chamocha bah-ehleem Adonai, mi chamocha neh-dahr bah-kodesh, nohrah t'hi-loht, ohseh fehleh.

Reader:

מַלְכוּתְךָ רָאוּ בָנֶיךָ, בּוֹקֵעַ יָם לִפְנֵי מֹשֶׁה, זֶה אֵלִי עָנוּ וְאָמְרוּ.

Mahl'choo-t'chah rah-oo vah-neh-chah, boh-keh-ah yahm lifney Moshe, zeh eh-lee ahnoo v'ahm-roo.

All:

יְיָ יִמְלֹךְ לְעֹלָם וָעֶד.

Adonai yim-loch l'olam vah-ed.

Reader:

וְנֶאֱמַר: כִּי פָדָה יְיָ אֶת יַעֲקֹב, וּגְאָלוֹ מִיַּד חָזָק מִמֶּנּוּ.   בָּרוּךְ אַתָּה יְיָ, גָּאַל יִשְׂרָאֵל:

V'neh-eh-mahr: Key fah-dah Adonai et Yah-ahkov, oog'ah-loh mi-yahd chah-zahk mi-mehnoo.   Baruch atah Adonai, gah-ahl Yisrael.

הַשְׁכִּיבֵנוּ יְיָ אֱלֹהֵינוּ לְשָׁלוֹם, וְהַעֲמִידֵנוּ מַלְכֵּנוּ לְחַיִּים וּפְרוֹשׂ עָלֵינוּ סֻכַּת שְׁלוֹמֶךָ, וְתַקְּנֵנוּ בְּעֵצָה טוֹבָה מִלְּפָנֶיךָ, וְהוֹשִׁיעֵנוּ לְמַעַן שְׁמֶךָ, וְהָגֵן בַּעֲדֵנוּ, וְהָסֵר מֵעָלֵינוּ אוֹיֵב, דֶּבֶר, וְחֶרֶב, וְרָעָב וְיָגוֹן, וְהָסֵר שָׂטָן מִלְּפָנֵינוּ וּמֵאַחֲרֵינוּ, וּבְצֵל כְּנָפֶיךָ תַּסְתִּירֵנוּ.   כִּי אֵל שׁוֹמְרֵנוּ וּמַצִּילֵנוּ אָתָּה, כִּי אֵל מֶלֶךְ חַנּוּן וְרַחוּם אָתָּה, וּשְׁמוֹר צֵאתֵנוּ וּבוֹאֵנוּ, לְחַיִּים וּלְשָׁלוֹם, מֵעַתָּה וְעַד עוֹלָם.   וּפְרוֹשׂ עָלֵינוּ סֻכַּת שְׁלוֹמֶךָ.   בָּרוּךְ אַתָּה יְיָ, הַפּוֹרֵשׂ סֻכַּת שָׁלוֹם עָלֵינוּ וְעַל כָּל עַמּוֹ יִשְׂרָאֵל וְעַל יְרוּשָׁלָיִם.

Mi Chamocha

Reader:

Moses and the children of Israel sang a song to You. With great joy they all said:

All:

"Who is like You, O Lord, among the gods? Who is like You, glorious in holiness, awesome in praise, doing wonders?"

Reader:

Your majesty was seen by Your children, as You parted the waters before Moses. They exclaimed, "This is My God!" and they said:

All:

The Lord will reign forever and ever.

Reader:

And it is said: "The Lord has set Jacob free, and has redeemed him from the hand of one who was stronger than he."

All:

Blessed are You, Lord, Redeemer of Israel!

Lord our God, cause us to lie down in peace; our King, make us rise up again to life. Spread over us the tabernacle of your peace, and direct us with Your own good counsel. For Your Name's sake save us and protect us; keep every enemy, pestilence, sword, famine and sorrow far from us; remove the adversary from before us as well as from behind us, and shelter us in the shadow of Your wing. God, You are our Protector and our Deliverer; You are a gracious and compassionate God and King. Guard our going out and our coming in for life and for peace, both now and forever. Spread over us the shelter of Your peace. Blessed are You, Lord, who spreads the shelter of peace over us, over all Your people, Israel, and over Jerusalem.

(On Shabbat Add)

V'shamru

וְשָׁמְרוּ בְנֵי יִשְׂרָאֵל אֶת הַשַּׁבָּת, לַעֲשׂוֹת אֶת הַשַּׁבָּת לְדֹרֹתָם בְּרִית עוֹלָם. בֵּינִי וּבֵין בְּנֵי יִשְׂרָאֵל אוֹת הִיא לְעוֹלָם, כִּי שֵׁשֶׁת יָמִים עָשָׂה יְיָ אֶת הַשָּׁמַיִם וְאֶת הָאָרֶץ, וּבַיּוֹם הַשְּׁבִיעִי שָׁבַת וַיִּנָּפַשׁ.

V'sham'roo v'nai Yisrael et ha-shah-baht, lah-ah-soht et ha-shah-bat
l'doh-roh-tahm b'reet oh-lahm. Bay-nee oo-vayn b'nai Yisrael oht hee
l'oh'lahm, key sheh-sheht yah-meem ah-sah Adonai et ha-shah-mah-yim v'et
ha-ah-retz, oo-vah-yom hash'vee-ee shah-vaht vah-yi-nah-fash.

Half-Kaddish

יִתְגַּדַּל וְיִתְקַדַּשׁ שְׁמֵהּ רַבָּא. בְּעָלְמָא דִּי בְרָא כִרְעוּתֵהּ, וְיַמְלִיךְ מַלְכוּתֵהּ בְּחַיֵּיכוֹן וּבְיוֹמֵיכוֹן וּבְחַיֵּי דְכָל בֵּית יִשְׂרָאֵל. בַּעֲגָלָא וּבִזְמַן קָרִיב, וְאִמְרוּ אָמֵן.

Yit-gahdahl v'yit-kahdash sh'meh rahbah. B'ahl'mah dee v'rah chir'ooteh,
v'yahm'leech mahl'chooteh b'chah-yey-chohn oov'yoh-maychohn
oov'chah-yey d'chal beyt Yisrael. Bah-ah-gahlah ooviz-mahn kah-reev
v'imroo, Amen.

יְהֵא שְׁמֵהּ רַבָּא מְבָרַךְ לְעָלַם וּלְעָלְמֵי עָלְמַיָּא.

Y'hay sh'may rahbah m'vahrach l'ah-lam ool'ahl'may ahl'mahyah.

יִתְבָּרַךְ וְיִשְׁתַּבַּח, וְיִתְפָּאַר וְיִתְרוֹמַם וְיִתְנַשֵּׂא וְיִתְהַדָּר וְיִתְעַלֶּה וְיִתְהַלָּל שְׁמֵהּ דְּקֻדְשָׁא, בְּרִיךְ הוּא, לְעֵלָּא וּלְעֵלָּא מִכָּל בִּרְכָתָא וְשִׁירָתָא, תֻּשְׁבְּחָתָא וְנֶחֱמָתָא, דַּאֲמִירָן בְּעָלְמָא, וְאִמְרוּ אָמֵן.

Yit'bahrach v'yish-tahbach, v'yit-pahahr v'yit-rohmahm v'yit-nahseh
v'yit-hadahr v'yit-ahleh v'yit-hah-lahl sh'may d'kood-shah b'ree hoo l'ehlah
u-l'ehlah mi-kahl bir-chah-tah v'shee-rahtah, toosh'b'chahtah
v'neh-cheh-mahtah, dah-ah-mirahn b'ahl-mah, v'imroo, Amen.

Ephesians 1:17-21

כִּי אֱלֹהֵי יֵשׁוּעַ הַמָּשִׁיחַ אֲדֹנֵנוּ אֲבִי הַכָּבוֹד יִתֵּן לָכֶם רוּחַ הַחָכְמָה וְהֶחָזוֹן לָדַעַת אֹתוֹ. וּלְהָאִיר עֵינֵי שִׂכְלְכֶם לְהַשְׂכִּיל מָה הִיא תִקְוַת קְרוּאָיו וּמָה חֹסֶן כָּבוֹד לְקָדְשָׁיו בְּנַחֲלָתוֹ. וּמָה עֹצֶם גֹּדֶל גְּבוּרָתוֹ אֲשֶׁר פָּעַל בָּנוּ הַמַּאֲמִינִים בּוֹ לְפִי תֹּקֶף עֻזּוֹ. הוּא אֲשֶׁר פָּעַל בַּמָּשִׁיחַ בַּאֲשֶׁר הֱקִימוֹ מִן הַמֵּתִים וַיּוֹשִׁיבֵהוּ לִימִינוֹ בַּמְּרוֹם. גָּבוֹהַּ מִכָּל מִשְׂרָה וְשִׁלְטוֹן וּגְבוּרָה וּמֶמְשָׁלָה וּמִכָּל אֲשֶׁר נִקְרָא בְּשֵׁם גַּם בָּעוֹלָם הַזֶּה וְגַם בָּעוֹלָם הַבָּא.

(On Shabbat Add)

V'shamru

And the children of Israel will keep the Sabbath, observing the Sabbath to all generations as an everlasting covenant. It is a sign between Me and the children of Israel forever, for in six days the Lord made the heavens and the earth, and on the seventh day He ceased from work and He rested.

Half-Kaddish

Magnified and sanctified is God's great Name throughout the world that He has created according to His will. May He establish His kingdom in our lifetime, and during our days, and within the life of the entire house of Israel, speedily and soon; and say, *"Amen."*

May the greatness of His Name be blessed forever and ever.

Let the name of the Holy One, *blessed is He*, be blessed and praised, glorified and exalted, extolled and honored, adored and lauded, exceedingly beyond all of the blessings and songs, praises and consolations that are ever spoken in this world, and say, *"Amen."*

Ephesians 1:17-21

I pray the God of our Lord Yeshua the Messiah, the Father of glory, may give to you the spirit of wisdom and revelation in the knowledge of Him, the eyes of your understanding being enlightened; that you may know what is the hope of His calling, what are the riches of the glory of His inheritance in the saints, and what is the exceeding greatness of His power toward us who believe, according to the working of His mighty power which He worked in the Messiah when He raised Him from the dead and seated Him at His right hand in the heavenly places, far above all principality and power and might and dominion, and every name that is named, not only in this age but also in that which is to come.

Amidah
(All Rise)

אֲדֹנָי שְׂפָתַי תִּפְתָּח וּפִי יַגִּיד תְּהִלָּתֶךָ:

בָּרוּךְ אַתָּה יְיָ אֱלֹהֵינוּ וֵאלֹהֵי אֲבוֹתֵינוּ, אֱלֹהֵי אַבְרָהָם, אֱלֹהֵי יִצְחָק, וֵאלֹהֵי יַעֲקֹב,
הָאֵל הַגָּדוֹל הַגִּבּוֹר וְהַנּוֹרָא, אֵל עֶלְיוֹן, גּוֹמֵל חֲסָדִים טוֹבִים, וְקוֹנֵה הַכֹּל, וְזוֹכֵר חַסְדֵי
אָבוֹת אֲשֶׁר הֵבִי, וּמֵבִיא, גּוֹאֵל לִבְנֵי בְנֵיהֶם לְמַעַן שְׁמוֹ בְּאַהֲבָה. זָכְרֵנוּ לְחַיִּים
בְּיֵשׁוּעַ, מֶלֶךְ חָפֵץ בַּחַיִּים, וְכָתְבֵנוּ בְּסֵפֶר הַחַיִּים, לְמַעַנְךָ אֱלֹהִים חַיִּים.
מֶלֶךְ עוֹזֵר וּמוֹשִׁיעַ וּמָגֵן.   בָּרוּךְ אַתָּה יְיָ, מָגֵן אַבְרָהָם.
אַתָּה גִבּוֹר לְעוֹלָם אֲדֹנָי, מְחַיֵּה מֵתִים אַתָּה, רַב לְהוֹשִׁיעַ.

*Adonai s'fa-tai tif-tach u'fi yagid te-hi-la-te-cha. Ba-ruch A-ta Adonai, Eh-lo-hei-nu
vei-lo-hei a-vo-tei-nu: Eh-lo-hei Av-ra-ham, Eh-lo-hei Yitz-chak, vei-lo-hei Ya-akov.
Ha-eil ha-ga-dol ha-gi-bor v'ha-no-ra, Eil el-yon, Go-meil cha-sa-dim toh-vim,
v'ko-nei ha-kol, V'zo-cheir cha-s'dei a-voht, asher he-vee, oo-mei-vee, go-el li-v'nei
v'nei-hem, l'ma-an sh'mo, b'a-ha-va. Zak-rey-nu le-chaim be-Yeshua, Melech
cha-fetz ba-chaim, ve-kat-vey-noo be-sefer ha-chaim, le-ma-an-ka Elohim chaim.
Meh-lech o-zeir u-mo-shi-a u-ma-gein. Ba-ruch A-ta Adonai, ma-gein Av-ra-ham.
A-ta gi-bor l'o-lam, Adonai, m'cha-yei mei-tim A-ta, rav l'ho-shi-a.*

מְכַלְכֵּל חַיִּים בְּחֶסֶד, מְחַיֵּה מֵתִים בְּרַחֲמִים רַבִּים, סוֹמֵךְ נוֹפְלִים, וְרוֹפֵא חוֹלִים,
וּמַתִּיר אֲסוּרִים, וּמְקַיֵּם אֱמוּנָתוֹ לִישֵׁנֵי עָפָר, מִי כָמוֹךָ בַּעַל גְּבוּרוֹת וּמִי דוֹמֶה לָּךְ,
מֶלֶךְ מֵמִית וּמְחַיֶּה וּמַצְמִיחַ יְשׁוּעָה. מִי כָמוֹךָ אַב הָרַחֲמִים, זוֹכֵר יְצוּרָיו לְחַיִּים
בְּרַחֲמִים. וְנֶאֱמָן אַתָּה לְהַחֲיוֹת מֵתִים. בָּרוּךְ אַתָּה יְיָ, מְחַיֵּה הַמֵּתִים. אַתָּה קָדוֹשׁ
וְשִׁמְךָ קָדוֹשׁ וּקְדוֹשִׁים בְּכָל יוֹם יְהַלְלוּךָ, סֶּלָה.

*M'chal-keil cha-yim b'cheh-sed, M'cha-yei mei-tim b'ra-cha-mim ra-bim. So-meich
no-f'lim, v'ro-fei cho-lim, u-ma-tir a-su-rim, u-m'ka-yeim eh-mu-na-toh li-shei-nei
a-far. Mi cha-mo-cha ba-al g'vu-roht, u-mi doh-meh lach, Meh-lech mei-meet
u-m'cha-yeh u-matz-mi-ach ye-shu-a. Mi cha-mo-cha av ha-rachamim zo-kheyr
ye-tzu-rayiv le-chaim be-rachamin. V'neh-eh-man atah l'ha-cha-yoht meitim. Baruch
atah Adonai, m'cha-yei ha-meitim. Atah kadosh ve-shim-cha kadosh, ukh-do-shim
be-kal yom ye-hal-lookah, selah.*

וּבְכֵן תֵּן פַּחְדְּךָ יְיָ אֱלֹהֵינוּ, עַל כָּל מַעֲשֶׂיךָ, וְאֵימָתְךָ עַל כָּל מַה שֶּׁבָּרָאתָ, וְיִירָאוּךָ
כָּל הַמַּעֲשִׂים וְיִשְׁתַּחֲווּ לְפָנֶיךָ כָּל הַבְּרוּאִים, וְיֵעָשׂוּ כֻלָּם אֲגֻדָּה אַחַת לַעֲשׂוֹת רְצוֹנְךָ
בְּלֵבָב שָׁלֵם, כְּמוֹ שֶׁיָּדַעְנוּ יְיָ אֱלֹהֵינוּ, שֶׁהַשִּׁלְטָן לְפָנֶיךָ, עֹז בְּיָדְךָ וּגְבוּרָה בִּימִינֶךָ,
וְשִׁמְךָ נוֹרָא עַל כָּל מַה שֶּׁבָּרָאתָ. וּבְכֵן תֵּן כָּבוֹד, יְיָ לְעַמֶּךָ, תְּהִלָּה לִירֵאֶיךָ וְתִקְוָה
טוֹבָה לְדוֹרְשֶׁיךָ, וּפִתְחוֹן פֶּה לַמְיַחֲלִים לָךְ, שִׂמְחָה לְאַרְצֶךָ וְשָׂשׂוֹן לְעִירֶךָ, וּצְמִיחַת
קֶרֶן לְדָוִד עַבְדֶּךָ, וַעֲרִיכַת נֵר לְבֶן־יִשַׁי מְשִׁיחֶךָ יֵשׁוּעַ, בִּמְהֵרָה בְיָמֵינוּ. וּבְכֵן צַדִּיקִים
יִרְאוּ וְיִשְׂמָחוּ, וִישָׁרִים יַעֲלֹזוּ, וַחֲסִידִים בְּרִנָּה יָגִילוּ, וְעוֹלָתָה תִּקְפָּץ־פִּיהָ, וְכָל
הָרִשְׁעָה כֻּלָּהּ כְּעָשָׁן תִּכְלֶה, כִּי תַעֲבִיר מֶמְשֶׁלֶת זָדוֹן מִן הָאָרֶץ.

Amidah

(All Rise)

Lord, open my lips that my mouth may declare Your praise.
Blessed are You, Lord our God and God of our fathers, God of Abraham, God of Isaac and God of Jacob, the great, mighty and awesome God, Most High God, who grants loving kindness and is Master of all. You remember the deeds of our fathers, and in Your love You have brought, and you bring, a redeemer to their children's children for the sake of Your Name.

Remember us to life in Yeshua, O King who takes delight in life. Inscribe us in the book of life, for Your sake, O God of life.

King, Supporter, Savior and Shield, blessed are You, Lord, Shield of Abraham. Lord, You are mighty forever. You call the dead to life. You are mighty to save.

You sustain the living with loving kindness, and with great mercy You revive the dead. You uphold those who fall, heal the sick, set the captive free and keep faith with those who sleep in the dust. Lord of might, who is like You? King, who can be compared to You? You decree death and restore life, causing salvation to come forth. Compassionate Father, who is like You? You are faithful to revive the dead. Blessed are You, Lord, who calls the dead to life.

You are holy, and Your Name is holy, and holy ones will proclaim Your praise daily. Blessed are You, Lord, holy God.

Lord our God, put Your awe upon all You have made; Your dread upon all You have created. All that You have made will hold You in awe, and shall bow themselves before all that see. Make them a single strand, creating, by Your will, a perfect heart. For we know, Lord our God, that dominion belongs to You. Strength is in Your hand, and might is in Your Right Hand, and Your awesome name shall be upon all You have made.

Lord, give honor to Your people, bright radiance to those who hold You in awe, hope of goodness to those who speak of You, joy to Your land, gladness to Your city, rising strength to the Horn of David, Your Servant, shining light to the Son of Jesse, Your Messiah Yeshua; speedily, in our days.

The upright will see this and will be glad; those with integrity will rejoice; the loving ones shall shout with joy and gladness. Iniquity will shut its mouth; wickedness will be fully consumed, and shall vanish like smoke, when You will remove the rule of the wicked from the earth.

וְתִמְלֹךְ, אַתָּה יְיָ לְבַדֶּךָ, עַל כָּל מַעֲשֶׂיךָ, בְּהַר צִיּוֹן מִשְׁכַּן כְּבוֹדֶךָ, וּבִירוּשָׁלַיִם עִיר קָדְשֶׁךָ, כַּכָּתוּב בְּדִבְרֵי קָדְשֶׁךָ. יִמְלֹךְ יְיָ לְעוֹלָם, אֱלֹהַיִךְ צִיּוֹן לְדֹר וָדֹר, הַלְלוּיָהּ.

קָדוֹשׁ אַתָּה וְנוֹרָא שְׁמֶךָ, וְאֵין אֱלוֹהַּ מִבַּלְעָדֶיךָ, כַּכָּתוּב. וַיִּגְבַּהּ יְיָ צְבָאוֹת בַּמִּשְׁפָּט, וְהָאֵל הַקָּדוֹשׁ נִקְדַּשׁ בִּצְדָקָה. בָּרוּךְ אַתָּה, יְיָ, הַמֶּלֶךְ הַקָּדוֹשׁ.

אַתָּה בְחַרְתָּנוּ מִכָּל הָעַמִּים, אָהַבְתָּ אוֹתָנוּ וְרָצִיתָ בָּנוּ, וְרוֹמַמְתָּנוּ מִכָּל הַלְּשׁוֹנוֹת, וְקִדַּשְׁתָּנוּ בְּמִצְוֺתֶיךָ, וְקֵרַבְתָּנוּ מַלְכֵּנוּ לַעֲבוֹדָתֶךָ, וְשִׁמְךָ הַגָּדוֹל וְהַקָּדוֹשׁ עָלֵינוּ קָרָאתָ.

אֱלֹהֵינוּ וֵאלֹהֵי אֲבוֹתֵינוּ, יַעֲלֶה וְיָבֹא, וְיַגִּיעַ וְיֵרָאֶה, וְיֵרָצֶה וְיִשָּׁמַע, וְיִפָּקֵד וְיִזָּכֵר זִכְרוֹנֵנוּ וּפִקְדוֹנֵנוּ, וְזִכְרוֹן אֲבוֹתֵינוּ, וְזִכְרוֹן מָשִׁיחַ בֶּן דָּוִד עַבְדֶּךָ, וְזִכְרוֹן יְרוּשָׁלַיִם עִיר קָדְשֶׁךָ, וְזִכְרוֹן כָּל עַמְּךָ בֵּית יִשְׂרָאֵל לְפָנֶיךָ לִפְלֵיטָה לְטוֹבָה, לְחֵן וּלְחֶסֶד וּלְרַחֲמִים, לְחַיִּים וּלְשָׁלוֹם, בְּיוֹם הַכִּפּוּרִים הַזֶּה. זָכְרֵנוּ, יְיָ אֱלֹהֵינוּ בּוֹ לְטוֹבָה, וּפָקְדֵנוּ בוֹ לִבְרָכָה, וְהוֹשִׁיעֵנוּ בוֹ לְחַיִּים. וּבִדְבַר יְשׁוּעָה וְרַחֲמִים חוּס וְחָנֵּנוּ, וְרַחֵם עָלֵינוּ וְהוֹשִׁיעֵנוּ, כִּי אֵלֶיךָ עֵינֵינוּ, כִּי אֵל מֶלֶךְ חַנּוּן וְרַחוּם אָתָּה.

(On the Shabbat add the words in parenthesis)

אֱלֹהֵינוּ וֵאלֹהֵי אֲבוֹתֵינוּ, מְחַל לַעֲוֺנוֹתֵינוּ בְּיוֹם (הַשַּׁבָּת הַזֶּה וּבְיוֹם) הַכִּפֻּרִים הַזֶּה. מְחֵה וְהַעֲבֵר פְּשָׁעֵינוּ וְחַטֹּאתֵינוּ מִנֶּגֶד עֵינֶיךָ, כָּאָמוּר, אָנֹכִי אָנֹכִי הוּא מֹחֶה פְשָׁעֶיךָ לְמַעֲנִי, וְחַטֹּאתֶיךָ לֹא אֶזְכֹּר. וְנֶאֱמַר, מָחִיתִי כָעָב פְּשָׁעֶיךָ וְכֶעָנָן חַטֹּאתֶיךָ. שׁוּבָה אֵלַי כִּי גְאַלְתִּיךָ. וְנֶאֱמַר, כִּי בַיּוֹם הַזֶּה יְכַפֵּר עֲלֵיכֶם לְטַהֵר אֶתְכֶם מִכֹּל חַטֹּאתֵיכֶם לִפְנֵי יְיָ תִּטְהָרוּ.

אֱלֹהֵינוּ וֵאלֹהֵי אֲבוֹתֵינוּ, (רְצֵה נָא בִמְנוּחָתֵנוּ) קַדְּשֵׁנוּ בְּמִצְוֺתֶיךָ וְתֵן חֶלְקֵנוּ בְּתוֹרָתֶךָ. שַׂבְּעֵנוּ מִטּוּבֶךָ וְשַׂמַּח נַפְשֵׁנוּ בִּישׁוּעָתֶךָ (וְהַנְחִילֵנוּ, יְיָ אֱלֹהֵינוּ, בְּאַהֲבָה וּבְרָצוֹן שַׁבַּת קָדְשֶׁךָ, וְיָנוּחוּ בָהּ יִשְׂרָאֵל מְקַדְּשֵׁי שְׁמֶךָ) וְטַהֵר לִבֵּנוּ לְעָבְדְּךָ בֶּאֱמֶת, כִּי אַתָּה סָלְחָן לְיִשְׂרָאֵל וּמָחֳלָן לְשִׁבְטֵי יְשֻׁרוּן בְּכָל דּוֹר וָדוֹר. וּמִבַּלְעָדֶיךָ אֵין לָנוּ מֶלֶךְ מוֹחֵל וְסוֹלֵחַ אֶלָּא אָתָּה. בָּרוּךְ אַתָּה, יְיָ, מֶלֶךְ מוֹחֵל וְסוֹלֵחַ לַעֲוֺנוֹתֵינוּ וְלַעֲוֺנוֹת עַמּוֹ בֵּית יִשְׂרָאֵל, וּמַעֲבִיר אַשְׁמוֹתֵינוּ. הַמֶּלֶךְ עַל כָּל הָאָרֶץ, מְקַדֵּשׁ (הַשַּׁבָּת וְ) יִשְׂרָאֵל וְיוֹם הַכִּפֻּרִים.

רְצֵה, יְיָ אֱלֹהֵינוּ, בְּעַמְּךָ יִשְׂרָאֵל וּבִתְפִלָּתָם, וְהָשֵׁב אֶת הָעֲבוֹדָה לִדְבִיר בֵּיתֶךָ. וְאִשֵּׁי יִשְׂרָאֵל, וּתְפִלָּתָם בְּאַהֲבָה תְקַבֵּל בְּרָצוֹן, וּתְהִי לְרָצוֹן תָּמִיד עֲבוֹדַת יִשְׂרָאֵל עַמֶּךָ.

וְתֶחֱזֶינָה עֵינֵינוּ בְּשׁוּבְךָ לְצִיּוֹן בְּרַחֲמִים. בָּרוּךְ אַתָּה יְיָ, הַמַּחֲזִיר שְׁכִינָתוֹ לְצִיּוֹן.

Lord, You shall rule with Your rod, over all Your works. In Mount Tzion, Your place of glory, and in Jerusalem, Your holy city, as it is written in Your holy Word: "The Lord will reign forever; your God, O Tzion, from generation to generation: Hallelujah!"

You are holy and Your name is awesome, and there is no God except You, as it is written, "The Lord of Hosts is exalted in His judgments, and the Holy God is sanctified in righteousness." Blessed are You, Lord, the Holy King. You chose us from all the nations. You have loved us and have taken pleasure in us, and have exalted us above every tongue, and have sanctified us in Your commandments, and You drew us near, our King, to Your service, and You called us by Your great and holy name.

Our God, and God of our fathers, may the remembrance of us, and the remembrance of our fathers, and the remembrance of the Messiah the son of David, and the remembrance of Jerusalem, Your holy city, and the remembrance of all Your people, the house of Israel, arise and be seen, and come before Your countenance for deliverance and for goodness, for grace and for favor and for compassion, for a good life and for peace, on this day of atonements. May the Lord our God remember us for kindness in Him, and command for us blessing in Him, and grant us salvation unto life in Him, and speak deliverance, and in compassion take pity and spare us, and having mercy rescue us, for unto You are our eyes turned, for You are a merciful and compassionate God and King.

(On the Shabbat add the words in parenthesis)

Our God, and God of our fathers, pardon our iniquities on this day of (the Shabbat and this day) the Atonements. And remove our sins and our transgressions from before Your eyes, as it is said, "I, and only I, am He who, for my own sake, will wipe away Your sin, and your transgression I will not remember." And it is said, "Like a cloud *that brings rain* I have wiped away your sin, and *as with* a cloud *that gives rain* you have been cleansed. Return to Me for I have redeemed you." And it is said, "For on this day He will forgive you, so as to cleanse you from all your sins *which are* before the Lord, and you will be clean."

Our God, and God of our fathers, in days to come may You (be pleased with our rest,) set us apart through Your commandments, and grant us a portion in Your Torah. Satisfy us with Your goodness, and make our souls rejoice in Your salvation. (And, grant us, Lord our God, in love and in grace, that Your holy Sabbath remain an inheritance, and that Israel, who sanctifies Your name, rests on it,) and purify our heart so we may serve You in truth, for You are the Pardoner of Israel, and from generation to generation You are the one who forgives of the tribes of Yeshurun. We have no King, other than You, who forgives and pardons, but You. Blessed are You, King who forgives and pardons our iniquities and the iniquities of His people, the house of Israel, and who removes our sins. *You are* the King over all the earth, who has set apart (the Sabbath and) Israel and the Day of Atonement.

Take pleasure, Lord our God, in Your people Israel, and in their prayer. Restore the service to Your most holy house, and receive Israel's offerings by fire, and their prayer with gracious love. May the worship of Your people Israel always be pleasing to You.

May we see, with our own eyes, Your return to Tzion in compassion. Blessed are You, Lord, whose Presence is the restoration of Tzion.

Modim Anachnu

מוֹדִים אֲנַחְנוּ לָךְ, שָׁאַתָּה הוּא, יְיָ אֱלֹהֵינוּ וֵאלֹהֵי אֲבוֹתֵינוּ, לְעוֹלָם וָעֶד,
צוּר חַיֵּינוּ, מָגֵן יִשְׁעֵנוּ, אַתָּה הוּא. לְדוֹר וָדוֹר נוֹדֶה לְךָ, וּנְסַפֵּר תְּהִלָּתֶךָ,
עַל חַיֵּינוּ הַמְּסוּרִים בְּיָדֶךָ, וְעַל נִשְׁמוֹתֵינוּ הַפְּקוּדוֹת לָךְ, וְעַל נִסֶּיךָ שֶׁבְּכָל
יוֹם עִמָּנוּ, וְעַל נִפְלְאוֹתֶיךָ וְטוֹבוֹתֶיךָ שֶׁבְּכָל עֵת, עֶרֶב וָבֹקֶר וְצָהֳרָיִם.
הַטּוֹב כִּי לֹא כָלוּ רַחֲמֶיךָ, וְהַמְרַחֵם כִּי לֹא תַמּוּ חֲסָדֶיךָ, מֵעוֹלָם קִוִּינוּ לָךְ.

וְעַל כֻּלָּם יִתְבָּרַךְ וְיִתְרוֹמַם שִׁמְךָ מַלְכֵּנוּ תָּמִיד לְעוֹלָם וָעֶד. וּכְתוֹב
לְחַיִּים טוֹבִים כָּל בְּנֵי בְרִיתֶךָ.

וְכֹל הַחַיִּים יוֹדוּךָ סֶּלָה, וִיהַלְלוּ אֶת שִׁמְךָ בֶּאֱמֶת, הָאֵל יְשׁוּעָתֵנוּ וְעֶזְרָתֵנוּ
סֶלָה. בָּרוּךְ אַתָּה יְיָ, הַטּוֹב שִׁמְךָ וּלְךָ נָאֶה לְהוֹדוֹת.

Shalom Rav

שָׁלוֹם רָב עַל יִשְׂרָאֵל עַמְּךָ תָּשִׂים לְעוֹלָם, כִּי אַתָּה הוּא מֶלֶךְ אָדוֹן לְכָל
הַשָּׁלוֹם. וְטוֹב בְּעֵינֶיךָ לְבָרֵךְ אֶת עַמְּךָ יִשְׂרָאֵל, בְּכָל עֵת וּבְכָל שָׁעָה
בִּשְׁלוֹמֶךָ.

בְּסֵפֶר חַיִּים, בְּרָכָה וְשָׁלוֹם וּפַרְנָסָה טוֹבָה, וּגְזֵרוֹת טוֹבוֹת, יְשׁוּעוֹת
וְנֶחָמוֹת, נִזָּכֵר וְנִכָּתֵב לְפָנֶיךָ, אֲנַחְנוּ וְכָל עַמְּךָ בֵּית יִשְׂרָאֵל, לְחַיִּים
טוֹבִים וּלְשָׁלוֹם. בָּרוּךְ אַתָּה, יְיָ, הַמְבָרֵךְ אֶת עַמּוֹ יִשְׂרָאֵל בַּשָּׁלוֹם.

Confession

אֱלֹהֵינוּ וֵאלֹהֵי אֲבוֹתֵינוּ, תָּבֹא לְפָנֶיךָ תְּפִלָּתֵנוּ, וְאַל תִּתְעַלַּם מִתְּחִנָּתֵנוּ,
שֶׁאֵין אָנוּ עַזֵּי פָנִים וּקְשֵׁי עֹרֶף, לוֹמַר לְפָנֶיךָ יְיָ אֱלֹהֵינוּ וֵאלֹהֵי אֲבוֹתֵינוּ,
צַדִּיקִים אֲנַחְנוּ וְלֹא חָטָאנוּ, אֲבָל אֲנַחְנוּ וַאֲבוֹתֵינוּ חָטָאנוּ.

אָשַׁמְנוּ, בָּגַדְנוּ, גָּזַלְנוּ, דִּבַּרְנוּ דֹפִי. הֶעֱוִינוּ, וְהִרְשַׁעְנוּ, זַדְנוּ, חָמַסְנוּ,
טָפַלְנוּ שֶׁקֶר. יָעַצְנוּ רָע, כִּזַּבְנוּ, לַצְנוּ, מָרַדְנוּ, נִאַצְנוּ, סָרַרְנוּ, עָוִינוּ,
פָּשַׁעְנוּ, צָרַרְנוּ, קִשִּׁינוּ עֹרֶף, רָשַׁעְנוּ, שִׁחַתְנוּ, תִּעַבְנוּ, תָּעִינוּ, תִּעְתָּעְנוּ.

סַרְנוּ מִמִּצְוֹתֶיךָ וּמִמִּשְׁפָּטֶיךָ הַטּוֹבִים, וְלֹא שָׁוָה לָנוּ. וְאַתָּה צַדִּיק עַל כָּל
הַבָּא עָלֵינוּ, כִּי אֱמֶת עָשִׂיתָ וַאֲנַחְנוּ הִרְשָׁעְנוּ.

Modim Anachnu

Lord, we are eternally grateful that You are our God and the God of our fathers. You are the strength of our life and the Shield of our Salvation. We thank You from generation to generation, and recount Your praise; for our lives which are in Your hand; and for our souls which are in Your care; and for Your miracles which are seen every day; and for Your wondrous deeds and favors which are always with us---evening, morning and noon. You who are The Good, Your compassion never fails; Merciful One, Your loving kindness never ends; You have always been our hope.

For all these things, may Your name our King, be blessed and exalted continually, forever and to eternity. Inscribe all the children of Your covenant for a good life.

All the living will thank You, and in truth they shall praise Your name, O God of our salvation and of our deliverance. Blessed are You, Lord. Your name is good and it is fitting to give You praise.

Shalom Rav

Grant abundant peace to Israel, Your people, for ever, for You Sovereign Lord are He who gives peace to all. May it be good in Your sight to bless Your people Israel with peace at all times and at every hour.

May all Your people, the House of Israel, be remembered in blessing and in peace, and prosperity, and good decrees of salvation and consolation; may they be inscribed, before Your countenance, in the Book of Life, for a good life and for peace. Blessed are You, Lord, the one who blesses His people Israel in peace.

Confession

Our God, and God of our fathers, may our prayer come before Your countenance, and do not ignore our supplication, for we are not so bold faced and stiff necked so as to say before Your countenance, "Lord our God, and God of our fathers, we are righteous and we have not sinned." Indeed, we and our fathers have sinned.

We have been guilty, we have betrayed, we have stolen, we have spoken falsely. We have committed iniquity, we have been been found guilty of wickedness, we have sinned willfully, we have wronged *others*, we have smeared with falsehood. We have counseled evil, we have lied, we have been scornful, we have rebelled, we have blasphemed, we have strayed, we have done iniquity, we have sinned *openly*, we have been bound by the stiffness of our necks.

We have turned away from Your commandments, and from Your good precepts, and it was not worthwhile for us. You are righteous in all You have brought upon us, for You have acted correctly while we have acted wickedly.

מַה נֹּאמַר לְפָנֶיךָ יוֹשֵׁב מָרוֹם, וּמַה נְּסַפֵּר לְפָנֶיךָ שׁוֹכֵן שְׁחָקִים, הֲלֹא כָּל הַנִּסְתָּרוֹת וְהַנִּגְלוֹת אַתָּה יוֹדֵעַ.

אַתָּה יוֹדֵעַ רָזֵי עוֹלָם.   אֵין דָּבָר נֶעְלָם מִמֶּךָ, וְאֵין נִסְתָּר מִנֶּגֶד עֵינֶיךָ. וּבְכֵן יְהִי רְצוֹנְךָ, יְיָ אֱלֹהֵינוּ וֵאלֹהֵי אֲבוֹתֵינוּ, שֶׁתְּכַפֵּר לָנוּ עַל כָּל חַטֹּאתֵינוּ, וְתִסְלַח לָנוּ עַל כָּל עֲווֹנוֹתֵינוּ, וּתְכַפֵּר לָנוּ עַל כָּל פְּשָׁעֵינוּ.

אִם־נֹאמַר כִּי אֵין־בָּנוּ עָוֹן מַתְעִים אֲנַחְנוּ אֶת־נַפְשׁוֹתֵינוּ וְהָאֱמֶת אֵין בָּנוּ. וְאִם־נִתְוַדֶּה אֶת־חַטֹּאתֵינוּ נֶאֱמָן הוּא וְצַדִּיק לִסְלֹחַ לָנוּ אֶת־חַטֹּאתֵינוּ וּלְטַהֲרֵנוּ מִכָּל־עָוֹן. *(1 Yochanan 1:8-9)*

Ahl Chet

עַל חֵטְא שֶׁחָטָאנוּ לְפָנֶיךָ בְּאֹנֶם וּבְרָצוֹן,

וְעַל חֵטְא שֶׁחָטָאנוּ לְפָנֶיךָ בְּאִמּוּץ הַלֵּב.

עַל חֵטְא שֶׁחָטָאנוּ לְפָנֶיךָ בִּבְלִי דָעַת,

וְעַל חֵטְא שֶׁחָטָאנוּ לְפָנֶיךָ בְּבִטּוּי שְׂפָתָיִם.

עַל חֵטְא שֶׁחָטָאנוּ לְפָנֶיךָ בְּגִלּוּי עֲרָיוֹת,

וְעַל חֵטְא שֶׁחָטָאנוּ לְפָנֶיךָ בַּגָּלוּי וּבַסָּתֶר.

עַל חֵטְא שֶׁחָטָאנוּ לְפָנֶיךָ בְּדַעַת וּבְמִרְמָה,

וְעַל חֵטְא שֶׁחָטָאנוּ לְפָנֶיךָ בְּדִבּוּר פֶּה.

עַל חֵטְא שֶׁחָטָאנוּ לְפָנֶיךָ בְּהוֹנָאַת רֵעַ,

וְעַל חֵטְא שֶׁחָטָאנוּ לְפָנֶיךָ בְּהִרְהוֹר הַלֵּב.

עַל חֵטְא שֶׁחָטָאנוּ לְפָנֶיךָ בִּוְעִידַת זְנוּת,

עַל חֵטְא שֶׁחָטָאנוּ לְפָנֶיךָ בְּזִלְזוּל הוֹרִים וּמוֹרִים,

וְעַל חֵטְא שֶׁחָטָאנוּ לְפָנֶיךָ בְּזָדוֹן וּבִשְׁגָגָה.

עַל חֵטְא שֶׁחָטָאנוּ לְפָנֶיךָ בְּחֹזֶק יָד,

וְעַל חֵטְא שֶׁחָטָאנוּ לְפָנֶיךָ בְּחִלּוּל הַשֵּׁם.

עַל חֵטְא שֶׁחָטָאנוּ לְפָנֶיךָ בְּטֻמְאַת שְׂפָתָיִם,

וְעַל חֵטְא שֶׁחָטָאנוּ לְפָנֶיךָ בְּטִפְשׁוּת פֶּה.

עַל חֵטְא שֶׁחָטָאנוּ לְפָנֶיךָ בְּיֵצֶר הָרָע,

וְעַל חֵטְא שֶׁחָטָאנוּ לְפָנֶיךָ בְּיוֹדְעִים וּבְלֹא יוֹדְעִים.

וְעַל כֻּלָּם, אֱלוֹהַּ סְלִיחוֹת, סְלַח לָנוּ, מְחַל לָנוּ, כַּפֶּר־לָנוּ.

V'ahl choo-lahm eh-loh-ha s'lee-choht, s'lahch lah-noo, m'chahl lah-noo, kah-pehr lah-noo.

What can we say before You who dwells on high, and what *stories* can we tell before You who abides in heaven? Is it not the case that You know all that is hidden and rolled up?

The mysteries of the universe are known to You. Nothing is hidden from You, and nothing is concealed from before Your eyes. Therefore, may it be Your will, Lord our God, and God of our fathers, that You forgive us for all of our sins, and that You pardon us for all our transgressions, and grant us atonement for all our rebellion.

If we say, "We have no sin in us," we are deceiving ourselves and the truth is not in us. But, if we confess our sins He is faithful and just to forgive us our sins and to make us pure from all our iniquities *(1 Yochanan 1:8-9)*.

Ahl Chet

For the sin we have sinned before You under duress and by our own volition,
And for the sin we have sinned before You in hardness of heart,
For the sin we have sinned before You without knowledge,
And for the sin we have sinned before You with speech from our lips,
For the sin we have sinned before You in the open and in hiding,
And for the sin we have sinned before You that were laid bare and that were secret,
For the sin we have sinned before You in knowledge and through deceit,
And for the sin we have sinned before You by stinging speech,
For the sin we have sinned before You in defrauding a friend,
And for the sin we have sinned before You in the musings of the heart,
For the sin we have sinned before You in gathering together for *the sake of* lewdness,
And for the sin we have sinned before You in disrespecting parents and teachers,
For the sin we have sinned before You deliberately or by error,
And for the sin we have sinned before You by strength of hand,
For the sin we have sinned before You by desecration of the Name,
And for the sin we have sinned before You through defiled lips,
For the sin we have sinned before You through a foolish mouth,
And for the sin we have sinned before You by the desire to do evil,
For the sin we have sinned before You through those who knew,
And for the sin we have sinned before You through those who did not know,

For all these, O God of forgiveness,
forgive us, pardon us, and be for us atonement.

עַל חֵטְא שֶׁחָטָאנוּ לְפָנֶיךָ בְּכַחַשׁ וּבְכָזָב,

וְעַל חֵטְא שֶׁחָטָאנוּ לְפָנֶיךָ בְּכַפַּת שֹׁחַד.

עַל חֵטְא שֶׁחָטָאנוּ לְפָנֶיךָ בְּלָצוֹן,

וְעַל חֵטְא שֶׁחָטָאנוּ לְפָנֶיךָ בְּלָשׁוֹן הָרָע.

עַל חֵטְא שֶׁחָטָאנוּ לְפָנֶיךָ בְּמַשָּׂא וּבְמַתָּן,

וְעַל חֵטְא שֶׁחָטָאנוּ לְפָנֶיךָ בְּמַאֲכָל וּבְמִשְׁתֶּה.

עַל חֵטְא שֶׁחָטָאנוּ לְפָנֶיךָ בְּנֶשֶׁךְ וּבְמַרְבִּית,

וְעַל חֵטְא שֶׁחָטָאנוּ לְפָנֶיךָ בִּנְטִיַּת גָּרוֹן.

עַל חֵטְא שֶׁחָטָאנוּ לְפָנֶיךָ בְּשִׂיחַ שִׂפְתוֹתֵינוּ,

וְעַל חֵטְא שֶׁחָטָאנוּ לְפָנֶיךָ בְּשִׁקּוּר עָיִן.

עַל חֵטְא שֶׁחָטָאנוּ לְפָנֶיךָ בְּעֵינַיִם רָמוֹת,

וְעַל חֵטְא שֶׁחָטָאנוּ לְפָנֶיךָ בְּעַזּוּת מֵצַח.

וְעַל כֻּלָּם, אֱלוֹהַ סְלִיחוֹת, סְלַח לָנוּ, מְחַל לָנוּ, כַּפֶּר-לָנוּ.

V'ahl choo-lahm eh-loh-ha s'lee-choht, s'lahch lah-noo, m'chahl lah-noo, kah-pehr lah-noo.

עַל חֵטְא שֶׁחָטָאנוּ לְפָנֶיךָ בִּפְרִיקַת עֹל,

וְעַל חֵטְא שֶׁחָטָאנוּ לְפָנֶיךָ בִּפְלִילוּת.

עַל חֵטְא שֶׁחָטָאנוּ לְפָנֶיךָ בִּצְדִיַּת רֵעַ,

וְעַל חֵטְא שֶׁחָטָאנוּ לְפָנֶיךָ בְּצָרוּת עָיִן.

עַל חֵטְא שֶׁחָטָאנוּ לְפָנֶיךָ בְּקַלּוּת רֹאשׁ,

וְעַל חֵטְא שֶׁחָטָאנוּ לְפָנֶיךָ בְּקַשְׁיוּת עֹרֶף.

עַל חֵטְא שֶׁחָטָאנוּ לְפָנֶיךָ בְּרִיצַת רַגְלַיִם לְהָרַע,

וְעַל חֵטְא שֶׁחָטָאנוּ לְפָנֶיךָ בִּרְכִילוּת.

עַל חֵטְא שֶׁחָטָאנוּ לְפָנֶיךָ בִּשְׁבוּעַת שָׁוְא,

וְעַל חֵטְא שֶׁחָטָאנוּ לְפָנֶיךָ בְּשִׂנְאַת חִנָּם.

עַל חֵטְא שֶׁחָטָאנוּ לְפָנֶיךָ בִּתְשׂוּמֶת-יָד,

וְעַל חֵטְא שֶׁחָטָאנוּ לְפָנֶיךָ בְּתִמְהוֹן לֵבָב.

וְעַל כֻּלָּם, אֱלוֹהַ סְלִיחוֹת, סְלַח לָנוּ, מְחַל לָנוּ, כַּפֶּר-לָנוּ.

V'ahl choo-lahm eh-loh-ha s'lee-choht, s'lahch lah-noo, m'chahl lah-noo, kah-pehr lah-noo.

אֱלֹהַי, עַד שֶׁלֹּא נוֹצַרְתִּי אֵינִי כְדַאי, וְעַכְשָׁו שֶׁנּוֹצַרְתִּי כְּאִלּוּ לֹא נוֹצַרְתִּי. עָפָר אֲנִי בְּחַיַּי, קַל וָחֹמֶר בְּמִיתָתִי. הֲרֵי אֲנִי לְפָנֶיךָ כִּכְלִי מָלֵא בּוּשָׁה וּכְלִמָּה. יְהִי רָצוֹן מִלְּפָנֶיךָ, יְיָ אֱלֹהַי וֵאלֹהֵי אֲבוֹתַי, שֶׁלֹּא אֶחֱטָא עוֹד. וּמַה שֶּׁחָטָאתִי לְפָנֶיךָ מָרֵק בְּרַחֲמֶיךָ הָרַבִּים.

מִי יַצִּילֵנִי מִגּוּף הַמָּוֶת הַלָּזֶה. אוֹדֶה אֶת-אֱלֹהִים בְּיֵשׁוּעַ הַמָּשִׁיחַ אֲדֹנֵינוּ. ... כִּי תּוֹרַת רוּחַ הַחַיִּים בְּיֵשׁוּעַ הַמָּשִׁיחַ חִלְּצָה אֶת-נַפְשִׁי מִתּוֹרַת הַחֵטְא וְהַמָּוֶת.

For the sin we have sinned before You through deceit and falsehood,
And for the sin we have sinned before You in covering bribes,
For the sin we have sinned before You through *coarse* jesting,
And for the sin we have sinned before You through language meant to do harm,
For the sin we have sinned before You in business dealings,
And for the sin we have sinned before You through food and with drink,
For the sin we have sinned before You through usury and interest,
And for the sin we have sinned before You through lofty bearing,
For the sin we have sinned before You through enticing speech,
And for the sin we have sinned before You through lying eyes,
For the sin we have sinned before You through haughty eyes,
And for the sin we have sinned before You through scornful defiance,

For all these, O God of forgiveness,
forgive us, pardon us, and be for us atonement.

For the sin we have sinned before You by throwing off responsibility,
And for the sin we have sinned before You by *passing harsh* judgment,
For the sin we have sinned before You by *treating* a friend *with* malice,
And for the sin we have sinned before You by *seeing with* a begrudging eye,
For the sin we have sinned before You by taking ease in leadership,
And for the sin we have sinned before You by being stiff necked,
For the sin we have sinned before You by the racing of our feet to do evil,
And for the sin we have sinned before You by gossip,
For the sin we have sinned before You by taking an oath in vain,
And for the sin we have sinned before You by hatred without cause,
For the sin we have sinned before You by stretching forth our hand *against one less able,*
And for the sin we have sinned before You by the confusion of the heart,

For all these, O God of forgiveness,
forgive us, pardon us, and be for us atonement.

My God, before I was formed I was not worthy, and now that I have been formed it is as if I had not been formed. Dust I am in my life, and all the more so in death. Behold I am before You, a vessel filled with shame and disgrace. May it be Your will, Lord my God, and God of my father, that I sin no more. And in Your abundant compassion cleanse the sins I have committed before You.

Who will redeem me from this body of death? I shall give thanks to God, through Yeshua the Messiah, our Lord. . . .For the principle of the spirit of life in Messiah Yeshua has rescued my soul from the law of sin and death!

(After the Amidah, add the following meditation)

אֱלֹהַי, נְצוֹר לְשׁוֹנִי מֵרָע. וּשְׂפָתַי מִדַּבֵּר מִרְמָה. וְלִמְקַלְלַי נַפְשִׁי תִדּוֹם, וְנַפְשִׁי כֶּעָפָר לַכֹּל תִּהְיֶה. פְּתַח לִבִּי בְּתוֹרָתֶךָ, וּבְמִצְוֹתֶיךָ תִּרְדּוֹף נַפְשִׁי. וְכָל הַחוֹשְׁבִים עָלַי רָעָה, מְהֵרָה הָפֵר עֲצָתָם וְקַלְקֵל מַחֲשַׁבְתָּם. עֲשֵׂה לְמַעַן שְׁמֶךָ, עֲשֵׂה לְמַעַן יְמִינֶךָ, עֲשֵׂה לְמַעַן קְדֻשָּׁתֶךָ. עֲשֵׂה לְמַעַן תּוֹרָתֶךָ. לְמַעַן יֵחָלְצוּן יְדִידֶיךָ, הוֹשִׁיעָה יְמִינְךָ וַעֲנֵנִי. יִהְיוּ לְרָצוֹן אִמְרֵי פִי וְהֶגְיוֹן לִבִּי לְפָנֶיךָ, יְיָ צוּרִי וְגוֹאֲלִי. עֹשֶׂה שָׁלוֹם בִּמְרוֹמָיו, הוּא יַעֲשֶׂה שָׁלוֹם עָלֵינוּ, וְעַל כָּל יִשְׂרָאֵל וְאִמְרוּ, אָמֵן.

(On Sabbath Add)

וַיְכֻלּוּ הַשָּׁמַיִם וְהָאָרֶץ וְכָל צְבָאָם וַיְכַל אֱלֹהִים בַּיּוֹם הַשְּׁבִיעִי מְלַאכְתּוֹ אֲשֶׁר עָשָׂה. וַיִּשְׁבֹּת בַּיּוֹם הַשְּׁבִיעִי מִכָּל מְלַאכְתּוֹ אֲשֶׁר עָשָׂה. וַיְבָרֶךְ אֱלֹהִים אֶת יוֹם הַשְּׁבִיעִי וַיְקַדֵּשׁ אֹתוֹ, כִּי בוֹ שָׁבַת מִכָּל מְלַאכְתּוֹ אֲשֶׁר בָּרָא אֱלֹהִים לַעֲשׂוֹת.

בָּרוּךְ אַתָּה יְיָ, אֱלֹהֵינוּ וֵאלֹהֵי אֲבוֹתֵינוּ, אֱלֹהֵי אַבְרָהָם, אֱלֹהֵי יִצְחָק, וֵאלֹהֵי יַעֲקֹב, הָאֵל הַגָּדוֹל הַגִּבּוֹר וְהַנּוֹרָא אֵל עֶלְיוֹן קוֹנֵה שָׁמַיִם וָאָרֶץ

מָגֵן אָבוֹת בִּדְבָרוֹ, מְחַיֵּה מֵתִים בְּמַאֲמָרוֹ, הַמֶּלֶךְ הַקָּדוֹשׁ שֶׁאֵין כָּמוֹהוּ, הַמֵּנִיחַ לְעַמּוֹ בְּיוֹם שַׁבַּת קָדְשׁוֹ, כִּי בָם רָצָה לְהָנִיחַ לָהֶם. לְפָנָיו נַעֲבוֹד בְּיִרְאָה וָפַחַד, וְנוֹדֶה לִשְׁמוֹ בְּכָל יוֹם תָּמִיד, מֵעֵין הַבְּרָכוֹת. אֵל הַהוֹדָאוֹת אֲדוֹן הַשָּׁלוֹם, מְקַדֵּשׁ הַשַּׁבָּת, וּמְבָרֵךְ שְׁבִיעִי, וּמֵנִיחַ בִּקְדֻשָּׁה לְעַם מְדֻשְּׁנֵי עֹנֶג, זֵכֶר לְמַעֲשֵׂה בְרֵאשִׁית.

אֱלֹהֵינוּ וֵאלֹהֵי אֲבוֹתֵינוּ, רְצֵה נָא בִמְנוּחָתֵנוּ. קַדְּשֵׁנוּ בְּמִצְוֹתֶיךָ, וְתֵן חֶלְקֵנוּ בְּתוֹרָתֶךָ, שַׂבְּעֵנוּ מִטּוּבֶךָ, וְשַׂמַּח נַפְשֵׁנוּ בִּישׁוּעָתֶךָ, וְטַהֵר לִבֵּנוּ לְעָבְדְּךָ בֶּאֱמֶת, וְהַנְחִילֵנוּ יְיָ אֱלֹהֵינוּ בְּאַהֲבָה וּבְרָצוֹן שַׁבַּת קָדְשֶׁךָ, וְיָנוּחוּ בָהּ כָּל יִשְׂרָאֵל, מְקַדְּשֵׁי שְׁמֶךָ. בָּרוּךְ אַתָּה יְיָ, מְקַדֵּשׁ הַשַּׁבָּת.

(After the Amidah, add the following meditation)

My God, guard my tongue from evil, and my lips from speaking falsehood. May my soul be silent to those who insult me, and may my soul be humble before all. Open my heart to Your Torah, that my soul might follow Your commands. As for all who plot evil against me, thwart their counsel and upset their plans. Do it for the sake of Your Name. Do it for the sake of Your power. Do it for the sake of Your holiness. Do it for the sake of Your Torah, that the one on whom You have set Your love might be rescued; save with Your right hand and answer us. May the words that proceed from my mouth and the secret thoughts that are in my heart be pleasing to You, O Lord, for You are my Stronghold as well as my Redeemer. May He who creates peace in His high heavens create peace for us and for all Israel, and say, "Amen."

(On Sabbath Add)

Thus the heavens, and the earth, and all their hosts were finished. And on the seventh day God completed all the work in which He had been engaged, and on the seventh day He rested from all the work which He had made. And God blessed the seventh day, calling it holy, for on it He rested from all of the work which He had created.

Blessed are You, Lord our God, and God of our fathers, God of Abraham, God Isaac and God of Jacob, the great, the mighty and the awesome God, God Most High, Master of the heavens and earth.

By His Word He was a shield to our fathers; at His bidding the dead are revived. The God, the Holy One, there is none to be compared to Him. The giver of rest was pleased to grant rest to His People on the Holy Sabbath day. We will serve Him with awe and reverence, and every day we will give thanks to His name for the blessings of that day. God of thanksgiving, Lord of peace, who sanctifies the Sabbath and gives blessing to the seventh day, in remembrance of the creation, grant holy, joyous rest to Your people.

Our God and God of our fathers, be pleased with our rest. Set us apart through Your commandments, and grant us a portion in Your Torah. Satisfy us with Your goodness, and make us glad in Your salvation. Purify our hearts to serve You in truth, and grant us, Lord our God, in love and in grace, that Your holy Sabbath remain an inheritance, and that Israel, who sanctifies Your name, will rest on it. Blessed are You, Lord, who makes the Sabbath holy!

(On Weekdays begin here)

Responsive Reading

שְׁמֵעַ תְּפִלָּה, עָדֶיךָ כָּל בָּשָׂר יָבֹאוּ. יָבוֹא כָל בָּשָׂר לְהִשְׁתַּחֲוֹת לְפָנֶיךָ יְיָ.
יָבֹאוּ וְיִשְׁתַּחֲווּ לְפָנֶיךָ אֲדֹנָי, וִיכַבְּדוּ לִשְׁמֶךָ.

בֹּאוּ נִשְׁתַּחֲוֶה וְנִכְרָעָה, נִבְרְכָה לִפְנֵי יְיָ עוֹשֵׂנוּ. בֹּאוּ שְׁעָרָיו
בְּתוֹדָה, חֲצֵרֹתָיו בִּתְהִלָּה. הוֹדוּ לוֹ בָּרְכוּ שְׁמוֹ.

הִנֵּה בָּרְכוּ אֶת יְיָ כָּל עַבְדֵי יְיָ, הָעֹמְדִים בְּבֵית יְיָ בַּלֵּילוֹת. שְׂאוּ יְדֵיכֶם
קֹדֶשׁ וּבָרְכוּ אֶת יְיָ. נָבוֹאָה לְמִשְׁכְּנוֹתָיו, נִשְׁתַּחֲוֶה לַהֲדֹם רַגְלָיו.

רוֹמְמוּ יְיָ אֱלֹהֵינוּ, וְהִשְׁתַּחֲווּ לַהֲדֹם רַגְלָיו, קָדוֹשׁ הוּא. רוֹמְמוּ יְיָ
אֱלֹהֵינוּ, וְהִשְׁתַּחֲווּ לְיָ בְּהַדְרַת קֹדֶשׁ, חִילוּ מִפָּנָיו כָּל הָאָרֶץ.

וַאֲנַחְנוּ, בְּרֹב חַסְדְּךָ נָבוֹא בֵיתֶךָ, נִשְׁתַּחֲוֶה אֶל הֵיכַל קָדְשְׁךָ בְּיִרְאָתֶךָ.
נִשְׁתַּחֲוֶה אֶל הֵיכַל קָדְשְׁךָ וְנוֹדֶה אֶת שְׁמֶךָ, עַל חַסְדְּךָ וְעַל אֲמִתֶּךָ. כִּי
הִגְדַּלְתָּ עַל כָּל שִׁמְךָ אִמְרָתֶךָ.

יְיָ אֱלֹהֵי צְבָאוֹת, מִי כָמוֹךָ חֲסִין, יָהּ, וֶאֱמוּנָתְךָ סְבִיבוֹתֶיךָ. כִּי
מִי בַשַּׁחַק יַעֲרֹךְ לַיְיָ, יִדְמֶה לַיְיָ בִּבְנֵי אֵלִים.

כִּי גָדוֹל אַתָּה וְעוֹשֵׂה נִפְלָאוֹת. אַתָּה אֱלֹהִים לְבַדֶּךָ. כִּי גָדוֹל מֵעַל שָׁמַיִם
חַסְדֶּךָ, וְעַד שְׁחָקִים אֲמִתֶּךָ. גָּדוֹל יְיָ וּמְהֻלָּל מְאֹד, וְלִגְדֻלָּתוֹ אֵין חֵקֶר.

כִּי גָדוֹל יְיָ וּמְהֻלָּל מְאֹד, נוֹרָא הוּא עַל כָּל אֱלֹהִים. כִּי אֵל גָּדוֹל
יְיָ, וּמֶלֶךְ גָּדוֹל עַל כָּל אֱלֹהִים. אֲשֶׁר מִי אֵל בַּשָּׁמַיִם וּבָאָרֶץ, אֲשֶׁר
יַעֲשֶׂה כְמַעֲשֶׂיךָ וְכִגְבוּרֹתֶיךָ.

מִי לֹא יִרָאֲךָ מֶלֶךְ הַגּוֹיִם, כִּי לְךָ יָאָתָה. כִּי בְכָל חַכְמֵי הַגּוֹיִם וּבְכָל
מַלְכוּתָם מֵאֵין כָּמוֹךָ.

מֵאֵין כָּמוֹךָ יְיָ, גָּדוֹל אַתָּה וְגָדוֹל שִׁמְךָ בִּגְבוּרָה. לְךָ זְרוֹעַ עִם
גְבוּרָה, תָּעֹז יָדְךָ תָּרוּם יְמִינֶךָ.

לְךָ יוֹם, אַף לְךָ לָיְלָה, אַתָּה הֲכִינוֹתָ מָאוֹר וָשָׁמֶשׁ. אֲשֶׁר בְּיָדוֹ מֶחְקְרֵי
אָרֶץ, וְתוֹעֲפֹת הָרִים לוֹ. מִי יְמַלֵּל גְּבוּרוֹת יְיָ יַשְׁמִיעַ כָּל תְּהִלָּתוֹ.

(On Weekdays begin here)

Responsive Reading

You who hears prayer, unto You does all flesh come. All flesh will come to bow before You, O Lord. Lord, they will come and bow before You and give glory to Your name.

> *Come let us worship and bow down, let us kneel before the Lord, our Maker. Come into His gates with thanksgiving; into His courts with praise. Give thanks to Him; bless His name.*

Behold, bless the Lord, all you servants of the Lord, who stand in the house of the Lord in the night. Lift your hands in the sanctuary and bless the Lord. Let us come to His dwelling place, and prostrate ourselves at His footstool.

> *Exalt the Lord our God, and bow down at His footstool, for He is holy. Exalt the Lord our God, and bow down at His holy mountain, for holy is the Lord our God.*

Through Your great loving kindness we will enter Your house; in awe of You we will bow ourselves toward Your holy sanctuary. We will bow ourselves toward Your holy sanctuary and give thanks to Your name for Your loving kindness and for Your faithfulness. Your name, and Your word You have magnified over all.

> *Lord God of Hosts, who is mighty like You? Lord, Your faithfulness is round about You. Who in heaven can be compared to the Lord? Who can be likened to the Lord from among the sons of God?*

For You are mighty, and You work wonders. You are God; You stand alone. Your loving kindness is high above the heavens, and Your truth is above the heights. Great is the Lord, and greatly to be praised; His greatness is unsearchable.

> *For great is the Lord, and greatly to be praised; He is to be feared above all gods. For God is a great Lord, and a great King above all gods. What god is there in the heavens or in the earth that can do what You have done, that can do Your mighty acts?*

Who would not revere You, King of the nations, for to You it is fitting. For among all the wise of the nations, and among all their kingdoms there is none like You.

> *There is none like You Lord; You are great and Your mighty name is great. Yours is a powerful arm; Your strong right hand is lifted up.*

Yours is the day, and Yours is the night; You made ready the Light and the sun. In Your hands are the depths of the earth, and heights of the mountains are Yours. Who can retell the mighty acts of the Lord? Who can declare all His praise?

לְךָ יְיָ הַגְּדֻלָּה וְהַגְּבוּרָה, וְהַתִּפְאֶרֶת וְהַנֵּצַח וְהַהוֹד, כִּי כֹל בַּשָּׁמַיִם
וּבָאָרֶץ; לְךָ יְיָ הַמַּמְלָכָה, וְהַמִּתְנַשֵּׂא לְכֹל לְרֹאשׁ.

לְךָ שָׁמַיִם, אַף לְךָ אָרֶץ, תֵּבֵל וּמְלֹאָהּ אַתָּה יְסַדְתָּם. אַתָּה הִצַּבְתָּ כָּל
גְּבוּלוֹת אָרֶץ, קַיִץ וָחֹרֶף אַתָּה יְצַרְתָּם.

אַתָּה רִצַּצְתָּ רָאשֵׁי לִוְיָתָן, תִּתְּנֶנּוּ מַאֲכָל לְעָם לְצִיִּים. אַתָּה
בָקַעְתָּ מַעְיָן וָנָחַל, אַתָּה הוֹבַשְׁתָּ נַהֲרוֹת אֵיתָן.

אַתָּה פוֹרַרְתָּ בְעָזְּךָ יָם, שִׁבַּרְתָּ רָאשֵׁי תַנִּינִים עַל הַמָּיִם. אַתָּה מוֹשֵׁל
בְּגֵאוּת הַיָּם, בְּשׂוֹא גַלָּיו אַתָּה תְשַׁבְּחֵם.

גָּדוֹל יְיָ וּמְהֻלָּל מְאֹד, בְּעִיר אֱלֹהֵינוּ הַר קָדְשׁוֹ. יְיָ צְבָאוֹת, אֱלֹהֵי
יִשְׂרָאֵל, יוֹשֵׁב הַכְּרֻבִים, אַתָּה הוּא הָאֱלֹהִים לְבַדֶּךָ.

אֵל נַעֲרָץ בְּסוֹד קְדוֹשִׁים רַבָּה, וְנוֹרָא עַל כָּל סְבִיבָיו. וְיוֹדוּ שָׁמַיִם פִּלְאֲךָ
יְיָ אַף אֱמוּנָתְךָ בִּקְהַל קְדוֹשִׁים.

לְכוּ נְרַנְּנָה לַייָ, נָרִיעָה לְצוּר יִשְׁעֵנוּ. נְקַדְּמָה פָנָיו בְּתוֹדָה,
בִּזְמִרוֹת נָרִיעַ לוֹ.

צֶדֶק וּמִשְׁפָּט מְכוֹן כִּסְאֶךָ, חֶסֶד וֶאֱמֶת יְקַדְּמוּ פָנֶיךָ. אֲשֶׁר יַחְדָּו נַמְתִּיק
סוֹד בְּבֵית אֱלֹהִים נְהַלֵּךְ בְּרָגֶשׁ.

אֲשֶׁר לוֹ הַיָּם וְהוּא עָשָׂהוּ, וְיַבֶּשֶׁת יָדָיו יָצָרוּ. אֲשֶׁר בְּיָדוֹ נֶפֶשׁ
כָּל חָי, וְרוּחַ כָּל בְּשַׂר אִישׁ.

Reader:

הַנְּשָׁמָה לָךְ וְהַגּוּף פָּעֳלָךְ, חוּסָה עַל עֲמָלָךְ. הַנְּשָׁמָה לָךְ וְהַגּוּף שֶׁלָּךְ, יְיָ,
עֲשֵׂה לְמַעַן שְׁמֶךָ. אָתָאנוּ עַל שִׁמְךָ, יְיָ, עֲשֵׂה לְמַעַן שְׁמֶךָ. בַּעֲבוּר כְּבוֹד
שִׁמְךָ, כִּי אֵל חַנּוּן וְרַחוּם שְׁמֶךָ. לְמַעַן שִׁמְךָ יְיָ, וְסָלַחְתָּ לַעֲוֹנֵנוּ, כִּי רַב
הוּא.

Responsive Reading:

וַיַּעֲבֹר יְיָ עַל מֹשֶׁה וַיִּקְרָא:

יְיָ, יְיָ אֵל, רַחוּם וְחַנּוּן, אֶרֶךְ אַפַּיִם, וְרַב חֶסֶד וֶאֱמֶת. נֹצֵר חֶסֶד
לָאֲלָפִים, נֹשֵׂא עָוֹן וָפֶשַׁע וְחַטָּאָה, וְנַקֵּה.

> ***Lord, everything in heaven and in earth is Yours; the greatness, and the power, and the glory, and the victory and the majesty. Lord, Yours is the kingdom, and You are the sovereign head over all.***

Yours is the heavens, and Yours is the earth; You founded the world and its fullness. You established all the boundaries of the earth; You made summer and winter.

> ***You crushed the head of Leviathan, leaving him as food for the desolate people. You opened fountain and stream; You dried up mighty rivers.***

In Your might You split the sea, crushing the crocodile's head upon the waters. You rule over the grandeur of the seas; You calm its waves when they rise.

> ***Great is the Lord, and greatly to be praised; in the city of our God, the Mountain of His holiness. Lord of Hosts, God of Israel, enthroned upon the Cherubim. You are He who is God alone.***

God is revered in the great council of the holy, and is more terrible than all who surround Him. Lord, the heavens acknowledge Your wonders, even Your faithfulness in the assembly of the holy.

> ***Come, let us sing joyfully to the Lord, let us shout aloud to the Rock of our Salvation. Let us go before Him in thanksgiving, acclaiming Him with songs of praise.***

Righteousness and judgment are the foundation of Your throne; grace and truth are before Your countenance, that together we might take sweet confidence, walking together in the house of God.

> ***For His is the sea; He made it, and His hands formed the dry land. For in His hand is the soul of all the living, and the spirit of all mankind.***

Reader:

The soul is Yours, and the body is the work of Your hands; take pity upon what You have made. Lord, the soul is Yours, and the body is Yours; act for the sake of Your name. We come *trusting* in Your name, Lord; act for the sake of Your name. *Act* for the glory of Your name, for God is merciful, and compassionate is Your name. For the sake of Your name, Lord, pardon our offences, for they are many.

Responsive Reading:

And the Lord passed before Moses and declared:

> ***The Lord, the Lord God, compassionate and merciful, slow to anger, and abounding in loving kindness and truth. He preserves loving kindness to thousands of generations, forgives sin, and transgression and iniquity, and pardons.***

סְלַח לָנוּ אָבִינוּ כִּי חָטָאנוּ, מְחַל לָנוּ מַלְכֵּנוּ כִּי פָשָׁעְנוּ, כִּי אַתָּה, אֲדֹנָי,
הַטּוֹב, וְסַלָּח וְרַב חֶסֶד לְכָל קוֹרְאֶיךָ.

הַאֲזִינָה יְיָ תְּפִלָּתֵנוּ, וְהַקְשִׁיבָה בְּקוֹל תַּחֲנוּנוֹתֵינוּ. הַקְשִׁיבָה לְקוֹל
שַׁוְעֵנוּ, מַלְכֵּנוּ וֵאלֹהֵינוּ, כִּי אֵלֶיךָ נִתְפַּלָּל. תְּהִי נָא אָזְנְךָ קַשֶּׁבֶת,
וְעֵינֶיךָ פְתֻחוֹת, אֶל תְּפִלַּת עֲבָדֶיךָ עַמְּךָ יִשְׂרָאֵל. וְשָׁמַעְתָּ מִן
הַשָּׁמַיִם, מְכוֹן שִׁבְתְּךָ, אֶת תְּפִלָּתָם וְאֶת תְּחִנּוֹתֵיהֶם, וְסָלַחְתָּ
לְעַמְּךָ אֲשֶׁר חָטְאוּ לָךְ.

כְּרַחֵם אָב עַל בָּנִים, כֵּן תְּרַחֵם יְיָ עָלֵינוּ. לַיְיָ הַיְשׁוּעָה, עַל עַמְּךָ בִרְכָתֶךָ
סֶּלָה. יְיָ צְבָאוֹת עִמָּנוּ, מִשְׂגָּב לָנוּ אֱלֹהֵי יַעֲקֹב, סֶלָה. יְיָ צְבָאוֹת, אַשְׁרֵי
אָדָם בֹּטֵחַ בָּךְ. יְיָ הוֹשִׁיעָה, הַמֶּלֶךְ יַעֲנֵנוּ בְיוֹם קָרְאֵנוּ.

Reader:

שְׁמַע קוֹלֵנוּ, יְיָ אֱלֹהֵינוּ, חוּס וְרַחֵם עָלֵינוּ, וְקַבֵּל בְּרַחֲמִים וּבְרָצוֹן אֶת
תְּפִלָּתֵנוּ.

Responsive Reading:

הֲשִׁיבֵנוּ יְיָ אֵלֶיךָ וְנָשׁוּבָה, חַדֵּשׁ יָמֵינוּ כְּקֶדֶם.

אֲמָרֵינוּ הַאֲזִינָה יְיָ, בִּינָה הֲגִיגֵנוּ. יִהְיוּ לְרָצוֹן אִמְרֵי פִינוּ וְהֶגְיוֹן
לִבֵּנוּ לְפָנֶיךָ, יְיָ צוּרֵנוּ וְגוֹאֲלֵנוּ.

אַל תַּשְׁלִיכֵנוּ מִלְּפָנֶיךָ, וְרוּחַ קָדְשְׁךָ אַל תִּקַּח מִמֶּנּוּ.

אַל תַּשְׁלִיכֵנוּ לְעֵת זִקְנָה, כִּכְלוֹת כֹּחֵנוּ אַל תַּעַזְבֵנוּ.

אַל תַּעַזְבֵנוּ, יְיָ אֱלֹהֵינוּ, אַל תִּרְחַק מִמֶּנּוּ. עֲשֵׂה עִמָּנוּ אוֹת לְטוֹבָה, וְיִרְאוּ
שׂוֹנְאֵינוּ וְיֵבֹשׁוּ, כִּי אַתָּה יְיָ עֲזַרְתָּנוּ וְנִחַמְתָּנוּ. כִּי לְךָ יְיָ הוֹחָלְנוּ, אַתָּה
תַעֲנֶה, אֲדֹנָי אֱלֹהֵינוּ.

וְאַתָּה רַחוּם מְקַבֵּל שָׁבִים.

וְדָוִד עַבְדְּךָ אָמַר לְפָנֶיךָ; שְׁגִיאוֹת מִי יָבִין, מִנִּסְתָּרוֹת נַקֵּנִי. נַקֵּנוּ יְיָ
אֱלֹהֵינוּ מִכָּל פְּשָׁעֵינוּ, וְטַהֲרֵנוּ מִכָּל טֻמְאוֹתֵינוּ, וּזְרוֹק עָלֵינוּ מַיִם טְהוֹרִים
וְטַהֲרֵנוּ, כַּכָּתוּב עַל יַד נְבִיאֶךָ. וְזָרַקְתִּי עֲלֵיכֶם מַיִם טְהוֹרִים וּטְהַרְתֶּם;
מִכֹּל טֻמְאוֹתֵיכֶם וּמִכָּל גִּלּוּלֵיכֶם אֲטַהֵר אֶתְכֶם.

Forgive us, our Father, for we have sinned. Pardon us, our King, for we have willfully sinned, for You, Lord, are good, and You are forgiving and abounding in loving kindness to all who call upon You.

> *Lord, give ear to our prayer, and listen to the sound of our supplication. Listen to the sound of our cry, our King and our God, for to You do we pray. In days to come may Your ear be attentive, and Your eyes be open, to the prayer of Your servants, Your people Israel. Give heed from the heavens, Your dwelling place, to their prayer and to their supplication, and forgive Your people who have sinned against You.*

Have mercy upon us, Lord, as a father has mercy upon his children. Salvation is from the Lord; may Your blessing be upon Your people *(Selah)*. The Lord of Hosts is with us; the God of Jacob is our stronghold *(Selah)*. Lord of Hosts, happy is the man whose security is in You. The Lord will save us; the King will answer us in the day that we call.

Reader:

Lord our God, hear our cry, take pity and have compassion upon us, and out of compassion and willingness receive our prayer.

Responsive Reading:

Lord, turn us to You and we will return. Renew our days as of old.

> *Hear our words, O Lord; perceive our hidden thoughts. May the words that proceed from our mouth and the secret thoughts that are in our heart be pleasing to You, O Lord, for You are our Stronghold as well as our Redeemer.*

Do not cast us away from Your presence, and do not take the Spirit of Your holiness from us.

> *Do not cast us away when we are old; when our strength has run out do not abandon us.*

Do not abandon us, Lord our God; do not be distant from us. Make from us a sign for good, that our enemies might see it and be ashamed, for You, Lord, are our help and our consolation. For You, Lord, do we wait; You will answer *us*, Lord our God.

> *You are compassionate to receive again those who repent.*

And Your servant David said before You, "Who will be able to know his own errors? Do not hold me guilty for unknown sins." Lord our God, do not hold us guilty of all our transgressions, and purify us from all our uncleanness; sprinkle upon us clean water and we will be clean. It is written by the hand of Your prophet, "I will sprinkle upon you clean water, and you will be clean from all your impurities, and from all your idolatries I will make you clean."

מִיכָה עַבְדְּךָ אָמַר לְפָנֶיךָ. מִי אֵל כָּמוֹךָ נֹשֵׂא עָוֹן וְעֹבֵר עַל פֶּשַׁע לִשְׁאֵרִית נַחֲלָתוֹ, לֹא הֶחֱזִיק לָעַד אַפּוֹ, כִּי חָפֵץ חֶסֶד הוּא. יָשׁוּב יְרַחֲמֵנוּ, יִכְבּוֹשׁ עֲוֹנֹתֵינוּ, וְתַשְׁלִיךְ בִּמְצֻלוֹת יָם כָּל חַטֹּאתָם. וְכָל חַטֹּאת עַמְּךָ בֵּית יִשְׂרָאֵל תַּשְׁלִיךְ בְּמָקוֹם אֲשֶׁר לֹא יִזָּכְרוּ וְלֹא יִפָּקְדוּ, וְלֹא יַעֲלוּ עַל לֵב לְעוֹלָם. תִּתֵּן אֱמֶת לְיַעֲקֹב, חֶסֶד לְאַבְרָהָם, אֲשֶׁר נִשְׁבַּעְתָּ לַאֲבוֹתֵינוּ מִימֵי קֶדֶם.

דָּנִיֵּאל אִישׁ חֲמוּדוֹת שִׁוַּע לְפָנֶיךָ. הַטֵּה אֱלֹהַי אָזְנְךָ וּשְׁמָע, פְּקַח עֵינֶיךָ וּרְאֵה שֹׁמְמֹתֵינוּ, וְהָעִיר אֲשֶׁר נִקְרָא שִׁמְךָ עָלֶיהָ, כִּי לֹא עַל צִדְקוֹתֵינוּ אֲנַחְנוּ מַפִּילִים תַּחֲנוּנֵינוּ לְפָנֶיךָ, כִּי עַל רַחֲמֶיךָ הָרַבִּים. אֲדֹנָי שְׁמָעָה, אֲדֹנָי סְלָחָה, אֲדֹנָי הַקְשִׁיבָה, וַעֲשֵׂה אַל תְּאַחַר, לְמַעַנְךָ אֱלֹהַי, כִּי שִׁמְךָ נִקְרָא עַל עִירְךָ וְעַל עַמֶּךָ.

עֶזְרָא הַסּוֹפֵר אָמַר לְפָנֶיךָ. אֱלֹהַי, בֹּשְׁתִּי וְנִכְלַמְתִּי לְהָרִים, אֱלֹהַי, פָּנַי אֵלֶיךָ; כִּי עֲוֹנֹתֵינוּ רָבוּ לְמַעְלָה רֹאשׁ, וְאַשְׁמָתֵנוּ גָדְלָה עַד לַשָּׁמָיִם. וְאַתָּה אֱלוֹהַּ סְלִיחוֹת, חַנּוּן וְרַחוּם, אֶרֶךְ אַפַּיִם וְרַב חֶסֶד, וְלֹא עֲזַבְתָּם.

All:

אַל תַּעַזְבֵנוּ אָבִינוּ, וְאַל תִּטְּשֵׁנוּ בּוֹרְאֵנוּ, וְאַל תַּזְנִיחֵנוּ יוֹצְרֵנוּ, וְאַל תַּעַשׂ עִמָּנוּ כָּלָה כְּחַטֹּאתֵינוּ. וְקַיֶּם-לָנוּ, יְיָ אֱלֹהֵינוּ, אֶת הַדָּבָר שֶׁהִבְטַחְתָּנוּ בְּקַבָּלָה עַל יְדֵי יִרְמְיָהוּ חוֹזֶךָ, כָּאָמוּר. בַּיָּמִים הָהֵם וּבָעֵת הַהִיא, נְאֻם יְיָ, יְבֻקַּשׁ אֶת עֲוֹן יִשְׂרָאֵל וְאֵינֶנּוּ, וְאֶת חַטֹּאת יְהוּדָה וְלֹא תִמָּצֶאנָה, כִּי אֶסְלַח לַאֲשֶׁר אַשְׁאִיר. עַמְּךָ וְנַחֲלָתְךָ, רְעֵבֵי טוּבְךָ, צְמֵאֵי חַסְדֶּךָ, תְּאֵבֵי יִשְׁעֶךָ, יַכִּירוּ וְיֵדְעוּ כִּי לַיְיָ אֱלֹהֵינוּ הָרַחֲמִים וְהַסְּלִיחוֹת.

מִי יַצִּילֵנִי מִגּוּף הַמָּוֶת הַלָּזֶה. אוֹדֶה אֶת־אֱלֹהִים בְּיֵשׁוּעַ הַמָּשִׁיחַ אֲדֹנֵינוּ. . . . כִּי תוֹרַת רוּחַ הַחַיִּים בְּיֵשׁוּעַ הַמָּשִׁיחַ חִלְּצָה אֶת־נַפְשִׁי מִתּוֹרַת הַחֵטְא וְהַמָּוֶת.

> *Your servant Micah said before You, "Who is a God like you, who pardons iniquity, and passes over the transgression of the remnant of His heritage? He does not retain his anger forever, because He takes pleasure in loving kindness. He will again have compassion upon us; He will trample down our iniquities; and He will cast all their sins into the depths of the sea." And all the sins of Your people, the house of Israel, will be cast away to a place where they will be remembered no more, nor considered, nor ever brought to mind. "You will show truth to Jacob, and loving kindness to Abraham, as you swore to our fathers from the days of old."*

Daniel, a man who was greatly loved, cried out before You, "My God, incline your ear, and listen; open your eyes, and behold our desolation, and the city which is called by Your name. *Do this not* because of the righteousness we do, and not because we present our supplications before You, but because of Your abundant compassions. Lord, take heed! Lord, forgive! Lord, listen attentively and act without delay. My God, *do it* for Your sake, for Your name is proclaimed upon Your city and Your people."

> *Ezra, the scribe, said before You, "My God, I am ashamed and am embarrassed to lift up my face to You, my God, for our iniquities are grown higher than our heads, and our trespasses are raised up to the heavens." But You, God of forgiveness, have not abandoned them, for You are merciful and compassionate, slow to anger, and abounding in loving kindness.*

All:

Our Father, do not abandon us! Our Maker, do not forsake us! You who molded us, do not neglect us! Do not cause us to be destroyed on account of our sins. Lord our God, fulfill for us the word promised to us, that was received from the hand of Your prophet, Jeremiah, as it is said, "In those days, and in that time, declares the Lord, the iniquity of Israel shall be sought, but it shall not be found, and the sins of Judah *shall be sought*, but none shall be discovered; for I will pardon those whom I leave as a remnant." Your people, and Your heritage, hunger for Your goodness. They thirst for Your loving kindness, and long for Your salvation, that they might realize and know that to the Lord our God belong compassion and forgiveness.

Who will redeem me from this body of death? I shall give thanks to God, through Yeshua the Messiah, our Lord. . . .For the principle of the spirit of life in Messiah Yeshua has rescued my soul from the law of sin and death!

Ashamnu

Reader: Our God and God of our fathers, we examine ourselves knowing that we are cleansed from all sin through the atoning work of Messiah Yeshua. Where we are free in conscience, we intercede for those who have sinned. Where we have fallen, we with confidence confess our sin and receive the cleansing of the blood of Yeshua. For You have said, "There is therefore now no condemnation for those who are in the Messiah Yeshua," for the law of the Spirit of life in the Messiah Yeshua has set us free from the law of sin and death.

Reader: I am the Lord Your God!

Congregation: Lord, are You my God? Do I love You with all my heart, soul and strength?

Reader: You shall have no other gods before Me.

Congregation: Lord, have I put anything or anyone ahead of You? Have I valued anything outside of Your standard of importance? Have I been legalistic or narrow?

Reader: You shall not make a graven image!

Congregation: Lord, are there wrong attachments in my life? Have I become attached to what is not your will or attached in a way that is not your will?

Reader: You shall not take the Lord's Name in vain!

Congregation: Lord, have I used Your name lightly? Have I promised and reneged? Have I said, "The Lord told me" when You did not so speak? Have I said, "I will pray about it" with no intention to so pray or with no real fulfillment of my word?

Reader: Remember the Shabbat to keep it holy!

Congregation: Lord, have I made Shabbat a day of spiritual renewal and fellowship as You intended? Have I excused activities because I have not believed Your promise to provide for my needs if I would take time to rest? Have I lived outside a heart of peace through faith in Yeshua, the Lord of the Shabbat? Have I genuinely been committed to community, to building my life together with others for mutual growth in the congregation of Your people?

Reader: Honor your father and your mother!

Congregation: Lord, have I forgiven parents and mentors where they have wronged me? Have I been thankful for parents and learned from them what is right? Have I been the kind of son or daughter to my parents who brings glory to Your Name?

Reader: You shall not kill!

Congregation: Lord, have I hated in my heart? Have I had a vengeful or critical spirit? Have I failed to love my neighbor as myself and love my enemies? Do I love my brothers and sisters and lay down my life for them?

Reader: You shall not commit adultery!

Congregation: Lord, have I lusted in my mind? If married, have I been faithful to my spouse and treated my spouse as the Messiah treats His congregation? If single, have I kept myself pure for Your service?

Reader: You shall not steal!

Congregation: Lord, have I been righteous in the area of possessions? Have I been honest in paying taxes, giving the tithe to the congregation, and being a generous steward of Your property? Have I given my full effort to my employer? Have I used my gifts and talents to further Your Kingdom in every realm of my life?

Reader: You shall not bear false witness!

Congregation: Lord, have I been honest in my word; truthful in handling evidence? Have I been involved in slander or gossip? Have I been truthful in my promises?

Reader: You shall not covet!

Congregation: Lord, have I desired possessions, relationships, positions, or anything else outside of Your will? Have I allowed You to change my heart by abiding in Yeshua so my desires are Your desires?

Reader and Congregation: Father, we recognize, as reborn creations in the Messiah, that our true inner being is oriented to do Your will. However, the unrenewed mind and the patterns of the flesh still tempt us to fall. Therefore our real need is to follow Your instructions; to be renewed in our minds, to abide in Yeshua, and to bring our flesh into submission through the power of Your Spirit. This we now purpose to do!

Avinu Malkeynu

(The Ark is Opened - All Rise)
(On Shabbat Avinu Malkeynu is omitted)

אָבִינוּ מַלְכֵּנוּ, חָטָאנוּ לְפָנֶיךָ.

אָבִינוּ מַלְכֵּנוּ, אֵין לָנוּ מֶלֶךְ אֶלָּא אָתָּה.

אָבִינוּ מַלְכֵּנוּ, עֲשֵׂה עִמָּנוּ לְמַעַן שְׁמֶךָ.

אָבִינוּ מַלְכֵּנוּ, חַדֵּשׁ עָלֵינוּ שָׁנָה טוֹבָה.

אָבִינוּ מַלְכֵּנוּ, בַּטֵּל מֵעָלֵינוּ כָּל גְּזֵרוֹת קָשׁוֹת.

אָבִינוּ מַלְכֵּנוּ, בַּטֵּל מַחְשְׁבוֹת שׂוֹנְאֵינוּ.

אָבִינוּ מַלְכֵּנוּ, הָפֵר עֲצַת אוֹיְבֵינוּ.

אָבִינוּ מַלְכֵּנוּ, כַּלֵּה כָּל צַר וּמַשְׂטִין מֵעָלֵינוּ.

אָבִינוּ מַלְכֵּנוּ, סְתוֹם פִּיּוֹת מַשְׂטִינֵנוּ וּמְקַטְרִיגֵנוּ.

אָבִינוּ מַלְכֵּנוּ, כַּלֵּה דֶּבֶר וְחֶרֶב וְרָעָב וּשְׁבִי וּמַשְׁחִית
וְעָוֹן וּשְׁמַד מִבְּנֵי בְרִיתֶךָ.

אָבִינוּ מַלְכֵּנוּ, מְנַע מַגֵּפָה מִנַּחֲלָתֶךָ.

אָבִינוּ מַלְכֵּנוּ, סְלַח וּמְחַל לְכָל עֲוֹנוֹתֵינוּ.

אָבִינוּ מַלְכֵּנוּ, מְחֵה וְהַעֲבֵר פְּשָׁעֵינוּ וְחַטֹּאתֵינוּ מִנֶּגֶד עֵינֶיךָ.

אָבִינוּ מַלְכֵּנוּ, מְחוֹק בְּרַחֲמֶיךָ כָּל שִׁטְרֵי חוֹבוֹתֵינוּ.

אָבִינוּ מַלְכֵּנוּ, הַחֲזִירֵנוּ בִּתְשׁוּבָה שְׁלֵמָה לְפָנֶיךָ.

אָבִינוּ מַלְכֵּנוּ, שְׁלַח רְפוּאָה שְׁלֵמָה לְחוֹלֵי עַמֶּךָ.

אָבִינוּ מַלְכֵּנוּ, קְרַע רוֹעַ גְּזַר דִּינֵנוּ.

אָבִינוּ מַלְכֵּנוּ, זָכְרֵנוּ בְּזִכָּרוֹן טוֹב לְפָנֶיךָ.

אָבִינוּ מַלְכֵּנוּ, כָּתְבֵנוּ בְּסֵפֶר חַיִּים טוֹבִים.

אָבִינוּ מַלְכֵּנוּ, כָּתְבֵנוּ בְּסֵפֶר גְּאֻלָּה וִישׁוּעָה.

אָבִינוּ מַלְכֵּנוּ, כָּתְבֵנוּ בְּסֵפֶר פַּרְנָסָה וְכַלְכָּלָה.

אָבִינוּ מַלְכֵּנוּ, כָּתְבֵנוּ בְּסֵפֶר זְכִיּוֹת.

אָבִינוּ מַלְכֵּנוּ, כָּתְבֵנוּ בְּסֵפֶר סְלִיחָה וּמְחִילָה.

אָבִינוּ מַלְכֵּנוּ, הַצְמַח לָנוּ יְשׁוּעָה בְּקָרוֹב.

אָבִינוּ מַלְכֵּנוּ, הָרֵם קֶרֶן יִשְׂרָאֵל עַמֶּךָ.

אָבִינוּ מַלְכֵּנוּ, הָרֵם קֶרֶן מְשִׁיחֶךָ יֵשׁוּעַ.

Avinu Malkeynu

(The Ark is Opened - All Rise)
(On Shabbat Avinu Malkeynu is omitted)

Our Father, our King, our sins are before You.

Our Father, our King, we have no other King but You.

Our Father, our King, deal with us *kindly* for Your name's sake.

Our Father, our King, renew for us a good year.

Our Father, our King, annul from upon us all harsh decrees.

Our Father, our King, annul the intentions of our enemies.

Our Father, our King, bring to nothing the counsel of our foes.

Our Father, our King, destroy from upon us every foe and adversary.

Our Father, our King, stop the mouth of our adversaries and our accusers.

Our Father, our King, bring an end to pestilence, and drought, and hunger, and captivity, and destruction, and offence, and persecution of the children of Your covenant.

Our Father, our King, hold back the plague from Your heritage.

Our Father, our King, pardon and forgive all our offenses.

Our Father, our King, wipe away and remove our iniquity and our sins from before Your eyes.

Our Father, our King, in Your compassion erase all records of our guilt.

Our Father, our King, bring us back in perfect repentance, before You.

Our Father, our King, send perfect healing to the sick among Your people.

Our Father, our King, tear up the evil judgement decreed against us.

Our Father, our King, remember us before You, with good memories.

Our Father, our King, inscribe us in the Book for a good life.

Our Father, our King, inscribe us in the Book for redemption and salvation.

Our Father, our King, inscribe us in the Book for sustenance and support.

Our Father, our King, inscribe us in the Book for acquittal.

Our Father, our King, inscribe us in the Book for forgiveness and pardon.

Our Father, our King, in the near future cause salvation to bloom for us.

Our Father, our King, raise up the Horn of Israel, Your people.

Our Father, our King, raise up the Horn of Your Messiah Yeshua.

אָבִינוּ מַלְכֵּנוּ, מַלֵּא יָדֵינוּ מִבִּרְכוֹתֶיךָ.

אָבִינוּ מַלְכֵּנוּ, מַלֵּא אֲסָמֵינוּ שָׂבָע.

אָבִינוּ מַלְכֵּנוּ, שְׁמַע קוֹלֵנוּ חוּס וְרַחֵם עָלֵינוּ.

אָבִינוּ מַלְכֵּנוּ, קַבֵּל בְּרַחֲמִים וּבְרָצוֹן אֶת תְּפִלָּתֵנוּ.

אָבִינוּ מַלְכֵּנוּ, פְּתַח שַׁעֲרֵי שָׁמַיִם לִתְפִלָּתֵנוּ.

אָבִינוּ מַלְכֵּנוּ, זְכוֹר כִּי עָפָר אֲנָחְנוּ.

אָבִינוּ מַלְכֵּנוּ, נָא אַל תְּשִׁיבֵנוּ רֵיקָם מִלְּפָנֶיךָ.

אָבִינוּ מַלְכֵּנוּ, תְּהֵא הַשָּׁעָה הַזֹּאת שְׁעַת רַחֲמִים וְעֵת רָצוֹן מִלְּפָנֶיךָ.

אָבִינוּ מַלְכֵּנוּ, חֲמוֹל עָלֵינוּ וְעַל עוֹלָלֵנוּ וְטַפֵּנוּ.

אָבִינוּ מַלְכֵּנוּ, עֲשֵׂה לְמַעַן הֲרוּגִים עַל שֵׁם קָדְשֶׁךָ.

אָבִינוּ מַלְכֵּנוּ, עֲשֵׂה לְמַעַן טְבוּחִים עַל יִחוּדֶךָ.

אָבִינוּ מַלְכֵּנוּ, עֲשֵׂה לְמַעַן בָּאֵי בָאֵשׁ וּבַמַּיִם עַל קִדּוּשׁ שְׁמֶךָ.

אָבִינוּ מַלְכֵּנוּ, נְקוֹם לְעֵינֵינוּ נִקְמַת דַּם עֲבָדֶיךָ הַשָּׁפוּךְ.

אָבִינוּ מַלְכֵּנוּ, עֲשֵׂה לְמַעַנְךָ אִם לֹא לְמַעֲנֵנוּ.

אָבִינוּ מַלְכֵּנוּ, עֲשֵׂה לְמַעַנְךָ וְהוֹשִׁיעֵנוּ.

אָבִינוּ מַלְכֵּנוּ, עֲשֵׂה לְמַעַן רַחֲמֶיךָ הָרַבִּים.

אָבִינוּ מַלְכֵּנוּ, עֲשֵׂה לְמַעַן שִׁמְךָ הַגָּדוֹל, הַגִּבּוֹר וְהַנּוֹרָא שֶׁנִּקְרָא עָלֵינוּ.

אָבִינוּ מַלְכֵּנוּ, חָנֵּנוּ וַעֲנֵנוּ, כִּי אֵין בָּנוּ מַעֲשִׂים, עֲשֵׂה עִמָּנוּ צְדָקָה וָחֶסֶד וְהוֹשִׁיעֵנוּ.

(The Ark is Closed - Congregation may be seated)

Psalm 24

לְדָוִד מִזְמוֹר, לַיְיָ הָאָרֶץ וּמְלוֹאָהּ, תֵּבֵל וְיֹשְׁבֵי בָהּ. כִּי הוּא עַל יַמִּים יְסָדָהּ, וְעַל נְהָרוֹת יְכוֹנְנֶהָ. מִי יַעֲלֶה בְהַר יְיָ, וּמִי יָקוּם בִּמְקוֹם קָדְשׁוֹ. נְקִי כַפַּיִם וּבַר לֵבָב, אֲשֶׁר לֹא נָשָׂא לַשָּׁוְא נַפְשִׁי, וְלֹא נִשְׁבַּע לְמִרְמָה. יִשָּׂא בְרָכָה מֵאֵת יְיָ, וּצְדָקָה מֵאֱלֹהֵי יִשְׁעוֹ. זֶה דוֹר דּוֹרְשָׁיו, מְבַקְשֵׁי פָנֶיךָ יַעֲקֹב, סֶלָה. שְׂאוּ שְׁעָרִים רָאשֵׁיכֶם, וְהִנָּשְׂאוּ פִּתְחֵי עוֹלָם, וְיָבוֹא מֶלֶךְ הַכָּבוֹד. מִי זֶה מֶלֶךְ הַכָּבוֹד, יְיָ עִזּוּז וְגִבּוֹר יְיָ גִּבּוֹר מִלְחָמָה. שְׂאוּ שְׁעָרִים רָאשֵׁיכֶם, וּשְׂאוּ פִּתְחֵי עוֹלָם, וְיָבֹא מֶלֶךְ הַכָּבוֹד. מִי הוּא זֶה מֶלֶךְ הַכָּבוֹד, יְיָ צְבָאוֹת, הוּא מֶלֶךְ הַכָּבוֹד סֶלָה.

Our Father, our King, fill our hands with Your blessings.

Our Father, our King, fill our storehouses with abundance.

Our Father, our King, hear our cry for mercy and have compassion upon us.

Our Father, our King, accept our prayer with compassion and with favor.

Our Father, our King, open the gates of heaven to our prayer.

Our Father, our King, remember that we are but dust.

Our Father, our King, in times to come do not turn us away empty from before You.

Our Father, our King, may this time be a time of compassion and of favor before You.

Our Father, our King, have pity upon us, and upon our infants and our little children.

Our Father, our King, act for those slain for the sake of Your holy name.

Our Father, our King, act for those slaughtered for the sake of Your Oneness.

Our Father, our King, act for the sake of those who have gone through fire and water for the sanctification of Your name.

Our Father, our King, take vengeance before our eyes, and avenge the spilt blood of Your servant.

Our Father, our King, do it for Your sake, not for our sake.

Our Father, our King, do it for Your sake, and save us.

Our Father, our King, do it for the sake of Your abundant compassion.

Our Father, our King, do it for the sake of Your great, mighty and awesome name that will be proclaimed upon us.

Our Father, our King, be gracious and answer us, though there is nothing of merit in us, deal with us in justice and in loving kindness, and save us.

(The Ark is Closed - Congregation may be seated)

Psalm 24

A Psalm of David: The earth is the Lord's, and all its fullness; the world and all who dwell in it. He founded it upon the seas, and established it upon the rivers. Who can ascend the mountain of the Lord? And who can stand in His holy place, but one with clean hands and a pure heart; who has not been carried away by a vain spirit, and does not swear deceitfully? *For him* there is blessing from the Lord, and justice from the God of his salvation. This generation speaks for Him, seeking your face, O Jacob *(Selah)*. Lift up your heads, O gates. Be lifted up, you everlasting doors, for the King of Glory to come in. Who is the King of Glory? The Lord strong and full of might; the Lord, who is mighty in battle. Lift up your heads O gates. Be lifted up, you everlasting doors, for the King of Glory to come in. Who is the King of Glory? The Lord of Hosts! He is the King of Glory!

Alenu

עָלֵינוּ לְשַׁבֵּחַ לַאֲדוֹן הַכֹּל, לָתֵת גְּדֻלָּה לְיוֹצֵר בְּרֵאשִׁית, שֶׁלֹּא עָשָׂנוּ כְּגוֹיֵי הָאֲרָצוֹת, וְלֹא שָׂמָנוּ כְּמִשְׁפְּחוֹת הָאֲדָמָה, שֶׁלֹּא שָׂם חֶלְקֵנוּ כָּהֶם, וְגוֹרָלֵנוּ כְּכָל הֲמוֹנָם וַאֲנַחְנוּ כּוֹרְעִים וּמִשְׁתַּחֲוִים וּמוֹדִים, לִפְנֵי מֶלֶךְ, מַלְכֵי הַמְּלָכִים, הַקָּדוֹשׁ בָּרוּךְ הוּא. שֶׁהוּא נוֹטֶה שָׁמַיִם וְיוֹסֵד אָרֶץ, וּמוֹשַׁב יְקָרוֹ בַּשָּׁמַיִם מִמַּעַל, וּשְׁכִינַת עֻזּוֹ בְּגָבְהֵי מְרוֹמִים, הוּא אֱלֹהֵינוּ אֵין עוֹד. אֱמֶת מַלְכֵּנוּ אֶפֶס זוּלָתוֹ, כַּכָּתוּב בְּתוֹרָתוֹ. וְיָדַעְתָּ הַיּוֹם וַהֲשֵׁבֹתָ אֶל לְבָבֶךָ, כִּי יְיָ הוּא הָאֱלֹהִים בַּשָּׁמַיִם מִמַּעַל, וְעַל הָאָרֶץ מִתָּחַת, אֵין עוֹד.

Ah-laynoo l'shah-beh-ach leh-ah-dohn ha-kol, lah-teht g'doo-lah l'yoh-tzehr
b'reh-sheet, sheh-loh ah-sahnoo k'goh-yay ha-ah-rah-tzoht, v'loh
sah-mahnoo k'mish-p'choht ha-ah-dah-mah, sheh-loh sahm chehl'kehnoo
kah-hem, v'goh-rah-lehnoo k'chahl ha-moh-nahm vah-ah-nah-ch'noo
koh-r'eem oo-mish'tah-chah-veem oo-moh-deem, lif'nay meh-lech,
mahl'chay hahm'lah-cheem, ha-kah-dosh baruch hoo. Sheh-hoo noh-teh
shah-mah-yim v'yoh-sehd ah-retz, oo-moh-shahv y'kah-roh
bah-shah-mah-yim mi-mah-ahl, oosh-khee-naht oo-zoh b'gahv'hay
m'roh-meem, hoo Eh-loh-hay-noo ayn ohd. Em-eht mahl'kehnoo eh-fehs
zoo-lah-toh, kah-kah-toov b'toh-rah-toh. V'yah-dah-tah ha'yohm
vah-ha-sheh-vohtah ehl l'vah-veh-chah, kee Adonai hoo ha-Eh-loh-heem
bah-shah-mah-yim mi-mah-ahl, v'ahl ha-ah-retz mi-tah-chaht, ayn ohd.

עַל כֵּן נְקַוֶּה לְּךָ יְיָ אֱלֹהֵינוּ, לִרְאוֹת מְהֵרָה בְּתִפְאֶרֶת עֻזֶּךָ, לְהַעֲבִיר גִּלּוּלִים מִן הָאָרֶץ וְהָאֱלִילִים כָּרוֹת יִכָּרֵתוּן. לְתַקֵּן עוֹלָם בְּמַלְכוּת שַׁדַּי, וְכָל בְּנֵי בָשָׂר יִקְרְאוּ בִשְׁמֶךָ. לְהַפְנוֹת אֵלֶיךָ כָּל רִשְׁעֵי אָרֶץ. יַכִּירוּ וְיֵדְעוּ כָּל יוֹשְׁבֵי תֵבֵל, כִּי לְךָ תִּכְרַע כָּל בֶּרֶךְ, תִּשָּׁבַע כָּל לָשׁוֹן. לְפָנֶיךָ יְיָ אֱלֹהֵינוּ יִכְרְעוּ וְיִפֹּלוּ. וְלִכְבוֹד שִׁמְךָ יְקָר יִתֵּנוּ. וִיקַבְּלוּ כֻלָּם אֶת עוֹל מַלְכוּתֶךָ. וְתִמְלוֹךְ עֲלֵיהֶם מְהֵרָה לְעוֹלָם וָעֶד. כִּי הַמַּלְכוּת שֶׁלְּךָ הִיא, וּלְעוֹלְמֵי עַד תִּמְלוֹךְ בְּכָבוֹד.

Reader: כַּכָּתוּב בְּתוֹרָתֶךָ, יְיָ יִמְלֹךְ לְעוֹלָם וָעֶד.
Congregation: וְנֶאֱמַר, וְהָיָה יְיָ לְמֶלֶךְ עַל כָּל הָאָרֶץ, בַּיּוֹם הַהוּא יִהְיֶה יְיָ אֶחָד, וּשְׁמוֹ אֶחָד.

Reader: Ka-katuv b'torah-tekha: Adonai yim-loch l'olam vahed.
Congregation: V'neh-eh-mahr v'ha-ya Adonai l'melech ahl kol ha-aretz.
bah-yom ha-hoo yi-hi-yeh Adonai echad, oo-sh'moh echad.

Alenu

It is our duty to give praise to the Lord of all, to ascribe greatness to Him who is the Creator from the beginning; for He has not made us like the nations of the other lands and He has not placed us like the families of the earth. He did not make our portion to be like theirs, nor our lot like that of all their multitudes. And therefore we bend the knee and bow, and acknowledge before the supreme King of kings, the Holy One, blessed be He, that He stretches forth the heavens and lays the foundations of the earth, and the seat of His glory is in the high heavens; the presence of His majesty is in the lofty heights. He is our God; there is no other. He is our King, truly, there is none beside Him, just as it is written in His Torah: "You shall know this day, and keep it in your heart, that the Lord, He is God in heaven above and on the earth beneath: There is none else."

Since we trust in You, Lord our God, may we soon behold the glory of Your might. When You remove the abominations from the earth and all idolatry is banished; when all the world will be made perfect under the reign of the Almighty and all the children of men will call on Your Name and all the wicked of the earth will be turned to You. May all the inhabitants of the world realize, and know, that every knee must bend and every tongue must swear allegiance to You. Lord our God, may they bend the knee and worship before You and give honor to the glory of Your Name. May they accept the yoke of Your kingdom, and may You establish Your reign over them quickly, forever and to eternity. The kingdom is Yours, and to all eternity You will reign in glory.

Reader:
As it is written in Your Torah: "The Lord will reign forever and ever."

Congregation:
And it is said, "And the Lord shall be King over all the earth; on that day the Lord will be One and His Name One."

Mourner's Kaddish

יִתְגַּדַּל וְיִתְקַדַּשׁ שְׁמֵהּ רַבָּא. בְּעָלְמָא דִּי בְרָא כִרְעוּתֵהּ, וְיַמְלִיךְ מַלְכוּתֵהּ בְּחַיֵּיכוֹן וּבְיוֹמֵיכוֹן וּבְחַיֵּי דְכָל בֵּית יִשְׂרָאֵל. בַּעֲגָלָא וּבִזְמַן קָרִיב, וְאִמְרוּ אָמֵן.

*Yit-gahdahl v'yit-kahdash sh'meh rahbah. B'ahl'mah dee v'rah chir'ooteh,
v'yahm'leech mahl'chooteh b'chah-yey-chohn oov'yoh-maychohn
oov'chah-yey d'chal beyt Yisrael. Bah-ah-gahlah ooviz-mahn kah-reev
v'imroo, Amen.*

יְהֵא שְׁמֵהּ רַבָּא מְבָרַךְ לְעָלַם וּלְעָלְמֵי עָלְמַיָּא.

Y'hay sh'may rahbah m'vahrach l'ah-lam ool'ahl'may ahl'mahyah.

יִתְבָּרַךְ וְיִשְׁתַּבַּח, וְיִתְפָּאַר וְיִתְרוֹמַם וְיִתְנַשֵּׂא וְיִתְהַדָּר וְיִתְעַלֶּה וְיִתְהַלָּל שְׁמֵהּ דְּקֻדְשָׁא, בְּרִיךְ הוּא, לְעֵלָּא וּלְעֵלָּא מִכָּל בִּרְכָתָא וְשִׁירָתָא, תֻּשְׁבְּחָתָא וְנֶחֱמָתָא, דַּאֲמִירָן בְּעָלְמָא, וְאִמְרוּ אָמֵן.

*Yit'bahrach v'yish-tahbach, v'yit-pahahr v'yit-rohmahm v'yit-nahseh
v'yit-hadahr v'yit-ahleh v'yit-hah-lahl sh'may d'kood-shah b'reech hoo
l'ehlah u-l'ehlah mi-kahl bir-chah-tah v'she-rahtah, toosh'b'chahtah
v'neh-cheh-mahtah, dah-ah-mirahn b'ahl-mah, v'imroo, Amen.*

יְהֵא שְׁלָמָא רַבָּא מִן שְׁמַיָּא וְחַיִּים עָלֵינוּ וְעַל כָּל יִשְׂרָאֵל, וְאִמְרוּ אָמֵן.

*Y'hay sh'lahmah rahbah min sh'mahyah v'chah-yeem ah-laynoo v'ahl kol
Yisrael, v'imroo, Amen.*

עֹשֶׂה שָׁלוֹם בִּמְרוֹמָיו הוּא יַעֲשֶׂה שָׁלוֹם עָלֵינוּ וְעַל כָּל יִשְׂרָאֵל, וְאִמְרוּ אָמֵן.

*Oh-seh shalom bim'rohmahv hoo yah-ahseh shalom ah-laynoo v'ahl kol
Yisrael, v'imroom, Amen.*

אַל תִּירָא מִפַּחַד פִּתְאֹם, וּמִשֹּׁאַת רְשָׁעִים כִּי תָבֹא. עֻצוּ עֵצָה וְתֻפָר, דַּבְּרוּ דָבָר וְלֹא יָקוּם, כִּי עִמָּנוּ אֵל. וְעַד זִקְנָה אֲנִי הוּא, וְעַד שֵׂיבָה אֲנִי אֶסְבֹּל, אֲנִי עָשִׂיתִי וַאֲנִי אֶשָּׂא, וַאֲנִי אֶסְבֹּל וַאֲמַלֵּט.

Mourner's Kaddish

Magnified and sanctified may God's great Name be throughout the world which He has created according to His will. May He establish His kingdom in our lifetime, and during our days, and within the life of the entire house of Israel, speedily and soon; and say, *"Amen."*

May the greatness of His Name be blessed forever and ever.

Let the Name of the Holy One, *blessed is He*, be blessed and praised, glorified and exalted, extolled and honored, adored and lauded, exceedingly beyond all of the blessings and songs, praises and consolations that are ever spoken in this world, and say, *"Amen."*

May there be abundant peace from heaven, and life for us and for all Israel, and say, *"Amen."*

May He who creates peace in His high heavens create peace for us and for all Israel, and say, *"Amen."*

Do not fear sudden terror, or the storm that strikes the wicked, for God is with us. "When you are old I will be the same; I will sustain you even when your hair has turned grey. I have made you, and I will bear you! I will sustain you and save you!"

Psalm 27

(Responsively)

לְדָוִד. יְיָ אוֹרִי וְיִשְׁעִי מִמִּי אִירָא, יְיָ מָעוֹז חַיַּי מִמִּי אֶפְחָד.

בִּקְרֹב עָלַי מְרֵעִים, לֶאֱכֹל אֶת בְּשָׂרִי צָרַי וְאֹיְבַי לִי הֵמָּה כָּשְׁלוּ וְנָפָלוּ.

אִם תַּחֲנֶה עָלַי מַחֲנֶה לֹא יִירָא לִבִּי, אִם תָּקוּם עָלַי מִלְחָמָה בְּזֹאת אֲנִי בוֹטֵחַ.

אַחַת שָׁאַלְתִּי מֵאֵת יְיָ, אוֹתָהּ אֲבַקֵּשׁ שִׁבְתִּי בְּבֵית יְיָ, כָּל יְמֵי חַיַּי לַחֲזוֹת בְּנֹעַם יְיָ וּלְבַקֵּר בְּהֵיכָלוֹ.

כִּי יִצְפְּנֵנִי בְּסֻכֹּה בְּיוֹם רָעָה, יַסְתִּרֵנִי בְּסֵתֶר אָהֳלוֹ בְּצוּר יְרוֹמְמֵנִי.

וְעַתָּה יָרוּם רֹאשִׁי, עַל אֹיְבַי סְבִיבוֹתַי וְאֶזְבְּחָה בְאָהֳלוֹ זִבְחֵי תְרוּעָה, אָשִׁירָה וַאֲזַמְּרָה לַיְיָ.

שְׁמַע יְיָ קוֹלִי אֶקְרָא, וְחָנֵּנִי וַעֲנֵנִי.

לְךָ אָמַר לִבִּי, בַּקְּשׁוּ פָנָי.

אֶת פָּנֶיךָ יְיָ אֲבַקֵּשׁ.

אַל תַּסְתֵּר פָּנֶיךָ מִמֶּנִּי, אַל תַּט בְּאַף עַבְדֶּךָ.

עֶזְרָתִי הָיִיתָ, אַל תִּטְּשֵׁנִי וְאַל תַּעַזְבֵנִי אֱלֹהֵי יִשְׁעִי.

כִּי אָבִי וְאִמִּי עֲזָבוּנִי, וַיְיָ יַאַסְפֵנִי.

הוֹרֵנִי יְיָ דַּרְכֶּךָ, וּנְחֵנִי בְּאֹרַח מִישׁוֹר, לְמַעַן שׁוֹרְרָי.

אַל תִּתְּנֵנִי בְּנֶפֶשׁ צָרָי, כִּי קָמוּ בִי עֵדֵי שֶׁקֶר וִיפֵחַ חָמָס.

לוּלֵא הֶאֱמַנְתִּי, לִרְאוֹת בְּטוּב יְיָ בְּאֶרֶץ חַיִּים.

קַוֵּה אֶל יְיָ, חֲזַק וְיַאֲמֵץ לִבֶּךָ וְקַוֵּה אֶל יְיָ.

Psalm 27

(Responsively)

By David. The Lord is my light and my salvation, who *else* shall I hold in awe? The Lord is the strength of my life, of whom shall I be afraid?

> ***When the wicked rose up against me to eat at my flesh, and my enemies and adversaries came to me growling, it is they who stumbled and fell.***

If he were encamped all around me, my heart would not be afraid. If war should rise up against me, I would still be confident.

> ***One thing I would ask of the Lord; one thing I will seek after, that I might dwell in the house of the Lord all the days of my life; to behold the beauty of the Lord, and to inquire in His temple.***

In the day of trouble He will hide me in His tabernacle. He will hide me under the cover of His tent, setting me safe upon the Rock.

> ***And so shall my head be lifted above my enemies who have surrounded me, so I will offer a sacrifice with the sound of the trumpet, and the voice of the singer, singing to the Lord.***

Lord, hear my voice when I call, be gracious and answer me.

> ***You said of my heart, "Seek My face."***

Lord, I will seek Your face.

> ***Do not hide Your face from me; do not turn Your servant away in anger.***

You have been my help. Do not cast me away and do not abandon me, for You are the God who saves.

> ***Though my father and my mother have abandoned me, the Lord will lift me up.***

Teach me Your way, O Lord, and let me rest in the path of righteousness, in spite of those who would rule over me.

> ***Do not give me up to the will of my enemy, for false witnesses have stood up against me, breathing violence.***

Were it not that I believe, I will see the goodness of the Lord in the land of the living...

> ***Trust in the Lord; be strong and be encouraged in your heart, and trust in the Lord.***

Adon Olam

אֲדוֹן עוֹלָם אֲשֶׁר מָלַךְ, בְּטֶרֶם כָּל יְצִיר נִבְרָא.
לְעֵת נַעֲשָׂה בְחֶפְצוֹ כֹּל, אֲזַי מֶלֶךְ שְׁמוֹ נִקְרָא.

Adon olam, asher mahlach b'teh-rem kol y'tzeer niv-rah
l'et nah-ah'sah v'chef-tzoh kol ah-zai melech sh'moh-nikrah.

וְאַחֲרֵי כִּכְלוֹת הַכֹּל, לְבַדּוֹ יִמְלוֹךְ נוֹרָא.
וְהוּא הָיָה, וְהוּא הֹוֶה, וְהוּא יִהְיֶה, בְּתִפְאָרָה.

V'ah-chah-ray kich-loht ha-kol l'vah-doh yim-loch no-rah
v'hoo ha-yah, v'hoo ho-veh, v'hoo yi-hi-yeh, b'tif-ahrah.

וְהוּא אֶחָד וְאֵין שֵׁנִי, לְהַמְשִׁיל לוֹ לְהַחְבִּירָה.
בְּלִי רֵאשִׁית בְּלִי תַכְלִית, וְלוֹ הָעֹז וְהַמִּשְׂרָה.

V'hoo echad, v'ayn sheh-nee, l'hahm-sheel lo l'hach-be-rah,
b'li ray-sheet, b'li tach-leet, v'lo ha-ohz, v'ha-misrah.

וְהוּא אֵלִי וְחַי גֹּאֲלִי, וְצוּר חֶבְלִי בְּעֵת צָרָה.
וְהוּא נִסִּי וּמָנוֹס לִי מְנָת כּוֹסִי בְּיוֹם אֶקְרָא.

V'hoo Elee v'chai go-ahlee, v'tzur chev-lee b'et tzahr-rah
v'hoo nee-see, oo'mah-nohs lee, m'naht koh-see, b'yom ehk-rah.

בְּיָדוֹ אַפְקִיד רוּחִי, בְּעֵת אִישַׁן וְאָעִירָה.
וְעִם רוּחִי גְּוִיָּתִי, יְיָ לִי וְלֹא אִירָא.

B'yah-doh, ahf-keed roo-chee, b'et ee-shahn, v'ah-eerah
v'eem roo-chee, g'vee-ahtee, Adonai lee, v'lo ee-rah.

Adon Olam

Lord of the world, King supreme
Before anything was formed, He alone reigned.
When, by His will, all things were created,
His sovereign Name was made known.

And at the end, when all things cease to be
The exalted God alone will still be King.
He was, and He is,
and He will be forever glorious.

He is one, and there is no second
to compare Him to or to place next to Him.
He has no beginning and no end;
Power and dominion are His.

He is my living God who saves,
My rock when troubles and sorrows are mine;
My banner and my strong refuge,
My bounteous portion whenever I call.

I give my soul into His care,
For He is near when I sleep and when I wake.
With my soul, my body too;
God is with me, I shall not be afraid.

שַׁחֲרִית לְיוֹם כִּפּוּר

MaTovu

מַה טֹּבוּ אֹהָלֶיךָ יַעֲקֹב, מִשְׁכְּנֹתֶיךָ יִשְׂרָאֵל. וַאֲנִי בְּרֹב חַסְדְּךָ אָבוֹא
בֵיתֶךָ, אֶשְׁתַּחֲוֶה אֶל הֵיכַל קָדְשְׁךָ בְּיִרְאָתֶךָ. יְיָ אָהַבְתִּי מְעוֹן בֵּיתֶךָ,
וּמְקוֹם מִשְׁכַּן כְּבוֹדֶךָ. וַאֲנִי אֶשְׁתַּחֲוֶה וְאֶכְרָעָה, אֶבְרְכָה לִפְנֵי יְיָ עֹשִׂי.
וַאֲנִי תְפִלָּתִי לְךָ יְיָ, עֵת רָצוֹן, אֱלֹהִים בְּרָב חַסְדֶּךָ, עֲנֵנִי בֶּאֱמֶת יִשְׁעֶךָ.

Ma tovu oha-leha yaakov. Mish-k'no-teha yisrael. Va-ani b'rov has-d'ha, avo
vey-teha, Eshta-ha-veh el heyahl kod-sh'ha b'yira-teha. Adonai ahavti m'on
bey-teha. Um'kom mishkan k'vo-deha. Va-ani eshta-ha-veh vehara-a.
Ev-r'ha lifney Adonai osi. Va-ani t'filati l'ha Adonai eyt ratzon. Elohim b'rov
has-deha aneyni be-emet yish-eha.

Psalm 27
(Responsively)

לְדָוִד. יְיָ אוֹרִי וְיִשְׁעִי מִמִּי אִירָא, יְיָ מָעוֹז חַיַּי מִמִּי אֶפְחָד.

בִּקְרֹב עָלַי מְרֵעִים, לֶאֱכֹל אֶת בְּשָׂרִי צָרַי וְאֹיְבַי לִי הֵמָּה כָּשְׁלוּ וְנָפָלוּ.

אִם תַּחֲנֶה עָלַי מַחֲנֶה לֹא יִירָא לִבִּי, אִם תָּקוּם עָלַי מִלְחָמָה בְּזֹאת אֲנִי בוֹטֵחַ.

אַחַת שָׁאַלְתִּי מֵאֵת יְיָ, אוֹתָהּ אֲבַקֵּשׁ שִׁבְתִּי בְּבֵית יְיָ, כָּל יְמֵי חַיַּי לַחֲזוֹת
בְּנֹעַם יְיָ וּלְבַקֵּר בְּהֵיכָלוֹ.

כִּי יִצְפְּנֵנִי בְּסֻכֹּה בְּיוֹם רָעָה, יַסְתִּרֵנִי בְּסֵתֶר אָהֳלוֹ בְּצוּר יְרוֹמְמֵנִי.

וְעַתָּה יָרוּם רֹאשִׁי, עַל אֹיְבַי סְבִיבוֹתַי וְאֶזְבְּחָה בְאָהֳלוֹ זִבְחֵי תְרוּעָה,
אָשִׁירָה וַאֲזַמְּרָה לַיְיָ.

שְׁמַע יְיָ קוֹלִי אֶקְרָא, וְחָנֵּנִי וַעֲנֵנִי.

לְךָ אָמַר לִבִּי, בַּקְּשׁוּ פָנָי.

אֶת פָּנֶיךָ יְיָ אֲבַקֵּשׁ.

אַל תַּסְתֵּר פָּנֶיךָ מִמֶּנִּי, אַל תַּט בְּאַף עַבְדֶּךָ.

עֶזְרָתִי הָיִיתָ, אַל תִּטְּשֵׁנִי וְאַל תַּעַזְבֵנִי אֱלֹהֵי יִשְׁעִי.

כִּי אָבִי וְאִמִּי עֲזָבוּנִי, וַיְיָ יַאַסְפֵנִי.

הוֹרֵנִי יְיָ דַּרְכֶּךָ, וּנְחֵנִי בְּאֹרַח מִישׁוֹר, לְמַעַן שׁוֹרְרָי.

אַל תִּתְּנֵנִי בְּנֶפֶשׁ צָרָי, כִּי קָמוּ בִי עֵדֵי שֶׁקֶר וִיפֵחַ חָמָס.

לוּלֵא הֶאֱמַנְתִּי, לִרְאוֹת בְּטוּב יְיָ בְּאֶרֶץ חַיִּים.

קַוֵּה אֶל יְיָ, חֲזַק וְיַאֲמֵץ לִבֶּךָ וְקַוֵּה אֶל יְיָ.

Morning Service for Yom Kippur

MaTovu

How goodly are your dwellings, O Jacob, your habitations, O Israel. Thanks to Your abundant kindness, O Lord, I am able to enter Your house. I worship before Your holy temple in reverence; in this sacred place of worship. Lord, I love to be in Your house, the sanctuary dedicated to Your glory. Here I worship in Your presence, O Lord, my maker. In kindness, Lord, answer my prayer; mercifully, grant me Your abiding truth.

Psalm 27
(Responsively)

By David. The Lord is my light and my salvation, who *else* shall I hold in awe? The Lord is the strength of my life, of whom shall I be afraid?

> ***When the wicked rose up against me to eat at my flesh, and my enemies and adversaries came to me growling, it is they who stumbled and fell.***

If he were encamped all around me, my heart would not be afraid. If war should rise up against me, I would still be confident.

> ***One thing I would ask of the Lord; one thing I will seek after, that I might dwell in the house of the Lord all the days of my life; to behold the beauty of the Lord, and to inquire in His temple.***

In the day of trouble He will hide me in His tabernacle. He will hide me under the cover of His tent, setting me safe upon the Rock.

> ***And so shall my head be lifted above my enemies who have surrounded me, so I will offer a sacrifice with the sound of the trumpet, and the voice of the singer, singing to the Lord.***

Lord, hear my voice when I call, be gracious and answer me.

> ***You said of my heart, "Seek My face."***

Lord, I will seek Your face.

> ***Do not hide Your face from me; do not turn Your servant away in anger.***

You have been my help. Do not cast me away and do not abandon me, for You are the God who saves.

> ***Though my father and my mother have abandoned me, the Lord will lift me up.***

Teach me Your way, O Lord, and let me rest in the path of righteousness, in spite of those who would rule over me.

> ***Do not give me up to the will of my enemy, for false witnesses have stood up against me, breathing violence.***

Were it not that I believe, I will see the goodness of the Lord in the land of the living...

> ***Trust in the Lord; be strong and be encouraged in your heart, and trust in the Lord.***

Mourner's Kaddish

יִתְגַּדַּל וְיִתְקַדַּשׁ שְׁמֵהּ רַבָּא. בְּעָלְמָא דִּי בְרָא כִרְעוּתֵהּ, וְיַמְלִיךְ מַלְכוּתֵהּ בְּחַיֵּיכוֹן
וּבְיוֹמֵיכוֹן וּבְחַיֵּי דְכָל בֵּית יִשְׂרָאֵל. בַּעֲגָלָא וּבִזְמַן קָרִיב, וְאִמְרוּ אָמֵן.

Yit-gahdahl v'yit-kahdash sh'meh rahbah. B'ahl'mah dee v'rah chir'ooteh,
v'yahm'leech mahl'chooteh b'chah-yey-chohn oov'yoh-maychohn
oov'chah-yey d'chal beyt Yisrael. Bah-ah-gahlah ooviz-mahn kah-reev
v'imroo, Amen.

יְהֵא שְׁמֵהּ רַבָּא מְבָרַךְ לְעָלַם וּלְעָלְמֵי עָלְמַיָּא.

Y'hay sh'may rahbah m'vahrach l'ah-lam ool'ahl'may ahl'mahyah.

יִתְבָּרַךְ וְיִשְׁתַּבַּח, וְיִתְפָּאַר וְיִתְרוֹמַם וְיִתְנַשֵּׂא וְיִתְהַדָּר וְיִתְעַלֶּה וְיִתְהַלָּל שְׁמֵהּ
דְקֻדְשָׁא, בְּרִיךְ הוּא, לְעֵלָּא וּלְעֵלָּא מִכָּל בִּרְכָתָא וְשִׁירָתָא, תֻּשְׁבְּחָתָא וְנֶחֱמָתָא,
דַּאֲמִירָן בְּעָלְמָא, וְאִמְרוּ אָמֵן.

Yit'bahrach v'yish-tahbach, v'yit-pahahr v'yit-rohmahm v'yit-nahseh
v'yit-hadahr v'yit-ahleh v'yit-hah-lahl sh'may d'kood-shah b'reech hoo
l'ehlah u-l'ehlah mi-kahl bir-chah-tah v'she-rahtah, toosh'b'chahtah
v'neh-cheh-mahtah, dah-ah-mirahn b'ahl-mah, v'imroo, Amen.

יְהֵא שְׁלָמָא רַבָּא מִן שְׁמַיָּא וְחַיִּים עָלֵינוּ וְעַל כָּל יִשְׂרָאֵל, וְאִמְרוּ אָמֵן.

Y'hay sh'lahmah rahbah min sh'mahyah v'chah-yeem ah-laynoo v'ahl kol
Yisrael, v'imroo, Amen.

עֹשֶׂה שָׁלוֹם בִּמְרוֹמָיו הוּא יַעֲשֶׂה שָׁלוֹם עָלֵינוּ וְעַל כָּל יִשְׂרָאֵל, וְאִמְרוּ אָמֵן.

Oh-seh shalom bim'rohmahv hoo yah-ahseh shalom ah-laynoo v'ahl kol
Yisrael, v'imroom, Amen.

Psalm 30

מִזְמוֹר שִׁיר חֲנֻכַּת הַבַּיִת לְדָוִד. אֲרוֹמִמְךָ יְיָ כִּי דִלִּיתָנִי, וְלֹא שִׂמַּחְתָּ
אֹיְבַי לִי. יְיָ אֱלֹהָי, שִׁוַּעְתִּי אֵלֶיךָ וַתִּרְפָּאֵנִי. יְיָ הֶעֱלִיתָ מִן שְׁאוֹל נַפְשִׁי,
חִיִּיתַנִי מִיָּרְדִי בוֹר. זַמְּרוּ לַיְיָ חֲסִידָיו, וְהוֹדוּ לְזֵכֶר קָדְשׁוֹ. כִּי רֶגַע
בְּאַפּוֹ, חַיִּים בִּרְצוֹנוֹ, בָּעֶרֶב יָלִין בֶּכִי וְלַבֹּקֶר רִנָּה. וַאֲנִי אָמַרְתִּי בְשַׁלְוִי,
בַּל אֶמּוֹט לְעוֹלָם. יְיָ בִּרְצוֹנְךָ הֶעֱמַדְתָּה לְהַרְרִי עֹז, הִסְתַּרְתָּ פָנֶיךָ, הָיִיתִי
נִבְהָל. אֵלֶיךָ יְיָ אֶקְרָא, וְאֶל אֲדֹנָי אֶתְחַנָּן. מַה בֶּצַע בְּדָמִי, בְּרִדְתִּי אֶל
שָׁחַת, הֲיוֹדְךָ עָפָר הֲיַגִּיד אֲמִתֶּךָ. שְׁמַע יְיָ וְחָנֵּנִי, יְיָ הֱיֵה עֹזֵר לִי. הָפַכְתָּ
מִסְפְּדִי לְמָחוֹל לִי, פִּתַּחְתָּ שַׂקִּי וַתְּאַזְּרֵנִי שִׂמְחָה. (Reader) לְמַעַן יְזַמֶּרְךָ
כָבוֹד וְלֹא יִדֹּם, יְיָ אֱלֹהַי לְעוֹלָם אוֹדֶךָּ.

Mourner's Kaddish

Magnified and sanctified may God's great Name be throughout the world which He has created according to His will. May He establish His kingdom in our lifetime, and during our days, and within the life of the entire house of Israel, speedily and soon; and say, *"Amen."*

May the greatness of His Name be blessed forever and ever.

Let the Name of the Holy One, ***blessed is He***, be blessed and praised, glorified and exalted, extolled and honored, adored and lauded, exceedingly beyond all of the blessings and songs, praises and consolations that are ever spoken in this world, and say, *"Amen."*

May there be abundant peace from heaven, and life for us and for all Israel, and say, *"Amen."*

May He who creates peace in His high heavens create peace for us and for all Israel, and say, *"Amen."*

Psalm 30

A psalm, a song by David for the dedication of the house. I will extol You, O Lord, for You have lifted me up; You have not allowed my enemies to rejoice over me. Lord God, I called to You and You healed me. Lord, You lifted my soul from Sheol; You kept me alive so that I would not go down to the pit. Sing to the Lord you righteous, and give thanks by remembering His holy Name. His anger is but for a moment; His favor lasts for a lifetime. There may be sorrow in the night, but rejoicing comes with the dawn. In my strength I thought, "I cannot be shaken." Lord, because of Your favor my mountain was established as a stronghold, but when You hid Your face from me I was troubled. Lord God, I will cry to You, and will say to my God, "What profit is there in my blood if I were to die? Will the dust give You thanks? Will it tell of Your faithfulness? Hear me, O Lord, and have mercy on me; Lord, You are my help." So You changed my mourning into dancing. You removed my sackcloth and have clothed me with joy. Therefore, my soul will praise You; it will not be silent. Lord God, I will thank You forever.

Reader:

שׁוּבָה יִשְׂרָאֵל עַד יְהוָה אֱלֹהֶיךָ כִּי כָשַׁלְתָּ בַּעֲוֹנֶךָ. קְחוּ עִמָּכֶם דְּבָרִים וְשׁוּבוּ אֶל־יְהוָה אִמְרוּ אֵלָיו כָּל־תִּשָּׂא עָוֹן וְקַח־טוֹב וּנְשַׁלְמָה פָרִים שְׂפָתֵינוּ

Congregation:

הֲשִׁיבֵנוּ יְהוָה אֵלֶיךָ וְנָשׁוּבָה חַדֵּשׁ יָמֵינוּ כְּקֶדֶם.

Ha-shee-vehnu Adonai eh-lay-chah, v'nah-shoo-vah;
chah-dehsh yah-maynu k'keh-dehm

Reader:

אַל־תִּירְאִי כִּי־לֹא תֵבוֹשִׁי וְאַל־תִּכָּלְמִי כִּי לֹא תַחְפִּירִי כִּי בֹשֶׁת עֲלוּמַיִךְ תִּשְׁכָּחִי וְחֶרְפַּת אַלְמְנוּתַיִךְ לֹא תִזְכְּרִי־עוֹד. כִּי בֹעֲלַיִךְ עֹשַׂיִךְ יְהוָה צְבָאוֹת שְׁמוֹ וְגֹאֲלֵךְ קְדוֹשׁ יִשְׂרָאֵל אֱלֹהֵי כָל־הָאָרֶץ יִקָּרֵא.

כִּי־כְאִשָּׁה עֲזוּבָה וַעֲצוּבַת רוּחַ קְרָאֵךְ יְהוָה וְאֵשֶׁת נְעוּרִים כִּי תִמָּאֵס אָמַר אֱלֹהָיִךְ. בְּרֶגַע קָטֹן עֲזַבְתִּיךְ וּבְרַחֲמִים גְּדֹלִים אֲקַבְּצֵךְ. בְּשֶׁצֶף קֶצֶף הִסְתַּרְתִּי פָנַי רֶגַע מִמֵּךְ וּבְחֶסֶד עוֹלָם רִחַמְתִּיךְ אָמַר גֹּאֲלֵךְ יְהוָה.

Baruch Sheh-ah-mahr

בָּרוּךְ שֶׁאָמַר וְהָיָה הָעוֹלָם, בָּרוּךְ הוּא, בָּרוּךְ עֹשֶׂה בְרֵאשִׁית, בָּרוּךְ אוֹמֵר וְעֹשֶׂה, בָּרוּךְ גּוֹזֵר וּמְקַיֵּם, בָּרוּךְ מְרַחֵם עַל הָאָרֶץ, בָּרוּךְ מְרַחֵם עַל הַבְּרִיּוֹת, בָּרוּךְ מְשַׁלֵּם שָׂכָר טוֹב לִירֵאָיו, בָּרוּךְ חַי לָעַד וְקַיָּם לָנֶצַח, בָּרוּךְ פּוֹדֶה וּמַצִּיל, בָּרוּךְ שְׁמוֹ. בָּרוּךְ אַתָּה יְיָ אֱלֹהֵינוּ מֶלֶךְ הָעוֹלָם, הָאֵל הָאָב הָרַחֲמָן, הַמְהֻלָּל בְּפִי עַמּוֹ, מְשֻׁבָּח וּמְפֹאָר בִּלְשׁוֹן חֲסִידָיו וַעֲבָדָיו, וּבְשִׁירֵי דָוִד עַבְדֶּךָ. נְהַלֶּלְךָ יְיָ אֱלֹהֵינוּ בִּשְׁבָחוֹת וּבִזְמִרוֹת, וּנְגַדֶּלְךָ וּנְשַׁבֵּחֲךָ וּנְפָאֶרְךָ וְנַזְכִּיר שִׁמְךָ, וְנַמְלִיכְךָ, מַלְכֵּנוּ אֱלֹהֵינוּ, יָחִיד, חֵי הָעוֹלָמִים, מֶלֶךְ מְשֻׁבָּח וּמְפֹאָר עֲדֵי עַד שְׁמוֹ הַגָּדוֹל. בָּרוּךְ אַתָּה יְיָ, מֶלֶךְ מְהֻלָּל בַּתִּשְׁבָּחוֹת.

Reader:

Return, O Israel, to the Lord your God; for your sins have been your downfall. Take words with you, and return to the Lord; say to him, "Take away all our sin and receive us graciously, that we might offer the fruit of our lips."

Congregation:

Cause us to be turned to you, O Lord, and we shall return;
renew our days as of old.

Reader:

Fear not, for you shall not suffer shame; neither be confounded; for you shall not be disgraced. You shall forget the shame of your youth, and remember no more the reproach of your widowhood. For your Master is your husband, the Lord of Hosts is His name. And, your Redeemer is the Holy One of Israel, He is called the God of the whole earth.

Though you were as a woman neglected and distressed in spirit, the Lord has called you as His wife of youth. "Can she be rejected," says your God? "For a brief moment I abandoned you, but with great compassion will I gather you *to Me*. In overflowing anger I hid My face from you for a moment, but with everlasting kindness I will have compassion on you," says the Lord, your Redeemer." *(Isaiah 54:4-8)*

Baruch Sheh-ah-mahr

Blessed is He who spoke the world into being, blessed is He. Blessed is He who was in the beginning. Blessed is He who spoke and it was. Blessed is He who decrees and is faithful. Blessed is He who shows mercy to the world. Blessed is He who shows mercy to all creatures. Blessed is He who rewards those who fear Him with good. Blessed is He who lives and has existed forever and to all eternity. Blessed is He who redeems and saves, bless His Name. Blessed are You, Lord our God, King of the universe, God, Father of mercy, who is praised by the mouth of Your people; extolled and glorified by the tongue of Your righteous servants. Lord our God, we give You praise through the songs of David, Your servant. Through his hymns and psalms we will exalt, and honor and glorify You. We will declare Your name; declaring You King, our King, our God. You alone, O King, are the life of the universe; the greatness of Your Name will be praised and glorified forever and ever. Blessed are You, Lord, King who is praised in song.

1 Chronicles 16:8-36

הוֹדוּ לַיְיָ קִרְאוּ בִשְׁמוֹ, הוֹדִיעוּ בָעַמִּים עֲלִילֹתָיו. שִׁירוּ לוֹ, זַמְּרוּ לוֹ, שִׂיחוּ בְּכָל נִפְלְאוֹתָיו. הִתְהַלְלוּ בְּשֵׁם קָדְשׁוֹ, יִשְׂמַח לֵב מְבַקְשֵׁי יְיָ. דִּרְשׁוּ יְיָ וְעֻזּוֹ, בַּקְּשׁוּ פָנָיו תָּמִיד. זִכְרוּ נִפְלְאֹתָיו אֲשֶׁר עָשָׂה, מֹפְתָיו וּמִשְׁפְּטֵי פִיהוּ. זֶרַע יִשְׂרָאֵל עַבְדּוֹ, בְּנֵי יַעֲקֹב בְּחִירָיו. הוּא יְיָ אֱלֹהֵינוּ, בְּכָל הָאָרֶץ מִשְׁפָּטָיו.

זִכְרוּ לְעוֹלָם בְּרִיתוֹ, דָּבָר צִוָּה לְאֶלֶף דּוֹר. אֲשֶׁר כָּרַת אֶת אַבְרָהָם, וּשְׁבוּעָתוֹ לְיִצְחָק. וַיַּעֲמִידֶהָ לְיַעֲקֹב לְחֹק, לְיִשְׂרָאֵל בְּרִית עוֹלָם. לֵאמֹר לְךָ אֶתֵּן אֶרֶץ כְּנָעַן, חֶבֶל נַחֲלַתְכֶם. בִּהְיוֹתְכֶם מְתֵי מִסְפָּר, כִּמְעַט וְגָרִים בָּהּ. וַיִּתְהַלְּכוּ מִגּוֹי אֶל גּוֹי, וּמִמַּמְלָכָה אֶל עַם אַחֵר. לֹא הִנִּיחַ לְאִישׁ לְעָשְׁקָם, וַיּוֹכַח עֲלֵיהֶם מְלָכִים. אַל תִּגְּעוּ בִּמְשִׁיחָי, וּבִנְבִיאַי אַל תָּרֵעוּ.

שִׁירוּ לַיְיָ כָּל הָאָרֶץ, בַּשְּׂרוּ מִיּוֹם אֶל יוֹם יְשׁוּעָתוֹ. סַפְּרוּ בַגּוֹיִם אֶת כְּבוֹדוֹ, בְּכָל הָעַמִּים נִפְלְאוֹתָיו. כִּי גָדוֹל יְיָ וּמְהֻלָּל מְאֹד, וְנוֹרָא הוּא עַל כָּל אֱלֹהִים. כִּי כָּל אֱלֹהֵי הָעַמִּים אֱלִילִים. וַיְיָ שָׁמַיִם עָשָׂה. הוֹד וְהָדָר לְפָנָיו, עֹז וְחֶדְוָה בִּמְקֹמוֹ. הָבוּ לַיְיָ מִשְׁפְּחוֹת עַמִּים, הָבוּ לַיְיָ כָּבוֹד וָעֹז. הָבוּ לַיְיָ כְּבוֹד שְׁמוֹ, שְׂאוּ מִנְחָה וּבֹאוּ לְפָנָיו, הִשְׁתַּחֲווּ לַיְיָ בְּהַדְרַת קֹדֶשׁ.

חִילוּ מִלְּפָנָיו כָּל הָאָרֶץ, אַף תִּכּוֹן תֵּבֵל בַּל תִּמּוֹט. יִשְׂמְחוּ הַשָּׁמַיִם וְתָגֵל הָאָרֶץ, וְיֹאמְרוּ בַגּוֹיִם יְיָ מָלָךְ. יִרְעַם הַיָּם וּמְלוֹאוֹ, יַעֲלֹץ הַשָּׂדֶה וְכָל אֲשֶׁר בּוֹ. אָז יְרַנְּנוּ עֲצֵי הַיָּעַר, מִלְּפְנֵי יְיָ, כִּי בָא לִשְׁפּוֹט אֶת הָאָרֶץ. הוֹדוּ לַיְיָ כִּי טוֹב, כִּי לְעוֹלָם חַסְדּוֹ. וְאִמְרוּ הוֹשִׁיעֵנוּ אֱלֹהֵי יִשְׁעֵנוּ, וְקַבְּצֵנוּ וְהַצִּילֵנוּ מִן הַגּוֹיִם, לְהֹדוֹת לְשֵׁם קָדְשֶׁךָ, לְהִשְׁתַּבֵּחַ בִּתְהִלָּתֶךָ. בָּרוּךְ יְיָ אֱלֹהֵי יִשְׂרָאֵל מִן הָעוֹלָם וְעַד הָעֹלָם, וַיֹּאמְרוּ כָל הָעָם, אָמֵן וְהַלֵּל לַיְיָ.

רוֹמְמוּ יְיָ אֱלֹהֵינוּ, וְהִשְׁתַּחֲווּ לַהֲדֹם רַגְלָיו קָדוֹשׁ הוּא. רוֹמְמוּ יְיָ אֱלֹהֵינוּ וְהִשְׁתַּחֲווּ לְהַר קָדְשׁוֹ, כִּי קָדוֹשׁ יְיָ אֱלֹהֵינוּ. וְהוּא רַחוּם, יְכַפֵּר עָוֹן, וְלֹא יַשְׁחִית, וְהִרְבָּה לְהָשִׁיב אַפּוֹ, וְלֹא יָעִיר כָּל חֲמָתוֹ. אַתָּה יְיָ, לֹא תִכְלָא רַחֲמֶיךָ מִמֶּנִּי, חַסְדְּךָ וַאֲמִתְּךָ תָּמִיד יִצְּרוּנִי. זְכֹר רַחֲמֶיךָ יְיָ וַחֲסָדֶיךָ, כִּי מֵעוֹלָם הֵמָּה. תְּנוּ עֹז לֵאלֹהִים, עַל יִשְׂרָאֵל גַּאֲוָתוֹ, וְעֻזּוֹ בַּשְּׁחָקִים. נוֹרָא אֱלֹהִים מִמִּקְדָּשֶׁיךָ, אֵל יִשְׂרָאֵל, הוּא נֹתֵן עֹז וְתַעֲצֻמוֹת לָעָם, בָּרוּךְ אֱלֹהִים. אֵל נְקָמוֹת יְיָ, אֵל נְקָמוֹת הוֹפִיעַ. הִנָּשֵׂא שֹׁפֵט הָאָרֶץ, הָשֵׁב גְּמוּל עַל גֵּאִים. לַיְיָ הַיְשׁוּעָה, עַל עַמְּךָ בִרְכָתֶךָ סֶּלָה. יְיָ צְבָאוֹת עִמָּנוּ, מִשְׂגָּב לָנוּ, אֱלֹהֵי יַעֲקֹב סֶלָה. יְיָ צְבָאוֹת, אַשְׁרֵי אָדָם בֹּטֵחַ בָּךְ. יְיָ הוֹשִׁיעָה הַמֶּלֶךְ יַעֲנֵנוּ, בְּיוֹם קָרְאֵנוּ.

1 Chronicles 16:8-36

Give thanks to the Lord; call on His Name. Make His deeds known among the peoples.
Sing to Him, praise Him, speak of His wondrous deeds. Glory in the Holy name; Let
those who seek the Lord with their heart rejoice. Seek the Lord and His strength; seek
His face always. Remember the wonders and the marvels He has done; the judgments of
His mouth. O seed of Israel, His servant, children of Jacob, His chosen; He is the Lord
our God. His judgments are in the whole earth.

Remember His covenant forever. The word He promised will last for a thousand
generations; the oath which He declared to Abraham and to Isaac. He confirmed it as a
statute to Jacob; to Israel as a covenant forever, saying, "I will give you the land of
Canaan as a part of your inheritance." While you were very few in number and
strangers in it; while you went about from nation to nation and from kingdom to
kingdom He permitted no one to harm you. He warned kings concerning you: "Do not
touch My anointed; do not cause harm to My prophets."

Let all the earth sing to the Lord; declare His salvation from day to day. Speak to the
nations of His glory; to the peoples of His wonders. For great is the Lord who is worthy
of praise; He is to be feared above all gods. For the gods of the peoples are mere idols,
but the Lord made the heavens. Beauty and majesty are found in His countenance; in
His place are found strength and joy. Ascribe to the Lord, O families of peoples, ascribe
to the Lord glory and strength. Give honor to the name of the Lord; bring an offering
when you come before Him. Worship the Lord who is clothed in holiness.

Tremble before Him all the earth, for the world is firmly established. It shall not be
moved. The heavens will rejoice and the earth will be glad, and they will say among the
nations, "The Lord is King." The sea in all its fullness will roar; the field and all that is
in it will rejoice; the trees of the forest will sing to the Lord who comes to rule the
world. Give thanks to the Lord, who is good; His loving kindness is everlasting. Say,
"Lord of our salvation, save us. Gather us together and deliver us from the nations, that
we might give thanks to Your holy Name; that we might triumph in Your praise." Bless
the Lord God of Israel, from eternity and to eternity." And all the people said, "Amen,"
and they praised the Lord.

Exalt the Lord our God, who is holy, and worship at His footstool. Exalt the Lord our
God, and worship at his holy mountain, for the Lord our God is holy. He is full of mercy
and will forgive our trespasses, and will not destroy. Often He will turn His anger away,
and He will not allow His wrath to break forth. Lord, You will not withhold Your mercy
from me; Your loving kindness and faithfulness will always guard me. Lord, remember
Your mercy and Your compassion which have always been Yours. Honor God, who
rules over Israel; who is glorified in the heavens. Lord, You are revered in Your
sanctuary, for the God of Israel gives strength and power to His people. Blessed be
God; for salvation belongs to the Lord. Your blessings be upon Your people. The Lord
of Hosts is with us; the God of Jacob is our stronghold. Lord of Hosts, happy is the man
who trusts in You. Lord of salvation; may the King answer us in the day we call.

הוֹשִׁיעָה אֶת עַמֶּךָ, וּבָרֵךְ אֶת נַחֲלָתֶךָ, וּרְעֵם וְנַשְּׂאֵם עַד הָעוֹלָם. נַפְשֵׁנוּ חִכְּתָה לַיְיָ, עֶזְרֵנוּ וּמָגִנֵּנוּ הוּא. כִּי בוֹ יִשְׂמַח לִבֵּנוּ, כִּי בְשֵׁם קָדְשׁוֹ בָטָחְנוּ. יְהִי חַסְדְּךָ יְיָ עָלֵינוּ, כַּאֲשֶׁר יִחַלְנוּ לָךְ. הַרְאֵנוּ יְיָ חַסְדֶּךָ, וְיֶשְׁעֲךָ תִּתֶּן לָנוּ. קוּמָה עֶזְרָתָה לָּנוּ, וּפְדֵנוּ לְמַעַן חַסְדֶּךָ. אָנֹכִי יְיָ אֱלֹהֶיךָ, הַמַּעַלְךָ מֵאֶרֶץ מִצְרָיִם, הַרְחֶב פִּיךָ וַאֲמַלְאֵהוּ. אַשְׁרֵי הָעָם שֶׁכָּכָה לּוֹ, אַשְׁרֵי הָעָם שֶׁיְיָ אֱלֹהָיו. *(Reader)* וַאֲנִי בְּחַסְדְּךָ בָטַחְתִּי, יָגֵל לִבִּי בִּישׁוּעָתֶךָ, אָשִׁירָה לַיְיָ, כִּי גָמַל עָלָי.

Psalm 19

לַמְנַצֵּחַ מִזְמוֹר לְדָוִד: הַשָּׁמַיִם מְסַפְּרִים כְּבוֹד אֵל וּמַעֲשֵׂה יָדָיו מַגִּיד הָרָקִיעַ. יוֹם לְיוֹם יַבִּיעַ אֹמֶר וְלַיְלָה לְּלַיְלָה יְחַוֶּה דָּעַת. אֵין אֹמֶר וְאֵין דְּבָרִים בְּלִי נִשְׁמָע קוֹלָם. בְּכָל הָאָרֶץ יָצָא קַוָּם וּבִקְצֵה תֵבֵל מִלֵּיהֶם, לַשֶּׁמֶשׁ שָׂם אֹהֶל בָּהֶם. וְהוּא כְּחָתָן יֹצֵא מֵחֻפָּתוֹ יָשִׂישׂ כְּגִבּוֹר לָרוּץ אֹרַח. מִקְצֵה הַשָּׁמַיִם מוֹצָאוֹ וּתְקוּפָתוֹ עַל קְצוֹתָם וְאֵין נִסְתָּר מֵחַמָּתוֹ. תּוֹרַת יְיָ תְּמִימָה מְשִׁיבַת נָפֶשׁ עֵדוּת יְיָ נֶאֱמָנָה מַחְכִּימַת פֶּתִי. פִּקּוּדֵי יְיָ יְשָׁרִים מְשַׂמְּחֵי לֵב מִצְוַת יְיָ בָּרָה מְאִירַת עֵינָיִם. יִרְאַת יְיָ טְהוֹרָה עוֹמֶדֶת לָעַד מִשְׁפְּטֵי יְיָ אֱמֶת, צָדְקוּ יַחְדָּו. הַנֶּחֱמָדִים מִזָּהָב וּמִפַּז רָב וּמְתוּקִים מִדְּבַשׁ וְנֹפֶת צוּפִים. גַּם עַבְדְּךָ נִזְהָר בָּהֶם בְּשָׁמְרָם עֵקֶב רָב. שְׁגִיאוֹת מִי יָבִין מִנִּסְתָּרוֹת נַקֵּנִי. גַּם מִזֵּדִים חֲשֹׂךְ עַבְדֶּךָ אַל יִמְשְׁלוּ בִי, אָז אֵיתָם, וְנִקֵּיתִי מִפֶּשַׁע רָב. *(Reader)* יִהְיוּ לְרָצוֹן אִמְרֵי פִי, וְהֶגְיוֹן לִבִּי לְפָנֶיךָ, יְיָ צוּרִי וְגֹאֲלִי.

Save Your people and bless Your inheritance; always watch over them and sustain them. Our soul waited for the Lord; He is our strength and our shield. Our heart will find joy in Him, for our trust is in His holy Name. Lord, allow Your loving kindness to rest on us, for our trust is found in You. Lord show us Your mercy, and grant us Your salvation. Because of Your loving kindness, come to our aid, and set us free. I am the Lord your God who took you out of the Land of Egypt; open your mouth wide and I will fill it. The people who are in this situation shall be glad, for happy are the people whose God is the Lord. I have put my trust in Your loving kindness; my heart shall rejoice in Your salvation. I will sing to the Lord, for He has treated me with kindness.

Psalm 19

A Psalm of David, for the song leader: The heavens declare the glory of God; the expanse of heaven speaks of the work of His hands. Day after day and night after night speech pours forth, revealing knowledge. We say, "There is no speech! There are no words!" for their voice is unheard. Yet their message has gone through all the earth; and it will be so till the end of the world. He set the heavens as the dwelling place for the sun, which is like a bridegroom coming out of his chamber; like an athlete who rejoices in the running of the course. It sets out from one end of heaven, and passes round to the other end; the Lord's testimony is able to be trusted; its wisdom is simple. The Lord's statutes are right; they make the heart glad. The Lord's commandment is clear, bringing light to the eyes. Fear of the Lord is pure; it endures for all time. The judgments of the Lord are completely true and righteous; they are more desirable than gold, even refined gold. They are sweeter than honey that has come from the honeycomb. In them Your servant is warned, for in keeping them there is great reward. Who will be able to know his own errors? Do not hold me guilty for unknown sins, and keep Your servant from sins of presumption. Do not allow them to rule over me. Only then will I be blameless; clear of all transgression. May the words that proceed from my mouth and the secret thoughts that are in my heart be pleasing to You, O Lord, for You are my Stronghold as well as my Redeemer.

Psalm 34

לְדָוִד בְּשַׁנּוֹתוֹ אֶת טַעְמוֹ לִפְנֵי אֲבִימֶלֶךְ, וַיְגָרְשֵׁהוּ וַיֵּלַךְ. אֲבָרְכָה אֶת יְיָ
בְּכָל עֵת, תָּמִיד תְּהִלָּתוֹ בְּפִי. בַּיְיָ תִּתְהַלֵּל נַפְשִׁי, יִשְׁמְעוּ עֲנָוִים וְיִשְׂמָחוּ.
גַּדְּלוּ לַיְיָ אִתִּי וּנְרוֹמְמָה שְׁמוֹ יַחְדָּו. דָּרַשְׁתִּי אֶת יְיָ וְעָנָנִי וּמִכָּל מְגוּרוֹתַי
הִצִּילָנִי. הִבִּיטוּ אֵלָיו וְנָהָרוּ, וּפְנֵיהֶם אַל יֶחְפָּרוּ. זֶה עָנִי קָרָא וַיְיָ שָׁמֵעַ,
וּמִכָּל צָרוֹתָיו הוֹשִׁיעוֹ. חֹנֶה מַלְאַךְ יְיָ סָבִיב לִירֵאָיו וַיְחַלְּצֵם. טַעֲמוּ וּרְאוּ
כִּי טוֹב יְיָ, אַשְׁרֵי הַגֶּבֶר יֶחֱסֶה בּוֹ. יְראוּ אֶת יְיָ קְדֹשָׁיו כִּי אֵין מַחְסוֹר
לִירֵאָיו. כְּפִירִים רָשׁוּ וְרָעֵבוּ וְדֹרְשֵׁי יְיָ לֹא יַחְסְרוּ כָל טוֹב. לְכוּ בָנִים
שִׁמְעוּ לִי, יִרְאַת יְיָ אֲלַמֶּדְכֶם. מִי הָאִישׁ הֶחָפֵץ חַיִּים, אֹהֵב יָמִים לִרְאוֹת
טוֹב. נְצֹר לְשׁוֹנְךָ מֵרָע וּשְׂפָתֶיךָ מִדַּבֵּר מִרְמָה. סוּר מֵרָע וַעֲשֵׂה טוֹב,
בַּקֵּשׁ שָׁלוֹם וְרָדְפֵהוּ. עֵינֵי יְיָ אֶל צַדִּיקִים, וְאָזְנָיו אֶל שַׁוְעָתָם: פְּנֵי יְיָ
בְּעֹשֵׂי רָע, לְהַכְרִית מֵאֶרֶץ זִכְרָם. צָעֲקוּ וַיְיָ שָׁמֵעַ וּמִכָּל צָרוֹתָם הִצִּילָם.
קָרוֹב יְיָ לְנִשְׁבְּרֵי לֵב, וְאֶת דַּכְּאֵי רוּחַ יוֹשִׁיעַ. רַבּוֹת רָעוֹת צַדִּיק וּמִכֻּלָּם
יַצִּילֶנּוּ יְיָ. שֹׁמֵר כָּל עַצְמוֹתָיו, אַחַת מֵהֵנָּה לֹא נִשְׁבָּרָה. תְּמוֹתֵת רָשָׁע
רָעָה, וְשֹׂנְאֵי צַדִּיק יֶאְשָׁמוּ. *(Reader)* פּוֹדֶה יְיָ נֶפֶשׁ עֲבָדָיו, וְלֹא יֶאְשְׁמוּ
כָּל הַחֹסִים בּוֹ.

Psalm 90

תְּפִלָּה לְמֹשֶׁה אִישׁ הָאֱלֹהִים, אֲדֹנָי מָעוֹן אַתָּה הָיִיתָ לָּנוּ בְּדֹר וָדֹר.
בְּטֶרֶם הָרִים יֻלָּדוּ וַתְּחוֹלֵל אֶרֶץ וְתֵבֵל, וּמֵעוֹלָם עַד עוֹלָם אַתָּה אֵל.
תָּשֵׁב אֱנוֹשׁ עַד דַּכָּא, וַתֹּאמֶר שׁוּבוּ בְנֵי אָדָם. כִּי אֶלֶף שָׁנִים בְּעֵינֶיךָ
כְּיוֹם אֶתְמוֹל כִּי יַעֲבֹר וְאַשְׁמוּרָה בַלָּיְלָה. זְרַמְתָּם, שֵׁנָה יִהְיוּ, בַּבֹּקֶר
כֶּחָצִיר יַחֲלֹף. בַּבֹּקֶר יָצִיץ וְחָלָף לָעֶרֶב יְמוֹלֵל וְיָבֵשׁ. כִּי כָלִינוּ בְאַפֶּךָ
וּבַחֲמָתְךָ נִבְהָלְנוּ. שַׁתָּ עֲוֹנֹתֵינוּ לְנֶגְדֶּךָ עֲלֻמֵנוּ לִמְאוֹר פָּנֶיךָ. כִּי כָל
יָמֵינוּ פָּנוּ בְעֶבְרָתֶךָ כִּלִּינוּ שָׁנֵינוּ כְמוֹ הֶגֶה. יְמֵי שְׁנוֹתֵינוּ בָהֶם שִׁבְעִים
שָׁנָה, וְאִם בִּגְבוּרֹת שְׁמוֹנִים שָׁנָה, וְרָהְבָּם עָמָל וָאָוֶן, כִּי גָז חִישׁ וַנָּעֻפָה.
מִי יוֹדֵעַ עֹז אַפֶּךָ, וּכְיִרְאָתְךָ עֶבְרָתֶךָ. לִמְנוֹת יָמֵינוּ כֵּן הוֹדַע וְנָבִא לְבַב
חָכְמָה. שׁוּבָה יְיָ עַד מָתָי וְהִנָּחֵם עַל עֲבָדֶיךָ. שַׂבְּעֵנוּ בַבֹּקֶר חַסְדֶּךָ,
וּנְרַנְּנָה וְנִשְׂמְחָה בְּכָל יָמֵינוּ שַׂמְּחֵנוּ כִּימוֹת עִנִּיתָנוּ שְׁנוֹת רָאִינוּ רָעָה.
(Reader) יֵרָאֶה אֶל עֲבָדֶיךָ פָעֳלֶךָ וַהֲדָרְךָ עַל בְּנֵיהֶם. וִיהִי נֹעַם אֲדֹנָי
אֱלֹהֵינוּ עָלֵינוּ, וּמַעֲשֵׂה יָדֵינוּ כּוֹנְנָה עָלֵינוּ, וּמַעֲשֵׂה יָדֵינוּ כּוֹנְנֵהוּ.

Psalm 34

A song of David, when he feigned madness before Abimelech,who then drove him out, and he departed. I will bless the Lord at all times; His song is always in my mouth. My soul makes its boast in the Lord; those who are humble hear and are glad. Exalt the Lord with me; let us tell of His Name together. I called to the Lord and He answered me; He delivered me from all my fears. Those who looked to Him are glad; they will never be put to shame. In poverty the poor cried out, and the Lord heard; He saved him from all of his troubles. The Angel of the Lord is around those who fear Him, and He rescues them. Look, see the goodness of the Lord; happy is the one who trusts Him. Fear the Lord, you righteous; those who fear Him want for nothing. Young lions may suffer want and hunger, but those who seek the Lord shall want for no good thing. Come children, come listen to me; I will teach you the fear of the Lord. Who is the man that desires to live and longs for a life filled with good? Just keep your tongue from evil, and your lips from lies. Run from evil and do what is right; seek peace, indeed pursue it. The eyes of the Lord are on the righteous; His ears hear their cry. The Lord has set His anger against the wicked; their trace shall be cut off from the earth. When the righteous cry, He listens and delivers them from all their troubles. The Lord comes near to those who have a broken heart; He saves those whose spirit is bruised. The righteous may experience many troubles, but the Lord delivers them from them all. All of his bones are guarded; not even one shall be broken. Evil shall destroy the wicked, and those who hate the righteous are condemned. The Lord redeems the soul of His servants; those who trust in Him are never left desolate.

Psalm 90

A prayer of Moses, the man of God. Lord, You have been our shelter generation after generation. Before the mountains were made, before the earth and the world were formed; from eternity to eternity You are God. You turn men to dust, saying, "Return, O children of men." A thousand years in Your sight are like a day which has past; it is but a watch in the night. You sweep them away and they sleep; they are like the grass that grows in the morning. In the morning it will flourish and grow; in the evening it will wither and fade. We have been consumed by Your anger; by Your wrath we are filled with terror. You have set our sins before You; all of our secret sins have been laid bare in the light of Your countenance. All of our days have passed away because of Your anger. Suddenly our years are over; they are like the sound of a sigh. Our length of days is seventy years, perhaps, if we are strong, eighty; their only boast is their labors and their sorrows, they speed by and we are gone. Who understands the power of Your wrath, for if we knew Your anger, we would fear You all the more. Teach us to number our days, that we might gain a heart of wisdom. Lord, how long will it be before You return, and have compassion on Your servants? Satisfy us in the morning with Your loving kindness, then we will sing and be glad all of our days. Gladden us according to the number of days in which we were afflicted; the years in which we have seen evil. May Your works be revealed to Your servants; Your glory to their children. Lord our God, may Your good will rest on us, and may You establish the work of our hands; establish the work of our hands.

Psalm 91

יֹשֵׁב בְּסֵתֶר עֶלְיוֹן, בְּצֵל שַׁדַּי יִתְלוֹנָן. אֹמַר לַיְיָ מַחְסִי וּמְצוּדָתִי, אֱלֹהַי אֶבְטַח בּוֹ. כִּי הוּא יַצִּילְךָ מִפַּח יָקוּשׁ מִדֶּבֶר הַוּוֹת. בְּאֶבְרָתוֹ יָסֶךְ לָךְ, וְתַחַת כְּנָפָיו תֶּחְסֶה, צִנָּה וְסֹחֵרָה אֲמִתּוֹ. לֹא תִירָא מִפַּחַד לָיְלָה, מֵחֵץ יָעוּף יוֹמָם. מִדֶּבֶר בָּאֹפֶל יַהֲלֹךְ מִקֶּטֶב יָשׁוּד צָהֳרָיִם. יִפֹּל מִצִּדְּךָ אֶלֶף וּרְבָבָה מִימִינֶךָ אֵלֶיךָ לֹא יִגָּשׁ. רַק בְּעֵינֶיךָ תַבִּיט, וְשִׁלֻּמַת רְשָׁעִים תִּרְאֶה. כִּי אַתָּה יְיָ מַחְסִי, עֶלְיוֹן שַׂמְתָּ מְעוֹנֶךָ. לֹא תְאֻנֶּה אֵלֶיךָ רָעָה, וְנֶגַע לֹא יִקְרַב בְּאָהֳלֶךָ. כִּי מַלְאָכָיו יְצַוֶּה לָךְ, לִשְׁמָרְךָ בְּכָל דְּרָכֶיךָ. עַל כַּפַּיִם יִשָּׂאוּנְךָ פֶּן תִּגֹּף בָּאֶבֶן רַגְלֶךָ. עַל שַׁחַל וָפֶתֶן תִּדְרֹךְ תִּרְמֹס כְּפִיר וְתַנִּין. כִּי בִי חָשַׁק וַאֲפַלְּטֵהוּ אֲשַׂגְּבֵהוּ כִּי יָדַע שְׁמִי. *(Reader)* יִקְרָאֵנִי וְאֶעֱנֵהוּ, עִמּוֹ אָנֹכִי בְצָרָה, אֲחַלְּצֵהוּ וַאֲכַבְּדֵהוּ אֹרֶךְ יָמִים אַשְׂבִּיעֵהוּ, וְאַרְאֵהוּ בִּישׁוּעָתִי. אֹרֶךְ יָמִים אַשְׂבִּיעֵהוּ, וְאַרְאֵהוּ בִּישׁוּעָתִי.

Luke 1:46-55

וַתַּעַן מִרְיָם וַתֹּאמַר, תְּגַדֵּל נַפְשִׁי אֶת יְהוָה. וְתָגֵל רוּחִי בֵּאלֹהֵי יִשְׁעִי. כִּי רָאָה בָּעֳנִי שִׁפְחָתוֹ מֵהַיּוֹם הַזֶּה וָמַעְלָה יְאַשְּׁרוּנִי כָּל הַדֹּרוֹת. גְּדֹלוֹת עָשָׂה עִמָּדִי אַדִּיר הוּא וְקָדוֹשׁ שְׁמוֹ. וְחַסְדּוֹ עַל יְרֵאָיו בְּכָל דּוֹר וָדוֹר. בִּזְרֹעוֹ עָשָׂה נִפְלָאוֹת הֵפִיץ גֵּאִים בִּמְזִמַּת לִבָּם. שַׁלִּיטִים הָדַף מִכִּסְאוֹתָם וַיָּשֶׂם שְׁפָלִים לַמָּרוֹם. רְעֵבִים מִלֵּא טוֹב וַעֲשִׁירִים שִׁלַּח רֵיקָם. הֶחֱזִיק בְּיִשְׂרָאֵל עַבְדּוֹ וַיִּזְכֹּר לוֹ אֶת רַחֲמָיו. כַּאֲשֶׁר דִּבֶּר לַאֲבֹתֵינוּ לְאַבְרָהָם וּלְזַרְעָהֶם עַד עוֹלָם.

Psalm 135

הַלְלוּיָהּ הַלְלוּ אֶת שֵׁם יְיָ, הַלְלוּ עַבְדֵי יְיָ. שֶׁעֹמְדִים בְּבֵית יְיָ, בְּחַצְרוֹת בֵּית אֱלֹהֵינוּ. הַלְלוּיָהּ כִּי טוֹב יְיָ, זַמְּרוּ לִשְׁמוֹ כִּי נָעִים. כִּי יַעֲקֹב בָּחַר לוֹ יָהּ יִשְׂרָאֵל לִסְגֻלָּתוֹ. כִּי אֲנִי יָדַעְתִּי כִּי גָדוֹל יְיָ, וַאֲדֹנֵינוּ מִכָּל אֱלֹהִים. כֹּל אֲשֶׁר חָפֵץ יְיָ עָשָׂה, בַּשָּׁמַיִם וּבָאָרֶץ בַּיַּמִּים וְכָל תְּהֹמוֹת. מַעֲלֶה נְשִׂאִים מִקְצֵה הָאָרֶץ, בְּרָקִים לַמָּטָר עָשָׂה, מוֹצֵא רוּחַ מֵאוֹצְרוֹתָיו. שֶׁהִכָּה בְּכוֹרֵי מִצְרָיִם, מֵאָדָם עַד בְּהֵמָה. שָׁלַח אוֹתֹת וּמֹפְתִים בְּתוֹכֵכִי מִצְרָיִם, בְּפַרְעֹה וּבְכָל עֲבָדָיו. שֶׁהִכָּה גּוֹיִם רַבִּים, וְהָרַג מְלָכִים עֲצוּמִים. לְסִיחוֹן מֶלֶךְ הָאֱמֹרִי, וּלְעוֹג מֶלֶךְ הַבָּשָׁן, וּלְכֹל מַמְלְכוֹת כְּנָעַן. וְנָתַן אַרְצָם נַחֲלָה, נַחֲלָה לְיִשְׂרָאֵל עַמּוֹ. יְיָ שִׁמְךָ לְעוֹלָם, יְיָ זִכְרְךָ לְדֹר וָדֹר. כִּי יָדִין יְיָ עַמּוֹ וְעַל עֲבָדָיו יִתְנֶחָם. עֲצַבֵּי הַגּוֹיִם כֶּסֶף וְזָהָב, מַעֲשֵׂה יְדֵי אָדָם. פֶּה לָהֶם וְלֹא יְדַבֵּרוּ, עֵינַיִם לָהֶם וְלֹא יִרְאוּ. אָזְנַיִם לָהֶם וְלֹא יַאֲזִינוּ, אַף אֵין יֶשׁ רוּחַ בְּפִיהֶם. כְּמוֹהֶם יִהְיוּ עֹשֵׂיהֶם, כֹּל אֲשֶׁר בֹּטֵחַ בָּהֶם. *(Reader)* בֵּית יִשְׂרָאֵל בָּרְכוּ אֶת יְיָ, בֵּית אַהֲרֹן בָּרְכוּ אֶת יְיָ. בֵּית הַלֵּוִי בָּרְכוּ אֶת יְיָ, יִרְאֵי יְיָ בָּרְכוּ אֶת יְיָ. בָּרוּךְ יְיָ מִצִּיּוֹן שֹׁכֵן יְרוּשָׁלָיִם, הַלְלוּיָהּ.

Psalm 91

He who dwells in the shelter of the Most High shall abide in the shadow of the Almighty. I will say of the Lord that He is my refuge and my fortress; my God in whom I put my trust. Surely He will deliver you from the fowler's snare and from deadly pestilence. He will cover you with His pinions, and you will find refuge under His wings; His faithfulness is your shield and buckler. Do not be afraid; not of terror in the night, the flight of arrows in the day, the pestilence that walks in the darkness, or the destruction that lays waste in the noon. Though a thousand fall at your side, and ten thousand at your right hand, nothing shall come near to you. Only with your eyes will you look and see the rewards of the wicked. Lord, You are my refuge. Because you have made the Most High your shelter no evil will befall you; no plague will come near your dwelling place. He will give His angels a charge concerning you, to keep you in all your ways. They will bear you up with their hands lest you dash your foot on a stone. You can tread on the lion and the serpent. The young lion and the serpent you will trample underfoot. "Because he has set his love on Me, I will deliver him; I will lift him up because he knows My Name. When he calls on Me, I will answer him; I will be with him in times of trouble; I will rescue him and I will honor him. I will satisfy him with long life, and I will show him the power of My salvation."

Luke 1:46-55

Miriam responded and said, "My soul will magnify the Lord, and my spirit will rejoice in God, my Savior. Because He has taken notice of the humble state of His maidservant; behold, from this time on, all generations will call me blessed. He who is mighty has done great things for me; Holy is His Name. His mercy is on those who fear Him, from generation to generation. He has shown the strength of His arm; He has scattered the proud in the imagination of their hearts. He has pulled the mighty from their thrones, and He has exalted the lowly. He has satisfied the hungry with good things, but the rich He has sent away empty. He remembered His loving kindness, and He has helped Israel, His servant. Just as He has spoken to our fathers; to Abraham and to his seed forever."

Psalm 135

Praise the Lord! Praise the Name of the Lord; praise Him, you servants of the Lord, who stand in the house of the Lord, in the courts of our God. Praise the Lord, for the Lord is good; it is pleasant to sing to His Name. The Lord has chosen Jacob as His own; Israel as His peculiar treasure. I know the greatness of the Lord; our Lord is over all gods. The Lord does what He chooses to do in heaven, and in the earth, in the seas and in all their depths. He makes the clouds rise from the ends of the earth. He makes the lightning for the rainstorm. He calls forth the wind from His storehouse. He struck down the firstborn of Egypt, both man and beast. He sent signs and wonders upon Pharaoh and his servants, in the very midst of you, O Egypt. He struck down many nations, and slew mighty kings; Sihon, king of the Amorites, Og, king of Bashan, and all the kingdoms of Canaan. He gave their land to His people, Israel, as a possession and an inheritance. Lord, Your Name is from eternity; Your fame to all generations. The Lord is the judge of Israel, His people, and He will have compassion on His servants. The gods of the nations are silver and gold; the work of men's hands. They have a mouth, but they cannot speak. They have eyes, but they cannot see. They have ears, but they cannot hear. Is there any breath in their mouths? Those who make them are like them, as is everyone who trusts in them. House of Israel, bless the Lord! House of Aaron, bless the Lord! House of Levi, bless the Lord! You who revere the Lord, bless the Lord! Blessed is the Lord out of Tzion, you who dwell in Jerusalem! Praise the Lord!

Psalm 136

הוֹדוּ לַיְיָ כִּי טוֹב,   *Ki l'olam ḥasdo*   כִּי לְעוֹלָם חַסְדּוֹ.

הוֹדוּ לֵאלֹהֵי הָאֱלֹהִים,   כִּי לְעוֹלָם חַסְדּוֹ.

הוֹדוּ לַאֲדֹנֵי הָאֲדֹנִים,   כִּי לְעוֹלָם חַסְדּוֹ.

לְעֹשֵׂה נִפְלָאוֹת גְּדֹלוֹת לְבַדּוֹ,   כִּי לְעוֹלָם חַסְדּוֹ.

לְעֹשֵׂה הַשָּׁמַיִם בִּתְבוּנָה,   כִּי לְעוֹלָם חַסְדּוֹ.

לְרוֹקַע הָאָרֶץ עַל הַמָּיִם,   כִּי לְעוֹלָם חַסְדּוֹ.

לְעֹשֵׂה אוֹרִים גְּדֹלִים,   כִּי לְעוֹלָם חַסְדּוֹ.

אֶת הַשֶּׁמֶשׁ לְמֶמְשֶׁלֶת בַּיּוֹם,   כִּי לְעוֹלָם חַסְדּוֹ

אֶת הַיָּרֵחַ וְכוֹכָבִים לְמֶמְשְׁלוֹת בַּלָּיְלָה,   כִּי לְעוֹלָם חַסְדּוֹ.

לְמַכֵּה מִצְרַיִם בִּבְכוֹרֵיהֶם,   כִּי לְעוֹלָם חַסְדּוֹ.

וַיּוֹצֵא יִשְׂרָאֵל מִתּוֹכָם,   כִּי לְעוֹלָם חַסְדּוֹ.

בְּיָד חֲזָקָה וּבִזְרוֹעַ נְטוּיָה,   כִּי לְעוֹלָם חַסְדּוֹ.

לְגֹזֵר יַם סוּף לִגְזָרִים,   כִּי לְעוֹלָם חַסְדּוֹ.

וְהֶעֱבִיר יִשְׂרָאֵל בְּתוֹכוֹ,   כִּי לְעוֹלָם חַסְדּוֹ.

וְנִעֵר פַּרְעֹה וְחֵילוֹ בְיַם סוּף,   כִּי לְעוֹלָם חַסְדּוֹ.

לְמוֹלִיךְ עַמּוֹ בַּמִּדְבָּר,   כִּי לְעוֹלָם חַסְדּוֹ.

לְמַכֵּה מְלָכִים גְּדֹלִים,   כִּי לְעוֹלָם חַסְדּוֹ.

וַיַּהֲרֹג מְלָכִים אַדִּירִים,   כִּי לְעוֹלָם חַסְדּוֹ.

לְסִיחוֹן מֶלֶךְ הָאֱמֹרִי,   כִּי לְעוֹלָם חַסְדּוֹ.

וּלְעוֹג מֶלֶךְ הַבָּשָׁן,   כִּי לְעוֹלָם חַסְדּוֹ.

וְנָתַן אַרְצָם לְנַחֲלָה,   כִּי לְעוֹלָם חַסְדּוֹ.

נַחֲלָה לְיִשְׂרָאֵל עַבְדּוֹ,   כִּי לְעוֹלָם חַסְדּוֹ.

שֶׁבְּשִׁפְלֵנוּ זָכַר לָנוּ,   כִּי לְעוֹלָם חַסְדּוֹ

וַיִּפְרְקֵנוּ מִצָּרֵינוּ,   כִּי לְעוֹלָם חַסְדּוֹ.

נֹתֵן לֶחֶם לְכָל בָּשָׂר,   כִּי לְעוֹלָם חַסְדּוֹ.

הוֹדוּ לְאֵל הַשָּׁמָיִם,   כִּי לְעוֹלָם חַסְדּוֹ.

Psalm 136

Give thanks to the Lord, for He is good;	His mercy endures forever.
Give thanks to the God of gods;	**His mercy endures forever.**
Give thanks to the Lord of lords;	His mercy endures forever.
To Him who alone does great things;	**His mercy endures forever.**
To Him who made the heavens with wisdom;	His mercy endures forever.
To Him who put the earth upon the waters;	**His mercy endures forever.**
To Him who made the great lights;	His mercy endures forever.
The sun to rule by day;	**His mercy endures forever.**
The moon and the stars to rule by night;	His mercy endures forever.
To Him who struck the firstborn of Egypt;	**His mercy endures forever.**
And brought Israel from their midst;	His mercy endures forever.
With a strong hand and an outstretched arm;	**His mercy endures forever.**
To Him who divided the Red Sea;	His mercy endures forever.
And made Israel pass through its midst;	**His mercy endures forever.**
And drowned Pharaoh's army in it;	His mercy endures forever.
To Him who led His people through the wilderness;	**His mercy endures forever.**
To Him who struck down great kings;	His mercy endures forever.
And slew kings of renown;	**His mercy endures forever.**
To Sihon, king of the Amorites;	His mercy endures forever.
And to Og, king of Bashan;	**His mercy endures forever.**
He gave their land as an inheritance;	His mercy endures forever.
An inheritance to Israel, His servant;	**His mercy endures forever.**
Who remembered us in our low estate;	His mercy endures forever.
And rescued us from our enemies;	**His mercy endures forever.**
Who gives food to all creatures;	His mercy endures forever.
Give thanks to the God of heaven;	**His mercy endures forever.**

Psalm 33

רַנְּנוּ צַדִּיקִים בַּיְיָ, לַיְשָׁרִים נָאוָה תְהִלָּה. הוֹדוּ לַיְיָ בְּכִנּוֹר, בְּנֵבֶל עָשׂוֹר זַמְּרוּ לוֹ.
שִׁירוּ לוֹ שִׁיר חָדָשׁ, הֵיטִיבוּ נַגֵּן בִּתְרוּעָה. כִּי יָשָׁר דְּבַר יְיָ, וְכָל מַעֲשֵׂהוּ בֶּאֱמוּנָה.
אֹהֵב צְדָקָה וּמִשְׁפָּט, חֶסֶד יְיָ מָלְאָה הָאָרֶץ. בִּדְבַר יְיָ שָׁמַיִם נַעֲשׂוּ, וּבְרוּחַ פִּיו כָּל
צְבָאָם. כֹּנֵס כַּנֵּד מֵי הַיָּם, נֹתֵן בְּאוֹצָרוֹת תְּהוֹמוֹת. יִירְאוּ מֵיְיָ כָּל הָאָרֶץ, מִמֶּנּוּ
יָגוּרוּ כָּל יֹשְׁבֵי תֵבֵל. כִּי הוּא אָמַר וַיֶּהִי הוּא צִוָּה וַיַּעֲמֹד. יְיָ הֵפִיר עֲצַת גּוֹיִם,
הֵנִיא מַחְשְׁבוֹת עַמִּים. עֲצַת יְיָ לְעוֹלָם תַּעֲמֹד מַחְשְׁבוֹת לִבּוֹ לְדֹר וָדֹר. אַשְׁרֵי הַגּוֹי
אֲשֶׁר יְיָ אֱלֹהָיו, הָעָם בָּחַר לְנַחֲלָה לוֹ. מִשָּׁמַיִם הִבִּיט יְיָ, רָאָה אֶת כָּל בְּנֵי הָאָדָם.
מִמְּכוֹן שִׁבְתּוֹ הִשְׁגִּיחַ, אֶל כָּל יֹשְׁבֵי הָאָרֶץ. הַיּוֹצֵר יַחַד לִבָּם, הַמֵּבִין אֶל כָּל
מַעֲשֵׂיהֶם. אֵין הַמֶּלֶךְ נוֹשָׁע בְּרָב חָיִל, גִּבּוֹר לֹא יִנָּצֵל בְּרָב כֹּחַ. שֶׁקֶר הַסּוּס
לִתְשׁוּעָה, וּבְרֹב חֵילוֹ לֹא יְמַלֵּט. הִנֵּה עֵין יְיָ אֶל יְרֵאָיו, לַמְיַחֲלִים לְחַסְדּוֹ. לְהַצִּיל
מִמָּוֶת נַפְשָׁם, וּלְחַיּוֹתָם בָּרָעָב. נַפְשֵׁנוּ חִכְּתָה לַיְיָ, עֶזְרֵנוּ וּמָגִנֵּנוּ הוּא. *(Reader)* כִּי
בוֹ יִשְׂמַח לִבֵּנוּ כִּי בְשֵׁם קָדְשׁוֹ בָטָחְנוּ. יְהִי חַסְדְּךָ יְיָ עָלֵינוּ כַּאֲשֶׁר יִחַלְנוּ לָךְ.

(On Shabbat Add)
Psalm 92

מִזְמוֹר שִׁיר לְיוֹם הַשַּׁבָּת: טוֹב לְהֹדוֹת לַיְיָ, וּלְזַמֵּר לְשִׁמְךָ עֶלְיוֹן. לְהַגִּיד בַּבֹּקֶר
חַסְדֶּךָ וֶאֱמוּנָתְךָ בַּלֵּילוֹת. עֲלֵי עָשׂוֹר וַעֲלֵי נָבֶל, עֲלֵי הִגָּיוֹן בְּכִנּוֹר. כִּי שִׂמַּחְתַּנִי יְיָ
בְּפָעֳלֶךָ בְּמַעֲשֵׂי יָדֶיךָ אֲרַנֵּן. מַה גָּדְלוּ מַעֲשֶׂיךָ יְיָ, מְאֹד עָמְקוּ מַחְשְׁבֹתֶיךָ. אִישׁ
בַּעַר לֹא יֵדָע, וּכְסִיל לֹא יָבִין אֶת זֹאת. בִּפְרֹחַ רְשָׁעִים כְּמוֹ עֵשֶׂב וַיָּצִיצוּ כָּל פֹּעֲלֵי
אָוֶן, לְהִשָּׁמְדָם עֲדֵי עַד. וְאַתָּה מָרוֹם לְעֹלָם יְיָ. כִּי הִנֵּה אֹיְבֶיךָ יְיָ, כִּי הִנֵּה אֹיְבֶיךָ
יֹאבֵדוּ יִתְפָּרְדוּ כָּל פֹּעֲלֵי אָוֶן. וַתָּרֶם כִּרְאֵים קַרְנִי, בַּלֹּתִי בְּשֶׁמֶן רַעֲנָן. וַתַּבֵּט עֵינִי
בְּשׁוּרָי, בַּקָּמִים עָלַי מְרֵעִים, תִּשְׁמַעְנָה אָזְנָי. צַדִּיק כַּתָּמָר יִפְרָח, כְּאֶרֶז בַּלְּבָנוֹן
יִשְׂגֶּה. שְׁתוּלִים בְּבֵית יְיָ, בְּחַצְרוֹת אֱלֹהֵינוּ יַפְרִיחוּ. *(Reader)* עוֹד יְנוּבוּן בְּשֵׂיבָה,
דְּשֵׁנִים וְרַעֲנַנִּים יִהְיוּ. לְהַגִּיד כִּי יָשָׁר יְיָ, צוּרִי וְלֹא עַוְלָתָה בּוֹ.

Psalm 93

יְיָ מָלָךְ גֵּאוּת לָבֵשׁ, לָבֵשׁ יְיָ עֹז הִתְאַזָּר, אַף תִּכּוֹן תֵּבֵל בַּל תִּמּוֹט. נָכוֹן כִּסְאֲךָ
מֵאָז, מֵעוֹלָם אָתָּה. נָשְׂאוּ נְהָרוֹת יְיָ, נָשְׂאוּ נְהָרוֹת קוֹלָם, יִשְׂאוּ נְהָרוֹת דָּכְיָם.
מִקֹּלוֹת מַיִם רַבִּים, אַדִּירִים מִשְׁבְּרֵי יָם, אַדִּיר בַּמָּרוֹם יְיָ. *(Reader)* עֵדֹתֶיךָ נֶאֶמְנוּ
מְאֹד לְבֵיתְךָ נָאֲוָה קֹדֶשׁ, יְיָ, לְאֹרֶךְ יָמִים.

Psalm 33

You who are righteous, rejoice in the Lord; it is fitting to sing His praises. Give thanks to the Lord on the harp; make a melody to Him with the ten stringed lute. Sing a new song to Him; play skillfully amid joyful shouting. The word of the Lord is right; all His doings are faithful. He loves charity and justice; the Lord's mercy fills the earth. The heavens came into being by the word of the Lord; all their host by the breath of His mouth. He, like a vessel, gathers the seas; he lays up the deep in storehouses. The whole earth will fear the Lord; all its inhabitants will hold Him in awe. Because He spoke, and it was; He commanded, and it stood firm. The Lord brought the counsel of the nations to naught; He foiled the plans of the peoples. The Lord's counsel stands forever; the desire of His heart from generation to generation. Blessed is the nation whose God is the Lord; the people He has chosen as His own. The Lord looked from the heavens upon all the sons of men; from His dwelling place He looked on all the inhabitants of the world. He fashioned all their hearts; He knows all their deeds. The king is not saved by his armies; nor the warrior by great strength. Horses bring false hope; for all its strength it cannot deliver. But the eye of the Lord is on those who fear Him; who trust in His loving kindness; to deliver their soul from death and to keep them alive in times of famine. Our soul waited for the Lord; He is our help and our shield. Our heart will rejoice in Him; our trust is in the Holy Name. Lord, may Your mercies be on us, as our hope is in You.

(On Shabbat Add)
Psalm 92

A psalm, a song for the Sabbath day. It is good to give thanks to the Lord and to sing to Your Name, O Most High; to declare Your loving kindness in the morning and Your faithfulness at night; on the ten-stringed lyre and the lute, to the sound of the harp. Lord, You have made me glad through Your works; I joy in the work of Your hands. How great are Your works, O Lord! How deep Your designs! The stupid man will not know and the fool will not understand; when the wicked grow up like grass, and those who do evil flourish, it is that they may be destroyed forever. Lord, You are great forever. Behold Your enemies, O Lord. Behold, Your enemies will perish; all who work iniquity will be dispersed. You have exalted my strength as that of the wild ox. I have been anointed with fresh oil. My eye has seen my foes; my ear has heard my enemies. Those who are righteous will flourish like the palm tree; they will flourish like the cedars of Lebanon. Those who are planted in the house of the Lord shall flourish in the courts of our God. Even in their old age they will bear fruit. They will be vigorous and fresh. They will proclaim, "The Lord is just! He is my Rock; there is no wrong in Him!"

Psalm 93

The Lord is King; He is robed in majesty. The Lord is robed; He has girded Himself with strength. In this, the world is firmly set; it cannot be moved. Your throne was established long ago; You are from eternity. Lord, the floods have lifted up. The floods have lifted up their voice; they have lifted up their waves. Above the sound of many waters; mighty breakers of the sea, the Lord on high is supreme. Your testimonies are very sure. Lord, Your house is adorned with holiness for all time.

Revelation 4:2-11

וְהִנֵּה כִסֵּא נִצָּב בַּשָּׁמַיִם וְאֶחָד יֹשֵׁב עַל הַכִּסֵּא. וְהַיֹּשֵׁב הַהוּא כְּמַרְאֵה אֶבֶן יָשְׁפֵה
כְּאֶבֶן אֹדֶם וְקֶשֶׁת סָבִיב לַכִּסֵּא כְּעֵין בָּרֶקֶת. וְעֶשְׂרִים וְאַרְבָּעָה כִסְאוֹת עֹמְדִים אֶל
הַכִּסֵּא מִסָּבִיב וְאֶל הַכִּסְאוֹת רָאִיתִי עֶשְׂרִים וְאַרְבָּעָה זְקֵנִים יֹשְׁבִים מְלֻבָּשִׁים
בְּגָדִים לְבָנִים וַעֲטָרוֹת זָהָב בְּרָאשֵׁיהֶם. וּמִתּוֹךְ הַכִּסֵּא יֹצֵא בָּרָק רַעַם וָרַעַשׁ
וְשִׁבְעָה לַפִּידִים בֹּעֲרִים לִפְנֵי הַכִּסֵּא אֲשֶׁר הֵם שִׁבְעָא רוּחוֹת הָאֱלֹהִים. וְלִפְנֵי
הַכִּסֵּא יָם זְכוֹכִית כְּעֵין הַקָּרַח וּבְתוֹךְ הַכִּסֵּא וְסָבִיב לוֹ אַרְבַּע חַיּוֹת מְלֵאוֹת עֵינַיִם
מִפָּנִים וּמֵאָחוֹר. דְּמוּת הַחַיָּה הָרִאשׁוֹנָה כְּאַרְיֵה וְהַחַיָּה הַשֵּׁנִית כְּעֵגֶל וְהַחַיָּה
הַשְּׁלִישִׁית פָּנִים לָהּ כִּפְנֵי אָדָם וּדְמוּת הַחַיָּה הָרְבִיעִית כְּנֶשֶׁר מְעוֹפֵף. וְאַרְבַּע
הַחַיּוֹת שֵׁשׁ כְּנָפַיִם שֵׁשׁ כְּנָפַיִם לְאֶחָת וְהֵן מְלֵאוֹת עֵינַיִם מִסָּבִיב וּמִלְּפָנִים וְהַשְׁקֵט
אֵין לָהֶן יוֹמָם וָלַיְלָה כִּי קְרֹאוֹת קָדוֹשׁ קָדוֹשׁ קָדוֹשׁ יְהֹוָה אֱלֹהִים אֵל שַׁדַּי אֲשֶׁר הוּא
הָיָה הֹוֶה וְעָתִיד לָבֹא. וּלְעֵת הַחַיּוֹת נֹתְנוֹת הוֹד וְהָדָר וְשֶׁבַח לַיֹּשֵׁב עַל הַכִּסֵּא
אֲשֶׁר הוּא חַי עַד עוֹלְמֵי עוֹלָמִים. כֵּן יִפְּלוּ הָעֶשְׂרִים וְאַרְבָּעָה הַזְּקֵנִים עַל פְּנֵיהֶם
וּמִשְׁתַּחַוִים לִפְנֵי הַיֹּשֵׁב עַל הַכִּסֵּה אֲשֶׁר הוּא חַי עַד עוֹלְמֵי עוֹלָמִים לֵאמֹר. לְךָ יְהֹוָה
אֱלֹהֵינוּ יָאֵתָה לָקַחַת הוֹד וְהָדָר וָעֹז כִּי אַתָּה בָּרָאתָ כָל אֵלֶּה וּבִרְצוֹנְךָ נִהְיוּ
וְנִבְרָאוּ.

יְהִי כְבוֹד יְיָ לְעוֹלָם, יִשְׂמַח יְיָ בְּמַעֲשָׂיו. יְהִי שֵׁם יְיָ מְבֹרָךְ, מֵעַתָּה וְעַד עוֹלָם.
מִמִּזְרַח שֶׁמֶשׁ עַד מְבוֹאוֹ, מְהֻלָּל שֵׁם יְיָ. רָם עַל כָּל גּוֹיִם יְיָ, עַל הַשָּׁמַיִם כְּבוֹדוֹ. יְיָ
שִׁמְךָ לְעוֹלָם , יְיָ זִכְרְךָ לְדֹר וָדֹר. יְיָ בַּשָּׁמַיִם הֵכִין כִּסְאוֹ, וּמַלְכוּתוֹ בַּכֹּל   מָשָׁלָה.
יִשְׂמְחוּ הַשָּׁמַיִם וְתָגֵל הָאָרֶץ, וְיֹאמְרוּ בַגּוֹיִם יְיָ מָלָךְ. יְיָ מֶלֶךְ, יְיָ מָלָךְ, יְיָ יִמְלֹךְ
לְעֹלָם וָעֶד. יְיָ מֶלֶךְ עוֹלָם וָעֶד, אָבְדוּ גוֹיִם מֵאַרְצוֹ. יְיָ הֵפִיר עֲצַת גּוֹיִם, הֵנִיא
מַחְשְׁבוֹת עַמִּים. רַבּוֹת מַחֲשָׁבוֹת בְּלֶב אִישׁ, וַעֲצַת יְיָ הִיא תָקוּם. עֲצַת יְיָ
לְעוֹלָם תַּעֲמֹד, מַחְשְׁבוֹת לִבּוֹ לְדֹר וָדֹר. כִּי הוּא אָמַר וַיֶּהִי, הוּא צִוָּה וַיַּעֲמֹד. כִּי
בָחַר יְיָ בְּצִיּוֹן, אִוָּהּ לְמוֹשָׁב לוֹ. כִּי יַעֲקֹב בָּחַר לוֹ יָהּ, יִשְׂרָאֵל לִסְגֻלָּתוֹ. כִּי לֹא
יִטֹּשׁ יְיָ עַמּוֹ, וְנַחֲלָתוֹ לֹא יַעֲזֹב. *(Reader)* וְהוּא רַחוּם יְכַפֵּר עָוֹן וְלֹא יַשְׁחִית, וְהִרְבָּה
לְהָשִׁיב אַפּוֹ, וְלֹא יָעִיר כָּל חֲמָתוֹ. יְיָ הוֹשִׁיעָה, הַמֶּלֶךְ יַעֲנֵנוּ בְיוֹם קָרְאֵנוּ.

Revelation 4:2-11

A throne was set in heaven, and One sat on the throne. And He who sat there was like a jasper and a sardias stone in appearance; and there was a rainbow around the throne, in appearance like an emerald. Twenty-four thrones were around the throne, and sitting on the thrones I saw twenty-four elders who were clothed in robes of white and on their heads they had crowns of gold. Lightning and thunder and voices came out from the throne; and before the throne, seven lamp stands were burning, which are the seven Spirits of God. There was a sea of glass, like crystal, that was before the throne, and all around the throne were four living creatures, full of eyes, in front and in back. The first living creature was like a lion, the second was like an ox. The face of the third living creature was in the likeness of a man, and the fourth living creature was like an eagle in flight. Each of these creatures had six wings, and they were full of eyes, around and within. Day and night, without rest, they kept saying, "Holy, holy, holy, Lord God Almighty, Who was and Who is and Who is to come!" And whenever the living creatures give glory to Him who sits on the throne, to Him who lives forever and ever, the twenty-four elders fall down before Him who sits on the throne, and they worship Him who lives forever and ever. They cast their crowns before the throne, saying, "Lord, You are worthy to receive glory and honor and power; for You have created all things, and by Your will they existed and were created."

The glory of the Lord is everlasting; may the Lord take joy in all He has done. Lord, may Your Name be blessed now and forever. From the rising of the sun to the setting of the same, the Name of the Lord is to be praised. The Lord is over all the nations; His glory is above the heavens. Lord, Your Name is forever; Your renown is to every generation. The Lord's throne is set in the heavens; His kingdom is over all. The heavens rejoice and the earth exalts; let them say to the nations, "The Lord is King, the Lord was King, the Lord shall be King forever and to eternity. The Lord is King forever and ever; the nations have vanished from His land. He brings the counsel of the nations to nothing; He ruins the plans of the peoples. There are many plans in the heart of man, but only what the Lord purposes will succeed. The Lord's counsel stands forever; His plans are from generation to generation. He spoke and it was; He commanded and it stood firm. The Lord has chosen Tzion; He has desired it as His dwelling place. The Lord has chosen Jacob for Himself, Israel as His peculiar treasure. The Lord will not abandon His people; He will not forsake His inheritance. And He, being full of mercy, forgave their iniquity and did not destroy. Indeed, He frequently turns His anger aside and does not stir up His wrath. Lord, save us! May the King answer us in the day that we call.

אַשְׁרֵי יוֹשְׁבֵי בֵיתֶךָ, עוֹד יְהַלְלוּךָ, סֶּלָה. אַשְׁרֵי הָעָם שֶׁכָּכָה לּוֹ, אַשְׁרֵי הָעָם שֶׁיְיָ
אֱלֹהָיו.

תְּהִלָּה לְדָוִד,   *Psalm 145*

אֲרוֹמִמְךָ אֱלוֹהַי הַמֶּלֶךְ, וַאֲבָרְכָה שִׁמְךָ לְעוֹלָם וָעֶד.

בְּכָל יוֹם אֲבָרְכֶךָּ, וַאֲהַלְלָה שִׁמְךָ לְעוֹלָם וָעֶד.

גָּדוֹל יְיָ וּמְהֻלָּל מְאֹד, וְלִגְדֻלָּתוֹ אֵין חֵקֶר.

דּוֹר לְדוֹר יְשַׁבַּח מַעֲשֶׂיךָ, וּגְבוּרֹתֶיךָ יַגִּידוּ.

הֲדַר כְּבוֹד הוֹדֶךָ, וְדִבְרֵי נִפְלְאֹתֶיךָ אָשִׂיחָה.

וֶעֱזוּז נוֹרְאוֹתֶיךָ יֹאמֵרוּ וּגְדוּלָּתְךָ אֲסַפְּרֶנָּה.

זֵכֶר רַב טוּבְךָ יַבִּיעוּ, וְצִדְקָתְךָ יְרַנֵּנוּ.

חַנּוּן וְרַחוּם יְיָ, אֶרֶךְ אַפַּיִם וּגְדָל חָסֶד.

טוֹב יְיָ לַכֹּל, וְרַחֲמָיו עַל כָּל מַעֲשָׂיו.

יוֹדוּךָ יְיָ כָּל מַעֲשֶׂיךָ, וַחֲסִידֶיךָ יְבָרְכוּכָה.

כְּבוֹד מַלְכוּתְךָ יֹאמֵרוּ, וּגְבוּרָתְךָ יְדַבֵּרוּ.

לְהוֹדִיעַ לִבְנֵי הָאָדָם גְּבוּרֹתָיו, וּכְבוֹד הֲדַר מַלְכוּתוֹ.

מַלְכוּתְךָ מַלְכוּת כָּל עֹלָמִים, וּמֶמְשַׁלְתְּךָ בְּכָל דּוֹר וָדֹר.

סוֹמֵךְ יְיָ לְכָל הַנֹּפְלִים, וְזוֹקֵף לְכָל הַכְּפוּפִים.

עֵינֵי כֹל אֵלֶיךָ יְשַׂבֵּרוּ, וְאַתָּה נוֹתֵן לָהֶם אֶת אָכְלָם בְּעִתּוֹ.

פּוֹתֵחַ אֶת יָדֶךָ, וּמַשְׂבִּיעַ לְכָל חַי רָצוֹן.

צַדִּיק יְיָ בְּכָל דְּרָכָיו, וְחָסִיד בְּכָל מַעֲשָׂיו.

קָרוֹב יְיָ לְכָל קֹרְאָיו, לְכֹל אֲשֶׁר יִקְרָאֻהוּ בֶאֱמֶת.

רְצוֹן יְרֵאָיו יַעֲשֶׂה, וְאֶת שַׁוְעָתָם יִשְׁמַע וְיוֹשִׁיעֵם.

שׁוֹמֵר יְיָ אֶת כָּל אֹהֲבָיו, וְאֵת כָּל הָרְשָׁעִים יַשְׁמִיד.

(Reader) תְּהִלַּת יְיָ יְדַבֶּר פִּי, וִיבָרֵךְ כָּל בָּשָׂר שֵׁם קָדְשׁוֹ, לְעוֹלָם וָעֶד.

וַאֲנַחְנוּ נְבָרֵךְ יָהּ, מֵעַתָּה וְעַד עוֹלָם, הַלְלוּיָהּ.

V'anaḥnu n'varekh ya, me'Atah v'ad olam, halleluyah.

Psalm 146

הַלְלוּיָהּ, הַלְלִי נַפְשִׁי אֶת יְיָ. אֲהַלְלָה יְיָ בְּחַיָּי, אֲזַמְּרָה לֵאלֹהַי בְּעוֹדִי. אַל תִּבְטְחוּ
בִנְדִיבִים, בְּבֶן אָדָם, שֶׁאֵין לוֹ תְשׁוּעָה. תֵּצֵא רוּחוֹ יָשֻׁב לְאַדְמָתוֹ, בַּיּוֹם הַהוּא,
אָבְדוּ עֶשְׁתֹּנֹתָיו. אַשְׁרֵי שֶׁאֵל יַעֲקֹב בְּעֶזְרוֹ, שִׂבְרוֹ עַל יְיָ אֱלֹהָיו. עֹשֶׂה שָׁמַיִם
וָאָרֶץ, אֶת הַיָּם וְאֶת כָּל אֲשֶׁר בָּם הַשֹּׁמֵר אֱמֶת לְעוֹלָם. עֹשֶׂה מִשְׁפָּט לַעֲשׁוּקִים,
נֹתֵן לֶחֶם לָרְעֵבִים, יְיָ מַתִּיר אֲסוּרִים. יְיָ פֹּקֵחַ עִוְרִים, יְיָ זֹקֵף כְּפוּפִים, יְיָ אֹהֵב
צַדִּיקִים. יְיָ שֹׁמֵר אֶת גֵּרִים, יָתוֹם וְאַלְמָנָה יְעוֹדֵד, וְדֶרֶךְ רְשָׁעִים יְעַוֵּת.
(Reader) יִמְלֹךְ יְיָ לְעוֹלָם, אֱלֹהַיִךְ צִיּוֹן לְדֹר וָדֹר הַלְלוּיָהּ.

Happy are they who abide in Your house; they are always praising You. Happy are the people who are so situated. Happy are the people whose God is the Lord.

Psalm 145

A psalm of David:

My God, the King, I will exalt You, and I will bless Your Name forever and ever.

 Each day I will bless You, and I will praise Your Name forever and ever.

The Lord is great and most worthy to be praised; His greatness is beyond understanding.

 One generation shall praise Your works to the next and they will tell of Your mighty deeds.

I will meditate on the splendor of Your majesty and on Your wonders.

 They will speak of Your awesome might; I will tell of Your greatness.

The remembrances of Your great goodness will bubble forth, they will sing of Your righteousness.

 The Lord is gracious and full of compassion, slow to anger, and great in mercy.

The Lord is good to all, and His compassion is over all His works.

 Lord, all Your works will give You praise, and Your righteous ones will bless You.

They will speak of Your might, and of the splendor of Your kingdom;

 To let men know of Your glorious deeds, and the majesty of Your kingdom.

Your kingdom is an everlasting kingdom; Your dominion is over all generations.

 The Lord upholds all who fall, and lifts up all who are bowed down.

All eyes will look to You with hope, and You give them food in due season.

 You open Your hand, and satisfy the needs of every living thing.

The Lord is righteous in all His ways, and gracious in all His deeds.

 The Lord is near to all who call on Him; to all who truly will call on Him.

He will fulfill the desire of those who fear Him; He will hear their cry and save them.

 The Lord will keep all who love Him, but the wicked will be destroyed.

My mouth will declare the praise of the Lord, and His Holy Name will forever be blessed by all flesh.

 We will bless the Lord both now and forever. Praise the Lord.

Psalm 146

Praise the Lord! Praise the Lord, O my soul! I will praise the Lord as long as I live; as long as I exist I will sing to my God. Do not put your trust in princes, or in the sons of men who can give you no help. On the day his spirit departs, he returns to dust and his plans come to nothing. Happy are those whose help is the God of Jacob; whose hope is in the Lord his God, the maker of heaven and earth, the sea and all that is in them; who preserves the truth forever, renders justice to the oppressed, and feeds those who hunger. The Lord sets the captive free. The Lord opens the eyes of the blind. The Lord raises those who are bowed down. The Lord loves the righteous. The Lord guards those who are strangers; He upholds the fatherless and the widow, but He makes the way of the wicked crooked. The Lord will reign forever; your God, O Tziyon, from generation to generation. Praise the Lord!

Psalm 147

הַלְלוּיָהּ, כִּי טוֹב זַמְּרָה אֱלֹהֵינוּ, כִּי נָעִים נָאוָה תְהִלָּה. בּוֹנֵה יְרוּשָׁלַיִם יְיָ, נִדְחֵי יִשְׂרָאֵל יְכַנֵּס. הָרוֹפֵא לִשְׁבוּרֵי לֵב, וּמְחַבֵּשׁ לְעַצְּבוֹתָם. מוֹנֶה מִסְפָּר לַכּוֹכָבִים לְכֻלָּם שֵׁמוֹת יִקְרָא. גָּדוֹל אֲדוֹנֵינוּ וְרַב כֹּחַ, לִתְבוּנָתוֹ אֵין מִסְפָּר. מְעוֹדֵד עֲנָוִים יְיָ, מַשְׁפִּיל רְשָׁעִים עֲדֵי אָרֶץ. עֱנוּ לַיְיָ בְּתוֹדָה, זַמְּרוּ לֵאלֹהֵינוּ בְכִנּוֹר. הַמְכַסֶּה שָׁמַיִם בְּעָבִים, הַמֵּכִין לָאָרֶץ מָטָר הַמַּצְמִיחַ הָרִים חָצִיר. נוֹתֵן לִבְהֵמָה לַחְמָהּ, לִבְנֵי עֹרֵב אֲשֶׁר יִקְרָאוּ׃ לֹא בִגְבוּרַת הַסּוּס יֶחְפָּץ, לֹא בְשׁוֹקֵי הָאִישׁ יִרְצֶה. רוֹצֶה יְיָ אֶת יְרֵאָיו, אֶת הַמְיַחֲלִים לְחַסְדּוֹ. שַׁבְּחִי יְרוּשָׁלַיִם אֶת יְיָ, הַלְלִי אֱלֹהַיִךְ צִיּוֹן. כִּי חִזַּק בְּרִיחֵי שְׁעָרָיִךְ, בֵּרַךְ בָּנַיִךְ בְּקִרְבֵּךְ. הַשָּׂם גְּבוּלֵךְ שָׁלוֹם, חֵלֶב חִטִּים יַשְׂבִּיעֵךְ. הַשֹּׁלֵחַ אִמְרָתוֹ אָרֶץ, עַד מְהֵרָה יָרוּץ דְּבָרוֹ. הַנֹּתֵן שֶׁלֶג כַּצָּמֶר, כְּפוֹר כָּאֵפֶר יְפַזֵּר. מַשְׁלִיךְ קַרְחוֹ כְפִתִּים, לִפְנֵי קָרָתוֹ מִי יַעֲמֹד. יִשְׁלַח דְּבָרוֹ וְיַמְסֵם, יַשֵּׁב רוּחוֹ יִזְּלוּ מָיִם. מַגִּיד דְּבָרָיו לְיַעֲקֹב, חֻקָּיו וּמִשְׁפָּטָיו לְיִשְׂרָאֵל. *(Reader)* לֹא עָשָׂה כֵן לְכָל גּוֹי, וּמִשְׁפָּטִים בַּל יְדָעוּם, הַלְלוּיָהּ.

Psalm 148

הַלְלוּיָהּ, הַלְלוּ אֶת יְיָ מִן הַשָּׁמַיִם הַלְלוּהוּ בַּמְּרוֹמִים. הַלְלוּהוּ כָל מַלְאָכָיו, הַלְלוּהוּ כָּל צְבָאָיו. הַלְלוּהוּ שֶׁמֶשׁ וְיָרֵחַ, הַלְלוּהוּ כָּל כּוֹכְבֵי אוֹר. הַלְלוּהוּ שְׁמֵי הַשָּׁמַיִם, וְהַמַּיִם אֲשֶׁר מֵעַל הַשָּׁמָיִם. יְהַלְלוּ אֶת שֵׁם יְיָ, כִּי הוּא צִוָּה וְנִבְרָאוּ. וַיַּעֲמִידֵם לָעַד לְעוֹלָם, חָק נָתַן וְלֹא יַעֲבוֹר. הַלְלוּ אֶת יְיָ מִן הָאָרֶץ, תַּנִּינִים וְכָל תְּהֹמוֹת. אֵשׁ וּבָרָד שֶׁלֶג וְקִיטוֹר, רוּחַ סְעָרָה עֹשָׂה דְבָרוֹ. הֶהָרִים וְכָל גְּבָעוֹת, עֵץ פְּרִי וְכָל אֲרָזִים. הַחַיָּה וְכָל בְּהֵמָה, רֶמֶשׂ וְצִפּוֹר כָּנָף. מַלְכֵי אֶרֶץ וְכָל לְאֻמִּים שָׂרִים וְכָל שֹׁפְטֵי אָרֶץ. בַּחוּרִים וְגַם בְּתוּלוֹת, זְקֵנִים עִם נְעָרִים. יְהַלְלוּ אֶת שֵׁם יְיָ, כִּי נִשְׂגָּב שְׁמוֹ לְבַדּוֹ הוֹדוֹ עַל אֶרֶץ וְשָׁמָיִם. *(Reader)* וַיָּרֶם קֶרֶן לְעַמּוֹ תְּהִלָּה לְכָל חֲסִידָיו לִבְנֵי יִשְׂרָאֵל עַם קְרֹבוֹ הַלְלוּיָהּ.

Psalm 149

הַלְלוּיָהּ, שִׁירוּ לַיְיָ שִׁיר חָדָשׁ, תְּהִלָּתוֹ בִּקְהַל חֲסִידִים. יִשְׂמַח יִשְׂרָאֵל בְּעֹשָׂיו, בְּנֵי צִיּוֹן יָגִילוּ בְמַלְכָּם. יְהַלְלוּ שְׁמוֹ בְמָחוֹל, בְּתֹף וְכִנּוֹר יְזַמְּרוּ לוֹ. כִּי רוֹצֶה יְיָ בְּעַמּוֹ, יְפָאֵר עֲנָוִים בִּישׁוּעָה. יַעְלְזוּ חֲסִידִים בְּכָבוֹד, יְרַנְּנוּ עַל מִשְׁכְּבוֹתָם. רוֹמְמוֹת אֵל בִּגְרוֹנָם, וְחֶרֶב פִּיפִיּוֹת בְּיָדָם. לַעֲשׂוֹת נְקָמָה בַּגּוֹיִם, תּוֹכֵחוֹת בַּלְאֻמִּים. *(Reader)* לֶאְסֹר מַלְכֵיהֶם בְּזִקִּים, וְנִכְבְּדֵיהֶם בְּכַבְלֵי בַרְזֶל. לַעֲשׂוֹת בָּהֶם מִשְׁפָּט כָּתוּב, הָדָר הוּא לְכָל חֲסִידָיו, הַלְלוּיָהּ.

Psalm 147

Praise the Lord! Because it is good to sing praise to our God; because it is pleasant and fitting. The Lord rebuilds Jerusalem; He will gather together the outcasts of Israel. He heals the brokenhearted and binds up their sorrows. He counts the number of the stars, and will call each by its name. Great is our Lord whose power is without end; His wisdom is unsearchable. The humble are lifted up by the Lord, but He casts the wicked down to the ground. Sing to the Lord with thanksgiving; sing to our God, to the sound of the harp. It is He who covers the heavens with clouds; who brings rain upon the earth, and who causes the grass to grow upon the hills. He feeds the beasts of the field and gives food to the young raven when it calls. He is not impressed by the strength of the horse; nor does He delight in the strength of a man. The Lord is pleased with those who fear Him; who trust in His loving kindness. Praise to the Lord, O Jerusalem; praise to your God, O Tzion! He has fortified the bars of your gates; He has blessed the children in the midst of you. He establishes peace within your borders, and satisfies you with the finest of wheat. His word runs swiftly as He sends forth His command to the earth. He sends snow like fine wool, scattering frost like ashes, casting forth His hail as if they were crumbs. Who can stand before His cold? Again, He sends forth His word, and they melt; He causes His wind to blow, and the waters flow again. He has declared His word to Jacob; His statutes and ordinances to Israel. He has not done this with any other nation. They have not known His judgments! Praise the Lord!

Psalm 148

Praise the Lord! Praise the Lord from the heavens! Praise Him in the heights! Praise Him, all His angels! Praise Him, all His hosts! Praise Him, sun and moon! Praise Him, all you stars of light! Let the waters above the heavens, and the highest heavens, praise Him! They will praise the Name of the Lord, for He commanded and they were. He made a decree, establishing them forever and ever; it shall not pass away. Praise the Lord from the earth, you sea-monsters and all the deep; fire and hail, snow and cloud, stormy wind, making His word full. Mountains as well as hills, fruit trees as well as cedars, wild beasts as well as cattle, creeping things as well as birds of the air, kings of the earth and all of their nations, princes and all who rule upon the earth, young men and young women, old men and children; let them praise the Name of the Lord. His Name alone is to be exalted! His majesty is over earth and heaven, and He has exalted the horn of His people; the praise of all His righteous ones, the children of Israel; a people near to Him. Praise the Lord.

Psalm 149

Praise the Lord! Sing a new song to the Lord; His praise in the righteous assembly. Rejoice in your Maker, O Israel. O children of Tzion, be joyful in your King. They will praise His name with dance! They will make music with the timbrel and harp, for the Lord is pleased with His people, adorning the meek with salvation. The righteous ones will joy in His glory; sing aloud on your beds. The praises of God are in their mouth, a double-edged sword in their hand. Execute vengeance upon the nations, and judgment on the peoples. Bind their kings with chains and their rulers with bands of iron. Execute upon them the judgment that is written. He is the honor of His people. Praise the Lord.

Psalm 150

הַלְלוּיָהּ, הַלְלוּ אֵל בְּקָדְשׁוֹ, הַלְלוּהוּ בִּרְקִיעַ עֻזּוֹ. הַלְלוּהוּ בִגְבוּרֹתָיו, הַלְלוּהוּ כְּרֹב גֻּדְלוֹ. הַלְלוּהוּ בְּתֵקַע שׁוֹפָר, הַלְלוּהוּ בְּנֵבֶל וְכִנּוֹר. הַלְלוּהוּ בְּתֹף וּמָחוֹל, הַלְלוּהוּ בְּמִנִּים וְעֻגָב. הַלְלוּהוּ בְצִלְצְלֵי שָׁמַע, הַלְלוּהוּ בְּצִלְצְלֵי תְרוּעָה.
(Reader) כֹּל הַנְּשָׁמָה תְּהַלֵּל יָהּ, הַלְלוּיָהּ. כֹּל הַנְּשָׁמָה תְּהַלֵּל יָהּ, הַלְלוּיָהּ.

Revelation 15:2-4

וְכַיָם זְכוּכִית בָּלוּל בָּאֵשׁ נִרְאָה לְעֵינַי וְאֵלֶּה אֲשֶׁר גָּבְרוּ עַל הַחַיָּה וְעַל צַלְמָהּ וּמִסְפַּר שְׁמָהּ עֹמְדִים עַל יַם הַזְּכוּכִית וְכִנֹּרוֹת אֵל בְּיָדָם. אָז יָשִׁירוּ שִׁיר מֹשֶׁה עֶבֶד הָאֱלֹהִים וְשִׁיר הַשֶּׂה לֵאמֹר גְּדֹלִים וְנוֹרָאִים מַעֲשֶׂיךָ יְהוָה אֱלֹהִים אֵל שַׁדַּי וּדְרָכֶיךָ אֱמֶת וָצֶדֶק מֶלֶךְ הַגּוֹיִם. מִי לֹא יִרָאֲךָ יְהוָה מִי לֹא יִתֵּן כָּבוֹד לִשְׁמֶךָ קָדוֹשׁ אַתָּה לְבַדֶּךָ וְכָל הַגּוֹיִם יָבֹאוּ וְיִשְׁתַּחֲווּ לְפָנֶיךָ כִּי צִדְקָתְךָ נִגְלָתָה.

בָּרוּךְ יְיָ לְעוֹלָם, אָמֵן וְאָמֵן. בָּרוּךְ יְיָ מִצִּיּוֹן, שֹׁכֵן יְרוּשָׁלָיִם, הַלְלוּיָהּ. בָּרוּךְ יְיָ אֱלֹהִים אֱלֹהֵי יִשְׂרָאֵל, עֹשֶׂה נִפְלָאוֹת לְבַדּוֹ. *(Reader)* וּבָרוּךְ שֵׁם כְּבוֹדוֹ לְעוֹלָם, וְיִמָּלֵא כְבוֹדוֹ אֶת כָּל הָאָרֶץ, אָמֵן וְאָמֵן.

Nishmat

נִשְׁמַת כָּל חַי, תְּבָרֵךְ אֶת שִׁמְךָ יְיָ אֱלֹהֵינוּ. וְרוּחַ כָּל בָּשָׂר, תְּפָאֵר וּתְרוֹמֵם זִכְרְךָ מַלְכֵּנוּ תָּמִיד, מִן הָעוֹלָם וְעַד הָעוֹלָם אַתָּה אֵל. וּמִבַּלְעָדֶיךָ אֵין לָנוּ מֶלֶךְ גּוֹאֵל וּמוֹשִׁיעַ, פּוֹדֶה וּמַצִּיל וּמְפַרְנֵס וּמְרַחֵם, בְּכָל עֵת צָרָה וְצוּקָה. אֵין לָנוּ מֶלֶךְ אֶלָּא אָתָּה.

אֱלֹהֵי הָרִאשׁוֹנִים וְהָאַחֲרוֹנִים, אֱלוֹהַּ כָּל בְּרִיּוֹת, אֲדוֹן כָּל תּוֹלָדוֹת, הַמְהֻלָּל בְּרֹב הַתִּשְׁבָּחוֹת, הַמְנַהֵג עוֹלָמוֹ בְּחֶסֶד, וּבְרִיּוֹתָיו בְּרַחֲמִים. וַיְיָ לֹא יָנוּם וְלֹא יִישָׁן, הַמְעוֹרֵר יְשֵׁנִים וְהַמֵּקִיץ נִרְדָּמִים, וְהַמֵּשִׂיחַ אִלְּמִים, וְהַמַּתִּיר אֲסוּרִים, וְהַסּוֹמֵךְ נוֹפְלִים, וְהַזּוֹקֵף כְּפוּפִים, לְךָ לְבַדְּךָ אֲנַחְנוּ מוֹדִים.

אִלּוּ פִינוּ מָלֵא שִׁירָה כַּיָּם, וּלְשׁוֹנֵנוּ רִנָּה כַּהֲמוֹן גַּלָּיו, וְשִׂפְתוֹתֵינוּ שֶׁבַח כְּמֶרְחֲבֵי רָקִיעַ, וְעֵינֵינוּ מְאִירוֹת כַּשֶּׁמֶשׁ וְכַיָּרֵחַ, וְיָדֵינוּ פְרוּשׂוֹת כְּנִשְׁרֵי שָׁמָיִם, וְרַגְלֵינוּ קַלּוֹת כָּאַיָּלוֹת, אֵין אֲנַחְנוּ מַסְפִּיקִים, לְהוֹדוֹת לְךָ יְיָ אֱלֹהֵינוּ וֵאלֹהֵי אֲבוֹתֵינוּ, וּלְבָרֵךְ אֶת שְׁמֶךָ עַל אַחַת מֵאֶלֶף אֶלֶף אַלְפֵי אֲלָפִים וְרִבֵּי רְבָבוֹת פְּעָמִים, הַטּוֹבוֹת שֶׁעָשִׂיתָ עִם אֲבוֹתֵינוּ וְעִמָּנוּ. מִמִּצְרַיִם גְּאַלְתָּנוּ יְיָ אֱלֹהֵינוּ, וּמִבֵּית עֲבָדִים פְּדִיתָנוּ, בְּרָעָב זַנְתָּנוּ, וּבְשָׂבָע כִּלְכַּלְתָּנוּ, מֵחֶרֶב הִצַּלְתָּנוּ, וּמִדֶּבֶר מִלַּטְתָּנוּ, וּמֵחֳלָיִם רָעִים וְנֶאֱמָנִים דִּלִּיתָנוּ. עַד הֵנָּה עֲזָרוּנוּ רַחֲמֶיךָ, וְלֹא עֲזָבוּנוּ חֲסָדֶיךָ, וְאַל תִּטְּשֵׁנוּ יְיָ אֱלֹהֵינוּ לָנֶצַח.

Psalm 150

Praise the Lord! Praise God in His sanctuary! Praise Him in the expanse of heaven! Praise Him for His mighty works! Praise Him for His abundant greatness! Praise Him with the sound of the shofar! Praise Him with the harp and the lyre! Praise Him with the timbrel and dance! Praise Him with strings and with the flute! Praise Him with cymbals; with loud clashing cymbals! Everything that has breath will praise the Lord! Praise the Lord!

Revelation 15:2-4

And I saw something like a sea of glass mingled with fire, and those who have the victory over the beast, over his image and over his mark and over the number of his name, standing on the sea of glass, having harps of God. They sing the song of Moses, the servant of God, and the song of the Lamb, saying: "Great and marvelous are Your works, Lord God Almighty! Just and true are Your ways; You are King of the ages. Who shall not fear and glorify Your name, O Lord? For You alone are holy. All the nations shall come and worship You, for Your judgments have been made manifest."

The Lord is to be blessed forever! Amen and amen! May the Lord who dwells in Jerusalem be blessed from Tzion! Praise the Lord! Blessed be the Lord God, the God of Israel, who alone does wondrous things, and may the glory of His Name be blessed forever! Indeed, the whole earth will be filled with His glory! Amen and amen!

Nishmat

Lord our God, the soul of every living being will bless Your Name, and the spirit of all flesh will always glorify and exalt Your fame, our King. From eternity and to eternity You are God, and aside from You, we have no King who redeems and saves, ransoms and rescues, sustains and has compassion in times of trouble and distress. We have no King but You.

God of the beginning and of the end, God of all creation, Lord of all that is born; He who guides His world with loving kindness and His creation with compassion will be endlessly praised. The Lord does not slumber or sleep; it is He who wakens the sleeper and rouses the one who slumbers. He gives words to the one who is silent, and He sets the captive free. He supports those who fall and raises up those who are bowed down. To You alone we offer thanks.

If our mouth was filled with song as the sea is, and our tongue able to shout as do the waves, if our lips poured forth adoration as the heavens do, and if our eyes were as bright as the sun and moon, if our hands were outstretched as the eagles in the sky and if our feet were as swift as the deer, we would never be able to thank You for even one thousandth of the countless millions of blessings which You bestowed on our fathers and on us. Lord, You are our God and God of our fathers. Lord our God, You redeemed us from Egypt and brought us out of slavery. In times of famine, You nourished and satisfied us with plenty. You delivered us from the sword and made us escape the plagues. You give us relief from severe and lasting diseases. Out of compassion You have always helped us, and in Your loving kindness You have not forsaken us. May the Lord our God never forsake us.

עַל כֵּן אֵבָרִים שֶׁפִּלַּגְתָּ בָּנוּ, וְרוּחַ וּנְשָׁמָה שֶׁנָּפַחְתָּ בְּאַפֵּינוּ, וְלָשׁוֹן אֲשֶׁר שַׂמְתָּ בְּפִינוּ.   הֵן הֵם יוֹדוּ וִיבָרְכוּ וִישַׁבְּחוּ וִיפָאֲרוּ וִירוֹמְמוּ וְיַעֲרִיצוּ וְיַקְדִּישׁוּ וְיַמְלִיכוּ אֶת שִׁמְךָ מַלְכֵּנוּ, כִּי כָל פֶּה לְךָ יוֹדֶה, וְכָל לָשׁוֹן לְךָ תִשָּׁבַע, וְכָל בֶּרֶךְ לְךָ תִכְרַע, וְכָל קוֹמָה לְפָנֶיךָ תִשְׁתַּחֲוֶה, וְכָל לְבָבוֹת יִירָאוּךָ, וְכָל קֶרֶב וּכְלָיוֹת יְזַמְּרוּ לִשְׁמֶךָ. כַּדָּבָר שֶׁכָּתוּב, כָּל עַצְמוֹתַי תֹּאמַרְנָה יְיָ מִי כָמוֹךָ.   מַצִּיל עָנִי מֵחָזָק מִמֶּנּוּ, וְעָנִי וְאֶבְיוֹן מִגֹּזְלוֹ: מִי יִדְמֶה לָּךְ, וּמִי יִשְׁוֶה לָּךְ וּמִי יַעֲרָךְ לָךְ. הָאֵל הַגָּדוֹל הַגִּבּוֹר וְהַנּוֹרָא, אֵל עֶלְיוֹן קֹנֵה שָׁמַיִם וָאָרֶץ.
(Reader) נְהַלֶּלְךָ וּנְשַׁבֵּחֲךָ וּנְפָאֶרְךָ וּנְבָרֵךְ אֶת־שֵׁם קָדְשֶׁךָ.   כָּאָמוּר, לְדָוִד, בָּרְכִי נַפְשִׁי אֶת יְיָ, וְכָל קְרָבַי אֶת שֵׁם קָדְשׁוֹ.

הָאֵל בְּתַעֲצֻמוֹת עֻזֶּךָ, הַגָּדוֹל בִּכְבוֹד שְׁמֶךָ.   הַגִּבּוֹר לָנֶצַח וְהַנּוֹרָא בְּנוֹרְאוֹתֶיךָ.

הַמֶּלֶךְ

יוֹשֵׁב עַל כִּסֵּא רָם וְנִשָּׂא בִּישׁוּעַ.

שׁוֹכֵן עַד, מָרוֹם וְקָדוֹשׁ שְׁמוֹ. וְכָתוּב, רַנְּנוּ צַדִּיקִים בַּיְיָ, לַיְשָׁרִים נָאוָה תְהִלָּה. בְּפִי יְשָׁרִים תִּתְרוֹמָם. וּבְדִבְרֵי צַדִּיקִים תִּתְבָּרַךְ. וּבִלְשׁוֹן חֲסִידִים תִּתְקַדָּשׁ וּבְקֶרֶב קְדוֹשִׁים תִּתְהַלָּל.

Shoh-chen ahd mah-rohm v'kah-dosh sh'moh. V'kah-toov rah-neh-noo tzah-dee-keem, b'Adonai lah-y'shah-rim nah-vah t'hee-lah. B'fee y'shah-rim tit-roh-mahm, oov'div-ray tzah-dee-keem tit-bah-rach. Oo-vil'shohn chah-see-deem tit-kah-dahsh, oov'keh-rehv k'doh-sheem. tit-ha-lahl.

וּבְמַקְהֲלוֹת רִבְבוֹת עַמְּךָ בֵּית יִשְׂרָאֵל, בְּרִנָּה יִתְפָּאַר שִׁמְךָ מַלְכֵּנוּ, בְּכָל דּוֹר וָדוֹר, שֶׁכֵּן חוֹבַת כָּל הַיְצוּרִים, לְפָנֶיךָ יְיָ אֱלֹהֵינוּ, וֵאלֹהֵי אֲבוֹתֵינוּ,
(Reader) לְהוֹדוֹת לְהַלֵּל לְשַׁבֵּחַ לְפָאֵר לְרוֹמֵם לְהַדֵּר לְבָרֵךְ לְעַלֵּה וּלְקַלֵּם, עַל כָּל דִּבְרֵי שִׁירוֹת וְתִשְׁבְּחוֹת דָּוִד בֶּן יִשַׁי עַבְדְּךָ מְשִׁיחֶךָ.

יִשְׁתַּבַּח שִׁמְךָ לָעַד מַלְכֵּנוּ, הָאֵל הַמֶּלֶךְ הַגָּדוֹל וְהַקָּדוֹשׁ בַּשָּׁמַיִם וּבָאָרֶץ. כִּי לְךָ נָאֶה, יְיָ אֱלֹהֵינוּ וֵאלֹהֵי אֲבוֹתֵינוּ. שִׁיר וּשְׁבָחָה, הַלֵּל וְזִמְרָה, עֹז וּמֶמְשָׁלָה, נֶצַח, גְּדֻלָּה וּגְבוּרָה, תְּהִלָּה וְתִפְאֶרֶת, קְדֻשָׁה וּמַלְכוּת.
(Reader) בְּרָכוֹת וְהוֹדָאוֹת מֵעַתָּה וְעַד עוֹלָם.   בָּרוּךְ אַתָּה יְיָ, אֵל מֶלֶךְ גָּדוֹל בַּתִּשְׁבָּחוֹת, אֵל הַהוֹדָאוֹת, אֲדוֹן הַנִּפְלָאוֹת, הַבּוֹחֵר בְּשִׁירֵי זִמְרָה, מֶלֶךְ, אֵל חֵי הָעוֹלָמִים.

Therefore, the limbs which You have apportioned in us, and the spirit and soul which You breathed into our nostrils, and the tongue which You put in our mouth, will thank and bless, praise and glorify, extol and honor, sanctify and revere Your name, our King. Indeed, every mouth will give You praise, every tongue will swear allegiance to You, every person will bend the knee and bow down before You, every heart will fear You, and a person's innermost being will sing to Your name, as it is written: All my being will say, "Who is like You, O Lord? You deliver the poor from one who is too strong for him, and the one who is poor and defenseless from one who would rob him." Who is like You? Who is equal to You? Who can be compared to You? You are the great, mighty and awesome God; the Almighty God; the Master of heaven and earth. We will praise and laud and glorify and bless Your holy Name, as it was said by David, "May my soul bless the Lord, and my whole being honor His holy Name."

In Your great power You are God; in Your glorious name You are great. In Your great works You are *seen to be* mighty and awesome.

HaMelech
The King, has seated Himself upon a high and lofty throne, and He has pardoned us in Yeshua!

Abiding forever, His name is exalted and holy! It is written, "Be joyful in the Lord, you righteous ones; it is fitting that the upright sing. The mouth of the upright will sing praise and by the speech of the righteous You will be blessed. You will be sanctified by the tongue of the faithful and in the midst of the holy You will be extolled.

In the assemblies of the the tens of thousands of Your people, the house of Israel, Your name, our King, will be glorified in every generation with ringing song. This is the duty of all creatures, Lord our God, and God of our fathers, to thank, praise, laud, glorify, extol, honor, bless, exalt and proclaim You through the words of the songs of praise by David, the son of Jesse, Your anointed servant!

Your name will be praised forever, Our King, in heaven and in earth, for You are the great and holy God and King. To You, Lord our God, and God of our fathers, belong song and honor, praise and hymn, power and dominion, victory, greatness and might, renown and glory, holiness and kingship, blessings and thanks, from now and forever. Blessed are You, Lord God, King most high; God of thanksgiving; Lord of wonders, who is pleased with songs and hymns. King; God; the life of all generations

Psalm 130

שִׁיר הַמַּעֲלוֹת, מִמַּעֲמַקִּים קְרָאתִיךָ יְיָ. אֲדֹנָי שִׁמְעָה בְקוֹלִי, תִּהְיֶינָה
אָזְנֶיךָ קַשֻּׁבוֹת, לְקוֹל תַּחֲנוּנָי. אִם עֲוֹנוֹת תִּשְׁמָר יָהּ, אֲדֹנָי מִי יַעֲמֹד.
כִּי עִמְּךָ הַסְּלִיחָה, לְמַעַן תִּוָּרֵא. קִוִּיתִי יְיָ קִוְּתָה נַפְשִׁי, וְלִדְבָרוֹ הוֹחָלְתִּי.
נַפְשִׁי לַיְיָ, מִשֹּׁמְרִים לַבֹּקֶר, שֹׁמְרִים לַבֹּקֶר. יַחֵל יִשְׂרָאֵל אֶל יְיָ, כִּי עִם יְיָ
הַחֶסֶד, וְהַרְבֵּה עִמּוֹ פְדוּת. וְהוּא יִפְדֶּה אֶת יִשְׂרָאֵל, מִכֹּל עֲוֹנוֹתָיו.

Half-Kaddish

יִתְגַּדַּל וְיִתְקַדַּשׁ שְׁמֵהּ רַבָּא. בְּעָלְמָא דִּי בְרָא כִרְעוּתֵהּ, וְיַמְלִיךְ מַלְכוּתֵהּ בְּחַיֵּיכוֹן
וּבְיוֹמֵיכוֹן וּבְחַיֵּי דְכָל בֵּית יִשְׂרָאֵל. בַּעֲגָלָא וּבִזְמַן קָרִיב, וְאִמְרוּ אָמֵן.

*Yit-gahdahl v'yit-kahdash sh'meh rahbah. B'ahl'mah dee v'rah chir'ooteh,
v'yahm'leech mahl'chooteh b'chah-yey-chohn oov'yoh-maychohn
oov'chah-yey d'chal beyt Yisrael. Bah-ah-gahlah ooviz-mahn kah-reev
v'imroo, Amen.*

יְהֵא שְׁמֵהּ רַבָּא מְבָרַךְ לְעָלַם וּלְעָלְמֵי עָלְמַיָּא.

Y'hay sh'may rahbah m'vahrach l'ah-lam ool'ahl'may ahl'mahyah.

יִתְבָּרַךְ וְיִשְׁתַּבַּח, וְיִתְפָּאַר וְיִתְרוֹמַם וְיִתְנַשֵּׂא וְיִתְהַדָּר וְיִתְעַלֶּה וְיִתְהַלָּל שְׁמֵהּ
דְּקֻדְשָׁא, בְּרִיךְ הוּא, לְעֵלָּא וּלְעֵלָּא מִכָּל בִּרְכָתָא וְשִׁירָתָא, תֻּשְׁבְּחָתָא וְנֶחֱמָתָא,
דַּאֲמִירָן בְּעָלְמָא, וְאִמְרוּ אָמֵן.

*Yit'bahrach v'yish-tahbach, v'yit-pahahr v'yit-rohmahm v'yit-nahseh
v'yit-hadahr v'yit-ahleh v'yit-hah-lahl sh'may d'kood-shah b'ree hoo l'ehlah
u-l'ehlah mi-kahl bir-chah-tah v'shee-rahtah, toosh'b'chahtah
v'neh-cheh-mahtah, dah-ah-mirahn b'ahl-mah, v'imroo, Amen.*

Revelation 5:11-14

אָז רָאִיתִי וְשָׁמַעְתִּי קוֹל מַלְאָכִים רַבִּים סָבִיב לַכִּסֵּא וְלַחַיּוֹת וְלַזְּקֵנִים
וּמִסְפָּרָם רִבְבֹאוֹת רְבָבוֹת וְאַלְפֵי אֲלָפִים. וְהֵם עָנוּ בְּקוֹל רָם נָאוָה לַשֶּׂה
הַטָּבוּחַ לָקַחַת עֹז וָעֹשֶׁר וְחָכְמָה וּגְבוּרָה וְהוֹד וְהָדָר וּבְרָכָה. וְכָל יְצוּר
אֲשֶׁר בַּשָּׁמַיִם וּבָאָרֶץ וּמִתַּחַת לָאָרֶץ וַאֲשֶׁר עַל פְּנֵי הַיָּמִים וְכָל אֲשֶׁר
בָּהֶם שָׁמַעְתִּי עֹנִים לֵאמֹר אֶל הַיּוֹשֵׁב עַל הַכִּסֵּא וְאֶל הַשֶּׂה הַבְּרָכָה וְהַהוֹד
וְהֶהָדָר וְהַמֶּמְשָׁלָה עַד עוֹלְמֵי עוֹלָמִים. וְאַרְבַּע הַחַיּוֹת עָנוּ אָמֵן וְהַזְּקֵנִים
נָפְלוּ עַל פְּנֵיהֶם וַיִּשְׁתַּחֲווּ לְפָנָיו.

Psalm 130

A song of those who are going up! Lord, out of the depths I called out You. Lord, be attentive to the sound of my voice; let Your ear be attentive to the voice of my supplications. God, if we had to give an answer to You so we would be preserved; Lord, who would be able to stand. But, with You there is forgiveness, that You might be revered. I wait for the Lord, my soul waits, and in His word I have put my trust. My soul seeks for the Lord, more eagerly than watchmen seeks for the dawn, than the watchmen seeks for the dawn. O Israel, continue waiting for the Lord, for with the Lord is *found* loving kindness and abundant redemption for His people. And He will redeem Israel from all its sins.

Half-Kaddish

Magnified and sanctified is God's great name throughout the world which He has created according to His will. May He establish His kingdom in our lifetime, and during our days, and within the life of the entire house of Israel, speedily and soon; and say, *"Amen."*

May the greatness of His Name be blessed forever and ever!

Let the Name of the Holy One, *blessed is He*, be blessed and praised and glorified and exalted and extolled and honored and adored and lauded, exceedingly beyond all of the blessings and songs, praises and consolations that are ever spoken in this world, and say, *"Amen."*

Revelation 5:11-14

Then I looked again, and I heard the singing of thousands and tens of thousands of angels around the throne and the living beings and the elders. And they sang in a mighty chorus: "The Lamb is worthy, the Lamb who was slain. He is worthy to receive power and riches and wisdom and strength and honor and glory and blessing." And then I heard every creature in heaven and on earth and under the earth and in the sea. They also sang: "Blessing and honor and glory and power belong to the One sitting on the throne and to the Lamb forever and ever."

Barchu
(The Ark is Opened)

Reader:

בָּרְכוּ אֶת יְיָ הַמְבֹרָךְ

Barchu et Adonai hahm'voh-rach.

Congregation then Reader:

בָּרוּךְ יְיָ הַמְבֹרָךְ לְעוֹלָם וָעֶד.

Baruch Adonai hahm'voh-rach l'olam vahed.

Silent Meditation:

יִתְבָּרַךְ וְיִשְׁתַּבַּח, וְיִתְפָּאַר וְיִתְרוֹמַם וְיִתְנַשֵּׂא שְׁמוֹ שֶׁל מֶלֶךְ מַלְכֵי הַמְּלָכִים, הַקָּדוֹשׁ בָּרוּךְ הוּא, שֶׁהוּא רִאשׁוֹן וְהוּא אַחֲרוֹן וּמִבַּלְעָדָיו אֵין אֱלֹהִים. סֹלּוּ לָרֹכֵב בָּעֲרָבוֹת, בְּיָהּ שְׁמוֹ. וְעִלְזוּ לְפָנָיו. וּשְׁמוֹ מְרוֹמָם עַל כָּל בְּרָכָה וּתְהִלָּה. בָּרוּךְ שֵׁם כְּבוֹד מַלְכוּתוֹ לְעוֹלָם וָעֶד. יְהִי שֵׁם יְיָ מְבֹרָךְ מֵעַתָּה וְעַד עוֹלָם.

בָּרוּךְ אַתָּה, יְיָ אֱלֹהֵינוּ, מֶלֶךְ הָעוֹלָם, הַפּוֹתֵחַ לָנוּ שַׁעֲרֵי רַחֲמִים, וּמֵאִיר עֵינֵי הַמְחַכִּים לִסְלִיחָתוֹ, יוֹצֵר אוֹר, וּבוֹרֵא חֹשֶׁךְ, עֹשֶׂה שָׁלוֹם וּבוֹרֵא אֶת הַכֹּל.

Bah-rooch ah-tah Adonai, Eh-loh-haynu Meh-lehch ha-oh-lahm,
ha-poh-teh-ahch lah-nu shah-ah-ray rah-chah-meem, oo-meh-eer ay-nay
ha-m'chah-keem lis'lee-chah-toe, yoh-tzehr ohr, oo-voh-reh choh-shehch,
oh-seh shalom oo-voh-reh eht ha-kohl.

(The Ark is Closed)

Reader:

סְלַח לְגוֹי קָדוֹשׁ בְּיוֹם קָדוֹשׁ מָרוֹם וְקָדוֹשׁ.

S'lahch l'goy kah-dohsh b'yohm kah-dohsh mah-rohm v;kah-dohsh.

הַמֵּאִיר לָאָרֶץ וְלַדָּרִים עָלֶיהָ בְּרַחֲמִים. וּבְטוּבוֹ מְחַדֵּשׁ בְּכָל יוֹם תָּמִיד מַעֲשֵׂה בְרֵאשִׁית. מָה רַבּוּ מַעֲשֶׂיךָ יְיָ. כֻּלָּם בְּחָכְמָה עָשִׂיתָ. מָלְאָה הָאָרֶץ קִנְיָנֶךָ. הַמֶּלֶךְ הַמְרוֹמָם לְבַדּוֹ מֵאָז. הַמְשֻׁבָּח וְהַמְפֹאָר וְהַמִּתְנַשֵּׂא מִימוֹת עוֹלָם. אֱלֹהֵי עוֹלָם, בְּרַחֲמֶיךָ הָרַבִּים רַחֵם עָלֵינוּ. אֲדוֹן עֻזֵּנוּ צוּר מִשְׂגַּבֵּנוּ, מָגֵן יִשְׁעֵנוּ מִשְׂגָּב בַּעֲדֵנוּ.

אֵל בָּרוּךְ גְּדוֹל דֵּעָה. הֵכִין וּפָעַל זָהֳרֵי חַמָּה. טוֹב יָצַר כָּבוֹד לִשְׁמוֹ. מְאוֹרוֹת נָתַן סְבִיבוֹת עֻזּוֹ. תָּמִיד מְסַפְּרִים, כְּבוֹד אֵל וּקְדֻשָּׁתוֹ. תִּתְבָּרַךְ יְיָ אֱלֹהֵינוּ עַל שֶׁבַח מַעֲשֵׂה יָדֶיךָ, וְעַל מְאוֹרֵי אוֹר שֶׁעָשִׂיתָ יְפָאֲרוּךָ סֶּלָה.

Barchu
(The Ark is Opened)

Reader:

Bless the Lord, who is blessed!

Congregation then Reader:

Blessed is the Lord, who is blessed forever and ever!

Silent Meditation:

Blessed and praised, glorified, exalted and honored be the name of the Supreme King of Kings, the Holy One, blessed be He. He is the first and the last, and there is no God beside Him. Extol Him who abides in the heavens, and rejoice before the countenance of Him who is named Lord. His Name is exalted far beyond all blessings and psalms. His glorious Name and kingdom will be blessed forever and ever; let the Lord's Name be blessed both now and for all time.

Blessed are You, Lord our God, King of the universe, who opens the gates of compassion for us, and who gives light to the eyes of those who await His pardon; who created both light and darkness; who makes peace and brings forth all things.

(The Ark is Closed)

Reader:

O exalted and Holy One,
pardon Your people, who are set apart, on this holy day.

In compassion He gives light to the earth and to those who dwell upon it; in His goodness He renews the work of creation, every day, constantly. How great are Your works, O Lord. You made all of them with wisdom; You possess the earth and all its fullness. The King alone is forever exalted; You are praised, and extolled, and exalted from days of long ago. God of eternity, in Your great compassion have compassion on us. Lord, You are our strength, our secure stronghold, and the shield of our salvation. You are a refuge for us.

Blessed be God, who is great in knowledge. He considered and made the brightness of the sun. The Good One brought glory to His name through what He made. By His strength He did place bright luminaries all around; He is sanctified before this army that extols the Almighty. They constantly recount God's glory and holiness. You are blessed, Lord our God, by the excellence of Your handiwork, and for the brightness of the luminaries, they always render praise to You.

(On Shabbat add the following passages)

הַכֹּל יוֹדוּךָ, וְהַכֹּל יְשַׁבְּחוּךָ, וְהַכֹּל יֹאמְרוּ אֵין קָדוֹשׁ כַּיְיָ. הַכֹּל יְרוֹמְמוּךָ, יוֹצֵר הַכֹּל, הָאֵל הַפּוֹתֵחַ בְּכָל יוֹם דַּלְתוֹת שַׁעֲרֵי מִזְרָח, וּבוֹקֵעַ חַלּוֹנֵי רָקִיעַ מוֹצִיא חַמָּה מִמְּקוֹמָהּ, וּלְבָנָה מִמְּכוֹן שִׁבְתָּהּ, וּמֵאִיר לָעוֹלָם כֻּלּוֹ וּלְיוֹשְׁבָיו, שֶׁבָּרָא בְּמִדַּת הָרַחֲמִים.

הַמֵּאִיר לָאָרֶץ וְלַדָּרִים עָלֶיהָ בְּרַחֲמִים, וּבְטוּבוֹ מְחַדֵּשׁ בְּכָל יוֹם תָּמִיד מַעֲשֵׂה בְרֵאשִׁית. הַמֶּלֶךְ הַמְרוֹמָם לְבַדּוֹ מֵאָז, הַמְשֻׁבָּח וְהַמְפֹאָר וְהַמִּתְנַשֵּׂא מִימוֹת עוֹלָם. אֱלֹהֵי עוֹלָם, בְּרַחֲמֶיךָ הָרַבִּים רַחֵם עָלֵינוּ, אֲדוֹן עֻזֵּנוּ, צוּר מִשְׂגַּבֵּנוּ, מָגֵן יִשְׁעֵנוּ, מִשְׂגָּב בַּעֲדֵנוּ.

אֵין כְּעֶרְכְּךָ וְאֵין זוּלָתֶךָ, אֶפֶס בִּלְתֶּךָ, וּמִי דוֹמֶה לָּךְ. *(Reader)* אֵין כְּעֶרְכְּךָ יְיָ אֱלֹהֵינוּ, בָּעוֹלָם הַזֶּה, וְאֵין זוּלָתְךָ מַלְכֵּנוּ לְחַיֵּי הָעוֹלָם הַבָּא. אֶפֶס בִּלְתְּךָ גוֹאֲלֵנוּ לִימוֹת הַמָּשִׁיחַ. וְאֵין דּוֹמֶה לָךְ מוֹשִׁיעֵנוּ לִתְחִיַּת הַמֵּתִים.

El Adon

אֵל אָדוֹן עַל כָּל הַמַּעֲשִׂים, בָּרוּךְ וּמְבֹרָךְ בְּפִי כָּל נְשָׁמָה, גָּדְלוֹ וְטוּבוֹ מָלֵא עוֹלָם, דַּעַת וּתְבוּנָה סֹבְבִים אֹתוֹ.

הַמִּתְגָּאֶה עַל חַיּוֹת הַקֹּדֶשׁ וְנֶהְדָּר בְּכָבוֹד עַל הַמֶּרְכָּבָה, זְכוּת וּמִישׁוֹר לִפְנֵי כִסְאוֹ, חֶסֶד וְרַחֲמִים לִפְנֵי כְבוֹדוֹ.

טוֹבִים מְאוֹרוֹת שֶׁבָּרָא אֱלֹהֵינוּ, יְצָרָם בְּדַעַת בְּבִינָה וּבְהַשְׂכֵּל, כֹּחַ וּגְבוּרָה נָתַן בָּהֶם, לִהְיוֹת מוֹשְׁלִים בְּקֶרֶב תֵּבֵל.

מְלֵאִים זִיו וּמְפִיקִים נֹגַהּ, נָאֶה זִיוָם בְּכָל הָעוֹלָם, שְׂמֵחִים בְּצֵאתָם וְשָׂשִׂים בְּבוֹאָם, עֹשִׂים בְּאֵימָה רְצוֹן קוֹנָם.

פְּאֵר וְכָבוֹד נוֹתְנִים לִשְׁמוֹ, צָהֳלָה וְרִנָּה לְזֵכֶר מַלְכוּתוֹ, קָרָא לַשֶּׁמֶשׁ וַיִּזְרַח אוֹר, רָאָה, וְהִתְקִין צוּרַת הַלְּבָנָה.

שֶׁבַח נוֹתְנִים לוֹ כָּל צְבָא מָרוֹם, תִּפְאֶרֶת וּגְדֻלָּה, שְׂרָפִים וְאוֹפַנִּים וְחַיּוֹת הַקֹּדֶשׁ.

(On Shabbat add the following passages)

All shall thank You; all shall praise You; all shall proclaim: There is none holy like the Lord! You will forever be extolled as the Creator of all. Each day, O God, You open the eastern gates; the windows of the sky, and You bring the sun from its place; the moon from its abode. You give light to the whole world and its inhabitants, whom You have created with compassion.

You give light to the earth and to those who, in Your mercy, dwell on it. Each day, out of Your goodness, the creation is renewed. The King alone is ever exalted; You are praised and glorified and extolled from eternity. God of eternity, in Your compassion You have shown us Your mercy. Lord, You are our strength, our secure stronghold, the shield of our salvation; our refuge.

There is none like You and none beside You; there is nothing without You. Who can be compared to You? Lord our God, there is none to be compared to You in this world, and there is none besides You, our King, in the life of the world to come. Our Redeemer, there is none but You in the days of the Messiah, and there is none like You, our Deliverer, in the revival of the dead.

El Adon

God, Lord of all creation, You are, and will be, blessed by the mouth of every soul. Your great goodness fills the universe; knowledge and understanding surround You.

You are exalted above the holy beings, and You are adorned with majestic glory. Purity and uprightness are before Your throne and in Your presence are compassion and mercy.

God, the luminaries which You created are good; they were made with knowledge, wisdom and insight. Strength and power were given them that they might rule over the world.

Full of splendor and radiating brightness, their light brings beauty to all the world. Rejoice in their rising and be exultant in their setting, performing with reverence the will of the Creator.

They give glory and honor to His Name, singing joyously at the fame of His kingdom. He spoke to the sun, and it began to shine; He looked to regulate the form of the moon.

Give Him praise all you hosts on high; Seraphim and Ophanim and all the holy beings, render glory and grandeur

לָאֵל אֲשֶׁר שָׁבַת מִכָּל הַמַּעֲשִׂים, בַּיּוֹם הַשְּׁבִיעִי הִתְעַלָּה, וְיָשַׁב עַל כִּסֵּא כְּבוֹדוֹ, תִּפְאֶרֶת עָטָה לְיוֹם הַמְּנוּחָה, עֹנֶג קָרָא לְיוֹם הַשַּׁבָּת. זֶה שֶׁבַח שֶׁל יוֹם הַשְּׁבִיעִי, שֶׁבּוֹ שָׁבַת אֵל מִכָּל מְלַאכְתּוֹ, וְיוֹם הַשְּׁבִיעִי מְשַׁבֵּחַ וְאוֹמֵר, מִזְמוֹר שִׁיר לְיוֹם הַשַּׁבָּת, טוֹב לְהוֹדוֹת לַיְיָ, לְפִיכָךְ יְפָאֲרוּ וִיבָרְכוּ לָאֵל כָּל יְצוּרָיו, שֶׁבַח יְקָר וּגְדֻלָּה וְכָבוֹד יִתְּנוּ לָאֵל מֶלֶךְ יוֹצֵר כֹּל, הַמַּנְחִיל מְנוּחָה לְעַמּוֹ יִשְׂרָאֵל בִּקְדֻשָּׁתוֹ, בְּיוֹם שַׁבַּת קֹדֶשׁ, שִׁמְךָ יְיָ אֱלֹהֵינוּ יִתְקַדַּשׁ, וְזִכְרְךָ מַלְכֵּנוּ יִתְפָּאַר, בַּשָּׁמַיִם מִמַּעַל וְעַל הָאָרֶץ מִתָּחַת.

תִּתְבָּרַךְ מוֹשִׁיעֵנוּ עַל שֶׁבַח מַעֲשֵׂה יָדֶיךָ, וְעַל מְאוֹרֵי אוֹר. שֶׁעָשִׂיתָ יְפָאֲרוּךָ סֶּלָה:

(On Weekdays continue here)

תִּתְבָּרַךְ צוּרֵנוּ מַלְכֵּנוּ וְגֹאֲלֵנוּ בּוֹרֵא קְדוֹשִׁים, יִשְׁתַּבַּח שִׁמְךָ לָעַד מַלְכֵּנוּ, יוֹצֵר מְשָׁרְתִים, וַאֲשֶׁר מְשָׁרְתָיו כֻּלָּם, עוֹמְדִים בְּרוּם עוֹלָם, וּמַשְׁמִיעִים בְּיִרְאָה יַחַד בְּקוֹל, דִּבְרֵי אֱלֹהִים חַיִּים וּמֶלֶךְ עוֹלָם. כֻּלָּם אֲהוּבִים. כֻּלָּם בְּרוּרִים. כֻּלָּם גִּבּוֹרִים, וְכֻלָּם עֹשִׂים בְּאֵימָה וּבְיִרְאָה רְצוֹן קוֹנָם. וְכֻלָּם פּוֹתְחִים אֶת פִּיהֶם בִּקְדֻשָּׁה וּבְטָהֳרָה, בְּשִׁירָה וּבְזִמְרָה, וּמְבָרְכִים וּמְשַׁבְּחִים, וּמְפָאֲרִים וּמַעֲרִיצִים, וּמַקְדִּישִׁים וּמַמְלִיכִים אֶת שֵׁם הָאֵל, הַמֶּלֶךְ הַגָּדוֹל, הַגִּבּוֹר וְהַנּוֹרָא קָדוֹשׁ הוּא. וְכֻלָּם מְקַבְּלִים עֲלֵיהֶם עֹל מַלְכוּת שָׁמַיִם זֶה מִזֶּה. וְנוֹתְנִים רְשׁוּת זֶה לָזֶה, לְהַקְדִּישׁ לְיוֹצְרָם. בְּנַחַת רוּחַ, בְּשָׂפָה בְרוּרָה וּבִנְעִימָה קְדֻשָּׁה, כֻּלָּם כְּאֶחָד עוֹנִים וְאוֹמְרִים בְּיִרְאָה...

Reader:

קָדוֹשׁ, קָדוֹשׁ, קָדוֹשׁ, יְיָ צְבָאוֹת, מְלֹא כָל הָאָרֶץ כְּבוֹדוֹ.
Kah-dohsh, kah-dohsh, kah-dohsh, Adonai tz'vah-oht,
m'loh chahl ha-ah-rehtz k'voh-doh.

Congregation:

בָּרוּךְ שֵׁם כְּבוֹד מַלְכוּתוֹ.

Bah-rooch Shem k'vohd mahl'choo-toh.

All:

מַלְכוּתוֹ בִּקְהַל עֲדָתִי וּכְבוֹדוֹ הִיא אֱמוּנָתִי, אֵלָיו בִּקַּשְׁתִּי לְכַפֵּר עָוֹן חַטָּאתִי, וּבְיוֹם כִּפּוּר סְלִיחָתִי יַעֲנֶה וְיֹאמַר סָלַחְתִּי.

Mahl'choo-toh bik'hal ah-dah-tee ooch'voh-doh hee eh-moo-nah-tee; eh-lahv
bi-kahsh'tee l'chah-pehr ah-vohn chah-tah-tee, oov'yohm ki-poor
s'lee-chah-tee yah-ah-neh v'yoh-mahr sah-lahch'tee.

Give Him praise all you hosts on high; Seraphim and Ophanim and all the holy beings, render glory and grandeur to God who, on the seventh day, ascended to sit upon His throne of glory, and rested from all the work of creation. He gave the day of rest beauty, and He called the Sabbath a delight. Such is the distinction of the seventh day, that on it, God rested from all His work. And so, the seventh day offers praise, saying, "A song for the Sabbath day--It is good to give thanks to the Lord." Therefore, let all God's creatures glorify and bless Him, and render honor, glory and grandeur to God, the King and the Creator of all things. He has, in His holiness, given rest to His people Israel, on the holy Sabbath day. Lord our God, Your Name will be sanctified, and Your fame, our King, will be glorified in the heavens above and on the earth beneath.

You are blessed, our Redeemer, by the excellence of Your handiwork, and for the brightness of the luminaries. They always render praise to You *(Selah)*.

(On Weekdays continue here)

Be Thou blessed our Rock, our King and our Redeemer, who has created holy beings. Your name is praised forever, our King, creator of ministering angels, all of whom stand in the heights of the universe reverently proclaiming together, and with a loud sound, the words of the living God and everlasting King. All of them are beloved; all of them are pure; all of them are mighty, and all of them do with fear and reverence the will of their maker. They all open their mouths with holiness and with purity, in song and in melody, to bless and to praise, to glorify and to revere, to sanctify and to enthrone the name of the great, mighty and awesome God and King, holy is He. All of them accept the rule of the kingdom of heaven, one from the other, and they give authority, one from the other, to sanctify their Creator. In calmness of spirit, with pure speech and holy melody, they all as one answer with reverence...

Reader:

Holy, holy, holy is the Lord of Hosts, the whole earth is filled with His glory.

Congregation:

Blessed is the name of His glorious majesty!

All:

His sovereignty *is seen* in the assembly of my congregation, and He is glorified by my faith. I sought atonement from Him for the iniquity of my sin, and on this day of atonement He will respond with forgiveness, saying, "I forgive!"

Responsive Reading:

(Rise as the Ark is opened)

קָדוֹשׁ אַדִּיר בַּעֲלִיָּתוֹ, קָדוֹשׁ בִּתְשׁוּבָה שָׁת סְלִיחָתוֹ, קָדוֹשׁ גִּלָּה לְעַמּוֹ סוֹד דָּתוֹ, קָדוֹשׁ דָּן עַל כַּפָּרַת צֹאן מַרְעִיתוֹ.

בָּרוּךְ שֵׁם כְּבוֹד מַלְכוּתוֹ.

Bah-rooch Shem k'vohd mahl'choo-toh.

קָדוֹשׁ הַסּוֹלֵחַ לַאֲיֻמָּתוֹ, קָדוֹשׁ וְעַמּוֹ יְמַלְּלוּ גְבוּרָתוֹ, קָדוֹשׁ זוֹכֵר אֵימָה בְּאַהֲבָתוֹ, קָדוֹשׁ חָפֵץ בְּעִנּוּי נֶפֶשׁ יוֹנָתוֹ.

בָּרוּךְ שֵׁם כְּבוֹד מַלְכוּתוֹ.

Bah-rooch Shem k'vohd mahl'choo-toh.

קָדוֹשׁ טַהֵר טְמֵאִים, קָדוֹשׁ יַלְבִּין כַּשֶּׁלֶג חַטָּאֵי סְגֻלָּתוֹ, קָדוֹשׁ כַּפֵּר לְעַמְּךָ יִשְׂרָאֵל שְׁגָגָתוֹ, קָדוֹשׁ לְיוֹם אֶחָד בַּשָּׁנָה שָׁת קְרִיאָתוֹ.

בָּרוּךְ שֵׁם כְּבוֹד מַלְכוּתוֹ.

Bah-rooch Shem k'vohd mahl'choo-toh.

קָדוֹשׁ מוֹחֵל וְסוֹלֵחַ לִתְשׁוּקָתוֹ, קָדוֹשׁ נִרְאָה בְּהַר מְרוֹם הָרִים עֲמִידָתוֹ, קָדוֹשׁ סוֹלֵחַ וְטוֹב לְסוֹבְלֵי עַל יִרְאָתוֹ, קָדוֹשׁ עָוֹן יְכַפֵּר וְלֹא יָעִיר כָּל חֲמָתוֹ.

בָּרוּךְ שֵׁם כְּבוֹד מַלְכוּתוֹ.

Bah-rooch Shem k'vohd mahl'choo-toh.

קָדוֹשׁ רַחוּם וְחַנּוּן וְאֵין זוּלָתוֹ, קָדוֹשׁ שׁוֹכֵן בִּמְכוֹן שִׁבְתּוֹ, קָדוֹשׁ תַּרְשִׁישִׁים יַגִּידוּ תִפְאַרְתּוֹ.

בָּרוּךְ שֵׁם כְּבוֹד מַלְכוּתוֹ.

Bah-rooch Shem k'vohd mahl'choo-toh.

מַלְכוּתוֹ בִּקְהַל עֲדָתִי וּכְבוֹדוֹ הִיא אֱמוּנָתִי בְּיִשּׁוּעַ, אֵלָיו בִּקַּשְׁתִּי לְכַפֵּר עֲוֹן חַטָּאתִי, וּבְיוֹם צוֹם כִּפּוּר סְלִיחָתִי יַעֲנֶה וְיֹאמַר סָלַחְתִּי.

All:

בָּרוּךְ כְּבוֹד יְיָ מִמְּקוֹמוֹ.

Baruch k'vohd Adonai mim'koh-moh.

לָאֵל בָּרוּךְ נְעִימוֹת יִתֵּנוּ. לְמֶלֶךְ אֵל חַי וְקַיָּם זְמִרוֹת יֹאמֵרוּ וְתִשְׁבָּחוֹת יַשְׁמִיעוּ. כִּי הוּא לְבַדּוֹ פּוֹעֵל גְּבוּרוֹת, עֹשֶׂה חֲדָשׁוֹת, בַּעַל מִלְחָמוֹת, זוֹרֵעַ צְדָקוֹת, מַצְמִיחַ יְשׁוּעוֹת, בּוֹרֵא רְפוּאוֹת, נוֹרָא תְהִלּוֹת, אֲדוֹן הַנִּפְלָאוֹת. הַמְחַדֵּשׁ בְּטוּבוֹ בְּכָל יוֹם תָּמִיד מַעֲשֵׂה בְרֵאשִׁית. כָּאָמוּר לְעֹשֵׂה אוֹרִים גְּדֹלִים, כִּי לְעוֹלָם חַסְדּוֹ. אוֹר חָדָשׁ עַל צִיּוֹן תָּאִיר וְנִזְכֶּה כֻלָּנוּ מְהֵרָה לְאוֹרוֹ. בָּרוּךְ אַתָּה יְיָ יוֹצֵר הַמְּאוֹרוֹת.

(the Ark is closed)

Responsive Reading:

(Rise as the Ark is opened)

The Holy One is mighty in the heights *of heaven;* the forgiveness of the Holy One is founded on repentance; the Holy One revealed the secrets of His law to His people; the Holy One is pleased to grant atonement to the sheep of His pasture.

Blessed is the name of His glorious majesty!

The Holy One makes clean the unclean; the Holy One makes their sins to be as white as snow; Holy One, You grant atonement to Your people, Israel, for their misdeeds; the Holy One has set aside one day each year for this specific purpose.

Blessed is the name of His glorious majesty!

The Holy One pardons and forgives those who long for Him; the Holy One will be seen in the Mount, standing *above* the heights of the mountains; the Holy One forgives and is good to those who *willingly* bear the yoke of His reverence; may the Holy One grant atonement and not awaken all His anger.

Blessed is the name of His glorious majesty!

The Holy One is compassionate and merciful, there is none besides Him. The Holy One dwells in the place of His abode; the glory of the Holy One is told by the angels.

Blessed is the name of His glorious majesty!

His sovereignty *is seen* in the assembly of my congregation, and He is glorified by my faith in Yeshua. I sought atonement from Him for the iniquity of my sin, and on this day of atonement He will respond with forgiveness, saying, "I forgive!"

All:
Blessed is the name of His glorious majesty!

To God, the blessed one, they will offer melodies; to the King, God of life eternal, they will utter hymns and praises. He alone performs mighty acts; He creates all things new, He wars to bring justice, He brings forth salvation and creates healing; great is His renown. He is the Lord of Wonders, in His goodness He renews the creation each day, as it is said, "He makes the great lights; His loving kindness endures forever."

(the Ark is closed)

אַהֲבָה רַבָּה אֲהַבְתָּנוּ, יְיָ אֱלֹהֵינוּ, חֶמְלָה גְדוֹלָה וִיתֵרָה חָמַלְתָּ עָלֵינוּ.
אָבִינוּ מַלְכֵּנוּ, בַּעֲבוּר אֲבוֹתֵינוּ שֶׁבָּטְחוּ בָךְ, וַתְּלַמְּדֵם חֻקֵּי חַיִּים, כֵּן
תְּחָנֵּנוּ וּתְלַמְּדֵנוּ. אָבִינוּ, הָאָב הָרַחֲמָן, הַמְרַחֵם, רַחֵם עָלֵינוּ, וְתֵן בְּלִבֵּנוּ
לְהָבִין וּלְהַשְׂכִּיל, לִשְׁמֹעַ, לִלְמֹד וּלְלַמֵּד, לִשְׁמֹר וְלַעֲשׂוֹת וּלְקַיֵּם אֶת כָּל
דִּבְרֵי תַלְמוּד תּוֹרָתֶךָ בְּאַהֲבָה. וְהָאֵר עֵינֵינוּ בְּתוֹרָתֶךָ, וְדַבֵּק לִבֵּנוּ
בְּמִצְוֹתֶיךָ, וְיַחֵד לְבָבֵנוּ לְאַהֲבָה וּלְיִרְאָה אֶת שְׁמֶךָ, וְלֹא נֵבוֹשׁ לְעוֹלָם
וָעֶד. כִּי בְשֵׁם קָדְשְׁךָ הַגָּדוֹל וְהַנּוֹרָא בָּטָחְנוּ, נָגִילָה וְנִשְׂמְחָה בִּישׁוּעָתֶךָ.
(Reader) וַהֲבִיאֵנוּ לְשָׁלוֹם מֵאַרְבַּע כַּנְפוֹת הָאָרֶץ, וְתוֹלִכֵנוּ קוֹמְמִיּוּת
לְאַרְצֵנוּ, כִּי אֵל פּוֹעֵל יְשׁוּעוֹת אָתָּה, וּבָנוּ בָחַרְתָּ מִכָּל עַם וְלָשׁוֹן.
וְקֵרַבְתָּנוּ לְשִׁמְךָ הַגָּדוֹל סֶלָה בֶּאֱמֶת לְהוֹדוֹת לְךָ וּלְיַחֶדְךָ בְּאַהֲבָה. בָּרוּךְ
אַתָּה יְיָ, הַבּוֹחֵר בְּעַמּוֹ יִשְׂרָאֵל בְּאַהֲבָה.

Mark 12:28-34

וְאֶחָד מִן הַסּוֹפְרִים בָּא וַיִּשְׁמַע אֹתָם נִדְבָּרִים יַחְדָּו וּבִרְאֹתוֹ כִּי הֵיטֵב
עָנָה עַל דִּבְרֵיהֶם וַיִּשְׁאָלֵהוּ מָה רֵאשִׁית כָּל הַמִּצְוֹת. וַיַּעַן יֵשׁוּעַ הָרִאשׁוֹנָה
הֲלֹא הִיא שְׁמַע יִשְׂרָאֵל יְיָ אֱלֹהֵינוּ, יְיָ אֶחָד. וְאָהַבְתָּ אֵת יְיָ אֱלֹהֶיךָ,
בְּכָל לְבָבְךָ, וּבְכָל נַפְשְׁךָ, וּבְכָל מְאֹדֶךָ. וְהַשֵּׁנִיָּה הֲלֹא הִיא וְאָהַבְתָּ לְרֵעֲךָ
כָּמוֹךָ וְאֵין מִצְוָה גְדוֹלָה מִשְּׁתַּיִם אֵלֶּה. וַיֹּאמֶר אֵלָיו הַסּוֹפֵר אָמְנָם מוֹרִי
אֱמֶת דִּבַּרְתָּ כִּי אֶחָד הוּא וְאֵין עוֹד מִלְבַדּוֹ. וּלְאַהֲבָה אֹתוֹ בְּכָל לֵב
וּבְכָל מַדָּע וּבְכָל מְאֹד וְלֶאֱהֹב אִישׁ אֶת רֵעֵהוּ כְּנַפְשׁוֹ הִיא גְדֹלָה מִכָּל
עֹלָה וָזָבַח. וַיַּרְא יֵשׁוּעַ כִּי הִשְׂכִּיל לַעֲנוֹת אֹתוֹ וַיֹּאמֶר אֵלָיו הִנְּךָ לֹא רָחוֹק
מִמַּלְכוּת אֱלֹהִים וְלֹא הֵעֵזוּד אִישׁ לְהִתְוַכֵּחַ עִמּוֹ בִּדְבָרִים מֵהַיּוֹם וָמָעְלָה.

Lord our God, You have loved us with a great love, and You have shown us great and abundant mercy. Our Father, our King, for the sake of our fathers who placed their trust in You and to whom You taught the laws of life, be gracious to us and teach us as well. Our Father, merciful Father, You who are always compassionate, have mercy on us and inspire us to discern and to understand, to listen, to learn and to teach, to observe, to do and to fulfill with love, all the words of Your Torah. Enlighten our eyes in Your Torah; cause our heart to cleave to Your commandments, and unify our heart to love and to fear Your Name, so we will never be put to shame. In Your holy, great and awesome Name we trusted, that we might thrill with joy in Your salvation. Bring us home in peace from the four corners of the earth, and lead us upright into our land, for You are the God who brings salvation. You have chosen us from among all peoples and tongues. You have forever brought us near Your great Name in truth, so that we might praise You and, out of love, declare Your oneness. Blessed are You, Lord, who has lovingly chosen Israel as Your people.

Mark 12:28-34

Then one of the scribes came, and having heard them reasoning together, perceiving that He had answered them well, asked Him, "Which is the first commandment of all?" Yeshua answered him, "The first of all the commandments is: Hear, O Israel, the Lord our God, the Lord is one. And you shall love the Lord your God with all your heart, with all your soul, with all your mind, and with all your strength. This is the first commandment. And the second, like it, is this: You shall love your neighbor as yourself. And there is no other commandment greater than these two." So the scribe said to Him, "Well said, Rabbi. You have spoken the truth, for there is one God, and there is no other but He. And to love Him with all the heart, with all the understanding, with all the soul, and with all the strength, and to love one's neighbor as oneself, is more than all the whole burnt offerings and sacrifices." Now when Yeshua saw that the man answered Him wisely, He said to him, "You are not far from the kingdom of God." And no one ever dared to argue with Him any more in words from that day on.

Shema

Recite Loudly Covering the Eyes with the right hand

שְׁמַע יִשְׂרָאֵל, יְיָ אֱלֹהֵינוּ, יְיָ אֶחָד

Sh'ma Yisrael, Adonai Elohainu, Adonai Eḥad.

Recite softly without Covering the Eyes

בָּרוּךְ שֵׁם כְּבוֹד מַלְכוּתוֹ לְעוֹלָם וָעֶד

Baruch shem k'vod mal'khuto l'olam va'ed.

וְאָהַבְתָּ אֵת יְיָ אֱלֹהֶיךָ, בְּכָל לְבָבְךָ, וּבְכָל נַפְשְׁךָ, וּבְכָל מְאֹדֶךָ. וְהָיוּ הַדְּבָרִים הָאֵלֶּה, אֲשֶׁר אָנֹכִי מְצַוְּךָ הַיּוֹם, עַל לְבָבֶךָ. וְשִׁנַּנְתָּם לְבָנֶיךָ, וְדִבַּרְתָּ בָּם בְּשִׁבְתְּךָ בְּבֵיתֶךָ, וּבְלֶכְתְּךָ בַדֶּרֶךְ וּבְשָׁכְבְּךָ, וּבְקוּמֶךָ. וּקְשַׁרְתָּם לְאוֹת עַל יָדֶךָ, וְהָיוּ לְטֹטָפֹת בֵּין עֵינֶיךָ, וּכְתַבְתָּם עַל מְזֻזוֹת בֵּיתֶךָ וּבִשְׁעָרֶיךָ.

*V'ahav'ta et Adonai Elohekha, b'khol l'vavkha, uv'khol naf'shikha,
uv'khol m'odekha. V'hayu had'varim ha'aile, asher anokhi m'tsavikha
hayom, al l'vavekha. V'shinan'tam l'vanekha v'dibarta bam
b'shivtikha b'vaitekhha, uv'lekhtekha vaderekh uv'shokhbikha
uv'kumekha. Uk'shartam l'ot al yadekha, v'hayu l'totafot bain
ainekha, ukh'tavtam al m'zuzot baitekha u'visharekha.*

1 Corinthians 8:4-6

... כִּי אֱלִיל כְּאַיִן הוּא בָּעוֹלָם וְכִי אֵין אֱלֹהִים זוּלָתִי אֶחָד. וְאַף כִּי יֵשׁ נִקְרָאִים אֱלֹהִים אִם בַּשָּׁמַיִם וְאִם בָּאָרֶץ כְּמוֹ הֵם אֱלֹהִים רַבִּים וַאֲדֹנִים רַבִּים. בְּכָל זֹאת לָנוּ רַק אֱלֹהִים אֶחָד הוּא אָבִי עַד אֲשֶׁר מִמֶּנּוּ הַכֹּל וְלוֹ אֲנַחְנוּ וְאָדוֹן אֶחָד יֵשׁוּעַ הַמָּשִׁיחַ אֲשֶׁר הַכֹּל עַל יָדוֹ וְעַל יָדוֹ גַּם אֲנָחְנוּ.

Shema

Recite Loudly Covering the Eyes with the right hand

Hear, O Israel, the Lord our God, the Lord is one!

Recite softly without Covering the Eyes

Blessed is His glorious Name, whose kingdom is forever and ever.

And you shall love the Lord your God with all your heart and with all your soul and with all your strength. These words that I give to you today are to be upon your hearts. Teach them to your children. Speak of them when you sit at home and when you walk along the way, when you lie down and when you rise up. Bind them as a sign upon your hands and as frontlets between your eyes. Inscribe them on the doorposts of your house and on your gates.

1 Corinthians 8:4-6

For we know that an idol is nothing in the world, and that there is no other God but One. For even if there are so-called gods, whether in heaven or on earth (as there are many gods and many lords), yet for us there is only one God, the Father, from whom are all things, and we for Him; and one Lord, Yeshua the Messiah, through whom are all things, and through whom we live.

Deuteronomy 11:13-21

וְהָיָה אִם שָׁמֹעַ תִּשְׁמְעוּ אֶל מִצְוֹתַי, אֲשֶׁר אָנֹכִי מְצַוֶּה אֶתְכֶם הַיּוֹם, לְאַהֲבָה אֶת יְיָ
אֱלֹהֵיכֶם, וּלְעָבְדוֹ בְּכָל לְבַבְכֶם וּבְכָל נַפְשְׁכֶם. וְנָתַתִּי מְטַר אַרְצְכֶם בְּעִתּוֹ, יוֹרֶה
וּמַלְקוֹשׁ, וְאָסַפְתָּ דְגָנֶךָ וְתִירֹשְׁךָ וְיִצְהָרֶךָ. וְנָתַתִּי עֵשֶׂב בְּשָׂדְךָ לִבְהֶמְתֶּךָ, וְאָכַלְתָּ
וְשָׂבָעְתָּ. הִשָּׁמְרוּ לָכֶם פֶּן יִפְתֶּה לְבַבְכֶם, וְסַרְתֶּם וַעֲבַדְתֶּם אֱלֹהִים אֲחֵרִים
וְהִשְׁתַּחֲוִיתֶם לָהֶם. וְחָרָה אַף יְיָ בָּכֶם, וְעָצַר אֶת הַשָּׁמַיִם וְלֹא יִהְיֶה מָטָר, וְהָאֲדָמָה
לֹא תִתֵּן אֶת יְבוּלָהּ וַאֲבַדְתֶּם מְהֵרָה מֵעַל הָאָרֶץ הַטֹּבָה אֲשֶׁר יְיָ נֹתֵן לָכֶם. וְשַׂמְתֶּם
אֶת דְּבָרַי אֵלֶּה עַל לְבַבְכֶם וְעַל נַפְשְׁכֶם וּקְשַׁרְתֶּם אֹתָם לְאוֹת עַל יֶדְכֶם, וְהָיוּ
לְטוֹטָפֹת בֵּין עֵינֵיכֶם. וְלִמַּדְתֶּם אֹתָם אֶת בְּנֵיכֶם, לְדַבֵּר בָּם, בְּשִׁבְתְּךָ בְּבֵיתֶךָ,
וּבְלֶכְתְּךָ בַדֶּרֶךְ, וּבְשָׁכְבְּךָ וּבְקוּמֶךָ. וּכְתַבְתָּם עַל מְזוּזוֹת בֵּיתֶךָ וּבִשְׁעָרֶיךָ. לְמַעַן
יִרְבּוּ יְמֵיכֶם וִימֵי בְנֵיכֶם עַל הָאֲדָמָה אֲשֶׁר נִשְׁבַּע יְיָ לַאֲבֹתֵיכֶם לָתֵת לָהֶם, כִּימֵי
הַשָּׁמַיִם עַל הָאָרֶץ.

Numbers 15:37-41

וַיֹּאמֶר יְיָ אֶל מֹשֶׁה לֵּאמֹר: דַּבֵּר אֶל בְּנֵי יִשְׂרָאֵל וְאָמַרְתָּ אֲלֵהֶם. וְעָשׂוּ לָהֶם צִיצִת
עַל כַּנְפֵי בִגְדֵיהֶם לְדֹרֹתָם, וְנָתְנוּ עַל צִיצִת הַכָּנָף פְּתִיל תְּכֵלֶת. וְהָיָה לָכֶם לְצִיצִת,
וּרְאִיתֶם אֹתוֹ וּזְכַרְתֶּם אֶת כָּל מִצְוֹת יְיָ, וַעֲשִׂיתֶם אֹתָם, וְלֹא תָתוּרוּ אַחֲרֵי לְבַבְכֶם
וְאַחֲרֵי עֵינֵיכֶם, אֲשֶׁר אַתֶּם זֹנִים אַחֲרֵיהֶם. לְמַעַן תִּזְכְּרוּ וַעֲשִׂיתֶם אֶת כָּל מִצְוֹתַי,
וִהְיִיתֶם קְדֹשִׁים לֵאלֹהֵיכֶם. אֲנִי יְיָ אֱלֹהֵיכֶם, אֲשֶׁר הוֹצֵאתִי אֶתְכֶם מֵאֶרֶץ מִצְרַיִם,
לִהְיוֹת לָכֶם לֵאלֹהִים, אֲנִי *(Reader)* יְיָ אֱלֹהֵיכֶם.

אֱמֶת וְיַצִּיב וְנָכוֹן וְקַיָּם וְיָשָׁר וְנֶאֱמָן וְאָהוּב וְחָבִיב וְנֶחְמָד וְנָעִים וְנוֹרָא וְאַדִּיר
וּמְתֻקָּן וּמְקֻבָּל וְטוֹב וְיָפֶה הַדָּבָר הַזֶּה עָלֵינוּ לְעוֹלָם וָעֶד. אֱמֶת אֱלֹהֵי עוֹלָם מַלְכֵּנוּ
צוּר יַעֲקֹב, מָגֵן יִשְׁעֵנוּ, *(Reader)* לְדֹר וָדֹר הוּא קַיָּם, וּשְׁמוֹ קַיָּם, וְכִסְאוֹ נָכוֹן,
וּמַלְכוּתוֹ וֶאֱמוּנָתוֹ לָעַד קַיָּמֶת. וּדְבָרָיו חָיִים וְקַיָּמִים, נֶאֱמָנִים וְנֶחֱמָדִים לָעַד
וּלְעוֹלְמֵי עוֹלָמִים. עַל אֲבוֹתֵינוּ וְעָלֵינוּ, עַל בָּנֵינוּ וְעַל דּוֹרוֹתֵינוּ, וְעַל כָּל דּוֹרוֹת זֶרַע
יִשְׂרָאֵל עֲבָדֶיךָ.

עַל הָרִאשׁוֹנִים וְעַל הָאַחֲרוֹנִים, דָּבָר טוֹב וְקַיָּם לְעוֹלָם וָעֶד, אֱמֶת וֶאֱמוּנָה חֹק וְלֹא
יַעֲבֹר. *(Reader)* אֱמֶת שָׁאַתָּה הוּא יְיָ אֱלֹהֵינוּ וֵאלֹהֵי אֲבוֹתֵינוּ, מַלְכֵּנוּ מֶלֶךְ
אֲבוֹתֵינוּ, גֹּאֲלֵנוּ גֹּאֵל אֲבוֹתֵינוּ, יוֹצְרֵנוּ צוּר יְשׁוּעָתֵנוּ, פּוֹדֵנוּ וּמַצִּילֵנוּ מֵעוֹלָם שְׁמֶךָ,
אֵין אֱלֹהִים זוּלָתֶךָ.

Deuteronomy 11:13-21

And if you will carefully listen to My commandments which I am commanding you today, to love the Lord your God and to serve Him with all your heart and with all your soul, then I will send rain for your land in its season, the early rain and the latter rain, that you may gather in your grain, your wine and your oil. And I will produce grass in your fields for your cattle, that you may eat and be satisfied. Take care, lest your heart be deceived, and you turn aside and serve other gods, so as to worship them. Then the Lord's anger will blaze against you; He will shut up the heavens so there will be no rain, and the land will not yield any produce, and you will perish from the good land which the Lord has given to you. Therefore, you shall put these words of mine in your heart and in your soul; you shall bind them as a sign upon your hand, and they shall be for frontlets between your eyes. Teach them to your children. Speak of them when you are sitting at home and when you walk along the way, when you lie down and when you rise up. Inscribe them on the doorposts of your house and on your gates, that your days and the days of your children may be prolonged in the land, which the Lord swore to give to your fathers, as the days of the heavens upon the earth.

Numbers 15:37-41

The Lord spoke to Moses, saying, "Speak to the children of Israel. Tell them to make for themselves tzitzit on the corners of their garments, throughout their generations, and to put a thread of blue on the tzitzit of each corner. When you look upon these tzitzit you shall remember to do all the commands of the Lord, and not to follow the desires of your heart and your eyes that lead you astray. They are a reminder to do all of My commandments, and to be holy to your God. I, the Lord your God, brought you out of the land of Egypt to be your God; I am the Lord your God.

True and certain, established and enduring, right and faithful, beloved and precious, desirable and pleasant, revered and mighty, well ordered and acceptable, good and beautiful, is Your teaching to us, forever and ever. It is true, the God of the universe is our King; the Rock of Jacob is our saving Shield. From generation to generation He endures and His Name endures; His throne is established, and His kingdom and faithfulness will endure forever. His words live and endure; faithful and desirable, forever and to all eternity; for our fathers and for us; for our generation and for our children, and for all the descendants of the seed of Israel.

Alike to the first and last generation, Your word is good; it endures forever and ever. True and trustworthy, it is a law that will not pass away. True, You are the Lord our God and the God of our fathers, our King and the King of our fathers, our Redeemer and the Redeemer of our fathers, our Maker, the Rock of our Salvation, our Deliverer and our Rescuer. Your Name is from time immemorial; there is no God but You.

עֶזְרַת אֲבוֹתֵינוּ אַתָּה הוּא מֵעוֹלָם, מָגֵן וּמוֹשִׁיעַ לִבְנֵיהֶם אַחֲרֵיהֶם בְּכָל דּוֹר וָדוֹר. בְּרוּם עוֹלָם מוֹשָׁבֶךָ, וּמִשְׁפָּטֶיךָ וְצִדְקָתְךָ עַד אַפְסֵי אָרֶץ. אַשְׁרֵי אִישׁ שֶׁיִּשְׁמַע לְמִצְוֹתֶיךָ, וְתוֹרָתְךָ וּדְבָרְךָ יָשִׂים עַל לִבּוֹ. *(Reader)* אֱמֶת אַתָּה הוּא אָדוֹן לְעַמֶּךָ, וּמֶלֶךְ גִּבּוֹר לָרִיב רִיבָם. אֱמֶת אַתָּה הוּא רִאשׁוֹן וְאַתָּה הוּא אַחֲרוֹן, וּמִבַּלְעָדֶיךָ אֵין לָנוּ מֶלֶךְ גּוֹאֵל וּמוֹשִׁיעַ. מִמִּצְרַיִם גְּאַלְתָּנוּ יְיָ אֱלֹהֵינוּ, וּמִבֵּית עֲבָדִים פְּדִיתָנוּ. כָּל בְּכוֹרֵיהֶם הָרָגְתָּ, וּבְכוֹרְךָ גָּאָלְתָּ, וְיַם סוּף בָּקַעְתָּ, וְזֵדִים טִבַּעְתָּ, וִידִידִים הֶעֱבַרְתָּ, וַיְכַסּוּ מַיִם צָרֵיהֶם, אֶחָד מֵהֶם לֹא נוֹתָר. עַל זֹאת שִׁבְּחוּ אֲהוּבִים וְרוֹמְמוּ אֵל, וְנָתְנוּ יְדִידִים זְמִרוֹת שִׁירוֹת וְתִשְׁבָּחוֹת, בְּרָכוֹת וְהוֹדָאוֹת, לְמֶלֶךְ אֵל חַי וְקַיָּם, רָם וְנִשָּׂא, גָּדוֹל וְנוֹרָא, מַשְׁפִּיל גֵּאִים, וּמַגְבִּיהַּ שְׁפָלִים, מוֹצִיא אֲסִירִים, וּפוֹדֶה עֲנָוִים, וְעוֹזֵר דַּלִּים, וְעוֹנֶה לְעַמּוֹ בְּעֵת שַׁוְעָם אֵלָיו. תְּהִלּוֹת לְאֵל עֶלְיוֹן, בָּרוּךְ הוּא וּמְבוֹרָךְ.

Mi Chamocha

Reader:

מֹשֶׁה וּבְנֵי יִשְׂרָאֵל לְךָ עָנוּ שִׁירָה בְּשִׂמְחָה רַבָּה, וְאָמְרוּ כֻלָּם.

Moshe oov'nay Yisrael l'chah ahnoo she-rah b'simchah rah-bah, v'ahmroo choo-lahm.

All:

מִי כָמֹכָה בָּאֵלִים יְיָ, מִי כָּמֹכָה נֶאְדָּר בַּקֹּדֶשׁ, נוֹרָא תְהִלֹּת, עֹשֵׂה פֶלֶא.

Mi chamocha bah-ehleem Adonai, mi chamocha neh-dahr bah-kodesh, nohrah t'hi-loht, ohseh fehleh.

Reader:

שִׁירָה חֲדָשָׁה שִׁבְּחוּ גְאוּלִים לְשִׁמְךָ עַל שְׂפַת הַיָּם, יַחַד כֻּלָּם הוֹדוּ וְהִמְלִיכוּ וְאָמְרוּ:

Shi-rah chada-sha shib-choo ge-oo-lim l'sheem-kah ahl s'fat ha-yam; yachad coo-lam ho-doo v'heem-lee-khoo v'ahm-roo.

All:

יְיָ יִמְלֹךְ לְעוֹלָם וָעֶד.

Adonai yim-loch l'olam vah-ed.

Reader:

צוּר יִשְׂרָאֵל, קוּמָה בְּעֶזְרַת יִשְׂרָאֵל, וּפְדֵה כִנְאֻמֶךָ יְהוּדָה וְיִשְׂרָאֵל. גְּאָלֵנוּ יְיָ צְבָאוֹת שְׁמוֹ, קְדוֹשׁ יִשְׂרָאֵל. בָּרוּךְ אַתָּה יְיָ גָּאַל יִשְׂרָאֵל:

Tzur Yisrael ku-mah be-ez-rat Yisrael, u-fe-day chin-u-mecha Ye-hu-dah ve-Yisrael . Go-a-laynu Adonai Tze-va-ot shemo Kedosh Yisrael Ba-ruch atah Adonai Ga-al Yisrael.

You have always been the help of our fathers; a shield and savior to their children from generation to generation. The heights of the universe are Your dwelling place; Your judgment and Your righteousness to the end of the earth. Happy is the man who pays attention to Your commandments, and keeps Your Torah and Your word in his heart. Truly, You are the Lord of Your people; a mighty King to plead their cause. Truly, You are the first and You are the last. Beside You we have no King who redeems and saves. Lord our God, You redeemed us from Egypt; You delivered us from the house of slavery. You slew all their firstborn, but You redeemed us! You divided the Red Sea, and drowned the arrogant in it, but Your beloved You took across. The waters covered their enemies; not one of them was left. Therefore, the beloved ones praised and exalted God. They offered hymns of praise, songs, blessings and thanksgiving to the King, the living and eternal God. High and exalted, great and awesome; He brings the arrogant down and raises the lowly up. He sets the captive free, delivers the humble, helps the poor and answers His people when they cry to Him. The Most High God is to be praised. Blessed is He who is blessed.

Mi Chamocha

Reader:

Moses and the children of Israel sang a song to You. With great joy they all said:

All:

"Who is like You, O Lord, among the gods? Who is like You, glorious in holiness, awesome in praise, doing wonders?"

Reader:

At the seashore, the people You redeemed sang a new song of praise to Your Name. With one voice they gave thanks and proclaimed You King, saying:

All:

"The Lord shall reign forever and ever!"

Reader:

O Rock of Israel, arise to the help of Israel; deliver Judah and Israel, as You have promised. He is called Our Redeemer, Lord of Hosts, the Holy One of Israel. Blessed are You, Lord, who has redeemed Israel.

Amidah
(All Rise)

אֲדֹנָי שְׂפָתַי תִּפְתָּח וּפִי יַגִּיד תְּהִלָּתֶךָ:

בָּרוּךְ אַתָּה יְיָ אֱלֹהֵינוּ וֵאלֹהֵי אֲבוֹתֵינוּ, אֱלֹהֵי אַבְרָהָם, אֱלֹהֵי יִצְחָק, וֵאלֹהֵי יַעֲקֹב, הָאֵל הַגָּדוֹל הַגִּבּוֹר וְהַנּוֹרָא, אֵל עֶלְיוֹן, גּוֹמֵל חֲסָדִים טוֹבִים, וְקוֹנֵה הַכֹּל, וְזוֹכֵר חַסְדֵי אָבוֹת אֲשֶׁר הֵבִיא, וּמֵבִיא, גּוֹאֵל לִבְנֵי בְנֵיהֶם לְמַעַן שְׁמוֹ בְּאַהֲבָה. זָכְרֵנוּ לְחַיִּים בִּישׁוּעַ, מֶלֶךְ חָפֵץ בַּחַיִּים. וְכָתְבֵנוּ בְּסֵפֶר הַחַיִּים, לְמַעַנְךָ אֱלֹהִים חַיִּים. מֶלֶךְ עוֹזֵר וּמוֹשִׁיעַ וּמָגֵן. בָּרוּךְ אַתָּה יְיָ, מָגֵן אַבְרָהָם. אַתָּה גִּבּוֹר לְעוֹלָם אֲדֹנָי, מְחַיֵּה מֵתִים אַתָּה, רַב לְהוֹשִׁיעַ.

Adonai s'fa-tai tif-tach u'fi yagid te-hi-la-te-cha. Ba-ruch A-ta Adonai, Eh-lo-hei-nu vei-lo-hei a-vo-tei-nu: Eh-lo-hei Av-ra-ham, Eh-lo-hei Yitz-chak, vei-lo-hei Ya-akov. Ha-eil ha-ga-dol ha-gi-bor v'ha-no-ra, Eil el-yon, Go-meil cha-sa-dim toh-vim, v'ko-nei ha-kol, V'zo-cheir cha-s'dei a-voht, asher he-vee, oo-mei-vee, go-el li-v'nei v'nei-hem, l'ma-an sh'mo, b'a-ha-va. Zak-rey-nu le-chaim be-Yeshua, Melech cha-fetz ba-chaim, ve-kat-vey-noo be-sefer ha-chaim, le-ma-an-ka Elohim chaim. Meh-lech o-zeir u-mo-shi-a u-ma-gein. Ba-ruch A-ta Adonai, ma-gein Av-ra-ham. A-ta gi-bor l'o-lam, Adonai, m'cha-yei mei-tim A-ta, rav l'ho-shi-a.

מְכַלְכֵּל חַיִּים בְּחֶסֶד, מְחַיֵּה מֵתִים בְּרַחֲמִים רַבִּים, סוֹמֵךְ נוֹפְלִים, וְרוֹפֵא חוֹלִים, וּמַתִּיר אֲסוּרִים, וּמְקַיֵּם אֱמוּנָתוֹ לִישֵׁנֵי עָפָר, מִי כָמוֹךָ בַּעַל גְּבוּרוֹת וּמִי דוֹמֶה לָךְ, מֶלֶךְ מֵמִית וּמְחַיֶּה וּמַצְמִיחַ יְשׁוּעָה. מִי כָמוֹךָ אַב הָרַחֲמִים, זוֹכֵר יְצוּרָיו לְחַיִּים בְּרַחֲמִים. וְנֶאֱמָן אַתָּה לְהַחֲיוֹת מֵתִים. בָּרוּךְ אַתָּה יְיָ, מְחַיֵּה הַמֵּתִים. אַתָּה קָדוֹשׁ וְשִׁמְךָ קָדוֹשׁ וּקְדוֹשִׁים בְּכָל יוֹם יְהַלְלוּךָ, סֶּלָה.

M'chal-keil cha-yim b'cheh-sed, M'cha-yei mei-tim b'ra-cha-mim ra-bim. So-meich no-f'lim, v'ro-fei cho-lim, u-ma-tir a-su-rim, u-m'ka-yeim eh-mu-na-toh li-shei-nei a-far. Mi cha-mo-cha ba-al g'vu-roht, u-mi doh-meh lach, Meh-lech mei-meet u-m'cha-yeh u-matz-mi-ach ye-shu-a. Mi cha-mo-cha av ha-rachamim zo-kheyr ye-tzu-rayiv le-chaim be-rachamin. V'neh-eh-man atah l'ha-cha-yoht meitim. Baruch atah Adonai, m'cha-yei ha-meitim. Atah kadosh ve-shim-cha kadosh, ukh-do-shim be-kal yom ye-hal-lookah, selah.

וּבְכֵן תֵּן פַּחְדְּךָ יְיָ אֱלֹהֵינוּ, עַל כָּל מַעֲשֶׂיךָ, וְאֵימָתְךָ עַל כָּל מַה שֶּׁבָּרָאתָ, וְיִירָאוּךָ כָּל הַמַּעֲשִׂים וְיִשְׁתַּחֲווּ לְפָנֶיךָ כָּל הַבְּרוּאִים, וְיֵעָשׂוּ כֻלָּם אֲגֻדָּה אַחַת לַעֲשׂוֹת רְצוֹנְךָ בְּלֵבָב שָׁלֵם, כְּמוֹ שֶׁיָּדַעְנוּ יְיָ אֱלֹהֵינוּ, שֶׁהַשָּׁלְטָן לְפָנֶיךָ, עֹז בְּיָדְךָ וּגְבוּרָה בִּימִינֶךָ, וְשִׁמְךָ נוֹרָא עַל כָּל מַה שֶּׁבָּרָאתָ. וּבְכֵן תֵּן כָּבוֹד, יְיָ לְעַמֶּךָ, תְּהִלָּה לִירֵאֶיךָ וְתִקְוָה טוֹבָה לְדוֹרְשֶׁיךָ, וּפִתְחוֹן פֶּה לַמְיַחֲלִים לָךְ, שִׂמְחָה לְאַרְצֶךָ וְשָׂשׂוֹן לְעִירֶךָ, וּצְמִיחַת קֶרֶן לְדָוִד עַבְדֶּךָ, וַעֲרִיכַת נֵר לְבֶן־יִשַׁי מְשִׁיחֶךָ יֵשׁוּעַ, בִּמְהֵרָה בְיָמֵינוּ. וּבְכֵן צַדִּיקִים יִרְאוּ וְיִשְׂמָחוּ, וִישָׁרִים יַעֲלֹזוּ, וַחֲסִידִים בְּרִנָּה יָגִילוּ, וְעוֹלָתָה תִּקְפָּץ־פִּיהָ, וְכָל הָרִשְׁעָה כֻּלָּהּ כְּעָשָׁן תִּכְלֶה, כִּי תַעֲבִיר מֶמְשֶׁלֶת זָדוֹן מִן הָאָרֶץ.

Amidah

(All Rise)

Lord, open my lips that my mouth may declare Your praise.
Blessed are You, Lord our God and God of our fathers, God of Abraham, God of Isaac and God of Jacob, the great, mighty and awesome God, Most High God, who grants loving kindness and is Master of all. You remember the deeds of our fathers, and in Your love You have brought, and you bring, a redeemer to their children's children for the sake of Your Name.

Remember us to life in Yeshua, O King who takes delight in life. Inscribe us in the book of life, for Your sake, O God of life.

King, Supporter, Savior and Shield, blessed are You, Lord, Shield of Abraham. Lord, You are mighty forever. You call the dead to life. You are mighty to save.

You sustain the living with loving kindness, and with great mercy You revive the dead. You uphold those who fall, heal the sick, set the captive free and keep faith with those who sleep in the dust. Lord of might, who is like You? King, who can be compared to You? You decree death and restore life, causing salvation to come forth. Compassionate Father, who is like You? You are faithful to revive the dead. Blessed are You, Lord, who calls the dead to life.

You are holy, and Your Name is holy, and holy ones will proclaim Your praise daily. Blessed are You, Lord, holy God.

Lord our God, put Your awe upon all You have made; Your dread upon all You have created. All that You have made will hold You in awe, and shall bow themselves before all that see. Make them a single strand, creating, by Your will, a perfect heart. For we know, Lord our God, that dominion belongs to You. Strength is in Your hand, and might is in Your Right Hand, and Your awesome name shall be upon all You have made.

Lord, give honor to Your people, bright radiance to those who hold You in awe, hope of goodness to those who speak of You, joy to Your land, gladness to Your city, rising strength to the Horn of David, Your Servant, shining light to the Son of Jesse, Your Messiah Yeshua; speedily, in our days.

The upright will see this and will be glad; those with integrity will rejoice; the loving ones shall shout with joy and gladness. Iniquity will shut its mouth; wickedness will be fully consumed, and shall vanish like smoke, when You will remove the rule of the wicked from the earth.

וְתִמְלֹךְ, אַתָּה יְיָ לְבַדֶּךָ, עַל כָּל מַעֲשֶׂיךָ, בְּהַר צִיּוֹן מִשְׁכַּן כְּבוֹדֶךָ, וּבִירוּשָׁלַיִם עִיר קָדְשֶׁךָ, כַּכָּתוּב בְּדִבְרֵי קָדְשֶׁךָ. יִמְלֹךְ יְיָ לְעוֹלָם, אֱלֹהַיִךְ צִיּוֹן לְדֹר וָדֹר, הַלְלוּיָהּ.

קָדוֹשׁ אַתָּה וְנוֹרָא שְׁמֶךָ, וְאֵין אֱלוֹהַּ מִבַּלְעָדֶיךָ, כַּכָּתוּב. וַיִּגְבַּהּ יְיָ צְבָאוֹת בַּמִּשְׁפָּט, וְהָאֵל הַקָּדוֹשׁ נִקְדַּשׁ בִּצְדָקָה. בָּרוּךְ אַתָּה, יְיָ, הַמֶּלֶךְ הַקָּדוֹשׁ.

אַתָּה בְחַרְתָּנוּ מִכָּל הָעַמִּים, אָהַבְתָּ אוֹתָנוּ וְרָצִיתָ בָּנוּ, וְרוֹמַמְתָּנוּ מִכָּל הַלְּשׁוֹנוֹת, וְקִדַּשְׁתָּנוּ בְּמִצְוֹתֶיךָ, וְקֵרַבְתָּנוּ מַלְכֵּנוּ לַעֲבוֹדָתֶךָ, וְשִׁמְךָ הַגָּדוֹל וְהַקָּדוֹשׁ עָלֵינוּ קָרָאתָ.

(On Shabbat add the words in parenthesis)

אֱלֹהֵינוּ וֵאלֹהֵי אֲבוֹתֵינוּ, יַעֲלֶה וְיָבֹא, וְיַגִּיעַ וְיֵרָאֶה, וְיֵרָצֶה וְיִשָּׁמַע, וְיִפָּקֵד וְיִזָּכֵר זִכְרוֹנֵנוּ וּפִקְדוֹנֵנוּ, וְזִכְרוֹן אֲבוֹתֵינוּ, וְזִכְרוֹן מָשִׁיחַ יֵשׁוּעַ בֶּן־דָּוִד עַבְדֶּךָ, וְזִכְרוֹן יְרוּשָׁלַיִם עִיר קָדְשֶׁךָ, וְזִכְרוֹן כָּל עַמְּךָ בֵּית יִשְׂרָאֵל לְפָנֶיךָ לִפְלֵיטָה וּלְטוֹבָה, לְחֵן וּלְחֶסֶד וּלְרַחֲמִים, לְחַיִּים וּלְשָׁלוֹם, בְּיוֹם הַזִּכָּרוֹן הַזֶּה. זָכְרֵנוּ, יְיָ אֱלֹהֵינוּ בּוֹ לְטוֹבָה, וּפָקְדֵנוּ בוֹ לִבְרָכָה, וְהוֹשִׁיעֵנוּ בוֹ לְחַיִּים, וּבִדְבַר יְשׁוּעָה וְרַחֲמִים חוּס וְחָנֵּנוּ, וְרַחֵם עָלֵינוּ וְהוֹשִׁיעֵנוּ, כִּי אֵלֶיךָ עֵינֵינוּ, כִּי אֵל מֶלֶךְ חַנּוּן וְרַחוּם אָתָּה.

אֱלֹהֵינוּ וֵאלֹהֵי אֲבוֹתֵינוּ, מְחַל לַעֲוֹנוֹתֵינוּ בְּיוֹם (הַשַּׁבָּת הַזֶּה וּבְיוֹם) הַכִּפֻּרִים הַזֶּה. מְחֵה וְהַעֲבֵר פְּשָׁעֵינוּ וְחַטֹּאתֵינוּ מִנֶּגֶד עֵינֶיךָ, כָּאָמוּר, אָנֹכִי אָנֹכִי הוּא מֹחֶה פְשָׁעֶיךָ לְמַעֲנִי, וְחַטֹּאתֶיךָ לֹא אֶזְכֹּר. וְנֶאֱמַר: מָחִיתִי כָעָב פְּשָׁעֶיךָ וְכֶעָנָן חַטֹּאתֶיךָ; שׁוּבָה אֵלַי כִּי גְאַלְתִּיךָ. וְנֶאֱמַר, כִּי בַיּוֹם הַזֶּה יְכַפֵּר עֲלֵיכֶם לְטַהֵר אֶתְכֶם, מִכֹּל חַטֹּאתֵיכֶם לִפְנֵי יְיָ, תִּטְהָרוּ.

אֱלֹהֵינוּ וֵאלֹהֵי אֲבוֹתֵינוּ, (רְצֵה בִמְנוּחָתֵנוּ) קַדְּשֵׁנוּ בְּמִצְוֹתֶיךָ וְתֵן חֶלְקֵנוּ בְּתוֹרָתֶךָ, שַׂבְּעֵנוּ מִטּוּבֶךָ וְשַׂמְּחֵנוּ בִּישׁוּעָתֶךָ (וְהַנְחִילֵנוּ, יְיָ אֱלֹהֵינוּ, בְּאַהֲבָה וּבְרָצוֹן שַׁבַּת קָדְשֶׁךָ, וְיָנוּחוּ בָהּ יִשְׂרָאֵל מְקַדְּשֵׁי שְׁמֶךָ) וְטַהֵר לִבֵּנוּ לְעָבְדְּךָ בֶּאֱמֶת, כִּי אַתָּה סָלְחָן לְיִשְׂרָאֵל וּמָחֳלָן לְשִׁבְטֵי יְשֻׁרוּן בְּכָל דּוֹר וָדוֹר, וּמִבַּלְעָדֶיךָ אֵין לָנוּ מֶלֶךְ מוֹחֵל וְסוֹלֵחַ אֶלָּא אָתָּא. בָּרוּךְ אַתָּה, יְיָ, מֶלֶךְ מוֹחֵל וְסוֹלֵחַ לַעֲוֹנוֹתֵינוּ וְלַעֲוֹנוֹת עַמּוֹ בֵּית יִשְׂרָאֵל, וּמַעֲבִיר אַשְׁמוֹתֵינוּ בְּכָל שָׁנָה וְשָׁנָה, מֶלֶךְ עַל כָּל הָאָרֶץ, מְקַדֵּשׁ (הַשַּׁבָּת וְ) יִשְׂרָאֵל וְיוֹם הַכִּפֻּרִים.

Lord, You alone shall rule over all You have made; on Mount Tzion the abode of Your glory, and in Jerusalem, the city of Your holiness, as it is written in Your holy word: The Lord shall reign forever; your God, O Tzion, from generation to generation. Hallelujah!

You are holy and Your name is awesome. There is no God but You, as it is written: The Lord of Hosts is exalted in judgment, and the Holy God is set apart by His righteousness. Blessed are You, Lord, the Holy King.

You have chosen us from among all peoples. You have loved us, and favored us, and have exalted us above all tongues. You have set us apart through your commandments. Our King, You have drawn us near to Your service, and we are called by Your great and holy name.

(On Shabbat add the words in parenthesis)

Our God, and God of our fathers, may the remembrance of us, and the remembrance of our fathers, and the remembrance of the Messiah Yeshua, the son of David, and the remembrance of Jerusalem, Your holy city, and the remembrance of all Your people, the house of Israel, arise and be seen, and come before Your countenance for deliverance and for goodness, for grace and for favor and for compassion, for life and for peace, on this day of remembrance. May the Lord our God remember us for kindness in Him, and command for us blessing in Him, and grant us salvation unto life in Him, and speak deliverance and in compassion take pity and spare us, and having mercy rescue us, for unto You are our eyes turned, for You are a merciful and compassionate God and King.

Our God, and God of our fathers, pardon our iniquities *(on this Sabbath day, and)* on this Day of Atonement. Blot out and remove our sins and our transgressions from before Your eyes, as it is said, "I, even I, am He who blots out your sins for My own sake, and your transgressions I shall remember no more." And it is said, "I have swept aside your iniquities like a mist, and your transgressions like a cloud. Return to Me for I have redeemed you." And it is said, "For on this Day, He will make atonement for you that you might be clean from all your sins before the Lord: you will be clean."

Our God and God of our fathers, *(be pleased with our rest)*; set us apart through Your commandments, and grant us a portion in Your Torah. Satisfy us with Your goodness, and make us glad in Your salvation, *(and grant us, Lord our God, in love and in grace, that Your holy Sabbath remain an inheritance, and that Israel, who sanctifies Your Name, rests on it.)* Purify our hearts to serve you in truth, for in every generation You are the Forgiver of Israel, and the Pardoner of the tribes of Yeshurun. We have no other King who pardons and who forgives except You. Blessed are You, Lord, King who pardons and who forgives our iniquities and the iniquities of His people, the house of Israel, and who year after year removes all the accusations made against us. You are King over all the earth, and it is You who sanctifies *(the Sabbath and)* Israel, and the Day of Atonement.

רְצֵה, יְיָ אֱלֹהֵינוּ, בְּעַמְּךָ יִשְׂרָאֵל וּבִתְפִלָּתָם, וְהָשֵׁב אֶת הָעֲבוֹדָה לִדְבִיר בֵּיתֶךָ, וְאִשֵּׁי יִשְׂרָאֵל, וּתְפִלָּתָם בְּאַהֲבָה תְקַבֵּל בְּרָצוֹן, וּתְהִי לְרָצוֹן תָּמִיד עֲבוֹדַת יִשְׂרָאֵל עַמֶּךָ.

וְתֶחֱזֶינָה עֵינֵינוּ בְּשׁוּבְךָ לְצִיּוֹן בְּרַחֲמִים. בָּרוּךְ אַתָּה יְיָ, הַמַּחֲזִיר שְׁכִינָתוֹ לְצִיּוֹן.

Modim Anachnu

While the Reader recites out loud the מוֹדִים אֲנַחְנוּ, *the Congregation recites* מוֹדִים דְּרַבָּנָן *softly:*
(Bend the knees at מוֹדִים אֲנַחְנוּ *and straighten)*

מוֹדִים אֲנַחְנוּ לָךְ, שָׁאַתָּה הוּא, יְיָ אֱלֹהֵינוּ וֵאלֹהֵי אֲבוֹתֵינוּ, לְעוֹלָם וָעֶד, צוּר חַיֵּינוּ, מָגֵן יִשְׁעֵנוּ, אַתָּה הוּא לְדוֹר וָדוֹר, נוֹדֶה לְּךָ וּנְסַפֵּר תְּהִלָּתֶךָ, עַל חַיֵּינוּ הַמְּסוּרִים בְּיָדֶךָ, וְעַל נִשְׁמוֹתֵינוּ הַפְּקוּדוֹת לָךְ, וְעַל נִסֶּיךָ שֶׁבְּכָל יוֹם עִמָּנוּ, וְעַל נִפְלְאוֹתֶיךָ וְטוֹבוֹתֶיךָ שֶׁבְּכָל עֵת, עֶרֶב וָבֹקֶר וְצָהֳרָיִם, הַטּוֹב, כִּי לֹא כָלוּ רַחֲמֶיךָ, וְהַמְרַחֵם, כִּי לֹא תַמּוּ חֲסָדֶיךָ, מֵעוֹלָם קִוִּינוּ לָךְ.

מוֹדִים דְּרַבָּנָן

מוֹדִים אֲנַחְנוּ לָךְ, שָׁאַתָּה הוּא יְיָ אֱלֹהֵינוּ וֵאלֹהֵי אֲבוֹתֵינוּ, אֱלֹהֵי כָל בָּשָׂר, יוֹצְרֵנוּ, יוֹצֵר בְּרֵאשִׁית. בְּרָכוֹת וְהוֹדָאוֹת לְשִׁמְךָ הַגָּדוֹל וְהַקָּדוֹשׁ, עַל שֶׁהֶחֱיִיתָנוּ וְקִיַּמְתָּנוּ. כֵּן תְּחַיֵּנוּ וּתְקַיְּמֵנוּ, וְתֶאֱסוֹף גָּלֻיּוֹתֵינוּ לְחַצְרוֹת קָדְשֶׁךָ, לִשְׁמוֹר חֻקֶּיךָ וְלַעֲשׂוֹת רְצוֹנֶךָ, וּלְעָבְדְּךָ בְּלֵבָב שָׁלֵם, עַל שֶׁאֲנַחְנוּ מוֹדִים לָךְ. בָּרוּךְ אֵל הַהוֹדָאוֹת.

וְעַל כֻּלָּם יִתְבָּרַךְ וְיִתְרוֹמַם שִׁמְךָ מַלְכֵּנוּ תָּמִיד לְעוֹלָם וָעֶד. וּכְתוֹב לְחַיִּים טוֹבִים כָּל בְּנֵי בְרִיתֶךָ.

וְכֹל הַחַיִּים יוֹדוּךָ סֶּלָה, וִיהַלְלוּ אֶת שִׁמְךָ בֶּאֱמֶת, הָאֵל יְשׁוּעָתֵנוּ וְעֶזְרָתֵנוּ, סֶלָה.

Bend the knees at בָּרוּךְ *Bow at* אַתָּה *Straighten at* יְיָ

בָּרוּךְ אַתָּה יְיָ, הַטּוֹב שִׁמְךָ וּלְךָ נָאֶה לְהוֹדוֹת.

Sim Shalom

שִׂים שָׁלוֹם טוֹבָה וּבְרָכָה, חֵן וָחֶסֶד וְרַחֲמִים, עָלֵינוּ וְעַל כָּל יִשְׂרָאֵל עַמֶּךָ. בָּרְכֵנוּ, אָבִינוּ, כֻּלָּנוּ כְּאֶחָד בְּאוֹר פָּנֶיךָ, כִּי בְאוֹר פָּנֶיךָ נָתַתָּ לָּנוּ, יְיָ אֱלֹהֵינוּ, תּוֹרַת חַיִּים וְאַהֲבַת חֶסֶד, וּצְדָקָה וּבְרָכָה וְרַחֲמִים וְחַיִּים וְשָׁלוֹם, וְטוֹב בְּעֵינֶיךָ לְבָרֵךְ אֶת עַמְּךָ יִשְׂרָאֵל בְּכָל עֵת וּבְכָל שָׁעָה בִּשְׁלוֹמֶךָ.

בְּסֵפֶר חַיִּים, בְּרָכָה וְשָׁלוֹם וּפַרְנָסָה טוֹבָה, נִזָּכֵר וְנִכָּתֵב לְפָנֶיךָ, אֲנַחְנוּ וְכָל עַמְּךָ בֵּית יִשְׂרָאֵל, לְחַיִּים טוֹבִים וּלְשָׁלוֹם. בָּרוּךְ אַתָּה יְיָ, עוֹשֶׂה הַשָּׁלוֹם.

Take pleasure, Lord our God, in Your people Israel, and in their prayer. Restore the service to Your most holy house, and receive Israel's offerings by fire, and their prayer with gracious love. May the worship of Your people Israel always be pleasing to You.

May we see, with our own eyes, Your return to Tzion in compassion. Blessed are You, Lord, whose Presence is the restoration of Tzion.

Modim Anachnu

While the Reader recites out loud **Modim Anachnu,** *the Congregation recites* Modim of the Rabbis *softly:*
(Bend the knees at **Lord, we are eternally grateful** *and straighten)*

Modim of the Rabbis

Lord, we are eternally grateful that You are our God and the God of our fathers. God of all flesh, our Creator and Creator in the beginning; blessings and thanks are due Your great and holy Name, for You have kept us alive and You sustained us. May You continue to grant us life and to sustain us. Bring our dispersed to Your courts, that in holiness they would observe Your laws, do Your will and serve You with all their heart; for these things we give You thanks. Blessed is the God of thanksgiving.

Lord, we are eternally grateful that You are our God and the God of our fathers. You are the strength of our life and the Shield of our Salvation. We thank You from generation to generation, and recount Your praise; for our lives which are in Your hand; and for our souls which are in Your care; and for Your miracles which are seen every day; and for Your wondrous deeds and favors which are always with us - evening, morning and noon. Beneficent One, Your compassion never fails; Merciful One, Your loving kindness never ends; You have always been our hope.

Your Name, our King, will be blessed and exalted above all others forever and to all eternity. Inscribe all the children of Your covenant for a good life.

And all the living will thank You, and in truth they will praise Your Name; the God of our Salvation and our Help at all times.

(Bend the knees at **Blessed***, Bow at* **Are You***, Straighten at* **Lord***)*

Blessed are You, Lord; it is right to give thanks to You for Your Name is good.

Sim Shalom

Grant peace, happiness, blessing, grace, kindness and mercy to us and all Israel, Your people. Our Father, bless us all alike with the light of Your countenance. Lord our God, by the light of Your countenance You have given us a Torah of life, loving kindness, charity, blessing, mercy, life and peace. May it be good in Your sight to bless Your people Israel with peace at all times and at every hour.

May all Your people, the house of Israel, be remembered in blessing, and peace and prosperity, and may they be inscribed before Your countenance, in the Book of Life, for a good life and for peace. Blessed are You, Lord, the maker of peace.

Confession

אֱלֹהֵינוּ וֵאלֹהֵי אֲבוֹתֵינוּ, תָּבֹא לְפָנֶיךָ תְּפִלָּתֵנוּ, וְאַל תִּתְעַלַּם מִתְּחִנָּתֵנוּ,
שֶׁאֵין אֲנַחְנוּ עַזֵּי פָנִים וּקְשֵׁי עֹרֶף, לוֹמַר לְפָנֶיךָ יְיָ אֱלֹהֵינוּ וֵאלֹהֵי
אֲבוֹתֵינוּ, צַדִּיקִים אֲנַחְנוּ וְלֹא חָטָאנוּ, אֲבָל אֲנַחְנוּ וַאֲבוֹתֵינוּ חָטָאנוּ.

אָשַׁמְנוּ, בָּגַדְנוּ, גָּזַלְנוּ, דִּבַּרְנוּ דֹפִי. הֶעֱוִינוּ, וְהִרְשַׁעְנוּ, זַדְנוּ, חָמַסְנוּ,
טָפַלְנוּ שֶׁקֶר. יָעַצְנוּ רָע, כִּזַּבְנוּ, לַצְנוּ, מָרַדְנוּ, נִאַצְנוּ, סָרַרְנוּ, עָוִינוּ,
פָּשַׁעְנוּ, צָרַרְנוּ, קִשִּׁינוּ עֹרֶף. רָשַׁעְנוּ, שִׁחַתְנוּ, תִּעַבְנוּ, תָּעִינוּ, תִּעְתָּעְנוּ.

סַרְנוּ מִמִּצְוֹתֶיךָ וּמִמִּשְׁפָּטֶיךָ הַטּוֹבִים, וְלֹא שָׁוָה לָנוּ. וְאַתָּה צַדִּיק עַל כָּל
הַבָּא עָלֵינוּ, כִּי אֱמֶת עָשִׂיתָ וַאֲנַחְנוּ הִרְשָׁעְנוּ.

מַה נֹּאמַר לְפָנֶיךָ יוֹשֵׁב מָרוֹם, וּמַה נְּסַפֵּר לְפָנֶיךָ שׁוֹכֵן שְׁחָקִים, הֲלֹא כָּל
הַנִּסְתָּרוֹת וְהַנִּגְלוֹת אַתָּה יוֹדֵעַ.

אַתָּה יוֹדֵעַ רָזֵי עוֹלָם. אֵין דָּבָר נֶעְלָם מִמֶּךָּ, וְאֵין נִסְתָּר מִנֶּגֶד עֵינֶיךָ.
וּבְכֵן יְהִי רָצוֹן מִלְּפָנֶיךָ, יְיָ אֱלֹהֵינוּ וֵאלֹהֵי אֲבוֹתֵינוּ, שֶׁתִּסְלַח לָנוּ עַל כָּל
חַטֹּאתֵינוּ, וְתִמְחַל לָנוּ עַל כָּל עֲוֹנוֹתֵינוּ, וּתְכַפֵּר לָנוּ עַל כָּל פְּשָׁעֵינוּ.

אִם־נֹאמַר כִּי אֵין־בָּנוּ עָוֹן מַתְעִים אֲנַחְנוּ אֶת־נַפְשׁתֵינוּ וְהָאֱמֶת אֵין בָּנוּ.
וְאִם־נִתְוַדֶּה אֶת־חַטֹּאתֵינוּ נֶאֱמָן הוּא וְצַדִּיק לִסְלֹחַ לָנוּ אֶת־חַטֹּאתֵינוּ
וּלְטַהֲרֵנוּ מִכָּל־עָוֹן. *(1 Yochanan 1:8-9)*

Ahl Chet

עַל חֵטְא שֶׁחָטָאנוּ לְפָנֶיךָ בְּאֹנֶס וּבְרָצוֹן,
וְעַל חֵטְא שֶׁחָטָאנוּ לְפָנֶיךָ בְּאִמּוּץ הַלֵּב.
עַל חֵטְא שֶׁחָטָאנוּ לְפָנֶיךָ בִּבְלִי דָעַת,
וְעַל חֵטְא שֶׁחָטָאנוּ לְפָנֶיךָ בְּבִטּוּי שְׂפָתָיִם.
עַל חֵטְא שֶׁחָטָאנוּ לְפָנֶיךָ בְּגִלּוּי עֲרָיוֹת,
וְעַל חֵטְא שֶׁחָטָאנוּ לְפָנֶיךָ בְּגָלוּי וּבַסָּתֶר.
עַל חֵטְא שֶׁחָטָאנוּ לְפָנֶיךָ בְּדַעַת וּבְמִרְמָה,
וְעַל חֵטְא שֶׁחָטָאנוּ לְפָנֶיךָ בְּדִבּוּר פֶּה.
עַל חֵטְא שֶׁחָטָאנוּ לְפָנֶיךָ בְּהוֹנָאַת רֵעַ,
וְעַל חֵטְא שֶׁחָטָאנוּ לְפָנֶיךָ בְּהִרְהוּר הַלֵּב.

Confession

Our God, and God of our fathers, may our prayer come before Your countenance, and do not ignore our supplication, for we are not so bold faced and stiff necked so as to say before Your countenance, "Lord our God, and God of our fathers, we are righteous and we have not sinned." Indeed, we and our fathers have sinned.

We have been guilty, we have betrayed, we have stolen, we have spoken falsely. We have committed iniquity, we have been been found guilty of wickedness, we have sinned willfully, we have wronged *others*, we have smeared with falsehood. We have counselled evil, we have lied, we have been scornful, we have rebelled, we have blasphemed, we have strayed, we have done iniquity, we have sinned *openly*, we have been bound by the stiffness of our necks.

We have turned away from Your commandments, and from Your good precepts, and it was not worthwhile for us. You are righteous in all You have brought upon us, for You have acted correctly while we have acted wickedly.

What can we say before You who dwells on high, and what *stories* can we tell before You who abides in heaven? Is it not the case that You know all that is hidden and rolled up?

The mysteries of the universe are known to You. Nothing is hidden from You, and nothing is concealed from before Your eyes. Therefore, may it be Your will, Lord our God, and God of our fathers, that You forgive us for all of our sins, and that You pardon us for all our transgressions, and grant us atonement for all our rebellion.

If we say, "We have no sin in us," we are deceiving ourselves and the truth is not in us. But, if we confess our sins He is faithful and just to forgive us our sins and to make us pure from all our iniquities *(1 Yochanan 1:8-9)*.

Ahl Chet

For the sin we have sinned before You under duress and by our own volition,
And for the sin we have sinned before You in hardness of heart,
For the sin we have sinned before You without knowledge,
And for the sin we have sinned before You with speech from our lips,
For the sin we have sinned before You in the open and in hiding,
And for the sin we have sinned before You that were laid bare and that were secret,
For the sin we have sinned before You in knowledge and through deceit,
And for the sin we have sinned before You by stinging speech,
For the sin we have sinned before You in defrauding a friend,
And for the sin we have sinned before You in the musings of the heart,

עַל חֵטְא שֶׁחָטָאנוּ לְפָנֶיךָ בִּוְעִידַת זְנוּת,

עַל חֵטְא שֶׁחָטָאנוּ לְפָנֶיךָ בְּזִלְזוּל הוֹרִים וּמוֹרִים,

וְעַל חֵטְא שֶׁחָטָאנוּ לְפָנֶיךָ בְּזָדוֹן וּבִשְׁגָגָה.

עַל חֵטְא שֶׁחָטָאנוּ לְפָנֶיךָ בְּחֹזֶק יָד,

וְעַל חֵטְא שֶׁחָטָאנוּ לְפָנֶיךָ בְּחִלּוּל הַשֵּׁם.

עַל חֵטְא שֶׁחָטָאנוּ לְפָנֶיךָ בְּטֻמְאַת שְׂפָתַיִם,

וְעַל חֵטְא שֶׁחָטָאנוּ לְפָנֶיךָ בְּטִפְשׁוּת פֶּה.

עַל חֵטְא שֶׁחָטָאנוּ לְפָנֶיךָ בְּיֵצֶר הָרָע,

וְעַל חֵטְא שֶׁחָטָאנוּ לְפָנֶיךָ בְּיוֹדְעִים וּבְלֹא יוֹדְעִים.

וְעַל כֻּלָּם, אֱלוֹהַּ סְלִיחוֹת, סְלַח לָנוּ, מְחַל לָנוּ, כַּפֶּר־לָנוּ.

*V'ahl choo-lahm eh-loh-ha s'lee-choht, s'lahch lah-noo, m'chahl lah-noo, kah-pehr
lah-noo.*

עַל חֵטְא שֶׁחָטָאנוּ לְפָנֶיךָ בְּכַחַשׁ וּבְכָזָב,

וְעַל חֵטְא שֶׁחָטָאנוּ לְפָנֶיךָ בְּכַפַּת שֹׁחַד.

עַל חֵטְא שֶׁחָטָאנוּ לְפָנֶיךָ בְּלָצוֹן,

וְעַל חֵטְא שֶׁחָטָאנוּ לְפָנֶיךָ בְּלָשׁוֹן הָרָע.

עַל חֵטְא שֶׁחָטָאנוּ לְפָנֶיךָ בְּמַשָּׂא וּבְמַתָּן,

וְעַל חֵטְא שֶׁחָטָאנוּ לְפָנֶיךָ בְּמַאֲכָל וּבְמִשְׁתֶּה.

עַל חֵטְא שֶׁחָטָאנוּ לְפָנֶיךָ בְּנֶשֶׁךְ וּבְמַרְבִּית,

וְעַל חֵטְא שֶׁחָטָאנוּ לְפָנֶיךָ בִּנְטִיַּת גָּרוֹן.

עַל חֵטְא שֶׁחָטָאנוּ לְפָנֶיךָ בְּשִׂיחַ שִׂפְתוֹתֵינוּ,

וְעַל חֵטְא שֶׁחָטָאנוּ לְפָנֶיךָ בְּשִׁקּוּר עָיִן.

עַל חֵטְא שֶׁחָטָאנוּ לְפָנֶיךָ בְּעֵינַיִם רָמוֹת,

וְעַל חֵטְא שֶׁחָטָאנוּ לְפָנֶיךָ בְּעַזּוּת מֵצַח.

וְעַל כֻּלָּם, אֱלוֹהַּ סְלִיחוֹת, סְלַח לָנוּ, מְחַל לָנוּ, כַּפֶּר־לָנוּ.

*V'ahl choo-lahm eh-loh-ha s'lee-choht, s'lahch lah-noo, m'chahl lah-noo, kah-pehr
lah-noo.*

עַל חֵטְא שֶׁחָטָאנוּ לְפָנֶיךָ בִּפְרִיקַת עֹל,

וְעַל חֵטְא שֶׁחָטָאנוּ לְפָנֶיךָ בִּפְלִילוּת.

עַל חֵטְא שֶׁחָטָאנוּ לְפָנֶיךָ בִּצְדִיַּת רֵעַ,

וְעַל חֵטְא שֶׁחָטָאנוּ לְפָנֶיךָ בְּצָרוּת עָיִן.

עַל חֵטְא שֶׁחָטָאנוּ לְפָנֶיךָ בְּקַלּוּת רֹאשׁ,

וְעַל חֵטְא שֶׁחָטָאנוּ לְפָנֶיךָ בְּקַשְׁיוּת עֹרֶף.

עַל חֵטְא שֶׁחָטָאנוּ לְפָנֶיךָ בְּרִיצַת רַגְלַיִם לְהָרַע,

For the sin we have sinned before You in gathering together for *the sake of* lewdness,
And for the sin we have sinned before You in disrespecting parents and teachers,
For the sin we have sinned before You deliberately or by error,
And for the sin we have sinned before You by strength of hand,
For the sin we have sinned before You by desecration of the Name,
And for the sin we have sinned before You through defiled lips,
For the sin we have sinned before You through a foolish mouth,
And for the sin we have sinned before You by the desire to do evil,
For the sin we have sinned before You through those who knew,
And for the sin we have sinned before You through those who did not know,

For all these, O God of forgiveness,
forgive us, pardon us, and be for us atonement.

For the sin we have sinned before You through deceit and falsehood,
And for the sin we have sinned before You through covering bribes,
For the sin we have sinned before You through *coarse* jesting,
And for the sin we have sinned before You through language meant to do harm,
For the sin we have sinned before You through business dealings,
And for the sin we have sinned before You through food and with drink,
For the sin we have sinned before You through usury and interest,
And for the sin we have sinned before You through lofty bearing,
For the sin we have sinned before You through enticing speech,
And for the sin we have sinned before You through lying eyes,
For the sin we have sinned before You through haughty eyes,
And for the sin we have sinned before You through scornful defiance,

For all these, O God of forgiveness,
forgive us, pardon us, and be for us atonement.

For the sin we have sinned before You by throwing off responsibility,
And for the sin we have sinned before You by *passing harsh* judgement,
For the sin we have sinned before You by *treating* a friend *with* malice,
And for the sin we have sinned before You by *seeing with* a begrudging eye,
For the sin we have sinned before You by taking ease in leadership,
And for the sin we have sinned before You by being stiff necked,
For the sin we have sinned before You by the racing of our feet to do evil,

וְעַל חֵטְא שֶׁחָטָאנוּ לְפָנֶיךָ בִּרְכִילוּת.

עַל חֵטְא שֶׁחָטָאנוּ לְפָנֶיךָ בִּשְׁבוּעַת שָׁוְא,

וְעַל חֵטְא שֶׁחָטָאנוּ לְפָנֶיךָ בְּשִׂנְאַת חִנָּם.

עַל חֵטְא שֶׁחָטָאנוּ לְפָנֶיךָ בִּתְשׂוּמֶת ־יָד,

וְעַל חֵטְא שֶׁחָטָאנוּ לְפָנֶיךָ בְּתִמְהוֹן לֵבָב.

וְעַל כֻּלָּם, אֱלוֹהַּ סְלִיחוֹת, סְלַח לָנוּ, מְחַל לָנוּ, כַּפֶּר ־לָנוּ.

V'ahl choo-lahm eh-loh-ha s'lee-choht, s'lahch lah-noo, m'chahl lah-noo, kah-pehr lah-noo.

אֱלֹהַי, עַד שֶׁלֹּא נוֹצַרְתִּי אֵינִי כְדַאי, וְעַכְשָׁו שֶׁנּוֹצַרְתִּי כְּאִלּוּ לֹא נוֹצַרְתִּי. עָפָר אֲנִי בְּחַיַּי, קַל וָחֹמֶר בְּמִיתָתִי. הֲרֵי אֲנִי לְפָנֶיךָ כִּכְלִי מָלֵא בוּשָׁה וּכְלִמָּה. יְהִי רָצוֹן מִלְּפָנֶיךָ, יְיָ אֱלֹהַי וֵאלֹהֵי אֲבוֹתַי, שֶׁלֹּא אֶחֱטָא עוֹד. וּמַה שֶּׁחָטָאתִי לְפָנֶיךָ מָרֵק בְּרַחֲמֶיךָ הָרַבִּים.

מִי יַצִּילֵנִי מִגּוּף הַמָּוֶת הַלָּזֶה. אוֹדֶה אֶת־אֱלֹהִים בְּיֵשׁוּעַ הַמָּשִׁיחַ אֲדֹנֵינוּ. ... כִּי תּוֹרַת רוּחַ הַחַיִּים בְּיֵשׁוּעַ הַמָּשִׁיחַ חִלְּצָה אֶת־נַפְשִׁי מִתּוֹרַת הַחֵטְא וְהַמָּוֶת.

(After the Amidah, add the following meditation)

אֱלֹהַי, נְצוֹר לְשׁוֹנִי מֵרָע. וּשְׂפָתַי מִדַּבֵּר מִרְמָה. וְלִמְקַלְלַי נַפְשִׁי תִדֹּם, וְנַפְשִׁי כֶּעָפָר לַכֹּל תִּהְיֶה. פְּתַח לִבִּי בְּתוֹרָתֶךָ, וּבְמִצְוֺתֶיךָ תִּרְדּוֹף נַפְשִׁי. וְכָל הַחוֹשְׁבִים עָלַי רָעָה, מְהֵרָה הָפֵר עֲצָתָם וְקַלְקֵל מַחֲשַׁבְתָּם. עֲשֵׂה לְמַעַן שְׁמֶךָ, עֲשֵׂה לְמַעַן יְמִינֶךָ, עֲשֵׂה לְמַעַן קְדֻשָּׁתֶךָ. עֲשֵׂה לְמַעַן תּוֹרָתֶךָ. לְמַעַן יֵחָלְצוּן יְדִידֶיךָ, הוֹשִׁיעָה יְמִינְךָ וַעֲנֵנִי. יִהְיוּ לְרָצוֹן אִמְרֵי פִי וְהֶגְיוֹן לִבִּי לְפָנֶיךָ, יְיָ צוּרִי וְגוֹאֲלִי. עֹשֶׂה שָׁלוֹם בִּמְרוֹמָיו, הוּא יַעֲשֶׂה שָׁלוֹם עָלֵינוּ, וְעַל כָּל יִשְׂרָאֵל וְאִמְרוּ, אָמֵן.

יְהִי רָצוֹן מִלְּפָנֶיךָ, יְיָ אֱלֹהֵינוּ וֵאלֹהֵי אֲבוֹתֵינוּ, שֶׁיִּבָּנֶה בֵּית הַמִּקְדָּשׁ בִּמְהֵרָה בְיָמֵינוּ, וְתֵן חֶלְקֵנוּ בְּתוֹרָתֶךָ, וְשָׁם נַעֲבָדְךָ בְּיִרְאָה כִּימֵי עוֹלָם וּכְשָׁנִים קַדְמוֹנִיּוֹת. וְעָרְבָה לַיְיָ מִנְחַת יְהוּדָה וִירוּשָׁלָיִם כִּימֵי עוֹלָם וּכְשָׁנִים קַדְמוֹנִיּוֹת.

Reader then Congregation:

אָנָּא סְלַח נָא, פֶּשַׁע וְעָוֹן שָׂא נָא, וְכֹחֲךָ יִגְדַּל נָא, קָדוֹשׁ.

Reader the Congregation:

אָנָּא רַחוּם כַּפֵּר, עָוֹן צֹאנִים תְּהִלָּתְךָ לְסַפֵּר, וְיֵחָקוּ לְחַיִּים טוֹבִים בַּסֵּפֶר, קָדוֹשׁ.

And for the sin we have sinned before You by gossip,
For the sin we have sinned before You by taking an oath in vain,
And for the sin we have sinned before You by hatred without cause,
For the sin we have sinned before You by stretching forth our hand
      against one less able,
And for the sin we have sinned before You by the confusion of the heart,

For all these, O God of forgiveness,
forgive us, pardon us, and be for us atonement.

My God, before I was formed I was not worthy, and now that I have been formed it is as if I had not been formed. Dust I am in my life, and all the more so in death. Behold I am before You, a vessel filled with shame and disgrace. May it be Your will, Lord my God, and God of my father, that I sin no more. And in Your abundant compassion cleanse the sins I have committed before You.

Who will redeem me from this body of death? I shall give thanks to God, through Yeshua the Messiah, our Lord. . . .For the principle of the spirit of life in Messiah Yeshua has rescued my soul from the law of sin and death!

(After the Amidah, add the following meditation)

My God, guard my tongue from evil, and my lips from speaking falsehood. May my soul be silent to those who insult me, and may my soul be humble before all. Open my heart to Your Torah, that my soul might follow Your commands. As for all who plot evil against me, thwart their counsel and upset their plans. Do it for the sake of Your Name. Do it for the sake of Your power. Do it for the sake of Your holiness. Do it for the sake of Your Torah, that the one on whom You have set Your love might be rescued; save with Your right hand and answer us. May the words that proceed from my mouth and the secret thoughts that are in my heart be pleasing to You, O Lord, for You are my Stronghold as well as my Redeemer. May He who creates peace in His high heavens create peace for us and for all Israel, and say, "Amen."

Lord our God, and God of our fathers, may it be Your will that the Temple be rebuilt before You, speedily and in our days, and grant us a portion in Your Torah, and in that place we will serve You with reverence, as in days of old and years gone by. And may the offerings of Judah and Jerusalem be pleasing to You, Lord, as in days of old and years gone by.

Reader then Congregation:

We beg, "Forgive; pardon sin and iniquity."
Holy One, may Your strength be magnified now!

Reader then Congregation:

We beg, "Be compassionate, and grant atonement for the iniquity of those
who stand *in worship,* that they might number Your praises."
Holy One, may they be inscribed in the book for a good life.

Responsive Reading

מוֹרֵה חַטָּאִים סְלוֹל לְהִתְהַלֵּךְ, מְלַמֵּד לְהַדְרִיכִי בְּדֶרֶךְ אֵלֵךְ.
אֲרוֹמִמְךָ אֱלוֹהַי הַמֶּלֶךְ.

שַׁחַר וָנֶשֶׁף אֶחָד לְהַמְלִיכֶךָ, שׁוֹכֵן עַד וְאֵין כְּעֶרְכֶּךָ.
בְּכָל יוֹם אֲבָרְכֶךָ.

לִבִּי חָרֵד עֲבוֹדָתְךָ לַעֲמוֹד, לְהַעֲרִיץ קְדֻשָּׁתְךָ בְּמִשְׁמָר אֶעֱמוֹד.
גָּדוֹל יְיָ וּמְהֻלָּל מְאֹד.

מְיַחֲלִים לְחַסְדְּךָ זֶרַע עֲמוּסֶיךָ, מַלֵּא מִשְׁאֲלוֹתָם וְיִשְׂמְחוּ חוֹסֶיךָ.
דּוֹר לְדוֹר יְשַׁבַּח מַעֲשֶׂיךָ.

בְּחֶלְוִּי וָצוֹם גָּשִׁים לְעָבְדֶךָ, בְּרוּאִים כִּי הֵם לִכְבוֹדֶךָ.
הֲדַר כְּבוֹד הוֹדֶךָ.

יְקַר מַלְכוּתְךָ בְּרַעַד יַאֲמִירוּ, יְחוּדְךָ בְּזָר לֹא יְמִירוּ.
וֶעֱזוּז נוֹרְאוֹתֶיךָ יֹאמֵרוּ.

בֹּקֶר אֶעֱרָךְ-לְךָ חֲנוּנַי, בִּפְנוֹת עֶרֶב תִּמְחֶה זְדוֹנַי.
חַנּוּן וְרַחוּם יְיָ.

קוֹמֵם אִוּוּי קִרְיַת מְשׂוֹשֶׁךָ, קְדֻשַּׁת אַבְנֵי נֶזֶר בְּנוֹסְסֶךָ.
יוֹדוּךָ יְיָ כָּל מַעֲשֶׂיךָ.

וּשְׁתוּלִים בְּנֵוֶךָ יַפְרִיחוּ בְּחַצְרוֹתָיו, וִינוּבוּן בְּשֵׂיבָה דְּשֵׁנִים בְּטִירוֹתָיו.
לְהוֹדִיעַ לִבְנֵי הָאָדָם גְּבוּרוֹתָיו.

נִצְחֲךָ יְנַגְּנוּ תְמִימִים וּשְׁלֵמִים, נָשְׂאֲךָ כִּסְאֲךָ בְּבֵית עוֹלָמִים.
מַלְכוּתְךָ מַלְכוּת כָּל עֹלָמִים.

יַחַד בְּכַנֶּסְךָ לְשִׁכְנְךָ גְּאוּלִים, וַלְבִּישׁוּךָ עֹז כְּעוֹבְרֵי גַלִּים.
סוֹמֵךְ יְיָ לְכָל הַנּוֹפְלִים.

סֶלָה בְּרַחֲמָיו יָצִיץ מֵחֲרַכָּיו, סְלוֹחַ יַרְבֶּה לְעַם מְבָרְכָיו.
צַדִּיק יְיָ בְּכָל דְּרָכָיו.

זֶה אֵלִי פֶּלֶא עָשָׂה, קָרוֹב יְיָ לְנִשְׁבְּרֵי-לֵב וְאֶת-דַּכְּאֵי-רוּחַ יוֹשִׁיעַ.
יַחֵל יִשְׂרָאֵל אֶל יְיָ.

קַוּוּ יִתֵּן לְלוֹ מַשְׁלִיךְ יְהָבָיו, קָדוֹשׁ פְּשָׁעֵינוּ יְכַסֶּה בְּאַהֲבָיו.
שׁוֹמֵר יְיָ אֶת כָּל אֹהֲבָיו

All:

אָנָּא סְלַח נָא, פֶּשַׁע וְעָוֹן שָׂא נָא, וְכֹחֲךָ יַגְדֵּל נָא, קָדוֹשׁ.

Responsive Reading

You teach sinners the path they are to walk; You are my teacher leading me in the path I am to go.

I will exalt You, my God the King.

I have set apart morning and evening to *proclaim* Your kingdom; You abide forever, there is none like You.

Every day I will bless You.

My heart's desire is to serve You steadfastly; I will stand my watch, trembling *before* Your holiness.

Great is the Lord, and greatly to be praised.

The offspring You carry await Your loving kindness; take pity on them, grant their petitions and let them be glad.

One generation praises Your works to the next generation.

Your servants approach with prayer and fasting; they are created for Your glory.

They pay homage to Your glorious splendor.

Trembling, they declare Your precious kingdom; refusing to exchange Your Oneness for that which is foreign.

They will speak of the might of Your awesome deeds.

In the morning I will set before You my plea for mercy; as it turns toward evening blot out my sins.

The Lord is merciful and compassionate.

Raise up again the city of Your delight; consecrate My Stone, the crown of Your honor.

Lord, all Your works will give You thanks.

Those who are planted in Your habitation shall prosper in its courts; in returning they will be fruitful and grow fat in its palaces.

The sons of man will announce His might.

The upright and unbroken will sing of Your victory, when You raise up Your eternal throne.

Your kingdom is a kingdom for all eternity.

In Your mountain You gathered together the redeemed; *like those who* passed through the sea they will adorn You in strength.

The Lord supports all who are bowed down.

In compassion may He pause, glancing through the lattice work, and grant forgiveness to the people He has blessed.

The Lord is upright in all His ways.

This is my God, who does wondrous things; the Lord is near to the brokenhearted, and will save those whose spirit is broken.

O Israel, put your trust in the Lord.

He will give hope to those who cast their burdens upon Him; may the Holy One, out of His loving kindness, cover our sins.

The Lord preserves all who love Him.

All:

We beg, "Forgive; pardon sin and iniquity."
Holy One, may Your strength be magnified now!

Reader:

הַיּוֹם יִכָּתֵב בְּסֵפֶר הַזִּכְרוֹנוֹת הַחַיִּים וְהַמָּוֶת. אָנָּא כַּנָּה, עוּרִי נָא, הִתְעוֹרְרִי נָא, עִמְדִי נָא, הִתְיַצְּבִי נָא, קוּמִי נָא, חַלִּי נָא, בְּעַד הַנֶּפֶשׁ חַנִּי נָא, פְּנֵי דַר עֶלְיוֹן. וּבְכֵן אַךְ חַנּוּן אַתָּה וְרַחוּם לְכָל פֹּעַל.

Ha'yohm yi-kah-tehv b'seh-fehr ha-zich-roh-noht ha-chah-yeem v'ha-mah-veht. Ah-nah chah-nah, oo-ree nah, hit'oh-r'ree nah, im'dee nah, hit'yah-tz'vee nah, koo-mee nah, chah-lee nah, b'ahd ha-neh-fehsh chah-nee nah, p'nay dahr ehl'yohn. oov'chehn ah-ch' chah-noon ah-tah v'rah-choom l'chahl poh-ahl.

Responsive Reading

(All Rise as the Ark is Opened)

וּבְכֵן נַאֲדִרְךָ חַי עוֹלָמִים.

הָאַדֶּרֶת וְהָאֱמוּנָה	לְחַי עוֹלָמִים.
הַבִּינָה וְהַבְּרָכָה	לְחַי עוֹלָמִים.
הַגַּאֲוָה וְהַגְּדֻלָּה	לְחַי עוֹלָמִים.
הַדֵּעָה וְהַדִּבּוּר	לְחַי עוֹלָמִים.
הַהוֹד וְהֶהָדָר	לְחַי עוֹלָמִים.
הַוַּעַד וְהַוָּתִיקוּת	לְחַי עוֹלָמִים.
הַזֹּךְ וְהַזֹּהַר	לְחַי עוֹלָמִים.
הַחַיִל וְהַחֹסֶן	לְחַי עוֹלָמִים.
הַטֶּכֶס וְהַטֹּהַר	לְחַי עוֹלָמִים.
הַיִּחוּד וְהַיִּרְאָה	לְחַי עוֹלָמִים.
הַכֶּתֶר וְהַכָּבוֹד	לְחַי עוֹלָמִים.
הַלֶּקַח וְהַלִּבּוּב	לְחַי עוֹלָמִים.
הַמְּלוּכָה וְהַמֶּמְשָׁלָה	לְחַי עוֹלָמִים.
הַנּוֹי וְהַנֵּצַח	לְחַי עוֹלָמִים.
הַשִּׂגּוּי וְהַשֶּׂגֶב	לְחַי עוֹלָמִים.
הָעֹז וְהָעֲנָוָה	לְחַי עוֹלָמִים.
הַפְּדוּת וְהַפְּאֵר	לְחַי עוֹלָמִים.
הַצְּבִי וְהַצֶּדֶק	לְחַי עוֹלָמִים.
הַקְּרִיאָה וְהַקְּדֻשָּׁה	לְחַי עוֹלָמִים.
הָרֹן וְהָרוֹמֵמוּת	לְחַי עוֹלָמִים.
הַשִּׁיר וְהַשֶּׁבַח	לְחַי עוֹלָמִים.
הַתְּהִלָּה וְהַתִּפְאֶרֶת	לְחַי עוֹלָמִים.

(The Ark is Closed - Congregation may be seated)

Reader:

שְׁמַע קוֹלֵנוּ, יְיָ אֱלֹהֵינוּ, חוּם וְרַחֵם עָלֵינוּ, וְקַבֵּל בְּרַחֲמִים וּבְרָצוֹן אֶת תְּפִלָּתֵנוּ.

Reader:

Today life and death will be written in the Book of Remembrance. May it be unfeigned that today we would awake, and that today we would rouse ourselves, and that today we would stand, and that today we would be in place, and that today we would be established, and that today we would pray, that today we would find grace for our soul before the One who dwells on high. You are truly merciful and compassionate to all who serve You.

Responsive Reading

(All Rise as the Ark is Opened)

And so, let us glorify You who lives forever.

The glory and the faithfulness	*belong to You who lives forever.*
The understanding and the blessing	*belong to You who lives forever.*
The grandeur and the greatness	*belong to You who lives forever.*
The knowledge and the speech	*belong to You who lives forever.*
The majesty and the splendor	*belong to You who lives forever.*
The convocation and the steadfastness	*belong to You who lives forever.*
The transparence and the radiance	*belong to You who lives forever.*
The valor and the power	*belong to You who lives forever.*
The ceremony and the purity	*belong to You who lives forever.*
The uniqueness and the fearfulness	*belong to You who lives forever.*
The crown and the honor	*belong to You who lives forever.*
The lesson and the encouragement	*belong to You who lives forever.*
The kingdom and the dominion	*belong to You who lives forever.*
The beauty and the victory	*belong to You who lives forever.*
The greatness and the exaltation	*belong to You who lives forever.*
The might and the humility	*belong to You who lives forever.*
The redemption and the stateliness	*belong to You who lives forever.*
The beauty and righteousness	*belong to You who lives forever.*
The voice that calls and the holiness	*belong to You who lives forever.*
The song and the exaltation	*belong to You who lives forever.*
The psalm and the praise	*belong to You who lives forever.*
The acclaim and the splendor	*belong to You who lives forever.*

(The Ark is Closed - Congregation may be seated)

Reader:

Lord our God, hear our cry, take pity and have compassion upon us, and out of compassion and willingness receive our prayer.

Responsive Reading

הֲשִׁיבֵנוּ יְיָ אֵלֶיךָ וְנָשׁוּבָה, חַדֵּשׁ יָמֵינוּ כְּקֶדֶם.

אֲמָרֵינוּ הַאֲזִינָה יְיָ, בִּינָה הֲגִיגֵנוּ. יִהְיוּ לְרָצוֹן אִמְרֵי פִינוּ וְהֶגְיוֹן לִבֵּנוּ לְפָנֶיךָ, יְיָ צוּרֵנוּ וְגוֹאֲלֵנוּ.

אַל תַּשְׁלִיכֵנוּ מִלְּפָנֶיךָ, וְרוּחַ קָדְשְׁךָ אַל תִּקַּח מִמֶּנּוּ.

אַל תַּשְׁלִיכֵנוּ לְעֵת זִקְנָה, כִּכְלוֹת כֹּחֵנוּ אַל תַּעַזְבֵנוּ.

אַל תַּעַזְבֵנוּ, יְיָ אֱלֹהֵינוּ, אַל תִּרְחַק מִמֶּנּוּ. עֲשֵׂה עִמָּנוּ אוֹת לְטוֹבָה, וְיִרְאוּ שׂוֹנְאֵינוּ וְיֵבְשׁוּ, כִּי אַתָּה יְיָ עֲזַרְתָּנוּ וְנִחַמְתָּנוּ. כִּי לְךָ יְיָ הוֹחָלְנוּ, אַתָּה תַעֲנֶה, אֲדֹנָי אֱלֹהֵינוּ.

אֱלֹהֵינוּ וֵאלֹהֵי אֲבוֹתֵינוּ, אַל תַּעַזְבֵנוּ וְאַל תִּטְּשֵׁנוּ. קָרְבֵנוּ לְתוֹרָתֶךָ, לַמְּדֵנוּ מִצְוֹתֶיךָ, הוֹרֵנוּ דְרָכֶיךָ. הַט לִבֵּנוּ לְיִרְאָה אֶת שְׁמֶךָ, וּמוֹל אֶת לְבָבֵנוּ לְאַהֲבָתֶךָ, וְנָשׁוּב אֵלֶיךָ בֶּאֱמֶת וּבְלֵב שָׁלֵם. וּלְמַעַן שִׁמְךָ הַגָּדוֹל תִּמְחָל וְתִסְלַח לַעֲוֹנֵנוּ, כַּכָּתוּב בְּדִבְרֵי קָדְשֶׁךָ. לְמַעַן שִׁמְךָ יְיָ, וְסָלַחְתָּ לַעֲוֹנִי כִּי רַב הוּא.

כִּי אֶחָד הָאֱלֹהִים הַמַּצְדִּיק אֶת־הַמּוּלִים מִתּוֹךְ הָאֱמוּנָה וְאֶת־הָעֲרֵלִים עַל־יְדֵי הָאֱמוּנָה. וְעַתָּה הַמְבַטְּלִים אֲנַחְנוּ אֶת־הַתּוֹרָה עַל־יְדֵי הָאֱמוּנָה חָלִילָה אַךְ מְקַיְּמִים אֲנַחְנוּ אֶת־הַתּוֹרָה. *(Romans 3:30-31)*

All:

אֱלֹהֵינוּ וֵאלֹהֵי אֲבוֹתֵינוּ, סְלַח לָנוּ מְחַל לָנוּ, כַּפֶּר לָנוּ.
Eh-loh-haynu veh-loh-hay ah-voh-taynu, s'lahch lah-noo, m'chahl lah-noo,
kah-pehr lah-noo.

Responsive Reading

אָנוּ בָנֶיךָ, וְאַתָּה אָבִינוּ.	כִּי אָנוּ עַמֶּךָ, וְאַתָּה אֱלֹהֵינוּ.
אָנוּ קְהָלֶךָ, וְאַתָּה חֶלְקֵנוּ.	אָנוּ עֲבָדֶיךָ, וְאַתָּה אֲדוֹנֵנוּ.
אָנוּ צֹאנֶךָ, וְאַתָּה רוֹעֵנוּ.	אָנוּ נַחֲלָתֶךָ, וְאַתָּה גוֹרָלֵנוּ.
אָנוּ פְעֻלָּתֶךָ, וְאַתָּה יוֹצְרֵנוּ.	אָנוּ כַרְמֶךָ, וְאַתָּה נוֹטְרֵנוּ.
אָנוּ סְגֻלָּתֶךָ, וְאַתָּה אֱלֹהֵינוּ.	אָנוּ רַעְיָתֶךָ, וְאַתָּה דוֹדֵנוּ.
אָנוּ מַאֲמִירֶיךָ, וְאַתָּה מַלְכֵּנוּ.	אָנוּ עַמֶּךָ, וְאַתָּה מַאֲמִירֵנוּ.

מִי יַצִּילֵנִי מִגּוּף הַמָּוֶת הַלָּזֶה. אוֹדֶה אֶת־אֱלֹהִים בְּיֵשׁוּעַ הַמָּשִׁיחַ אֲדֹנֵינוּ. . . . כִּי תּוֹרַת רוּחַ הַחַיִּים בְּיֵשׁוּעַ הַמָּשִׁיחַ חִלְּצָה אֶת־נַפְשִׁי מִתּוֹרַת הַחֵטְא וְהַמָּוֶת.

Responsive Reading

Lord, turn us to You and we will return. Renew our days as of old.

Hear our words, O Lord; perceive our hidden thoughts. May the words that proceed from our mouth and the secret thoughts that are in our heart be pleasing to You, O Lord, for You are our Stronghold as well as our Redeemer.

Do not cast us away from Your presence, and do not take the Spirit of Your holiness from us.

Do not cast us away when we are old; when our strength has run out do not abandon us.

Do not abandon us, Lord our God; do not be distant from us. Make from us a sign for good, that our enemies might see it and be ashamed, for You, Lord, are our help and our consolation. For You, Lord, do we wait; You will answer *us*, Lord our God.

Our God, and God of our fathers, do not abandon us and do not forsake us. Let us draw near to Your Torah, that we might learn Your precepts, to be guided in Your ways. Direct our heart to revere Your name, and circumcise our heart by Your love, that we might return to You in truth and with a whole heart. Forgive us and pardon our sins for the sake of Your great name, as it is written in Your holy word, "For the sake of Your name, Lord, forgive my sin, for it is great."

For the one God will justify the circumcised according to faith and the uncircumcised also according to faith. Now then, do we annul Torah by this faith? God forbid! On the contrary, *by acting on faith* we fill the Torah full *of substance. (Romans 3:30-31)*

All:

Our God, and God of our fathers, forgive us, pardon us, grant us atonement

Responsive Reading

For we are Your people, and You are our God;
> *We are Your children, and You are our Father.*

We are Your servants, and Your are our Lord;
> *We are Your congregation, and You are our Portion.*

We are Your heritage, and You are our Destiny;
> *We are Your sheep, and You are our Shepherd.*

We are Your vineyard, and You are our Watchman;
> *We are Your handiwork, and You are our Maker.*

We are Your loved one, and You are our beloved;
> *We are Your treasured possession, and You are our God.*

We are Your people, and You are our King;
> *We are the people of Your calling, You are He who called us as His people.*

Who will redeem me from this body of death? I shall give thanks to God, through Yeshua the Messiah, our Lord. . . .For the principle of the spirit of life in Messiah Yeshua has rescued my soul from the law of sin and death!

Ashamnu

Reader: Our God and God of our fathers, we examine ourselves knowing that we are cleansed from all sin through the atoning work of Messiah Yeshua. Where we are free in conscience, we intercede for those who have sinned. Where we have fallen, we with confidence confess our sin and receive the cleansing of the blood of Yeshua. For You have said, "There is therefore now no condemnation for those who are in the Messiah Yeshua," for the law of the Spirit of life in the Messiah Yeshua has set us free from the law of sin and death.

Reader: I am the Lord Your God!

Congregation: Lord, are You my God? Do I love You with all my heart, soul and strength?

Reader: You shall have no other gods before Me.

Congregation: Lord, have I put anything or anyone ahead of You? Have I valued anything outside of Your standard of importance? Have I been legalistic or narrow?

Reader: You shall not make a graven image!

Congregation: Lord, are there wrong attachments in my life? Have I become attached to what is not your will or attached in a way that is not your will?

Reader: You shall not take the Lord's Name in vain!

Congregation: Lord, have I used Your name lightly? Have I promised and reneged? Have I said, "The Lord told me" when You did not so speak? Have I said, "I will pray about it" with no intention to so pray or with no real fulfillment of my word?

Reader: Remember the Shabbat to keep it holy!

Congregation: Lord, have I made Shabbat a day of spiritual renewal and fellowship as You intended? Have I excused activities because I have not believed Your promise to provide for my needs if I would take time to rest? Have I lived outside a heart of peace through faith in Yeshua, the Lord of the Shabbat? Have I genuinely been committed to community, to building my life together with others for mutual growth in the congregation of Your people?

Reader: Honor your father and your mother!

Congregation: Lord, have I forgiven parents and mentors where they have wronged me? Have I been thankful for parents and learned from them what is right? Have I been the kind of son or daughter to my parents who brings glory to Your Name?

Reader: You shall not kill!

Congregation: Lord, have I hated in my heart? Have I had a vengeful or critical spirit? Have I failed to love my neighbor as myself and love my enemies? Do I love my brothers and sisters and lay down my life for them?

Reader: You shall not commit adultery!

Congregation: Lord, have I lusted in my mind? If married, have I been faithful to my spouse and treated my spouse as the Messiah treats His congregation? If single, have I kept myself pure for Your service?

Reader: You shall not steal!

Congregation: Lord, have I been righteous in the area of possessions? Have I been honest in paying taxes, giving the tithe to the congregation, and being a generous steward of Your property? Have I given my full effort to my employer? Have I used my gifts and talents to further Your Kingdom in every realm of my life?

Reader: You shall not bear false witness!

Congregation: Lord, have I been honest in my word; truthful in handling evidence? Have I been involved in slander or gossip? Have I been truthful in my promises?

Reader: You shall not covet!

Congregation: Lord, have I desired possessions, relationships, positions, or anything else outside of Your will? Have I allowed You to change my heart by abiding in Yeshua so my desires are Your desires?

Reader and Congregation: Father, we recognize, as reborn creations in the Messiah, that our true inner being is oriented to do Your will. However, the unrenewed mind and the patterns of the flesh still tempt us to fall. Therefore our real need is to follow Your instructions; to be renewed in our minds, to abide in Yeshua, and to bring our flesh into submission through the power of Your Spirit. This we now purpose to do!

Avinu Malkeynu

(The Ark is Opened - All Rise)
(On Shabbat Avinu Malkeynu is omitted)

אָבִֽינוּ מַלְכֵּֽנוּ, חָטָֽאנוּ לְפָנֶֽיךָ.

אָבִֽינוּ מַלְכֵּֽנוּ, אֵין לָֽנוּ מֶֽלֶךְ אֶלָּא אָֽתָּה.

אָבִֽינוּ מַלְכֵּֽנוּ, עֲשֵׂה עִמָּֽנוּ לְמַֽעַן שְׁמֶֽךָ.

אָבִֽינוּ מַלְכֵּֽנוּ, חַדֵּשׁ עָלֵֽינוּ שָׁנָה טוֹבָה.

אָבִֽינוּ מַלְכֵּֽנוּ, בַּטֵּל מֵעָלֵֽינוּ כָּל גְּזֵרוֹת קָשׁוֹת.

אָבִֽינוּ מַלְכֵּֽנוּ, בַּטֵּל מַחְשְׁבוֹת שׂוֹנְאֵֽינוּ.

אָבִֽינוּ מַלְכֵּֽנוּ, הָפֵר עֲצַת אוֹיְבֵֽינוּ.

אָבִֽינוּ מַלְכֵּֽנוּ, כַּלֵּה כָּל צַר וּמַשְׂטִין מֵעָלֵֽינוּ.

אָבִֽינוּ מַלְכֵּֽנוּ, סְתוֹם פִּיּוֹת מַשְׂטִינֵֽנוּ וּמְקַטְרִיגֵֽנוּ.

אָבִֽינוּ מַלְכֵּֽנוּ, כַּלֵּה דֶּֽבֶר וְחֶֽרֶב וְרָעָב וּשְׁבִי וּמַשְׁחִית
וְעָוֹן וּשְׁמַד מִבְּנֵי בְרִיתֶֽךָ.

אָבִֽינוּ מַלְכֵּֽנוּ, מְנַע מַגֵּפָה מִנַּחֲלָתֶֽךָ.

אָבִֽינוּ מַלְכֵּֽנוּ, סְלַח וּמְחַל לְכָל עֲוֹנוֹתֵֽינוּ.

אָבִֽינוּ מַלְכֵּֽנוּ, מְחֵה וְהַעֲבֵר פְּשָׁעֵֽינוּ וְחַטֹּאתֵֽינוּ מִנֶּֽגֶד עֵינֶֽיךָ.

אָבִֽינוּ מַלְכֵּֽנוּ, מְחוֹק בְּרַחֲמֶֽיךָ כָּל שִׁטְרֵי חוֹבוֹתֵֽינוּ.

אָבִֽינוּ מַלְכֵּֽנוּ, הַחֲזִירֵֽנוּ בִּתְשׁוּבָה שְׁלֵמָה לְפָנֶֽיךָ.

אָבִֽינוּ מַלְכֵּֽנוּ, שְׁלַח רְפוּאָה שְׁלֵמָה לְחוֹלֵי עַמֶּֽךָ.

אָבִֽינוּ מַלְכֵּֽנוּ, קְרַע רֹֽעַ גְּזַר דִּינֵֽנוּ.

אָבִֽינוּ מַלְכֵּֽנוּ, זָכְרֵֽנוּ בְּזִכָּרוֹן טוֹב לְפָנֶֽיךָ.

אָבִֽינוּ מַלְכֵּֽנוּ, כָּתְבֵֽנוּ בְּסֵֽפֶר חַיִּים טוֹבִים.

אָבִֽינוּ מַלְכֵּֽנוּ, כָּתְבֵֽנוּ בְּסֵֽפֶר גְּאֻלָּה וִישׁוּעָה.

אָבִֽינוּ מַלְכֵּֽנוּ, כָּתְבֵֽנוּ בְּסֵֽפֶר פַּרְנָסָה וְכַלְכָּלָה.

אָבִֽינוּ מַלְכֵּֽנוּ, כָּתְבֵֽנוּ בְּסֵֽפֶר זְכֻיּוֹת.

אָבִֽינוּ מַלְכֵּֽנוּ, כָּתְבֵֽנוּ בְּסֵֽפֶר סְלִיחָה וּמְחִילָה.

אָבִֽינוּ מַלְכֵּֽנוּ, הַצְמַח לָֽנוּ יְשׁוּעָה בְּקָרוֹב.

אָבִֽינוּ מַלְכֵּֽנוּ, הָרֵם קֶֽרֶן יִשְׂרָאֵל עַמֶּֽךָ.

אָבִֽינוּ מַלְכֵּֽנוּ, הָרֵם קֶֽרֶן מְשִׁיחֶֽךָ יְשׁוּעַ.

Avinu Malkeynu

(The Ark is Opened - All Rise)
(On Shabbat Avinu Malkeynu is omitted)

Our Father, our King, our sins are before You.

Our Father, our King, we have no other King but You.

Our Father, our King, deal with us *kindly* for Your name's sake.

Our Father, our King, renew for us a good year.

Our Father, our King, annul from upon us all harsh decrees.

Our Father, our King, annul the intentions of our enemies.

Our Father, our King, bring to nothing the counsel of our foes.

Our Father, our King, destroy from upon us every foe and adversary.

Our Father, our King, stop the mouth of our adversaries and our accusers.

Our Father, our King, bring an end to pestilence, and drought, and hunger, and captivity, and destruction, and offence, and persecution of the children of Your covenant.

Our Father, our King, hold back the plague from Your heritage.

Our Father, our King, pardon and forgive all our offenses.

Our Father, our King, wipe away and remove our iniquity and our sins from before Your eyes.

Our Father, our King, in Your compassion erase all records of our guilt.

Our Father, our King, bring us back in perfect repentance, before You.

Our Father, our King, send perfect healing to the sick among Your people.

Our Father, our King, tear up the evil judgement decreed against us.

Our Father, our King, remember us before You, with good memories.

Our Father, our King, inscribe us in the Book for a good life.

Our Father, our King, inscribe us in the Book for redemption and salvation.

Our Father, our King, inscribe us in the Book for sustenance and support.

Our Father, our King, inscribe us in the Book for acquittal.

Our Father, our King, inscribe us in the Book for forgiveness and pardon.

Our Father, our King, in the near future cause salvation to bloom for us.

Our Father, our King, raise up the Horn of Israel, Your people.

Our Father, our King, raise up the Horn of Your Messiah Yeshua.

אָבִינוּ מַלְכֵּנוּ, מַלֵּא יָדֵינוּ מִבִּרְכוֹתֶיךָ.

אָבִינוּ מַלְכֵּנוּ, מַלֵּא אֲסָמֵינוּ שָׂבָע.

אָבִינוּ מַלְכֵּנוּ, שְׁמַע קוֹלֵנוּ חוּס וְרַחֵם עָלֵינוּ.

אָבִינוּ מַלְכֵּנוּ, קַבֵּל בְּרַחֲמִים וּבְרָצוֹן אֶת תְּפִלָּתֵנוּ.

אָבִינוּ מַלְכֵּנוּ, פְּתַח שַׁעֲרֵי שָׁמַיִם לִתְפִלָּתֵנוּ.

אָבִינוּ מַלְכֵּנוּ, זְכוֹר כִּי עָפָר אֲנָחְנוּ.

אָבִינוּ מַלְכֵּנוּ, נָא אַל תְּשִׁיבֵנוּ רֵיקָם מִלְּפָנֶיךָ.

אָבִינוּ מַלְכֵּנוּ, תְּהֵא הַשָּׁעָה הַזֹּאת שְׁעַת רַחֲמִים וְעֵת רָצוֹן מִלְּפָנֶיךָ.

אָבִינוּ מַלְכֵּנוּ, חֲמוֹל עָלֵינוּ וְעַל עוֹלָלֵנוּ וְטַפֵּנוּ.

אָבִינוּ מַלְכֵּנוּ, עֲשֵׂה לְמַעַן הֲרוּגִים עַל שֵׁם קָדְשֶׁךָ.

אָבִינוּ מַלְכֵּנוּ, עֲשֵׂה לְמַעַן טְבוּחִים עַל יִחוּדֶךָ.

אָבִינוּ מַלְכֵּנוּ, עֲשֵׂה לְמַעַן בָּאֵי בָאֵשׁ וּבַמַּיִם עַל קִדּוּשׁ שְׁמֶךָ.

אָבִינוּ מַלְכֵּנוּ, נְקוֹם לְעֵינֵינוּ נִקְמַת דַּם עֲבָדֶיךָ הַשָּׁפוּךְ.

אָבִינוּ מַלְכֵּנוּ, עֲשֵׂה לְמַעַנְךָ אִם לֹא לְמַעֲנֵנוּ.

אָבִינוּ מַלְכֵּנוּ, עֲשֵׂה לְמַעַנְךָ וְהוֹשִׁיעֵנוּ.

אָבִינוּ מַלְכֵּנוּ, עֲשֵׂה לְמַעַן רַחֲמֶיךָ הָרַבִּים.

אָבִינוּ מַלְכֵּנוּ, עֲשֵׂה לְמַעַן שִׁמְךָ הַגָּדוֹל, הַגִּבּוֹר וְהַנּוֹרָא שֶׁנִּקְרָא עָלֵינוּ.

אָבִינוּ מַלְכֵּנוּ, חָנֵּנוּ וַעֲנֵנוּ, כִּי אֵין בָּנוּ מַעֲשִׂים, עֲשֵׂה עִמָּנוּ צְדָקָה וָחֶסֶד וְהוֹשִׁיעֵנוּ.

(The Ark is Closed - Congregation may be seated)

Our Father, our King, fill our hands with Your blessings.

Our Father, our King, fill our storehouses with abundance.

Our Father, our King, hear our cry for mercy and have compassion upon us.

Our Father, our King, accept our prayer with compassion and with favor.

Our Father, our King, open the gates of heaven to our prayer.

Our Father, our King, remember that we are but dust.

Our Father, our King, in times to come do not turn us away empty from before You.

Our Father, our King, may this time be a time of compassion and of favor before You.

Our Father, our King, have pity upon us, and upon our infants and our little children.

Our Father, our King, act for those slain for the sake of Your holy name.

Our Father, our King, act for those slaughtered for the sake of Your Oneness.

Our Father, our King, act for the sake of those who have gone through fire and water for the sanctification of Your name.

Our Father, our King, take vengeance before our eyes, and avenge the spilt blood of Your servant.

Our Father, our King, do it for Your sake, not for our sake.

Our Father, our King, do it for Your sake, and save us.

Our Father, our King, do it for the sake of Your abundant compassion.

Our Father, our King, do it for the sake of Your great, mighty and awesome name that will be proclaimed upon us.

Our Father, our King, be gracious and answer us, though there is nothing of merit in us, deal with us in justice and in loving kindness, and save us.

(The Ark is Closed - Congregation may be seated)

Readers's Kaddish

יִתְגַּדַּל וְיִתְקַדַּשׁ שְׁמֵהּ רַבָּא. בְּעָלְמָא דִּי בְרָא כִרְעוּתֵהּ, וְיַמְלִיךְ מַלְכוּתֵהּ בְּחַיֵּיכוֹן וּבְיוֹמֵיכוֹן וּבְחַיֵּי דְכָל בֵּית יִשְׂרָאֵל. בַּעֲגָלָא וּבִזְמַן קָרִיב, וְאִמְרוּ אָמֵן.

Yit-gahdahl v'yit-kahdash sh'meh rahbah. B'ahl'mah dee v'rah chir'ooteh,
v'yahm'leech mahl'chooteh b'chah-yey-chohn oov'yoh-maychohn
oov'chah-yey d'chal beyt Yisrael. Bah-ah-gahlah ooviz-mahn kah-reev
v'imroo, Amen.

יְהֵא שְׁמֵהּ רַבָּא מְבָרַךְ לְעָלַם וּלְעָלְמֵי עָלְמַיָּא.

Y'hay sh'may rahbah m'vahrach l'ah-lam ool'ahl'may ahl'mahyah.

יִתְבָּרַךְ וְיִשְׁתַּבַּח, וְיִתְפָּאַר וְיִתְרוֹמַם וְיִתְנַשֵּׂא וְיִתְהַדָּר וְיִתְעַלֶּה וְיִתְהַלָּל שְׁמֵהּ דְּקֻדְשָׁא, בְּרִיךְ הוּא, לְעֵלָּא וּלְעֵלָּא מִכָּל בִּרְכָתָא וְשִׁירָתָא, תֻּשְׁבְּחָתָא וְנֶחֱמָתָא, דַּאֲמִירָן בְּעָלְמָא, וְאִמְרוּ אָמֵן.

Yit'bahrach v'yish-tahbach, v'yit-pahahr v'yit-rohmahm v'yit-nahseh
v'yit-hadahr v'yit-ahleh v'yit-hah-lahl sh'may d'kood-shah b'reech hoo
l'ehlah u-l'ehlah mi-kahl bir-chah-tah v'she-rahtah, toosh'b'chahtah
v'neh-cheh-mahtah, dah-ah-mirahn b'ahl-mah, v'imroo, Amen.

תִּתְקַבֵּל צְלוֹתְהוֹן וּבָעוּתְהוֹן דְּכָל בֵּית יִשְׂרָאֵל קֳדָם אֲבוּהוֹן דִּי בִשְׁמַיָּא, וְאִמְרוּ, אָמֵן.

Tit'kah-bell tz'loht-hohn oovah-oot'hohn d'chal beyt Yisrael kah-dahm
ahvoo-hohn dee vish'mahyim, v'imroo, Amen.

יְהֵא שְׁלָמָא רַבָּא מִן שְׁמַיָּא וְחַיִּים עָלֵינוּ וְעַל כָּל יִשְׂרָאֵל, וְאִמְרוּ אָמֵן.

Y'hay sh'lahmah rahbah min sh'mahyah v'chah-yeem ah-laynoo v'ahl kol
Yisrael, v'imroo, Amen.

עֹשֶׂה שָׁלוֹם בִּמְרוֹמָיו הוּא יַעֲשֶׂה שָׁלוֹם עָלֵינוּ וְעַל כָּל יִשְׂרָאֵל, וְאִמְרוּ אָמֵן.

Oh-seh shalom bim'rohmahv hoo yah-ahseh shalom ah-laynoo v'ahl kol
Yisrael, v'imroom, Amen.

Reader's Kaddish

Magnified and sanctified may God's great Name be throughout the world which He has created according to His will. May He establish His kingdom in our lifetime, and during our days, and within the life of the entire house of Israel, speedily and soon; and say, *"Amen."*

May the greatness of His Name be blessed forever and ever.

Let the Name of the Holy One, *blessed is He*, be blessed and praised, glorified and exalted, extolled and honored, adored and lauded, exceedingly beyond all of the blessings and songs, praises and consolations that are ever spoken in this world, and say, *"Amen."*

May the prayers and supplications of the whole house of Israel be acceptable to our Heavenly Father, and say, *"Amen."*

May there be abundant peace from heaven, and life for us and for all Israel, and say, *"Amen."*

May He who creates peace in His high heavens create peace for us and for all Israel, and say, *"Amen."*

K'riat haTorah

Matthew 5:17-19

וַיֹּאמֶר יֵשׁוּעַ: אַל תַּחְשְׁבוּ כִּי בָאתִי לְהָפֵר הַתּוֹרָה אוֹ הַנְּבִיאִים לֹא לְהָפֵר בָּאתִי
כִּי אִם לְמַלֹּאת. כִּי הֵן אָמְנָם אָנֹכִי מַגִּיד לָכֶם עַד אֲשֶׁר הַשָּׁמַיִם וְהָאָרֶץ יַעֲבֹרוּן
לֹא תַעֲבֹר יוֹד אַחַת מִן הַתּוֹרָה אַף לֹא קוֹץ אֶחָד עַד כִּי כֻלָּם יָקוּמוּ. לָכֵן כָּל
הַמֵּפִיר אַחַת מִמִּצְוֹת קְטַנּוֹת אֵלֶּה וְהוֹרָה כָּזֹאת לָאֲנָשִׁים נִכְבָּד יִקָּרֵא בְּמַלְכוּת
הַשָּׁמַיִם וְהָעֹשֶׂה אֹתָן וּמְלַמֵּד לַעֲשׂוֹתָן נִכְבָּד יִקָּרֵא בְּמַלְכוּת הַשָּׁמָיִם.

Ayn Kah-mocha
Congregation and Reader

אֵין כָּמוֹךָ בָאֱלֹהִים, יְיָ, וְאֵין כְּמַעֲשֶׂיךָ. מַלְכוּתְךָ מַלְכוּת כָּל עֹלָמִים,
וּמֶמְשַׁלְתְּךָ בְּכָל דֹּר וָדֹר. יְיָ מֶלֶךְ, יְיָ מָלָךְ, יְיָ יִמְלֹךְ לְעֹלָם וָעֶד. יְיָ עֹז
לְעַמּוֹ יִתֵּן יְיָ יְבָרֵךְ אֶת עַמּוֹ בַשָּׁלוֹם. אַב הָרַחֲמִים, הֵיטִיבָה בִרְצוֹנְךָ אֶת
צִיּוֹן, תִּבְנֶה חוֹמוֹת יְרוּשָׁלָיִם. כִּי בְךָ לְבַד בָּטָחְנוּ, מֶלֶךְ אֵל רָם וְנִשָּׂא,
אֲדוֹן עוֹלָמִים.

*Ayn kah-moh-chah bah-Eh-loh-heem Adonai, v'ayn k'mah-ah-say-chah,
mal-choot'chah, mahl-choot kol oh-lah-meem oo-mehm-shahl-t'chah b'chol
dor vah-dor. Adonai Meh-lech, Adonai Mah-lach, Adonai Yim-lohch
l'oh-lahm vah-ed. Adonai ohz l'ah-moh yi-ten, Adonai y'vah-rehch et
ah-moh bah-shalom. Ahv ha-rah-chah-meem hay-tee-vah bir'tzohn-chah et
Tzion. Tiv'neh choh-moht Y'roo-shah-lah-yim. Key v'chah l'vahd
bah-tah-ch'nu Meh-lech El rahm v'ni-sah Adon oh-lah-meem.*

(The Ark is opened - All Rise)

Vah-y'hee Bin-soh-ah
Congregation and Reader:

וַיְהִי בִּנְסֹעַ הָאָרֹן וַיֹּאמֶר מֹשֶׁה. קוּמָה יְיָ, וְיָפֻצוּ אֹיְבֶיךָ, וְיָנֻסוּ מְשַׂנְאֶיךָ
מִפָּנֶיךָ. כִּי מִצִּיּוֹן תֵּצֵא תוֹרָה , וּדְבַר יְיָ מִירוּשָׁלָיִם. בָּרוּךְ שֶׁנָּתַן תּוֹרָה
לְעַמּוֹ יִשְׂרָאֵל בִּקְדֻשָּׁתוֹ.

*Vah-y'hee bin-soh-ah ha-Ahron vah-yoh-mehr Moshe, koo-mah Adonai,
v'yah-foo-tzoo oh-y'veh-chah v'yah-noo-soo m'sahn'ay-chah
mi-pah-nay-chah. Key mi-Tzion teh-tzeh Torah; oo-d'vahr Adonai
mee-roo-shah-lah-yim. Baruch sheh-nah-tahn Torah, l'ah-moh Yisrael
bik-doo-shah-toh.*

The Reading of the Torah

Matthew 5:17-19

And Yeshua said, "Don't misunderstand why I have come. I did not come to abolish the law *of Moses* or the writings of the prophets. No, I came to fulfill them. I assure you, until heaven and earth disappear, even the smallest detail of God's law will remain until its purpose is achieved. So if you break the smallest commandment and, *in so doing,* teach others to do the same, you will be the least in the Kingdom of Heaven. But anyone who obeys God's laws and, *in so doing,* teaches them, will be great in the Kingdom of Heaven."

Ayn Kah-mocha

Congregation and Reader:

Lord, there is no God like You, and no deeds like Yours. Your kingdom is a kingdom for all eternity, and Your dominion is from generation to generation. The Lord is King, the Lord was King, the Lord will be King forever and ever. The Lord will give strength to His people; Lord, give Your blessing of peace to Your people. Compassionate Father, may it please You to favor Tzion with Your goodness; rebuild the walls of Jerusalem. We trust only in You, King, God, high and exalted Lord of Eternity.

(The Ark is opened - All Rise)

Vahy'hee Bin-soh-ah

Congregation and Reader:

And it came to pass, whenever the Ark went forth, Moses would say, "Rise up Lord, and scatter Your enemies, and may those who hate You run from Your countenance." Torah will go forth out of Tzion and the Lord's Word from Jerusalem. Blessed is He who, in holiness, gave Torah to His people Israel.

(On Shabbat omit the following two paragraphs)

Reader:

יְיָ, יְיָ, אֵל רַחוּם וְחַנּוּן, אֶרֶךְ אַפַּיִם, וְרַב חֶסֶד וֶאֱמֶת. נֹצֵר חֶסֶד לָאֲלָפִים, נֹשֵׂא עָוֹן וָפֶשַׁע וְחַטָּאָה, וְנַקֵּה.

Adonai, Adonai, Ehl rah-choom v'chah-noon, eh-rehch ah-pah-yim, v'rahv cheh-sehd v'eh-meht. Noh-tzehr cheh-sehd lah-ah-lah-feem, noh-seh ah-vohn vah-feh-shah v'chah-tah-ah, v'nah-keh.

Congregation and Reader:

יִהְיוּ לְרָצוֹן אִמְרֵי פִי, וְהֶגְיוֹן לִבִּי לְפָנֶיךָ, יְיָ, צוּרִי וְגוֹאֲלִי.

Yi-h'yohn l'rah-tzohn im'ray pee, v'hehg'yohn li-bee l'fah-nay-chah, Adonai, tzoor v'goh-ah-lee.

Reader:

וַאֲנִי תְפִלָּתִי לְךָ, יְיָ, עֵת רָצוֹן; אֱלֹהִים בְּרָב חַסְדֶּךָ, עֲנֵנִי בֶּאֱמֶת יִשְׁעֶךָ.

Vah-ah-nee t'fi-lah-tee l'chah, Adonai, et rah-tzohn; Eh-loh-haynu b'rahv chahs'deh-chah, ah-neh-nee beh-eh-meht yish'eh-chah.

Zohar Vah-yan-kel

בְּרִיךְ שְׁמֵהּ דְּמָרֵא עָלְמָא. בְּרִיךְ כִּתְרָךְ וְאַתְרָךְ. יְהֵא רְעוּתָךְ עִם עַמָּךְ יִשְׂרָאֵל לְעָלַם, וּפֻרְקַן יְמִינָךְ אַחֲזֵי לְעַמָּךְ בְּבֵית מַקְדְּשָׁךְ וּלְאַמְטוּיֵי לָנָא מִטּוּב נְהוֹרָךְ, וּלְקַבֵּל צְלוֹתָנָא בְּרַחֲמִין. יְהֵא רַעֲוָא קֳדָמָךְ דְּתוֹרִיךְ לָן חַיִּין בְּטִיבוּתָא. וְלֶהֱוֵי אֲנָא פְּקִידָא בְּגוֹ צַדִּיקַיָּא. לְמִרְחַם עֲלַי וּלְמִנְטַר יָתִי, וְיָת כָּל דִּי לִי וְדִי לְעַמָּךְ יִשְׂרָאֵל. אַנְתְּ הוּא זָן לְכֹלָּא, וּמְפַרְנֵס לְכֹלָּא. אַנְתְּ הוּא שַׁלִּיט עַל כֹּלָּא, וְאַנְתְּ הוּא דְּשַׁלִּיט עַל מַלְכַיָּא, וּמַלְכוּתָא דִּילָךְ הִיא. אֲנָא עַבְדָּא דְּקֻדְשָׁא בְּרִיךְ הוּא דְּסָגִדְנָא קַמֵּהּ בְּכָל עִדָּן וְעִדָּן. לָא עַל אֱנָשׁ רְחִיצְנָא. וְלָא עַל בַּר אֱלָהִין סָמִיכְנָא. אֶלָּא בֵּאֱלָהָא דִשְׁמַיָּא דְּהוּא אֱלָהָא קְשׁוֹט. וְאוֹרַיְתֵהּ קְשׁוֹט. וּנְבִיאוֹהִי קְשׁוֹט. וּמַסְגֵּא לְמֶעְבַּד טָבְוָן וּקְשׁוֹט. *(Reader)* בֵּהּ אֲנָא רָחֵץ. וְלִשְׁמֵהּ קַדִּישָׁא יַקִּירָא אֲנָא אֵמַר תֻּשְׁבְּחָן. יְהֵא רַעֲוָא קֳדָמָךְ דְּתִפְתַּח לִבָּאי בְּאוֹרַיְתָא וְתַשְׁלֵם מִשְׁאֲלִין דְּלִבָּאי. וְלִבָּא דְכָל עַמָּךְ יִשְׂרָאֵל. לְטָב וּלְחַיִּין וְלִשְׁלָם:

Beh ah-nah rah-cheetz. V'lish'meh kah-dee-shah yah-kee-rah ah-nah ah-mahr toosh'b'chahn. Y'heh rah-ah-vah kah-dah-mahch d'tif'tahch li-bah-ee b'oh-rah-y'tah v'tahsh'lehm mish'ah-leen d'li-bah-ee. V'li-bah d'chahl ah-mahch Yisrael. L'tahv ool'chah-yeen v'lish'lahm.

(On Shabbat omit the following two paragraphs)

Reader:

The Lord, the Lord God is compassionate and merciful, slow to anger, and abundant in loving kindness. He keeps loving kindness to the thousands of generations forgiving and acquitting sin and iniquity and transgression.

Congregation and Reader:

May the words that proceed from my mouth and the secret thoughts that are in my heart be pleasing to You, O Lord, for You are my Stronghold as well as my Redeemer.

Reader:

As for me, I offer my prayers to You O Lord, at the time that is ordained; O God, in the abundance of Your loving kindness answer me with the truth of Your salvation.

Zohar Vah-yah-kel

Blessed is the name of the Master of the universe! Blessed is Your crown and Your place! May Your favor be with Your people Israel forever, and may You show the salvation of Your right hand to Your people in Your holy temple. Bestow on us the goodness of Your light, and, in mercy, accept our prayers. May it be Your will to extend to us a good life. May it be that I am counted among the righteous. Have compassion on me, and protect me, and all that is mine, and *all* that *belongs* to Your people Israel. You are He that nourishes all and sustains all. You are He that rules over everything, and You are He that rules over kings, for their kingdoms are Yours. I am a servant of the Holy One, blessed is He, before whom I bow at all times. I do not put my trust in man, nor do I rely on any angel, but only on the God of heaven who is the God of truth, whose Torah is true, and whose prophets are true, and who abundantly performs acts of kindness and truth.

(The Reader takes the Torah from the Ark)

Reader then Congregation:

שְׁמַע יִשְׂרָאֵל, יְיָ אֱלֹהֵינוּ, יְיָ אֶחָד.

Sh'mah Yisrael, Adonai Eh-loh-hay-noo, Adonai eh-chahd.

Reader then Congregation:

אֶחָד אֱלֹהֵינוּ, גָּדוֹל אֲדוֹנֵנוּ, קָדוֹשׁ וְנוֹרָא שְׁמוֹ.

*Eh-chahd Eh-loh-hay-noo, gah-dohl Adoh-neh-noo,
kah-dohsh v'noh-rah sh'moh.*

Reader:

גַּדְּלוּ לַיְיָ אִתִּי, וּנְרוֹמְמָה שְׁמוֹ יַחְדָּו.

Gahd'loo lah-Adonai i'tee, oon'roh-m'mah sh'moh yahch-dahv.

Reader and Congregation:

לְךָ יְיָ הַגְּדֻלָּה וְהַגְּבוּרָה וְהַתִּפְאֶרֶת וְהַנֵּצַח וְהַהוֹד, כִּי כֹל בַּשָּׁמַיִם וּבָאָרֶץ. לְךָ יְיָ הַמַּמְלָכָה וְהַמִּתְנַשֵּׂא לְכֹל לְרֹאשׁ.

*L'chah Adonai ha-g'doo-lah v'ha-g'voo-rah v'ha-tif'eh-reht v'ha-neh-tzahch
v'ha-hohd, kee chol bah-shah-mah-yim oo-vah-ah-rehtz. L'chah Adonai
ha-mahm'lah-chah v'ha-mit'nah-seh l'chol l'rohsh.*

רוֹמְמוּ יְיָ אֱלֹהֵינוּ וְהִשְׁתַּחֲווּ לַהֲדוֹם רַגְלָיו קָדוֹשׁ הוּא. רוֹמְמוּ יְיָ אֱלֹהֵינוּ, וְהִשְׁתַּחֲווּ לְהַר קָדְשׁוֹ, כִּי קָדוֹשׁ יְיָ אֱלֹהֵינוּ.

*Roh-m'moo Adonai Eh-loheynu v'hish'tah-chahvoo lah-ha-dohm rahg'lahv,
kah-dosh hoo. Roh-m'moo Adonai Eh-loheynu v'hish'tah-chahvoo l'har
kahd'shoh, key kah-dosh Adonai Eh-loheynu.*

וְנֹאמַר לְפָנָיו שִׁיר חָדָשׁ, כַּכָּתוּב, שִׁירוּ לֵאלֹהִים זַמְּרוּ שְׁמוֹ, סֹלּוּ לָרֹכֵב בָּעֲרָבוֹת, בְּיָהּ שְׁמוֹ, וְעִלְזוּ לְפָנָיו. וְנִרְאֵהוּ עַיִן בְּעַיִן, בְּשׁוּבוֹ אֶל נָוֵהוּ כַּכָּתוּב. כִּי עַיִן בְּעַיִן יִרְאוּ, בְּשׁוּב יְיָ צִיּוֹן. וְנֶאֱמַר, וְנִגְלָה כְּבוֹד יְיָ, וְרָאוּ כָל בָּשָׂר יַחְדָּו, כִּי פִּי יְיָ דִּבֵּר.

(The Reader takes the Torah from the Ark)

Reader then Congregation:

Hear O Israel, the Lord our God, the Lord is one.

Reader then Congregation:

One is our God; great is our Lord, holy and revered is His Name.

Reader:

Exalt the Lord with me, and let us exalt His Name together.

Reader and Congregation:

Lord, everything in heaven and in earth is Yours; the greatness, and the power, and the glory, and the victory and the majesty. Lord, Yours is the kingdom, and You are the sovereign head over all.

Exalt the Lord our God, and bow down at His footstool, for He is holy. Exalt the Lord our God, and bow down at His holy mountain, for holy is the Lord our God.

And we will declare before Him a new song, as it is written, "Sing to God, sing praises to His name, extol Him who rides above the heavens, the Lord is His name, and let us exult before Him. And may we see Him eye to eye when He returns to His abode, as it is written, 'For they shall see eye to eye the Lord's return to Tzion. And it was said, 'The glory of the Lord will be revealed, and all living creatures shall see it together, for the mouth of the Lord has spoken it.

(Torah is Placed on the Desk)

*(The Reader/Gabbai uses the following to call a Kohen to the Torah. The oleh is
called up by his Hebrew name and his father's Hebrew name)*

וְיַעֲזֹר וְיָגֵן וְיוֹשִׁיעַ לְכָל הַחוֹסִים בּוֹ, וְנֹאמַר אָמֵן. הַכֹּל הָבוּ גֹדֶל לֵאלֹהֵינוּ,
וּתְנוּ כָבוֹד לַתּוֹרָה. כֹּהֵן, קְרָב; יַעֲמֹד (פלוני בן פלוני) הַכֹּהֵן:

(If there is no Kohen, then he calls for a Levi, no Levi, than Israel)

אֵין כַּאן כֹּהֵן, יַעֲמֹד לֵוִי־יִשְׂרָאֵל (פלוני בן פלוני)

Reader:

בָּרוּךְ שֶׁנָּתַן תּוֹרָה לְעַמּוֹ יִשְׂרָאֵל בִּקְדֻשָּׁתוֹ.

Baruch Sheh-nah-tahn Toh-rah l'ah-moh Yis'rah-el bik'doo-shah-toh.

Reader and Congregation:

וְאַתֶּם הַדְּבֵקִים בַּיְיָ אֱלֹהֵיכֶם, חַיִּים כֻּלְּכֶם הַיּוֹם.

Blessing before reading Torah:

Reader:

בָּרְכוּ אֶת יְיָ הַמְבֹרָךְ.

Barchu et Adonai hahm'voh-rach.

Congregation then Reader:

בָּרוּךְ יְיָ הַמְבֹרָךְ לְעוֹלָם וָעֶד.

Baruch Adonai hahm'voh-rach l'olam vahed.

Reader:

בָּרוּךְ אַתָּה יְיָ אֱלֹהֵינוּ מֶלֶךְ הָעוֹלָם, אֲשֶׁר בָּחַר בָּנוּ מִכָּל הָעַמִּים וְנָתַן לָנוּ
אֶת תּוֹרָתוֹ. בָּרוּךְ אַתָּה יְיָ, נוֹתֵן הַתּוֹרָה.

*Baruch ah-tah Adonai Eh-loh-hay-noo meh-lehch ha-oh-lahm, ah-shehr
bah-chahr bah-noo mi-kahl ha-ah-meem v'nah-tahn lah-noo et toh-rah-toh.
Baruch ah-tah Adonai, noh-tehn ha-toh-rah.*

(Torah is Placed on the Desk)

(The Reader/Gabbai uses the following to call a Kohen to the Torah. The oleh is called up by his Hebrew name and his father's Hebrew name)

May He help, shield and save all who trust in Him; and let us say, Amen. Let us all ascribe greatness to our God, and give honor to the Torah. Kohen come forward: ______________________ ben ______________________ .

(If there is no Kohen, then he calls for a Levi, No Levi, than Israel)

There is no Kohen. Levy come forward - Israel come forward...

Reader:

Blessed is He, who in His holiness, gave the Torah to His people, Israel.

Reader and Congregation:

You who cling to the Lord our God are all alive today.

Blessing before reading Torah

Reader:

Bless the Lord who is blessed.

Congregation then Reader:

Blessed is the Lord who is blessed forever and ever.

Reader:

Blessed are You, Lord our God, King of the Universe, who has chosen us from all peoples, and has given us Your Instruction. Blessed are You, Lord, giver of the Torah.

Torah Reading for Yom Kippur

Leviticus 16

(כהן) וַיְדַבֵּר יְהֹוָה אֶל־מֹשֶׁה אַחֲרֵי מוֹת שְׁנֵי בְּנֵי אַהֲרֹן בְּקָרְבָתָם
לִפְנֵי־יְהֹוָה וַיָּמֻתוּ. וַיֹּאמֶר יְהֹוָה אֶל־מֹשֶׁה דַּבֵּר אֶל־אַהֲרֹן אָחִיךָ
וְאַל־יָבֹא בְכָל־עֵת אֶל־הַקֹּדֶשׁ מִבֵּית לַפָּרֹכֶת אֶל־פְּנֵי הַכַּפֹּרֶת אֲשֶׁר
עַל־הָאָרֹן וְלֹא יָמוּת כִּי בֶּעָנָן אֵרָאֶה עַל־הַכַּפֹּרֶת. בְּזֹאת יָבֹא אַהֲרֹן
אֶל־הַקֹּדֶשׁ בְּפַר בֶּן־בָּקָר לְחַטָּאת וְאַיִל לְעֹלָה. (לוי) כְּתֹנֶת־בַּד קֹדֶשׁ
יִלְבָּשׁ וּמִכְנְסֵי־בַד יִהְיוּ עַל־בְּשָׂרוֹ וּבְאַבְנֵט בַּד יַחְגֹּר וּבְמִצְנֶפֶת בַּד יִצְנֹף
בִּגְדֵי־קֹדֶשׁ הֵם וְרָחַץ בַּמַּיִם אֶת־בְּשָׂרוֹ וּלְבֵשָׁם. וּמֵאֵת עֲדַת בְּנֵי
יִשְׂרָאֵל יִקַּח שְׁנֵי־שְׂעִירֵי עִזִּים לְחַטָּאת וְאַיִל אֶחָד לְעֹלָה. וְהִקְרִיב אַהֲרֹן
אֶת־פַּר הַחַטָּאת אֲשֶׁר־לוֹ וְכִפֶּר בַּעֲדוֹ וּבְעַד בֵּיתוֹ. (שלישי) וְלָקַח
אֶת־שְׁנֵי הַשְּׂעִירִם וְהֶעֱמִיד אֹתָם לִפְנֵי יְהֹוָה פֶּתַח אֹהֶל מוֹעֵד. וְנָתַן אַהֲרֹן
עַל־שְׁנֵי הַשְּׂעִירִם גֹּרָלוֹת, גּוֹרָל אֶחָד לַיהֹוָה וְגוֹרָל אֶחָד לַעֲזָאזֵל.
וְהִקְרִיב אַהֲרֹן אֶת־הַשָּׂעִיר אֲשֶׁר עָלָה עָלָיו הַגּוֹרָל לַיהֹוָה וְעָשָׂהוּ
חַטָּאת. וְהַשָּׂעִיר אֲשֶׁר עָלָה עָלָיו הַגּוֹרָל לַעֲזָאזֵל יָעֳמַד־חַי לִפְנֵי יְהֹוָה
לְכַפֵּר עָלָיו לְשַׁלַּח אֹתוֹ לַעֲזָאזֵל הַמִּדְבָּרָה. וְהִקְרִיב אַהֲרֹן אֶת־פַּר
הַחַטָּאת אֲשֶׁר־לוֹ וְכִפֶּר בַּעֲדוֹ וּבְעַד בֵּיתוֹ וְשָׁחַט אֶת־פַּר הַחַטָּאת
אֲשֶׁר־לוֹ. (רביעי) וְלָקַח מְלֹא־הַמַּחְתָּה גַּחֲלֵי־אֵשׁ מֵעַל הַמִּזְבֵּחַ מִלִּפְנֵי
יְהֹוָה וּמְלֹא חָפְנָיו קְטֹרֶת סַמִּים דַּקָּה וְהֵבִיא מִבֵּית לַפָּרֹכֶת. וְנָתַן
אֶת־הַקְּטֹרֶת עַל־הָאֵשׁ לִפְנֵי יְהֹוָה וְכִסָּה עֲנַן הַקְּטֹרֶת אֶת־הַכַּפֹּרֶת אֲשֶׁר
עַל־הָעֵדוּת וְלֹא יָמוּת. וְלָקַח מִדַּם הַפָּר וְהִזָּה בְאֶצְבָּעוֹ עַל־פְּנֵי הַכַּפֹּרֶת
קֵדְמָה וְלִפְנֵי הַכַּפֹּרֶת יַזֶּה שֶׁבַע־פְּעָמִים מִן־הַדָּם בְּאֶצְבָּעוֹ. וְשָׁחַט
אֶת־שְׂעִיר הַחַטָּאת אֲשֶׁר לָעָם וְהֵבִיא אֶת־דָּמוֹ אֶל־מִבֵּית לַפָּרֹכֶת וְעָשָׂה
אֶת־דָּמוֹ כַּאֲשֶׁר עָשָׂה לְדַם הַפָּר וְהִזָּה אֹתוֹ עַל־הַכַּפֹּרֶת וְלִפְנֵי הַכַּפֹּרֶת.
וְכִפֶּר עַל־הַקֹּדֶשׁ מִטֻּמְאֹת בְּנֵי יִשְׂרָאֵל וּמִפִּשְׁעֵיהֶם לְכָל־חַטֹּאתָם וְכֵן
יַעֲשֶׂה לְאֹהֶל מוֹעֵד הַשֹּׁכֵן אִתָּם בְּתוֹךְ טֻמְאֹתָם. וְכָל־אָדָם לֹא־יִהְיֶה
בְּאֹהֶל מוֹעֵד בְּבֹאוֹ לְכַפֵּר בַּקֹּדֶשׁ עַד־צֵאתוֹ וְכִפֶּר בַּעֲדוֹ וּבְעַד בֵּיתוֹ
וּבְעַד כָּל־קְהַל יִשְׂרָאֵל. (חמישי) וְיָצָא אֶל־הַמִּזְבֵּחַ אֲשֶׁר לִפְנֵי־יְהֹוָה
וְכִפֶּר עָלָיו וְלָקַח מִדַּם הַפָּר וּמִדַּם הַשָּׂעִיר וְנָתַן עַל־קַרְנוֹת הַמִּזְבֵּחַ
סָבִיב. וְהִזָּה עָלָיו מִן־הַדָּם בְּאֶצְבָּעוֹ שֶׁבַע פְּעָמִים וְטִהֲרוֹ וְקִדְּשׁוֹ
מִטֻּמְאֹת בְּנֵי יִשְׂרָאֵל.

Torah Reading for Yom Kippur

Leviticus 16

And the Lord spoke to Moses after the death of the two sons of Aaron, when they came before the Lord, and died. And the Lord said to Moses, "Speak to Your brother Aaron, that he not come at any time *that he chooses* into the holy place, inside the veil, before the curtain, which is upon the ark, that he die not;
for I will appear in the cloud above the curtain. "In this manner shall Aaron come into the holy place; with a young bull for a sin offering, and a ram for a burnt offering. He shall put on the holy linen coat, and he shall wear the linen breeches upon his flesh, and he shall be girded with a linen sash, and with the linen mitre shall he be dressed; these are holy garments; *therefore* he shall wash himself in water, and put them on. "And he shall take from the congregation of the sons of Israel two kids from *among* the goats for a sin offering, and one ram for a burnt offering. And Aaron shall offer a bull for the sin offering, for himself, and he shall make atonement for himself and for his house.

"And he shall take the two goats, and set them before the Lord at the entrance of the Tent of Meeting. And Aaron shall cast lots upon the two goats; one lot for the Lord, and one lot for Azazel. And Aaron shall bring the goat upon which the lot to the Lord fell, and offer him for a sin offering. But the goat upon which the lot for the Azazel fell, shall be presented alive before the Lord, to make an atonement through it, and by sending it away with the Azazel into the wilderness.

"And Aaron shall sacrifice the bull of the sin offering, which is for himself, and shall make an atonement for himself, and for his house, and shall kill the bull of the sin offering which is for himself. And he shall take a censer full of burning coals of fire from before the altar of the Lord, and his cupped hands filled with finely ground sweet incense, and he shall bring it in the House, through the curtain. And he shall put the incense upon the fire before the Lord, that the cloud of the incense may cover the Covering that is upon the *Tablets of the* Testimony, so that he would not die. And he shall take of the blood of the bull, and sprinkle it with his finger upon the front of the Covering, eastward, and before the Covering he shall sprinkle from the blood with his finger seven times.

"Then shall he slaughter the goat of the sin offering, that is for the people, and bring his blood inside the Curtain, and do with that blood as he did with the blood of the bull, and he shall sprinkle it upon the Curtain, and before the Curtain. And he shall make atonement for the Holy Place, because of the uncleanness of the sons of Israel, and because of the enormity in all their sins; and thus shall he do for the Tent of Meeting, that is established in the midst of them, with their uncleanness.

"And none of the people shall be in the Tent of Meeting when he goes in to make an atonement for the Holy Place, until he comes out, and has made atonement for himself, and for his household, and for all the congregation of Israel. And he shall go out to the altar that is before the Lord, and make atonement for it, and shall take of the blood of the bull, and of the blood of the goat, and put it upon the horns of the altar round about. And with his finger, he shall sprinkle the blood upon it seven times, and it shall be clean, and he shall sanctify it from the uncleanness of the sons of Israel.

וְכִלָּה מִכַּפֵּר אֶת־הַקֹּדֶשׁ וְאֶת־אֹהֶל מוֹעֵד וְאֶת־הַמִּזְבֵּחַ וְהִקְרִיב
אֶת־הַשָּׂעִיר הֶחָי. וְסָמַךְ אַהֲרֹן אֶת־שְׁתֵּי יָדָו עַל־רֹאשׁ הַשָּׂעִיר הַחַי
וְהִתְוַדָּה עָלָיו אֶת־כָּל־עֲוֹנֹת בְּנֵי יִשְׂרָאֵל וְאֶת־כָּל־פִּשְׁעֵיהֶם
לְכָל־חַטֹּאתָם וְנָתַן אֹתָם עַל־רֹאשׁ הַשָּׂעִיר וְשִׁלַּח בְּיַד־אִישׁ עִתִּי
הַמִּדְבָּרָה. וְנָשָׂא הַשָּׂעִיר עָלָיו אֶת־כָּל־עֲוֹנֹתָם אֶל־אֶרֶץ גְּזֵרָה
וְשִׁלַּח אֶת־הַשָּׂעִיר בַּמִּדְבָּר. וּבָא אַהֲרֹן אֶל־אֹהֶל מוֹעֵד וּפָשַׁט
אֶת־בִּגְדֵי הַבָּד אֲשֶׁר לָבַשׁ בְּבֹאוֹ אֶל־הַקֹּדֶשׁ וְהִנִּיחָם שָׁם.
וְרָחַץ אֶת־בְּשָׂרוֹ בַמַּיִם בְּמָקוֹם קָדוֹשׁ וְלָבַשׁ אֶת־בְּגָדָיו וְיָצָא
וְעָשָׂה אֶת־עֹלָתוֹ וְאֶת־עֹלַת הָעָם וְכִפֶּר בַּעֲדוֹ וּבְעַד הָעָם.
(שׁשׁי) וְאֵת חֵלֶב הַחַטָּאת יַקְטִיר הַמִּזְבֵּחָה. וְהַמְשַׁלֵּחַ
אֶת־הַשָּׂעִיר לַעֲזָאזֵל יְכַבֵּס בְּגָדָיו וְרָחַץ אֶת־בְּשָׂרוֹ בַּמָּיִם
וְאַחֲרֵי־כֵן יָבוֹא אֶל־הַמַּחֲנֶה. וְאֵת פַּר הַחַטָּאת וְאֵת שְׂעִיר
הַחַטָּאת אֲשֶׁר הוּבָא אֶת־דָּמָם לְכַפֵּר בַּקֹּדֶשׁ יוֹצִיא אֶל־מִחוּץ
לַמַּחֲנֶה וְשָׂרְפוּ בָאֵשׁ אֶת־עֹרֹתָם וְאֶת־בְּשָׂרָם וְאֶת־פִּרְשָׁם.
וְהַשֹּׂרֵף אֹתָם יְכַבֵּס בְּגָדָיו וְרָחַץ אֶת־בְּשָׂרוֹ בַּמָּיִם וְאַחֲרֵי־כֵן
יָבוֹא אֶל־הַמַּחֲנֶה. וְהָיְתָה לָכֶם לְחֻקַּת עוֹלָם בַּחֹדֶשׁ הַשְּׁבִיעִי
בֶּעָשׂוֹר לַחֹדֶשׁ תְּעַנּוּ אֶת־נַפְשֹׁתֵיכֶם וְכָל־מְלָאכָה לֹא תַעֲשׂוּ
הָאֶזְרָח וְהַגֵּר הַגָּר בְּתוֹכְכֶם. כִּי־בַיּוֹם הַזֶּה יְכַפֵּר עֲלֵיכֶם לְטַהֵר
אֶתְכֶם מִכֹּל חַטֹּאתֵיכֶם לִפְנֵי יְהוָה תִּטְהָרוּ. (שׁביעי) שַׁבַּת
שַׁבָּתוֹן הִיא לָכֶם וְעִנִּיתֶם אֶת־נַפְשֹׁתֵיכֶם חֻקַּת עוֹלָם. וְכִפֶּר
הַכֹּהֵן אֲשֶׁר־יִמְשַׁח אֹתוֹ וַאֲשֶׁר יְמַלֵּא אֶת־יָדוֹ לְכַהֵן תַּחַת אָבִיו
וְלָבַשׁ אֶת־בִּגְדֵי הַבָּד בִּגְדֵי הַקֹּדֶשׁ. וְכִפֶּר אֶת־מִקְדַּשׁ הַקֹּדֶשׁ
וְאֶת־אֹהֶל מוֹעֵד וְאֶת־הַמִּזְבֵּחַ יְכַפֵּר וְעַל הַכֹּהֲנִים וְעַל־כָּל־עַם
הַקָּהָל יְכַפֵּר. וְהָיְתָה־זֹּאת לָכֶם לְחֻקַּת עוֹלָם לְכַפֵּר עַל־בְּנֵי
יִשְׂרָאֵל מִכָּל־חַטֹּאתָם אַחַת בַּשָּׁנָה. וַיַּעַשׂ כַּאֲשֶׁר צִוָּה יְהוָה
אֶת־מֹשֶׁה.

"And when he has finished atoning for the Holy Place, and for the Tent of Meeting, and for the altar, he shall bring forth the goat that is alive. And Aaron shall lay his two hands upon the head of the goat that is alive, and confess over him all the iniquities of the sons of Israel, and all the enormity of all their sins, and he shall put them upon the head of the goat, and shall send him away, into the wilderness, by the hand of a man appointed *to this task.* And the goat shall bear upon itself all their iniquities unto a land that is uninhabited; and he shall send the goat into the wilderness.

"And Aaron shall come to the Tent of Meeting, and shall remove the linen garments, that he wore when he entered into the Holy Place, and he shall leave them there. And he shall immerse his body in water, in a place that is holy, and he shall put on his garments, and go out *from there*, and offer his burnt offering, and the burnt offering of the people, and shall make atonement for himself, and for the people. And the fat of the sin offering he shall burn upon the altar. "And he who sent the goat for Azazel away shall wash his clothes, and immerse his body in water, and after this he may enter into the camp. And the bull for the sin offering, and the goat for the sin offering, whose blood was brought in to make atonement in the Holy Place, shall be carried outside the camp; and they shall be burned in fire: their hides, and their flesh, and their dung. And one who burns them shall wash his clothes, and immerse his body in water, and after this he may enter into the camp. "And this shall be an ordinance to you, forever, that in the seventh month, on the tenth of the month, you shall afflict your souls, and you shall not do any work at all, both for the native of the land, and for the stranger who dwells in the midst of you. For on that day atonement will be made for you, to cleanse you, that you may be clean from all your sins before the Lord. It shall be a Sabbath of Sabbaths unto you, and *on it* you shall afflict your souls, as an ordinance, forever. "And the anointed priest, and the one who shall be given the authority to serve in the place of his father, shall make atonement, and shall put on the linen garments, the holy garments. And he shall make atonement in the Holy of Holies, and for the Tent of Meeting, and for the altar, and atonement shall be made for the priests, and for all the people of the congregation, atonement shall be made. And this shall be to you an everlasting ordinance, to bring atonement upon the sons of Israel for all their sins, once a year." And *Aaron* did as the Lord had commanded Moses.

Additional Torah Reading for Yom Kippur

Numbers 29:7-11

וּבֶעָשׂוֹר לַחֹדֶשׁ הַשְּׁבִיעִי הַזֶּה מִקְרָא־קֹדֶשׁ יִהְיֶה לָכֶם וְעִנִּיתֶם
אֶת־נַפְשֹׁתֵיכֶם כָּל־מְלָאכָה לֹא תַעֲשׂוּ. וְהִקְרַבְתֶּם עֹלָה לַיהוָֹה
רֵיחַ נִיחֹחַ פַּר בֶּן־בָּקָר אֶחָד אַיִל אֶחָד כְּבָשִׂים בְּנֵי־שָׁנָה שִׁבְעָה
תְּמִימִם יִהְיוּ לָכֶם. וּמִנְחָתָם סֹלֶת בְּלוּלָה בַשֶּׁמֶן שְׁלֹשָׁה
עֶשְׂרֹנִים לַפָּר שְׁנֵי עֶשְׂרֹנִים לָאַיִל הָאֶחָד. עִשָּׂרוֹן עִשָּׂרוֹן לַכֶּבֶשׂ
הָאֶחָד לְשִׁבְעַת הַכְּבָשִׂים. שְׂעִיר־עִזִּים אֶחָד חַטָּאת מִלְּבַד
חַטַּאת הַכִּפֻּרִים וְעֹלַת הַתָּמִיד וּמִנְחָתָהּ וְנִסְכֵּיהֶם.

Blessing after reading Torah

Reader:

בָּרוּךְ אַתָּה יְיָ אֱלֹהֵינוּ מֶלֶךְ הָעוֹלָם, אֲשֶׁר נָתַן לָנוּ תּוֹרַת אֱמֶת, וְחַיֵּי
עוֹלָם נָטַע בְּתוֹכֵנוּ. בָּרוּךְ אַתָּה יְיָ, נוֹתֵן הַתּוֹרָה.

*Baruch ah-tah Adonai Eh-loh-hay-noo meh-lehch ha-oh-lahm, ah-shehr
nah-tahn lah-noo toh-raht eh-meht, v'chah-yay oh-lahm nah-tah
b'toh-cheh-noo. Baruch ah-tah Adonai, noh-tehn ha-toh-rah.*

Matthew 7:24-29

לָכֵן כָּל הַשֹּׁמֵעַ לִדְבָרַי אֵלֶּה וְעֹשֶׂה אֹתָם אֲעָרְכֶנּוּ לֶחָכָם לֵב אֲשֶׁר בָּנָה
בֵּיתוֹ עַל הַסֶּלַע. הַגֶּשֶׁם נִתַּךְ אַרְצָה נַחֲלֵי מַיִם יִשְׁטְפוּ וְרוּחַ גְּדוֹלָה בָּאָה
וַיִּפְגְּעוּ בַּבַּיִת הַהוּא וְלֹא נָפַל כִּי יֻסַּד בַּסֶּלַע. וְכָל הַשֹּׁמֵעַ לִדְבָרַי אֵלֶּה
וְלֹא יַעֲשֶׂה אֹתָם נִמְשָׁל לַחֲסַר לֵב אֲשֶׁר בֵּיתוֹ עַל הַחוֹל. הַגֶּשֶׁם נִתַּךְ
אַרְצָה נַחֲלֵי מַיִם יִשְׁטְפוּ וְרוּחַ גְּדוֹלָה בָּאָה וַיִּפְגְּעוּ בַּבַּיִת הַהוּא וַיִּפֹּל וַיְהִי
לְמַפֵּלָה גְּדוֹלָה. וַיְהִי כְּכַלּוֹת יֵשׁוּעַ אֶת הַדְּבָרִים הָאֵלֶּה וַיִּתְמְהוּ הֲמוֹן הָעָם
עַל תּוֹרָתוֹ. כִּי הָיָה מוֹרֶה אֹתָם כְּהוֹרֹת אִישׁ שִׁלְטוֹן וְלֹא כַסּוֹפְרִים.

Additional Torah Reading for Yom Kippur

Numbers 29:7-11

And the tenth day of this seventh month shall be a holy convocation to you. *On it,* you shall afflict your souls, and you shall not do any work. You shall offer a burnt offering to the Lord as a sweet aroma, which shall be unblemished to you; one young bull of the herd, one ram, and seven male lambs of the first year. *You shall also give* their meal offering, of fine flour mixed with oil; three tenths of an ephah for a bull, two tenths of an ephah for the one ram. *And you shall offer* a tenth of an ephah for each lamb, of the seven lambs. *You shall also offer* one male goat for a sin offering, in addition to the sin offering of the atonement, and the continual burnt offering, with its meal offering, and their drink offerings.

Blessing after reading Torah

Reader:

Blessed are You, Lord our God, King of the universe, who has given us true instruction, and has planted everlasting life in the midst of us. Blessed are You, Lord, giver of the Torah.

Matthew 7:24-29

Anyone who listens to My teaching and obeys Me is wise, like a person who builds a house on solid rock. Though the rain comes in torrents and the floodwaters rise and the winds beat against that house, it won't collapse, because it is built on rock. But anyone who hears My teaching and ignores it is foolish, like a person who builds a house on sand. When the rains and floods come and the winds beat against that house, it will fall with a mighty crash. After Yeshua finished speaking, the crowds were amazed at His teaching, for He taught as one who had real authority quite unlike the scribes.

Hagba'ah

(All Rise)

(the Torah is raised and the following is said)

וְזֹאת הַתּוֹרָה אֲשֶׁר שָׂם מֹשֶׁה לִפְנֵי בְּנֵי יִשְׂרָאֵל עַל פִּי יְיָ בְּיַד מֹשֶׁה.

V'zoht ha-toh-rah ah-shehr sahm Moshe lif'nay b'nay Yisrael ahl pee Adonai b'yahd Moshe.

Etz Chaim

עֵץ חַיִּים הִיא לַמַּחֲזִיקִים בָּהּ, וְתֹמְכֶיהָ מְאֻשָּׁר. דְּרָכֶיהָ דַרְכֵי נֹעַם, וְכָל נְתִיבוֹתֶיהָ שָׁלוֹם. אֹרֶךְ יָמִים בִּימִינָהּ, בִּשְׂמֹאלָהּ עֹשֶׁר וְכָבוֹד. יְיָ חָפֵץ לְמַעַן צִדְקוֹ, יַגְדִּיל תּוֹרָה וְיַאְדִּיר.

Ehtz chah-yeem hee lah-mah-chah-zee-keem bah, v'tohm'chay-ha m'oo-shahr. D'rah-chay-ha dahr'chay noh-ahm, v'chahl n'tee-voh-tay-ha shalom.

Blessing before the Reading of the Haftarah

בָּרוּךְ אַתָּה יְיָ אֱלֹהֵינוּ מֶלֶךְ הָעוֹלָם, אֲשֶׁר בָּחַר בִּנְבִיאִים טוֹבִים, וְרָצָה בְדִבְרֵיהֶם הַנֶּאֱמָרִים בֶּאֱמֶת, בָּרוּךְ אַתָּה יְיָ, הַבּוֹחֵר בַּתּוֹרָה וּבְמֹשֶׁה עַבְדּוֹ, וּבְיִשְׂרָאֵל עַמּוֹ, וּבִנְבִיאֵי הָאֱמֶת וָצֶדֶק.

Baruch atah Adonai Eloheynu Melech ha-olam, asher bah-char bin-vi-im tovim, veratzah ve-div-rehem ha-ne-e-marim be-emet. Baruch atah Adonai, ha-bocher batorah, uv-moshe av-doh, uv-yisrael a-moh, u-vin-viey ha-emet, va-tzedek

Reading from the Prophets for Yom Kippur

Isaiah 57:14 - 58:14

וְאָמַר סֹלּוּ־סֹלּוּ פַּנּוּ־דָרֶךְ הָרִימוּ מִכְשׁוֹל מִדֶּרֶךְ עַמִּי. כִּי כֹה אָמַר רָם וְנִשָּׂא שֹׁכֵן עַד וְקָדוֹשׁ שְׁמוֹ מָרוֹם וְקָדוֹשׁ אֶשְׁכּוֹן וְאֶת־דַּכָּא וּשְׁפַל־רוּחַ לְהַחֲיוֹת רוּחַ שְׁפָלִים וּלְהַחֲיוֹת לֵב נִדְכָּאִים. כִּי לֹא לְעוֹלָם אָרִיב וְלֹא לָנֶצַח אֶקְצוֹף כִּי־רוּחַ מִלְּפָנַי יַעֲטוֹף וּנְשָׁמוֹת אֲנִי עָשִׂיתִי. בַּעֲוֹן בִּצְעוֹ קָצַפְתִּי וְאַכֵּהוּ הַסְתֵּר וְאֶקְצֹף וַיֵּלֶךְ שׁוֹבָב בְּדֶרֶךְ לִבּוֹ. דְּרָכָיו רָאִיתִי וְאֶרְפָּאֵהוּ וְאַנְחֵהוּ וַאֲשַׁלֵּם נִחֻמִים לוֹ וְלַאֲבֵלָיו. בּוֹרֵא נִיב שְׂפָתַיִם שָׁלוֹם שָׁלוֹם לָרָחוֹק וְלַקָּרוֹב אָמַר יְהוָה וּרְפָאתִיו. וְהָרְשָׁעִים כַּיָּם נִגְרָשׁ כִּי הַשְׁקֵט לֹא יוּכָל וַיִּגְרְשׁוּ מֵימָיו רֶפֶשׁ וָטִיט. אֵין שָׁלוֹם אָמַר אֱלֹהַי לָרְשָׁעִים.

Hagba'ah

(All Rise)

(The Torah is raised and the following is said)

And this is the Torah that Moses placed before the children of Israel. It is given by the hand of Moses; it is from the mouth of God.

Etz Chaim

It is a tree of life to those who take hold of it, and happy are those who support it. Its ways are ways of pleasantness, and all its paths are peace. Long life is in its right hand, and in its left hand are riches and honor. The Lord is pleased for the sake of His righteousness to make the Torah great and glorious.

Blessing before the Reading of the Haftarah

Blessed are You, Lord our God, King of the universe, who has chosen good prophets and has taken pleasure in the words they have spoken in truth. Blessed are You, Lord, the chooser of Torah, and of Moses, Your servant, and of Israel, Your people, and of the true and righteous prophets.

Reading from the Prophets for Yom Kippur

Isaiah 57:14 - 58:14

And one shall say, "Build up, build up, clear the way, remove the stumbling block from the way of my people." For thus says the One who is high and lifted up, who abides forever, whose name is Holy, "I will dwell in a high and holy place, and also with him who has a contrite and humble spirit, that I might revive the spirit of the humble, and the heart of the one who is contrite. For I will not always contend, nor will I be furious forever. For the spirit that is from before Me will encompass *them*, and I will make *their* souls *new*. Because his sin was carried out, I was furious, and I struck him; I hid myself, and was enraged, for he continued to walk, from his heart, in the way of wickedness.

"I have seen the way in which he walks, and I will heal him; and I will guide him; and bestow comforts upon him and on those who mourn. A new expression shall come from their lips, 'Peace! Peace, for him who is far, and for him who is near,' says the Lord, 'for I will heal him. But the wicked, like the sea, are driven, for it cannot rest; its waters disgorge mud and slime. There will be no peace for the wicked,' says my God.

קְרָא בְגָרוֹן אַל־תַּחְשֹׂךְ כַּשּׁוֹפָר הָרֵם קוֹלֶךָ וְהַגֵּד לְעַמִּי פִּשְׁעָם וּלְבֵית
יַעֲקֹב חַטֹּאתָם: וְאוֹתִי יוֹם יוֹם יִדְרֹשׁוּן וְדַעַת דְּרָכַי יֶחְפָּצוּן כְּגוֹי
אֲשֶׁר־צְדָקָה עָשָׂה וּמִשְׁפַּט אֱלֹהָיו לֹא עָזָב יִשְׁאָלוּנִי מִשְׁפְּטֵי־צֶדֶק קִרְבַת
אֱלֹהִים יֶחְפָּצוּן: לָמָּה צַּמְנוּ וְלֹא רָאִיתָ עִנִּינוּ נַפְשֵׁנוּ וְלֹא תֵדָע הֵן בְּיוֹם
צֹמְכֶם תִּמְצְאוּ־חֵפֶץ וְכָל־עַצְּבֵיכֶם תִּנְגֹּשׂוּ: הֵן לְרִיב וּמַצָּה תָּצוּמוּ
וּלְהַכּוֹת בְּאֶגְרֹף רֶשַׁע לֹא־תָצוּמוּ כַיּוֹם לְהַשְׁמִיעַ בַּמָּרוֹם קוֹלְכֶם: הֲכָזֶה
יִהְיֶה צוֹם אֶבְחָרֵהוּ יוֹם עַנּוֹת אָדָם נַפְשׁוֹ הֲלָכֹף כְּאַגְמֹן רֹאשׁוֹ וְשַׂק וָאֵפֶר
יַצִּיעַ הֲלָזֶה תִּקְרָא־צוֹם וְיוֹם רָצוֹן לַיהוָה: הֲלוֹא זֶה צוֹם אֶבְחָרֵהוּ פַּתֵּחַ
חַרְצֻבּוֹת רֶשַׁע הַתֵּר אֲגֻדּוֹת מוֹטָה וְשַׁלַּח רְצוּצִים חָפְשִׁים וְכָל־מוֹטָה
תְּנַתֵּקוּ: הֲלוֹא פָרֹס לָרָעֵב לַחְמֶךָ וַעֲנִיִּים מְרוּדִים תָּבִיא בָיִת כִּי־תִרְאֶה
עָרֹם וְכִסִּיתוֹ וּמִבְּשָׂרְךָ לֹא תִתְעַלָּם: אָז יִבָּקַע כַּשַּׁחַר אוֹרֶךָ וַאֲרֻכָתְךָ
מְהֵרָה תִצְמָח וְהָלַךְ לְפָנֶיךָ צִדְקֶךָ כְּבוֹד יְהוָה יַאַסְפֶךָ: אָז תִּקְרָא וַיהוָה
יַעֲנֶה תְּשַׁוַּע וְיֹאמַר הִנֵּנִי אִם־תָּסִיר מִתּוֹכְךָ מוֹטָה שְׁלַח אֶצְבַּע
וְדַבֶּר־אָוֶן: וְתָפֵק לָרָעֵב נַפְשֶׁךָ וְנֶפֶשׁ נַעֲנָה תַּשְׂבִּיעַ וְזָרַח בַּחֹשֶׁךְ אוֹרֶךָ
וַאֲפֵלָתְךָ כַּצָּהֳרָיִם: וְנָחֲךָ יְהוָה תָּמִיד וְהִשְׂבִּיעַ בְּצַחְצָחוֹת נַפְשֶׁךָ
וְעַצְמֹתֶיךָ יַחֲלִיץ וְהָיִיתָ כְּגַן רָוֶה וּכְמוֹצָא מַיִם אֲשֶׁר לֹא־יְכַזְּבוּ מֵימָיו:
וּבָנוּ מִמְּךָ חָרְבוֹת עוֹלָם מוֹסְדֵי דוֹר־וָדוֹר תְּקוֹמֵם וְקֹרָא לְךָ גֹּדֵר פֶּרֶץ
מְשֹׁבֵב נְתִיבוֹת לָשָׁבֶת: אִם־תָּשִׁיב מִשַּׁבָּת רַגְלֶךָ עֲשׂוֹת חֲפָצֶיךָ בְּיוֹם
קָדְשִׁי וְקָרָאתָ לַשַּׁבָּת עֹנֶג לִקְדוֹשׁ יְהוָה מְכֻבָּד וְכִבַּדְתּוֹ מֵעֲשׂוֹת דְּרָכֶיךָ
מִמְּצוֹא חֶפְצְךָ וְדַבֵּר דָּבָר: אָז תִּתְעַנַּג עַל־יְהוָה וְהִרְכַּבְתִּיךָ עַל־בָּמֳתֵי
אָרֶץ וְהַאֲכַלְתִּיךָ נַחֲלַת יַעֲקֹב אָבִיךָ כִּי פִּי יְהוָה דִּבֵּר

"Cry aloud! Do not hold back! Lift up your voice like a shofar, and declare their iniquity to my people, and their sins to the house of Jacob. Day after day they seek me, *seeming to* delight in knowing my ways. As if they were a nation that did righteousness, and has not forsaken the laws of their God, they ask me for judgments of justice, *as if* they desire to draw near to God. 'We have fasted,' say they, 'why do You not see? We have afflicted ourselves, but You do not acknowledge *it*?' Indeed, on the day you fast you seek your own pleasure, and seek after all who are indebted *to you*. Indeed, you fast with contention and strife, and to strike with a fist of wickedness. You do not fast on this day, to make your voice to be heard on high. Is this the fast that I have chosen; a day for a man to afflict his soul? Is it to bow down ones head as a bulrush, and to spread sackcloth and ashes under him? Is this what you call a fast, and a day that the Lord desires? "Is not this the fast that I have chosen? To loose the chains of iniquity, to undo the bonds of oppression, to send away those who have been crushed to freedom, and to break every yoke? Is it not to share your bread with the hungry, and bring the poor, who are cast down, into the house? *Is it not that* when you see the naked, you cover him, and that you not disregard your own flesh?

"Then your light will break forth like the dawn, your healing will spring forth speedily, your righteousness will go before you, *and* the glory of the Lord will gather you in. Then you will call, and the Lord will answer; you will cry out, and He will say, 'Here am I.' If you take away from the midst of you the yoke *of oppression*, the wagging of the finger, and the speaking of evil, and if you offer to the hungry from your soul, and you satisfy the soul that is afflicted, then your light will shine in the darkness, and your darkness will be as the noon day. And the Lord will always be your rest; He will satisfy your soul in *times of* drought, and He will strengthen your bones. You will be like a watered garden, and like a spring of water, whose waters never fail. And those who are of you shall build *again* the ancient ruins, and the foundations of many generations. And you will be called, 'repairer of the breach'; 'restorer of the paths in which we dwell'.

"If, for the sake of the Sabbath, you restrain your foot from going after your own desires on My holy day, and you call the Sabbath a delight; the holy day of the Lord, honorable, honoring it by not going after your own ways, or seeking your own desires, or speaking of *vain* matters, then you will take delight in the Lord, and I will cause you to ride upon the heights of the earth, and I will provide for you from the heritage of Jacob your father,' for the mouth of the Lord has spoken it."

Blessings after Reading of the Haftarah

בָּרוּךְ אַתָּה יְיָ אֱלֹהֵינוּ מֶלֶךְ הָעוֹלָם, צוּר כָּל הָעוֹלָמִים, צַדִּיק בְּכָל
הַדּוֹרוֹת, הָאֵל הַנֶּאֱמָן הָאוֹמֵר וְעֹשֶׂה, הַמְדַבֵּר וּמְקַיֵּם, שֶׁכָּל דְּבָרָיו אֱמֶת
וָצֶדֶק.

נֶאֱמָן אַתָּה הוּא יְיָ אֱלֹהֵינוּ, וְנֶאֱמָנִים דְּבָרֶיךָ, וְדָבָר אֶחָד מִדְּבָרֶיךָ אָחוֹר
לֹא יָשׁוּב רֵיקָם, כִּי אֵל מֶלֶךְ נֶאֱמָן (וְרַחֲמָן) אָתָּה. בָּרוּךְ אַתָּה יְיָ, הָאֵל
הַנֶּאֱמָן בְּכָל דְּבָרָיו.

Baruch atah Adonai Eloheynu Melech ha-olam, tzur kol ha-olamim tzaddik
be-kol ha-dorot, ha-el ha-ne-e-man ha-omer vey-oseh, ham-daber um-cayem,
she-chol de-va-rayv emet va-tzedek.
Ne-eman atah hu adonai elohenu, ve-ne-emanim deva-recha, ve-davar echad
mid-varecha achor lo yashuv recham, ki el melech ne-e-man (ve-rachaman)
atah. Baruch atah Adonai, ha-el ha-ne-e-man be-kol de-va-rayiv.

רַחֵם עַל צִיּוֹן כִּי הִיא בֵּית חַיֵּינוּ, וְלַעֲלוּבַת נֶפֶשׁ תּוֹשִׁיעַ בִּמְהֵרָה בְּיָמֵינוּ.
בָּרוּךְ אַתָּה יְיָ, מְשַׂמֵּחַ צִיּוֹן בְּבָנֶיהָ.

שַׂמְּחֵנוּ יְיָ אֱלֹהֵינוּ בְּאֵלִיָּהוּ הַנָּבִיא עַבְדֶּךָ, וּבְמַלְכוּת בֵּית דָּוִד מְשִׁיחֶךָ,
בִּמְהֵרָה יָבֹא וְיָגֵל לִבֵּנוּ, עַל כִּסְאוֹ לֹא יֵשֶׁב זָר וְלֹא יִנְחֲלוּ עוֹד אֲחֵרִים
אֶת כְּבוֹדוֹ, כִּי בְשֵׁם קָדְשְׁךָ נִשְׁבַּעְתָּ לּוֹ, שֶׁלֹּא יִכְבֶּה נֵרוֹ לְעוֹלָם וָעֶד.
בָּרוּךְ אַתָּה יְיָ, מָגֵן דָּוִד.

(On Shabbat add the following)

עַל הַתּוֹרָה, וְעַל הָעֲבוֹדָה, וְעַל הַנְּבִיאִים, וְעַל יוֹם הַשַּׁבָּת הַזֶּה, וְעַל יוֹם
הַזִּכָּרוֹן הַזֶּה, שֶׁנָּתַתָּ לָּנוּ יְיָ אֱלֹהֵינוּ, לִקְדֻשָּׁה וְלִמְנוּחָה, לְכָבוֹד וּלְתִפְאָרֶת.

עַל הַכֹּל יְיָ אֱלֹהֵינוּ, אֲנַחְנוּ מוֹדִים לָךְ, וּמְבָרְכִים אוֹתָךְ, יִתְבָּרַךְ שִׁמְךָ
בְּפִי כָּל חַי תָּמִיד לְעוֹלָם וָעֶד. בָּרוּךְ אַתָּה יְיָ, מְקַדֵּשׁ הַשַּׁבָּת.

John 5:39; 45-47

וַיֹּאמֶר יֵשׁוּעַ: אַתֶּם דֹּרְשִׁים מֵעַל כִּתְבֵי הַקֹּדֶשׁ כִּי בָּהֶם אַתֶּם אֹמְרִים חַיֵּי
עוֹלָם לָכֶם וְהֵם הֵמָּה הַמְּעִידִים עָלָי... .אַל תַּחְשְׁבוּ כִּי אֲנִי אָבִיא שִׂטְנָה
עֲלֵיכֶם לִפְנֵי הָאָב יֵשׁ אֶחָד מֵבִיא שִׂטְנָה עֲלֵיכֶם מֹשֶׁה אֲשֶׁר בְּטַחְתֶּם בּוֹ.
כִּי לוּ הֱיִתֶם בְּמֹשֶׁה הֶאֱמַנְתֶּם גַּם בִּי כִּי עָלַי הוּא כָתַב. אַךְ אִם
בִּכְתָבָיו לֹא תַאֲמִינוּ אֵיךְ תַּאֲמִינוּ בִּדְבָרָי.

Blessings after Reading of the Haftarah

Blessed are You, Lord our God, King of the universe, Creator of all the worlds, righteous through all generations; faithful God, who says and who does, who speaks and who fulfills. All Your words are true and just.

You are faithful, Lord our God, and Your words are faithful. No word of Yours shall return unfulfilled, for You are a faithful and merciful God and King! Blessed are You, Lord God, whose every word is faithful.

Have compassion on Tzion; it is the dwelling place of our life. Quickly save, with Your Right Hand, she whose soul is poor! Blessed are You, Lord, who makes Tzion rejoice in her children.

Lord our God, cause us to rejoice in Your servant, Elijah the prophet, and in the reign of the House of David, Your Messiah. Bring *Him* quickly and gladden our hearts. Do not allow a stranger to sit on David's throne. And do not allow another to inherit His glory any longer, for in Your Holy Name You did swear to Him, that His lamp would never be put out! Blessed are You, Lord, the Shield of David.

(On Shabbat add the following)

For the Torah, and for the service of worship, and for the prophets and for this Sabbath day which You, Lord our God, have given to us for sanctity and for rest, for glory and for honor.

For all these things, blessings are Yours. Lord our God, we are ever grateful to You. May Your name be blessed by every living thing, forever and to eternity. Blessed are You, Lord, who sanctifies the Sabbath.

John 5:39; 45-47

Yeshua said, "You search the Scriptures because you believe they give you eternal life. But the Scriptures point to Me!. . . I will not accuse you before the Father. Moses will accuse you! Yes, Moses, on whom you set your trust. If you had believed Moses, you would have believed Me because he wrote about Me. But, since you don't believe what he wrote, how will you believe what I say?"

Blessing before reading the B'rit Chadashah

בָּרוּךְ אַתָּה יְיָ אֱלֹהֵינוּ מֶלֶךְ הָעוֹלָם, אֲשֶׁר בָּחַר בָּנוּ מִכָּל הָעַמִּים וְנָתַן לָנוּ
בְּרִית חֲדָשָׁה: בָּרוּךְ אַתָּה יְיָ, נוֹתֵן הַדָּבָר:

*Baruch atah Adonai Eloheynu Melech ha-olam, asher bah-char bahnu mikol
ha-amim, ve-nah-tahn lanu B'rit Chadashah. Baruch atah Adonai, no-ten
haDavar*

Reading from the B'rit Chadashah for Yom Kippur

2 Corinthians 5:10-21

. . . כִּי כֻלָּנוּ עֲתִידִים לְהֵרָאוֹת לִפְנֵי כִסֵּא־דִין הַמָּשִׁיחַ לְמַעַן יְקַבֵּל אִישׁ וָאִישׁ כְּפִי
פָעֳלוֹ בְּחַיֵּי גוּפוֹ אִם־טוֹב וְאִם־רָע. וְעַתָּה יַעַן אֲשֶׁר יָדַעְנוּ יִרְאַת הָאָדוֹן נְדַבֵּר
עַל־לֵב בְּנֵי אָדָם וְלֵאלֹהִים אֲנַחְנוּ גְלוּיִים כִּי־גְלוּיִים אֲנַחְנוּ גַם בְּמַדָּעֲכֶם. כִּי
אֵין אֲנַחְנוּ מִשְׁתַּבְּחִים שֵׁנִית אֲלֵיכֶם אַךְ נֹתְנִים לָכֶם סִבָּה לְהִתְפָּאֵר בָּנוּ לְנֶגֶד
הַמִּתְפָּאֲרִים בְּפָנִים וְלֹא בְלֵב. כִּי אִם־הִשְׁתַּגַּעְנוּ לֵאלֹהִים הָיָתָה־זֹּאת
וְאִם־הִשְׂכַּלְנוּ לָכֶם הָיָתָה. כִּי־אַהֲבַת הַמָּשִׁיחַ דֹּחֶקֶת אֹתָנוּ בִּהְיוֹתֵנוּ דָנִים אֲשֶׁר
אִם־מֵת אֶחָד בְּעַד כֻּלָּם כֻּלָּם מֵתוּ. לְמַעַן לֹא־יִחְיוּ הַחַיִּים עוֹד לְנַפְשָׁם כִּי
אִם־לַאֲשֶׁר מֵת וַיָּקָם בַּעֲדָם. לָכֵן מֵעַתָּה אֲנַחְנוּ לֹא־נֵדַע אִישׁ לְפִי הַבָּשָׂר וְגַם
אִם־יָדַעְנוּ אֶת־הַמָּשִׁיחַ לְפִי הַבָּשָׂר מֵעַתָּה לֹא־נֵדָעֵהוּ עוֹד. וּבְכֵן מִי שֶׁהוּא בַּמָּשִׁיחַ
בְּרִיאָה חֲדָשָׁה הוּא הַיְשָׁנוֹת עָבְרוּ וְהִנֵּה הַכֹּל נִהְיָה לְחָדָשׁ. וְהַכֹּל מֵאֵת הָאֱלֹהִים
הַמְרַצֶּה אֹתָנוּ לְעַצְמוֹ עַל־יְדֵי יֵשׁוּעַ הַמָּשִׁיחַ וַיִּתֶּן־לָנוּ שֵׁרוּת הָרִצּוּי. יַעַן אֲשֶׁר
אֱלֹהִים הָיָה בַמָּשִׁיחַ מְרַצֶּה אֶת־הָעוֹלָם לְעַצְמוֹ וְלֹא־חָשַׁב לָהֶם אֶת־פִּשְׁעֵיהֶם וַיָּשֶׂם
בָּנוּ אֶת־דְּבַר הָרִצּוּי. לָכֵן מְלִיצֵי הַמָּשִׁיחַ אֲנַחְנוּ וּכְאִלּוּ הָאֱלֹהִים מַזְהִיר אֶתְכֶם
עַל־יָדֵנוּ נְבַקֵּשׁ מִכֶּם בְּעַד הַמָּשִׁיחַ הִתְרַצּוּ־נָא אֶל־הָאֱלֹהִים. כִּי אֵת־אֲשֶׁר
לֹא־יָדַע חַטָּאת אֹתוֹ עָשָׂה לְחַטָּאת בַּעֲדֵנוּ לְמַעַן נִהְיֶה־בּוֹ אֲנַחְנוּ לְצִדְקַת אֱלֹהִים.

Blessings after reading the B'rit Chadashah

בָּרוּךְ אַתָּה יְיָ אֱלֹהֵינוּ מֶלֶךְ הָעוֹלָם, אֲשֶׁר נָתַן לָנוּ דְּבַר אֱמֶת, וְחַיֵּי עוֹלָם
נָטַע בְּתוֹכֵנוּ: בָּרוּךְ אַתָּה יְיָ, נוֹתֵן בְּרִית חֲדָשָׁה:

*Baruch atah Adonai Eloheynu Melech ha-olam, asher nahtan lahnu Devar
Emet, vechah-yey olam nahtah betoh-cheh-nu. Baruch atah Adonai, no-ten
B'rit Chadashah*

Blessing before reading the B'rit Chadashah

Blessed are You, Lord our God, King of the universe, who has chosen us from among all people and has given us the New Covenant. Blessed are You, Lord, Giver of the Word.

Reading from the B'rit Chadashah for Yom Kippur

2 Corinthians 5:10-21

". . . for we must all appear before the judgment seat of the Messiah, so that every one may receive *his due* according to the things he has done while alive in the body, *either* for good or for bad. We are open and undisguised to God, and I hope that we are open and undisguised in your consciences. Therefore, knowing the fear of the Lord, we hope to persuade people.

For we are not commending ourselves again to you, but give you reason to be proud of us, that you may resist those who boast in outward appearances and not in heart. For if we are insane, it is for God, and if we are wise, it is for you. For the love of the Messiah presses upon us, because we are convinced that if One died for all, then, *by implication,* all were dead; and He *died* for the sake of those who did not live, that those who live should live no longer for themselves, but for Him who died for them and who was raised.

Therefore, from now on, we will not consider anyone according to the flesh *alone.* Even though our knowledge of the Messiah was according to the flesh, yet we do not know him in this manner now. Therefore, who ever is in the Messiah, is a renewed creation; the old is passed away, and in everything they have been restored. And all is from God, who has reconciled us to Himself by the hand of Yeshua the Messiah, and has given to us the ministry of reconciliation. That is, that God, through the Messiah, was reconciling the world to Himself, not counting the enormity of their guilt to them, and *He* has committed the work of reconciliation to us.

Now then, we are representatives of the Messiah, and in effect God is pleading through us. We plead on the Messiah's behalf, 'Be reconciled to God. For He made Him who knew no sin to become sin for our sake, in order that, in Him, we might become the righteousness of God.'

Blessing after reading the B'rit Chadashah

Blessed are You, Lord our God, King of the universe, who has given us the Word of truth and planted everlasting life in our midst. Blessed are You, Giver of the New Covenant.

Matthew 7:24-29

לָכֵן כָּל הַשֹּׁמֵעַ לִדְבָרַי אֵלֶּה וְעֹשֶׂה אֹתָם אֲעָרְכֶנּוּ לַחֲכַם לֵב אֲשֶׁר בָּנָה בֵיתוֹ עַל הַסָּלַע. הַגֶּשֶׁם נִתַּךְ אַרְצָה נַחֲלֵי מַיִם יִשְׁטֹפוּ וְרוּחַ גְּדוֹלָה בָּאָה וַיִּפְגְּעוּ בַּבַּיִת הַהוּא וְלֹא נָפַל כִּי יֻסַּד בַּסָּלַע. וְכָל הַשֹּׁמֵעַ לִדְבָרַי אֵלֶּה וְלֹא יַעֲשֶׂה אֹתָם נִמְשָׁל לַחֲסַר לֵב אֲשֶׁר בֵּיתוֹ עַל הַחוֹל. הַגֶּשֶׁם נִתַּךְ אַרְצָה נַחֲלֵי מַיִם יִשְׁטֹפוּ וְרוּחַ גְּדוֹלָה בָּאָה וַיִּפְגְּעוּ בַּבַּיִת הַהוּא וַיִּפֹּל וַיְהִי לְמַפֵּלָה גְדוֹלָה.

(Turn to Page 140 to Conclude Service in Hebrew)

Matthew 7:24-29

Anyone who hears to these words of Mine, to do them, is wise. *They are as one* who builds his house upon the Rock. *Though* the rain is poured out upon the land, and the streams of water overflow, and a great wind beats against his house, it will not be overthrown, for it is built upon the Rock. But anyone who hears these words of Mine, but ignores them and will not do them *is as one* who builds his house on the sand. When the rain is poured out upon the land, and the streams of water overflow, and a great wind beat against his house, it will be overthrown, and great will be its fall.

(Turn to Page 141 to Conclude Service in English)

יִזְכּוֹר

Psalm 39:5-14

Responsive Reading

הוֹדִיעֵנִי יְהֹוָה קִצִּי וּמִדַּת יָמַי מַה־הִיא אֵדְעָה מֶה־חָדֵל אָנִי.

הִנֵּה טְפָחוֹת נָתַתָּה יָמַי וְחֶלְדִּי כְאַיִן נֶגְדֶּךָ אַךְ־כָּל־הֶבֶל כָּל־אָדָם נִצָּב (סֶלָה).

אַךְ־בְּצֶלֶם יִתְהַלֶּךְ־אִישׁ אַךְ־הֶבֶל יֶהֱמָיוּן יִצְבֹּר וְלֹא־יֵדַע מִי־אֹסְפָם.

וְעַתָּה מַה־קִּוִּיתִי אֲדֹנָי תּוֹחַלְתִּי לְךָ הִיא.

מִכָּל־פְּשָׁעַי הַצִּילֵנִי חֶרְפַּת נָבָל אַל־תְּשִׂימֵנִי.

נֶאֱלַמְתִּי לֹא אֶפְתַּח־פִּי כִּי אַתָּה עָשִׂיתָ.

הָסֵר מֵעָלַי נִגְעֶךָ מִתִּגְרַת יָדְךָ אֲנִי כָלִיתִי.

בְּתוֹכָחוֹת עַל־עָוֹן יִסַּרְתָּ אִישׁ וַתֶּמֶס כָּעָשׁ חֲמוּדוֹ אַךְ הֶבֶל כָּל־אָדָם (סֶלָה).

שִׁמְעָה־תְפִלָּתִי יְהֹוָה וְשַׁוְעָתִי הַאֲזִינָה אֶל־דִּמְעָתִי אַל־תֶּחֱרַשׁ כִּי גֵר אָנֹכִי עִמָּךְ תּוֹשָׁב כְּכָל־אֲבוֹתָי.

הָשַׁע מִמֶּנִּי וְאַבְלִיגָה בְּטֶרֶם אֵלֵךְ וְאֵינֶנִּי.

Psalm 23

מִזְמוֹר לְדָוִד

יְהֹוָה רֹעִי לֹא אֶחְסָר. בִּנְאוֹת דֶּשֶׁא יַרְבִּיצֵנִי עַל־מֵי מְנֻחוֹת יְנַהֲלֵנִי. נַפְשִׁי יְשׁוֹבֵב יַנְחֵנִי בְמַעְגְּלֵי־צֶדֶק לְמַעַן שְׁמוֹ. גַּם כִּי־אֵלֵךְ בְּגֵיא צַלְמָוֶת לֹא־אִירָא רָע כִּי־אַתָּה עִמָּדִי שִׁבְטְךָ וּמִשְׁעַנְתֶּךָ הֵמָּה יְנַחֲמֻנִי. תַּעֲרֹךְ לְפָנַי שֻׁלְחָן נֶגֶד צֹרְרָי דִּשַּׁנְתָּ בַשֶּׁמֶן רֹאשִׁי כּוֹסִי רְוָיָה. אַךְ טוֹב וָחֶסֶד יִרְדְּפוּנִי כָּל־יְמֵי חַיָּי וְשַׁבְתִּי בְּבֵית־יְהֹוָה לְאֹרֶךְ יָמִים.

Yom Kippur Memorial Service (Yizkor)

Psalm 39:5-14

Responsive Reading

Lord, let me know my end, and what is the measure of my days, that I may know what I lack.

> ***Behold, you have made my days like a handbreadth; and a man's life is as nothing compared to you; truly every person's life at its best is altogether vanity.*** *(Selah)*

Surely man walks to and fro as a shadow; indeed for vanity's sake he is in turmoil as he heaps up *riches*, not knowing who shall gather them up.

> ***And now, Lord, in what shall I hope? My hope is in You.***

Save me from all my iniquity; do not put upon me the shame of the impure.

> ***I can say nothing; nor can I open my mouth, for You cannot be moved.***

Turn away your stroke from me; by the stroke of Your hand I have been consumed.

> ***When, with punishments, you chastise man for sin, you consume his beauty as a moth is consumed by the fire; surely all people are filled with vanity.*** *(Selah)*

Lord, hear my prayer and listen to my cry; do not be silent at my tears; for I am not a stranger to you; a sojourner, like all my fathers.

> ***Look away from me, that I may take comfort before I depart, and am no more.***

Psalm 23

A Psalm of David.

The Lord is my shepherd; what then shall I lack. He makes me lie down in grassy meadows; He leads me beside still waters. He restores my soul; He leads me in the path of the righteous for His name's sake. And though I walk in the valley of the death's shadow I will not fear the wicked, for You are with me; Your rod and Your staff give me comfort. You arrange a table before me, in the *very* presence of my enemies; You cover my head with fragrant oils; my cup overflows. Surely goodness and loving kindness shall follow after me all the days of my life; and for the length of my days my dwelling place will be in the house of the Lord .

Responsive Reading:

יְיָ, מָה אָדָם וַתֵּדָעֵהוּ, בֶּן־אֱנוֹשׁ וַתְּחַשְּׁבֵהוּ.

אָדָם לַהֶבֶל דָּמָה, יָמָיו כְּצֵל עוֹבֵר.

בַּבֹּקֶר יָצִיץ וְחָלָף, לָעֶרֶב יְמוֹלֵל וְיָבֵשׁ.

לִמְנוֹת יָמֵינוּ כֵּן הוֹדַע, וְנָבִא לְבַב חָכְמָה.

שְׁמָר־תָּם וּרְאֵה יָשָׁר, כִּי אַחֲרִית לְאִישׁ שָׁלוֹם.

אַךְ אֱלֹהִים יִפְדֶּה נַפְשִׁי מִיַּד שְׁאוֹל, כִּי יִקָּחֵנִי סֶלָה.

כָּלָה שְׁאֵרִי וּלְבָבִי, צוּר לְבָבִי וְחֶלְקִי אֱלֹהִים לְעוֹלָם.

וְיָשֹׁב הֶעָפָר עַל הָאָרֶץ כְּשֶׁהָיָה, וְהָרוּחַ תָּשׁוּב אֶל הָאֱלֹהִים אֲשֶׁר נְתָנָהּ.

In memory of a father:

יִזְכֹּר אֱלֹהִים נִשְׁמַת אָבִי מוֹרִי __________ בֶּן __________ שֶׁהָלַךְ
לְעוֹלָמוֹ. תְּהֵא נַפְשׁוֹ צְרוּרָה בִּצְרוֹר הַחַיִּים עִם נִשְׁמוֹת אַבְרָהָם, יִצְחָק,
וְיַעֲקֹב, שָׂרָה, רִבְקָה, רָחֵל, וְלֵאָה, וְעִם שְׁאָר צַדִּיקִים וְצִדְקָנִיּוֹת שֶׁבְּגַן
עֵדֶן, וְנֹאמַר, אָמֵן.

Yiz'kor Eh-loh-heem nish'maht ah-vee moh-ree__________ ben_________
sheh-ha-lahch l'oh-lah-moh. T'heh nahf'shoh tz'roo-rah bitz'rohr
ha-chah-yeem im nish'moht Ahv'rah-hahm, Yitz'chahk, v'Yah-ah-kohv,
Sah-rah, Riv'kah, Rah-chehl, v'Leh-ah, v'im sh'ahr tzah-dee-keem
v'tzid-kah-ni-yoht sheh-b'Gahn Ay-dehn, v'noh-mahr, Ah-mehn.

In memory of a mother:

יִזְכֹּר אֱלֹהִים נִשְׁמַת אִמִּי מוֹרָתִי __________ בַּת __________ שֶׁהָלְכָה
לְעוֹלָמָהּ. תְּהֵא נַפְשָׁהּ צְרוּרָה בִּצְרוֹר הַחַיִּים עִם נִשְׁמוֹת אַבְרָהָם, יִצְחָק,
וְיַעֲקֹב, שָׂרָה, רִבְקָה, רָחֵל, וְלֵאָה, וְעִם שְׁאָר צַדִּיקִים וְצִדְקָנִיּוֹת שֶׁבְּגַן
עֵדֶן, וְנֹאמַר, אָמֵן.

Yiz'kor Eh-loh-heem nish'maht i-mee moh-rah-tee________ bat________
sheh-ha-lah-chah l'oh-lah-mhh-h. T'heh nahf'shah-h tz'roo-rah bitz'rohr
ha-chah-yeem im nish'moht Ahv'rah-hahm, Yitz'chahk, v'Yah-ah-kohv,
Sah-rah, Riv'kah, Rah-chehl, v'Leh-ah, v'im sh'ahr tzah-dee-keem
v'tzid-kah-ni-yoht sheh-b'Gahn Ay-dehn, v'noh-mahr, Ah-mehn.

Responsive Reading:

Lord, what is man that You would take notice of him; and the son of man that You would consider him?

> *Man is like a breath; his days are as a passing shadow.*

He is rejuvenated and blossoms in the morning; by evening he is dry and ready to be cut down.

> *So, teach us to number our days, that we might attain a heart of wisdom.*

Keep watch over the innocent, and look upon the upright *with favor*, for this is the destiny of the man of peace.

> *Surely God will redeem my soul from the hand of Sheol, for He will receive me. (Selah)*

My flesh and my heart may fail, but God, the fortress for my heart, is my portion forever.

> *The dust upon the earth returns as it was, and the spirit returns to God who gave it.*

In memory of a father:

May God remember the soul of my father, my teacher _________ben_________ who has gone to his eternal rest. May his soul be bound in the bond of life with the souls of Abraham, Isaac, and Jacob, Sarah, Rebecca, Rachel, and Leah, and with the remnant of the righteous men and righteous women who are in the Garden of Eden, and let us say, Amen.

In memory of a mother:

May God remember the soul of my mother, my teacher ______________ bat _____________ who has gone to her eternal rest. May her soul be bound in the bond of life with the souls of Abraham, Isaac, and Jacob, Sarah, Rebecca, Rachel, and Leah, and with the remnant of the righteous men and righteous women who are in the Garden of Eden, and let us say, Amen.

In memory of a husband:

יִזְכּוֹר אֱלֹהִים נִשְׁמַת בַּעֲלִי הַיָּקָר ‬__________ בֶּן __________ שֶׁהָלַךְ לְעוֹלָמוֹ. תְּהֵא נַפְשׁוֹ צְרוּרָה בִּצְרוֹר הַחַיִּים עִם נִשְׁמוֹת אַבְרָהָם, יִצְחָק, וְיַעֲקֹב, שָׂרָה, רִבְקָה, רָחֵל, וְלֵאָה, וְעִם שְׁאָר צַדִּיקִים וְצִדְקָנִיּוֹת שֶׁבְּגַן עֵדֶן. אָמֵן.

*Yiz'kor Eh-loh-heem nish'maht bah-lee ha-yah-kahr__________ben
__________ sheh-ha-lahch l'oh-lah-moh. T'heh nahf'shoh tz'roo-rah
bitz'rohr ha-chah-yeem im nish'moht Ahv'rah-hahm, Yitz'chahk,
v'Yah-ah-kohv, Sah-rah, Riv'kah, Rah-chehl, v'Leh-ah, v'im sh'ahr
tzah-dee-keem v'tzid-kah-ni-yoht sheh-b'Gahn Ay-dehn, Ah-mehn.*

In memory of a wife:

יִזְכּוֹר אֱלֹהִים נִשְׁמַת אִשְׁתִּי הַיְקָרָה __________ בַּת __________ שֶׁהָלְכָה לְעוֹלָמָהּ. תְּהֵא נַפְשָׁהּ צְרוּרָה בִּצְרוֹר הַחַיִּים עִם נִשְׁמוֹת אַבְרָהָם, יִצְחָק, וְיַעֲקֹב, שָׂרָה, רִבְקָה, רָחֵל, וְלֵאָה, וְעִם שְׁאָר צַדִּיקִים וְצִדְקָנִיּוֹת שֶׁבְּגַן עֵדֶן. אָמֵן.

*Yiz'kor Eh-loh-heem nish'maht ish'tee hah-y'kah-rah__________bat
__________ sheh-ha-l'ahch l'oh-lah-mah-h. T'heh nahf'shah-h
tz'roo-rah bitz'roor ha-chah-yeem im nish'moht Ahv'rah-hahm, Yitz'chahk,
v'Yah-ah-kohv, Sah-rah, Riv'kah, Rah-chehl, v'Leh-ah, v'im sh'ahr
tzah-dee-keem v'tzid-kah-ni-yoht sheh-b'Gahn Ay-dehn, Ah-mehn.*

In memory of a son:

יִזְכּוֹר אֱלֹהִים נִשְׁמַת בְּנִי הַיָּקָר __________ בֶּן __________ שֶׁהָלַךְ לְעוֹלָמוֹ. תְּהֵא נַפְשׁוֹ צְרוּרָה בִּצְרוֹר הַחַיִּים עִם נִשְׁמוֹת אַבְרָהָם, יִצְחָק, וְיַעֲקֹב, שָׂרָה, רִבְקָה, רָחֵל, וְלֵאָה, וְעִם שְׁאָר צַדִּיקִים וְצִדְקָנִיּוֹת שֶׁבְּגַן עֵדֶן. אָמֵן.

*Yiz'kor Eh-loh-heem nish'maht b'nee ha-yah-kahr __________ben
__________ sheh-ha-lahch l'oh-lah-moh. T'heh nahf'shoh tz'roo-rah
bitz'rohr ha-chah-yeem im nish'moht Ahv'rah-hahm, Yitz'chahk,
v'Yah-ah-kohv, Sah-rah, Riv'kah, Rah-chehl, v'Leh-ah, v'im sh'ahr
tzah-dee-keem v'tzid-kah-ni-yoht sheh-b'Gahn Ay-dehn, Ah-mehn.*

In memory of a daughter:

יִזְכּוֹר אֱלֹהִים נִשְׁמַת בִּתִּי הַיְקָרָה __________ בַּת __________ שֶׁהָלְכָה לְעוֹלָמָהּ. תְּהֵא נַפְשָׁהּ צְרוּרָה בִּצְרוֹר הַחַיִּים עִם נִשְׁמוֹת אַבְרָהָם, יִצְחָק, וְיַעֲקֹב, שָׂרָה, רִבְקָה, רָחֵל, וְלֵאָה, וְעִם שְׁאָר צַדִּיקִים וְצִדְקָנִיּוֹת שֶׁבְּגַן עֵדֶן. אָמֵן.

*Yiz'kor Eh-loh-heem nish'maht bi-tee hah-y'kah-rah __________bat
__________ sheh-ha-l'ahch l'oh-lah-mah-h. T'heh nahf'shah-h
tz'roo-rah bitz'rohr ha-chah-yeem im nish'moht Ahv'rah-hahm, Yitz'chahk,
v'Yah-ah-kohv, Sah-rah, Riv'kah, Rah-chehl, v'Leh-ah, v'im sh'ahr
tzah-dee-keem v'tzid-kah-ni-yoht sheh-b'Gahn Ay-dehn, Ah-mehn.*

In memory of a husband:

May God remember the soul of my dear husband __________ben__________
who has gone to his eternal rest. May his soul be bound in the bond of life with the souls of Abraham, Isaac, and Jacob, Sarah, Rebecca, Rachel, and Leah, and with the remnant of the righteous men and righteous women who are in the Garden of Eden. Amen.

In memory of a wife:

May God remember the soul of my precious wife __________bat__________
who has gone to her eternal rest. May her soul be bound in the bond of life with the souls of Abraham, Isaac, and Jacob, Sarah, Rebecca, Rachel, and Leah, and with the remnant of the righteous men and righteous women who are in the Garden of Eden. Amen.

In memory of a son:

May God remember the soul of my dear son __________ben__________ who has gone to his eternal rest. May his soul be bound in the bond of life with the souls of Abraham, Isaac, and Jacob, Sarah, Rebecca, Rachel, and Leah, and with the remnant of the righteous men and righteous women who are in the Garden of Eden. Amen.

In memory of a daughter:

May God remember the soul of my precious daughter __________bat__________
who has gone to her eternal rest. May her soul be bound in the bond of life with the souls of Abraham, Isaac, and Jacob, Sarah, Rebecca, Rachel, and Leah, and with the remnant of the righteous men and righteous women who are in the Garden of Eden. Amen.

In memory of a brother:

יִזְכּוֹר אֱלֹהִים נִשְׁמַת אָחִי הַיָּקָר __________ בֶּן __________ שֶׁהָלַךְ לְעוֹלָמוֹ. תְּהֵא נַפְשׁוֹ צְרוּרָה בִּצְרוֹר הַחַיִּים עִם נִשְׁמוֹת אַבְרָהָם, יִצְחָק, וְיַעֲקֹב, שָׂרָה, רִבְקָה, רָחֵל, וְלֵאָה, וְעִם שְׁאָר צַדִּיקִים וְצִדְקָנִיּוֹת שֶׁבְּגַן עֵדֶן. אָמֵן.

*Yiz'kor Eh-loh-heem nish'maht ah-chee ha-yah-kahr __________ ben
__________ sheh-ha-lahch l'oh-lah-moh. T'heh nahf'shoh tz'roo-rah
bitz'rohr ha-chah-yeem im nish'moht Ahv'rah-hahm, Yitz'chahk,
v'Yah-ah-kohv, Sah-rah, Riv'kah, Rah-chehl, v'Leh-ah, v'im sh'ahr
tzah-dee-keem v'tzid-kah-ni-yoht sheh-b'Gahn Ay-dehn, Ah-mehn.*

In memory of a sister:

יִזְכּוֹר אֱלֹהִים נִשְׁמַת אֲחוֹתִי הַיְּקָרָה __________ בַּת __________ שֶׁהָלְכָה לְעוֹלָמָהּ. תְּהֵא נַפְשָׁהּ צְרוּרָה בִּצְרוֹר הַחַיִּים עִם נִשְׁמוֹת אַבְרָהָם, יִצְחָק, וְיַעֲקֹב, שָׂרָה, רִבְקָה, רָחֵל, וְלֵאָה, וְעִם שְׁאָר צַדִּיקִים וְצִדְקָנִיּוֹת שֶׁבְּגַן עֵדֶן. אָמֵן.

*Yiz'kor Eh-loh-heem nish'maht ah-choh-tee hah-y'kah-rah __________ bat
__________ sheh-ha-l'ahch l'oh-lah-mah-h. T'heh nahf'shah-h
tz'roo-rah bitz'rohr ha-chah-yeem im nish'moht Ahv'rah-hahm, Yitz'chahk,
v'Yah-ah-kohv, Sah-rah, Riv'kah, Rah-chehl, v'Leh-ah, v'im sh'ahr
tzah-dee-keem v'tzid-kah-ni-yoht sheh-b'Gahn Ay-dehn, Ah-mehn.*

In Memory of Jewish Martyrs:

יִזְכּוֹר אֱלֹהִים נִשְׁמוֹת הַקְּדוֹשִׁים וְהַטְּהוֹרִים שֶׁנֶּהֶרְגוּ, וְשֶׁנִּשְׁחֲטוּ וְשֶׁנִּשְׂרְפוּ, וְשֶׁנִּטְבְּעוּ וְשֶׁנֶּחְנְקוּ עַל קִדּוּשׁ הַשֵּׁם. תִּהְיֶינָה נַפְשׁוֹתֵיהֶם צְרוּרוֹת בִּצְרוֹר הַחַיִּים עִם נִשְׁמוֹת אַבְרָהָם יִצְחָק וְיַעֲקֹב, שָׂרָה רִבְקָה רָחֵל וְלֵאָה, וְעִם שְׁאָר צַדִּיקִים וְצִדְקָנִיּוֹת שֶׁבְּגַן עֵדֶן. אָמֵן.

In Memory of the Soldiers of Israel:

יִזְכּוֹר אֱלֹהִים אֶת נִשְׁמוֹת חַיָּלֵי צְבָא הַהֲגָנָה לְיִשְׂרָאֵל שֶׁמָּסְרוּ נַפְשָׁם עַל קְדֻשַּׁת הַשֵּׁם, הָעָם וְהָאָרֶץ, וְנָפְלוּ בְּמִלְחֲמוֹת לְשִׁחְרוּר אַרְצֵנוּ הַקְּדוֹשָׁה. תִּהְיֶינָה נַפְשׁוֹתֵיהֶם צְרוּרוֹת בִּצְרוֹר הַחַיִּים עִם נִשְׁמוֹת אַבְרָהָם יִצְחָק וְיַעֲקֹב, שָׂרָה רִבְקָה רָחֵל וְלֵאָה, וְעִם נִשְׁמוֹת שְׁאָר גִּבּוֹרֵי יִשְׂרָאֵל שֶׁבְּגַן עֵדֶן. אָמֵן.

In memory of a brother:

May God remember the soul of my dear brother ____________ben__________
who has gone to his eternal rest. May his soul be bound in the bond of life with
the souls of Abraham, Isaac, and Jacob, Sarah, Rebecca, Rachel, and Leah, and
with the remnant of the righteous men and righteous women who are in the
Garden of Eden. Amen.

In memory of a sister:

May God remember the soul of my precious sister ____________bat__________
who has gone to her eternal rest. May her soul be bound in the bond of life with
the souls of Abraham, Isaac, and Jacob, Sarah, Rebecca, Rachel, and Leah, and
with the remnant of the righteous men and righteous women who are in the
Garden of Eden. Amen.

In Memory of Jewish Martyrs:

May God remember the souls of holy and pure ones who were killed, and
slaughtered, and burned, and drowned, and strangled for the sanctification of the
Name *of God.* May their souls be bound in the bond of life with the souls of
Abraham, Isaac, and Jacob, Sarah, Rebecca, Rachel, and Leah, and with the
remnant of the righteous men and righteous women who are in the Garden of
Eden. Amen.

In Memory of the Soldiers of Israel:

May God remember the souls of the soldiers of the Israeli Defense Force who
gave their lives for the sanctification of the Name *of God,* the people, and the
land, having fallen in battle for the freedom of our holy land. May their souls be
bound in the bond of life with the souls of Abraham, Isaac, and Jacob, Sarah,
Rebecca, Rachel, and Leah, and with the remnant of the heros of Israel who are
in the Garden of Eden. Amen.

For a man:

אֵל מָלֵא רַחֲמִים, שׁוֹכֵן בַּמְּרוֹמִים, הַמְצֵא מְנוּחָה נְכוֹנָה תַּחַת כַּנְפֵי הַשְּׁכִינָה,
בְּמַעֲלוֹת קְדוֹשִׁים וּטְהוֹרִים כְּזֹהַר הָרָקִיעַ מַזְהִירִים אֶת נִשְׁמַת
בֶּן _________ שֶׁהָלַךְ לְעוֹלָמוֹ בְּגַן עֵדֶן. לָכֵן בַּעַל הָרַחֲמִים
יַסְתִּירֵהוּ בְּסֵתֶר כְּנָפָיו לְעוֹלָמִים. וְיִצְרוֹר בִּצְרוֹר הַחַיִּים אֶת נִשְׁמָתוֹ. יְיָ הוּא
נַחֲלָתוֹ. וְיָנוּחַ בְּשָׁלוֹם, וְנֹאמַר, אָמֵן.

*El mah-leh rah-chah-meem shoh-chehn bahm'roh-meem, ha-m'tzeh
m'noo-chah n'choh-nah tah-chaht kah-n'fay ha-sh'chee-nah, b'mah-ah-loht
k'doh-sheem oo-t'hoh-reem k'zoh-hahr ha-rah-kee-ah mah-z'hee-reem et
nish'maht__________ ben __________ sheh-ha-lahch l'oh-lah-moh
b'Gahn Ay-dehn. Lah-chehn bah-ahl ha-rah-chah-meem yah-s'tee-ray-hoo
b'say-tehr k'nah-fahy'v l'oh-lah-meem. V'yitz'rohr bitz'rohr ha-chah-yeem
et nish'mah-toh. Adonai, Hoo nah-chah-lah-toh. V'yah-noo-ach b'shalom,
v'noh-mahr, Ah-mehn.*

For a woman:

אֵל מָלֵא רַחֲמִים שׁוֹכֵן בַּמְּרוֹמִים, הַמְצֵא מְנוּחָה נְכוֹנָה תַּחַת כַּנְפֵי הַשְּׁכִינָה,
בְּמַעֲלוֹת קְדוֹשִׁים וּטְהוֹרִים כְּזֹהַר הָרָקִיעַ מַזְהִירִים אֶת נִשְׁמַת
בַּת _________ שֶׁהָלְכָה לְעוֹלָמָהּ בְּגַן עֵדֶן. לָכֵן בַּעַל הָרַחֲמִים
יַסְתִּירֶהָ בְּסֵתֶר כְּנָפָיו לְעוֹלָמִים. וְיִצְרוֹר בִּצְרוֹר הַחַיִּים אֶת נִשְׁמָתָהּ. יְיָ הוּא
נַחֲלָתָהּ. וְתָנוּחַ בְּשָׁלוֹם, וְנֹאמַר, אָמֵן.

*El mah-leh rah-chah-meem shoh-chehn bahm'roh-meem. Ha-m'tzeh
m'noo-chah n'choh-nah tah-chaht kah-n'fay ha-sh'chee-nah. B'mah-ah-loht
k'doh-sheem oo-t'hoh-reem k'zoh-hahr ha-rah-kee-ah mah-z'hee-reem et
nish'maht__________ bat __________ sheh-ha-l'chah l'oh-lah-mah
b'Gahn Ay-dehn. Lah-chehn bah-ahl ha-rah-chah-meem yah-s'tee-ray-hah
b'say-tehr k'nah-fahy'v l'oh-lah-meem. V'yitz'rohr bitz'rohr ha-chah-yeem
et nish'mah-tah. Adonai, Hoo nah-chah-lah-tah. V'tah-noo-ach b'shalom,
v'noh-mahr, Ah-mehn.*

1 Thessalonians 4:13-18

וְעַל־דְּבַר הַיְשֵׁנִים אָחַי לֹא־נְכַחֵד מִכֶּם דָּבָר לְמַעַן לֹא תֵעָצְבוּ כָּאֲחֵרִים אֲשֶׁר
אֵין־לָהֶם תִּקְוָה. כִּי אִם־נַאֲמִין אֲשֶׁר־מֵת יֵשׁוּעַ וַיֶּחִי כֵּן יָבִיא הָאֱלֹהִים עַל־יְדֵי
יֵשׁוּעַ גַּם אֶת־הַיְשֵׁנִים אִתּוֹ. כִּי אֶת־זֹאת נֹאמַר לָכֶם בִּדְבַר יְהוָה כִּי אֲנַחְנוּ הַחַיִּים
הַנּוֹתָרִים עַד־בֹּא הָאָדוֹן לֹא נְקַדֵּם אֶת־הַיְשֵׁנִים. כִּי הוּא הָאָדוֹן יֵרֵד מִן־הַשָּׁמַיִם
בִּתְרוּעָה בְּקוֹל שַׂר הַמַּלְאָכִים וּבְשׁוֹפַר אֱלֹהִים וְאָז יָקוּמוּ רִאשׁוֹנָה הַמֵּתִים בַּמָּשִׁיחַ.
אַחֲרֵי־כֵן אֲנַחְנוּ הַחַיִּים הַנִּשְׁאָרִים נִלָּקַח אִתָּם יַחְדָּו בָּעֲנָנִים לִקְרַאת הָאָדוֹן לָרָקִיעַ
וּבְכֵן נִהְיֶה תָמִיד עִם־הָאָדוֹן. לָכֵן נַחֲמוּ זֶה אֶת־זֶה בַּדְּבָרִים הָאֵלֶּה.

For a man:

O God who dwells on high, You who are full of compassion, grant perfect rest under the wings of the Divine Presence, in the heights with those who are holy and pure, who shine brightly in the firmament, for the soul of _________ ben ____________ who has gone to his eternal rest in the Garden of Eden. Therefore, may the Master of compassion hide him forever in the shelter of His wings. May his soul be bound in the bond of life. The Lord is his inheritance. May he rest in peace! And let us say, "Amen."

For a Woman:

O God who dwells on high, You who are full of compassion, grant perfect rest under the wings of the Divine Presence, in the heights with those who are holy and pure, who shine brightly in the firmament, for the soul of _________ bat ____________ who has gone to her eternal rest in the Garden of Eden. Therefore, may the Master of compassion hide her forever in the shelter of His wings. May her soul be bound up in the bond of life. The Lord is her inheritance. May she rest in peace! And let us say, "Amen."

1 Thessalonians 4:13-18

This also was spoken my brothers that it not be hidden from you concerning those who have fallen asleep, in order that you not mourn as do those who have no hope in them. For if we truly believe that Yeshua died and lives again, then *we must also believe* that God will bring those who died in Yeshua *to life* with Him. For this we say to you by the word of the Lord, that we who remain alive until the coming of the Lord will by no means precede those who have died. For the Lord Himself will descend from the heavens with a shout, with the sound of the archangel *blowing* the shofar of God, and so the dead in Messiah will be the first to rise. After this we, who are alive and remain, will be taken with them, together with the cloud *of witnesses*, to meet the Lord in the sky, and so we will be with the Lord always. Therefore comfort one another with these words.

אַשְׁרֵי יוֹשְׁבֵי בֵיתֶךָ, עוֹד יְהַלְלוּךָ, סֶּלָה. אַשְׁרֵי הָעָם שֶׁכָּכָה לּוֹ, אַשְׁרֵי הָעָם שֶׁיְיָ אֱלֹהָיו.

Psalm 145

(Responsively)

תְּהִלָּה לְדָוִד,

אֲרוֹמִמְךָ אֱלוֹהַי הַמֶּלֶךְ, וַאֲבָרְכָה שִׁמְךָ לְעוֹלָם וָעֶד.

בְּכָל יוֹם אֲבָרְכֶךָ, וַאֲהַלְלָה שִׁמְךָ לְעוֹלָם וָעֶד.

גָּדוֹל יְיָ וּמְהֻלָּל מְאֹד, וְלִגְדֻלָּתוֹ אֵין חֵקֶר.

דּוֹר לְדוֹר יְשַׁבַּח מַעֲשֶׂיךָ, וּגְבוּרֹתֶיךָ יַגִּידוּ.

הֲדַר כְּבוֹד הוֹדֶךָ, וְדִבְרֵי נִפְלְאֹתֶיךָ אָשִׂיחָה.

וֶעֱזוּז נוֹרְאוֹתֶיךָ יֹאמֵרוּ וּגְדוּלָּתְךָ אֲסַפְּרֶנָּה.

זֵכֶר רַב טוּבְךָ יַבִּיעוּ, וְצִדְקָתְךָ יְרַנֵּנוּ.

חַנּוּן וְרַחוּם יְיָ, אֶרֶךְ אַפַּיִם וּגְדָל חָסֶד.

טוֹב יְיָ לַכֹּל, וְרַחֲמָיו עַל כָּל מַעֲשָׂיו.

יוֹדוּךָ יְיָ כָּל מַעֲשֶׂיךָ, וַחֲסִידֶיךָ יְבָרְכוּכָה.

כְּבוֹד מַלְכוּתְךָ יֹאמֵרוּ, וּגְבוּרָתְךָ יְדַבֵּרוּ.

לְהוֹדִיעַ לִבְנֵי הָאָדָם גְּבוּרֹתָיו, וּכְבוֹד הֲדַר מַלְכוּתוֹ.

מַלְכוּתְךָ מַלְכוּת כָּל עוֹלָמִים, וּמֶמְשַׁלְתְּךָ בְּכָל דּוֹר וָדֹר.

סוֹמֵךְ יְיָ לְכָל הַנֹּפְלִים, וְזוֹקֵף לְכָל הַכְּפוּפִים.

עֵינֵי כֹל אֵלֶיךָ יְשַׂבֵּרוּ, וְאַתָּה נוֹתֵן לָהֶם אֶת אָכְלָם בְּעִתּוֹ.

פּוֹתֵחַ אֶת יָדֶךָ, וּמַשְׂבִּיעַ לְכָל חַי רָצוֹן.

צַדִּיק יְיָ בְּכָל דְּרָכָיו, וְחָסִיד בְּכָל מַעֲשָׂיו.

קָרוֹב יְיָ לְכָל קֹרְאָיו, לְכֹל אֲשֶׁר יִקְרָאֻהוּ בֶאֱמֶת.

רְצוֹן יְרֵאָיו יַעֲשֶׂה, וְאֶת שַׁוְעָתָם יִשְׁמַע וְיוֹשִׁיעֵם.

שׁוֹמֵר יְיָ אֶת כָּל אֹהֲבָיו, וְאֵת כָּל הָרְשָׁעִים יַשְׁמִיד.

תְּהִלַּת יְיָ יְדַבֶּר פִּי, וִיבָרֵךְ כָּל בָּשָׂר שֵׁם קָדְשׁוֹ, לְעוֹלָם וָעֶד.

All:

וַאֲנַחְנוּ נְבָרֵךְ יָהּ, מֵעַתָּה וְעַד עוֹלָם, הַלְלוּיָהּ.   (Psalm 115:18)

Happy are they who abide in Your house; they are always praising You. Happy are the people who are so situated. Happy are the people whose God is the Lord.

Psalm 145
(Responsively)

A Psalm of David

My God, the King, I will exalt You, and I will bless Your name forever and ever.

> *Each day I will bless You, and I will praise Your name forever and ever.*

The Lord is great and most worthy to be praised; His greatness is beyond understanding.

> *One generation shall praise Your works to the next and they will tell of Your mighty deeds.*

I will meditate on the splendor of Your majesty, and on Your wonders.

> *They will speak of Your awesome might; I will tell of Your greatness.*

The remembrances of Your great goodness will bubble forth, they will sing of Your righteousness.

> *The Lord is gracious and full of compassion; slow to anger and great in mercy.*

The Lord is good to all, and His compassion is over all His works.

> *Lord, all Your works will give You praise, and Your righteous ones will bless You.*

They will speak of Your might, and of the splendor of Your kingdom;

> *To let men know of Your glorious deeds, and the majesty of Your kingdom.*

Your kingdom is an everlasting kingdom; Your dominion is over all generations.

> *The Lord upholds all who fall, and lifts up all who are bowed down.*

All eyes will look to You with hope, and You will give them food in due season.

> *You open Your hand, and satisfy the needs of every living thing.*

The Lord is righteous in all His ways, and gracious in all His deeds.

> *The Lord is near to all who call on Him; to all who truly will call on Him.*

He will fulfill the desire of those who fear Him; He will hear their cry and save them.

> *The Lord will keep all who love Him, but the wicked will be destroyed.*

My mouth will declare the praise of the Lord, and His Holy Name will forever be blessed by all flesh.

All:
We will bless the Lord both now and forever. Praise the Lord. (Psalm 115:18)

(On Shabbat say)

Psalm 29

מִזְמוֹר לְדָוִד, הָבוּ לַיְיָ בְּנֵי אֵלִים, הָבוּ לַיְיָ כָּבוֹד וָעֹז.   הָבוּ לַיְיָ כְּבוֹד
שְׁמוֹ, הִשְׁתַּחֲווּ לַיְיָ בְּהַדְרַת קֹדֶשׁ.   קוֹל יְיָ עַל הַמָּיִם, אֵל הַכָּבוֹד הִרְעִים,
יְיָ עַל מַיִם רַבִּים.   קוֹל יְיָ בַּכֹּחַ, קוֹל יְיָ בֶּהָדָר.   קוֹל יְיָ שֹׁבֵר אֲרָזִים,
וַיְשַׁבֵּר יְיָ אֶת אַרְזֵי הַלְּבָנוֹן.   וַיַּרְקִידֵם כְּמוֹ עֵגֶל, לְבָנוֹן וְשִׂרְיוֹן כְּמוֹ בֶן
רְאֵמִים.   קוֹל יְיָ חֹצֵב לַהֲבוֹת אֵשׁ.   קוֹל יְיָ יָחִיל מִדְבָּר, יָחִיל יְיָ מִדְבַּר
קָדֵשׁ.   קוֹל יְיָ יְחוֹלֵל אַיָּלוֹת, וַיֶּחֱשֹׂף יְעָרוֹת, וּבְהֵיכָלוֹ, כֻּלּוֹ אֹמֵר כָּבוֹד.
יְיָ לַמַּבּוּל יָשָׁב, וַיֵּשֶׁב יְיָ מֶלֶךְ לְעוֹלָם.   *(Reader)* יְיָ עֹז לְעַמּוֹ יִתֵּן, יְיָ יְבָרֵךְ
אֶת עַמּוֹ בַשָּׁלוֹם.

(On Weekdays say)

Psalm 24

לְדָוִד מִזְמוֹר, לַיְיָ הָאָרֶץ וּמְלוֹאָהּ, תֵּבֵל וְיֹשְׁבֵי בָהּ.   כִּי הוּא עַל יַמִּים
יְסָדָהּ, וְעַל נְהָרוֹת יְכוֹנְנֶהָ.   מִי יַעֲלֶה בְהַר יְיָ, וּמִי יָקוּם בִּמְקוֹם קָדְשׁוֹ.
נְקִי כַפַּיִם וּבַר לֵבָב, אֲשֶׁר לֹא נָשָׂא לַשָּׁוְא נַפְשִׁי, וְלֹא נִשְׁבַּע לְמִרְמָה.
יִשָּׂא בְרָכָה מֵאֵת יְיָ, וּצְדָקָה מֵאֱלֹהֵי יִשְׁעוֹ.   זֶה דּוֹר דֹּרְשָׁיו, מְבַקְשֵׁי פָנֶיךָ
יַעֲקֹב, (סֶלָה).   שְׂאוּ שְׁעָרִים רָאשֵׁיכֶם, וְהִנָּשְׂאוּ פִּתְחֵי עוֹלָם, וְיָבוֹא מֶלֶךְ
הַכָּבוֹד.   מִי זֶה מֶלֶךְ הַכָּבוֹד, יְיָ עִזּוּז וְגִבּוֹר יְיָ גִּבּוֹר מִלְחָמָה.   שְׂאוּ
שְׁעָרִים רָאשֵׁיכֶם, וּשְׂאוּ פִּתְחֵי עוֹלָם, וְיָבֹא מֶלֶךְ הַכָּבוֹד.
(Reader) מִי הוּא זֶה מֶלֶךְ הַכָּבוֹד, יְיָ צְבָאוֹת, הוּא מֶלֶךְ הַכָּבוֹד, (סֶלָה).

(On Shabbat Say)

Psalm 29

A Psalm of David. Ascribe to the Lord, O you mighty, ascribe to the Lord glory and strength. Ascribe to the Lord the glory *due* his name; bow to the Lord in the splendor of holiness. The voice of the Lord is upon the waters; the God of glory thunders; the Lord upon many waters. The voice of the Lord *goes forth* in power; the voice of the Lord *goes forth* in majesty. The voice of the Lord has broken the cedars; the Lord will shatter the cedars of Lebanon. He makes them skip like a calf; Lebanon and Sirion like a young ox. The voice of the Lord cleaves with flames of fire. The voice of the Lord *makes* the wilderness tremble; the Lord *makes* the wilderness of Kadesh tremble. The hinds are pierced through by the voice of the Lord, the forests are laid bare; and in his temple all that he made will declare their homage. The Lord sat *enthroned* at the flood; and the Lord sits as King forever. The Lord will give strength to his people; the Lord will bless his people with peace.

(On Weekdays say)

Psalm 24

A Psalm of David. The earth and all its fullness is the Lord's; the world, and those who dwell in it. For He has founded it upon the seas, and established it upon the rivers. Who may ascend the mountain of the Lord, and who shall stand in His holy place? One who has clean hands, and a pure heart; who has not been carried away by a vain spirit, and who has not sworn an oath deceitfully. He shall receive a blessing from the Lord, and justice from the God of his salvation. This is the generation of those who seek Him; Jacob seeks Your face, *(Selah)*. Lift up your heads O gates; be exalted you ancient doors, and the glorious King shall come in. Who is this glorious King? The Lord strong and mighty; the Lord mighty in battle. Lift up your heads O gates; be lifted up O ancient doors, and the glorious King shall come in. Who is He, this glorious King? The Lord of Hosts, He is the glorious King, *(Selah)*.

תְּפִלַּת נְעִילָה

Reader:

אַשְׁרֵי יוֹשְׁבֵי בֵיתֶךָ, עוֹד יְהַלְלוּךָ.

אַשְׁרֵי הָעָם שֶׁכָּכָה לּוֹ, אַשְׁרֵי הָעָם שֶׁיְיָ אֱלֹהָיו.

Reader and Congregation:

וּבָא לְצִיּוֹן גּוֹאֵל, וּלְשָׁבֵי פֶשַׁע בְּיַעֲקֹב, נְאֻם יְיָ. וַאֲנִי זֹאת בְּרִיתִי אֹתָם אָמַר יְיָ, רוּחִי אֲשֶׁר עָלֶיךָ, וּדְבָרַי אֲשֶׁר שַׂמְתִּי בְּפִיךָ לֹא יָמוּשׁוּ מִפִּיךָ, וּמִפִּי זַרְעֲךָ, וּמִפִּי זֶרַע זַרְעֲךָ, אָמַר יְיָ, מֵעַתָּה וְעַד עוֹלָם.

וְאַתָּה קָדוֹשׁ, יוֹשֵׁב תְּהִלּוֹת יִשְׂרָאֵל. וְקָרָא זֶה אֶל זֶה וְאָמַר, קָדוֹשׁ קָדוֹשׁ קָדוֹשׁ יְיָ צְבָאוֹת, מְלֹא כָל הָאָרֶץ כְּבוֹדוֹ. וּמְקַבְּלִין דֵּין מִן דֵּין, וְאָמְרִין קַדִּישׁ, בִּשְׁמֵי מְרוֹמָא עִלָּאָה בֵּית שְׁכִינְתֵּהּ, קַדִּישׁ עַל אַרְעָא עוֹבַד גְּבוּרְתֵּהּ, קַדִּישׁ לְעָלַם וּלְעָלְמֵי עָלְמַיָּא, יְיָ צְבָאוֹת מַלְיָא כָל אַרְעָא זִיו יְקָרֵהּ. וַתִּשָּׂאֵנִי רוּחַ, וָאֶשְׁמַע אַחֲרַי קוֹל רַעַשׁ גָּדוֹל, בָּרוּךְ כְּבוֹד יְיָ מִמְּקוֹמוֹ. וּנְטָלַתְנִי רוּחָא, וּשְׁמָעֵת בַּתְרַי קָל זִיעַ סַגִּיא, דִּמְשַׁבְּחִין וְאָמְרִין, בְּרִיךְ יְקָרָא דַיְיָ מֵאֲתַר בֵּית שְׁכִינְתֵּהּ. יְיָ יִמְלֹךְ לְעֹלָם וָעֶד. יְיָ מַלְכוּתֵהּ קָאֵם לְעָלַם וּלְעָלְמֵי עָלְמַיָּא.

יְיָ אֱלֹהֵי אַבְרָהָם יִצְחָק וְיִשְׂרָאֵל אֲבוֹתֵינוּ, שָׁמְרָה זֹּאת לְעוֹלָם, לְיֵצֶר מַחְשְׁבוֹת לְבַב עַמֶּךָ, וְהָכֵן לְבָבָם אֵלֶיךָ. וְהוּא רַחוּם, יְכַפֵּר עָוֹן וְלֹא יַשְׁחִית, וְהִרְבָּה לְהָשִׁיב אַפּוֹ וְלֹא יָעִיר כָּל חֲמָתוֹ. כִּי אַתָּה אֲדֹנָי טוֹב וְסַלָּח, וְרַב חֶסֶד, לְכָל קֹרְאֶיךָ. צִדְקָתְךָ צֶדֶק לְעוֹלָם, וְתוֹרָתְךָ אֱמֶת. תִּתֵּן אֱמֶת לְיַעֲקֹב, חֶסֶד לְאַבְרָהָם אֲשֶׁר נִשְׁבַּעְתָּ לַאֲבוֹתֵינוּ מִימֵי קֶדֶם.

Responsive Reading

יְיָ אֲדֹנֵינוּ, מָה אַדִּיר שִׁמְךָ בְּכָל הָאָרֶץ. וְהָיָה יְיָ לְמֶלֶךְ עַל כָּל הָאָרֶץ, בַּיּוֹם הַהוּא יִהְיֶה יְיָ אֶחָד וּשְׁמוֹ אֶחָד.

וּבְדִבְרֵי קָדְשְׁךָ כָּתוּב לֵאמֹר, יִמְלֹךְ יְיָ לְעוֹלָם, אֱלֹהַיִךְ צִיּוֹן לְדֹר וָדֹר, הַלְלוּיָהּ.

Nehilah Service

Reader:

Happy are they who abide in Your house; they are always praising You.
Happy are the people who are so situated.
Happy are the people whose God is the Lord.

Reader and Congregation:

"A Redeemer will come to Tzion; to those in Jacob who turn from their iniquity," says the Lord. "And as for Me, this is My covenant with them," said the Lord, "My Spirit that is upon you, and My words that I have put in your mouth, shall not depart from your mouth, or from the mouth of your offspring, or from the mouth of your offspring's offspring," says the Lord, "from now until the end of the age."

And You are holy; You are enthroned upon the praises of Israel. They continuously call to one another, "Holy, Holy, Holy is the Lord of Hosts; the whole earth is full of His glory." They receive permission from one another, saying, "Holy in the highest heavens, His dwelling place; Holy upon the earth, the work of His might. The Lord of Hosts is Holy forever, and to all eternity; the whole earth is filled with His glory." And the Spirit carried me up, and I heard behind me a sound of great moving of those who uttered praises, and said, "Blessed is the glory of the Lord from His dwelling place." And I was lifted up in the Spirit, and I heard the voice of a great uproar, saying, "Blessed is the glory of the Lord from His abode." And the Spirit lifted me up, and behind me I heard the sound of a noise that was great, of those who where praising You, and they were saying, "Blessed is the glory of the Lord from His abode, the house *where* His Presence *dwells*. The Lord shall reign to the end of the age and to eternity.

Lord God of our fathers Abraham, Isaac and Israel, guard this, the intentions of the heart of Your people, and turn their hearts to You. And He, being compassionate, will forgive our sin, and will not destroy; He frequently turns His anger aside, and does not arouse all of His wrath. For out of goodness You pardon us Lord, and *You show* great loving kindness to all who call on You. Your righteousness is an everlasting righteousness, and Your instruction is truth. Grant truth to Jacob, loving kindness to Abraham, as You swore to our fathers from days of old.

Responsive Reading

Lord, our Lord, how mighty is Your name in all the earth. The Lord shall be King over all the earth; in that day, the Lord will be one and His name, One.
And it is written in Your holy word, saying, "The Lord shall reign forever; Your God, O Tzion, from generation to generation. Hallelujah!"

לְדוֹר וָדוֹר נַגִּיד גָּדְלֶךָ, וּלְנֵצַח נְצָחִים קְדֻשָּׁתְךָ נַקְדִּישׁ, וְשִׁבְחֲךָ אֱלֹהֵינוּ מִפִּינוּ לֹא יָמוּשׁ לְעוֹלָם וָעֶד, כִּי אֵל מֶלֶךְ גָּדוֹל וְקָדוֹשׁ אָתָּה.

חֲמוֹל עַל מַעֲשֶׂיךָ, וְתִשְׂמַח בְּמַעֲשֶׂיךָ, וְיֹאמְרוּ לְךָ חוֹסֶיךָ, תִּקְדַּשׁ אָדוֹן עַל כָּל מַעֲשֶׂיךָ. כִּי מַקְדִּישֶׁיךָ בִּקְדֻשָּׁתְךָ קִדַּשְׁתָּ, נָאֶה לְקָדוֹשׁ פְּאֵר מִקְּדוֹשִׁים.

בְּאֵין מֵלִיץ יֹשֶׁר מוּל מַגִּיד פֶּשַׁע, תַּגִּיד לְיַעֲקֹב דְּבַר חֹק וּמִשְׁפָּט, וְצַדְּקֵנוּ בַּמִּשְׁפָּט, הַמֶּלֶךְ הַמִּשְׁפָּט.

וּבְכֵן יִתְקַדַּשׁ שִׁמְךָ יְיָ אֱלֹהֵינוּ עַל יִשְׂרָאֵל עַמֶּךָ, וְעַל יְרוּשָׁלַיִם עִירֶךָ, וְעַל צִיּוֹן מִשְׁכַּן כְּבוֹדֶךָ, וְעַל מַלְכוּת בֵּית דָּוִד מְשִׁיחֶךָ יֵשׁוּעַ, וְעַל הֵיכָלֶךָ.

וּבְכֵן תֵּן פַּחְדְּךָ יְיָ אֱלֹהֵינוּ, עַל כָּל מַעֲשֶׂיךָ, וְאֵימָתְךָ עַל כָּל מַה שֶּׁבָּרָאתָ, וְיִירָאוּךָ כָּל הַמַּעֲשִׂים וְיִשְׁתַּחֲווּ לְפָנֶיךָ כָּל הַבְּרוּאִים, וְיֵעָשׂוּ כֻלָּם אֲגֻדָּה אַחַת לַעֲשׂוֹת רְצוֹנְךָ בְּלֵבָב שָׁלֵם, כְּמוֹ שֶׁיָּדַעְנוּ יְיָ אֱלֹהֵינוּ, שֶׁהַשָּׁלְטָן לְפָנֶיךָ, עֹז בְּיָדְךָ וּגְבוּרָה בִּימִינֶךָ, וְשִׁמְךָ נוֹרָא עַל כָּל מַה שֶּׁבָּרָאתָ.

וּבְכֵן תֵּן כָּבוֹד, יְיָ לְעַמֶּךָ, תְּהִלָּה לִירֵאֶיךָ וְתִקְוָה טוֹבָה לְדוֹרְשֶׁיךָ, וּפִתְחוֹן פֶּה לַמְיַחֲלִים לָךְ, שִׂמְחָה לְאַרְצֶךָ וְשָׂשׂוֹן לְעִירֶךָ, וּצְמִיחַת קֶרֶן לְדָוִד עַבְדֶּךָ, וַעֲרִיכַת נֵר לְבֶן־יִשַׁי מְשִׁיחֶךָ יֵשׁוּעַ, בִּמְהֵרָה בְיָמֵינוּ.

וּבְכֵן צַדִּיקִים יִרְאוּ וְיִשְׂמָחוּ, וִישָׁרִים יַעֲלֹזוּ, וַחֲסִידִים בְּרִנָּה יָגִילוּ, וְעוֹלָתָה תִּקְפָּץ־פִּיהָ, וְכָל הָרִשְׁעָה כֻּלָּהּ כְּעָשָׁן תִּכְלֶה, כִּי תַעֲבִיר מֶמְשֶׁלֶת זָדוֹן מִן הָאָרֶץ.

וְתִמְלֹךְ, אַתָּה יְיָ לְבַדֶּךָ, עַל כָּל מַעֲשֶׂיךָ, בְּהַר צִיּוֹן מִשְׁכַּן כְּבוֹדֶךָ, וּבִירוּשָׁלַיִם עִיר קָדְשֶׁךָ, כַּכָּתוּב בְּדִבְרֵי קָדְשֶׁךָ. יִמְלֹךְ יְיָ לְעוֹלָם, אֱלֹהַיִךְ צִיּוֹן לְדֹר וָדֹר, הַלְלוּיָהּ.

קָדוֹשׁ אַתָּה וְנוֹרָא שְׁמֶךָ, וְאֵין אֱלוֹהַּ מִבַּלְעָדֶיךָ, כַּכָּתוּב. וַיִּגְבַּהּ יְיָ צְבָאוֹת בַּמִּשְׁפָּט, וְהָאֵל הַקָּדוֹשׁ נִקְדַּשׁ בִּצְדָקָה. בָּרוּךְ אַתָּה, יְיָ, הַמֶּלֶךְ הַקָּדוֹשׁ.

We will declare Your greatness from generation to generation. We will proclaim Your holiness to all eternity. Your praise, our God, will never depart from our mouth, for You, God, are a great and holy King.

> *Take pity upon Your handiwork, and rejoice in the work of Your hands. And those who trust in You shall say, "Spare us! May Your righteousness be upon all Your works, O Lord, for You bestow righteousness upon those who sanctify You; it is fitting for the Holy One to be glorified by those who are sanctified.*

There is no one to plead uprightness in opposition of the one who accuses *us of our* transgression. Tell to Jacob what was spoken of statute and judgment, and declare our righteousness in judgment, O King of judgment.

> *Accordingly, Lord our God, Your name will be sanctified upon Your people, and upon Jerusalem, Your city, and upon Tzion, the dwelling place of Your glory, and upon the reign of the House of David, Your Messiah Yeshua, and upon Your temple.*

Accordingly, Lord our God, put Your fear upon all Your works, and Your awe upon all that You have made, and may all Your handiwork revere You, and may all creatures bow down before You, and may all of them be bound together as one, that they may do Your will with a whole heart. For we know, Lord our God, dominion goes before You, strength is in Your *left* hand, and might is in Your right hand, and Your awesome name is upon all that You have made.

> *Accordingly, Lord, grant honor to Your people, praise to those who fear You, and the hope of favor to those who ask it of You. May pardon come from Your mouth toward those who wait for You, gladness to Your land, and joy to Your city. May we see the growth of the Horn of David, Your servant, and may we make ready the Lamp of the Son of Jesse, Your Messiah Yeshua, speedily, and in our days.*

Accordingly, the righteous will see it and will rejoice. The upright will exult. Those who are steadfast in their loving kindness will be glad. Injustice will shut its mouth, and all wickedness, all of it, will vanish like smoke, for You will remove the rule of evil from the land.

> *And You alone, O Lord, will reign over all that You have made, in Mount Tzion, the dwelling place of Your glory, and in Jerusalem, Your holy city, as it is written in Your holy word, "The Lord shall reign forever; your God, O Tzion, from generation to generation. Hallelujah!"*

You are holy, and Your name is awesome, and there is no God but You, as it is written, "The Lord of Hosts will be exalted in judgment, and the Holy God will be sanctified in justice." Blessed are You, Lord, the King; the Holy One.

אַתָּה בְחַרְתָּנוּ מִכָּל הָעַמִּים, אָהַבְתָּ אוֹתָנוּ וְרָצִיתָ בָּנוּ, וְרוֹמַמְתָּנוּ מִכָּל הַלְּשׁוֹנוֹת, וְקִדַּשְׁתָּנוּ בְּמִצְוֹתֶיךָ, וְקֵרַבְתָּנוּ מַלְכֵּנוּ לַעֲבוֹדָתֶךָ, וְשִׁמְךָ הַגָּדוֹל וְהַקָּדוֹשׁ עָלֵינוּ קָרָאתָ.

אֱלֹהֵינוּ וֵאלֹהֵי אֲבוֹתֵינוּ, יַעֲלֶה וְיָבֹא, וְיַגִּיעַ וְיֵרָאֶה, וְיֵרָצֶה וְיִשָּׁמַע, וְיִפָּקֵד וְיִזָּכֵר זִכְרוֹנֵנוּ וּפִקְדוֹנֵנוּ, וְזִכְרוֹן אֲבוֹתֵינוּ, וְזִכְרוֹן מָשִׁיחַ יֵשׁוּעַ בֶּן־דָּוִד עַבְדֶּךָ, וְזִכְרוֹן יְרוּשָׁלַיִם עִיר קָדְשֶׁךָ, וְזִכְרוֹן כָּל עַמְּךָ בֵּית יִשְׂרָאֵל לְפָלֵיטָה וּלְטוֹבָה, לְחֵן וּלְחֶסֶד וּלְרַחֲמִים, לְחַיִּים וּלְשָׁלוֹם, בְּיוֹם הַכִּפּוּרִים הַזֶּה.

זָכְרֵנוּ, יְיָ אֱלֹהֵינוּ בּוֹ לְטוֹבָה, וּפָקְדֵנוּ בּוֹ לִבְרָכָה, וְהוֹשִׁיעֵנוּ בּוֹ לְחַיִּים; וּבִדְבַר יְשׁוּעָה וְרַחֲמִים חוּס וְחָנֵּנוּ, וְרַחֵם עָלֵינוּ וְהוֹשִׁיעֵנוּ, כִּי אֵלֶיךָ עֵינֵינוּ, כִּי אֵל מֶלֶךְ חַנּוּן וְרַחוּם אָתָּה.

אֵל מֶלֶךְ יוֹשֵׁב עַל כִּסֵּא רַחֲמִים, מִתְנַהֵג בַּחֲסִידוּת, מוֹחֵל עֲוֹנוֹת עַמּוֹ, מַעֲבִיר רִאשׁוֹן רִאשׁוֹן, מַרְבֶּה מְחִילָה לְחַטָּאִים, וּסְלִיחָה לְפוֹשְׁעִים, עוֹשֶׂה צְדָקוֹת עִם כָּל בָּשָׂר וָרוּחַ, לֹא כְרָעָתָם תִּגְמוֹל.

Responsive Reading

מָה אָנוּ,

מֶה חַיֵּינוּ,

מֶה חַסְדֵּנוּ,

מַה צִּדְקֵנוּ,

מַה כֹּחֵנוּ,

מַה גְּבוּרָתֵנוּ.

מַה נֹּאמַר לְפָנֶיךָ, יְיָ אֱלֹהֵינוּ וֵאלֹהֵי אֲבוֹתֵינוּ, הֲלֹא כָּל הַגִּבּוֹרִים כְּאַיִן לְפָנֶיךָ, וְאַנְשֵׁי הַשֵּׁם כְּלֹא הָיוּ, וַחֲכָמִים כִּבְלִי מַדָּע, וּנְבוֹנִים כִּבְלִי הַשְׂכֵּל, כִּי רֹב מַעֲשֵׂיהֶם תֹּהוּ, וִימֵי חַיֵּיהֶם הֶבֶל לְפָנֶיךָ.

וּמוֹתַר הָאָדָם מִן הַבְּהֵמָה אָיִן, כִּי הַכֹּל הָבֶל.

יְיָ יְיָ, אֵל רַחוּם וְחַנּוּן, אֶרֶךְ אַפַּיִם, וְרַב חֶסֶד וֶאֱמֶת. נֹצֵר חֶסֶד לָאֲלָפִים, נֹשֵׂא עָוֹן וָפֶשַׁע וְחַטָּאָה, וְנַקֵּה.

וְסָלַחְתָּ לַעֲוֹנֵנוּ וּלְחַטָּאתֵנוּ.

מִי יַצִּילֵנִי מִגּוּף הַמָּוֶת הַלָּזֶה. אוֹדֶה אֶת־אֱלֹהִים בְּיֵשׁוּעַ הַמָּשִׁיחַ אֲדֹנֵינוּ. כִּי . . . תּוֹרַת רוּחַ הַחַיִּים בְּיֵשׁוּעַ הַמָּשִׁיחַ חִלְּצָה אֶת־נַפְשִׁי מִתּוֹרַת הַחֵטְא וְהַמָּוֶת.

> *You have chosen us from among all peoples; You have loved us and found favor in us, and You have exalted us above all others. You have sanctified us through Your commandments. Our King, You have brought us near You to Your service, and Your great and holy name has been declared upon us.*

Our God, and God of our fathers, may the remembrance of us, and the remembrance of our fathers, and the remembrance of the Messiah Yeshua, the son of David, and the remembrance of Jerusalem, Your holy city, and the remembrance of all Your people, the house of Israel, arise and be seen, and come before Your countenance for deliverance and for goodness, for grace and for favor and for compassion, for life and for peace, on this day of Atonement.

> *May the Lord our God remember us for kindness in Him, and command for us blessing in Him, and grant us salvation unto life in Him, and speak deliverance and in compassion take pity and spare us, and having mercy rescue us, for unto You are our eyes turned, for You are a merciful and compassionate God and King.*

God, King who is seated upon a throne of compassion, Who acts in loving kindness, Who pardons the sins of His people, Who removes *them* one by one, Who *grants* abundant pardon to those who sin unintentionally, and forgiveness to those who are willful sinners. He does justice to all people of flesh and spirit; He does not take vengeance for their wickedness.

Responsive Reading

What are we?
> *What is our life?*

What is our loving kindness?
> *What is our righteousness?*

What is our strength?
> *What is our might?*

What can we say before You, Lord our God, and God of our fathers. Surely all those who are mighty are as nothing before Your face, and anyone of reputation is as if they do not exist. Those who are considered to be wise are without knowledge, and those who are learned are without intelligence, for many are the things of desolation, and the days of their life are but vanity before Your face.

> *Man has no more advantage than the cattle, for all is vanity.*

The Lord, the Lord God is compassionate and merciful, slow to anger, and abundant in loving kindness. He keeps loving kindness to the thousands of generations forgiving and acquitting sin and iniquity and transgression.

> *You have forgiven us for our sins and for our iniquities.*

Who will redeem me from this body of death? I shall give thanks to God, through Yeshua the Messiah, our Lord. . . .For the principle of the spirit of life in Messiah Yeshua has rescued my soul from the law of sin and death.

Responsive Reading

הֲשִׁיבֵנוּ יְיָ אֵלֶיךָ וְנָשׁוּבָה, חַדֵּשׁ יָמֵינוּ כְּקֶדֶם.

אֲמָרֵינוּ הַאֲזִינָה יְיָ, בִּינָה הֲגִיגֵנוּ. יִהְיוּ לְרָצוֹן אִמְרֵי פִינוּ וְהֶגְיוֹן לִבֵּנוּ לְפָנֶיךָ, יְיָ צוּרֵנוּ וְגוֹאֲלֵנוּ.

אַל תַּשְׁלִיכֵנוּ מִלְּפָנֶיךָ, וְרוּחַ קָדְשְׁךָ אַל תִּקַּח מִמֶּנּוּ.

אַל תַּשְׁלִיכֵנוּ לְעֵת זִקְנָה, כִּכְלוֹת כֹּחֵנוּ אַל תַּעַזְבֵנוּ.

אַל תַּעַזְבֵנוּ, יְיָ אֱלֹהֵינוּ, אַל תִּרְחַק מִמֶּנּוּ. עֲשֵׂה עִמָּנוּ אוֹת לְטוֹבָה, וְיִרְאוּ שׂוֹנְאֵינוּ וְיֵבֹשׁוּ, כִּי אַתָּה יְיָ עֲזַרְתָּנוּ וְנִחַמְתָּנוּ. כִּי לְךָ יְיָ הוֹחָלְנוּ, אַתָּה תַעֲנֶה, אֲדֹנָי אֱלֹהֵינוּ.

אֱלֹהֵינוּ וֵאלֹהֵי אֲבוֹתֵינוּ, אַל תַּעַזְבֵנוּ וְאַל תִּטְּשֵׁנוּ. קָרְבֵנוּ לְתוֹרָתֶךָ, לַמְּדֵנוּ מִצְוֹתֶיךָ, הוֹרֵנוּ דְרָכֶיךָ. הַט לִבֵּנוּ לְיִרְאָה אֶת שְׁמֶךָ, וּמוֹל אֶת לְבָבֵנוּ לְאַהֲבָתֶךָ, וְנָשׁוּב אֵלֶיךָ בֶּאֱמֶת וּבְלֵב שָׁלֵם. וּלְמַעַן שִׁמְךָ הַגָּדוֹל תִּמְחַל וְתִסְלַח לַעֲוֹנֵנוּ, כַּכָּתוּב בְּדִבְרֵי קָדְשֶׁךָ. לְמַעַן שִׁמְךָ יְיָ, וְסָלַחְתָּ לַעֲוֹנִי כִּי רַב הוּא.

כִּי אֶחָד הָאֱלֹהִים הַמַּצְדִּיק אֶת־הַמּוּלִים מִתּוֹךְ הָאֱמוּנָה וְאֶת־הָעֲרֵלִים עַל־יְדֵי הָאֱמוּנָה. וְעַתָּה הַמְבַטְּלִים אֲנַחְנוּ אֶת־הַתּוֹרָה עַל־יְדֵי הָאֱמוּנָה חָלִילָה אַךְ מְקַיְּמִים אֲנַחְנוּ אֶת־הַתּוֹרָה. *(Romans 3:30-31)*

All:

אֱלֹהֵינוּ וֵאלֹהֵי אֲבוֹתֵינוּ, סְלַח לָנוּ מְחַל לָנוּ, כַּפֶּר לָנוּ.

Eh-loh-haynu veh-loh-hay ah-voh-taynu, s'lahch lah-noo, m'chahl lah-noo,
kah-pehr lah-noo.

Responsive Reading

אָנוּ עַמֶּךָ, וְאַתָּה אֱלֹהֵינוּ.	כִּי אָנוּ עַמֶּךָ, וְאַתָּה אֱלֹהֵינוּ.
אָנוּ בָנֶיךָ, וְאַתָּה אָבִינוּ.	אָנוּ עֲבָדֶיךָ, וְאַתָּה אֲדוֹנֵנוּ.
אָנוּ קְהָלֶךָ, וְאַתָּה חֶלְקֵנוּ.	אָנוּ נַחֲלָתֶךָ, וְאַתָּה גוֹרָלֵנוּ.
אָנוּ צֹאנֶךָ, וְאַתָּה רוֹעֵנוּ.	אָנוּ כַרְמֶךָ, וְאַתָּה נוֹטְרֵנוּ.
אָנוּ פְעֻלָּתֶךָ, וְאַתָּה יוֹצְרֵנוּ.	אָנוּ רַעְיָתֶךָ, וְאַתָּה דוֹדֵנוּ.
אָנוּ סְגֻלָּתֶךָ, וְאַתָּה אֱלֹהֵינוּ.	אָנוּ עַמֶּךָ, וְאַתָּה מַלְכֵּנוּ.
אָנוּ מַאֲמִירֶיךָ, וְאַתָּה מַאֲמִירֵנוּ.	

מִי יַצִּילֵנִי מִגּוּף הַמָּוֶת הַלָּזֶה. אוֹדֶה אֶת־אֱלֹהִים בִּישׁוּעַ הַמָּשִׁיחַ אֲדֹנֵינוּ ... כִּי תּוֹרַת רוּחַ הַחַיִּים בִּישׁוּעַ הַמָּשִׁיחַ חִלְּצָה אֶת־נַפְשִׁי מִתּוֹרַת הַחֵטְא וְהַמָּוֶת.

Responsive Reading

Lord, turn us to You and we will return. Renew our days as of old.
Hear our words, O Lord; perceive our hidden thoughts. May the words that proceed from our mouth and the secret thoughts that are in our heart be pleasing to You, O Lord, for You are our Stronghold as well as our Redeemer.

Do not cast us away from Your presence, and do not take the Spirit of Your holiness from us.
Do not cast us away when we are old; when our strength has run out do not abandon us.

Do not abandon us, Lord our God; do not be distant from us. Make from us a sign for good, that our enemies might see it and be ashamed, for You, Lord, are our help and our consolation. For You, Lord, do we wait; You will answer *us*, Lord our God.
Our God, and God of our fathers, do not abandon us and do not forsake us. Let us draw near to Your Torah, that we might learn Your precepts, to be guided in Your ways. Direct our heart to revere Your name, and circumcise our heart by Your love, that we might return to You in truth and with a whole heart. Forgive us and pardon our sins for the sake of Your great name, as it is written in Your holy word, "For the sake of Your name, Lord, forgive my sin, for it is great."

For the one God will justify the circumcised according to faith and the uncircumcised also according to faith. Now then, do we annul Torah by this faith? God forbid! On the contrary, *by acting on faith* we fill the Torah full *of substance. (Romans 3:30-31)*

All:
Our God, and God of our fathers, forgive us, pardon us, grant us atonement

Responsive Reading

For we are Your people, and You are our God;
  We are Your children, and You are our Father.
We are Your servants, and Your are our Lord;
  We are Your congregation, and You are our Portion.
We are Your heritage, and You are our Destiny;
  We are Your sheep, and You are our Shepherd.
We are Your vineyard, and You are our Watchman;
  We are Your handiwork, and You are our Maker.
We are Your loved one, and You are our beloved;
  We are Your treasured possession, and You are our God.
We are Your people, and You are our King;
  We are the people of Your calling, You are He who called us as His people.

Who will redeem me from this body of death? I shall give thanks to God, through Yeshua the Messiah, our Lord. . . .For the principle of the spirit of life in Messiah Yeshua has rescued my soul from the law of sin and death!

Ashamnu

Reader: Our God and God of our fathers, we examine ourselves knowing that we are cleansed from all sin through the atoning work of Messiah Yeshua. Where we are free in conscience, we intercede for those who have sinned. Where we have fallen, we with confidence confess our sin and receive the cleansing of the blood of Yeshua. For You have said, "There is therefore now no condemnation for those who are in the Messiah Yeshua," for the law of the Spirit of life in the Messiah Yeshua has set us free from the law of sin and death.

Reader: I am the Lord Your God!

Congregation: Lord, are You my God? Do I love You with all my heart, soul and strength?

Reader: You shall have no other gods before Me.

Congregation: Lord, have I put anything or anyone ahead of You? Have I valued anything outside of Your standard of importance? Have I been legalistic or narrow?

Reader: You shall not make a graven image!

Congregation: Lord, are there wrong attachments in my life? Have I become attached to what is not your will or attached in a way that is not your will?

Reader: You shall not take the Lord's Name in vain!

Congregation: Lord, have I used Your name lightly? Have I promised and reneged? Have I said, "The Lord told me" when You did not so speak? Have I said, "I will pray about it" with no intention to so pray or with no real fulfillment of my word?

Reader: Remember the Shabbat to keep it holy!

Congregation: Lord, have I made Shabbat a day of spiritual renewal and fellowship as You intended? Have I excused activities because I have not believed Your promise to provide for my needs if I would take time to rest? Have I lived outside a heart of peace through faith in Yeshua, the Lord of the Shabbat? Have I genuinely been committed to community, to building my life together with others for mutual growth in the congregation of Your people?

Reader: Honor your father and your mother!

Congregation: Lord, have I forgiven parents and mentors where they have wronged me? Have I been thankful for parents and learned from them what is right? Have I been the kind of son or daughter to my parents who brings glory to Your Name?

Reader: You shall not kill!

Congregation: Lord, have I hated in my heart? Have I had a vengeful or critical spirit? Have I failed to love my neighbor as myself and love my enemies? Do I love my brothers and sisters and lay down my life for them?

Reader: You shall not commit adultery!

Congregation: Lord, have I lusted in my mind? If married, have I been faithful to my spouse and treated my spouse as the Messiah treats His congregation? If single, have I kept myself pure for Your service?

Reader: You shall not steal!

Congregation: Lord, have I been righteous in the area of possessions? Have I been honest in paying taxes, giving the tithe to the congregation, and being a generous steward of Your property? Have I given my full effort to my employer? Have I used my gifts and talents to further Your Kingdom in every realm of my life?

Reader: You shall not bear false witness!

Congregation: Lord, have I been honest in my word; truthful in handling evidence? Have I been involved in slander or gossip? Have I been truthful in my promises?

Reader: You shall not covet!

Congregation: Lord, have I desired possessions, relationships, positions, or anything else outside of Your will? Have I allowed You to change my heart by abiding in Yeshua so my desires are Your desires?

Reader and Congregation: Father, we recognize, as reborn creations in the Messiah, that our true inner being is oriented to do Your will. However, the unrenewed mind and the patterns of the flesh still tempt us to fall. Therefore our real need is to follow Your instructions; to be renewed in our minds, to abide in Yeshua, and to bring our flesh into submission through the power of Your Spirit. This we now purpose to do!

Avinu Malkeynu

(The Ark is Opened - All Rise)
(On Shabbat, Avinu Malkeynu is omitted)

אָבִינוּ מַלְכֵּנוּ, חָטָאנוּ לְפָנֶיךָ.

אָבִינוּ מַלְכֵּנוּ, אֵין לָנוּ מֶלֶךְ אֶלָּא אָתָּה.

אָבִינוּ מַלְכֵּנוּ, עֲשֵׂה עִמָּנוּ לְמַעַן שְׁמֶךָ.

אָבִינוּ מַלְכֵּנוּ, חַדֵּשׁ עָלֵינוּ שָׁנָה טוֹבָה.

אָבִינוּ מַלְכֵּנוּ, בַּטֵּל מֵעָלֵינוּ כָּל גְּזֵרוֹת קָשׁוֹת.

אָבִינוּ מַלְכֵּנוּ, בַּטֵּל מַחְשְׁבוֹת שׂוֹנְאֵינוּ.

אָבִינוּ מַלְכֵּנוּ, הָפֵר עֲצַת אוֹיְבֵינוּ.

אָבִינוּ מַלְכֵּנוּ, כַּלֵּה כָּל צַר וּמַשְׂטִין מֵעָלֵינוּ.

אָבִינוּ מַלְכֵּנוּ, סְתוֹם פִּיּוֹת מַשְׂטִינֵינוּ וּמְקַטְרִיגֵנוּ.

אָבִינוּ מַלְכֵּנוּ, כַּלֵּה דֶּבֶר וְחֶרֶב וְרָעָב וּשְׁבִי וּמַשְׁחִית וְעָוֹן וּשְׁמַד מִבְּנֵי בְרִיתֶךָ.

אָבִינוּ מַלְכֵּנוּ, מְנַע מַגֵּפָה מִנַּחֲלָתֶךָ.

אָבִינוּ מַלְכֵּנוּ, סְלַח וּמְחַל לְכָל עֲוֹנוֹתֵינוּ.

אָבִינוּ מַלְכֵּנוּ, מְחֵה וְהַעֲבֵר פְּשָׁעֵינוּ וְחַטֹּאתֵינוּ מִנֶּגֶד עֵינֶיךָ.

אָבִינוּ מַלְכֵּנוּ, מְחוֹק בְּרַחֲמֶיךָ כָּל שִׁטְרֵי חוֹבוֹתֵינוּ.

אָבִינוּ מַלְכֵּנוּ, הַחֲזִירֵנוּ בִּתְשׁוּבָה שְׁלֵמָה לְפָנֶיךָ.

אָבִינוּ מַלְכֵּנוּ, שְׁלַח רְפוּאָה שְׁלֵמָה לְחוֹלֵי עַמֶּךָ.

אָבִינוּ מַלְכֵּנוּ, קְרַע רוֹעַ גְּזַר דִּינֵנוּ.

אָבִינוּ מַלְכֵּנוּ, זָכְרֵנוּ בְּזִכָּרוֹן טוֹב לְפָנֶיךָ.

אָבִינוּ מַלְכֵּנוּ, כָּתְבֵנוּ בְּסֵפֶר חַיִּים טוֹבִים

אָבִינוּ מַלְכֵּנוּ, כָּתְבֵנוּ בְּסֵפֶר גְּאֻלָּה וִישׁוּעָה.

אָבִינוּ מַלְכֵּנוּ, כָּתְבֵנוּ בְּסֵפֶר פַּרְנָסָה וְכַלְכָּלָה.

אָבִינוּ מַלְכֵּנוּ, כָּתְבֵנוּ בְּסֵפֶר זְכִיּוֹת.

אָבִינוּ מַלְכֵּנוּ, כָּתְבֵנוּ בְּסֵפֶר סְלִיחָה וּמְחִילָה.

אָבִינוּ מַלְכֵּנוּ, הַצְמַח לָנוּ יְשׁוּעָה בְּקָרוֹב.

אָבִינוּ מַלְכֵּנוּ, הָרֵם קֶרֶן יִשְׂרָאֵל עַמֶּךָ.

אָבִינוּ מַלְכֵּנוּ, הָרֵם קֶרֶן מְשִׁיחֶךָ יְשׁוּעַ.

אָבִינוּ מַלְכֵּנוּ, מַלֵּא יָדֵינוּ מִבִּרְכוֹתֶיךָ.

Avinu Malkeynu

(The Ark is Opened - All Rise)
(On Shabbat, Avinu Malkeynu is omitted)

Our Father, our King, our sins are before You.

Our Father, our King, we have no other King but You.

Our Father, our King, deal with us *kindly* for Your name's sake.

Our Father, our King, renew for us a good year.

Our Father, our King, annul from upon us all harsh decrees.

Our Father, our King, annul the intentions of our enemies.

Our Father, our King, bring to nothing the counsel of our foes.

Our Father, our King, destroy from upon us every foe and adversary.

Our Father, our King, stop the mouth of our adversaries and our accusers.

Our Father, our King, bring a end to pestilence, and drought, and hunger, and captivity, and destruction, and offence, and persecution of the children of Your covenant.

Our Father, our King, hold back the plague from Your heritage.

Our Father, our King, pardon and forgive all our offenses.

Our Father, our King, wipe away and remove our iniquity and our sins from before Your eyes.

Our Father, our King, in Your compassion erase all records of our guilt.

Our Father, our King, bring us back in perfect repentance, before You.

Our Father, our King, send perfect healing to the sick among Your people.

Our Father, our King, tear up the evil judgement decreed against us.

Our Father, our King, remember us before You, with good memories.

Our Father, our King, inscribe us in the Book for a good life.

Our Father, our King, inscribe us in the Book for redemption and salvation.

Our Father, our King, inscribe us in the Book for sustenance and support.

Our Father, our King, inscribe us in the Book for acquittal.

Our Father, our King, inscribe us in the Book for forgiveness and pardon.

Our Father, our King, in the near future cause salvation to bloom for us.

Our Father, our King, raise up the Horn of Israel, Your people.

Our Father, our King, raise up the Horn of Your Messiah Yeshua.

Our Father, our King, fill our hands with Your blessings.

אָבִינוּ מַלְכֵּנוּ, מַלֵּא אֲסָמֵינוּ שָׂבָע.

אָבִינוּ מַלְכֵּנוּ, שְׁמַע קוֹלֵנוּ חוּס וְרַחֵם עָלֵינוּ.

אָבִינוּ מַלְכֵּנוּ, קַבֵּל בְּרַחֲמִים וּבְרָצוֹן אֶת תְּפִלָּתֵנוּ.

אָבִינוּ מַלְכֵּנוּ, פְּתַח שַׁעֲרֵי שָׁמַיִם לִתְפִלָּתֵנוּ.

אָבִינוּ מַלְכֵּנוּ, זְכוֹר כִּי עָפָר אֲנָחְנוּ.

אָבִינוּ מַלְכֵּנוּ, נָא אַל תְּשִׁיבֵנוּ רֵיקָם מִלְּפָנֶיךָ.

אָבִינוּ מַלְכֵּנוּ, תְּהֵא הַשָּׁעָה הַזֹּאת שְׁעַת רַחֲמִים וְעֵת רָצוֹן מִלְּפָנֶיךָ.

אָבִינוּ מַלְכֵּנוּ, חֲמוֹל עָלֵינוּ וְעַל עוֹלָלֵנוּ וְטַפֵּנוּ.

אָבִינוּ מַלְכֵּנוּ, עֲשֵׂה לְמַעַן הֲרוּגִים עַל שֵׁם קָדְשֶׁךָ.

אָבִינוּ מַלְכֵּנוּ, עֲשֵׂה לְמַעַן טְבוּחִים עַל יִחוּדֶךָ.

אָבִינוּ מַלְכֵּנוּ, עֲשֵׂה לְמַעַן בָּאֵי בָאֵשׁ וּבַמַּיִם עַל קִדּוּשׁ שְׁמֶךָ.

אָבִינוּ מַלְכֵּנוּ, נְקוֹם נִקְמַת דַּם עֲבָדֶיךָ הַשָּׁפוּךְ.

אָבִינוּ מַלְכֵּנוּ, עֲשֵׂה לְמַעַנְךָ אִם לֹא לְמַעֲנֵנוּ.

אָבִינוּ מַלְכֵּנוּ, עֲשֵׂה לְמַעַנְךָ וְהוֹשִׁיעֵנוּ.

אָבִינוּ מַלְכֵּנוּ, עֲשֵׂה לְמַעַן רַחֲמֶיךָ הָרַבִּים.

אָבִינוּ מַלְכֵּנוּ, עֲשֵׂה לְמַעַן שִׁמְךָ הַגָּדוֹל, הַגִּבּוֹר וְהַנּוֹרָא שֶׁנִּקְרָא עָלֵינוּ.

אָבִינוּ מַלְכֵּנוּ, חָנֵּנוּ וַעֲנֵנוּ, כִּי אֵין בָּנוּ מַעֲשִׂים, עֲשֵׂה עִמָּנוּ צְדָקָה וָחֶסֶד וְהוֹשִׁיעֵנוּ.

*Ah-veenu Mahl'kehnu, chah-nehnu vah-ah-nehnu, kee ayn bahnu
mah-ah-seem, ah-seh ee-mahnu tz'dah-kah vah-cheh-sehd v'hoh-shee-aynu.*

Reader:

שְׁמַע יִשְׂרָאֵל, יְיָ אֱלֹהֵינוּ, יְיָ אֶחָד.

Shema Yisrael, Adonai Ehloh-heynu, Adonai eh-chad.

Reader and Congregation:
(three times)

בָּרוּךְ שֵׁם כְּבוֹד מַלְכוּתוֹ לְעוֹלָם וָעֶד.

Baruch shem k'vohd mahl'chootoh l'olahm vahed.

Reader and Congregation:
(seven times)

יְיָ הוּא הָאֱלֹהִים.

Adonai Hoo ha-Eh-loh-heem.

(The Ark is Closed - Congregation may be seated)

Our Father, our King, fill our storehouses with abundance.

Our Father, our King, hear our cry for mercy and have compassion upon us.

Our Father, our King, accept our prayer with compassion and with favor.

Our Father, our King, open the gates of heaven to our prayer.

Our Father, our King, remember that we are but dust.

Our Father, our King, in times to come do not turn us away empty from before You.

Our Father, our King, may this time be a time of compassion and of favor before You.

Our Father, our King, have pity upon us, and upon our infants and our little children.

Our Father, our King, act for those slain for the sake of Your holy name.

Our Father, our King, act for those slaughtered for the sake of Your Oneness.

Our Father, our King, act for the sake of those who have gone through fire and water for the sanctification of Your name.

Our Father, our King, take vengeance before our eyes, and avenge the spilt blood of Your servant.

Our Father, our King, do it for Your sake, not for our sake.

Our Father, our King, do it for Your sake, and save us.

Our Father, our King, do it for the sake of Your abundant compassion.

Our Father, our King, do for the sake of Your great, mighty and awesome name that will be proclaimed upon us.

Our Father, our King, be gracious and answer us, though there is nothing of merit in us, deal with us in justice and in loving kindness, and save us.

Reader:

Hear O Israel, the Lord our God, the Lord is One!

Reader and Congregation:
(three times)

Blessed is His glorious Name, whose kingdom is forever and ever.

Reader and Congregation:
(seven times)

The Lord He is God!

(The Ark is Closed - Congregation may be seated)

Readers's Kaddish

יִתְגַּדַּל וְיִתְקַדַּשׁ שְׁמֵהּ רַבָּא.   בְּעָלְמָא דִּי בְרָא כִרְעוּתֵהּ, וְיַמְלִיךְ מַלְכוּתֵהּ בְּחַיֵּיכוֹן וּבְיוֹמֵיכוֹן וּבְחַיֵּי דְכָל בֵּית יִשְׂרָאֵל.   בַּעֲגָלָא וּבִזְמַן קָרִיב, וְאִמְרוּ אָמֵן.

Yit-gahdahl v'yit-kahdash sh'meh rahbah. B'ahl'mah dee v'rah chir'ooteh,
v'yahm'leech mahl'chooteh b'chah-yey-chohn oov'yoh-maychohn
oov'chah-yey d'chal beyt Yisrael. Bah-ah-gahlah ooviz-mahn kah-reev
v'imroo, Amen.

יְהֵא שְׁמֵהּ רַבָּא מְבָרַךְ לְעָלַם וּלְעָלְמֵי עָלְמַיָּא.

Y'hay sh'may rahbah m'vahrach l'ah-lam ool'ahl'may ahl'mahyah.

יִתְבָּרַךְ וְיִשְׁתַּבַּח, וְיִתְפָּאַר וְיִתְרוֹמַם וְיִתְנַשֵּׂא וְיִתְהַדָּר וְיִתְעַלֶּה וְיִתְהַלָּל שְׁמֵהּ דְּקֻדְשָׁא, בְּרִיךְ הוּא, לְעֵלָּא וּלְעֵלָּא מִכָּל בִּרְכָתָא וְשִׁירָתָא, תֻּשְׁבְּחָתָא וְנֶחֱמָתָא, דַּאֲמִירָן בְּעָלְמָא, וְאִמְרוּ אָמֵן.

Yit'bahrach v'yish-tahbach, v'yit-pahahr v'yit-rohmahm v'yit-nahseh
v'yit-hadahr v'yit-ahleh v'yit-hah-lahl sh'may d'kood-shah b'reech hoo
l'ehlah u-l'ehlah mi-kahl bir-chah-tah v'she-rahtah, toosh'b'chahtah
v'neh-cheh-mahtah, dah-ah-mirahn b'ahl-mah, v'imroo, Amen.

תִּתְקַבֵּל צְלוֹתְהוֹן וּבָעוּתְהוֹן דְּכָל בֵּית יִשְׂרָאֵל קָדָם אֲבוּהוֹן דִּי בִשְׁמַיָּא, וְאִמְרוּ, אָמֵן.

Tit'kah-bell tz'loht-hohn oovah-oot'hohn d'chal beyt Yisrael kah-dahm
ahvoo-hohn dee vish'mahyim, v'imroo, Amen.

יְהֵא שְׁלָמָא רַבָּא מִן שְׁמַיָּא וְחַיִּים עָלֵינוּ וְעַל כָּל יִשְׂרָאֵל, וְאִמְרוּ אָמֵן.

Y'hay sh'lahmah rahbah min sh'mahyah v'chah-yeem ah-laynoo v'ahl kol
Yisrael, v'imroo, Amen.

עֹשֶׂה שָׁלוֹם בִּמְרוֹמָיו הוּא יַעֲשֶׂה שָׁלוֹם עָלֵינוּ וְעַל כָּל יִשְׂרָאֵל, וְאִמְרוּ אָמֵן.

Oh-seh shalom bim'rohmahv hoo yah-ahseh shalom ah-laynoo v'ahl kol
Yisrael, v'imroom, Amen.

Reader's Kaddish

Magnified and sanctified may God's great Name be throughout the world which He has created according to His will. May He establish His kingdom in our lifetime, and during our days, and within the life of the entire house of Israel, speedily and soon; and say, *"Amen."*

May the greatness of His Name be blessed forever and ever.

Let the Name of the Holy One, *blessed is He*, be blessed and praised, glorified and exalted, extolled and honored, adored and lauded, exceedingly beyond all of the blessings and songs, praises and consolations that are ever spoken in this world, and say, *"Amen."*

May the prayers and supplications of the whole house of Israel be acceptable to our Heavenly Father, and say, *"Amen."*

May there be abundant peace from heaven, and life for us and for all Israel, and say, *"Amen."*

May He who creates peace in His high heavens create peace for us and for all Israel, and say, *"Amen."*

Sound the Shofar

Reader:

כְּבָר הִגִּיעָה הַשָּׁעָה לְהָקִיץ מִן־הַשֵּׁנָה כִּי יְשׁוּעָתֵנוּ קְרוֹבָה עַתָּה מֵהַיּוֹם
אֲשֶׁר בָּאנוּ לְהַאֲמִין:

תקיעה

Reader:

חַיָּבִים אַתֶּם לְהִתְהַלֵּךְ בִּקְדֻשָּׁה וּבַחֲסִידוּת וּלְחַכּוֹת לְבֹא יוֹם־יְיָ:

שברים

Reader:

וְעַל־דְּבַר הַיְשֵׁנִים אֶחָי לֹא־נִכַחֵד מִכֶּם דָּבָר לְמַעַן לֹא תֵעָצְבוּ כָּאֲחֵרִים
אֲשֶׁר אֵין־לָהֶם תִּקְוָה. כִּי אִם־נַאֲמִין אֲשֶׁר־מֵת יֵשׁוּעַ וַיֶּחִי כֵּן יָבִיא
הָאֱלֹהִים עַל־יְדֵי יֵשׁוּעַ גַּם אֶת־הַיְשֵׁנִים אִתּוֹ. כִּי אֶת־זֹאת נֹאמַר לָכֶם
בִּדְבַר יְהֹוָה כִּי אֲנַחְנוּ הַחַיִּים הַנּוֹתָרִים עַד־בֹּא הָאָדוֹן לֹא נְקַדֵּם
אֶת־הַיְשֵׁנִים. כִּי הוּא הָאָדוֹן יֵרֵד מִן־הַשָּׁמַיִם בִּתְרוּעָה בְּקוֹל שַׂר
הַמַּלְאָכִים וּבְשׁוֹפַר אֱלֹהִים וְאָז יָקוּמוּ רִאשׁוֹנָה הַמֵּתִים בַּמָּשִׁיחַ.
אַחֲרֵי־כֵן אֲנַחְנוּ הַחַיִּים הַנִּשְׁאָרִים נִלָּקַח אִתָּם יַחְדָּו בַּעֲנָנִים לִקְרַאת
הָאָדוֹן לָרָקִיעַ וּבְכֵן נִהְיֶה תָמִיד עִם־הָאָדוֹן. לָכֵן נַחֲמוּ זֶה אֶת־זֶה
בַּדְּבָרִים הָאֵלֶּה.

תרועה

Reader:

הָיִיתִי מֵת וְהִנְנִי חַי לְעוֹלְמֵי עוֹלָמִים. הִנֵּה הוּא בָא עִם־הָעֲנָנִים וְרָאֲתָה
אֹתוֹ כָּל־עָיִן. הוּא אֹמֵר אָמְנָם אֲנִי בָא מַהֵר. עַל כֵּן הִתְעוֹדְדוּ וּשְׂאוּ
רָאשֵׁיכֶם כִּי־קְרוֹבָה גְאֻלַּתְכֶם לָבוֹא.

תקיעה גדולה

Reader:

אָמֵן. בָּאָה־נָּא הָאָדוֹן יֵשׁוּעַ.

תקיעה גדולה

Sound the Shofar

Reader:

Already the hour has come to wake up from our sleep, for our salvation is nearer now than when we came to believe. *(Romans 13:11)*

Tekiah

Reader:
As you walk to and fro, live in holiness, and in devotion, as you await the coming of the Day of the Lord. *(2 Kefa 3:11-12)*

Shevarim

Reader:
This also was spoken my brothers that it not be hidden from you concerning those who have fallen asleep, in order that you not mourn as do those who have no hope in them. For if we truly believe that Yeshua died and lives again, then *we must also believe* that God will bring those who died in Yeshua *to life* with Him. For this we say to you by the word of the Lord, that we who remain alive until the coming of the Lord will by no means precede those who have died. For the Lord Himself will descend from the Heavens with a shout, with the voice of an archangel *blowing* the shofar of God, and so the dead in Messiah will be the first to rise. After this we, who are alive and remain, will be taken with them, together with the cloud *of witnesses*, to meet the Lord in the sky, and so we will be with the Lord always. Therefore comfort one another with these words. *(1 Thessalonians 4:13-18)*

Teruah

Reader:
Behold, I who was dead, I am alive *again*, to the end of all ages...He is coming with the clouds, and every eye will see Him...He says, "Indeed, I am coming soon."...Therefore, be encouraged, lift up your heads, for your redemption draws near. *(Revelation 1:18, 7; 22:20; Luke 21:28)*

Tekiah Gedolah

Reader:
Amen! Come soon Lord Yeshua!

Tekiah Gedolah

בִּרְכַּת הַמָּזוֹן

(Abridged Version Page 352)

Psalm 126

שִׁיר הַמַּעֲלוֹת בְּשׁוּב יְהֹוָה אֶת־שִׁיבַת צִיּוֹן הָיִינוּ כְּחֹלְמִים: אָז יִמָּלֵא שְׂחוֹק פִּינוּ
וּלְשׁוֹנֵנוּ רִנָּה. אָז יֹאמְרוּ בַגּוֹיִם הִגְדִּיל יְהֹוָה לַעֲשׂוֹת עִם־אֵלֶּה: הִגְדִּיל יְהֹוָה לַעֲשׂוֹת
עִמָּנוּ הָיִינוּ שְׂמֵחִים: שׁוּבָה יְהֹוָה אֶת־שְׁבִיתֵנוּ כַּאֲפִיקִים בַּנֶּגֶב: הַזֹּרְעִים בְּדִמְעָה
בְּרִנָּה יִקְצֹרוּ: הָלוֹךְ יֵלֵךְ וּבָכֹה נֹשֵׂא מֶשֶׁךְ־הַזָּרַע בֹּא־יָבוֹא בְרִנָּה נֹשֵׂא אֲלֻמֹּתָיו:

The leader begins:

רַבּוֹתַי נְבָרֵךְ.

Those around the table respond:

יְהִי שֵׁם יְיָ מְבֹרָךְ מֵעַתָּה וְעַד עוֹלָם.

The leader says:

יְהִי שֵׁם יְיָ מְבֹרָךְ מֵעַתָּה וְעַד עוֹלָם. בִּרְשׁוּת מָרָנָן וְרַבָּנָן וְרַבּוֹתַי, נְבָרֵךְ אֱלֹהֵינוּ
שֶׁאָכַלְנוּ מִשֶּׁלוֹ.

Those around the table respond:

בָּרוּךְ אֱלֹהֵינוּ שֶׁאָכַלְנוּ מִשֶּׁלוֹ וּבְטוּבוֹ חָיִינוּ.

The leader repeats:

בָּרוּךְ אֱלֹהֵינוּ שֶׁאָכַלְנוּ מִשֶּׁלוֹ וּבְטוּבוֹ חָיִינוּ.

All:

בָּרוּךְ הוּא וּבָרוּךְ שְׁמוֹ.

בָּרוּךְ אַתָּה יְיָ, אֱלֹהֵינוּ מֶלֶךְ הָעוֹלָם, הַזָּן אֶת הָעוֹלָם כֻּלּוֹ בְּטוּבוֹ בְּחֵן בְּחֶסֶד
וּבְרַחֲמִים. הוּא נוֹתֵן לֶחֶם לְכָל בָּשָׂר כִּי לְעוֹלָם חַסְדּוֹ. וּבְטוּבוֹ הַגָּדוֹל תָּמִיד לֹא
חָסַר לָנוּ, וְאַל יֶחְסַר לָנוּ מָזוֹן לְעוֹלָם וָעֶד, בַּעֲבוּר שְׁמוֹ הַגָּדוֹל. כִּי הוּא אֵל זָן
וּמְפַרְנֵס לַכֹּל וּמֵטִיב לַכֹּל. וּמֵכִין מָזוֹן לְכָל בְּרִיּוֹתָיו אֲשֶׁר בָּרָא. בָּרוּךְ אַתָּה יְיָ,
הַזָּן אֶת הַכֹּל.

נוֹדֶה לְךָ יְיָ אֱלֹהֵינוּ עַל שֶׁהִנְחַלְתָּ לַאֲבוֹתֵינוּ, אֶרֶץ חֶמְדָּה טוֹבָה וּרְחָבָה. וְעַל
שֶׁהוֹצֵאתָנוּ יְיָ אֱלֹהֵינוּ מֵאֶרֶץ מִצְרַיִם, וּפְדִיתָנוּ, מִבֵּית עֲבָדִים. וְעַל בְּרִיתְךָ
שֶׁחָתַמְתָּ בִּבְשָׂרֵנוּ. וְעַל תּוֹרָתְךָ שֶׁלִּמַּדְתָּנוּ. וְעַל חֻקֶּיךָ שֶׁהוֹדַעְתָּנוּ וְעַל חַיִּים חֵן
וָחֶסֶד שֶׁחוֹנַנְתָּנוּ. וְעַל אֲכִילַת מָזוֹן שָׁאַתָּה זָן וּמְפַרְנֵס אוֹתָנוּ תָּמִיד, בְּכָל יוֹם
וּבְכָל עֵת וּבְכָל שָׁעָה.

וְעַל הַכֹּל יְיָ אֱלֹהֵינוּ אֲנַחְנוּ מוֹדִים לָךְ, וּמְבָרְכִים אוֹתָךְ. יִתְבָּרַךְ שִׁמְךָ בְּפִי כָּל חַי
תָּמִיד לְעוֹלָם וָעֶד. כַּכָּתוּב, וְאָכַלְתָּ וְשָׂבָעְתָּ, וּבֵרַכְתָּ אֶת יְיָ אֱלֹהֶיךָ עַל הָאָרֶץ
הַטֹּבָה אֲשֶׁר נָתַן לָךְ. בָּרוּךְ אַתָּה יְיָ, עַל הָאָרֶץ וְעַל הַמָּזוֹן.

Grace after Meals
(Abridged Version Page 352)

Psalm 126

A Song of Ascent. When the Lord brings us back to Zion, we will return as in a dream. Then our mouth will be filled with laughter, and our tongue with shouts of joy. Then those among the nations will say, "The Lord has done great things with them." The Lord has done great things with us; we are glad. Lord, give us rest from our captivity, as the river beds in the Negev *find repose*. *Though our* offspring was *sown* in tears when they are brought in it shall be with song. The debtor who went forth weeping, bearing the span of his offspring, shall come back with singing, bringing with him his descendants.

Leader begins:

Gentlemen, let us give blessing!

Those around the table respond:

May the Name of the Lord be blessed both now and forever!

The leader says:

May the Name of the Lord be blessed both now and forever! Learned gentlemen, let us shout with joy, blessing God for the bounty we have shared.

Those around the table respond:

Blessed is our God, for the bounty we have shared, and whose goodness is upon our life.

The leader repeats:

Blessed is our God, for the bounty we have shared, and whose goodness is upon our life.

All:
Blessed is He and blessed is His Name!

Blessed are You, Lord our God, King of the universe, who, through His goodness, nourishes the whole world with grace, loving kindness and compassion. Indeed, "He gives bread to all flesh because His loving kindness endures forever." His great goodness, with which we are sustained, has never diminished toward us; nor will it ever, for the sake of His great Name. He is God who provides nourishment for all, and who does good to all. He provides food for all His creation. Blessed are You, Lord, who provides food for all.

Lord our God, we thank You, that besides this, You have given, as an inheritance to our fathers, a desirable, good, and abundant land. And besides this, Lord, our God, You have brought us out of the land of Egypt, ransoming us from the house of slavery. And besides this, You have given us the sign of the covenant upon our flesh. And besides this, You have given us Your instruction that we might study. And besides this, You have made Your precepts known to us. And besides this, You have pardoned us, giving us a life of grace and loving kindness. And besides this, You have given us food to eat; food which nourishes us always: every day, and every season, and every hour.

And besides all these things, Lord our God, we give You thanks and bless You for Your miracles. Your Name will be magnified by the mouth of all who live, forever and to all eternity. As it is written, "You shall eat and be satisfied, and give blessing to the Lord your God, for the good land He has given to you." Blessed are You, Lord, for the land and for its produce.

רַחֶם נָא יְיָ אֱלֹהֵינוּ, עַל יִשְׂרָאֵל עַמֶּךְ, וְעַל יְרוּשָׁלַיִם עִירֶךְ, וְעַל צִיּוֹן מִשְׁכַּן כְּבוֹדֶךְ, וְעַל מַלְכוּת בֵּית דָּוִד מְשִׁיחֶךְ, וְעַל הַבַּיִת הַגָּדוֹל וְהַקָּדוֹשׁ שֶׁנִּקְרָא שִׁמְךָ עָלָיו. אֱלֹהֵינוּ, אָבִינוּ, רְעֵנוּ, זוּנֵנוּ, פַּרְנְסֵנוּ, וְכַלְכְּלֵנוּ, וְהַרְוִיחֵנוּ, וְהַרְוַח לָנוּ יְיָ אֱלֹהֵינוּ מְהֵרָה מִכָּל צָרוֹתֵינוּ, וְנָא, אַל תַּצְרִיכֵנוּ, יְיָ אֱלֹהֵינוּ, לֹא לִידֵי מַתְּנַת בָּשָׂר וָדָם, וְלֹא לִידֵי הַלְוָאָתָם. כִּי אִם לְיָדְךָ הַמְּלֵאָה, הַפְּתוּחָה, הַקְּדוֹשָׁה וְהָרְחָבָה. שֶׁלֹּא נֵבוֹשׁ וְלֹא נִכָּלֵם לְעוֹלָם וָעֶד.

On Sabbath add:

רְצֵה וְהַחֲלִיצֵנוּ יְיָ אֱלֹהֵינוּ בְּמִצְוֹתֶיךָ וּבְמִצְוַת יוֹם הַשְּׁבִיעִי הַשַּׁבָּת הַגָּדוֹל וְהַקָּדוֹשׁ הַזֶּה. כִּי יוֹם זֶה גָּדוֹל וְקָדוֹשׁ הוּא לְפָנֶיךָ. לִשְׁבָּת בּוֹ וְלָנוּחַ בּוֹ בְּאַהֲבָה כְּמִצְוַת רְצוֹנֶךָ וּבִרְצוֹנְךָ הָנִיחַ לָנוּ יְיָ אֱלֹהֵינוּ, שֶׁלֹּא תְהֵא צָרָה וְיָגוֹן וַאֲנָחָה בְּיוֹם מְנוּחָתֵנוּ. וְהַרְאֵנוּ יְיָ אֱלֹהֵינוּ בְּנֶחָמַת צִיּוֹן עִירֶךָ, וּבְבִנְיַן יְרוּשָׁלַיִם עִיר קָדְשֶׁךָ, כִּי אַתָּה הוּא בַּעַל הַיְשׁוּעוֹת וּבַעַל הַנֶּחָמוֹת.

On Rosh Chodesh and Yom Tov add:

אֱלֹהֵינוּ וֵאלֹהֵי אֲבוֹתֵינוּ, יַעֲלֶה וְיָבֹא וְיַגִּיעַ וְיֵרָאֶה, וְיֵרָצֶה, וְיִשָּׁמַע, וְיִפָּקֵד, וְיִזָּכֵר זִכְרוֹנֵנוּ וּפִקְדוֹנֵנוּ, וְזִכְרוֹן אֲבוֹתֵינוּ, וְזִכְרוֹן מָשִׁיחַ בֶּן דָּוִד עַבְדֶּךָ, וְזִכְרוֹן יְרוּשָׁלַיִם עִיר קָדְשֶׁךָ, וְזִכְרוֹן כָּל עַמְּךָ בֵּית יִשְׂרָאֵל לְפָנֶיךָ, לִפְלֵיטָה לְטוֹבָה לְחֵן וּלְחֶסֶד וּלְרַחֲמִים, לְחַיִּים וּלְשָׁלוֹם בְּיוֹם

(רֹאשׁ הַחֹדֶשׁ [On Rosh Chodesh say]) (חַג הַמַּצּוֹת [On Passover say])

(חַג הַשָּׁבֻעוֹת [On Shavuot say]) (חַג הַסֻּכּוֹת [On Sukkot say])

(הַשְּׁמִינִי חַג הָעֲצֶרֶת [On Shemini Atzeret say])

(הַזִּכָּרוֹן [On a day of Remembrance say]) הַזֶּה. זָכְרֵנוּ יְיָ אֱלֹהֵינוּ בּוֹ לְטוֹבָה. וּפָקְדֵנוּ בוֹ לִבְרָכָה, וְהוֹשִׁיעֵנוּ בוֹ לְחַיִּים. וּבִדְבַר יְשׁוּעָה וְרַחֲמִים, חוּס וְחָנֵּנוּ, וְרַחֵם עָלֵינוּ וְהוֹשִׁיעֵנוּ. כִּי אֵלֶיךָ עֵינֵינוּ, כִּי אֵל מֶלֶךְ חַנּוּן וְרַחוּם אָתָּה. וּבְנֵה יְרוּשָׁלַיִם עִיר הַקֹּדֶשׁ בִּמְהֵרָה בְיָמֵינוּ. בָּרוּךְ אַתָּה יְיָ, בּוֹנֶה בְרַחֲמָיו יְרוּשָׁלַיִם. אָמֵן.

Lord our God, in time, have compassion upon Israel, Your people, and upon Jerusalem, Your city, and upon Tzion, the dwelling place of Your glory, and upon the kingdom of the house of David, Your Anointed, and upon the great and holy House on which Your Name has been named. Our God, our Father, our Shepherd, our Sustainer, our Supporter, and our Provider ...provide for us, Lord our God, bringing relief from all our present troubles. Lord our God, may we never depend on gifts or loans from the hand of flesh and blood, but only from Your hand ...overflowing, open, holy, and bountiful; that we may never be shamed *by others* nor ashamed *of ourselves*.

On Sabbath add:

Lord our God, may You take pleasure in strengthening us through all Your commandments and in the command *concerning* the seventh day, this great and holy Sabbath. For before Your countenance, this day is great and holy; that we might dwell in Your rest and in Your love, in keeping with the desire of Your command. And may it be Your will, Lord our God, to grant us such rest; that there be no misfortune, or grief, or sighing on the day of our rest. Lord our God, may we behold Tzion, Your city, being comforted, and *our* descendents in Jerusalem, Your holy city, for You are the Master of *all* salvation, and the Master of *all* consolation.

On Rosh Chodesh and Yom Tov add:

Our God, and God of our fathers, may the remembrance and the consideration of us, and the remembrance of our fathers, and the remembrance of the Messiah, the son of David, Your servant, and the remembrance of Jerusalem Your holy city, and the remembrance of all Your people, the House of Israel, arise and come, and reach, and be seen, and be accepted, and be heard, and be numbered, and be remembered before Your face; for deliverance, for favor, for grace and for loving kindness, and for compassion, and for peace on this day (*On Rosh Chodesh, say:* of the New Month), (*On Passover, say:* of the Feast of Unleavened Bread), (*On Shavuot, say:* of the Feast of Weeks), (*On Sukkot, say:* of the Feast of Tabernacles), (*On Shemini Atzeret, say:* of the Feast of the Eighth Day). Lord our God, remember us for goodness. Command blessing for us, and save us that we might live. Concerning salvation and compassion, take pity and pardon us, and have compassion on us, *for You are* our salvation. Our eyes *are lifted* to God, for You, God, are a gracious and compassionate King.

Rebuild Jerusalem *as a* holy city very soon, even in our day. Blessed are You, Lord, who, in compassion, builds Jerusalem. Amen!

בָּרוּךְ אַתָּה יְיָ אֱלֹהֵינוּ מֶלֶךְ הָעוֹלָם, הָאֵל אָבִינוּ, מַלְכֵּנוּ, אַדִּירֵנוּ בּוֹרְאֵנוּ, גּוֹאֲלֵנוּ, יוֹצְרֵנוּ, קְדוֹשֵׁנוּ קְדוֹשׁ יַעֲקֹב, רוֹעֵנוּ רוֹעֵה יִשְׂרָאֵל. הַמֶּלֶךְ הַטּוֹב, וְהַמֵּטִיב לַכֹּל, שֶׁבְּכָל יוֹם וָיוֹם הוּא הֵטִיב, הוּא מֵטִיב, הוּא יֵיטִיב לָנוּ. הוּא גְמָלָנוּ, הוּא גוֹמְלֵנוּ, הוּא יִגְמְלֵנוּ לָעַד לְחֵן וּלְחֶסֶד וּלְרַחֲמִים וּלְרֶוַח הַצָּלָה וְהַצְלָחָה בְּרָכָה וִישׁוּעָה, נֶחָמָה, פַּרְנָסָה וְכַלְכָּלָה, וְרַחֲמִים, וְחַיִּים וְשָׁלוֹם, וְכָל טוֹב, וּמִכָּל טוּב לְעוֹלָם אַל יְחַסְּרֵנוּ.

הָרַחֲמָן, הוּא יִמְלוֹךְ עָלֵינוּ לְעוֹלָם וָעֶד.

הָרַחֲמָן, הוּא יִתְבָּרַךְ בַּשָּׁמַיִם וּבָאָרֶץ.

הָרַחֲמָן, הוּא יִשְׁתַּבַּח לְדוֹר דּוֹרִים, וְיִתְפָּאַר בָּנוּ לָעַד וּלְנֵצַח נְצָחִים, וְיִתְהַדַּר בָּנוּ לָעַד וּלְעוֹלְמֵי עוֹלָמִים.

הָרַחֲמָן, הוּא יְפַרְנְסֵנוּ בְּכָבוֹד.

הָרַחֲמָן, הוּא יִשְׁבּוֹר עֻלֵּנוּ מֵעַל צַוָּארֵנוּ וְהוּא יוֹלִיכֵנוּ קוֹמְמִיּוּת לְאַרְצֵנוּ.

הָרַחֲמָן, הוּא יִשְׁלַח לָנוּ בְּרָכָה מְרֻבָּה בַּבַּיִת הַזֶּה, וְעַל שֻׁלְחָן זֶה שֶׁאָכַלְנוּ עָלָיו.

הָרַחֲמָן, הוּא יִשְׁלַח לָנוּ אֶת אֵלִיָּהוּ הַנָּבִיא זָכוּר לַטּוֹב, וִיבַשֶּׂר לָנוּ בְּשׂוֹרוֹת טוֹבוֹת יְשׁוּעוֹת וְנֶחָמוֹת.

הָרַחֲמָן, הוּא יְבָרֵךְ אֶת אָבִי בַּעַל הַבַּיִת הַזֶּה, וְאֶת אִמִּי בַּעֲלַת הַבַּיִת הַזֶּה: אוֹתָם וְאֶת בֵּיתָם וְאֶת זַרְעָם וְאֶת כָּל אֲשֶׁר לָהֶם. אוֹתָנוּ וְאֶת כָּל אֲשֶׁר לָנוּ, כְּמוֹ שֶׁנִּתְבָּרְכוּ אֲבוֹתֵינוּ, אַבְרָהָם יִצְחָק וְיַעֲקֹב. בַּכֹּל, מִכֹּל, כֹּל. כֵּן יְבָרֵךְ אוֹתָנוּ כֻּלָּנוּ יַחַד. בִּבְרָכָה שְׁלֵמָה, וְנֹאמַר אָמֵן.

בַּמָּרוֹם יְלַמְּדוּ עֲלֵיהֶם וְעָלֵינוּ זְכוּת, שֶׁתְּהֵא לְמִשְׁמֶרֶת שָׁלוֹם. וְנִשָּׂא בְרָכָה מֵאֵת יְיָ וּצְדָקָה מֵאֱלֹהֵי יִשְׁעֵנוּ, וְנִמְצָא חֵן וְשֵׂכֶל טוֹב בְּעֵינֵי אֱלֹהִים וְאָדָם.

On Shabbat say:

הָרַחֲמָן, הוּא יַנְחִילֵנוּ יוֹם שֶׁכֻּלּוֹ שַׁבָּת וּמְנוּחָה לְחַיֵּי הָעוֹלָמִים.

On Rosh Chodesh say:

הָרַחֲמָן, הוּא יְחַדֵּשׁ עָלֵינוּ אֶת הַחֹדֶשׁ הַזֶּה לְטוֹבָה וְלִבְרָכָה.

Blessed are You, Lord our God, King of the universe, God our Father, our King, our Mighty One, our Creator, our Redeemer, our Maker, our Holy One *and* the Holy One of Jacob, our Shepherd *and* the Shepherd of Israel. The King, The Good, doing good to all. Each day and every day, He has done good. He has done good, and He *continually* does good for us. He has dealt bountifully with us, He deals bountifully with us, and He will always deal bountifully with us; for grace, and for loving kindness, and for compassion, and for the wind of relief and success, blessing and deliverance, comfort, sustenance and support, and mercy, and life and peace, and with all that is good. May God, *who knows* our need, always *provide us with* good.

The Compassionate One, may He rule over us forever and ever.

The Compassionate One, may He be blessed in the heavens and in the earth.

The Compassionate One, may He be praised in all generations, and glorified in us forever and to all eternity, and honored among us forever, both in this world and in all worlds to come.

The Compassionate One, may He satisfy us with honor.

The Compassionate One, may He remove the yoke from our neck that we might walk upright to our land.

The Compassionate One, may He multiply blessings upon us and upon this house, upon this table at which we have eaten.

The Compassionate One, may He send us Elijah the Prophet, of good memory, bearing good tidings of salvation and consolation.

The Compassionate One, may He bless my father, the master of this house, and my mother, the mistress of this house; and with them, this house, and their children, and all that belongs to them. Bless us as well, and all that is ours, even as our fathers, Abraham, Isaac, and Jacob were blessed in everything, by everything, and with everything, so may He bless all of us with perfect blessing, and let us say, Amen.

May He who is on high be called upon so that enduring peace would be upon them and upon all of us. Then we will receive blessing from the Lord, and justice from the God of our salvation, and we shall find grace and good understanding in the eyes of God and of man.

On Shabbat say:
The Compassionate One, may He cause us to come to that day which shall always be Shabbat, with rest in life everlasting.

On Rosh Chodesh say:
The Compassionate One, may He renew this month to us for goodness and for blessing.

On a Yom Tov say:

הָרַחֲמָן, הוּא יַנְחִילֵנוּ יוֹם שֶׁכֻּלוֹ טוֹב.

On Rosh Hashanah say:

הָרַחֲמָן, הוּא יְחַדֵּשׁ עָלֵינוּ אֶת הַשָּׁנָה הַזֹּאת לְטוֹבָה וְלִבְרָכָה.

On Sukkot say:

הָרַחֲמָן, הוּא יָקִים לָנוּ אֶת סֻכַּת דָּוִד.

הָרַחֲמָן, הוּא יְזַכֵּנוּ לִימוֹת הַמָּשִׁיחַ וּלְחַיֵּי הָעוֹלָם הַבָּא. מַגְדִּיל יְשׁוּעוֹת מַלְכּוֹ, וְעֹשֶׂה חֶסֶד לִמְשִׁיחוֹ לְדָוִד וּלְזַרְעוֹ עַד עוֹלָם. עֹשֶׂה שָׁלוֹם בִּמְרוֹמָיו, הוּא יַעֲשֶׂה שָׁלוֹם, עָלֵינוּ וְעַל כָּל יִשְׂרָאֵל, וְאִמְרוּ אָמֵן.

יְראוּ אֶת יְיָ קְדוֹשָׁיו, כִּי אֵין מַחְסוֹר לִירֵאָיו.

כְּפִירִים רָשׁוּ וְרָעֵבוּ, וְדוֹרְשֵׁי יְיָ לֹא יַחְסְרוּ כָל טוֹב.

הוֹדוּ לַיְיָ כִּי טוֹב, כִּי לְעוֹלָם חַסְדּוֹ.

פּוֹתֵחַ אֶת יָדֶךָ, וּמַשְׂבִּיעַ לְכָל חַי רָצוֹן.

בָּרוּךְ הַגֶּבֶר אֲשֶׁר יִבְטַח בַּיְיָ, וְהָיָה יְיָ מִבְטַחוֹ.

נַעַר הָיִיתִי גַם זָקַנְתִּי וְלֹא רָאִיתִי צַדִּיק נֶעֱזָב, וְזַרְעוֹ מְבַקֶּשׁ לָחֶם.

יְיָ עֹז לְעַמּוֹ יִתֵּן, יְיָ יְבָרֵךְ אֶת עַמּוֹ בַשָּׁלוֹם.

On a Yom Tov say:

The Compassionate One, may He cause us to come to that day that is always good.

On Rosh Hashanah say:

The Compassionate One, may He renew this year for us, for good and for blessing.

On Sukkot say:

The Compassionate One, may He raise up for us the tabernacle of David.

The Compassionate One, may He declare us worthy of the Messiah and life in the world to come. "He makes the salvation of His King great, and shows loving kindness to His Anointed, to David and to his seed forever." May He who creates peace in the high heavens, may He create peace for us, and for all Israel, and let us say, Amen.

Fear the Lord, you, His holy ones, for there is no want to those who honor Him.

Young lions may suffer want, but those who seek the Lord shall lack for no good thing.

Give thanks to the Lord, for He is good; His loving kindness endures forever.

You open Your hand and satisfy the desire of all who live.

Blessed is the man whose trust is in the Lord, for the Lord will be his trust.

I have been young, and now I am old, and I have never seen the righteous forsaken, and his seed having to beg for bread.

The Lord will give strength to His people; the Lord will bless His people with peace.

בִּרְכַּת הַמָּזוֹן *(Abridged Version)*

בָּרוּךְ אַתָּה יְיָ, אֱלֹהֵינוּ מֶלֶךְ הָעוֹלָם, עַל

After cake and wine:

הַמִּחְיָה וְעַל הַכַּלְכָּלָה וְעַל הַגֶּפֶן וְעַל פְּרִי הַגֶּפֶן,

After cake:

הַמִּחְיָה וְעַל הַכַּלְכָּלָה,

After fruit:

עַל הָעֵץ וְעַל פְּרִי הָעֵץ,

After wine:

עַל הַגֶּפֶן וְעַל פְּרִי הַגֶּפֶן,

וְעַל תְּנוּבַת הַשָּׂדֶה, וְעַל אֶרֶץ חֶמְדָּה טוֹבָה וּרְחָבָה שֶׁרָצִתָ וְהִנְחַלְתָּ
לַאֲבוֹתֵינוּ לֶאֱכֹל מִפִּרְיָה וְלִשְׂבֹּעַ מִטּוּבָהּ. רַחֶם נָא יְיָ אֱלֹהֵינוּ, עַל
יִשְׂרָאֵל עַמֶּךְ, וְעַל יְרוּשָׁלַיִם עִירֶךָ, וְעַל צִיּוֹן מִשְׁכַּן כְּבוֹדֶךָ, וְעַל מִזְבְּחֶךָ
וְעַל הֵיכָלֶךָ. וּבְנֵה יְרוּשָׁלַיִם עִיר הַקֹּדֶשׁ בִּמְהֵרָה בְיָמֵינוּ, וְהַעֲלֵנוּ לְתוֹכָהּ
וְשַׂמְּחֵנוּ בְּבִנְיָנָהּ, וְנֹאכַל מִפִּרְיָהּ וְנִשְׂבַּע מִטּוּבָהּ, וּנְבָרֶכְךָ עָלֶיהָ בִּקְדֻשָּׁה
וּבְטָהֳרָה.

On Shabbat say:

רְצֵה וְהַחֲלִיצֵנוּ בְּיוֹם הַשַּׁבָּת הַזֶּה.

On Rosh Chodesh say:

זָכְרֵנוּ לְטוֹבָה בְּיוֹם רֹאשׁ הַחֹדֶשׁ הַזֶּה.

On a Day of Remembrance say:

זָכְרֵנוּ לְטוֹבָה בְּיוֹם הַזִּכָּרוֹן הַזֶּה.

On Festivals say:

שַׂמְּחֵנוּ בְּיוֹם חַג [הַמַּצּוֹת *(Pesach)*], [הַשָּׁבֻעוֹת *(Shavuot)*], [*(Sukkot)*
הַסֻּכּוֹת], [*(Shemini Atzeret)* הַשְּׁמִינִי חַג הָעֲצֶרֶת] הַזֶּה. כִּי אַתָּה, יְיָ, טוֹב
וּמֵטִיב לַכֹּל, וְנוֹדֶה לְּךָ עַל הָאָרֶץ.

After any food or liquid requiring the blessing שֶׁהַכֹּל

בָּרוּךְ אַתָּה יְיָ אֱלֹהֵינוּ מֶלֶךְ הָעוֹלָם, בּוֹרֵא רַבּוֹת וְחֶסְרוֹנָן, עַל כָּל מַה
שֶׁבָּרָאתָ לְהַחֲיוֹת בָּהֶם נֶפֶשׁ כָּל חָי. בָּרוּךְ חֵי הָעוֹלָמִים.

Grace after Meals (Abridged form)

Blessed are You, Lord our God, King of the Universe, for the

After cake and wine:
nourishment and for the sustenance, and for the vine and for the fruit of the vine

After cake:
nourishment and for the sustenance

After fruit:
tree and for the fruit of the tree

After wine:
vine and for the fruit of the vine

and for the produce of the field, and for the desirable, good and spacious land that You have bestowed, as an abounding inheritance, upon our fathers, so that we might eat of its fruitfulness and be satisfied by its goodness. Lord our God, have compassion on Israel, Your people; and upon Jerusalem, Your city; and upon Tzion, the place of Your glory; and upon the alter; and upon the temple. Rebuild Jerusalem very soon; make it Your holy city, even in our days. Bring us up *to that holy place*, and make us rejoice in its building, that we might eat of its fruitfulness and be satisfied with its goodness. Then we will bless You with holiness and with purity.

On Shabbat say:
Strengthen us with Your favor on this Sabbath day.

On Rosh Chodesh say:
Remember us for goodness on this day of the New Moon.

On a Day of Remembrance say:
Remember us for goodness on this Day of Remembrance.

On Festivals say:
Cause us to rejoice on this Festival of *[add the appropriate Festival]:* (Sukkot), (Shavuot), (Matzot), (Shemini Atzeret)], for You, Lord, are Good and You do good to all, and we will give thanks to You for the Land.

After any food or liquid requiring the blessing שֶׁהַכֹּל:

Blessed are You, Lord our God, King of the Universe, who has created all that we need for life, and for the life of every living soul. Blessed is the Life of the Universe.

הַבְדָּלָה

(The Havdalah candle is lit and the following is recited)

הִנֵּה אֵל יְשׁוּעָתִי, אֶבְטַח וְלֹא אֶפְחָד, כִּי עָזִּי וְזִמְרָת יָהּ יְיָ, וַיְהִי לִי לִישׁוּעָה. וּשְׁאַבְתֶּם מַיִם בְּשָׂשׂוֹן מִמַּעַיְנֵי הַיְשׁוּעָה. לַיְיָ הַיְשׁוּעָה עַל עַמְּךָ בִרְכָתֶךָ. יְיָ צְבָאוֹת עִמָּנוּ מִשְׂגָּב לָנוּ אֱלֹהֵי יַעֲקֹב. יְיָ צְבָאוֹת אַשְׁרֵי אָדָם בֹּטֵחַ בָּךְ. יְיָ הוֹשִׁיעָה הַמֶּלֶךְ יַעֲנֵנוּ בְיוֹם קָרְאֵנוּ. לַיְּהוּדִים הָיְתָה אוֹרָה וְשִׂמְחָה וְשָׂשׂוֹן וִיקָר. כֵּן תִּהְיֶה לָּנוּ. כּוֹס יְשׁוּעוֹת אֶשָּׂא. וּבְשֵׁם יְיָ אֶקְרָא.

(Recite the following over an overflowing cup of wine or grape juice)

בָּרוּךְ אַתָּה יְיָ, אֱלֹהֵינוּ מֶלֶךְ הָעוֹלָם, בּוֹרֵא פְּרִי הַגָּפֶן.

Baruch Atah Adonai Elohainu melekh ha'olam, borai p'ri ha'gafen.

(Recite the following over spices which are then passed to each person)

בָּרוּךְ אַתָּה יְיָ, אֱלֹהֵינוּ מֶלֶךְ הָעוֹלָם, בּוֹרֵא מִינֵי בְשָׂמִים.

Baruch Atah Adonai Elohainu melekh ha'olam, bohreh minai v'samim.

(Recite the following over the Havdalah candle)

בָּרוּךְ אַתָּה יְיָ, אֱלֹהֵינוּ מֶלֶךְ הָעוֹלָם, בּוֹרֵא מְאוֹרֵי הָאֵשׁ.

Baruch Atah Adonai Elohainu melekh ha'olam, borai m'orai ha'esh.

בָּרוּךְ אַתָּה יְיָ, אֱלֹהֵינוּ מֶלֶךְ הָעוֹלָם, הַמַּבְדִּיל בֵּין קֹדֶשׁ לְחוֹל, בֵּין אוֹר לְחֹשֶׁךְ, בֵּין יִשְׂרָאֵל לָעַמִּים, בֵּין יוֹם הַשְּׁבִיעִי, לְשֵׁשֶׁת יְמֵי הַמַּעֲשֶׂה.

Baruch Atah Adonai Elohainu melekh ha'olam, hamav'dil bain kodesh l'hol, bain or l'hoshekh, bain Yisrael la'amim, bain yom hashvii, l'sheshet y'mai hama'aseh.

בָּרוּךְ אַתָּה יְיָ, הַמַּבְדִּיל בֵּין קֹדֶשׁ לְחוֹל.

Baruch Atah Adonai, ha'mavdil bain kodesh l'hol.

Ha'Mavdil bain Kodesh

הַמַּבְדִּיל בֵּין קֹדֶשׁ לְחֹל חַטֹּאתֵינוּ הוּא יִמְחֹל; זַרְעֵנוּ וְכַסְפֵּנוּ יַרְבֶּה כַחוֹל וְכַכּוֹכָבִים בַּלָּיְלָה.

שָׁבֻעַ טוֹב...

Havdalah

(The Havdalah candle is lit and the following is recited)

Behold, God is my salvation; I will trust and will not be afraid; for God is my strength and my song; indeed, He has saved me. You will drink with joy from the waters of salvation; the salvation of the Lord. Your blessing be upon Your people. The Lord of Hosts is with us; the God of Jacob is our stronghold. To the Jews were given light and joy, gladness and honor; so may it be for us. I will raise up the cup of salvation, and call on the Name of the Lord.

(Recite the following over an overflowing cup of wine or grape juice)

Blessed are You, Lord our God, King of the universe, who creates the fruit of the vine.

(Recite the following over spices which are then passed to each person)

Blessed are You, Lord our God, King of the universe, who creates fragrant spices.

(Recite the following over the Havdalah candle)

Blessed are You, Lord our God, King of the universe, who creates the light of the fire.

Lord our God, You have made a distinction between that which is holy and that which is common; between light and darkness; between Israel and the other nations; between the seventh day and the six days of work.

Blessed are You, Lord, who has made a distinction between the holy and the profane.

Ha'Mavdil bain Kodesh

May He who distinguishes between the holy and the profane forgive our sin; may our offspring and our means be as the sand and as the stars in the night. May it be a good week!

Shavuah Tov!

Shah-voo-ah tov...

יוֹם פָּנָה כְּצֵל תֹּמֶר אֶקְרָא לָאֵל עָלַי גֹּמֵר;
אָמַר שׁוֹמֵר אָתָא בֹקֶר וְגַם לָיְלָה.

שָׁבֻעַ טוֹב...

צִדְקָתְךָ כְּהַר תָּבוֹר עַל חֲטָאַי עָבֹר תַּעֲבֹר;
כְּיוֹם אֶתְמוֹל כִּי יַעֲבֹר וְאַשְׁמוּרָה בַלָּיְלָה.

שָׁבֻעַ טוֹב...

חָלְפָה עוֹנַת מִנְחָתִי מִי יִתֵּן מְנוּחָתִי?
יָגַעְתִּי בְאַנְחָתִי אַשְׂחֶה בְכָל לָיְלָה.

שָׁבֻעַ טוֹב...

קוֹלִי בַּל יֻטַּל פְּתַח לִי שַׁעַר הַמְנֻטָּל,
שֶׁרֹאשִׁי נִמְלָא טָל קְוֻּצּוֹתַי רְסִיסֵי לָיְלָה.

שָׁבֻעַ טוֹב...

הֵעָתֵר נוֹרָא וְאָיוֹם אֲשַׁוֵּעַ תְּנָה פִדְיוֹם;
בְּנֶשֶׁף בְּעֶרֶב יוֹם בְּאִישׁוֹן לָיְלָה.

שָׁבֻעַ טוֹב...

קְרָאתִיךָ יָהּ הוֹשִׁיעֵנִי אֹרַח חַיִּים תּוֹדִיעֵנִי;
מִדַּלָּה תְבַצְּעֵנִי מִיּוֹם עַד לָיְלָה.

שָׁבֻעַ טוֹב...

טַהֵר טִנּוּף מַעֲשַׂי פֶּן יֹאמְרוּ מַכְעִיסַי;
אַיֵּה אֱלוֹהַּ עֹשָׂי נֹתֵן זְמִרוֹת בַּלָּיְלָה.

שָׁבֻעַ טוֹב...

נַחְנוּ בְיָדְךָ כַּחֹמֶר סְלַח נָא עַל קַל וָחֹמֶר;
יוֹם לְיוֹם יַבִּיעַ אֹמֶר וְלַיְלָה לְלָיְלָה.

שָׁבֻעַ טוֹב...

הַמַּבְדִּיל בֵּין קֹדֶשׁ לְחֹל חַטֹּאתֵינוּ הוּא יִמְחֹל;
זַרְעֵנוּ וְכַסְפֵּנוּ יַרְבֶּה כַּחוֹל וְכַכּוֹכָבִים בַּלָּיְלָה.

שָׁבֻעַ טוֹב...

Shah-voo-ah tov...

The day has turned as the shadow of the date palm, I shall call upon God to fulfill His promise to me; the Watchman has said, "Morning has come with the night."

Shah-voo-ah tov...

Your justice is as the heights of Mount Tabor.   Pardon my transgressions and overlook them as yesterday and today pass on; as a watch in the night.

Shah-voo-ah tov...

The time of my offering is gone, who will grant me my rest again? I grow weary in my groaning and tears every night.

Shah-voo-ah tov...

May my voice not be as the dew. Open to me the gates that were closed; my head is covered with dew, my hair is wet as I stand waiting in the night.

Shah-voo-ah tov...

You who are Awesome and Terrible, when I cry out to You, grant redemption at the end of the day, in the evening and in the dark of the night.

Shah-voo-ah tov...

God, I called upon You and You rescued me. Declare to me the way of life. *Quickly* bring to an end my poverty, as from the day to the night.

Shah-voo-ah tov...

May the impurity of my deeds be changed, lest those who torment me say, "Where is the God who made you; who gave you songs in the night?"

Shah-voo-ah tov...

We are like clay in Your hand. Please forgive us, we are but clay, both great and small. Day after day and night after night this word shall be poured forth.

Shah-voo-ah tov...

May He who distinguishes between the holy and the profane forgive our sin; may our offspring and our means be as the sand and as the stars in the night.

Shah-voo-ah tov...

Additional Readings & Blessings

Yigdal

יִגְדַּל אֱלֹהִים חַי וְיִשְׁתַּבַּח, נִמְצָא, וְאֵין עֵת אֶל מְצִיאוּתוֹ.

אֶחָד וְאֵין יָחִיד כְּיִחוּדוֹ, נֶעְלָם, וְגַם אֵין סוֹף לְאַחְדּוּתוֹ.

אֵין לוֹ דְמוּת הַגּוּף וְאֵינוֹ גוּף, לֹא נַעֲרוֹךְ אֵלָיו קְדֻשָּׁתוֹ.

קַדְמוֹן לְכָל דָּבָר אֲשֶׁר נִבְרָא, רִאשׁוֹן וְאֵין רֵאשִׁית לְרֵאשִׁיתוֹ.

הִנּוֹ אֲדוֹן עוֹלָם לְכָל נוֹצָר, יוֹרֶה גְדֻלָּתוֹ וּמַלְכוּתוֹ.

שֶׁפַע נְבוּאָתוֹ נְתָנוֹ, אֶל אַנְשֵׁי סְגֻלָּתוֹ וְתִפְאַרְתּוֹ.

לֹא קָם בְּיִשְׂרָאֵל כְּמֹשֶׁה עוֹד, נָבִיא וּמַבִּיט אֶת תְּמוּנָתוֹ.

תּוֹרַת אֱמֶת נָתַן לְעַמּוֹ אֵל, עַל יַד נְבִיאוֹ נֶאֱמַן בֵּיתוֹ.

לֹא יַחֲלִיף הָאֵל וְלֹא יָמִיר דָּתוֹ, לְעוֹלָמִים, לְזוּלָתוֹ.

צוֹפֶה וְיוֹדֵעַ סְתָרֵינוּ, מַבִּיט לְסוֹף דָּבָר בְּקַדְמָתוֹ.

גּוֹמֵל לְאִישׁ חֶסֶד כְּמִפְעָלוֹ, נוֹתֵן לְרָשָׁע רָע כְּרִשְׁעָתוֹ.

יִשְׁלַח לְקֵץ הַיָּמִין מְשִׁיחֵנוּ יֵשׁוּעַ, לִפְדוֹת מְחַכֵּי קֵץ יְשׁוּעָתוֹ.

מֵתִים יְחַיֶּה אֵל בְּרֹב חַסְדּוֹ, בָּרוּךְ עֲדֵי עַד שֵׁם תְּהִלָּתוֹ.

Yigdal Elohim chai veyishtabach nimtza ve-ein et el metziooto.
Echad ve-ein yachid ke-yichoo-doh ne-elam ve-gam ein sof le-achduto.
Ein lo de-mut haguf ve-eino guf lo na-aroch elav ke-dushato.
Kadmon le-chal davar asher nivra rishon ve-ein reishit le-rey-shito.
Hino adon olam le-chal notzar yoreh ge-dulato umalchuto.
Shefa ne-vuato netano el anshei se-gulato ve-tifarto.
Lo kam be-Yisrael ke-Moshe od navi umabit et te-munato.
Torat emet natan le-amo El, al yad ne-vio ne-eman bei-to.
Lo yachalif ha-El v'lo yamir dato le-olamim le-zulato.
Tzofeh veyode-a se-tareinu mabit le-sof davar be-kadmato.
Gomeil le-ish chesed ke-mifalo notayn le-rasha ra ke-rishato.
Yishlach le-ketz hayamim me-shichenu Yeshua lifdot me-chakei ketz yeshuato.
Mey-tim ye-chaiyeh El berov chasdo, baruch a-dei ad shem te-hilato.

Yigdal

Exalted and praised be the Living God, He exists unbounded by time.
He is One - and there is no unity like His Oneness.
Inscrutable and infinite is His Oneness.
He has no semblance of a body; His holiness is without comparison.
He preceded every being that was created, and nothing preceded Him.
Behold! He is Master of the universe for all; He demonstrates His greatness and His sovereignty.
He granted His flow of prophecy to His treasured splendorous people.
In Israel there was none like Moses, a prophet who perceived His vision clearly.
God gave His people a Torah of truth, by means of His most trusted prophet.
God will never amend nor exchange His law for any other one, for all eternity.
He scrutinizes and knows our hidden most secrets; He perceives a matter's outcome at its inception.
He recompenses man with kindness according to his deed; He places evil on the wicked according to his wickedness.
By the End of Days He will send our Messiah Yeshua, to redeem those longing for His final salvation.
God will revive the dead in His abundant kindness, blessed forever is His praised Name.